혼자 공부하는 머신러닝+딥러닝

개정판

혼자 공부하는 머신러닝+딥러닝(개정판)
머신러닝+딥러닝 구조와 알고리즘부터 인공 신경망, 트랜스포머, 최신 LLM까지! 케라스와 파이토치로 1:1 과외하듯 배우는 인공지능 자습서

초판 1쇄 발행 2020년 12월 21일
개정판 1쇄 발행 2025년 4월 7일
개정판 3쇄 발행 2025년 8월 29일

지은이 박해선 / **펴낸이** 전태호
펴낸곳 한빛미디어(주) / **주소** 서울시 서대문구 연희로2길 62 한빛미디어(주) IT출판1부
전화 02-325-5544 / **팩스** 02-336-7124
등록 1999년 6월 24일 제25100-2017-000058호
ISBN 979-11-6921-360-8 94000 / 979-11-6224-194-3(세트)

총괄 배윤미 / **책임편집** 박민아 / **기획·편집** 권소정 / **교정** 김민보
디자인 박정우 / **일러스트** 이진숙 / **전산편집** 김현미 / **용어노트** 박해선
영업 마케팅 송경석, 김형진, 장경환, 조유미, 한종진, 이행은, 김선아, 고광일, 성화정, 김한솔 / **제작** 박성우, 김정우

이 책에 대한 의견이나 오탈자 및 잘못된 내용은 출판사 홈페이지나 아래 이메일로 알려주십시오.
파본은 구매처에서 교환하실 수 있습니다. 책값은 뒤표지에 표시되어 있습니다.

한빛미디어 홈페이지 www.hanbit.co.kr / **이메일** ask@hanbit.co.kr
소스 코드 www.hanbit.co.kr/src/11360 / **학습 사이트** hongong.hanbit.co.kr

Published by HANBIT Media, Inc. Printed in Korea
Copyright © 2025 박해선 & HANBIT Media, Inc.
이 책의 저작권은 박해선과 한빛미디어(주)에 있습니다.
저작권법에 의해 보호를 받는 저작물이므로 무단 복제 및 무단 전재를 금합니다.

지금 하지 않으면 할 수 없는 일이 있습니다.
책으로 펴내고 싶은 아이디어나 원고를 메일(writer@hanbit.co.kr)로 보내주세요.
한빛미디어(주)는 여러분의 소중한 경험과 지식을 기다리고 있습니다.

혼자 공부하는 머신러닝+딥러닝

개정판

박해선 지음

★ ★
혼자 공부하는 시리즈 소개

누구나 혼자 할 수 있습니다! 야심 찬 시작이 작심삼일이 되지 않도록 돕기 위해서 〈혼자 공부하는〉 시리즈를 만들었습니다. 낯선 용어와 친해져서 책장을 술술 넘기며 이해하는 것, 그래서 완독의 기쁨을 경험하고 다음 단계를 스스로 선택할 수 있게 되는 것이 목표입니다.
지금 시작하세요. 〈혼자 공부하는〉 사람들이 '때론 혼자, 때론 같이' 하며 힘이 되겠습니다.

한빛미디어
Hanbit Media, Inc.

초판 독자 후기

독자들이 전하는
『혼자 공부하는 머신러닝+딥러닝』 이야기

이 책은 출간 후부터 지금까지 많은 독자들에게 큰 사랑을 받았습니다. 독학으로 머신러닝과 딥러닝을 학습하기 어려워했던 학습자들이 이 책을 통해 개념을 제대로 익히고, 실제로 활용할 수 있는 자신감을 얻었다는 이야기가 이어졌습니다. 초판을 읽고 남겨주신 소중한 리뷰들 중 일부를 이곳에 담았습니다. 개정판도 여러분에게 유익한 길잡이가 되기를 바랍니다.

"7일간의 학습이 2천만 원짜리 국비 교육을 뛰어넘다!"

정부 지원 AI 국비 교육으로 머신러닝 1개월, 딥러닝 1개월을 배운 것보다 이 책으로 매주 1챕터씩 진도나갔던 그 7일이 2천만 원짜리 국비교육을 능가했습니다.

머신러닝에 대한 지식이 없어도, 머신러닝을 다 까먹었어도 괜찮습니다. 저자가 정말 친절하게 설명해 주시거든요. 이 책 덕분에 **머신러닝과 딥러닝의 '진짜' 기본 원리**를 알았고, 그동안 모르고 무작정 복붙하기만 했던 코드와 라이브러리의 이면을 알았습니다. 저자님께 무한 감사드립니다.

_ 예스24 a*****8 님

"데이터 읽기가 아니라, 머신러닝 모델을 제대로 배울 수 있는 책"

시중에 있는 대다수의 데이터 분석 도서는 데이터 읽어오는 법, 예쁘게 만드는 법들만 소개한다. 그러나 이 책은 데이터 처리보다는 **회귀, 분류, 군집 알고리즘 등 다양한 모델들**을 다룬다. 책을 읽다 보면 뒷부분에는 딥러닝 신경망까지 다루고 있어 더욱 놀랍다. 이 책은 **현업에 있는 사람들이 정말 필요로 하는 내용들**을 알려주고 있다. 각 분석 알고리즘이 어떻게 생겼는지, 어디에 유용한지, 파라미터들은 뭘 의미하는지 등 개발자가 가려워하는 부분을 정확하게 긁어준다.

_ 예스24 b*******h 님

"스토리텔링 방식의 예제로 개념이 머릿속에 쏙쏙!"

아주 **이해하기 쉽고 읽기 편하게 구성**되어 있습니다. 예제들이 스토리라인으로 형성되어 있어서 컨셉이 머리에 잘 들어옵니다. **입문자에게 추천합니다!!**

_ 교보문고 l|****** 님

"끝까지 완독한 유일한 책"

방학동안 여러 책을 읽고 공부했지만, 그 중에서 끝까지 완벽하게 그리고 여러 번 본 책은 이 책이 유일하다. 장점을 뽑자면

1. 판다스나 넘파이, matplot 라이브러리 지식이 부족해도 쉽게 읽을 수 있다.
2. 각 단원마다 요약정리와 문제가 있어서 공부한 내용을 복습할 수 있다.
3. 유튜브 강의가 있다. 아침에 지하철을 탈 때마다 즐겨보았다.
4. 머신러닝과 딥러닝의 큰 윤곽을 공부할 수 있다.
5. 부록으로 달려있는 혼공 노트는 키워드 위주로 정리되어, 앞 내용이 기억나지 않을 때 꺼내서 복습하기 좋다.
6. 코랩을 통해 코딩을 할 수 있어 고사양 컴퓨터가 필요 없다.
7. 저자의 깃허브에서 책의 코드가 최신 버전으로 업데이트 되어 관리되고 있다.

_ 혼공학습단 6기 백*성 님

"초심자를 위한 단 한 권의 머신러닝 책"

초심자를 위한 머신러닝 책을 단 한 권만 고른다면 무조건 이 책을 보라고 권하고 싶습니다. 스토리텔링 형식으로 구성된 이 책은 정말 쉽고 자세하며 친절한 설명이 돋보입니다. 어려운 **수학 내용 없이도 직관적으로 이해할 수 있게 재미있는 비유를 들어 설명하고 있습니다.**

내용이 어려울 땐 **유튜브의 저자 동영상 강의**를 참고하였습니다.

_ 예스24 s*****y 님

"혼자 공부하는 머신러닝, 반드시 돌파구를 찾을 수 있다!"

머신러닝 분야는 지금도 그렇지만, 향후가 더 기대되는 영역이다. 하지만 서점에 수많은 책이 있어도, 쉽게 이해할 수 있는 책을 찾기는 어렵다. 만약 독학으로 공부를 하다가 실패를 맛본 분들이 이 책으로 다시 시작한다면, 반드시 돌파구를 찾게 될 것이라 확신한다. 박해선 저자도 얘기하지만, 이 책은 '시작'이다. 그동안의 좌절은 잊어버리고, 새롭게 머신러닝의 세계로 함께 나아갔으면 좋겠다. 혼자하기 힘들다면 혼공학습단을 신청하여 기수 동기들과 혼공족장님과 같이 공부하는 것도 좋은 동기 부여가 될 것이다.

_ 혼공학습단 8기 안*희 님

저자 인터뷰

저자가 전하는
『혼자 공부하는 머신러닝+딥러닝(개정판)』 이야기

Q 이미 출간된 머신러닝과 딥러닝 책이 많은데요, 이 책은 무엇이 다른가요?

A 요즘 머신러닝과 딥러닝은 컴퓨터 과학 분야에서 필수적인 주제이자, 많은 서적으로 다루고 있습니다. 그러나 대부분의 책이 수식과 알고리즘 중심으로 설명하다 보니 이 분야를 처음 접하는 독자에게 어렵게 느껴집니다. 많은 입문서가 딥러닝에 집중하는 반면, 이 책은 머신러닝과 딥러닝의 핵심 알고리즘을 모두 다루며, 전체적인 흐름을 이해하고 다음 단계로 나아갈 수 있는 기반을 제공합니다. 또한, 직관적으로 이해할 수 있는 그림과 예제를 중심으로 구성되어 수식 없이도 쉽게 학습할 수 있도록 도와줍니다.

개정판에서는 독자들의 피드백을 반영하고, 대규모 언어 모델에 대한 챕터를 추가했습니다. 또 자주 묻는 질문에 대한 답변과 파이토치에 대한 내용을 추가했습니다. '끼얏호!'하고 환호성을 지르며 읽는 여러분의 모습이 기대됩니다.

Q 이 책을 학습하기 위해 필요한 선행 지식과 최적의 방법을 소개해 주세요!

A 파이썬 기초 문법만 챙겨오세요. 어려운 수학 지식은 필요 없으며, 파이썬에 자신이 없다면『코딩 뇌를 깨우는 파이썬』(한빛미디어, 2023)이나『혼자 공부하는 파이썬(개정판)』(한빛미디어, 2022)을 참고하세요. 이 책은 웹 브라우저만 있으면 별도의 설치 없이 바로 코랩(Colab)에서 실습할 수 있습니다. 혼자 공부하기 어려운 경우, 페이스북 그룹(https://www.facebook.com/groups/hongong)에 참여하거나 동영상 강의를 활용할 수 있습니다. 책을 다 읽은 후에도 관련 도서와 커뮤니티에서 계속 학습을 이어가세요. 이 책의 정오표는 블로그에 등록해 놓겠습니다. 책을 보기 전에 꼭 확인해 주세요. 도서의 모든 코드는 깃허브에서 주피터 노트북으로 제공합니다. 또 독자들이 이 책을 완주할 수 있도록 동영상 강의를 유튜브에서 제공합니다. 이 책에 관한 이야기라면 무엇이든 환영합니다. 언제든지 블로그나 이메일로 알려주세요.

- 정오표 : https://tensorflow.blog/hg-mldl2
- 코드 : http://bit.ly/hg-mldl2
- 동영상 강의 : https://www.youtube.com/c/hanbitcokr
- Q&A : http://bit.ly/ml-dl-books-qna

"직관적인 머신러닝+딥러닝 입문서"

Q 머신러닝과 딥러닝을 배우려는 독자에게 당부하고 싶은 점이 있다면?

A 머신러닝과 딥러닝을 배우고 활용하려면 기술적인 지식 외에도 문제에 대한 깊은 이해가 필요합니다. 머신러닝과 딥러닝이 만능 도구라고 생각하지 마세요. 전체 서비스 입장에서 보면 빙산의 일각에 지나지 않을 수 있습니다. 머신러닝과 딥러닝 모델을 잘 만들고 싶다면 이런 주변 환경에 대한 이해도 필요하다는 것을 잊지 마세요. 이 분야는 점점 더 빠르게 발전하고 있습니다. 그렇기 때문에 이 분야에 대해 공부하는 것을 미루지 마세요. 지금 이 책을 들었을 때가 최적의 순간입니다!

Q 마지막으로 하고 싶은 말이 있다면?

A 책이 나오기까지 도와 주신 모든 분께 감사드립니다. 특히 1판의 베타리더로 참여해 주신 김윤태 님, 김재훈 님, 김현수 님, 도혜리 님, 봉승우 님, 이동훈 님, 이석곤 님, 이애리 님, 이요셉 님, 임지순 님, 정민우 님, 허민 님 감사합니다. 덕분에 좀 더 초보자에게 친근한 책으로 마무리할 수 있었습니다.

개정판의 필요성을 공감하고 응원해 주신 한빛미디어 배윤미 부장님과 박민아 팀장님, 촉박한 일정에도 변경되는 내용과 추가되는 내용을 꼼꼼히 잘 챙겨서 마침내 멋진 책으로 만들어 주신 권소정 님께 감사드립니다.

마이크로소프트 AI MVP와 구글 AI/Cloud GDE로 활동할 수 있도록 기회를 준 마이크로소프트, 구글 DevRel 팀에게 감사드립니다. 멋진 행사가 열릴 때마다 초청해 주시는 GDE & GDG 커뮤니티에도 감사합니다.

마지막으로 이 책을 손에 든 모든 독자분들에게 진심으로 감사드립니다. 마지막 페이지까지 화이팅입니다! :)

이 책의 구성

『혼자 공부하는 머신러닝+딥러닝(개정판)』
7단계 길잡이

01-3 마켓과 머신

핵심 키워드   특성   k-최근접 이웃 알고리즘

가장 간단한 머신러...
를 분류하는 머...

... 필요합니다.
...와 빙어의 예를 보면 생선의 길이와 무게를 알...
... 아닌지 여부입...
...과 **타깃**target이라
...합니다.

> 지도 학습 알고리즘은 입력(데이터)과 타깃(정답)으로 이뤄진 훈련 데이터가 필요합니다.

...무게를 **특성**feature이라고 합니다. 도미와 빙어를 구...
...는 입력, 타깃, 특성, 훈련 데이터와 같은 용어...

시작하기 전에
해당 절에서 배울 주제 및 주요 개념을 짚어 줍니다.

손코딩
코드를 직접 손으로 입력하고 실행하세요! 절의 시작부터 마지막 코드까지 순서대로 입력해야 원하는 결과가 출력됩니다.

Start — 1 — 2 — 3 — 4

핵심 키워드
해당 절에서 중점적으로 볼 내용을 확인합니다.

말풍선
지나치기 쉬운 내용 혹은 꼭 기억해두어야 할 내용을 짚어 줍니다.

시작하기 전에
혼공머신은 도미와 빙어를 완벽하게 분류한 첫 ...신러닝 모델을 자신만만하게 김 팀장에게 보고합...다. 그런데 보고서를 읽던 김 팀장이 고개를 갸...네요. 무언가 이상한가 봅니다. 여러분도 이...를 읽고 이상한 점을 찾을 수 있나요?

손코딩
```
# 훈련 세트로 입력값 중 0부터
train_input = fish_data[:3
# 훈련 데이터로 타깃값 중 0부터
train_target = fish_target[
# 테스트 세트로 입력값 중 35번째
test_input = fish_data[35:
# 테스트 세트로 타깃값 35번
test_target = fish_targe
```

마무리

▶ 키워드로 끝내는 핵심 포인트

- **지도 학습**은 입력과 타깃을 전달하여 니다. 1장에서부터 사용한 k-최근

- **비지도 학습**은 타깃 데이터가 어떤 특징을 찾는 데 주로

문제해결 과정

이 내용을 통해 실제 프로젝트에서 문제를 해결할 때 어떤 사고 과정을 거치는지 짐작할 수 있습니다.

확인 문제

문제를 풀면서 지금까지 학습한 내용을 확인합니다.

5 — **6** — **7** — **Finish**

핵심 포인트/패키지와 함수

핵심 포인트, 핵심 패키지와 함수를 통해 핵심 키워드를 리마인드하고, 중요한 함수의 기능을 깊이 있게 학습하세요. 본문보다 더 많은 설명을 추가했습니다.

훈련 모델 평가 [문제해결 과정]

혼공머신이 완벽한 모델을 만들어서 보고했지 즘이 도미와 빙어를 모두 외우고 있다면 같은

모델을 훈련할 때 사용한 데이터로 모델의 성능 것과 같습니다. 공정하게 점수를 매기기 위해

이 때문에 훈련 데이터를 훈련 세트와 테스 테스트 세트로 모델을 평가했습니다. 하 어를 분류하는 것이 목적이

▶ 확인 문제

1. 머신러닝 알고리즘의 한 종류로서 샘 학습 방법은 무엇인가요?

① 지도 학습
② 비지도 학습
③ 차원 축소
④ 강화 학습

> 학습 가이드

『혼자 공부하는 머신러닝+딥러닝(개정판)』 100% 활용하기

이 책의 모든 예제는 온라인 환경인 구글 코랩35쪽에서 실습합니다. 온라인에 연결되지 않은 상태에서 각자의 컴퓨터에서 실습하길 원하면 아래 '이 책에서 사용한 버전'에 있는 파이썬과 몇 가지 라이브러리를 설치해야 합니다.

본격적으로 학습을 시작하기 전에

파이썬의 기초 문법은 알아야 해요.

여러분이 꼭 알아야 할 파이썬 명령어는 이런 것들이 있습니다. 예를 들면 import, print, for, if 등입니다. 만약에 이러한 명령어에 대한 이해가 부족하다면 이 책을 읽기 전에 『혼자 공부하는 파이썬』과 『코딩 뇌를 깨우는 파이썬』을 비롯한 파이썬 입문서로 파이썬을 학습하기를 권합니다.

절 단위로 코드를 입력하세요.

이 책의 손코딩은 절 단위로 구성되어 있습니다. 앞의 손코딩 내용이 있어야 뒤의 코드가 정상적으로 동작합니다. SyntaxError: invalid syntax 에러를 만났다면 코드에 오타가 있습니다. 숫자 1과 영소문자 l, 또는 영대문자 I와 혼동하지 않았는지 살펴 보세요. ==와 같은 파이썬의 비교 연산자는 중간에 공백이 없어야 합니다. 각 절의 코드는 깃허브(https://github.com/rickiepark/hg-mldl2)에서 볼 수 있습니다.

이 책에서 사용한 버전

- 파이썬: 3.11.13
- 사이킷런: 1.6.1
- 파이토치: 2.6.0
- 맷플롯립: 3.10.0
- 텐서플로: 2.18.0
- 트랜스포머스: 4.52.4
- 넘파이: 2.0.2
- 케라스: 3.8.0

학습 사이트 100% 활용하기

예제 파일 다운로드, 동영상 강의 보기, 저자에게 질문하기를 한 번에!

hongong.hanbit.co.kr go

사이트 바로가기

동영상&학습자료
메뉴를 클릭해 책 제목을 선택하세요.

용어노트
혼자 공부할 때 필요한 용어노트를 내려받아 나만의 용어노트를 만들어 보세요.

실습예제
소스 코드를 내려받아 〈손코딩〉과 〈확인 문제〉의 실행 결과를 확인하세요.

동영상 강의
무료 동영상 강의와 함께 더 빠르고 정확하게 프로그래밍을 익히세요.

https://bit.ly/ml-dl-books-qna

저자에게 질문하기
공부하다가 막힐 땐 저자가 직접 답변해 드립니다!

때론 혼자, 때론 같이! '혼공 학습단'과 함께 하세요.

한빛미디어에서는 '혼공 학습단'을 모집합니다.
혼공 학습자들과 함께 학습 일정표에 따라 공부하며 완주의 기쁨을 느껴보세요.

✉ 한빛미디어 홈페이지에서 '메일 수신'에 동의하면 학습단 모집 일정을 안내받으실 수 있습니다.

학습 로드맵

일러두기

머신러닝 편 01~06장

딥러닝만 먼저 배우고 싶다면 01~04장을 읽은 후 07장으로 건너뛰어도 좋습니다.

딥러닝 편 07~10장

07장을 읽은 후 08장과 09장은 순서대로 읽지 않아도 괜찮습니다. 10장을 읽기 전에 07장과 09장을 읽는 것이 좋습니다.

난이도 ●●●●●

▶ 건너뛰어도 좋은 부분
▶ 꼭 읽고 넘어가야 하는 부분

Start → **01 나의 첫 머신러닝** → 인공지능과 머신러닝, 딥러닝 ▶ 코랩과 주피터 노트북

✓ 이 책에서 사용할 프로그래밍 환경을 설명합니다.

k-평균 ◀ 군집 알고리즘 ◀ **06 비지도 학습** ◀ 트리의 앙상블 ◀ 교차 검증과 그리드 서치

✓ 비지도 학습은 건너뛰고 나중에 다시 와서 봐도 좋습니다.

✓ 결정 트리나 앙상블에 관심이 없다면 그리드 서치만 읽어 보세요.

✓ 08, 09, 10장을 보려면 반드시 07장을 읽어야 합니다.

주성분 분석

07 딥러닝을 시작합니다

✓ 07장을 이해하기 어렵다면 04장을 다시 한번 읽어 보세요.

▶ 인공 신경망
▶ 심층 신경망
▶ 신경망 모델 훈련

08 이미지를 위한 인공 신경망 → 합성곱 신경망의 구성 요소 ▶ 합성곱 신경망을 사용한 이미지 분류 ▶ 합성곱 신경망의 시각화 → **09 텍스트를 위한 인공 신경망** ▶ 순차 데이터와 순환 신경망

✓ 합성곱 신경망의 개념을 설명합니다.

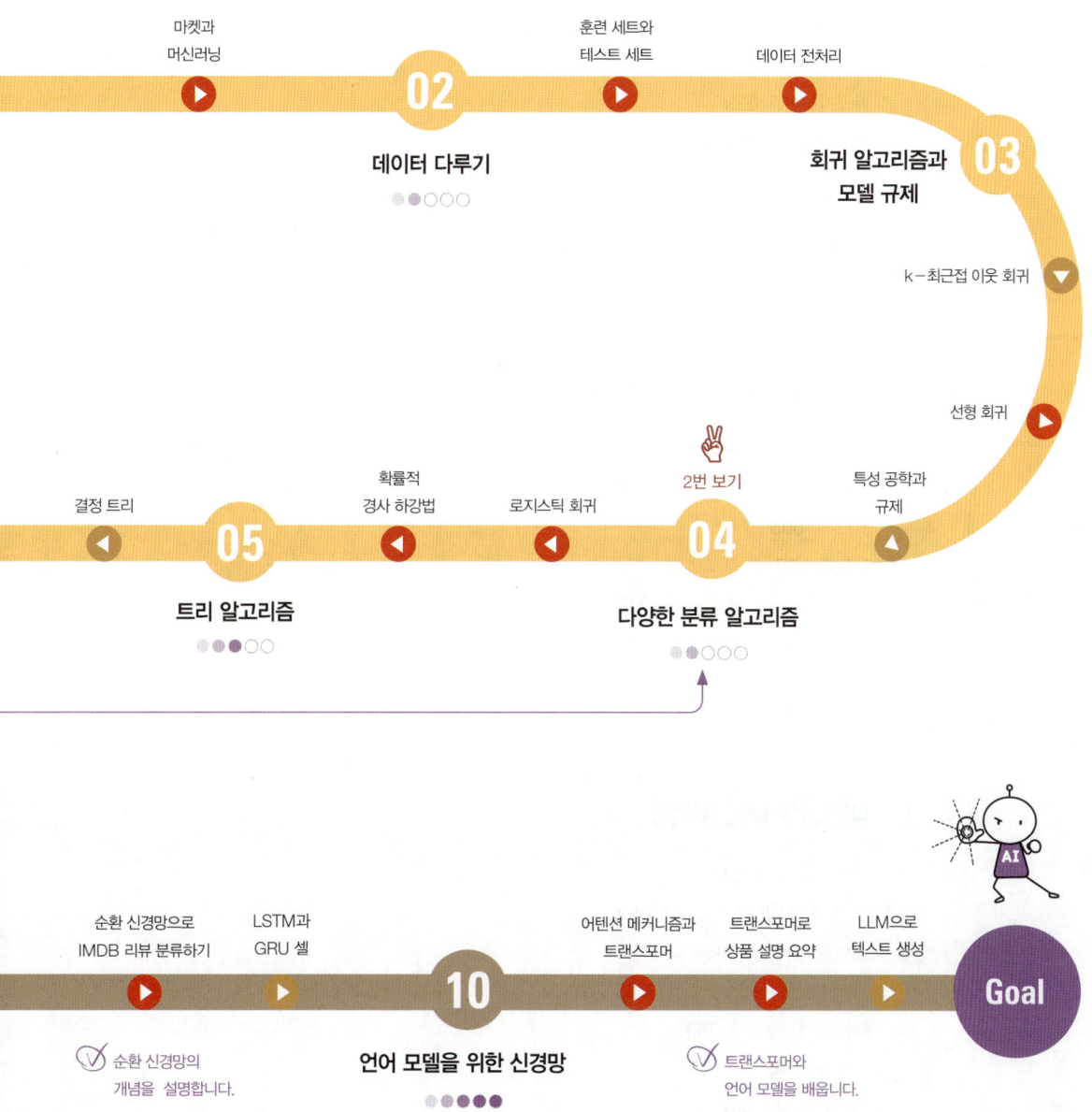

목차

Chapter 01 나의 첫 머신러닝

01-1 인공지능과 머신러닝, 딥러닝 028
인공지능이란 029
머신러닝이란 030
딥러닝이란 031
키워드로 끝내는 핵심 포인트 033
이 책에서 배울 것 033

01-2 코랩과 주피터 노트북 034
구글 코랩 035
텍스트 셀 036
코드 셀 038
노트북 039
키워드로 끝내는 핵심 포인트 043
표로 정리하는 툴바와 마크다운 043
확인 문제 045

01-3 마켓과 머신러닝 046
생선 분류 문제 047
첫 번째 머신러닝 프로그램 052
문제해결 과정 | 도미와 빙어 분류 059
키워드로 끝내는 핵심 포인트 063
핵심 패키지와 함수 063
확인 문제 065
자주 하는 질문 067

Chapter 02 데이터 다루기

02-1 훈련 세트와 테스트 세트 070

지도 학습과 비지도 학습 071
훈련 세트와 테스트 세트 072
샘플링 편향 076
넘파이 077
두 번째 머신러닝 프로그램 083

문제해결 과정 · 훈련 모델 평가 084

키워드로 끝내는 핵심 포인트 088
핵심 패키지와 함수 088
확인 문제 090

02-2 데이터 전처리 091

넘파이로 데이터 준비하기 092
사이킷런으로 훈련 세트와 테스트 세트 나누기 095
수상한 도미 한 마리 098
기준을 맞춰라 101
전처리 데이터로 모델 훈련하기 106

문제해결 과정 · 스케일이 다른 특성 처리 109

키워드로 끝내는 핵심 포인트 114
핵심 패키지와 함수 114
확인 문제 115
자주 하는 질문 116

목차

Chapter 03 회귀 알고리즘과 모델 규제

03-1 k-최근접 이웃 회귀 120

k-최근접 이웃 회귀 121
데이터 준비 122
결정계수(R^2) 126
과대적합 vs 과소적합 128

문제해결 과정 회귀 문제 다루기 130

키워드로 끝내는 핵심 포인트 133
핵심 패키지와 함수 133
확인 문제 134

03-2 선형 회귀 136

k-최근접 이웃의 한계 137
선형 회귀 141
다항 회귀 145

문제해결 과정 선형 회귀로 훈련 세트 범위 밖의 샘플 예측 148

키워드로 끝내는 핵심 포인트 154
핵심 패키지와 함수 154
확인 문제 155

03-3 특성 공학과 규제 156

다중 회귀 157
데이터 준비 158
사이킷런의 변환기 160
다중 회귀 모델 훈련하기 163
규제 165

	릿지 회귀 166
	라쏘 회귀 170
문제해결 과정	모델의 과대적합을 제어하기 173
	키워드로 끝내는 핵심 포인트 178
	핵심 패키지와 함수 178
	확인 문제 180
	자주 하는 질문 181

Chapter 04 다양한 분류 알고리즘

04-1 로지스틱 회귀 186

럭키백의 확률 187
로지스틱 회귀 193
문제해결 과정　로지스틱 회귀로 확률 예측 202
키워드로 끝내는 핵심 포인트 207
핵심 패키지와 함수 207
확인 문제 208

04-2 확률적 경사 하강법 210

점진적인 학습 211
SGDClassifier 218
에포크와 과대/과소적합 220
문제해결 과정　점진적 학습을 위한 확률적 경사 하강법 224
키워드로 끝내는 핵심 포인트 227
핵심 패키지와 함수 227
확인 문제 228
자주 하는 질문 230

목차

Chapter 05 트리 알고리즘

05-1 결정 트리 234

로지스틱 회귀로 와인 분류하기 235
결정 트리 240
문제해결 과정 | 이해하기 쉬운 결정 트리 모델 249
키워드로 끝내는 핵심 포인트 253
핵심 패키지와 함수 253
확인 문제 254

05-2 교차 검증과 그리드 서치 256

검증 세트 257
교차 검증 259
하이퍼파라미터 튜닝 262
문제해결 과정 | 최적의 모델을 위한 하이퍼파라미터 탐색 269
키워드로 끝내는 핵심 포인트 274
핵심 패키지와 함수 274
확인 문제 276

05-3 트리의 앙상블 277

정형 데이터와 비정형 데이터 278
랜덤 포레스트 279
엑스트라 트리 283
그레이디언트 부스팅 285
히스토그램 기반 그레이디언트 부스팅 286
문제해결 과정 | 앙상블 학습을 통한 성능 향상 290

키워드로 끝내는 핵심 포인트 296

핵심 패키지와 함수 296

확인 문제 298

자주 하는 질문 299

Chapter 06 비지도 학습

06-1 군집 알고리즘 302

타깃을 모르는 비지도 학습 303

과일 사진 데이터 준비하기 303

픽셀값 분석하기 308

평균값과 가까운 사진 고르기 313

문제해결 과정 | 비슷한 샘플끼리 모으기 315

키워드로 끝내는 핵심 포인트 318

확인 문제 318

06-2 k-평균 320

k-평균 알고리즘 소개 321

KMeans 클래스 322

클러스터 중심 326

최적의 k 찾기 328

문제해결 과정 | 과일을 자동으로 분류하기 330

키워드로 끝내는 핵심 포인트 333

핵심 패키지와 함수 333

확인 문제 334

목차

06-3 주성분 분석 335

- 차원과 차원 축소 336
- 주성분 분석 소개 337
- PCA 클래스 339
- 원본 데이터 재구성 341
- 설명된 분산 342
- 다른 알고리즘과 함께 사용하기 344

문제해결 과정
- 주성분 분석으로 차원 축소 348
- 키워드로 끝내는 핵심 포인트 353
- 핵심 패키지와 함수 353
- 확인 문제 354
- 자주 하는 질문 355

Chapter 07 딥러닝을 시작합니다

07-1 인공 신경망 358

- 패션 MNIST 359
- 로지스틱 회귀로 패션 아이템 분류하기 362
- 인공 신경망 365
- 인공 신경망으로 모델 만들기 370
- 인공 신경망으로 패션 아이템 분류하기 375

문제해결 과정
- 인공 신경망 모델로 성능 향상 380
- 키워드로 끝내는 핵심 포인트 384
- 핵심 패키지와 함수 385
- 확인 문제 386

07-2 심층 신경망 387

2개의 층 388
심층 신경망 만들기 391
층을 추가하는 다른 방법 394
렐루 함수 397
옵티마이저 400
[문제해결 과정] 케라스 API를 활용한 심층 신경망 405
키워드로 끝내는 핵심 포인트 408
핵심 패키지와 함수 408
확인 문제 409
파이토치 버전 살펴보기 411

07-3 신경망 모델 훈련 422

손실 곡선 423
검증 손실 427
드롭아웃 431
모델 저장과 복원 434
콜백 437
[문제해결 과정] 최상의 신경망 모델 얻기 441
키워드로 끝내는 핵심 포인트 447
핵심 패키지와 함수 447
확인 문제 449
파이토치 버전 살펴보기 450
자주 하는 질문 457

목차

Chapter 08 이미지를 위한 인공 신경망

08-1 합성곱 신경망의 구성 요소 460

합성곱 461
케라스 합성곱 층 466
합성곱 신경망의 전체 구조 474

[문제해결 과정] 합성곱 층과 풀링 층 이해하기 479
키워드로 끝내는 핵심 포인트 480
확인 문제 481

08-2 합성곱 신경망을 사용한 이미지 분류 482

패션 MNIST 데이터 불러오기 483
합성곱 신경망 만들기 484
모델 컴파일과 훈련 490

[문제해결 과정] 케라스 API로 합성곱 신경망 구현 495
키워드로 끝내는 핵심 포인트 499
핵심 패키지와 함수 499
확인 문제 500
파이토치 버전 살펴보기 502

08-3 합성곱 신경망의 시각화 511

가중치 시각화 512
함수형 API 518
특성 맵 시각화 520

[문제해결 과정] 시각화로 이해하는 합성곱 신경망 525
키워드로 끝내는 핵심 포인트 529

022

핵심 패키지와 함수 529

확인 문제 530

파이토치 버전 살펴보기 532

자주 하는 질문 541

Chapter 09 텍스트를 위한 인공 신경망

09-1 순차 데이터와 순환 신경망 544

순차 데이터 545

순환 신경망 547

셀의 가중치와 입출력 550

문제해결 과정 ⎯ 순환 신경망으로 순환 데이터 처리 555

키워드로 끝내는 핵심 포인트 556

확인 문제 556

09-2 순환 신경망으로 IMDB 리뷰 분류하기 558

IMDB 리뷰 데이터셋 559

순환 신경망 만들기 566

순환 신경망 훈련하기 570

단어 임베딩을 사용하기 573

문제해결 과정 ⎯ 케라스 API로 순환 신경망 구현 577

키워드로 끝내는 핵심 포인트 582

핵심 패키지와 함수 582

확인 문제 583

파이토치 버전 살펴보기 585

09-3 **LSTM과 GRU 셀** 595

LSTM 구조 596
LSTM 신경망 훈련하기 598
순환층에 드롭아웃 적용하기 602
2개의 층을 연결하기 605
GRU 구조 609
GRU 신경망 훈련하기 610

[문제해결 과정] LSTM과 GRU 셀로 훈련 614

키워드로 끝내는 핵심 포인트 619
핵심 패키지와 함수 619
확인 문제 620
파이토치 버전 살펴보기 621
자주 하는 질문 628

Chapter 10 언어 모델을 위한 신경망

10-1 **어텐션 메커니즘과 트랜스포머** 634

순환 신경망을 사용한 인코더-디코더 네트워크 635
어텐션 메커니즘 636
트랜스포머 637
셀프 어텐션 메커니즘 639
층 정규화 642
피드포워드 네트워크와 인코더 블록 644
토큰 임베딩과 위치 인코딩 645
디코더 블록 648

키워드로 끝내는 핵심 포인트 651
확인 문제 652

10-2 트랜스포머로 상품 설명 요약하기 653

트랜스포머 가계도 654

전이 학습 657

BART 모델 소개 658

BART의 인코더와 디코더 661

허깅페이스로 KoBART 모델 로드하기 663

텍스트 토큰화 670

키워드로 끝내는 핵심 포인트 676

핵심 패키지와 함수 676

확인 문제 678

10-3 대규모 언어 모델로 텍스트 생성하기 679

디코더 기반의 대규모 언어 모델 680

LLM 리더보드 681

EXAONE의 특징 685

EXAONE-3.5로 상품 질문에 대한 대답 생성하기 689

토큰 디코딩 전략 693

오픈AI 모델의 간략한 역사 700

오픈AI API 키 만들기 700

오픈AI API로 상품 질문에 대한 대답 생성하기 705

키워드로 끝내는 핵심 포인트 709

핵심 패키지와 함수 709

확인 문제 711

부록 한발 더 나아가기 712

정답 및 해설 720

찾아보기 739

학습목표
- 인공지능, 머신러닝, 딥러닝의 차이점을 이해합니다.
- 구글 코랩 사용법을 배웁니다.
- 첫 번째 머신러닝 프로그램을 만들고 머신러닝의 기본 작동 원리를 이해합니다.

Chapter 01

나의 첫 머신러닝
이 생선의 이름은 무엇인가요?

01-1 인공지능과 머신러닝, 딥러닝

핵심 키워드　　인공지능　머신러닝　딥러닝

이번 절에서는 인공지능, 머신러닝, 딥러닝이 무엇인지 알아보고 그 차이를 살펴보겠습니다.

시작하기 전에

인공지능이 무엇이다라고 설명하기도 전에 이 책을 읽는 독자 여러분은 이미 수없이 많이 들어본 단어일 것입니다. 무려 2번의 AI 겨울을 거친 이 분야는 알파고가 등장하기 전까지는 소설이나 영화 속의 주인공이었습니다. 스티븐 스필버그 감독의 「A.I.」라든가, 호아킨 피닉스가 열연한 「그녀」를 보거나 들어봤을 겁니다.

하지만 알파고와 챗GPT가 등장한 이후, 인공지능은 좀 더 우리와 가까워진 현실 속의 기술로 발전하고 있습니다. 알파고가 등장한 게 2016년 3월이니 불과 7년 만에 우리 생활 속에 인공지능, 머신러닝, 딥러닝이라는 단어가 깊숙이 파고들었습니다.

기나긴 인공지능의 역사를 모두 나열할 수는 없지만, 중요 사건을 요약한 그림을 보면서 인공지능, 머신러닝, 딥러닝이 무엇인지 공부해 봅시다.

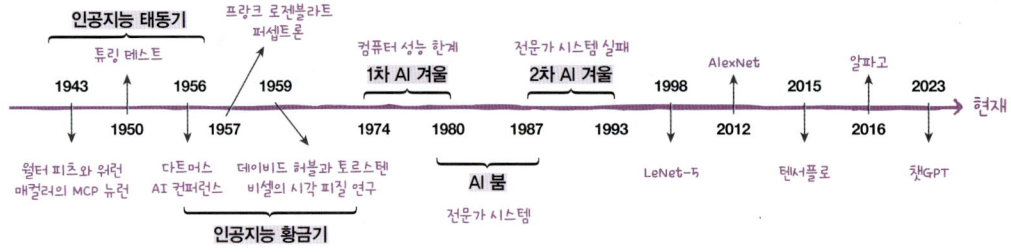

인공지능이란

인공지능artificial intelligence은 사람처럼 학습하고 추론할 수 있는 지능을 가진 컴퓨터 시스템을 만드는 기술입니다. 인공지능의 역사는 약 80년 남짓 되었지만 인류는 훨씬 더 오래전부터 지능적인 시스템을 생각했습니다. 지능을 가진 로봇을 다룬 최초의 소설은 150년 전으로 거슬러 올라갑니다.

1943년 워런 매컬러Warren McCulloch와 월터 피츠Walter Pitts는 최초로 뇌의 뉴런 개념을 발표했습니다. 1950년에는 앨런 튜링Alan Turing이 인공지능이 사람과 같은 지능을 가졌는지 테스트할 수 있는 유명한 튜링 테스트Turing Test를 발표합니다. 많은 과학자가 참여한 1956년 다트머스 AI 컨퍼런스Dartmouth AI Conference에서는 인공지능에 대한 장밋빛 전망이 최고조에 도달했습니다. 이 시기를 **인공지능 태동기**라고 합니다.

그 이후 **인공지능 황금기**가 도래했습니다. 대표적으로 1957년 프랑크 로젠블라트Frank Rosenblatt가 4장에서 배울 로지스틱 회귀의 초기 버전으로 볼 수 있는 퍼셉트론Perceptron을 발표했습니다. 1959년에는 데이비드 허블David Hubel과 토르스텐 비셀Torsten Wiesel이 고양이를 사용해 시각 피질에 있는 뉴런 기능을 연구했습니다. 나중에 두 사람은 그 공로를 인정받아 노벨상을 수상했습니다.

하지만 컴퓨터 성능의 한계로 인해 간단한 문제를 해결하는 것에 그치자 첫 번째 AI 겨울이 도래했습니다. 이 기간에는 인공지능에 대한 연구와 투자가 크게 감소했습니다. 그다음 전문가 시스템expert system이 등장했고 두 번째 AI 붐이 불었지만, 역시 또 한계를 드러내고 두 번째 AI 겨울을 맞이합니다.

이 시기를 극복한 후에 인공지능은 다시 각광을 받기 시작했고 연구자들은 물론 대중 매체도 어느 때보다 큰 관심을 가지게 되었습니다. 이제는 영화와 드라마, 소설 속에서 지능을 가진 컴퓨터 시스템이 등장하는 것이 흔합니다. 하지만 영화 속에 등장하는 인공지능을 실생활에서 체험하기는 아직 어렵습니다. 스마트폰의 음성 비서와 간단한 대화를 이어가기도 아직은 어렵습니다. 영화와 현실이 차이 나는 것은 두 기술이 다르기 때문입니다.

흔히 영화 속의 인공지능은 **인공일반지능**artificial general intelligence 혹은 **강인공지능**Strong AI이라고 부르는 인공지능입니다. 영화 「그녀」의 사만다나 지금도 가장 사악한 인공지능으로 불리는 「터미네이터」의 스카이넷처럼 사람과 구분하기 어려운 지능을 가진 컴퓨터 시스템이 인공일반지능입니다.

반면 현실에서 우리가 마주하고 있는 인공지능은 **약인공지능**^{Weak AI}입니다. 약인공지능은 아직까지는 특정 분야에서 사람의 일을 도와주는 보조 역할만 가능합니다. 예를 들면 음성 비서, 자율 주행 자동차, 음악 추천, 기계 번역 등입니다. 또 이세돌과 바둑 시합을 한 알파고가 좋은 예입니다.

그럼 언제 인공일반지능에 도달할 수 있을까요? 아직은 아무도 그 시기를 정확히 알 수 없지만 가능성에 대해서는 대체로 긍정적입니다. 그렇지만 가까운 미래에 이런 기술이 도래하리라 낙관하지는 않았으면 좋겠습니다. 여기에는 거품이 끼어 있을 수 있습니다. 앞서 언급했듯이 과거에도 이 분야에서는 성급하게 장밋빛 청사진을 제시하다가 실패한 경우가 있기 때문입니다.

머신러닝이란

머신러닝^{machine learning}은 규칙을 일일이 프로그래밍하지 않아도 자동으로 데이터에서 규칙을 학습하는 알고리즘을 연구하는 분야입니다. 인공지능의 하위 분야 중에서 지능을 구현하기 위한 소프트웨어를 담당하는 핵심 분야입니다.

머신러닝은 통계학과 깊은 관련이 있습니다. 통계학에서 유래된 머신러닝 알고리즘이 많으며 통계학과 컴퓨터 과학 분야가 상호 작용하면서 발전하고 있습니다. 대표적인 오픈소스 통계 소프트웨어인 R에는 다양한 머신러닝 알고리즘이 구현되어 있습니다.

하지만 최근 머신러닝의 발전은 통계나 수학 이론보다 경험을 바탕으로 발전하는 경우도 많습니다. 컴퓨터 과학 분야가 이런 발전을 주도하고 있습니다. 컴퓨터 과학 분야의 대표적인 머신러닝 라이브러리는 **사이킷런**^{scikit-learn}입니다.

사이킷런 라이브러리는 파이썬 API를 사용하는데 파이썬 언어는 배우기 쉽고 컴파일하지 않아도 되기 때문에 사용하기 편리합니다. 머신러닝 분야에 관심이 높아지면서 파이썬과 함께 사이킷런 라이브러리가 큰 인기를 얻고 있습니다. 이제는 사이킷런 외에 대표적인 다른 머신러닝 라이브러리를 찾아보기 힘듭니다.

파이썬으로 print('Hello world') 명령을 출력할 수 있다면 누구나 조금만 배워 머신러닝 프로그램을 만들 수 있습니다. 사이킷런 라이브러리에서 제공하는 클래스와 함수를 사용하여 필요한 작업을 수행할 수 있습니다.

당연하지만 사이킷런에 모든 머신러닝 알고리즘이 포함되어 있지는 않습니다. 연구자들은 새로운 알고리즘을 끊임없이 개발하여 발표합니다. 많은 사람이 이를 검증하고 사용해 본 다음 장단점을 파악하게 됩니다. 어느 정도 시간이 지나서 이런 알고리즘이 유익하다고 증명되어 널리 사용하게 되면 사이킷런 라이브러리 개발자들이 이 알고리즘을 라이브러리에 추가합니다.

그러므로 머신러닝 라이브러리에 포함된 알고리즘들은 안정적이며 성능이 검증되어 있습니다. 비교적 안심하고 사용할 수 있는 이유입니다. 프로그래머가 직접 알고리즘을 구현하느라 힘들게 프로그램을 짤 필요가 없습니다. 이 책에서는 1장부터 6장까지 사이킷런에 포함된 다양한 머신러닝 알고리즘을 배웁니다. 이를 통해 어떻게 머신러닝 알고리즘을 선택하고 활용할 수 있는지 배울 수 있습니다.

사이킷런이 있기 전까지 머신러닝 기술은 대부분 폐쇄적인 코드와 라이브러리로 통용되었습니다. 해당 분야에 대해 전문 교육을 이수하거나 비싼 비용을 지불하고 구매를 해야 했습니다. 하지만 사이킷런과 같은 오픈소스 라이브러리의 발전 덕분에 머신러닝 분야는 말 그대로 폭발적으로 성장했습니다. 파이썬 코드를 다룰 수 있다면 누구나 머신러닝 알고리즘을 무료로 손쉽게 제품에 활용할 수 있습니다. 덕분에 현대의 개발자는 머신러닝 알고리즘을 이해하고 사용할 수 있어야 합니다.

이런 현상으로 인해 새로운 이론과 기술은 직접 코드로 구현되고 통용되어야 그 가치를 입증할 수 있게 되었습니다. 코드로 구현되어 성능을 입증하지 못하면 탁상공론에 지나지 않고 사람들의 주목을 끌기 어렵습니다. 이런 기조는 딥러닝 분야에서 더욱 증폭되었습니다.

딥러닝이란

많은 머신러닝 알고리즘 중에 **인공 신경망**artificial neural network을 기반으로 한 방법들을 통칭하여 **딥러닝**deep learning이라고 부릅니다. 종종 사람들은 인공 신경망과 딥러닝을 크게 구분하지 않고 사용합니다.

두 번째 AI 겨울 기간에도 여전히 인공지능에 대해 연구한 사람들이 있었습니다. 이들의 연구가 차츰 빛을 보면서 다시 인공지능 기술이 주목받기 시작했습니다. 1998년 얀 르쿤Yann Lecun이 신경망 모델을 만들어 손글씨 숫자를 인식하는 데 성공했습니다. 이 신경망의 이름을 LeNet-5라고 하며 최초의 합성곱 신경망입니다. 8장에서 합성곱 신경망에 대해 자세히 배워 보겠습니다.

그 이후 2012년에 제프리 힌턴Geoffrey Hinton의 팀이 이미지 분류 대회인 ImageNet에서 기존의 머신러닝 방법을 누르고 압도적인 성능으로 우승했습니다. 힌턴이 사용한 모델의 이름은 AlexNet이며 역시 합성곱 신경망을 사용했습니다. 이때부터 이미지 분류 작업에 합성곱 신경망이 널리 사용되기 시작했습니다.

국내에서는 2016년 이세돌과 알파고의 대국으로 인해 딥러닝에 대한 관심이 크게 높아졌고, 2022년에는 챗GPT가 출시되면서 일반 대중이 인공지능 기술을 직접 활용하는 시대를 열었습니다. 하지만 앞에서 소개했듯이 딥러닝은 2010년 초반부터 이렇게 새로운 혁명을 준비하고 있었습니다. LeNet-5나 AlexNet과 같이 인공 신경망이 이전과 다르게 놀라운 성능을 달성하게 된 원동력으로 크게 세 가지를 꼽을 수 있습니다.

이세돌 9단이 알파고에게 유일하게 이긴 제4국

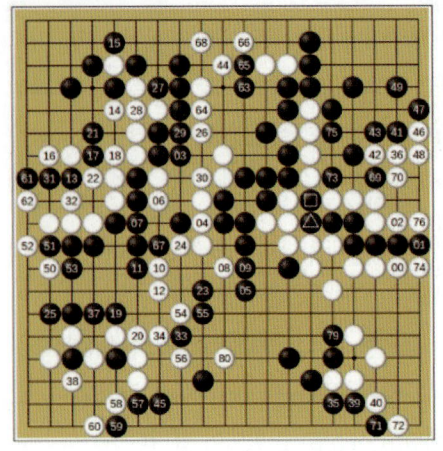

복잡한 알고리즘을 훈련할 수 있는 풍부한 데이터와 컴퓨터 성능의 향상, 그리고 혁신적인 알고리즘 개발입니다. 인공지능에 대한 과거의 시도와 달리 최근의 딥러닝 발전은 매우 긍정적이고 지속 가능해 보입니다.

이런 오픈소스 머신러닝 라이브러리의 영향력을 눈치챘던 것일까요. 2015년 구글은 딥러닝 라이브러리인 **텐서플로**TensorFlow를 오픈소스로 공개했습니다. 텐서플로는 공개와 동시에 큰 인기를 얻었으며 아직까지 가장 널리 사용되는 딥러닝 라이브러리입니다. 메타(구 페이스북)도 2018년 **파이토치**PyTorch 딥러닝 라이브러리를 오픈소스로 발표했습니다. 이 라이브러리들의 공통점은 인공 신경망 알고리즘을 전문으로 다루고 있다는 것과 모두 사용하기 쉬운 파이썬 API를 제공한다는 점입니다.

note 파이토치는 2022년 리눅스 재단으로 이전되었습니다.

이 책의 7장부터 10장까지는 딥러닝 알고리즘을 다룹니다. 기본적인 인공 신경망에서부터 이미지 처리 분야에 뛰어난 합성곱 신경망은 물론 순차 데이터 처리에 뛰어난 순환 신경망과 텍스트 처리를 위한 트랜스포머까지 원리를 터득하고 직접 모델을 구현하여 예제를 풀어 보겠습니다.

마무리

▶ 키워드로 끝내는 핵심 포인트

- **인공지능**은 사람처럼 학습하고 추론할 수 있는 지능을 가진 시스템을 만드는 기술입니다. 인공지능은 강인공지능과 약인공지능으로 나눌 수 있습니다.

- **머신러닝**은 규칙을 프로그래밍하지 않아도 자동으로 데이터에서 규칙을 학습하는 알고리즘을 연구하는 분야입니다. 사이킷런이 대표적인 라이브러리입니다.

- **딥러닝**은 인공 신경망이라고도 하며, 텐서플로와 파이토치가 대표적인 라이브러리입니다.

▶ 이 책에서 배울 것

컴퓨터 과학은 추상화의 학문이라고 해도 과언이 아닙니다. 더군다나 요즘엔 좀처럼 실제 컴퓨터를 조립할 기회도 많지 않습니다. 예전에 다양한 주변 장치가 담당했던 일을 하나의 칩이 대신합니다. 스마트폰은 이런 경향의 절정에 있습니다. 그러다 보니 피부로 느끼는 추상화는 더욱더 심합니다. 이런 추상화의 단점은 개념을 모호하게 만들고 외부에서 접근하기 어렵게 만듭니다. 눈에 보이지 않는 소프트웨어만으로 개념을 이해하고 알고리즘을 풀어내야 하는 일은 처음 배우는 사람에게 특히 더 어렵습니다.

아마 데이터 마이닝 data mining, 빅데이터 big data, 데이터 과학 data science 등과 같은 용어를 들어 봤을지 모릅니다. 이런 용어는 기술적이라기보다는 마케팅에 가깝습니다. 서로의 차이를 명확히 구분하기 힘들고 그 안에 속한 기술을 정확히 정의하기 어렵습니다.

하지만 사실 이런 기술은 모두 인공지능의 큰 범주 안에 포함됩니다. 시대와 가치에 따라 옷을 바꿔 입었지만 큰 흐름은 모두 일맥상통합니다. 그리고 이제 이런 기술이 머신러닝과 딥러닝에 이르러 절정을 이루고 있습니다. 지금이 이 기술을 배우기 가장 좋은 때라는 것은 의심의 여지가 없습니다.

이 책을 통해 인공지능의 추상화를 걷어내고 직접 코딩하면서 머신러닝과 딥러닝의 실체가 무엇인지 배워 보겠습니다. 더 이상 다음으로 미루지 말고 바로 시작해 보죠!

01-2 코랩과 주피터 노트북

핵심 키워드 코랩 · 노트북 · 구글 드라이브

이 책의 모든 코드는 웹 브라우저에서 파이썬 코드를 실행할 수 있는 구글 코랩Colab을 사용하여 작성했습니다. 본격적으로 머신러닝을 배우기 전에 구글 코랩에 대해 소개하고 간단한 사용법을 익히려 합니다.

시작하기 전에

머신러닝을 학습하려면 몇 가지 준비물이 필요합니다. 보통은 특정 언어와 그 언어를 사용할 환경을 구축하는데, 이런 방식은 각자 가지고 있는 실습 환경이 달라서 독자들이 실습에 어려움을 표하곤 합니다. 이 책은 사전 지식 없이도 누구나 쉽게 머신러닝의 기초를 학습할 수 있게 하겠다는 점을 목표로 하는 터라 '누구나 동일한 결과를 표현할 수 있게 쉽게 실습'할 수 있는 점을 고려했습니다.

이 책에서 사용할 실습 환경은 네트워크에 연결된 컴퓨터와 구글 계정입니다.

왼쪽은 코랩 로고입니다. 코랩은 웹 브라우저에서 파이썬 코드를 실행할 서비스입니다.

구글 코랩

구글 코랩Colab은 웹 브라우저에서 무료로 파이썬 프로그램을 테스트하고 저장할 수 있는 서비스입니다. 심지어 머신러닝 프로그램도 만들 수 있습니다. 좀 더 기술적으로 표현하자면 클라우드 기반의 주피터 노트북 개발 환경입니다(이 말은 뒤에 설명하도록 하죠). 머신러닝은 컴퓨터 사양이 중요한데, 구글 코랩을 사용하면 컴퓨터 성능과 상관없이 프로그램을 실습해 볼 수 있습니다.

구글 계정만 있다면 누구나 무료로 코랩을 사용할 수 있습니다. 구글 계정은 https://accounts.google.com/signup에서 안내에 따라 쉽게 만들 수 있으므로 이 과정은 생략합니다.

구글 계정이 있다면 바로 코랩(https://colab.research.google.com)에 접속해 보죠. 다음과 같은 화면을 볼 수 있습니다. 아직 로그인하지 않았다면 오른쪽 맨 위의 로그인 버튼을 눌러 구글 계정으로 로그인해 주세요.

> note 구글 계정으로 로그인하지 않아도 코랩에 접속할 수 있습니다. 하지만 코드를 실행할 수 없습니다. 실습을 위해서는 꼭 로그인한 다음 사용하길 권합니다.

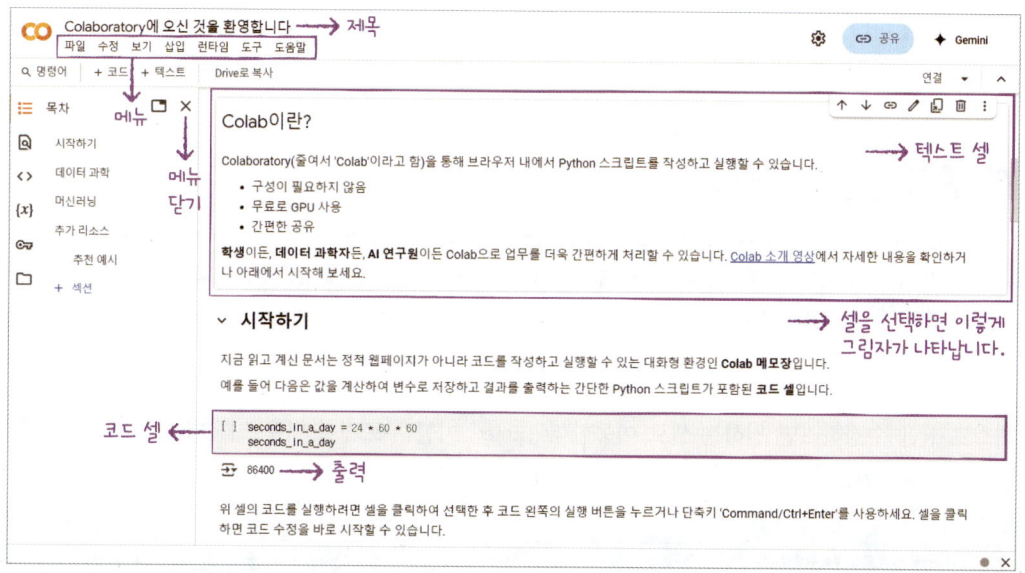

코랩은 웹 브라우저에서 텍스트와 프로그램 코드를 자유롭게 작성할 수 있는 온라인 에디터라고 생각하면 쉽습니다. 이런 코랩 파일을 **노트북**Notebook 혹은 코랩 노트북이라고 부릅니다.

이 책에서는 짧게 노트북이라고 부르겠습니다. 노트북 컴퓨터를 의미하는 것이 아니므로 혼동하지 마세요.

> 이 책에서 노트북은 코랩 노트북을 의미합니다.

화면 맨 위에는 노트북의 제목이 쓰여 있습니다. 코랩 기본 페이지의 제목은 'Colaboratory에 오신 것을 환영합니다'입니다. 노트북의 제목은 파일 이름으로도 사용됩니다. 제목 아래 메뉴가 있습니다. 왼쪽에는 현재 페이지의 목차를 보여 줍니다.

노트북에서 셀cell은 코드 또는 텍스트의 덩어리라고 보면 됩니다. 노트북은 보통 여러 개의 코드 셀과 텍스트 셀로 이루어집니다. 키보드의 위아래 키를 누르면 셀 사이를 이동할 수 있습니다. 물론 마우스로 클릭해서 이동할 수도 있습니다. 선택된 셀은 그림자가 나타나기 때문에 쉽게 알아챌 수 있습니다. 다음에는 노트북의 텍스트 셀과 코드 셀을 사용하는 방법에 대해 알아보겠습니다.

텍스트 셀

셀cell은 코랩에서 실행할 수 있는 최소 단위입니다. 즉 셀 안에 있는 내용을 한 번에 실행하고 그 결과를 노트북에 나타냅니다. 하지만 텍스트 셀은 코드처럼 실행되는 것이 아니기 때문에 자유롭게 사용해도 괜찮습니다. 셀 하나에 아주 긴 글을 써도 되고 여러 셀에 나누어 작성해도 괜찮습니다.

> **+ 여기서 잠깐 | 노트북의 장점**
>
> 노트북을 사용하면 코드를 설명하는 문서를 따로 만들지 않고 코드와 텍스트를 함께 담을 수 있습니다. 심지어 코드의 실행 결과도 노트북과 함께 저장됩니다. 다른 사람에게서 노트북 파일을 받으면 코드를 실행할 필요 없이 코드 설명과 실행 결과를 바로 확인할 수 있습니다.

텍스트 셀을 수정하려면 원하는 셀로 이동한 후 Enter 키를 누르거나 마우스를 더블 클릭하여 편집 화면으로 들어갑니다. 첫 번째 셀을 편집해 봅시다.

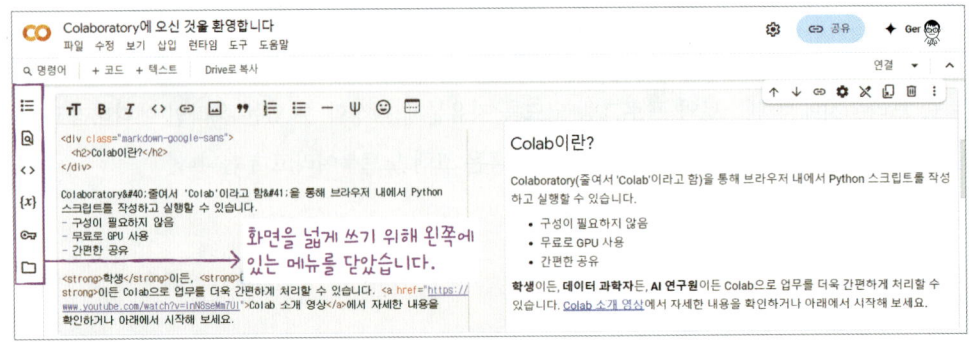

텍스트 셀에서는 HTML과 **마크다운**Markdown을 혼용해서 사용할 수 있습니다. 왼쪽 창에서 텍스트를 수정하면 오른쪽 미리 보기 창에서 수정된 결과를 바로 볼 수 있습니다. 〈h1〉 태그 아래에 임의의 텍스트를 추가하고 미리 보기 창에 나타나는 결과를 확인해 보세요.

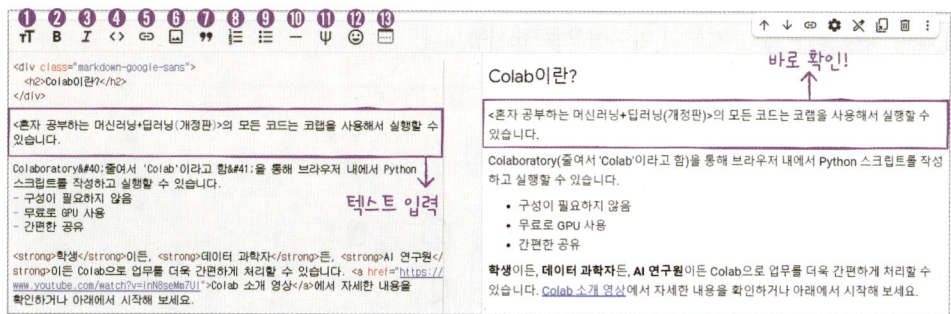

코랩에서 제공하는 상단의 툴바를 사용하면 다양한 형태로 글을 꾸밀 수 있습니다. 입력한 텍스트에 하나씩 적용해 보세요.

❶ **T** : 현재 라인을 제목으로 바꿉니다. 코랩은 여러 단계의 메뉴를 지원합니다. 이 아이콘을 클릭하면 순서대로 제목의 크기가 바뀝니다.

❷ **B** : 선택한 글자를 굵은 글자로 바꿉니다. 글자를 선택하지 않고 이 버튼을 누르면 현재 커서 위치에 있는 단어를 굵은 글자로 바꿉니다.

❸ *I* : 선택한 글자를 이탤릭체로 바꿉니다. 글자를 선택하지 않고 이 버튼을 누르면 현재 커서 위치에 있는 단어를 이탤릭체로 바꿉니다.

❹ 〈〉 : 코드 형식으로 바꿉니다. 글자를 선택하지 않고 이 버튼을 누르면 현재 커서 위치에 코드를 입력할 수 있는 코드 블록을 만듭니다.

❺ 🔗 : 선택한 글자를 링크로 만듭니다. 글자를 선택하지 않고 이 버튼을 누르면 현재 커서 위치에 새로운 링크를 추가합니다.

❻ 🖼 : 현재 커서 위치에 이미지를 추가합니다.

❼ 99 : 현재 커서 위치에 인용구를 추가합니다.

❽ ☷ : 현재 커서 위치에 번호 매기기 목록을 추가합니다.

❾ ☰ : 현재 커서 위치에 글머리 기호 목록을 추가합니다.

❿ ●●● : 현재 커서 위치에 가로줄을 추가합니다.

⓫ Ψ : 레이텍 문자를 추가합니다.

> **note** 레이텍(LaTex)은 수식, 그래프, 다이어그램 등을 그리는데 유용한 문서 저장도구로, 보통 논문 작성에 많이 사용합니다.

⓬ 😊 : 이모티콘을 추가합니다.

⓭ ▭ : 마크다운 미리보기 창의 위치를 오른쪽에서 아래로, 또는 아래에서 오른쪽으로 바꿉니다.

텍스트 셀의 수정을 끝내려면 `ESC` 키를 누릅니다. 현재 선택한 셀의 오른쪽 위에는 다음 그림과 같이 현재 셀에 적용할 수 있는 기능이 아이콘으로 표시됩니다.

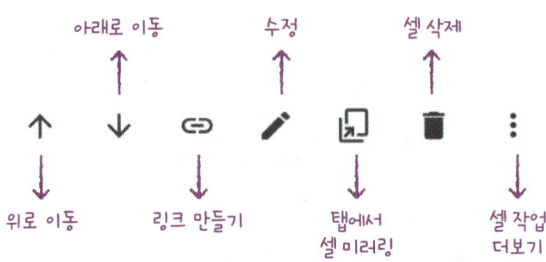

위아래 화살표는 셀을 화면 위아래로 이동시킵니다. 아래 화살표 옆의 아이콘을 클릭하면 셀 위치로 바로 이동하는 하이퍼링크를 만들 수 있습니다. 연필 아이콘을 누르면 (`Enter` 키를 눌렀을 때와 동일하게) 수정 화면으로 들어갈 수 있습니다. 연필 아이콘(✏️) 옆은 탭에서 셀 미러링을 하는 아이콘입니다. 삭제 아이콘은 현재 셀을 삭제합니다. 더보기 아이콘을 누르면 셀 복사와 셀 잘라내기 기능을 선택할 수 있습니다. 이 기능은 잠시 후에 사용해 보겠습니다.

이제 코드 셀에 대해 알아보겠습니다.

코드 셀

'Colaboratory에 오신 것을 환영합니다' 노트북의 세 번째 셀이 코드 셀입니다. 코드 셀로 이동하면 코드와 결과가 함께 선택됩니다.

```
seconds_in_a_day = 24 * 60 * 60
seconds_in_a_day
```

> 86400

> **note** 파이썬을 전혀 모르는 독자라면 『혼자 공부하는 파이썬』(한빛미디어, 2022)이나 『코딩 뇌를 깨우는 파이썬』(한빛미디어, 2023)을 먼저 한번 읽어 보기를 추천합니다.

노트북

코랩은 구글이 대화식 프로그래밍 환경인 주피터(Jupyter)를 커스터마이징한 것입니다. 파이썬 지원으로 시작한 주피터 프로젝트[1]는 최근에는 다른 언어도 지원합니다. 주피터 프로젝트의 대표 제품이 바로 노트북(Notebook)입니다. 흔히 주피터 노트북이라고 부릅니다.

이 책은 코랩 기반으로 실습을 구성했으며 여기에서는 코랩 노트북에 대해 좀 더 알아보겠습니다.

코랩 노트북은 구글 클라우드의 가상 서버(Virtual Machine)를 사용합니다. 화면 오른쪽 상단에 있는 RAM, 디스크 아이콘에 마우스를 올리면 상세 정보를 알 수 있습니다. 코드를 실행하기 전이나 연결이 끊어진 상태에서는 아이콘 대신에 [연결] 버튼이 활성화됩니다.

이 노트북은 구글 클라우드의 컴퓨트 엔진(Compute Engine)에 연결되어 있습니다. 이 서버의 메모리는 약 12기가이고 디스크 공간은 약 225기가입니다. 구글 계정만 있으면 코랩 노트북을 사용해 무료로 가상 서버를 활용할 수 있습니다. 놀랍지 않나요?

무료라 부담 없는 반면에 제한 사항도 있습니다. 코랩 노트북으로 동시에 사용할 수 있는 구글 클라우드의 가상 서버는 최대 5개입니다. 5개 이상의 노트북을 열어야 한다면 이미 실행 중인 노트북을 저장한 다음 구글 클라우드와 연결을 끊어야 합니다. 이에 대해서는 잠시 뒤에 설명하겠습니다.

또한 1개의 노트북을 12시간 이상 실행할 수 없습니다.

> 더 많은 메모리와 컴퓨팅 파워를 제공하는 코랩 프로(Colab Pro)와 코랩 프로+(Colab Pro+)를 각각 월 9.99달러와 월 49.99달러에 제공합니다. 코랩 프로와 코랩 프로+는 한 번에 최대 24시간 동안 프로그램을 실행할 수 있습니다.
> ▶ https://colab.research.google.com/signup

---
1 https://jupyter.org

새 노트북 만들기

이제 코랩에서 새로운 노트북을 만들고 저장하겠습니다.

01 [파일]-[새 노트]를 클릭해서 새로운 노트북을 만듭시다.

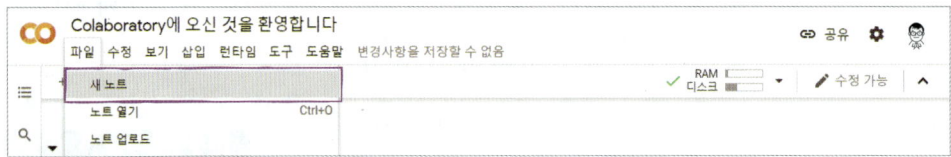

02 새 노트북은 Untitled[숫자].ipynb 이름으로 만들어지고 노트북에는 다음과 같이 빈 코드의 셀 하나가 들어 있습니다.

> **+ 여기서 잠깐** 　이미 코랩 노트북이 5개면 어떻게 만들죠?
>
> 코랩 노트북이 5개 이상 실행 중이라면 실행 중인 웹 브라우저 창을 닫거나 [런타임] → [세션 관리] 메뉴를 선택하여 실행 중인 노트북을 종료할 수 있습니다.

03 셀에 'Hello World'를 출력하는 print() 코드를 작성하고 이 파일의 이름을 'Hello World'로 저장해 봅시다. 먼저 빈 코드 셀을 마우스로 선택하고 다음과 같이 입력한 다음 셀을 실행해 보세요. 코드 셀을 실행하려면 Ctrl + Enter 키(macOS는 cmd + Enter 키)를 누르거나 왼쪽에 있는 플레이 아이콘(▶)을 클릭합니다.

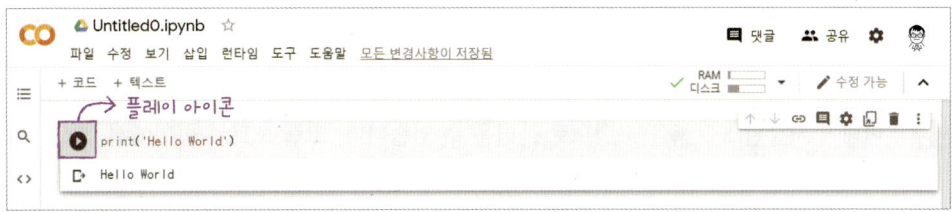

04 노트북은 자동으로 구글 드라이브Google Drive의 [내 드라이브]-[Colab Notebooks] 폴더 아래에 저장됩니다. 웹 브라우저에서 구글 드라이브(https://drive.google.com)로 접속해서 확인해 보세요.

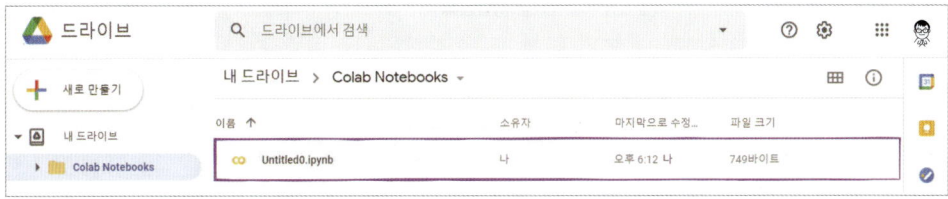

> note [파일]-[저장]을 선택해 수동으로 노트북을 저장할 수도 있습니다.

05 노트북의 이름을 바꿔 보겠습니다. 제목을 마우스로 클릭하면 수정할 수 있도록 바뀝니다. 이 파일의 제목을 'Hello World'로 바꿔 보세요.

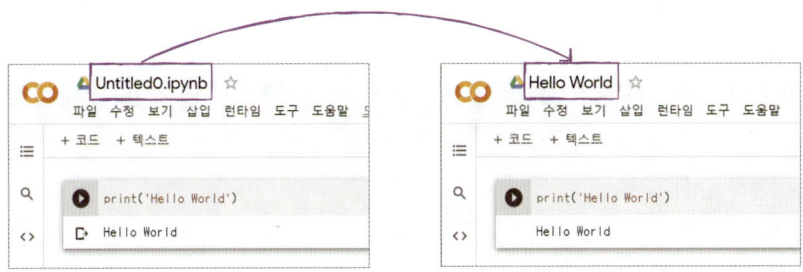

01-2 | 코랩과 주피터 노트북 **041**

06 노트북 이름을 수정하고 저장하면 잠시 후 구글 드라이브에 있는 이름이 바뀝니다.

07 이렇게 저장된 노트북을 코랩으로 불러올 수 있습니다. 코랩 노트북 화면에서 [파일]-[노트 열기]를 선택합니다. 팝업 창에서 [Google 드라이브]를 선택하면 [Colab Notebooks]에 들어간 노트북을 코랩에서 열 수 있습니다. 또는 구글 드라이브에서 코랩 노트북을 선택하고 마우스 오른쪽 버튼을 클릭하여 팝업 메뉴를 띄운 다음 [연결 앱]-[Google Colaboratory]를 선택하면 노트북을 코랩에서 열 수 있습니다.

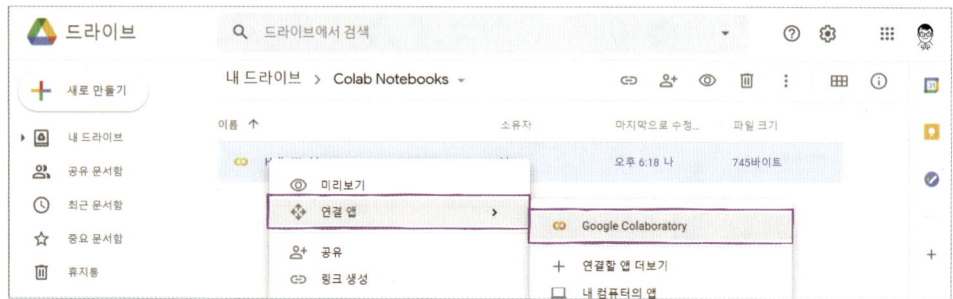

> **note** 만약 [연결 앱] 목록에 [Google Colaboratory]가 없다면, [연결할 앱 더보기]를 클릭한 후 Colab을 검색해 설치해 주세요.

지금까지 노트북을 만들고 저장하는 방법을 알아보았습니다. 코랩 노트북은 구글 드라이브에 보관되며 언제든지 다시 실행할 수 있습니다.

이제 모든 준비가 끝났습니다. 다음 절부터는 코랩을 사용하여 본격적으로 머신러닝을 배워 봅시다.

마무리

▶ 키워드로 끝내는 핵심 포인트

- **코랩**은 구글 계정이 있으면 누구나 사용할 수 있는 웹 브라우저 기반의 파이썬 코드 실행 환경입니다.

- **노트북**은 코랩의 프로그램 작성 단위이며 일반 프로그램 파일과 달리 대화식으로 프로그램을 만들 수 있기 때문에 데이터 분석이나 교육에 매우 적합합니다. 노트북에는 코드, 코드의 실행 결과, 문서를 모두 저장하여 보관할 수 있습니다.

- **구글 드라이브**는 구글이 제공하는 클라우드 파일 저장 서비스입니다. 코랩에서 만든 노트북은 자동으로 구글 드라이브의 'Colab Notebooks' 폴더에 저장되고 필요할 때 다시 코랩에서 열 수 있습니다.

▶ 표로 정리하는 툴바와 마크다운

텍스트 셀 툴바

T̄T	제목 전환	B	굵게	*I*	기울임 꼴
<>	코드로 형식 지정	🔗	링크 삽입	🖼	이미지 삽입
"	인용구 추가	≣	번호 매기기 목록 추가	≡	글머리 기호 목록 추가
⋯	가로줄 추가	Ψ	레이텍	☺	이모티콘 삽입
▭	마크다운 미리 보기 위치 변경				

텍스트 셀에 사용할 수 있는 마크다운

마크다운 형식	설명	예제
# 제목1	\<h1\> 태그와 동일합니다.	제목1
## 제목2	\<h2\> 태그와 동일합니다.	제목2
### 제목3	\<h3\> 태그와 동일합니다.	제목3
#### 제목4	\<h4\> 태그와 동일합니다.	제목4
##### 제목5	\<h5\> 태그와 동일합니다.	제목5
혼공머신	굵게 씁니다.	**혼공신**
혼공머신 _혼공머신_	기울임 꼴로 씁니다.	*혼공신*
~~혼공머신~~	취소선을 추가합니다.	~~혼공신~~
\`print("Hello World!")\`	백틱 기호를 사용해 코드 서체로 씁니다.	`print("Hello World!")`
\> 혼공머신	들여쓰기합니다. 여러 단계를 들여쓸 수 있습니다.	> 혼공신
* 혼공머신 – 혼공머신	글머리 기호 목록을 만듭니다.	• 혼공신
[한빛미디어](http://www.hanbit.co.kr/)	링크를 만듭니다.	한빛미디어
![한빛미디어](http://www.hanbit.co.kr/images/common/logo_hanbit.png)	이미지를 추가합니다.	한빛출판네트워크
$ y = x \times z$	레이텍을 추가합니다.	$y = x \times z$

▶ 확인 문제

1. 구글에서 제공하는 웹 브라우저 기반의 파이썬 실행 환경은 무엇인가요?

① 주피터 노트북

② 코랩

③ 크롬

④ 아나콘다

2. 코랩 노트북에서 쓸 수 있는 마크다운 중에서 다음 중 기울임 꼴로 쓰는 것은?

① **혼공머신**

② ~~혼공머신~~

③ '혼공머신'

④ _혼공머신_

3. 코랩 노트북은 어디에서 실행되나요?

① 내 컴퓨터

② 구글 드라이브

③ 구글 클라우드

④ 아마존 웹서비스

01-3 마켓과 머신러닝

핵심 키워드: 특성 | 훈련 | k-최근접 이웃 알고리즘 | 모델 | 정확도

가장 간단한 머신러닝 알고리즘 중 하나인 k-최근접 이웃을 사용하여 2개의 종류를 분류하는 머신러닝 모델을 훈련합니다.

시작하기 전에

한빛 마켓은 싸고 좋은 물건으로 인기가 높은 앱 마켓입니다. 한빛 마켓의 김 팀장은 요즘 걱정이 있습니다. 물건이 많아지다 보니 너무 바쁘고 직원을 계속 채용하기도 어렵습니다. 김 팀장은 요즘 한창 인기가 많은 머신러닝을 사용해 문제를 해결하기로 마음먹고 머신러닝 엔지니어 채용 공고를 냈습니다. 혼공머신은 머신러닝 엔지니어를 구한다는 한빛 마켓의 공고에 왠지 끌렸습니다. 혼공머신은 이제 막 머신러닝을 배운 초보 엔지니어지만 현실 문제를 해결하겠다는 열정으로 가득 차 있었습니다. 김 팀장은 혼공머신을 면접하자마자 마음에 들어 당장 채용했습니다.

한빛 마켓은 앱 마켓 최초로 살아 있는 생선을 판매하기 시작했습니다. 고객이 온라인으로 주문하면 가장 빠른 물류 센터에서 신선한 생선을 곧바로 배송합니다. 그런데 한 가지 문제가 생겼습니다. 물류 센터에서 생선을 고르는 직원이 도통 생선 이름을 외우지 못하는 것입니다. 항상 주위 사람에게 "이 생선 이름이 뭐예요?"라고 물어봐 배송이 지연되기 일쑤입니다. 이 소식을 들은 김 팀장은 혼공머신에게 첫 번째 임무로 생선 이름을 자동으로 알려주는 머신러닝 프로그램을 만들라고 맡겼습니다. 그럼 혼공머신과 함께 이 문제를 해결해 볼까요?

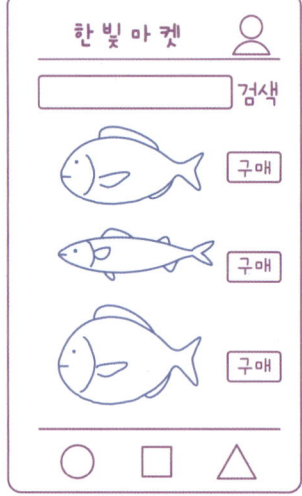

생선 분류 문제

한빛 마켓에서 팔기 시작한 생선은 '도미', '곤들매기', '농어', '강꼬치고기', '로치', '빙어', '송어'입니다. 이 생선들은 물류 센터에 많이 준비되어 있습니다. 이 생선들을 프로그램으로 분류한다고 가정해 봅시다. 어떻게 프로그램을 만들어야 할까요?

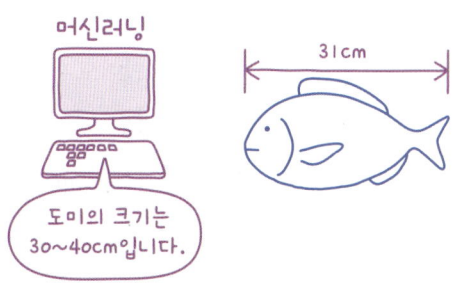

+ 여기서 잠깐 | 생선 데이터셋의 출처

이번에 사용할 생선 데이터는 캐글에 공개된 데이터셋입니다.
- https://www.kaggle.com/datasets/vipullrathod/fish-market

캐글(kaggle.com)은 2010년에 설립된 전 세계에서 가장 큰 머신러닝 경연 대회 사이트입니다. 대회 정보뿐만 아니라 많은 데이터와 모델을 제공합니다.

아무래도 생선을 분류하는 일이니 생선의 특징을 알면 쉽게 구분할 수 있을 것 같습니다. 마침 김 팀장이 도미에 대해 잘 안다며 혼공머신에게 생선 길이가 30cm 이상이면 도미라고 알려줬습니다. 그 이야기를 듣고 혼공머신은 다음과 같은 파이썬 프로그램을 만들었습니다.

```
if fish_length >= 30:
    print("도미")
```

하지만 30cm보다 큰 생선이 무조건 도미라고 말할 수 없습니다. 또 도미의 크기가 모두 같을 리도 없겠죠. 물론 고래와 새우처럼 현격히 차이가 있다면 길이만으로 둘 중 하나를 고르는 프로그램을 만들 수 있을 겁니다. 하지만 한빛 마켓에서 판매하는 생선은 이렇게 절대 바뀌지 않을 기준을 정하기 어렵습니다.

그럼 이 문제를 머신러닝으로 어떻게 해결할 수 있을까요? 보통 프로그램은 '누군가 정해준 기준대로 일'을 합니다. 반대로 머신러닝은 누구도 알려주지 않는 기준을 찾아서 일을 합니다. 다시 말해 누가 말해 주지 않아도 머신러닝은 "30~40cm 길이의 생선은 도미이다"라는 기준을 찾는 거죠.

> 머신러닝은 스스로 기준을 찾아서 일을 합니다.

머신러닝은 기준을 찾을 뿐만 아니라 이 기준을 이용해 생선이 도미인지 아닌지 판별할 수도 있습니다. 멋지네요!

도미 데이터 준비하기

머신러닝은 어떻게 이런 기준을 스스로 찾을 수 있을까요? 머신러닝은 여러 개의 도미 생선을 보면서 스스로 어떤 생선이 도미인지를 구분할 기준을 찾습니다. 그렇다면 도미 생선을 많이 준비해 놔야겠군요!

혼공머신은 문제를 해결하기 위해 물류 창고를 방문했습니다. 물류 창고에서 일하는 방식을 보니 생선을 고를 때 특별한 저울 위에 올리는데, 이 저울은 무게와 길이를 함께 재어 줍니다. 머신러닝만이 아니라 모든 문제는 먼저 간단한 것부터 해결해야 합니다. 먼저 혼공머신은 머신러닝을 사용해 도미와 빙어를 구분하기로 했습니다. 도미와 빙어를 준비해서 저울에 올려놓고 무게와 길이를 재어 보죠.

> **+ 여기서 잠깐** | **이진 분류**
>
> 머신러닝에서 여러 개의 종류(혹은 **클래스**(class)라고 부릅니다) 중 하나를 구별해 내는 문제를 **분류**(classification)라고 부릅니다. 특히 이 장에서처럼 2개의 클래스 중 하나를 고르는 문제를 **이진 분류**(binary classification)라고 합니다. 여기에서 클래스는 파이썬 프로그램의 클래스와는 다릅니다. 혼동하지 마세요.

길이와 무게를 입력하기 전에 코랩에서 새 노트를 하나 만들어야 합니다. 코랩 메뉴에서 [파일]-[새 노트]를 클릭해서 노트를 생성한 다음에 제목은 '01-3'이라고 수정합니다. 그러면 다음과 같은 화면이 보일 겁니다. 이제 그림의 커서가 위치한 곳에 이후 과정을 입력하면 됩니다.

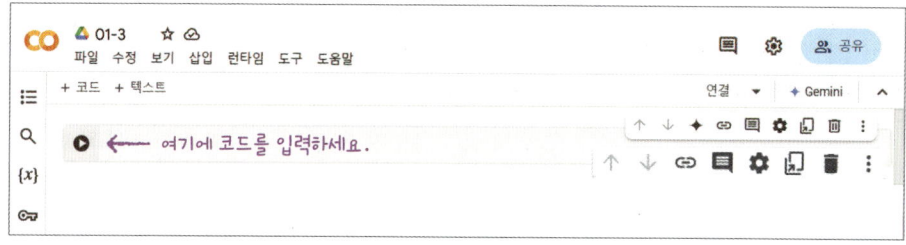

혼공머신은 35마리의 도미를 준비했습니다. 저울로 잰 도미의 길이(cm)와 무게(g)를 파이썬 리스트로 만들면 다음과 같습니다.

note 이 숫자를 손으로 모두 입력하려면 번거롭고 오타를 낼 수 있습니다. http://bit.ly/bream_list에서 복사해서 사용하세요.

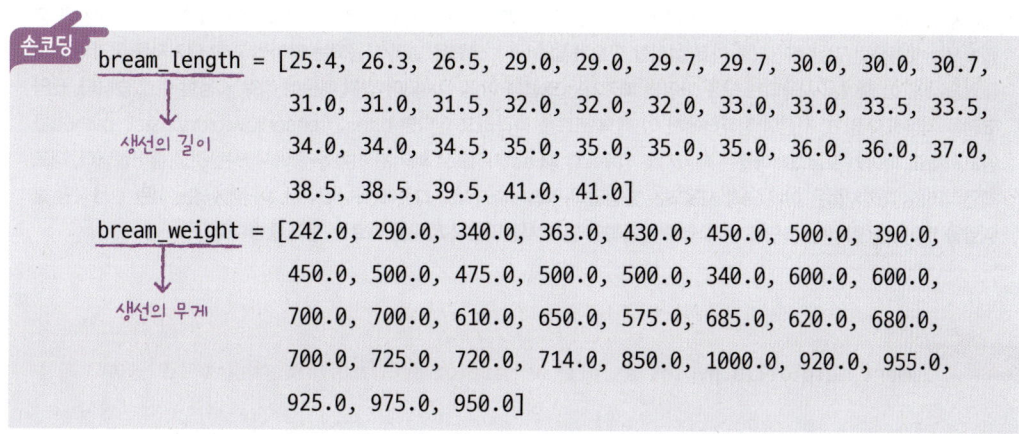

리스트에서 첫 번째 도미의 길이는 25.4cm, 무게는 242.0g이고 두 번째 도미의 길이는 26.3cm, 무게는 290.0g과 같은 식입니다. 각 도미의 특징을 길이와 무게로 표현한 것이죠. 이 책에서는 이런 특징을 **특성**feature이라고 부르겠습니다.

> 특성은 데이터의 특징입니다.

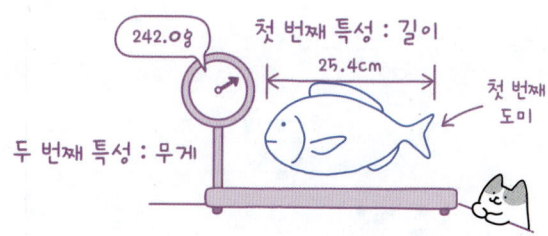

두 특성을 숫자로 보는 것보다 그래프로 표현하면 데이터를 잘 이해할 수 있고 앞으로 할 작업에 대한 힌트를 얻을 수도 있습니다. 길이를 x축으로 하고 무게를 y축으로 정하겠습니다. 그다음 각 도미를 이 그래프에 점으로 표시해 보죠. 이런 그래프를 **산점도**^{scatter plot}라고 부릅니다.

> 산점도는 x, y축으로 이뤄진 좌표계에 두 변수(x, y)의 관계를 표현하는 방법입니다.

파이썬에서 과학계산용 그래프를 그리는 대표적인 패키지는 **맷플롯립**^{matplotlib}입니다. 이 패키지를 임포트하고 산점도를 그리는 scatter() 함수를 사용해 보겠습니다. **임포트**^{import}란 따로 만들어둔 파이썬 패키지(클래스와 함수의 묶음)를 사용하기 위해 불러오는 명령입니다.

> ➕ 여기서 잠깐   **코랩에서의 패키지와 as**
>
> 패키지는 기능을 구현한 함수를 특정 기능별로 묶어둔 것입니다. 보통은 이런 패키지를 따로 설치해야 합니다. 하지만 코랩에서는 맷플롯립 같은 패키지를 따로 설치할 필요가 없습니다. 코랩은 널리 사용되는 파이썬 과학 패키지를 미리 준비해 놓았습니다. 이 책에서 사용되는 모든 파이썬 패키지는 코랩에 이미 설치되어 있기 때문에 바로 사용할 수 있습니다. 만약 코랩을 사용하지 않고, 자신의 컴퓨터에서 이 책의 코드를 따라하고 싶다면 https://tensorflow.blog/install-python을 참고하세요. 파이썬 프로그래머들은 패키지를 임포트할 때 as 키워드로 패키지 이름을 줄여서 쓰는 것을 좋아합니다. 대표적인 파이썬 패키지들은 이미 널리 사용되는 줄임말이 있습니다. plt도 중에 하나입니다. 이 책에서는 이런 관용적인 줄임말을 많이 사용합니다. 코드를 읽기 쉽게 만들려면 널리 사용되는 스타일을 따르는 것이 좋습니다.

손코딩
```python
import matplotlib.pyplot as plt   # matplotlib의 pyplot 함수를 plt로 줄여서 사용

plt.scatter(bream_length, bream_weight)
plt.xlabel('length')    # x축은 길이
plt.ylabel('weight')    # y축은 무게
plt.show()
```

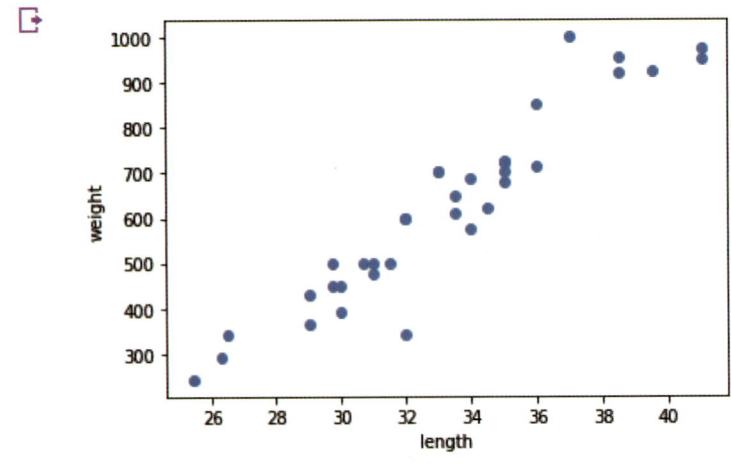

> note 맷플롯립의 함수 이름을 보고 눈치챘나요? xlabel()과 ylabel()은 각각 x축과 y축의 이름을 화면에 표시합니다. show() 함수는 준비된 그래프를 화면에 출력합니다.

도미 35마리를 2차원 그래프에 점으로 나타냈습니다. x축은 길이, y축은 무게입니다. 2개의 특성을 사용해 그린 그래프이기 때문에 2차원 그래프라고 말합니다.

생선의 길이가 길수록 무게가 많이 나간다고 생각하면 이 그래프 모습은 매우 자연스럽습니다. 이렇게 산점도 그래프가 일직선에 가까운 형태로 나타나는 경우를 **선형**^{linear}적이라고 말합니다. 머신러닝에서는 선형이란 단어가 종종 등장합니다. 기억해 두세요!

도미 데이터가 준비되었으니 다음으로 빙어 데이터를 준비해 보죠.

빙어 데이터 준비하기

물류 센터에는 빙어가 많지 않아 혼공머신이 준비한 빙어는 14마리입니다. 앞에서와 같이 파이썬 리스트로 만들어 보겠습니다.

> note 이 숫자를 손으로 모두 입력하려면 번거롭습니다. http://bit.ly/smelt_list에서 복사해 사용하세요.

손코딩
```
smelt_length = [ 9.8, 10.5, 10.6, 11.0, 11.2, 11.3, 11.8, 11.8, 12.0, 12.2,
                12.4, 13.0, 14.3, 15.0]
smelt_weight = [ 6.7, 7.5, 7.0, 9.7, 9.8, 8.7, 10.0, 9.9, 9.8, 12.2, 13.4,
                12.2, 19.7, 19.9]
```

숫자를 보고 금방 눈치챌 수 있듯이 빙어는 크기도 작고 무게도 가볍습니다. 빙어 그래프도 그려 봅시다. 여기서는 도미와 빙어 데이터를 함께 산점도로 그려 보겠습니다.

맷플롯립에서 2개의 산점도를 한 그래프로 그리는 것은 아주 간단합니다. 다음처럼 scatter() 함수를 연달아 사용하면 됩니다!

> **+ 여기서 잠깐** | **코랩과 임포트**
>
> 다음 코드에서는 맷플롯립을 임포트하지 않았습니다. 파이썬에서 한 번 임포트된 패키지는 그 파일 안에서는 다시 임포트하지 않아도 됩니다. 코랩 노트북에서도 마찬가지입니다. 하지만 코랩에서 구글 클라우드와 연결이 끊긴 후 다시 연결하면 패키지를 새로 임포트해야 합니다.

```
plt.scatter(bream_length, bream_weight)
plt.scatter(smelt_length, smelt_weight)
plt.xlabel('length')
plt.ylabel('weight')
plt.show()
```

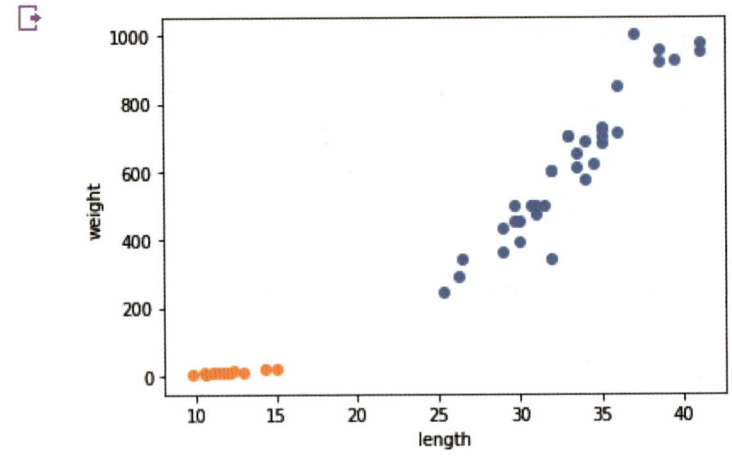

맷플롯립은 친절하게 2개의 산점도를 색깔로 구분해서 나타냅니다. 주황색 점이 빙어의 산점도입니다. 빙어는 도미에 비해 길이도 무게도 매우 작습니다.

빙어도 도미와 비슷하게 길이와 무게가 비례하지만 늘어나는 정도가 조금 다릅니다. 빙어는 길이가 늘어나더라도 무게가 많이 늘지 않습니다. 따라서 빙어의 산점도도 선형적이지만 무게가 길이에 영향을 덜 받는다고 볼 수 있습니다. 이런 특성 간의 관계에 대해서는 2장에서 자세히 알아보겠습니다.

도미와 빙어 데이터를 모두 준비했고 산점도도 그려 보았습니다. 이제 이 두 데이터를 스스로 구분하기 위한 첫 번째 머신러닝 프로그램을 만들어 보겠습니다.

첫 번째 머신러닝 프로그램

여기에서는 가장 간단하고 이해하기 쉬운 **k-최근접 이웃** k-Nearest Neighbors 알고리즘을 사용해 도미와 빙어 데이터를 구분해 보겠습니다.

k-최근접 이웃 알고리즘을 사용하기 전에 앞에서 준비했던 도미와 빙어 데이터를 하나의 데이터로 합치겠습니다. 파이썬에서는 다음처럼 두 리스트를 더하면 하나의 리스트로 만들어 줍니다.

> 손코딩
> ```
> length = bream_length + smelt_length
> weight = bream_weight + smelt_weight
> ```

아주 간단하게 두 리스트를 하나로 합쳤습니다. 이제 length와 weight 리스트는 다음과 같습니다.

```
         도미 35개의 길이    빙어 14개의 길이
length = [25.4, 26.3, ... , 41.0, 9.8, ... , 15.0]

         도미 35개의 무게     빙어 14개의 무게
weight = [242.0, 290.0, ... , 950.0, 6.7, ... , 19.9]
```

이 책에서 사용하는 머신러닝 패키지는 **사이킷런**scikit-learn입니다. 이 패키지를 사용하려면 다음처럼 각 특성의 리스트를 세로 방향으로 늘어뜨린 2차원 리스트를 만들어야 합니다.

사이킷런은 머신러닝 패키지이며 2차원 리스트가 필요합니다.

이렇게 만드는 가장 쉬운 방법은 파이썬의 zip() 함수와 리스트 내포list comprehension 구문을 사용하는 것입니다. zip() 함수는 나열된 리스트 각각에서 하나씩 원소를 꺼내 반환합니다. zip() 함수와 리스트 내포 구문을 사용해 length와 weight 리스트를 2차원 리스트로 만들어 보겠습니다.

> 손코딩
> ```
> fish_data = [[l, w] for l, w in zip(length, weight)]
> ```

➕ 여기서 잠깐 zip() 함수와 for 문

이 책은 파이썬 입문서가 아니므로 문법 파트가 없습니다. 하지만 파이썬을 잘 모를 독자를 위해 간단하게 설명합니다. 함수란 특정 기능을 실행하는 명령의 코드 모음입니다. 따라서 함수에 따라 실행하는 특정 기능이 있는데 zip() 함수는 나열된 리스트에서 원소를 하나씩 꺼내주는 일을 합니다. 이렇게 하나씩 꺼낸 데이터에 동일한 작업을 계속 반복하는 일을 해 주는 게 바로 for 반복문입니다. 사용법은 이어지는 코드를 보며 익히길 바랍니다.

for 문은 zip() 함수로 length와 weight 리스트에서 원소를 하나씩 꺼내어 l과 w에 할당합니다. 그러면 [l, w]가 하나의 원소로 구성된 리스트가 만들어집니다. 예상대로 fish_data가 만들어졌는지 출력해서 확인해 봅시다.

손코딩 `print(fish_data)`

```
[[25.4, 242.0], [26.3, 290.0], [26.5, 340.0], [29.0, 363.0], [29.0, 430.0],
 [29.7, 450.0], [29.7, 500.0], [30.0, 390.0], [30.0, 450.0], [30.7, 500.0],
 [31.0, 475.0], [31.0, 500.0], [31.5, 500.0], [32.0, 340.0], [32.0, 600.0],
 [32.0, 600.0], [33.0, 700.0], [33.0, 700.0], [33.5, 610.0], [33.5, 650.0],
 [34.0, 575.0], [34.0, 685.0], [34.5, 620.0], [35.0, 680.0], [35.0, 700.0],
 [35.0, 725.0], [35.0, 720.0], [36.0, 714.0], [36.0, 850.0], [37.0, 1000.0],
 [38.5, 920.0], [38.5, 955.0], [39.5, 925.0], [41.0, 975.0], [41.0, 950.0],
 [9.8, 6.7], [10.5, 7.5], [10.6, 7.0], [11.0, 9.7], [11.2, 9.8], [11.3, 8.7],
 [11.8, 10.0], [11.8, 9.9], [12.0, 9.8], [12.2, 12.2], [12.4, 13.4],
 [13.0, 12.2], [14.3, 19.7], [15.0, 19.9]]
```

> **note** 실제로 코랩에서 출력했을 때는 줄바꿈 없이 한 행에 출력됩니다.

첫 번째 생선의 길이 25.4cm와 무게 242.0g이 하나의 리스트를 구성하고 이런 리스트가 모여 전체 리스트를 만들었습니다. 이런 리스트를 **2차원 리스트** 혹은 리스트의 리스트라고 부릅니다.

생선 49개의 길이와 무게를 모두 준비했습니다. 마지막으로 준비할 데이터는 정답 데이터입니다. 즉 첫 번째 생선은 도미이고, 두 번째 생선도 도미라는 식으로 각각 어떤 생선인지 답을 만드는 것입니다. 왜 이런 작업이 필요할까요?

혼공머신은 머신러닝 알고리즘이 생선의 길이와 무게를 보고 도미와 빙어를 구분하는 규칙을 찾기를 원합니다. 그렇게 하려면 적어도 어떤 생선이 도미인지 빙어인지를 알려 주어야 합니다. 만약 스무고개를 하는데 고개마다 답을 알려 주지 않는다면 정답을 맞힐 수 없는 것과 비슷합니다.

머신러닝은 물론이고 컴퓨터 프로그램은 문자를 직접 이해하지 못합니다. 대신 도미와 빙어를 숫자 1과 0으로 표현해 보겠습니다. 예를 들어 첫 번째 생선은 도미이므로 1이고 마지막 생선은 빙어이므로 0이 됩니다.

앞서 도미와 빙어를 순서대로 나열했기 때문에 정답 리스트는 1이 35번 등장하고 0이 14번 등장하면 됩니다. 곱셈 연산자를 사용하면 파이썬 리스트를 간단하게 반복시킬 수 있습니다.

손코딩
```
fish_target = [1] * 35 + [0] * 14
print(fish_target)
```

```
[1, 1, 1, 1, 1, 1, 1, 1, 1, 1, 1, 1, 1, 1, 1, 1, 1, 1, 1, 1, 1, 1, 1, 1,
 1, 1, 1, 1, 1, 1, 1, 1, 1, 1, 1, 0, 0, 0, 0, 0, 0, 0, 0, 0, 0, 0, 0, 0, 0]
```

> **note** 앞으로 배우게 되겠지만 머신러닝에서 2개를 구분하는 이진 분류의 경우 찾으려는 대상을 1로 놓고 그 외에는 0으로 놓습니다. 위의 예는 도미를 찾는 대상으로 정의했기 때문에 도미를 1로 놓고 빙어를 0으로 놓았습니다. 반대로 빙어가 찾는 대상이라면 빙어를 1로 놓아도 됩니다. 또한 이진 분류에서 1을 양성 클래스(positive class), 0을 음성 클래스(negative class)라고 부릅니다.

이제 사이킷런 패키지에서 k-최근접 이웃 알고리즘을 구현한 클래스인 KNeighborsClassifier를 임포트합니다.

손코딩
```
from sklearn.neighbors import KNeighborsClassifier
```

＋ 여기서 잠깐   from ~ import 구문

파이썬에서 패키지나 모듈 전체를 임포트하지 않고 특정 클래스만 임포트하려면 from ~ import 구문을 사용합니다. 이렇게 하면 다음과 같이 클래스 이름을 길게 사용하지 않아도 됩니다.

```
import sklearn
model = sklearn.neighbors.KNeighborsClassifier()
```

임포트한 KNeighborsClassifier 클래스의 객체를 먼저 만듭니다.

손코딩
```
kn = KNeighborsClassifier()
```

이 객체에 fish_data와 fish_target을 전달하여 도미를 찾기 위한 기준을 학습시킵니다. 이런 과정을 머신러닝에서는 **훈련**training이라고 부릅니다. 사이킷런에서는 fit() 메서드가 이런 역할을 합니다. 이 메서드에 fish_data와 fish_target을 순서대로 전달해 보겠습니다.

> 모델에 데이터를 전달하여 규칙을 학습하는 과정을 훈련이라고 합니다.

> 손코딩 `kn.fit(fish_data, fish_target)`

fit() 메서드는 주어진 데이터로 알고리즘을 훈련합니다.

이제 객체(또는 모델) kn이 얼마나 잘 훈련되었는지 평가해 보겠습니다. 사이킷런에서 모델을 평가하는 메서드는 score() 메서드입니다. 이 메서드는 0에서 1 사이의 값을 반환합니다. 1은 모든 데이터를 정확히 맞혔다는 것을 나타냅니다. 예를 들어 0.5라면 절반만 맞혔다는 의미죠.

> **+ 여기서 잠깐** **머신러닝에서의 모델**
>
> 머신러닝 알고리즘을 구현한 프로그램을 **모델**(model)이라고 부릅니다. 또는 프로그램이 아니더라도 알고리즘을 (수식 등으로) 구체화하여 표현한 것을 모델이라고 부릅니다. 예를 들어 "스팸 메일을 걸러내기 위해 k-최근접 이웃 모델을 사용해 봅시다"라고 말할 수 있습니다.

> 손코딩 `kn.score(fish_data, fish_target)`

        1.0

와우! 1.0이네요. 모든 fish_data의 답을 정확히 맞혔습니다. 이 값을 **정확도**accuracy라고 부릅니다. 즉 이 모델은 정확도가 100%이며 도미와 빙어를 완벽하게 분류했습니다. 성공이네요. 혼공머신은 이제 퇴근해도 될 것 같습니다!

k-최근접 이웃 알고리즘

앞에서 첫 번째 머신러닝 프로그램을 성공적으로 만들었습니다. 여기에서 사용한 알고리즘은 k-최근접 이웃입니다. 이 알고리즘에 대해 조금 더 자세히 알아보도록 하겠습니다. k-최근접 이웃 알고리즘은 매우 간단합니다. 어떤 데이터에 대한 답을 구할 때 주위의 다른 데이터를 보고 다수를 차지하는 것을 정답으로 사용합니다. 마치 근묵자흑과 같이 주위의 데이터로 현재 데이터를 판단하는 거죠.

예를 들어 다음 그림에 삼각형으로 표시된 새로운 데이터가 있다고 가정해 보죠. 이 삼각형은 도미와 빙어 중 어디에 속할까요?

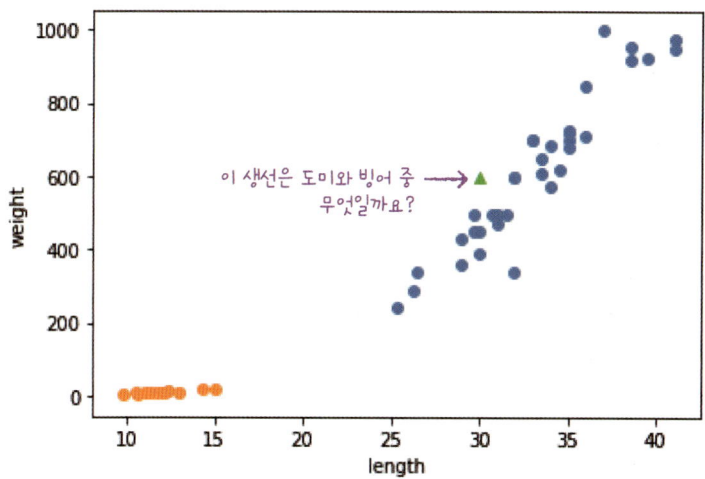

아마도 여러분은 직관적으로 이 삼각형은 도미라고 판단할 것입니다. 왜냐하면 삼각형 주변에 다른 도미 데이터가 많기 때문이죠. k-최근접 이웃 알고리즘도 마찬가지입니다. 이 삼각형 주위에 도미 데이터가 많으므로 삼각형을 도미라고 판단할 것입니다. 실제로 그런지 한번 확인해 보죠.

predict() 메서드는 새로운 데이터의 정답을 예측합니다. 이 메서드도 앞서 fit() 메서드와 마찬가지로 리스트의 리스트를 전달해야 합니다. 그래서 삼각형 포인트를 리스트로 2번 감쌌습니다. 반환되는 값은 1입니다. 우리는 앞서 도미는 1, 빙어는 0으로 가정했습니다. 즉 이 삼각형 포인트는 도미입니다. 예상과 같네요.

note 반환되는 값에 나타난 array()는 잠시 잊어도 좋습니다. 나중에 자세히 설명하겠습니다.

이렇게 생각하면 k-최근접 이웃 알고리즘이 준비해야 할 일은 데이터를 모두 가지고 있는 게 전부입니다. 새로운 데이터에 대해 예측할 때는 가장 가까운 직선거리에 어떤 데이터가 있는지를 살피기만 하면 됩니다. 단점은 k-최근접 이웃 알고리즘의 이런 특징 때문에 데이터가 아주 많은 경우 사용하기 어렵습니다. 데이터가 크기 때문에 메모리가 많이 필요하고 직선거리를 계산하는 데도 많은 시간이 필요합니다.

사이킷런의 KNeighborsClassifier 클래스도 마찬가지입니다. 이 클래스는 _fit_X 속성에 우리가 전달한 fish_data를 모두 가지고 있습니다. 또 _y 속성에 fish_target을 가지고 있습니다.

```
print(kn._fit_X)
```

```
[[  25.4  242. ]
 [  26.3  290. ]
 ...
 [  15.    19.9]]
```

```
print(kn._y)
```

```
[1 1 1 1 1 1 1 1 1 1 1 1 1 1 1 1 1 1 1 1 1 1 1 1 1 1 1 1 1 1 1 1 1 1 1 0 0
 0 0 0 0 0 0 0 0 0 0 0 0]
```

좋습니다. 실제로 k-최근접 이웃 알고리즘은 무언가 훈련되는 게 없는 셈이네요. fit() 메서드에 전달한 데이터를 모두 저장하고 있다가 새로운 데이터가 등장하면 가장 가까운 데이터를 참고하여 도미인지 빙어인지를 구분합니다.

그럼 가까운 몇 개의 데이터를 참고할까요? 이는 정하기 나름입니다. KNeighborsClassifier 클래스의 기본값은 5입니다. 이 기준은 n_neighbors 매개변수로 바꿀 수 있습니다. 예를 들어 다음과 같이 하면 어떤 결과가 나올까요?

```
kn49 = KNeighborsClassifier(n_neighbors=49)    # 참고 데이터를 49개로 한 kn49 모델
```

가장 가까운 데이터 49개를 사용하는 k-최근접 이웃 모델에 fish_data를 적용하면 fish_data에 있는 모든 생선을 사용하여 예측하게 됩니다. 다시 말하면 fish_data의 데이터 49개 중에 도미가 35개로 다수를 차지하므로 어떤 데이터를 넣어도 무조건 도미로 예측할 것입니다.

```
kn49.fit(fish_data, fish_target)
kn49.score(fish_data, fish_target)
```

```
0.7142857142857143
```

fish_data에 있는 생선 중에 도미가 35개이고 빙어가 14개입니다. kn49 모델은 도미만 올바르게 맞히기 때문에 다음과 같이 정확도를 계산하면 score() 메서드와 같은 값을 얻을 수 있습니다.

 `print(35/49)`

> 0.7142857142857143

확실히 n_neighbors 매개변수를 49로 두는 것은 좋지 않네요. 기본값을 5로 하여 도미를 완벽하게 분류한 모델을 사용하겠습니다.

혼공머신은 김 팀장에게 이 기쁜 소식을 전달했습니다.

> **+ 여기서 잠깐 결괏값은 왜 한 번만 출력될까요?**
>
> kn49.score() 다음에 바로 print(35/49) 명령을 사용하면 결괏값이 2번 출력되어야 할 것 같죠? 하지만 그렇지 않습니다. 코드 셀은 마지막 실행 코드의 반환값만을 자동 출력합니다. 모든 코드를 한 셀에 넣으면 중간의 반환값은 출력하지 않습니다. 따라서 두 값을 모두 출력하려면 각각 print 명령을 사용하거나 여러 개의 코드 셀로 나누어 작성해야 합니다. 책과 함께 제공되는 코랩 소스는 모두 코드 셀을 따로 작성해두었습니다.

도미와 빙어 분류 문제해결 과정

혼공머신은 도미와 빙어를 구분하기 위해 첫 번째 머신러닝 프로그램을 만들었습니다. 먼저 도미 35마리와 빙어 14마리의 길이와 무게를 측정해서 파이썬 리스트로 만듭니다. 그다음 도미와 빙어 데이터를 합쳐 리스트의 리스트로 데이터를 준비했습니다.

혼공머신이 사용한 첫 번째 머신러닝 알고리즘은 k-최근접 이웃 알고리즘입니다. 사이킷런의 k-최근접 이웃 알고리즘은 주변에서 가장 가까운 5개의 데이터를 보고 다수결의 원칙에 따라 데이터를 예측합니다. 이 모델은 혼공머신이 준비한 도미와 빙어 데이터를 모두 완벽하게 맞혔습니다.

도미와 빙어를 분류하는 문제를 풀면서 KNeighborsClassifier 클래스의 fit(), score(), predict() 메서드를 사용해 보았습니다. 끝으로 k-최근접 이웃 알고리즘의 특징을 알아보았습니다.

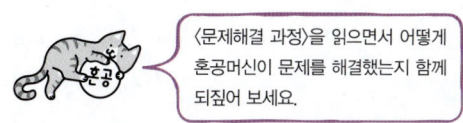

〈문제해결 과정〉을 읽으면서 어떻게 혼공머신이 문제를 해결했는지 함께 되짚어 보세요.

전체 소스 코드

이 책의 모든 〈손코딩〉은 절마다 하나의 예제로 구성되어 있어 순서대로 입력해야 코드를 정확히 실행할 수 있습니다. 각 절의 마지막에 있는 〈전체 소스 코드〉는 〈손코딩〉을 모아놓은 코드입니다.

note https://bit.ly/hg2-01-3에 접속하면 코랩에서 이 절의 코드를 바로 열어 볼 수 있습니다.

```python
"""# 마켓과 머신러닝"""

"""## 생선 분류 문제"""

"""### 도미 데이터 준비하기"""

bream_length = [25.4, 26.3, 26.5, 29.0, 29.0, 29.7, 29.7, 30.0, 30.0, 30.7,
                31.0, 31.0, 31.5, 32.0, 32.0, 32.0, 33.0, 33.0, 33.5, 33.5,
                34.0, 34.0, 34.5, 35.0, 35.0, 35.0, 35.0, 36.0, 36.0, 37.0,
                38.5, 38.5, 39.5, 41.0, 41.0]
bream_weight = [242.0, 290.0, 340.0, 363.0, 430.0, 450.0, 500.0, 390.0,
                450.0, 500.0, 475.0, 500.0, 500.0, 340.0, 600.0, 600.0,
                700.0, 700.0, 610.0, 650.0, 575.0, 685.0, 620.0, 680.0,
                700.0, 725.0, 720.0, 714.0, 850.0, 1000.0, 920.0, 955.0,
                925.0, 975.0, 950.0]

import matplotlib.pyplot as plt    # matplotlib의 pylot 함수를 plt로 줄여서 사용

plt.scatter(bream_length, bream_weight)
plt.xlabel('length')               # x축은 길이
plt.ylabel('weight')               # y축은 무게
plt.show()

"""### 빙어 데이터 준비하기"""

smelt_length = [ 9.8, 10.5, 10.6, 11.0, 11.2, 11.3, 11.8, 11.8, 12.0, 12.2,
                12.4, 13.0, 14.3, 15.0]
smelt_weight = [ 6.7, 7.5, 7.0, 9.7, 9.8, 8.7, 10.0, 9.9, 9.8, 12.2, 13.4,
                12.2, 19.7, 19.9]
```

```python
plt.scatter(bream_length, bream_weight)
plt.scatter(smelt_length, smelt_weight)
plt.xlabel('length')
plt.ylabel('weight')
plt.show()

"""## 첫 번째 머신러닝 프로그램"""

length = bream_length + smelt_length
weight = bream_weight + smelt_weight

fish_data = [[l, w] for l, w in zip(length, weight)]

print(fish_data)

fish_target = [1] * 35 + [0] * 14
print(fish_target)

from sklearn.neighbors import KNeighborsClassifier

kn = KNeighborsClassifier()

kn.fit(fish_data, fish_target)

kn.score(fish_data, fish_target)

"""### k-최근접 이웃 알고리즘"""

plt.scatter(bream_length, bream_weight)
plt.scatter(smelt_length, smelt_weight)
plt.scatter(30, 600, marker='^')
plt.xlabel('length')
plt.ylabel('weight')
plt.show()
```

```
kn.predict([[30, 600]])

print(kn._fit_X)

print(kn._y)

kn49 = KNeighborsClassifier(n_neighbors=49)

kn49.fit(fish_data, fish_target)
kn49.score(fish_data, fish_target)

print(35/49)
```

마무리

▶ 키워드로 끝내는 핵심 포인트

- **특성**은 데이터를 표현하는 하나의 성질입니다. 이 절에서 생선 데이터 각각을 길이와 무게 특성으로 나타냈습니다.

- 머신러닝 알고리즘이 데이터에서 규칙을 찾는 과정을 **훈련**이라고 합니다. 사이킷런에서는 fit() 메서드가 하는 역할입니다.

- **k-최근접 이웃 알고리즘**은 가장 간단한 머신러닝 알고리즘 중 하나입니다. 사실 어떤 규칙을 찾기보다는 전체 데이터를 메모리에 가지고 있는 것이 전부입니다.

- 머신러닝 프로그램에서는 알고리즘이 구현된 객체를 **모델**이라고 부릅니다. 종종 알고리즘 자체를 모델이라고 부르기도 합니다.

- **정확도**는 정확한 답을 몇 개 맞혔는지를 백분율로 나타낸 값입니다. 사이킷런에서는 0~1 사이의 값으로 출력됩니다.

    정확도 = (정확히 맞힌 개수) / (전체 데이터 개수)

▶ 핵심 패키지와 함수

matplotlib

- **scatter()**는 산점도를 그리는 맷플롯립 함수입니다. 처음 2개의 매개변수로 x축 값과 y축 값을 전달합니다. 이 값은 파이썬 리스트 또는 넘파이(다음 절에서 소개합니다) 배열입니다.

    c 매개변수로 색깔을 지정합니다. RGB를 16진수(예를 들면 '#1f77b4')로 지정하거나 색깔 코드 'b'(파랑), 'g'(초록), 'r'(빨강), 'c'(시안), 'm'(마젠타), 'y'(노랑), 'k'(검정), 'w'(흰색) 중 하나를 지정합니다. 지정하지 않을 경우 10개의 기본 색깔을 사용해 그래프를 그립니다. 기본 색깔은 https://bit.ly/matplotlib_prop_cycle을 참고하세요.

marker 매개변수로 마커 스타일을 지정합니다. marker의 기본값은 o(circle, 원)입니다. 지정할 수 있는 마커 종류는 https://bit.ly/matplotlib_marker를 참고하세요.

scikit-learn

- **KNeighborsClassifier()** 는 k-최근접 이웃 분류 모델을 만드는 사이킷런 클래스입니다. n_neighbors 매개변수로 이웃의 개수를 지정합니다. 기본값은 5입니다.

  p 매개변수로 거리를 재는 방법을 지정합니다. 1일 경우 맨해튼 거리(https://bit.ly/man_distance)를 사용하고, 2일 경우 유클리드 거리(https://bit.ly/euc_distance)를 사용합니다. 기본값은 2입니다.

  n_jobs 매개변수로 사용할 CPU 코어를 지정할 수 있습니다. -1로 설정하면 모든 CPU 코어를 사용합니다. 이웃 간의 거리 계산 속도를 높일 수 있지만 fit() 메서드에는 영향이 없습니다. 기본값은 1입니다.

- **fit()** 은 사이킷런 모델을 훈련할 때 사용하는 메서드입니다. 처음 두 매개변수로 훈련에 사용할 특성과 정답 데이터를 전달합니다.

- **predict()** 는 사이킷런 모델을 훈련하고 예측할 때 사용하는 메서드입니다. 특성 데이터 하나만 매개변수로 받습니다.

- **score()** 는 훈련된 사이킷런 모델의 성능을 측정합니다. 처음 두 매개변수로 특성과 정답 데이터를 전달합니다. 이 메서드는 먼저 predict() 메서드로 예측을 수행한 다음 분류 모델일 경우 정답과 비교하여 올바르게 예측한 개수의 비율을 반환합니다.

여러분이 좀 더 많이 활용할 수 있게 '핵심 패키지와 함수'에서는 본문에서 다루지 않은 부분까지도 추가로 설명했습니다.

▶ **확인 문제**

1. 데이터를 표현하는 하나의 성질로써, 예를 들어 국가 데이터의 경우 인구 수, GDP, 면적 등이 하나의 국가를 나타냅니다. 머신러닝에서 이런 성질을 무엇이라고 부르나요?

    ① 특성

    ② 특질

    ③ 개성

    ④ 요소

2. 가장 가까운 이웃을 참고하여 정답을 예측하는 알고리즘이 구현된 사이킷런 클래스는 무엇인가요?

    ① SGDClassifier

    ② LinearRegression

    ③ RandomForestClassifier

    ④ KNeighborsClassifier

3. 사이킷런 모델을 훈련할 때 사용하는 메서드는 어떤 것인가요?

    ① predict ( )

    ② fit ( )

    ③ score ( )

    ④ transform ( )

4. 다음 중 모델의 정확도를 계산하는 올바른 방법은?

    ① (틀린 개수) / (전체 데이터 개수)

    ② (전체 데이터 개수) / (틀린 개수)

    ③ (정확히 맞힌 개수) / (전체 데이터 개수)

    ④ (전체 데이터 개수) / (정확히 맞힌 개수)

5. 본문 56쪽에서 n_neighbors를 49로 설정했을 때 점수가 1.0보다 작았습니다. 즉 정확도가 100%가 아닙니다. 그럼 n_neighbors의 기본값인 5부터 49까지 바꾸어 가며 점수가 1.0 아래로 내려가기 시작하는 이웃의 개수를 찾아보세요. 이 문제를 위해 KNeighborsClassifier 클래스 객체를 매번 다시 만들 필요는 없습니다. 심지어 fit() 메서드로 훈련을 다시 할 필요도 없습니다. k-최근접 이웃 알고리즘의 훈련은 데이터를 저장하는 것이 전부이기 때문입니다. KNeighborsClassifier 클래스의 이웃 개수는 모델 객체의 n_neighbors 속성으로 바꿀 수 있습니다. 이웃 개수를 바꾼 후 score() 메서드로 다시 계산하기만 하면 됩니다.

```
kn = KNeighborsClassifier()
kn.fit(fish_data, fish_target)

for n in range(5, 50):
    # k-최근접 이웃 개수 설정
    kn.n_neighbors =                          # 이 라인을 완성해 보세요
    # 점수 계산
    score = kn.score(          ,          )   # 이 라인을 완성해 보세요
    # 100% 정확도에 미치지 못하는 이웃 개수 출력
    if score < 1:
        print(n, score)
        break
```

자주 하는 질문

Q. 책과 똑같이 코랩에 입력했는데 오류가 발생해요.

A. 오류의 원인은 다양할 수 있습니다. 우선 이 책의 모든 코드는 깃허브 저장소(https://github.com/rickiepark/hg-mldl2)에 있으므로 직접 비교해볼 수 있습니다. 각 절의 주피터 노트북 파일을 열면 구글 코랩에서 실행할 수 있는 링크가 있습니다. 구글 코랩에서 노트북을 실행해 보고 내가 작성한 코드와 비교해 보면 오류가 나는 원인을 찾는 데 도움이 될 거예요. 만약 깃허브에 있는 노트북에서도 동일한 오류가 발생한다면 블로그나 이메일로 저에게 바로 알려주세요.

Q. 코랩에서 실습하는데 다음 날에는 변수가 정의되어 있지 않다고 나옵니다.

A. 네, 맞습니다. 코랩은 구글 클라우드에서 무료로 제공하는 컴퓨팅 자원을 사용하는데, 이를 '코랩 런타임'이라고 합니다. 코랩 런타임은 최대 12시간 지속됩니다. 또, 일정 시간 사용하지 않으면 자동으로 자원이 회수됩니다. 이렇게 런타임이 종료되면 새로운 런타임을 할당받아야 합니다. 새로운 런타임의 메모리는 백지장처럼 깨끗하기 때문에 노트북의 모든 코드를 처음부터 다시 실행해야 합니다.

Q. 내 컴퓨터에 있는 주피터 노트북에서 실행했는데 오류가 발생해요.

A. 로컬 컴퓨터에서 발생한 오류의 원인은 다양할 수 있습니다. 사용하는 운영체제와 파이썬 환경이 각기 다르기 때문에 에러 메시지만 보고 제가 원격 시스템의 상황을 가늠하기가 어렵습니다. 주피터 노트북이 아니라 IDE 같은 도구를 사용하는 경우는 더 복잡합니다. 내 컴퓨터에 설치된 파이썬 환경을 완전하게 이해하고 통제할 수 없다면, 코랩을 사용하여 실습할 것을 권장합니다. 코랩에서 발생하는 문제는 깃허브에 있는 주피터 노트북을 사용해 비교하여 검증할 수 있고 제가 함께 문제의 원인을 찾아볼 수 있기 때문입니다.

Q. 01-3절에서 모델이 도미가 1인지 어떻게 아나요? 모델이 우리가 찾으려는 것이 도미라는 것을 아는 것이 궁금해요.

A. 사실 모델은 타깃값 1, 0이 도미인지 빙어인지 알지 못합니다. 모델이 1을 출력하면 도미를 예측했다고 판단하는 것은 인간의 해석입니다. 한 걸음 물러서서 생각해 보세요. 훈련 데이터를 만들 때 도미는 1, 빙어는 0으로 정했습니다. 이런 결정은 일정 부분 임의적이며 도미를 찾는 데 더 관심이 있다는 의미입니다. 모델은 훈련 데이터에 있는 특성을 사용해 정답(1 또는 0)을 맞추기 위해 훈련됩니다. 훈련이 끝난 다음 모델은 새로운 데이터 혹은 테스트 데이터에 대한 예측인 1 또는 0을 출력합니다. 따라서 모델은 무엇이 도미인지 빙어인지 당연히 모릅니다. 출력 결과를 해석하는 것은 온전히 사람의 몫입니다.

학습목표
- 머신러닝 알고리즘에 주입할 데이터를 준비하는 방법을 배웁니다.
- 데이터 형태가 알고리즘에 미치는 영향을 이해합니다.

Chapter 02

데이터 다루기

수상한 생선을 조심하라!

02-1 훈련 세트와 테스트 세트

핵심 키워드 지도 학습 비지도 학습 훈련 세트 테스트 세트

지도 학습과 비지도 학습의 차이를 배웁니다. 모델을 훈련시키는 훈련 세트와 모델을 평가하기 위한 테스트 세트로 데이터를 나눠서 학습해 봅니다.

시작하기 전에

혼공머신은 도미와 빙어를 완벽하게 분류한 첫 번째 머신러닝 모델을 자신만만하게 김 팀장에게 보고했습니다. 그런데 보고서를 읽던 김 팀장이 고개를 갸우뚱하네요. 무언가 이상한가 봅니다. 여러분도 이 보고서를 읽고 이상한 점을 찾을 수 있나요?

> 보고서
>
> 2025. 4 혼공머신
>
> 문제 : 도미(35마리)와 빙어(14마리) 구분하기
>
> 사용 알고리즘 : k-최근접 이웃
>
> 작동 방식 : 샘플을 저장하고 가장 가까운 이웃을 찾음
>
> 정확도 : 100%

"도미 35마리와 빙어 14마리를 모두 저장하고 맞추는 거라면 100%를 달성하는 게 당연하지 않나요? 어떤 것이 도미이고 빙어인지 알고 있는데 맞추지 못하는 것이 이상하잖아요."

갑작스러운 김 팀장의 질문에 혼공머신은 당황했습니다.

"제가 잠시 생각해 보고 다시 대답을 드려도 될까요?"

자리로 돌아온 혼공머신은 골똘히 생각에 잠겼습니다. 무엇이 잘못된 걸까요? 스스로 생각하기에도 뭔가 빠진 느낌이 듭니다. 혼공머신은 이전에 배웠던 머신러닝의 기초부터 다시 곱씹어 봅니다. 이제 혼공머신과 함께 김 팀장의 질문에 대답을 찾아볼까요?

지도 학습과 비지도 학습

머신러닝 알고리즘은 크게 **지도 학습**supervised learning과 **비지도 학습**unsupervised learning으로 나눌 수 있습니다. 지도 학습 알고리즘은 훈련하기 위한 데이터와 정답이 필요합니다.

조금 전 1장 2절의 '마켓과 머신러닝'에서 보았던 도미와 빙어의 예를 보면 생선의 길이와 무게를 알고리즘에 사용했습니다. 이 경우 정답은 도미인지 아닌지 여부입니다. 지도 학습에서는 데이터와 정답을 **입력**input과 **타깃**target이라고 하고, 이 둘을 합쳐 **훈련 데이터**training data라고 부릅니다.

> 지도 학습 알고리즘은 입력(데이터)과 타깃(정답)으로 이뤄진 훈련 데이터가 필요합니다.

그리고 앞서 언급했듯이 입력으로 사용된 길이와 무게를 **특성**feature이라고 합니다. 도미와 빙어를 구분하는 데 사용한 길이와 무게가 특성인 거죠. 앞으로는 입력, 타깃, 특성, 훈련 데이터와 같은 용어가 자주 등장하니 잘 기억해두세요.

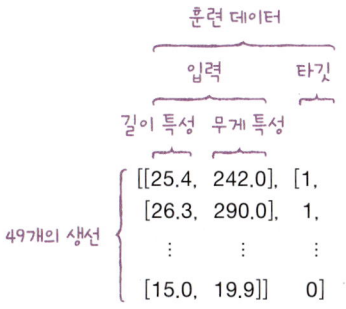

note 입력, 타깃, 특성과 같은 용어는 책마다 부르는 이름이 조금씩 다를 수 있습니다. 하지만 걱정하지 마세요. 용어만 다를 뿐 의미하는 바는 같습니다.

지도 학습은 정답(타깃)이 있으니 알고리즘이 정답을 맞히는 것을 학습합니다. 예를 들어 도미인지 빙어인지 구분하는 거죠. 반면 비지도 학습 알고리즘은 타깃 없이 입력 데이터만 사용합니다. 이런 종류의 알고리즘은 정답을 사용하지 않으므로 무언가를 맞힐 수가 없습니다. 대신 데이터를 잘 파악하거나 변형하는 데 도움을 줍니다. 비지도 학습은 6장에서 배웁니다.

> 입력 데이터만 있을 때는 비지도 학습 알고리즘을 사용합니다.

> 머신러닝 알고리즘은 지도 학습, 비지도 학습 외에 강화 학습(reinforcement learning)을 또 다른 종류로 크게 분류합니다. 강화 학습 알고리즘은 타깃이 아니라 알고리즘이 행동한 결과로 얻은 보상을 사용해 학습됩니다. 이 책에서 강화 학습을 다루지는 않습니다. 부록 A에서 추천하는 다른 책을 참고하세요.

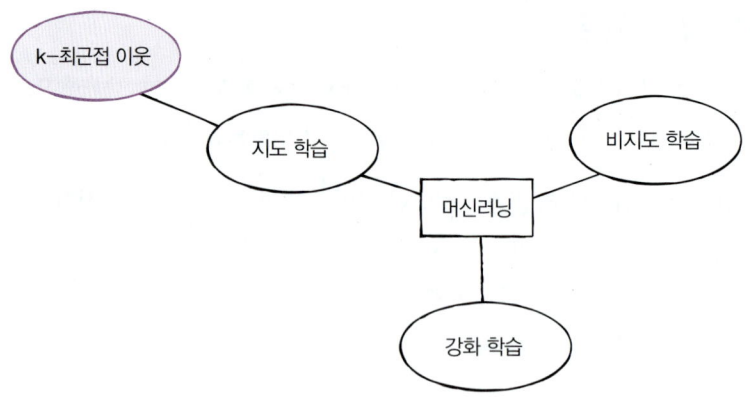

1장에서 도미와 빙어를 구분하기 위해 사용한 k-최근접 이웃 알고리즘은 입력 데이터와 타깃(정답)을 사용했으므로 당연히 지도 학습 알고리즘입니다. 이 알고리즘을 훈련하여 생선이 도미인지 아닌지를 판별하고, 이 모델이 훈련 데이터에서 도미를 100% 완벽하게 판별했습니다. 모든 것이 잘 된 것 같은데 무엇이 문제일까요?

훈련 세트와 테스트 세트

중간고사를 보기 전에 출제될 시험 문제와 정답을 미리 알려주고 시험을 본다면 어떨까요? 와우! 정말 좋죠. 시험을 잘 보고 싶다면 시험 문제와 정답을 외우면 됩니다. 그러면 당연히 100점을 맞을 것입니다(이 정도 노력은 할 수 있겠죠?).

머신러닝도 이와 마찬가지입니다. 도미와 빙어의 데이터와 타깃을 주고 훈련한 다음, 같은 데이터로 테스트한다면 모두 맞히는 것이 당연합니다. 연습 문제와 시험 문제가 달라야 올바르게 학생의 능력을 평가할 수 있듯이 머신러닝 알고리즘의 성능을 제대로 평가하려면 훈련 데이터와 평가에 사용할 데이터가 각각 달라야 합니다.

이렇게 하는 가장 간단한 방법은 평가를 위해 또 다른 데이터를 준비하거나 이미 준비된 데이터 중에서 일부를 떼어 내어 활용하는 것입니다. 일반적으로 후자의 경우가 많습니다. 평가에 사용하는 데이터를 **테스트 세트**^{test set}, 훈련에 사용되는 데이터를 **훈련 세트**^{train set}라고 부릅니다.

> 머신러닝의 정확한 평가를 위해서는 테스트 세트와 훈련 세트가 따로 준비되어야 합니다.

정리해 보죠. 혼공머신은 모델을 훈련하기 위한 데이터를 사용해 이 모델의 정확도를 100%라고 평가했습니다. 하지만 훈련에 사용한 데이터로 모델을 평가하는 것은 적절하지 않습니다. 훈련할 때 사용하지 않은 데이터로 평가해야 합니다. 이를 위해 훈련 데이터에서 일부를 떼어 내어 테스트 세트로 사용하겠습니다.

먼저 1장에서처럼 도미와 빙어의 데이터를 합쳐 하나의 파이썬 리스트로 준비합니다. 1장 3절과 같이 생선의 길이와 무게를 위한 리스트를 준비합니다.

note 각 절의 손코딩은 새로운 코랩 노트북을 만들어 입력하세요. 손코딩의 숫자를 손으로 모두 입력하려면 번거롭습니다. http://bit.ly/bream_smelt에서 복사해 쓰세요.

```
fish_length = [25.4, 26.3, 26.5, 29.0, 29.0, 29.7, 29.7, 30.0, 30.0, 30.7,
               31.0, 31.0, 31.5, 32.0, 32.0, 32.0, 33.0, 33.0, 33.5, 33.5,
               34.0, 34.0, 34.5, 35.0, 35.0, 35.0, 35.0, 36.0, 36.0, 37.0,
               38.5, 38.5, 39.5, 41.0, 41.0, 9.8, 10.5, 10.6, 11.0, 11.2,
               11.3, 11.8, 11.8, 12.0, 12.2, 12.4, 13.0, 14.3, 15.0]
fish_weight = [242.0, 290.0, 340.0, 363.0, 430.0, 450.0, 500.0, 390.0,
               450.0, 500.0, 475.0, 500.0, 500.0, 340.0, 600.0, 600.0,
               700.0, 700.0, 610.0, 650.0, 575.0, 685.0, 620.0, 680.0,
               700.0, 725.0, 720.0, 714.0, 850.0, 1000.0, 920.0, 955.0,
               925.0, 975.0, 950.0, 6.7, 7.5, 7.0, 9.7, 9.8, 8.7, 10.0,
               9.9, 9.8, 12.2, 13.4, 12.2, 19.7, 19.9]
```

이제 두 파이썬 리스트를 순회하면서 각 생선의 길이와 무게를 하나의 리스트로 담은 2차원 리스트를 만들겠습니다.

```
fish_data = [[l, w] for l, w in zip(fish_length, fish_weight)]
fish_target = [1]*35 + [0]*14
```

이때 하나의 생선 데이터를 **샘플**sample이라고 부릅니다. 도미와 빙어는 각각 35마리, 14마리가 있으므로 전체 데이터는 49개의 샘플이 있습니다. 사용하는 특성은 길이와 무게 2개입니다. 이 데이터의 처음 35개를 훈련 세트로, 나머지 14개를 테스트 세트로 사용하겠습니다.

먼저 사이킷런의 KNeighborsClassifier 클래스를 임포트하고 모델 객체를 만듭니다. 1장에서 해 봤던 기억이 나나요?

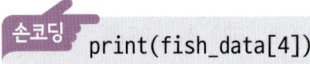
```
from sklearn.neighbors import KNeighborsClassifier
kn = KNeighborsClassifier()
```

이제 전체 데이터에서 처음 35개를 선택해야 합니다. 일반적으로 리스트처럼 배열의 요소를 선택할 때는 배열의 위치, 즉 **인덱스**index를 지정합니다. 예를 들어 fish_data의 다섯 번째 샘플을 출력하기 위해 다음과 같이 쓸 수 있습니다.

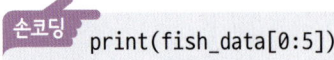
```
print(fish_data[4])
```

> [29.0, 430.0]

note 배열의 인덱스는 0부터 시작합니다. 따라서 다섯 번째 샘플의 인덱스는 4입니다.

파이썬 리스트는 인덱스 외에도 **슬라이싱**slicing이라는 특별한 연산자를 제공합니다. 슬라이싱은 콜론(:)을 가운데 두고 인덱스의 범위를 지정하여 여러 개의 원소를 선택할 수 있습니다. 예를 들어 첫 번째부터 다섯 번째까지의 샘플을 선택해 보겠습니다.

> 슬라이싱 연산을 사용하면 인덱스의 범위를 지정하여 원소를 여러 개 선택할 수 있습니다.

```
print(fish_data[0:5])
```

> [[25.4, 242.0], [26.3, 290.0], [26.5, 340.0], [29.0, 363.0], [29.0, 430.0]]

리스트의 리스트로 5개의 샘플이 선택되었습니다. 슬라이싱을 사용할 때는 **마지막 인덱스의 원소는 포함되지 않는다**는 점을 주의해야 합니다. 예를 들어 '0:5'와 같이 지정했다면 0~4까지의 5개 원소만 선택되고 인덱스 5인 여섯 번째 원소는 선택되지 않습니다. 만약 '0:5'와 같이 처음부터 시작되는 슬라이싱의 경우 0을 생략하고 쓸 수 있습니다.

> 손코딩
> ```
> print(fish_data[:5])
> ```

```
[[25.4, 242.0], [26.3, 290.0], [26.5, 340.0], [29.0, 363.0], [29.0, 430.0]]
```

이와 비슷하게 마지막 원소까지 포함할 경우 두 번째 인덱스를 생략할 수 있습니다. 예를 들어 마지막에서 5개의 샘플을 출력할 때 '44:49'와 같이 쓰지 않고 '44:'만 써도 됩니다.

> 손코딩
> ```
> print(fish_data[44:])
> ```

```
[[12.2, 12.2], [12.4, 13.4], [13.0, 12.2], [14.3, 19.7], [15.0, 19.9]]
```

아주 편리하네요. 이를 응용하면 생선 데이터에서 처음 35개와 나머지 14개를 선택하는 것을 간단하게 처리할 수 있습니다.

> 손코딩
> ```python
> # 훈련 세트로 입력값 중 0부터 34번째 인덱스까지 사용
> train_input = fish_data[:35]
> # 훈련 세트로 타깃값 중 0부터 34번째 인덱스까지 사용
> train_target = fish_target[:35]
> # 테스트 세트로 입력값 중 35번째부터 마지막 인덱스까지 사용
> test_input = fish_data[35:]
> # 테스트 세트로 타깃값 중 35번째부터 마지막 인덱스까지 사용
> test_target = fish_target[35:]
> ```

슬라이싱 연산으로 인덱스 0~34까지 처음 35개 샘플을 훈련 세트로 선택했고, 인덱스 35~48까지 나머지 14개 샘플을 테스트 세트로 선택했습니다. 데이터를 준비했으니 훈련 세트로 fit() 메서드를 호출해 모델을 훈련하고, 테스트 세트로 score() 메서드를 호출해 평가해 보겠습니다.

> 손코딩
> ```python
> kn.fit(train_input, train_target)
> kn.score(test_input, test_target)
> ```

```
0.0
```

엥? 뭐죠? 정확도가 0.0입니다. 큰일이군요. 조금 전까지 완벽했던 머신러닝 모델이 갑자기 최악의 성능을 내고 있습니다. 혼공머신이 무엇을 잘못한 것일까요? 여러분은 어떤 것이 문제인지 감이 잡히나요?

> **+ 여기서 잠깐** **코랩에서 코드 셀을 만들고 바로 실행할 방법은 없을까요?**
>
> 코드 셀을 만들고 매번 마우스로 실행 버튼을 클릭하는 일이 번거로울 수 있습니다. 코드 셀에서 입력을 끝낸 다음 바로 Alt + Enter 키를 눌러 보세요. 코드가 바로 실행되고 그 아래 새 코드 셀을 만들어 줍니다. 다음 실습부터 한 번 사용해 보세요.

샘플링 편향

혼공머신이 정확도가 0.0으로 찍힌 모니터를 보며 넋을 놓고 있는데 마침 옆에 지나가던 홍 선배가 한 마디 건넵니다.

"오호, 훈련 데이터를 훈련 세트와 테스트 세트로 나누었군요? 그런데 조금 문제가 있어 보이네요."

혼공머신은 조력자를 얻은 기쁨에 얼른 대답했습니다.

"네, 훈련한 모델을 공정하게 평가하려고 훈련 세트와 테스트 세트로 나누었는데 정확도가 0.0이 나왔어요. 이렇게 나쁜 모델일 리가 없는데…"

잠시 코드를 살펴보던 홍 선배는 빙긋이 웃으며 잘못된 점을 짚어 주었습니다.

"이렇게 마지막 14개를 테스트 세트로 떼어 놓으면 훈련 세트에는 빙어가 하나도 들어 있지 않잖아요. 빙어 없이 모델을 훈련하면 빙어를 올바르게 분류할 수가 없죠."

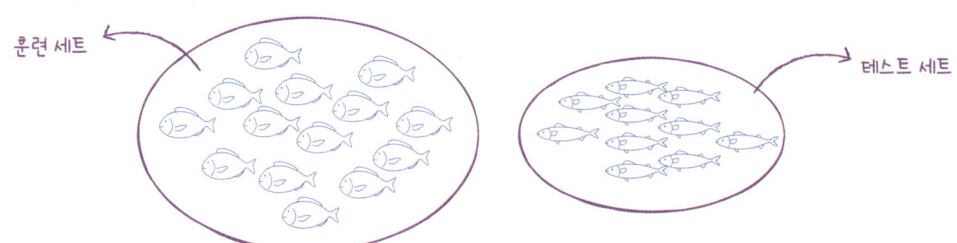

"훈련 세트와 테스트 세트를 나누려면 도미와 빙어가 골고루 섞이게 만들어야 해요."

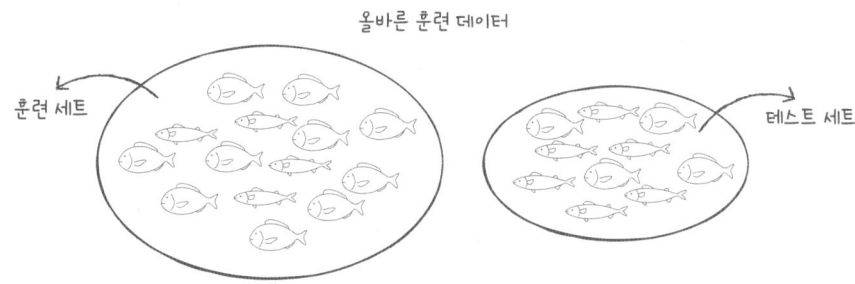

이런! 테스트 세트에 빙어만 들어가 있군요. 확실히 무언가 잘못되었군요. fish_data에는 처음부터 순서대로 35개의 도미와 14개의 빙어 샘플이 들어가 있습니다. 따라서 마지막 14개를 테스트 세트로 만들면 빙어 데이터만 들어갑니다!

상식적으로 훈련하는 데이터와 테스트하는 데이터에는 도미와 빙어가 골고루 섞여 있어야 합니다. 일반적으로 훈련 세트와 테스트 세트에 샘플이 골고루 섞여 있지 않으면 샘플링이 한쪽으로 치우쳤다는 의미로 **샘플링 편향** sampling bias이라고 부릅니다.

이 예에서는 훈련 세트에 도미만 있기 때문에 테스트 세트가 무엇이든 무조건 도미라고 분류합니다. 그런데 테스트 세트는 빙어만 있기 때문에 정답을 하나도 맞히지 못합니다.

> 훈련 세트와 테스트 세트에 있는 샘플의 클래스 비율이 다르면 제대로 된 지도 학습 모델을 만들 수 없습니다.

혼공머신이 훈련 세트와 테스트 세트를 나누기 전에 데이터를 섞든지 아니면 골고루 샘플을 뽑아서 훈련 세트와 테스트 세트를 만들어야 합니다. 이런 작업을 간편하게 처리할 수 있도록 새로운 파이썬 라이브러리인 넘파이에 대해 알아보겠습니다.

넘파이

넘파이 numpy는 파이썬의 대표적인 배열array 라이브러리입니다. 앞서 파이썬의 리스트로 2차원 리스트를 표현할 수 있지만 고차원 리스트를 표현하려면 매우 번거롭습니다. 넘파이는 고차원의 배열을 손쉽게 만들고 조작할 수 있는 간편한 도구를 많이 제공합니다.

note 차원(dimension)이란 말은 조금씩 다른 의미로 쓰일 수 있습니다. 배열에서 차원은 좌표계의 축과 같습니다.

1차원 배열은 선이고, 2차원 배열은 면, 3차원 배열은 3차원 공간을 나타냅니다. 차원을 축으로 표시하면 다음과 같습니다.

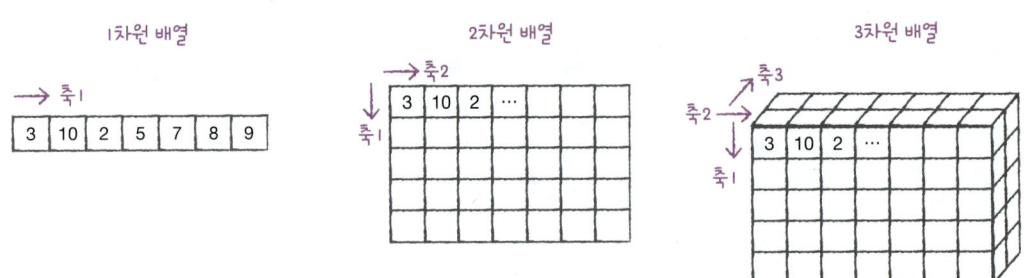

보통의 xy 좌표계와는 달리 시작점이 왼쪽 아래가 아니고 왼쪽 위에서부터 시작합니다. 배열의 시작점을 이렇게 놓으면 편리한 점이 많습니다. 그럼 생선 데이터를 2차원 넘파이 배열로 변환해 보겠습니다. 먼저 넘파이 라이브러리를 임포트합니다.

손코딩 `import numpy as np`

note 코랩에는 사이킷런만이 아니라 맷플롯립을 비롯해 중요한 데이터 과학 라이브러리가 이미 모두 설치되어 있습니다. 넘파이 라이브러리도 당연히 포함되어 있습니다.

파이썬 리스트를 넘파이 배열로 바꾸기는 정말 쉽습니다. 넘파이 array() 함수에 파이썬 리스트를 전달하면 끝입니다.

손코딩
```
input_arr = np.array(fish_data)
target_arr = np.array(fish_target)
```

이제 input_arr 배열을 출력해 보죠.

손코딩 `print(input_arr)`

```
[[ 25.4 242. ]
 [ 26.3 290. ]
 ...
 [ 15.   19.9]]
```

기대했던 것과 동일한 형태로 출력됩니다. 넘파이는 친절하게 배열의 차원을 구분하기 쉽도록 행과 열을 가지런히 출력합니다. 출력 결과에서 49개의 행과 2개의 열을 쉽게 확인할 수 있습니다.

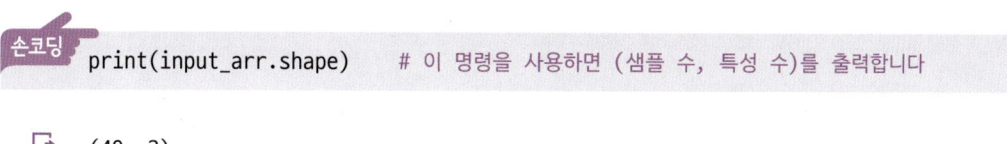

눈으로 확인하는 것 외에도 넘파이 배열 객체는 배열의 크기를 알려주는 shape 속성을 제공합니다. 이미 우리는 49개의 샘플과 2개의 특성이 있는 것을 압니다. 다음 명령으로 확인해 볼까요?

손코딩
```
print(input_arr.shape)    # 이 명령을 사용하면 (샘플 수, 특성 수)를 출력합니다
```

```
(49, 2)
```

이제 생선 데이터를 넘파이 배열로 준비했으므로 이 배열에서 랜덤하게 샘플을 선택해 훈련 세트와 테스트 세트로 만들 차례입니다. 여기에서는 배열을 섞은 후에 나누는 방식 대신에 무작위로 샘플을 고르는 방법을 사용하겠습니다.

한 가지 주의할 점은 input_arr와 target_arr에서 같은 위치는 함께 선택되어야 한다는 점입니다. 예를 들어 input_arr의 두 번째 값은 훈련 세트로 가고, target_arr의 두 번째 값은 테스트 세트로 가면 안 되겠죠. 타깃이 샘플과 함께 이동하지 않으면 올바르게 훈련될 수 없습니다.

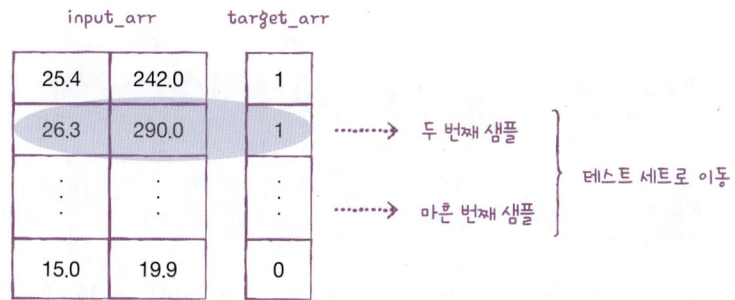

02-1 | 훈련 세트와 테스트 세트   **079**   머신러닝

이렇게 하려면 훈련 세트와 테스트 세트로 나눌 인덱스값을 잘 기억해야겠군요. 항상 인덱스값을 기억할 수는 없으니 다른 방법이 필요합니다. 아예 인덱스를 섞은 다음 input_arr와 target_arr에서 샘플을 선택하면 무작위로 훈련 세트를 나누는 셈이 됩니다.

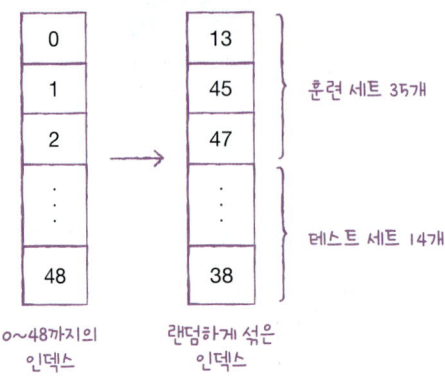

넘파이 arange() 함수를 사용하면 0에서부터 48까지 1씩 증가하는 인덱스를 간단히 만들 수 있습니다. 그다음 이 인덱스를 랜덤하게 섞습니다.

note 넘파이에서 무작위 결과를 만드는 함수들은 실행할 때마다 다른 결과를 만듭니다. 일정한 결과를 얻으려면 초기에 랜덤 시드(random seed)를 지정하면 됩니다. 책과 동일한 실습 결과를 얻을 수 있도록 랜덤 시드를 42로 지정했습니다.

```
np.random.seed(42)
index = np.arange(49)
np.random.shuffle(index)
```

넘파이 arange() 함수에 정수 N을 전달하면 0에서부터 N-1까지 1씩 증가하는 배열을 만듭니다. 넘파이 random 패키지 아래에 있는 shuffle() 함수는 주어진 배열을 무작위로 섞습니다. 만들어진 인덱스를 출력해 보죠.

```
print(index)
```

▶ [13 45 47 44 17 27 26 25 31 19 12 4 34 8 3 6 40 41 46 15 9 16 24 33
   30 0 43 32 5 29 11 36 1 21 2 37 35 23 39 10 22 18 48 20 7 42 14 28
   38]

0부터 48까지 정수가 잘 섞였네요. 자 이제 랜덤하게 섞인 인덱스를 사용해 전체 데이터를 훈련 세트와 테스트 세트로 나누어 보죠.

넘파이는 슬라이싱 외에 **배열 인덱싱**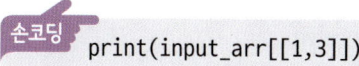이란 기능을 제공합니다. 배열 인덱싱은 1개의 인덱스가 아닌 여러 개의 인덱스로 한 번에 여러 개의 원소를 선택할 수 있습니다. 예를 들면 다음처럼 input_arr에서 두 번째와 네 번째 샘플을 선택하여 출력할 수 있습니다.

```
print(input_arr[[1,3]])
```

```
[[ 26.3 290. ]
 [ 29.  363. ]]
```

비슷한 방식으로 리스트 대신 넘파이 배열을 인덱스로 전달할 수도 있습니다. 앞서 만든 index 배열의 처음 35개를 input_arr와 target_arr에 전달하여 랜덤하게 35개의 샘플을 훈련 세트로 만들겠습니다.

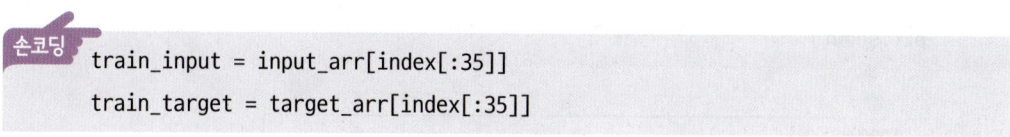

```
train_input = input_arr[index[:35]]
train_target = target_arr[index[:35]]
```

만들어진 index의 첫 번째 값은 13입니다. 따라서 train_input의 첫 번째 원소는 input_arr의 열네 번째 원소가 들어 있을 것입니다.

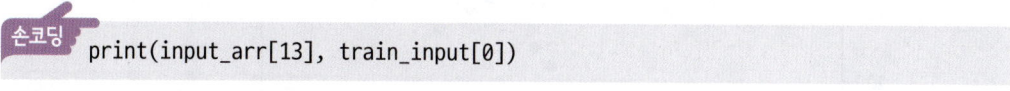

```
print(input_arr[13], train_input[0])
```

```
[ 32. 340.] [ 32. 340.]
```

정확하게 일치하네요. 이번에는 나머지 14개를 테스트 세트로 만들어 보겠습니다.

```
test_input = input_arr[index[35:]]
test_target = target_arr[index[35:]]
```

좋습니다. 모든 데이터가 준비되었네요. 훈련 세트와 테스트 세트에 도미와 빙어가 잘 섞여 있는지 산점도로 그려 보죠.

note 2차원 배열은 행과 열 인덱스를 콤마(,)로 나누어 지정합니다. 슬라이싱 연산자로 처음부터 마지막 원소까지 모두 선택하는 경우 시작과 종료 인덱스를 모두 생략할 수 있습니다

```
import matplotlib.pyplot as plt
plt.scatter(train_input[:,0], train_input[:,1])
plt.scatter(test_input[:,0], test_input[:,1])
plt.xlabel('length')
plt.ylabel('weight')
plt.show()
```

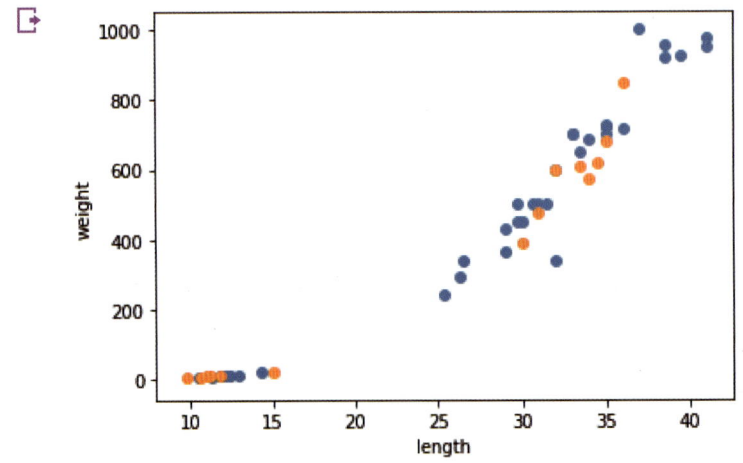

파란색이 훈련 세트이고 주황색이 테스트 세트입니다. 양쪽에 도미와 빙어가 모두 섞여 있네요. 의도한 대로 만들어진 것 같습니다. 이제 모델을 다시 훈련시켜 보죠.

두 번째 머신러닝 프로그램

앞서 만든 훈련 세트와 테스트 세트로 k-최근접 이웃 모델을 훈련시켜 봅시다. fit() 메서드를 실행할 때마다 KNeighborsClassifier 클래스의 객체는 이전에 학습한 모든 것을 잃어버립니다. 이전 모델을 그대로 두고 싶다면 KNeighborsClassifier 클래스 객체를 새로 만들어야 합니다. 여기에서는 단순하게 이전에 만든 kn 객체를 그대로 사용하겠습니다. 코드는 이어서 입력하세요.

> 손코딩 `kn.fit(train_input, train_target)`

인덱스를 섞어 만든 train_input과 train_target으로 모델을 훈련시켰습니다. 다음은 test_input과 test_target으로 이 모델을 테스트할 차례입니다.

> 손코딩 `kn.score(test_input, test_target)`

```
1.0
```

와우! 역시 100%의 정확도로 테스트 세트에 있는 모든 생선을 맞혔습니다. predict() 메서드로 테스트 세트의 예측 결과와 실제 타깃을 확인해 보겠습니다.

note predict() 메서드가 기억나지 않는다면 1장 3절을 복습합시다.

> 손코딩 `kn.predict(test_input)`

```
array([0, 0, 1, 0, 1, 1, 1, 0, 1, 1, 0, 1, 1, 0])
```

> 손코딩 `test_target`

```
array([0, 0, 1, 0, 1, 1, 1, 0, 1, 1, 0, 1, 1, 0])
```

note 코랩은 셀의 마지막 코드 결과를 자동으로 출력해 주기 때문에 print() 함수를 사용하지 않아도 됩니다.

테스트 세트에 대한 예측 결과가 정답과 일치하네요. 아주 좋습니다. predict() 메서드의 출력 결과가 test_target의 출력과 동일하게 array()로 감싸 있는 것을 눈여겨보세요. 이 값은 넘파이 배열을 의미합니다. 즉 predict() 메서드가 반환하는 값은 단순한 파이썬 리스트가 아니라 넘파이 배열입니다. 사실 사이킷런 모델의 입력과 출력은 모두 넘파이 배열입니다. 넘파이는 많은 파이썬 과학 라이브러리에서 사용하는 표준 데이터입니다. 앞으로도 넘파이에 대해 조금씩 더 알아보겠습니다.

이번엔 모델을 훈련할 때 들어 있지 않은 샘플로 테스트했기 때문에 올바르게 평가했습니다. 이제 혼공머신이 다시 한번 김 팀장에게 보고를 해야겠군요!

훈련 모델 평가 〔문제해결 과정〕

혼공머신이 완벽한 모델을 만들어서 보고했지만 김 팀장은 무언가 수상한 점을 발견했습니다. 알고리즘이 도미와 빙어를 모두 외우고 있다면 같은 데이터로 모델을 평가하는 것은 이상하다고 생각했죠.

모델을 훈련할 때 사용한 데이터로 모델의 성능을 평가하는 것은 정답을 미리 알려주고 시험을 보는 것과 같습니다. 공정하게 점수를 매기기 위해서는 훈련에 참여하지 않은 샘플을 사용해야 합니다.

이 때문에 훈련 데이터를 훈련 세트와 테스트 세트로 나누었습니다. 훈련 세트로는 모델을 훈련하고 테스트 세트로 모델을 평가했습니다. 하지만 테스트 세트를 그냥 무작정 나누어서는 안 됩니다. 도미와 빙어를 분류하는 것이 목적이기 때문에 훈련 세트나 테스트 세트에 어느 한 생선만 들어가 있다면 올바른 학습이 이루어지지 않을 것입니다.

도미와 빙어를 골고루 섞어 나누기 위해 파이썬의 다차원 배열 라이브러리인 넘파이를 사용해 보았습니다. 넘파이는 파이썬의 리스트와 비슷하지만 고차원의 큰 배열을 효과적으로 다룰 수 있고 다양한 도구를 많이 제공합니다. 이 절에서는 넘파이의 shuffle() 함수를 사용해 배열의 인덱스를 섞었습니다.

결과는 대성공입니다. 테스트 세트에서 100%의 정확도를 달성했습니다.

여러분은 점점 더 나은 인공지능을 만들고 있습니다.

전체 소스 코드

> note https://bit.ly/hg2-02-1에 접속하면 코랩에서 이 절의 코드를 바로 열어 볼 수 있습니다.

```python
"""# 훈련 세트와 테스트 세트"""

"""## 훈련 세트와 테스트 세트"""

fish_length = [25.4, 26.3, 26.5, 29.0, 29.0, 29.7, 29.7, 30.0, 30.0, 30.7,
               31.0, 31.0, 31.5, 32.0, 32.0, 32.0, 33.0, 33.0, 33.5, 33.5,
               34.0, 34.0, 34.5, 35.0, 35.0, 35.0, 35.0, 36.0, 36.0, 37.0,
               38.5, 38.5, 39.5, 41.0, 41.0, 9.8, 10.5, 10.6, 11.0, 11.2,
               11.3, 11.8, 11.8, 12.0, 12.2, 12.4, 13.0, 14.3, 15.0]
fish_weight = [242.0, 290.0, 340.0, 363.0, 430.0, 450.0, 500.0, 390.0,
               450.0, 500.0, 475.0, 500.0, 500.0, 340.0, 600.0, 600.0,
               700.0, 700.0, 610.0, 650.0, 575.0, 685.0, 620.0, 680.0,
               700.0, 725.0, 720.0, 714.0, 850.0, 1000.0, 920.0, 955.0,
               925.0, 975.0, 950.0, 6.7, 7.5, 7.0, 9.7, 9.8, 8.7, 10.0,
               9.9, 9.8, 12.2, 13.4, 12.2, 19.7, 19.9]

fish_data = [[l, w] for l, w in zip(fish_length, fish_weight)]
fish_target = [1]*35 + [0]*14

from sklearn.neighbors import KNeighborsClassifier
kn = KNeighborsClassifier()

print(fish_data[4])

print(fish_data[0:5])

print(fish_data[:5])

print(fish_data[44:])
```

```python
# 훈련 세트로 입력값 중 0부터 34번째 인덱스까지 사용
train_input = fish_data[:35]
# 훈련 세트로 타깃값 중 0부터 34번째 인덱스까지 사용
train_target = fish_target[:35]
# 테스트 세트로 입력값 중 35번째부터 마지막 인덱스까지 사용
test_input = fish_data[35:]
# 테스트 세트로 타깃값 중 35번째부터 마지막 인덱스까지 사용
test_target = fish_target[35:]

kn.fit(train_input, train_target)
kn.score(test_input, test_target)

"""## 넘파이"""

import numpy as np

input_arr = np.array(fish_data)
target_arr = np.array(fish_target)

print(input_arr)

print(input_arr.shape) # 이 명령을 사용하면 (샘플 수, 특성 수)를 출력합니다

np.random.seed(42)
index = np.arange(49)
np.random.shuffle(index)

print(index)

print(input_arr[[1,3]])

train_input = input_arr[index[:35]]
train_target = target_arr[index[:35]]

print(input_arr[13], train_input[0])
```

```
test_input = input_arr[index[35:]]
test_target = target_arr[index[35:]]

import matplotlib.pyplot as plt
plt.scatter(train_input[:,0], train_input[:,1])
plt.scatter(test_input[:,0], test_input[:,1])
plt.xlabel('length')
plt.ylabel('weight')
plt.show()

"""## 두 번째 머신러닝 프로그램"""

kn.fit(train_input, train_target)

kn.score(test_input, test_target)

kn.predict(test_input)

test_target
```

마무리

▶ 키워드로 끝내는 핵심 포인트

- **지도 학습**은 입력과 타깃을 전달하여 모델을 훈련한 다음 새로운 데이터를 예측하는 데 활용합니다. 1장에서부터 사용한 k-최근접 이웃이 지도 학습 알고리즘입니다.

- **비지도 학습**은 타깃 데이터가 없습니다. 따라서 무엇을 예측하는 것이 아니라 입력 데이터에서 어떤 패턴을 찾는 데 주로 활용합니다.

- **훈련 세트**는 모델을 훈련할 때 사용하는 데이터입니다. 보통 훈련 세트가 클수록 좋습니다. 따라서 테스트 세트를 제외한 모든 데이터를 사용합니다.

- **테스트 세트**는 전체 데이터에서 20~30%를 테스트 세트로 사용하는 경우가 많습니다. 전체 데이터가 아주 크다면 1%만 덜어내도 충분할 수 있습니다.

▶ 핵심 패키지와 함수

numpy

- **seed()**는 넘파이에서 난수를 생성하기 위한 정수 초깃값을 지정합니다. 초깃값이 같으면 동일한 난수를 뽑을 수 있습니다. 따라서 랜덤 함수의 결과를 동일하게 재현하고 싶을 때 사용합니다.

- **arange()**는 일정한 간격의 정수 또는 실수 배열을 만듭니다. 기본 간격은 1입니다. 매개변수가 하나이면 종료 숫자를 의미합니다. 0에서 종료 숫자까지 배열을 만듭니다. 종료 숫자는 배열에 포함되지 않습니다.

```
print(np.arange(3))
```

↳ [0, 1, 2]

매개변수가 2개면 시작 숫자, 종료 숫자를 의미합니다.

```
print(np.arange(1, 3))
```

⇨ [1, 2]

매개변수가 3개면 마지막 매개변수가 간격을 나타냅니다.

```
print(np.arange(1, 3, 0.2))
```

⇨ [1. , 1.2, 1.4, 1.6, 1.8, 2. , 2.2, 2.4, 2.6, 2.8]

- **shuffle()** 은 주어진 배열을 랜덤하게 섞습니다. 다차원 배열일 경우 첫 번째 축(행)에 대해서만 섞습니다.

```
arr = np.array([[1, 2], [3, 4], [5, 6]])
np.random.shuffle(arr)
print(arr)
```

⇨ [[3 4]
　[5 6]
　[1 2]]

▶ 확인 문제

1. 머신러닝 알고리즘의 한 종류로서 샘플의 입력과 타깃(정답)을 알고 있을 때 사용할 수 있는 학습 방법은 무엇인가요?

① 지도 학습

② 비지도 학습

③ 차원 축소

④ 강화 학습

2. 훈련 세트와 테스트 세트가 잘못 만들어져 전체 데이터를 대표하지 못하는 현상을 무엇이라고 부르나요?

① 샘플링 오류

② 샘플링 실수

③ 샘플링 편차

④ 샘플링 편향

3. 사이킷런은 입력 데이터(배열)가 어떻게 구성되어 있을 것으로 기대하나요?

① 행 : 특성, 열 : 샘플

② 행 : 샘플, 열 : 특성

③ 행 : 특성, 열 : 타깃

④ 행 : 타깃, 열 : 특성

4. 다음 중 배열 arr에서 두 번째 원소에서부터 다섯 번째 원소까지 선택하기 위해 올바르게 슬라이싱 연산자를 사용한 것은 무엇인가요?

① arr[2:5]

② arr[2:6]

③ arr[1:5]

④ arr[1:6]

02-2 데이터 전처리

핵심 키워드: 데이터 전처리, 표준점수, 브로드캐스팅

올바른 결과 도출을 위해서 데이터를 사용하기 전에 데이터 전처리 과정을 거칩니다. 전처리 과정을 거친 데이터로 훈련했을 때의 차이를 알고 표준점수로 특성의 스케일을 변환하는 방법을 배웁니다.

시작하기 전에

혼공머신은 머신러닝 모델의 성능을 신뢰할 수 있음을 보여 주기 위해 훈련 데이터를 훈련 세트와 테스트 세트로 나누었습니다. 훈련 세트에서 모델을 훈련하고 테스트 세트에서 모델의 점수를 확인했죠. 이번에도 100%의 정확도를 달성했습니다. 김 팀장에게 결과를 설명했더니 모델을 실전에 투입해도 좋다는 승낙을 받았습니다. 정말 훌륭합니다! 어.. 그런데 며칠 뒤 김 팀장이 갑자기 혼공머신을 부릅니다.

"혼공머신, 좀 문제가 있는데. 길이가 25cm이고 무게가 150g이면 도미인데 자네 모델은 빙어라고 예측한다는군."

"그럴 리가요. 분명히 제 모델은 100%의 정확도를 달성했다고요!"

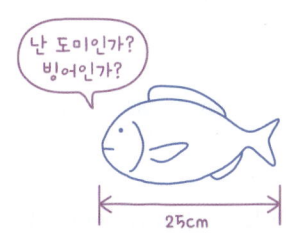

혼공머신은 얼굴이 상기되어 자리로 돌아왔습니다.

"분명히 머신러닝 모델을 사용할 줄 모르는 누군가가 불평한 걸 거야. 내가 옳다는 것을 증명해 주지."

혼잣말을 중얼거리던 혼공머신은 모델에 김 팀장이 알려준 도미 데이터를 넣고 결과를 본 순간 멍해졌습니다. 무슨 일이 일어난 걸까요?

넘파이로 데이터 준비하기

김 팀장이 알려준 문제를 살펴보기 전에 1절에서 했던 것처럼 먼저 도미와 빙어 데이터를 준비하겠습니다. 하지만 이번에는 조금 더 세련된 방법을 사용해 보죠. 먼저 다음처럼 생선 데이터를 준비합니다.

note 이 숫자를 손으로 모두 입력하려면 번거롭습니다. http://bit.ly/bream_smelt에서 복사해 쓰세요.

손코딩
```
fish_length = [25.4, 26.3, 26.5, 29.0, 29.0, 29.7, 29.7, 30.0, 30.0, 30.7,
               31.0, 31.0, 31.5, 32.0, 32.0, 32.0, 33.0, 33.0, 33.5, 33.5,
               34.0, 34.0, 34.5, 35.0, 35.0, 35.0, 35.0, 36.0, 36.0, 37.0,
               38.5, 38.5, 39.5, 41.0, 41.0, 9.8, 10.5, 10.6, 11.0, 11.2,
               11.3, 11.8, 11.8, 12.0, 12.2, 12.4, 13.0, 14.3, 15.0]
fish_weight = [242.0, 290.0, 340.0, 363.0, 430.0, 450.0, 500.0, 390.0,
               450.0, 500.0, 475.0, 500.0, 500.0, 340.0, 600.0, 600.0,
               700.0, 700.0, 610.0, 650.0, 575.0, 685.0, 620.0, 680.0,
               700.0, 725.0, 720.0, 714.0, 850.0, 1000.0, 920.0, 955.0,
               925.0, 975.0, 950.0, 6.7, 7.5, 7.0, 9.7, 9.8, 8.7, 10.0,
               9.9, 9.8, 12.2, 13.4, 12.2, 19.7, 19.9]
```

전에는 이 파이썬 리스트를 순회하면서 원소를 하나씩 꺼내 생선 하나의 길이와 무게를 리스트 안의 리스트로 직접 구성했습니다. 하지만 이제 넘파이를 배웠으니 훨씬 간편하게 만들 수 있습니다. 우선 넘파이를 임포트합니다.

손코딩
```
import numpy as np
```

넘파이의 column_stack() 함수는 전달받은 리스트를 일렬로 세운 다음 차례대로 나란히 연결합니다. 예를 들면 다음과 같은 간단한 2개의 리스트를 나란히 붙여 보죠. 연결할 리스트는 파이썬 튜플tuple로 전달합니다.

손코딩
```
np.column_stack(([1,2,3], [4,5,6]))
```

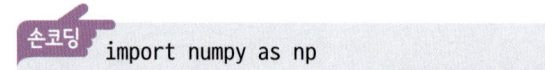
```
array([[1, 4],
       [2, 5],
       [3, 6]])
```

> **+ 여기서 잠깐** **튜플(tuple)이 뭐죠?**
>
> 파이썬 튜플은 리스트와 매우 비슷합니다. 리스트처럼 원소에 순서가 있지만 한 번 만들어진 튜플은 수정할 수 없습니다. 튜플을 사용하면 함수로 전달한 값이 바뀌지 않는다는 것을 믿을 수 있기 때문에 매개변수 값으로 많이 사용합니다.

[1, 2, 3]과 [4, 5, 6] 두 리스트를 일렬로 세운 다음 나란히 옆으로 붙였습니다. 만들어진 배열은 (3, 2) 크기의 배열입니다. 즉 3개의 행이 있고 2개의 열이 있습니다. 아주 쉽네요.

그럼 이제 fish_length와 fish_weight를 합치겠습니다. 방법은 동일합니다.

```
fish_data = np.column_stack((fish_length, fish_weight))
```

두 리스트가 잘 연결되었는지 처음 5개의 데이터를 확인해 볼까요?

```
print(fish_data[:5])
```

```
[[ 25.4 242. ]
 [ 26.3 290. ]
 [ 26.5 340. ]
 [ 29.  363. ]
 [ 29.  430. ]]
```

네, 기대했던 대로 잘 연결되었네요. 이전 절에서 보았듯이 넘파이 배열을 출력하면 리스트처럼 한 줄로 길게 출력되지 않고 행과 열을 맞추어 가지런히 정리해서 보여 줍니다. 결과만 봐도 5개의 행을 출력했고 행마다 2개의 열(생선의 길이와 무게)이 있다는 것을 쉽게 알 수 있습니다.

동일한 방법으로 타깃 데이터도 만들어 보죠. 이전 절에서는 원소가 하나인 리스트 [1], [0]을 여러 번 곱해서 타깃 데이터를 만들었습니다. 하지만 넘파이에는 더 나은 방법이 있습니다. 바로 np.ones()와 np.zeros() 함수입니다. 이 두 함수는 각각 원하는 개수의 1과 0을 채운 배열을 만들어 줍니다. 예를 들면 다음과 같습니다.

> 손코딩 `print(np.ones(5))`

↳ `[1. 1. 1. 1. 1.]`

이 두 함수를 사용해 1이 35개인 배열과 0이 14개인 배열을 간단히 만들 수 있습니다. 그다음 두 배열을 그대로 연결하면 됩니다. 여기에서는 np.column_stack() 함수를 사용하지 않고 첫 번째 차원을 따라 배열을 연결하는 np.concatenate() 함수를 사용합니다. 두 함수의 연결 방식을 그림으로 설명하면 다음과 같습니다.

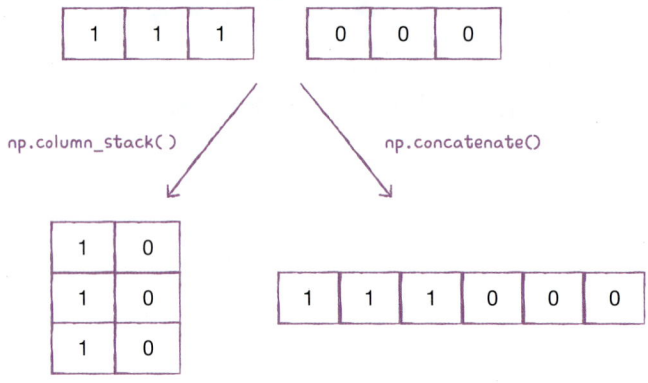

그림 np.concatenate() 함수를 사용해 타깃 데이터를 만들어 보겠습니다. np.column_stack()과 마찬가지로 연결한 리스트나 배열을 튜플로 전달해야 합니다.

> 손코딩 `fish_target = np.concatenate((np.ones(35), np.zeros(14)))`

이제 데이터가 잘 만들었는지 확인해 볼까요?

> 손코딩 `print(fish_target)`

↳ ```
[1. 1. 1. 1. 1. 1. 1. 1. 1. 1. 1. 1. 1. 1. 1. 1. 1. 1.
 1. 1. 1. 1. 1. 1. 1. 1. 1. 1. 1. 1. 0. 0. 0. 0. 0. 0. 0. 0. 0. 0. 0. 0. 0.
 0.]
```
```

앞에서 사용한 데이터와 같은 데이터를 준비했습니다. 이번에는 파이썬 리스트를 사용해 수동으로 만들지 않고 넘파이 함수를 사용했습니다. 이 예제는 데이터가 작기 때문에 큰 차이가 없지만 데이터가 아주 큰 경우에 파이썬 리스트로 작업하는 것은 비효율적입니다. 넘파이 배열은 핵심 부분이 C, C++과 같은 저수준 언어로 개발되어서 빠르고, 데이터 과학 분야에 알맞게 최적화되어 있습니다.

> 데이터가 클수록 파이썬 리스트는 비효율적이므로 넘파이 배열을 사용하는 게 좋습니다.

이제 다음 차례는 훈련 세트와 테스트 세트를 나눌 차례입니다.

사이킷런으로 훈련 세트와 테스트 세트 나누기

앞에서는 넘파이 배열의 인덱스를 직접 섞어서 훈련 세트와 테스트 세트로 나누었습니다. 사실 이 방법은 조금 번거롭습니다. 이번에는 좀 더 세련된 방법을 사용해 보겠습니다.

사이킷런은 머신러닝 모델을 위한 알고리즘뿐만 아니라 다양한 유틸리티 도구도 제공합니다. 대표적인 도구가 바로 지금 사용할 train_test_split() 함수입니다. 이 함수는 전달되는 리스트나 배열을 비율에 맞게 훈련 세트와 테스트 세트로 나누어 줍니다. 물론 나누기 전에 알아서 섞어 줍니다!

train_test_split() 함수는 사이킷런의 model_selection 모듈 아래 있으며 다음과 같이 임포트합니다.

```
from sklearn.model_selection import train_test_split
```

사용법은 아주 간단합니다. 나누고 싶은 리스트나 배열을 원하는 만큼 전달하면 됩니다. 이 예제에서는 fish_data와 fish_target을 나누겠습니다. 1절 '훈련 세트와 테스트 세트[80쪽]'에서 데이터를 무작위로 섞기 전에 np.random.seed() 함수를 사용해 여러분의 출력 결과와 책의 내용이 같아지도록 만들었습니다. 순전히 교육적인 목적이죠. train_test_split() 함수에는 친절하게도 자체적으로 랜덤 시드를 지정할 수 있는 random_state 매개변수가 있습니다. 다음과 같이 훈련 세트와 테스트 세트를 나눕니다.

```
train_input, test_input, train_target, test_target = train_test_split(
    fish_data, fish_target, random_state=42)
```

fish_data와 fish_target 2개의 배열을 전달했으므로 2개씩 나뉘어 총 4개의 배열이 반환됩니다. 차례대로 처음 2개는 입력 데이터(train_input, test_input), 나머지 2개는 타깃 데이터(train_target, test_target)입니다. 랜덤 시드(random_state)는 42로 지정했습니다.

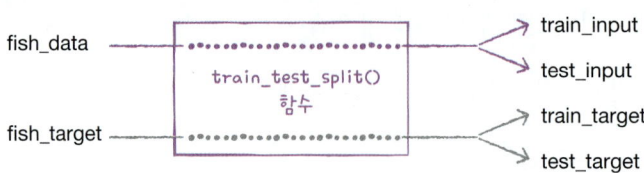

이 함수는 기본적으로 25%를 테스트 세트로 떼어 냅니다. 잘 나누었는지 넘파이 배열의 shape 속성으로 입력 데이터의 크기를 출력해 보겠습니다.

> 퍼센티지를 바꿀 수 있는지 궁금할 텐데 곧 이어 설명하니 차례대로 읽어 주세요.

 `print(train_input.shape, test_input.shape)`

⮕ (36, 2) (13, 2)

 `print(train_target.shape, test_target.shape)`

⮕ (36,) (13,)

훈련 데이터와 테스트 데이터를 각각 36개와 13개로 나누었습니다. 입력 데이터는 2개의 열이 있는 2차원 배열이고 타깃 데이터는 1차원 배열입니다.

note 넘파이 배열의 크기는 파이썬의 튜플로 표현됩니다. 튜플의 원소가 하나면 원소 뒤에 콤마를 추가합니다. 이 예에서 타깃 데이터는 1차원 배열이므로 원소가 하나인 튜플로 표현되었습니다.

도미와 빙어가 잘 섞였는지 테스트 데이터를 출력해 보겠습니다.

 `print(test_target)`

⮕ [1. 0. 0. 0. 1. 1. 1. 1. 1. 1. 1. 1. 1.]

13개의 테스트 세트 중에 10개가 도미(1)이고, 3개가 빙어(0)입니다. 잘 섞인 것 같지만 빙어의 비율이 조금 모자랍니다. 원래 도미와 빙어의 개수가 35개와 14개이므로 두 생선의 비율은 2.5:1입니다. 하지만 이 테스트 세트의 도미와 빙어의 비율은 3.3:1입니다. 이전 절에서 본 샘플링 편향이 여기에서도 조금 나타났네요.

이처럼 무작위로 데이터를 나누었을 때 샘플이 골고루 섞이지 않을 수 있습니다. 특히 일부 클래스의 개수가 적을 때 이런 일이 생길 수 있습니다. 훈련 세트와 테스트 세트에 샘플의 클래스 비율이 일정하지 않다면 모델이 일부 샘플을 올바르게 학습할 수 없을 것입니다.

train_test_split() 함수는 이런 문제를 간단히 해결할 방법이 있습니다. stratify 매개변수에 타깃 데이터를 전달하면 클래스 비율에 맞게 데이터를 나눕니다. 훈련 데이터가 작거나 특정 클래스의 샘플 개수가 적을 때 특히 유용합니다. 여기에서도 한번 적용해 보겠습니다.

```
train_input, test_input, train_target, test_target = train_test_split(
    fish_data, fish_target, stratify=fish_target, random_state=42)
```

다시 test_target을 출력해 보죠.

```
print(test_target)
```

[0. 0. 1. 0. 1. 0. 1. 1. 1. 1. 1. 1. 1.]

빙어가 하나 늘었네요. 이제 테스트 세트의 비율이 2.25:1이 되었습니다. 이 예제는 데이터가 작아 전체 훈련 데이터의 비율과 동일하게 맞출 수 없지만 꽤 비슷한 비율입니다.

드디어 데이터가 모두 준비되었습니다. 이제 김 팀장이 제기한 문제를 확인해 볼 차례입니다!

수상한 도미 한 마리

앞에서 준비한 데이터로 k-최근접 이웃을 훈련해 보겠습니다. 1장에서 했던 것과 동일합니다. 훈련 데이터로 모델을 훈련하고 테스트 데이터로 모델을 평가합니다.

> **note** 1장에서 설명했듯이 사실 k-최근접 이웃은 훈련 데이터를 저장하는 것이 훈련의 전부입니다.

```
from sklearn.neighbors import KNeighborsClassifier
kn = KNeighborsClassifier()
kn.fit(train_input, train_target)
kn.score(test_input, test_target)
```

```
1.0
```

완벽한 결과입니다. 테스트 세트의 도미와 빙어를 모두 올바르게 분류했습니다. 이 모델에 김 팀장이 알려준 도미 데이터를 넣고 결과를 확인해 보겠습니다. 당연히 도미(1)로 예측하겠죠?

```
print(kn.predict([[25, 150]]))
```

```
[0.]
```

저런, 혼공머신은 꼼짝하지 않고 모니터를 뚫어져라 바라봤습니다. 어찌 된 일일까요? 정말 이렇게 큰 빙어가 있는 걸까요? 이 샘플을 다른 데이터와 함께 산점도로 그려 보겠습니다. 눈으로 보면 확실하겠죠?

```
import matplotlib.pyplot as plt
plt.scatter(train_input[:,0], train_input[:,1])
plt.scatter(25, 150, marker='^')    # marker 매개변수는 모양을 지정합니다
plt.xlabel('length')
plt.ylabel('weight')
plt.show()
```

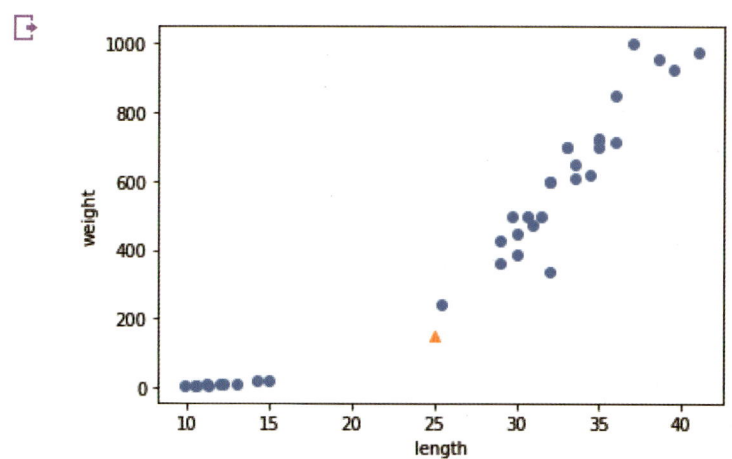

새로운 샘플은 marker 매개변수를 '^'로 지정하여 삼각형으로 나타냈습니다. 이렇게 하면 구분하기 더 쉽습니다.

이상하네요. 이 샘플은 분명히 오른쪽 위로 뻗어 있는 다른 도미 데이터에 더 가깝습니다. 왜 이 모델은 왼쪽 아래에 낮게 깔린 빙어 데이터에 가깝다고 판단한 걸까요?

k-최근접 이웃은 주변의 샘플 중에서 다수인 클래스를 예측으로 사용합니다. 이 샘플의 주변 샘플을 알아보죠. KNeighborsClassifier 클래스는 주어진 샘플에서 가장 가까운 이웃을 찾아 주는 kneighbors() 메서드를 제공합니다. 이 메서드는 이웃까지의 거리와 이웃 샘플의 인덱스를 반환합니다. KNeighborsClassifier 클래스의 이웃 개수인 n_neighbors의 기본값은 5이므로 5개의 이웃이 반환됩니다.

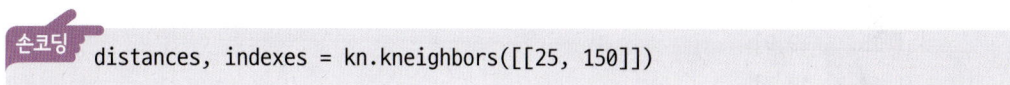

```
distances, indexes = kn.kneighbors([[25, 150]])
```

이전 절에서 넘파이 배열 인덱싱을 배웠습니다. 여기에서도 동일한 방법을 사용할 수 있습니다. indexes 배열을 사용해 훈련 데이터 중에서 이웃 샘플을 따로 구분해 그려 보겠습니다.

```
plt.scatter(train_input[:,0], train_input[:,1])
plt.scatter(25, 150, marker='^')
plt.scatter(train_input[indexes,0], train_input[indexes,1], marker='D')
plt.xlabel('length')
plt.ylabel('weight')
```

```
plt.show()
```

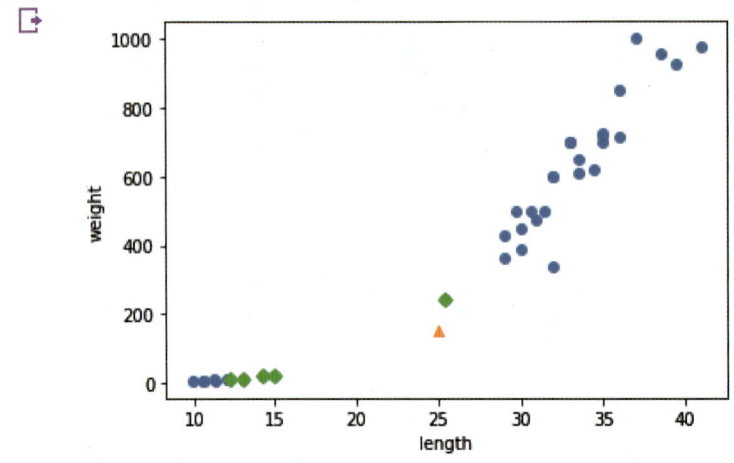

marker='D'로 지정하면 산점도를 마름모로 그립니다. 삼각형 샘플에 가장 가까운 5개의 샘플이 초록 다이아몬드로 표시되었습니다. 역시 예측 결과와 마찬가지로 가장 가까운 이웃에 도미가 하나밖에 포함되지 않았군요. 나머지 4개의 샘플은 모두 빙어입니다. 직접 데이터를 확인해 보겠습니다.

> note 맷플롯립의 전체 마커 리스트는 https://bit.ly/matplotlib_marker를 참고하세요.

```
print(train_input[indexes])
```

```
[[[ 25.4 242. ]
  [ 15.   19.9]
  [ 14.3  19.7]
  [ 13.   12.2]
  [ 12.2  12.2]]]
```

확실히 가장 가까운 생선 4개는 빙어(0)인 것 같습니다. 타깃 데이터로 확인하면 더 명확합니다.

```
print(train_target[indexes])
```

```
[[1. 0. 0. 0. 0.]]
```

길이가 25cm, 무게가 150g인 생선에 가장 가까운 이웃에는 빙어가 압도적으로 많습니다. 따라서 이 샘플의 클래스를 빙어로 예측하는 것은 무리가 아닙니다. 왜 가장 가까운 이웃을 빙어라고 생각한 것일까요? 산점도를 보면 직관적으로 도미와 가깝게 보이는데 말이죠.

이 문제의 해결 실마리를 찾기 위해 kneighbors() 메서드에서 반환한 distances 배열을 출력해 보겠습니다. 이 배열에는 이웃 샘플까지의 거리가 담겨 있습니다.

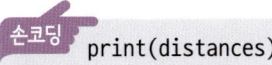
```
print(distances)
```

```
[[ 92.00086956 130.48375378 130.73859415 138.32150953 138.39320793]]
```

이 값을 보고 무언가 이상한 점을 눈치채셨나요? 혼공머신이 문제를 해결할 수 있을까요? 잠시 커피 한 잔 마시고 다시 시작하죠!

기준을 맞춰라

산점도를 다시 천천히 살펴 보죠. 삼각형 샘플에 가장 가까운 첫 번째 샘플까지의 거리는 92이고, 그 외 가장 가까운 샘플들은 모두 130, 138입니다. 그런데 거리가 92와 130이라고 했을 때 그래프에 나타난 거리 비율이 이상하지 않나요?

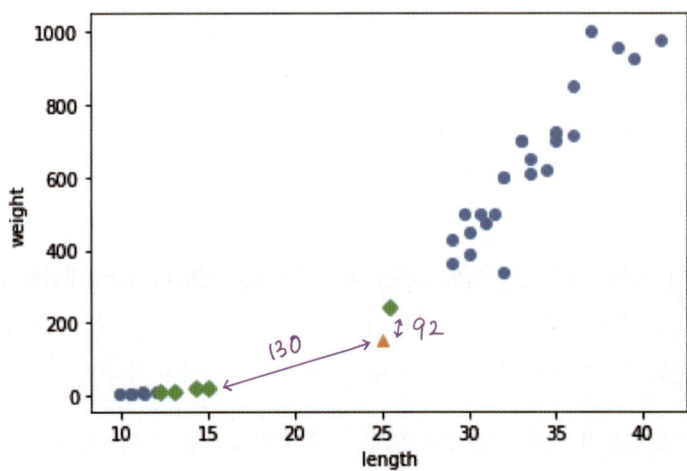

어림짐작으로 보아도 92의 거리보다 족히 몇 배는 되어 보이는데 겨우 거리가 130인 게 수상합니다. 이쯤 되면 혼공머신도 눈치를 챌 수 있겠네요. 맞습니다. x축은 범위가 좁고(10~40), y축은 범위가 넓습니다(0~1000). 따라서 y축으로 조금만 멀어져도 거리가 아주 큰 값으로 계산되겠죠. 이 때문에 오른쪽 위의 도미 샘플이 이웃으로 선택되지 못했던 겁니다.

이를 눈으로 명확히 확인하기 위해 x축의 범위를 동일하게 0~1,000으로 맞추어 보겠습니다. 맷플롯립에서 x축 범위를 지정하려면 xlim() 함수를 사용합니다(비슷하게 y축 범위를 지정하려면 ylim() 함수를 사용합니다).

```
plt.scatter(train_input[:,0], train_input[:,1])
plt.scatter(25, 150, marker='^')
plt.scatter(train_input[indexes,0], train_input[indexes,1], marker='D')
plt.xlim((0, 1000))
plt.xlabel('length')
plt.ylabel('weight')
plt.show()
```

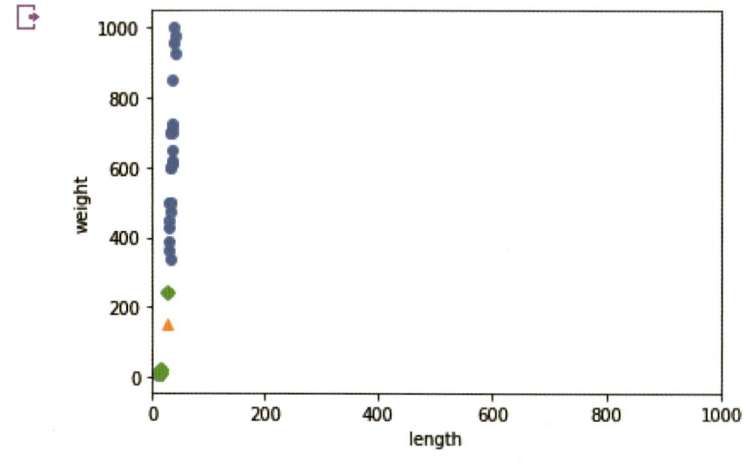

산점도가 거의 일직선으로 나타나는군요! x축과 y축의 범위를 동일하게 맞추었더니 모든 데이터가 수직으로 늘어선 형태가 되었습니다. 확실히 이런 데이터라면 생선의 길이(x축)는 가장 가까운 이웃을 찾는 데 크게 영향을 미치지 못하겠네요. 오로지 생선의 무게(y축)만 고려 대상이 됩니다.

두 특성(길이와 무게)의 값이 놓인 범위가 매우 다릅니다. 이를 두 특성의 **스케일**scale이 다르다고도 말합니다. 특성 간 스케일이 다른 일은 매우 흔합니다. 어떤 사람이 방의 넓이를 재는데 세로는 cm로, 가로는 inch로 쟀다면 정사각형인 방도 직사각형처럼 보일 것입니다.

데이터를 표현하는 기준이 다르면 알고리즘이 올바르게 예측할 수 없습니다. 알고리즘이 거리 기반일 때 특히 그렇습니다. 여기에는 k-최근접 이웃도 포함됩니다. 이런 알고리즘들은 샘플 간의 거리에 영향을 많이 받으므로 제대로 사용하려면 특성값을 일정한 기준으로 맞춰 주어야 합니다. 이런 작업을 **데이터 전처리**data preprocessing라고 부릅니다.

> **+ 여기서 잠깐 모든 알고리즘은 거리 기반이 아닌가요?**
>
> 모든 알고리즘이 거리를 기반으로 하는 것은 아닙니다. 예를 들어 트리 기반 알고리즘들은 특성의 스케일이 다르더라도 잘 동작합니다. 이런 알고리즘들은 나중에 5장에서 살펴보겠습니다.

가장 널리 사용하는 전처리 방법 중 하나는 **표준점수**standard score입니다(혹은 z 점수라고도 부릅니다). 표준점수는 각 특성값이 평균에서 표준편차의 몇 배만큼 떨어져 있는지를 나타냅니다. 이를 통해 실제 특성값의 크기와 상관없이 동일한 조건으로 비교할 수 있습니다.

> **+ 여기서 잠깐 표준점수와 표준편차**
>
> 분산은 데이터에서 평균을 뺀 값을 모두 제곱한 다음 평균을 내어 구합니다. 표준편차는 분산의 제곱근입니다. 표준점수는 각 데이터가 원점에서 몇 표준편차만큼 떨어져 있는지를 나타내는 값입니다. 데이터를 표준점수로 변환하는 과정을 표준화(standardization)라고 부릅니다.

계산하는 방법은 간단합니다. 평균을 빼고 표준편차를 나누어 주면 되죠. 넘파이는 편리하게도 이 두 함수를 모두 제공합니다.

손코딩
```
mean = np.mean(train_input, axis=0)
std = np.std(train_input, axis=0)
```

np.mean() 함수는 평균을 계산하고, np.std() 함수는 표준편차를 계산합니다. train_input은 (36, 2) 크기의 배열입니다. 특성마다 값의 스케일이 다르므로 평균과 표준편차는 각 특성별로 계산해야 합니다. 이를 위해 axis=0으로 지정했습니다. 이렇게 하면 행을 따라 각 열의 통계 값을 계산합니다.

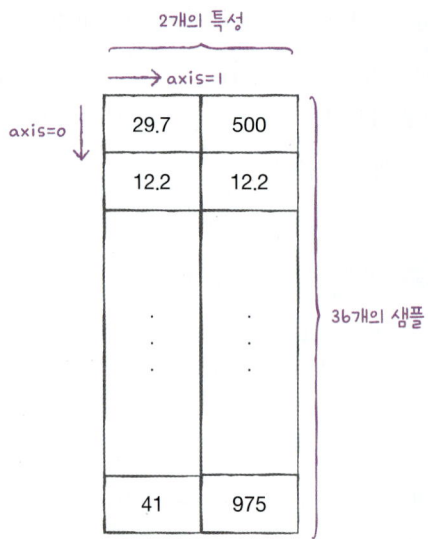

계산된 평균과 표준편차를 출력해 보죠.

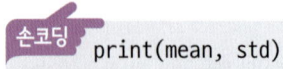 `print(mean, std)`

```
[ 27.29722222 454.09722222] [  9.98244253 323.29893931]
```

각 특성마다 평균과 표준편차가 구해졌습니다. 이제 원본 데이터에서 평균을 빼고 표준편차로 나누어 표준점수로 변환하겠습니다.

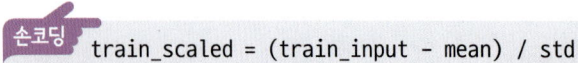 `train_scaled = (train_input - mean) / std`

이 식은 어떻게 계산되는 걸까요? 넘파이는 똑똑하게도 train_input의 모든 행에서 mean에 있는 두 평균값을 빼줍니다. 그다음 std에 있는 두 표준편차를 다시 모든 행에 적용합니다. 다음 그림을 보면 이해하기 쉽습니다. 이런 넘파이 기능을 **브로드캐스팅**broadcasting이라고 부릅니다.

> 브로드캐스팅은 넘파이 배열 사이에서 일어납니다. train_input, mean, std가 모두 넘파이 배열입니다.

mean(평균) 빼기

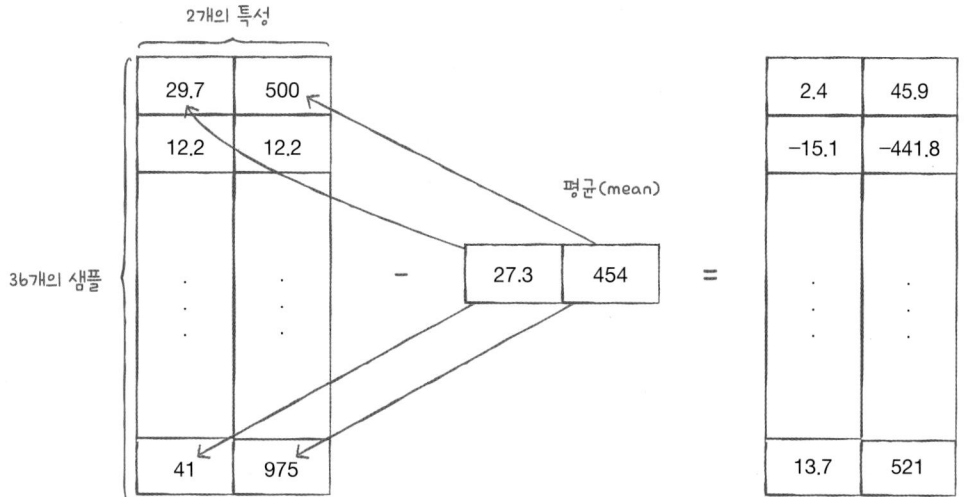

std(표준편차) 나누기

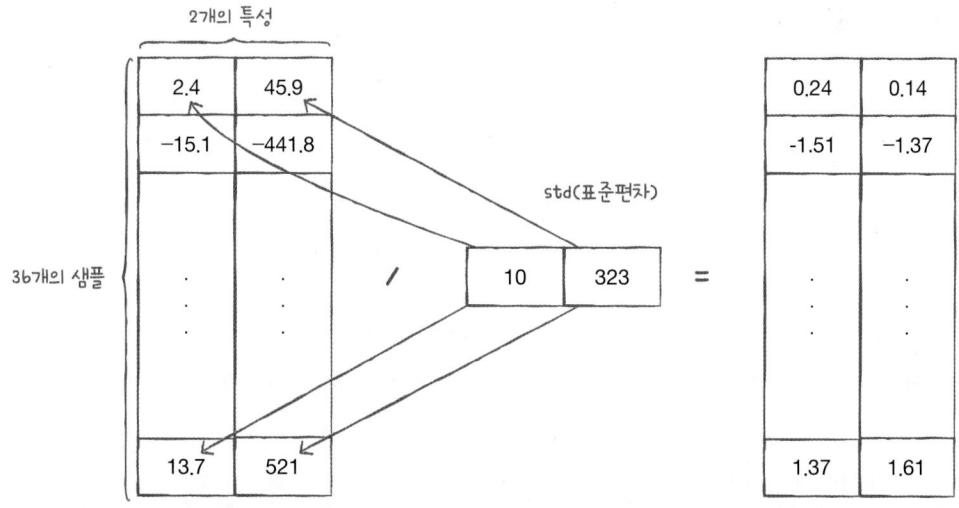

전처리 데이터로 모델 훈련하기

앞에서 표준점수로 변환한 train_scaled를 만들었습니다. 이 데이터와 김 팀장이 알려준 샘플을 다시 산점도로 그려 보겠습니다.

```
plt.scatter(train_scaled[:,0], train_scaled[:,1])
plt.scatter(25, 150, marker='^')
plt.xlabel('length')
plt.ylabel('weight')
plt.show()
```

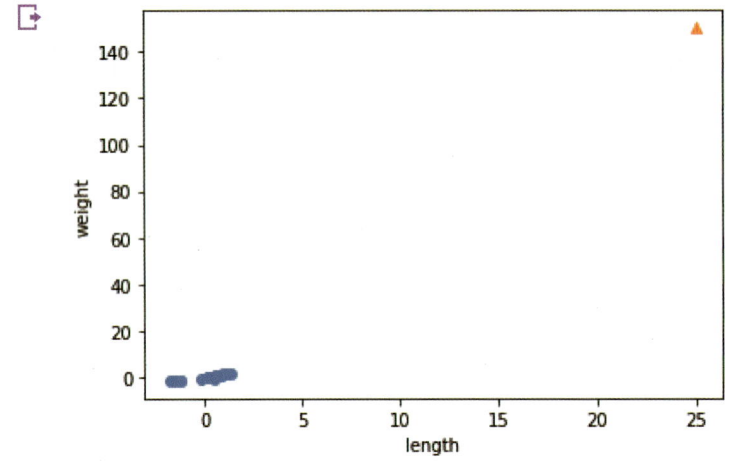

앗, 이상하네요. 예상과 또 다릅니다. 오른쪽 맨 꼭대기에 수상한 그 샘플 하나만 덩그러니 떨어져 있군요. 하지만 이렇게 된 이유는 사실 당연합니다. 훈련 세트를 mean(평균)으로 빼고 std(표준편차)로 나누어 주었기 때문에 값의 범위가 크게 달라졌습니다. 샘플 [25, 150]을 동일한 비율로 변환하지 않으면 이런 현상이 발생하겠죠.

여기에 아주 중요한 점이 있습니다. 바로 훈련 세트의 mean, std를 이용해서 변환해야 한다는 점입니다. 사실 샘플 하나만으로는 평균과 표준편차를 구할 수도 없습니다. 그럼 동일한 기준으로 김 팀장의 샘플을 변환하고 다시 산점도를 그려 보죠.

```
new = ([25, 150] - mean) / std
plt.scatter(train_scaled[:,0], train_scaled[:,1])
plt.scatter(new[0], new[1], marker='^')
plt.xlabel('length')
plt.ylabel('weight')
plt.show()
```

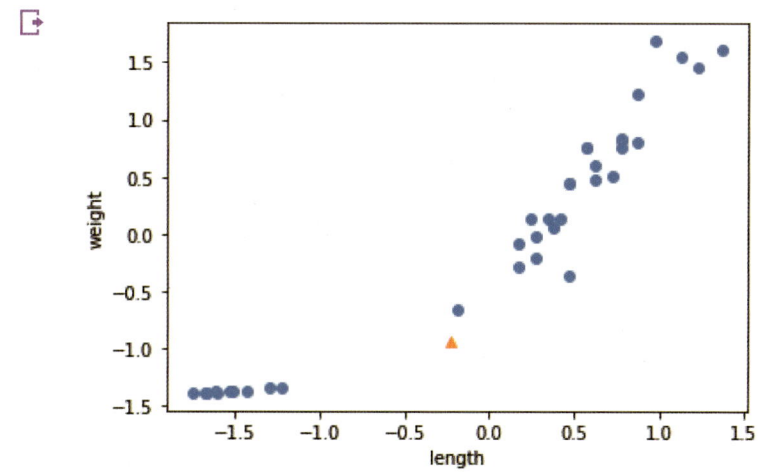

이 그래프는 앞서 표준편차로 변환하기 전의 산점도와 거의 동일합니다. 크게 달라진 점은 x축과 y축의 범위가 −1.5~1.5 사이로 바뀌었다는 것입니다. 훈련 데이터의 두 특성이 비슷한 범위를 차지하고 있습니다. 이제 이 데이터셋으로 k-최근접 이웃 모델을 다시 훈련해 보죠.

```
kn.fit(train_scaled, train_target)
```

훈련을 마치고 테스트 세트로 평가할 때는 주의해야 합니다. 앞서 김 팀장의 수상한 샘플을 훈련 세트의 평균과 표준편차로 변환해야지 같은 비율로 산점도를 그릴 수 있었습니다. 마찬가지로 테스트 세트도 훈련 세트의 평균과 표준편차로 변환해야 합니다. 그렇지 않다면 데이터의 스케일이 같아지지 않으므로 훈련한 모델이 쓸모없게 됩니다. 그럼 테스트 세트의 스케일을 변환해 보죠.

> 훈련 후 테스트 세트를 평가할 때는 훈련 세트의 기준으로 테스트 세트를 변환해야 같은 스케일로 산점도를 그릴 수 있습니다.

```
test_scaled = (test_input - mean) / std
```

이제 모델을 평가합니다.

```
kn.score(test_scaled, test_target)
```

```
1.0
```

역시 완벽하군요. 모든 테스트 세트의 샘플을 완벽하게 분류했습니다. 그럼 김 팀장의 샘플은 어떨까요? 앞서 훈련 세트의 평균과 표준편차로 변환한 김 팀장의 샘플을 사용해 모델의 예측을 출력해 보죠.

```
print(kn.predict([new]))
```

```
[1.]
```

오, 드디어 도미(1)로 예측했습니다. 확실히 길이가 25cm이고 무게가 150g인 생선은 도미일 것입니다.

마지막으로 kneighbors() 함수로 이 샘플의 k-최근접 이웃을 구한 다음 산점도로 그려 보겠습니다. 특성을 표준점수로 바꾸었기 때문에 k-최근접 이웃 알고리즘이 올바르게 거리를 측정했을 것입니다. 이로 인해 가장 가까운 이웃에 변화가 생겼을 것으로 기대할 수 있습니다.

```
distances, indexes = kn.kneighbors([new])
plt.scatter(train_scaled[:,0], train_scaled[:,1])
plt.scatter(new[0], new[1], marker='^')
plt.scatter(train_scaled[indexes,0], train_scaled[indexes,1], marker='D')
plt.xlabel('length')
plt.ylabel('weight')
plt.show()
```

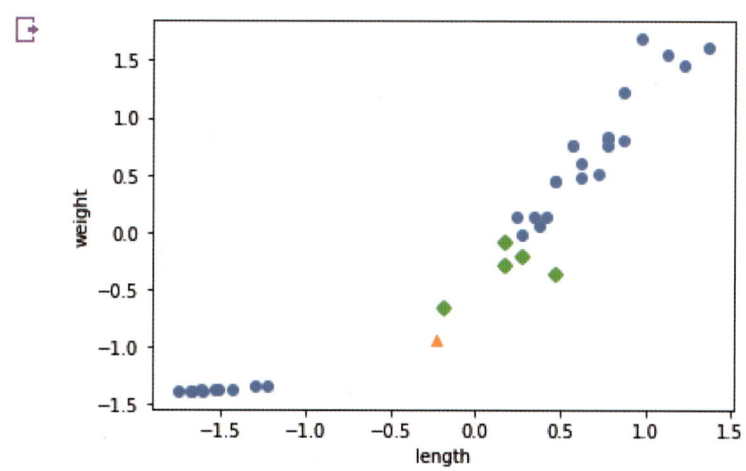

김 팀장의 샘플(▲)에서 가장 가까운 샘플은 모두 도미군요. 따라서 이 수상한 샘플을 도미로 예측하는 것이 당연합니다. 성공입니다! 특성값의 스케일에 민감하지 않고 안정적인 예측을 할 수 있는 모델을 만들었습니다.

스케일이 다른 특성 처리 문제해결 과정

혼공머신이 만든 모델은 완벽하게 테스트 세트를 분류했습니다. 하지만 김 팀장이 가져온 샘플에서는 엉뚱하게 빙어라고 예측했죠. 그래프로 그려보면 이상하게도 이 샘플은 도미에 가깝습니다.

이는 샘플의 두 특성인 길이와 무게의 스케일이 다르기 때문입니다. 길이보다 무게의 크기에 따라 예측값이 좌우지됩니다. 대부분의 머신러닝 알고리즘은 특성의 스케일이 다르면 잘 작동하지 않습니다.

이를 위해 특성을 표준점수로 변환했습니다. 사실 특성의 스케일을 조정하는 방법은 표준점수 말고도 더 있습니다. 하지만 대부분의 경우 표준점수로 충분합니다. 또 가장 널리 사용하는 방법입니다. 데이터를 전처리할 때 주의할 점은 훈련 세트를 변환한 방식 그대로 테스트 세트를 변환해야 한다는 것입니다. 그렇지 않으면 특성값이 엉뚱하게 변환될 것이고 훈련 세트로 훈련한 모델이 제대로 동작하지 않을 것입니다.

이제 김 팀장에게 문제의 원인을 설명하고 개선한 모델을 보고했습니다. 김 팀장은 내심 기뻐하며 혼공머신에게 조금 더 어려운 문제를 부탁하려나 봅니다. 다음 장에서 어떤 문제인지 알아보죠.

전체 소스 코드

note https://bit.ly/hg2-02-2에 접속하면 코랩에서 이 절의 코드를 바로 열어 볼 수 있습니다.

```python
"""# 데이터 전처리"""

"""## 넘파이로 데이터 준비하기"""

fish_length = [25.4, 26.3, 26.5, 29.0, 29.0, 29.7, 29.7, 30.0, 30.0, 30.7,
               31.0, 31.0, 31.5, 32.0, 32.0, 32.0, 33.0, 33.0, 33.5, 33.5,
               34.0, 34.0, 34.5, 35.0, 35.0, 35.0, 35.0, 36.0, 36.0, 37.0,
               38.5, 38.5, 39.5, 41.0, 41.0, 9.8, 10.5, 10.6, 11.0, 11.2,
               11.3, 11.8, 11.8, 12.0, 12.2, 12.4, 13.0, 14.3, 15.0]
fish_weight = [242.0, 290.0, 340.0, 363.0, 430.0, 450.0, 500.0, 390.0,
               450.0, 500.0, 475.0, 500.0, 500.0, 340.0, 600.0, 600.0,
               700.0, 700.0, 610.0, 650.0, 575.0, 685.0, 620.0, 680.0,
               700.0, 725.0, 720.0, 714.0, 850.0, 1000.0, 920.0, 955.0,
               925.0, 975.0, 950.0, 6.7, 7.5, 7.0, 9.7, 9.8, 8.7, 10.0,
               9.9, 9.8, 12.2, 13.4, 12.2, 19.7, 19.9]

import numpy as np

np.column_stack(([1,2,3], [4,5,6]))

fish_data = np.column_stack((fish_length, fish_weight))

print(fish_data[:5])

print(np.ones(5))

fish_target = np.concatenate((np.ones(35), np.zeros(14)))

print(fish_target)
```

```python
"""## 사이킷런으로 훈련 세트와 테스트 세트 나누기"""

from sklearn.model_selection import train_test_split

train_input, test_input, train_target, test_target = train_test_split(
    fish_data, fish_target, random_state=42)

print(train_input.shape, test_input.shape)

print(train_target.shape, test_target.shape)

print(test_target)

train_input, test_input, train_target, test_target = train_test_split(
    fish_data, fish_target, stratify=fish_target, random_state=42)

print(test_target)

"""## 수상한 도미 한 마리"""

from sklearn.neighbors import KNeighborsClassifier
kn = KNeighborsClassifier()
kn.fit(train_input, train_target)
kn.score(test_input, test_target)

print(kn.predict([[25, 150]]))

import matplotlib.pyplot as plt
plt.scatter(train_input[:,0], train_input[:,1])
plt.scatter(25, 150, marker='^') # marker 매개변수는 모양을 저장합니다
plt.xlabel('length')
plt.ylabel('weight')
plt.show()

distances, indexes = kn.kneighbors([[25, 150]])
```

```python
plt.scatter(train_input[:,0], train_input[:,1])
plt.scatter(25, 150, marker='^')
plt.scatter(train_input[indexes,0], train_input[indexes,1], marker='D')
plt.xlabel('length')
plt.ylabel('weight')
plt.show()

print(train_input[indexes])

print(train_target[indexes])

print(distances)

"""## 기준을 맞춰라"""

plt.scatter(train_input[:,0], train_input[:,1])
plt.scatter(25, 150, marker='^')
plt.scatter(train_input[indexes,0], train_input[indexes,1], marker='D')
plt.xlim((0, 1000))
plt.xlabel('length')
plt.ylabel('weight')
plt.show()

mean = np.mean(train_input, axis=0)
std = np.std(train_input, axis=0)

print(mean, std)

train_scaled = (train_input - mean) / std

"""## 전처리 데이터로 모델 훈련하기"""

plt.scatter(train_scaled[:,0], train_scaled[:,1])
plt.scatter(25, 150, marker='^')
plt.xlabel('length')
plt.ylabel('weight')
```

```
plt.show()

new = ([25, 150] - mean) / std
plt.scatter(train_scaled[:,0], train_scaled[:,1])
plt.scatter(new[0], new[1], marker='^')
plt.xlabel('length')
plt.ylabel('weight')
plt.show()

kn.fit(train_scaled, train_target)

test_scaled = (test_input - mean) / std

kn.score(test_scaled, test_target)

print(kn.predict([new]))

distances, indexes = kn.kneighbors([new])
plt.scatter(train_scaled[:,0], train_scaled[:,1])
plt.scatter(new[0], new[1], marker='^')
plt.scatter(train_scaled[indexes,0], train_scaled[indexes,1], marker='D')
plt.xlabel('length')
plt.ylabel('weight')
plt.show()
```

마무리

▶ 키워드로 끝나는 핵심 포인트

- **데이터 전처리**는 머신러닝 모델에 훈련 데이터를 주입하기 전에 가공하는 단계를 말합니다. 때로는 데이터 전처리에 많은 시간이 소모되기도 합니다.

- **표준점수**는 훈련 세트의 스케일을 바꾸는 대표적인 방법 중 하나입니다. 표준점수를 얻으려면 특성의 평균을 빼고 표준편차로 나눕니다. 반드시 훈련 세트의 평균과 표준편차로 테스트 세트를 바꿔야 합니다.

- **브로드캐스팅**은 크기가 다른 넘파이 배열에서 자동으로 사칙 연산을 모든 행이나 열로 확장하여 수행하는 기능입니다.

▶ 핵심 패키지와 함수

scikit-learn

- **train_test_split()** 은 훈련 데이터를 훈련 세트와 테스트 세트로 나누는 함수입니다. 여러 개의 배열을 전달할 수 있습니다. 테스트 세트로 나눌 비율은 test_size 매개변수에서 지정할 수 있으며 기본값은 0.25(25%)입니다.

  shuffle 매개변수로 훈련 세트와 테스트 세트로 나누기 전에 무작위로 섞을지 여부를 결정할 수 있습니다. 기본값은 True입니다. stratify 매개변수에 클래스 레이블이 담긴 배열(일반적으로 타깃 데이터)을 전달하면 클래스 비율에 맞게 훈련 세트와 테스트 세트를 나눕니다.

- **kneighbors()** 는 k-최근접 이웃 객체의 메서드입니다. 이 메서드는 입력한 데이터에 가장 가까운 이웃을 찾아 거리와 이웃 샘플의 인덱스를 반환합니다. 기본적으로 이웃의 개수는 KNeighborsClassifier 클래스의 객체를 생성할 때 지정한 개수를 사용합니다. 하지만 n_neighbors 매개변수에서 다르게 지정할 수도 있습니다.

  return_distance 매개변수를 False로 지정하면 이웃 샘플의 인덱스만 반환하고 거리는 반환하지 않습니다. 이 매개변수의 기본값은 True입니다.

▶ **확인 문제**

1. 이 방식은 스케일 조정 방식의 하나로 특성값을 평균에서 표준편차의 몇 배수만큼 떨어져 있는지로 변환한 값입니다. 이 값을 무엇이라 부르나요?

    ① 기본 점수
    ② 원점수
    ③ 표준점수
    ④ 사분위수

2. 테스트 세트의 스케일을 조정하려고 합니다. 다음 중 어떤 데이터의 통계 값을 사용해야 하나요?

    ① 훈련 세트
    ② 테스트 세트
    ③ 전체 데이터
    ④ 상관없음

3. for 반복문을 사용하지 않고 넘파이 배열의 모든 원소에 대해 산술 연산이 적용되는 기능이 무엇인가요?

    ① 자동캐스팅
    ② 연산캐스팅
    ③ 브로드캐스팅
    ④ 브로드웨이

4. 다음 중 넘파이 배열 함수가 아닌 것은 무엇인가요?

    ① ones ( )
    ② nils ( )
    ③ mean ( )
    ④ std ( )

자주 하는 질문

Q. 넘파이를 어떻게 사용하는지 잘 모르겠어요.

A. 넘파이는 사이킷런을 비롯해 파이썬 과학 패키지에서 널리 사용하는 배열 라이브러리입니다. 그래서 많은 머신러닝 책이나 강의는 기본적으로 사용자들이 넘파이를 어느 정도 알고 있을 거라고 가정합니다. 처음 넘파이를 접한다면 책이나 온라인 자료를 통해 도움을 받을 수 있습니다. 그중에서 제가 번역하여 공유한 넘파이 튜토리얼은 다음 주소에서 읽을 수 있습니다.

https://ml-ko.kr/homl2/tools_numpy.html

넘파이 외에 판다스 라이브러리도 파이썬 데이터 분석 분야에서 중요한 역할을 합니다. 이 책에서도 판다스 라이브러리를 종종 사용합니다. 판다스 튜토리얼은 다음 주소에서 읽을 수 있습니다.

https://ml-ko.kr/homl2/tools_pandas.html

판다스와 데이터 분석에 대해 더 자세히 알고 싶다면 제가 집필한『혼자 공부하는 데이터 분석 with 파이썬』(한빛미디어, 2023)을 추천합니다.

Q. k-최근접 이웃 모델의 fit() 메서드가 반환하는 값은 무엇인가요?

A. 사이킷런 모델 클래스나 3장에서 배울 변환기 클래스의 fit() 메서드가 반환하는 것은 해당 객체 자체입니다. 즉, kn.fit(..)을 호출하면 kn 객체 자체를 반환합니다. 따라서 fit() 메서드가 반환한 값을 따로 저장할 필요는 없습니다.

이런 동작은 여러 메서드를 이어서 호출하는 메서드 체인(method chaining)을 구현하기 위해서입니다. 예를 들어 kn.fit(..).predict(..)와 같이 fit() 메서드를 호출한 다음에 predict() 메서드를 이어서 쓸 수 있습니다. fit() 메서드가 kn 객체를 반환하기 때문에, 이 코드는 kn.fit(..)과 kn.predict(..)를 차례대로 호출한 것과 동일한 효과를 냅니다.

마찬가지로, 변환기 클래스도 ss.fit(..).transform(..)처럼 fit() 메서드와 transform() 메서드를 이어서 쓸 수 있습니다. 변환기에 대해서는 3장에서 자세히 소개합니다.

Q. k-최근접 이웃 분류기에서 이웃의 개수가 짝수일 때 두 클래스의 이웃 개수가 동일하면 어떻게 결정되나요?

A. k-최근접 이웃 알고리즘이 분류를 수행할 때 이웃 샘플의 클래스 비율이 동일할 수 있습니다. 이 경우, 예상할 수 있는 동작은 동일한 비율을 가진 클래스 중 하나를 무작위로 선택하거나, 첫 번째 클래스를 선택하는 것입니다. 또는 전체 데이터에서 더 많이 등장하는 클래스를 선택할 수 있습니다.

사이킷런의 k-최근접 이웃 분류기는 기본적으로 사이파이(scipy) 패키지의 mode() 함수를 사용합니다. 따라서 이웃 샘플에서 가장 높은 빈도의 클래스가 두 개 이상일 경우 predict() 메서드는 그중 인덱스가 작은 클래스를 반환합니다.

KNeighborsClassifier 클래스는 이웃 샘플의 거리를 기반으로 가중치를 부여할 수 있는 weights 매개변수도 제공합니다. 이 매개변수를 'distance'로 지정하면 예측하려는 샘플과 이웃 사이의 거리의 합이 가장 큰 클래스를 반환합니다.

Q. 02-1절에서 np.random.seed() 함수에 지정한 42는 어디서 온 값인가요?

A. 난수 초깃값은 어떤 양의 정수를 사용해도 괜찮습니다. seed() 함수에 0부터 4,294,967,295 사이의 숫자 중 마음에 드는 수를 하나 선택해서 넣으면 됩니다. 그런데 개발자들은 42를 종종 많이 사용합니다. 이 숫자는 더글러스 애덤스(Douglas Adams)의 소설 『은하수를 여행하는 히치하이커를 위한 안내서』(책세상, 2004)에서 슈퍼컴퓨터인 깊은 생각(Deep Thought)이 '삶, 우주, 그리고 모든 것에 대한 궁극적인 질문'에 대해 750만 년 동안 계산하여 내놓은 답이거든요.

Q. 02-2절에서 표준점수로 데이터를 전처리할 때 전체 데이터를 먼저 표준점수로 변환한 후 훈련 세트와 테스트 세트로 나누면 안 되나요?

A. 네, 안 됩니다. 본문에서 설명했듯이 반드시 먼저 훈련 세트를 사용해서 표준점수로 변환합니다. 그다음 훈련 세트에서 구한 통곗값(평균, 표준편차)을 사용해 테스트 세트를 변환해야 합니다. 그렇지 않고 훈련 세트와 테스트 세트를 합친 전체 데이터로 표준화를 수행하면 모델에 테스트 세트의 정보가 유출된 셈입니다. 이를 정보 누설(Information Leak) 또는 데이터 누설(Data Leak)이라고 합니다.

테스트 세트를 전처리에 사용하면 모델이 실전에 투입되었을 때 만나는 데이터와 테스트 세트를 동등하게 취급하지 않는 셈입니다. 이런 테스트 세트로는 실전에 투입했을 때 예상되는 성능인 일반화 성능을 올바르게 추정하지 못한다는 것을 꼭 기억하세요.

Q. 02-2절에서 (36,)와 같이 출력됩니다. 콤마 다음에 아무 숫자도 없는데 오류가 난 건 아닌가요?

A. 아닙니다, 정상이에요. 파이썬에서 괄호는 여러 가지 용도로 사용됩니다. 그중 하나는 연산의 우선순위를 지정하는 데 사용됩니다. 예를 들어, (1+2)*3처럼 쓰면 곱셈을 하기 전에 덧셈을 해서 결괏값은 9가 됩니다. 따라서 (36)은 36과 동일한 표현입니다.

파이썬 튜플의 원소가 하나일 때 이런 괄호와 구별하기 위해 원소의 마지막에 콤마를 추가합니다. 즉, (36,)는 원소가 하나인 파이썬 튜플의 올바른 표현입니다.

학습목표
- 지도 학습 알고리즘의 한 종류인 회귀 알고리즘에 대해 배웁니다.
- 다양한 선형 회귀 알고리즘의 장단점을 이해합니다.

Chapter 03

회귀 알고리즘과 모델 규제
농어의 무게를 예측하라!

03-1 k-최근접 이웃 회귀

핵심 키워드 | 회귀 k-최근접 이웃 회귀 결정계수 과대적합과 과소적합

지도 학습의 한 종류인 회귀 문제를 이해하고 k-최근접 이웃 알고리즘을 사용해 농어의 무게를 예측하는 회귀 문제를 풀어 봅니다.

시작하기 전에

혼공머신은 도미와 빙어를 구분하는 머신러닝 모델을 성공적으로 개발한 후 자신감이 생겼습니다. 이번에도 김 팀장이 혼공머신에게 새 문제도 머신러닝으로 해결해달라고 요청하려는 것 같습니다.

여름 농어 철로 농어 주문이 크게 늘어나자 한빛 마켓은 업계 최초로 농어를 무게 단위로 판매하려 합니다. 농어를 마리당 가격으로 판매했을 때 기대보다 볼품없는 농어를 받은 고객이 항의하는 일이 발생했기 때문입니다. 무게 단위로 가격을 책정하면 고객들도 합리적이라고 생각하겠죠? 그런데 공급처에서 생선 무게를 잘못 측정해서 보냈습니다. 큰일이네요. 혼공머신은 이 문제를 해결할 수 있을까요?

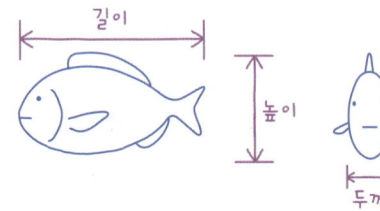

"혼공머신, 농어 무게를 재측정해야 한다는데… 다른 데이터는 정상이라니까 이걸로 농어 무게를 예측할 수 있을까?"

"무언가 고르는 문제가 아니고 무게를 예측해야 하는군요? 무게는 어떤 숫자도 될 수 있겠네요."

"맞아. 인터넷에서 검색해 보니 이런 문제를 회귀라고 하던데. 지금 농어의 길이, 높이, 두께를 측정한 데이터가 있어. 이걸 가지고 예측할 수 있지 않을까?"

"일단 농어의 무게를 정확하게 측정한 샘플이 필요해요."

"정확하게 무게를 측정한 농어 샘플 56개를 메일로 보내줄게."

k-최근접 이웃 회귀

혼공머신은 자리로 돌아오면서 안도의 한숨을 쉬었습니다. 사실 어떻게 해결해야 할지 잘 몰랐거든요. 김 팀장이 준 '회귀'라는 힌트에서 출발해 보죠.

지도 학습 알고리즘은 크게 분류와 **회귀**regression로 나뉩니다. 분류는 2장에서 다루었습니다. 말 그대로 샘플을 몇 개의 클래스 중 하나로 분류하는 문제입니다. 회귀는 클래스 중 하나로 분류하는 것이 아니라 임의의 어떤 숫자를 예측하는 문제입니다.

예를 들면 내년도 경제 성장률을 예측하거나 배달이 도착할 시간을 예측하는 것이 회귀 문제입니다. 또 여기에서 주어진 문제처럼 농어의 무게를 예측하는 것도 회귀가 됩니다. 회귀는 정해진 클래스가 없고 임의의 수치를 출력합니다.

> **+ 여기서 잠깐** | **회귀 알고리즘의 시작**
>
> 사실 회귀란 용어를 보고 어떤 알고리즘인지 추측하기 힘듭니다. 이 용어는 19세기 통계학자이자 사회학자인 프랜시스 골턴(Francis Galton)이 처음 사용했습니다. 그는 키가 큰 사람의 아이가 부모보다 더 크지 않는다는 사실을 관찰하고 이를 '평균으로 회귀한다'라고 표현했습니다. 그 후 두 변수 사이의 상관관계를 분석하는 방법을 회귀라 불렀습니다.

혼공머신은 잠시 책을 뒤적여 보다가 2장에서 사용했던 k-최근접 이웃 알고리즘이 회귀에도 작동한다는 것을 알았습니다. 아주 잘됐네요. k-최근접 이웃은 한 번 사용해 봤으니 아무래도 쉽게 적용할 수 있을 것 같습니다. 그럼 k-최근접 이웃 알고리즘은 어떻게 숫자를 예측할 수 있을까요? 이 알고리즘이 분류와 회귀에 적용되는 방식을 비교하겠습니다.

k-최근접 이웃 분류 알고리즘은 간단합니다. 예측하려는 샘플에 가장 가까운 샘플 k개를 선택합니다. 그다음 이 샘플들의 클래스를 확인하여 다수 클래스를 새로운 샘플의 클래스로 예측합니다. 다음 그림의 왼쪽에 k-최근접 이웃 분류가 잘 나타나 있습니다. k = 3(샘플이 3개)이라 가정하면 사각형이 2개로 다수이기 때문에 새로운 샘플 **X**의 클래스는 사각형이 됩니다.

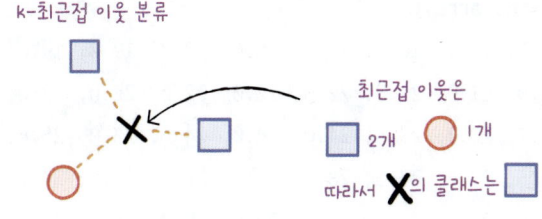

k-최근접 이웃 회귀도 간단합니다. 분류와 똑같이 예측하려는 샘플에 가장 가까운 샘플 k개를 선택합니다. 하지만 회귀이기 때문에 이웃한 샘플의 타깃은 어떤 클래스가 아니라 임의의 수치입니다. 이웃 샘플의 수치를 사용해 새로운 샘플 X의 타깃을 예측하는 간단한 방법은 뭐가 있을까요? 바로 이 수치들의 평균을 구하면 됩니다. 그림에서 이웃한 샘플의 타깃값이 각각 100, 80, 60이고 이를 평균하면 샘플 X의 예측 타깃값은 80이 됩니다.

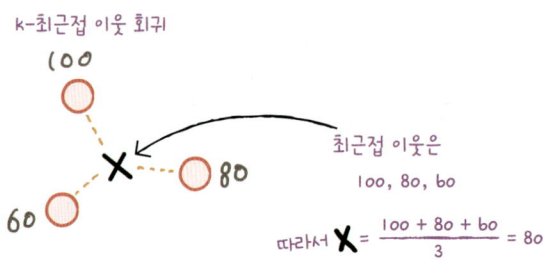

앞에서 이미 다뤄봐서 그런지 어렵지는 않군요. k-최근접 이웃 분류 알고리즘과 비슷하고, 타깃값을 결정할 때만 조금 다릅니다. 좋습니다. 그럼 농어 데이터를 준비하고 사이킷런을 사용해 회귀 모델을 훈련하겠습니다.

데이터 준비

먼저 훈련 데이터를 준비해 보죠. 혼공머신은 농어의 길이만 있어도 무게를 잘 예측할 수 있다고 생각했습니다. 그럼 농어의 길이가 특성이고 무게가 타깃이 되겠군요. 2장 1절에서는 파이썬 리스트에서 넘파이 배열로 변환했지만 여기서는 바로 넘파이 배열에서 만들겠습니다.

> **note** 이 숫자를 손으로 모두 입력하려면 번거롭습니다. http://bit.ly/perch_data 에서 복사해 쓰세요.

```
import numpy as np
perch_length = np.array(
    [ 8.4, 13.7, 15.0, 16.2, 17.4, 18.0, 18.7, 19.0, 19.6, 20.0,
     21.0, 21.0, 21.0, 21.3, 22.0, 22.0, 22.0, 22.0, 22.0, 22.5,
     22.5, 22.7, 23.0, 23.5, 24.0, 24.0, 24.6, 25.0, 25.6, 26.5,
     27.3, 27.5, 27.5, 27.5, 28.0, 28.7, 30.0, 32.8, 34.5, 35.0,
     36.5, 36.0, 37.0, 37.0, 39.0, 39.0, 39.0, 40.0, 40.0, 40.0,
     40.0, 42.0, 43.0, 43.0, 43.5, 44.0]
    )
```

```
perch_weight = np.array(
    [  5.9,  32.0,  40.0,  51.5,  70.0, 100.0,  78.0,  80.0,  85.0,  85.0,
     110.0, 115.0, 125.0, 130.0, 120.0, 120.0, 130.0, 135.0, 110.0,
     130.0, 150.0, 145.0, 150.0, 170.0, 225.0, 145.0, 188.0, 180.0,
     197.0, 218.0, 300.0, 260.0, 265.0, 250.0, 250.0, 300.0, 320.0,
     514.0, 556.0, 840.0, 685.0, 700.0, 700.0, 690.0, 900.0, 650.0,
     820.0, 850.0, 900.0, 1015.0, 820.0, 1100.0, 1000.0, 1100.0,
     1000.0, 1000.0]
     )
```

먼저 이 데이터가 어떤 형태를 띠고 있는지 산점도를 그려 보겠습니다. 하나의 특성을 사용하기 때문에 특성 데이터를 x축에 놓고 타깃 데이터를 y축에 놓습니다. 맷플롯립을 임포트하고 scatter() 함수를 사용하여 산점도를 그립니다.

```
import matplotlib.pyplot as plt
plt.scatter(perch_length, perch_weight)
plt.xlabel('length')
plt.ylabel('weight')
plt.show()
```

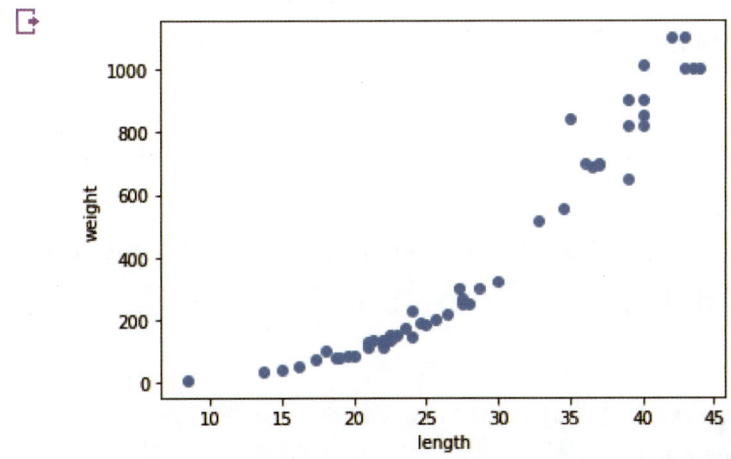

농어의 길이가 커짐에 따라 무게도 늘어나네요. 그래프를 그려보지 않아도 당연한 현상입니다. 2장에서 했듯이 농어 데이터를 머신러닝 모델에 사용하기 전에 훈련 세트와 테스트 세트로 나누겠습니다.

```
from sklearn.model_selection import train_test_split
train_input, test_input, train_target, test_target = train_test_split(
    perch_length, perch_weight, random_state=42)
```

사이킷런의 train_test_split() 함수를 사용해 훈련 세트와 테스트 세트로 나눕니다. 책과 결과를 동일하게 유지하기 위해 random_state=42로 지정했습니다.

사이킷런에 사용할 훈련 세트는 2차원 배열이어야 한다는 점을 기억하나요? perch_length가 1차원 배열이기 때문에 이를 나눈 train_input과 test_input도 1차원 배열입니다. 이런 1차원 배열을 1개의 열이 있는 2차원 배열로 바꿔야 합니다. 즉 다음 그림과 같습니다.

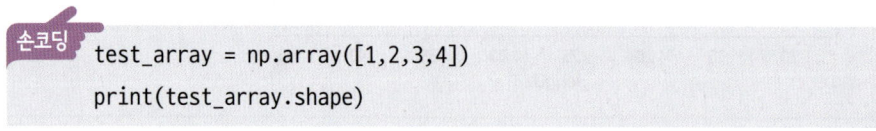

파이썬에서 1차원 배열의 크기는 원소가 1개인 튜플로 나타냅니다. 예를 들어 [1, 2, 3]의 크기는 (3,)입니다. 이를 2차원 배열로 만들기 위해 억지로 하나의 열을 추가했습니다. 이렇게 하면 배열의 크기가 (3, 1)이 됩니다. 배열을 나타내는 방식만 달라졌을 뿐 배열에 있는 원소의 개수는 동일하게 3개입니다.

2장에서는 2개의 특성을 사용했기 때문에 자연스럽게 열이 2개인 2차원 배열을 사용했습니다. 이번 예제에서는 특성을 1개만 사용하므로 수동으로 2차원 배열을 만들어야 합니다. 복잡하게 느껴지지만, 다행히 넘파이 배열은 크기를 바꿀 수 있는 reshape() 메서드를 제공합니다. 예를 들어 (4,) 배열을 (2, 2) 크기로 바꿔 봅시다.

```
test_array = np.array([1,2,3,4])
print(test_array.shape)
```

(4,)

test_array는 (4,) 배열인 것을 확인했으니 이제 (2, 2) 크기로 바꿔 보겠습니다.

손코딩
```
test_array = test_array.reshape(2, 2)
print(test_array.shape)
```

➡ (2, 2)

이처럼 reshape() 메서드에는 바꾸려는 배열의 크기를 지정할 수 있습니다.

> **➕ 여기서 잠깐 지정한 크기와 원본 배열의 원소 개수가 달라도 되나요?**
>
> reshape() 메서드에 지정한 크기가 원본 배열에 있는 원소의 개수와 다르면 에러가 발생합니다. 예를 들어 다음과 같이 (4,) 크기의 배열을 (2, 3)으로 바꾸려고 하면 에러가 발생합니다. 원본 배열의 원소는 4개인데 2 × 3 = 6개로 바꾸려고 하기 때문이죠.
>
> ```
> test_array = test_array.reshape(2, 3)
> ```
>
> ➡ ValueError: cannot reshape array of size 4 into shape (2,3)

reshape() 메서드를 사용하는 방법은 어렵지 않군요. 이제 이 메서드를 사용해 train_input과 test_input을 2차원 배열로 바꾸겠습니다. train_input의 크기는 (42,)입니다. 이를 2차원 배열인 (42, 1)로 바꾸려면 train_input.reshape(42, 1)과 같이 사용합니다. 넘파이는 배열의 크기를 자동으로 지정하는 기능도 제공하는데요. 크기에 -1을 지정하면 다른 차원을 채우고 남은 원소에 맞게 차원을 지정하라는 의미입니다. 예를 들어 첫 번째 크기를 나머지 원소 개수에 맞게 설정하고, 두 번째 크기를 1로 하려면 train_input.reshape(-1, 1)처럼 사용합니다. 그럼 reshape() 메서드로 배열의 크기를 변경하겠습니다.

손코딩
```
train_input = train_input.reshape(-1, 1)
test_input = test_input.reshape(-1, 1)
print(train_input.shape, test_input.shape)
```

➡ (42, 1) (14, 1)

네, 2차원 배열로 성공적으로 변환했습니다. reshape(-1, 1)과 같이 사용하면 배열의 전체 원소 개수를 매번 외우지 않아도 되므로 편리합니다. 이제 준비한 훈련 세트를 활용하여 k-최근접 이웃 알고리즘을 훈련시켜 보죠.

결정계수(R^2)

사이킷런에서 k-최근접 이웃 회귀 알고리즘을 구현한 클래스는 KNeighborsRegressor입니다. 이 클래스의 사용법은 KNeighborsClassifier와 매우 비슷합니다. 객체를 생성하고 fit() 메서드로 회귀 모델을 훈련하겠습니다.

```
from sklearn.neighbors import KNeighborsRegressor

knr = KNeighborsRegressor()

# k-최근접 이웃 회귀 모델을 훈련합니다
knr.fit(train_input, train_target)
```

이제 테스트 세트의 점수를 확인해 보죠.

```
print(knr.score(test_input, test_target))
```
```
0.9928094061010639
```

오, 아주 좋은 점수네요. 그런데 이 점수는 무엇일까요?

분류의 경우는 테스트 세트에 있는 샘플을 정확하게 분류한 개수의 비율입니다. 정확도라고 불렀죠. 간단히 말해 정답을 맞힌 개수의 비율입니다. 회귀에서는 정확한 숫자를 맞힌다는 것은 거의 불가능합니다. 예측하는 값이나 타깃 모두 임의의 수치이기 때문입니다.

회귀의 경우에는 조금 다른 값으로 평가하는데 이 점수를 **결정계수**^{coefficient of determination}라고 부릅니다. 또는 간단히 R^2라고도 부릅니다. 이름이 조금 어렵지만 이 값은 다음과 같이 간단한 식으로 계산됩니다.

$$R^2 = 1 - \frac{(타깃 - 예측)^2의\ 합}{(타깃 - 평균)^2의\ 합}$$

각 샘플의 타깃과 예측한 값의 차이를 제곱하여 더합니다. 그다음 타깃과 타깃 평균의 차이를 제곱하여 더한 값으로 나눕니다. 만약 타깃의 평균 정도를 예측하는 수준이라면 (즉 분자와 분모가 비슷해져) R^2는 0에 가까워지고, 예측이 타깃에 아주 가까워지면 (분자가 0에 가까워지기 때문에) 1에 가까운 값이 됩니다.

> **+ 여기서 잠깐** **score() 메서드의 출력값의 의미**
>
> 사이킷런의 score() 메서드가 출력하는 값은 높을수록 좋은 것입니다. 예를 들어 정확도나 결정계수가 그렇습니다. 만약 score() 메서드가 에러율을 반환한다면 이를 음수로 만들어 실제로는 낮은 에러가 score() 메서드로 반환될 때는 높은 값이 되도록 바꿉니다.

0.99면 아주 좋은 값이네요. 하지만 정확도처럼 R^2가 직감적으로 얼마나 좋은지 이해하기는 어렵습니다. 대신 다른 값을 계산해 보죠. 타깃과 예측한 값 사이의 차이를 구해 보면 어느 정도 예측이 벗어났는지 가늠하기 좋습니다. 사이킷런은 sklearn.metrics 패키지 아래 여러 가지 측정 도구를 제공합니다. 이 중에서 mean_absolute_error는 타깃과 예측의 절댓값 오차를 평균하여 반환합니다.

손코딩
```
from sklearn.metrics import mean_absolute_error

# 테스트 세트에 대한 예측을 만듭니다
test_prediction = knr.predict(test_input)

# 테스트 세트에 대한 평균 절댓값 오차를 계산합니다
mae = mean_absolute_error(test_target, test_prediction)
print(mae)
```

↪ 19.157142857142862

결과에서 예측이 평균적으로 19g 정도 타깃값과 다르다는 것을 알 수 있습니다. 지금까지는 훈련 세트를 사용해 모델을 훈련하고 테스트 세트로 모델을 평가했습니다. 그런데 훈련 세트를 사용해 평가해 보면 어떨까요? 즉 score() 메서드에 훈련 세트를 전달하여 점수를 출력해 보는 거죠. 이 값은 테스트 세트의 점수와 다를 것입니다. 여기에서 우리가 배울 수 있는 것이 있을지도 모르겠군요.

과대적합 vs 과소적합

앞에서 훈련한 모델을 사용해 훈련 세트의 R^2 점수를 확인하겠습니다.

```
print(knr.score(train_input, train_target))
```

```
0.9698823289099255
```

앞에서 테스트 세트를 사용한 점수와 비교해 보세요. 어떤 값이 더 높은가요? 이상한 점을 찾았나요? 왜 그럴까요?

모델을 훈련 세트에 훈련하면 훈련 세트에 잘 맞는 모델이 만들어집니다. 이 모델을 훈련 세트와 테스트 세트에서 평가하면 두 값 중 어느 것이 높을까요? 보통 훈련 세트의 점수가 조금 더 높게 나옵니다. 왜냐하면 훈련 세트에서 모델을 훈련했으므로 훈련 세트에서 더 좋은 점수가 나와야겠죠.

만약 훈련 세트에서 점수가 굉장히 좋았는데 테스트 세트에서는 점수가 굉장히 나쁘다면 모델이 훈련 세트에 **과대적합** overfitting 되었다고 말합니다. 즉 훈련 세트에만 잘 맞는 모델이라 테스트 세트와 나중에 실전에 투입하여 새로운 샘플에 대한 예측을 만들 때 잘 동작하지 않을 것입니다. 훈련 세트에만 잘 맞는 모델을 원하지는 않겠죠.

반대로 훈련 세트보다 테스트 세트의 점수가 높거나 두 점수가 모두 너무 낮은 경우는 어떨까요? 이런 경우를 모델이 훈련 세트에 **과소적합** underfitting 되었다고 말합니다. 즉 모델이 너무 단순하여 훈련 세트에 적절히 훈련되지 않은 경우입니다. 훈련 세트가 전체 데이터를 대표한다고 가정하기 때문에 훈련 세트를 잘 학습하는 것이 중요합니다.

> 훈련 세트와 테스트 세트의 점수를 비교했을 때 훈련 세트가 너무 높으면 과대적합, 그 반대이거나 두 점수가 모두 낮으면 과소적합입니다.

✚ 여기서 잠깐 | 왜 과소적합이 일어나죠?

이런 현상의 또 다른 원인은 훈련 세트와 테스트 세트의 크기가 매우 작기 때문입니다. 이 책에서는 독자들이 쉽게 이해할 수 있도록 지면에 모두 담을 수 있을 만큼의 작은 데이터를 사용했습니다. 데이터가 작으면 테스트 세트가 훈련 세트의 특징을 따르지 못할 수 있습니다. 하지만 여기서는 일반적인 경우를 설명합니다.

앞서 k-최근접 이웃 회귀로 평가한 훈련 세트와 테스트 세트의 점수는 어떤가요? 네, 훈련 세트보다 테스트 세트의 점수가 높으니 과소적합입니다. 이 문제를 어떻게 해결할 수 있을까요?

모델을 조금 더 복잡하게 만들면 됩니다. 즉 훈련 세트에 더 잘 맞게 만들면 테스트 세트의 점수는 조금 낮아질 것입니다. k-최근접 이웃 알고리즘으로 모델을 더 복잡하게 만드는 방법은 이웃의 개수 k를 줄이는 것입니다. 이웃의 개수를 줄이면 훈련 세트에 있는 국지적인 패턴에 민감해지고, 이웃의 개수를 늘리면 데이터 전반에 있는 일반적인 패턴을 따를 것입니다. 여기에서 사이킷런의 k-최근접 이웃 알고리즘의 기본 k 값은 5입니다. 이를 3으로 낮추어 보죠.

이전 장에서 설명한 것처럼 사이킷런의 k-최근접 이웃 클래스는 이웃의 개수를 바꾸기 위해 클래스 객체를 다시 만들 필요가 없습니다. 그냥 n_neighbors 속성값을 바꾸면 되죠.

```
# 이웃의 개수를 3으로 설정합니다
knr.n_neighbors = 3

# 모델을 다시 훈련합니다
knr.fit(train_input, train_target)
print(knr.score(train_input, train_target))
```

0.9804899950518966

k 값을 줄였더니 훈련 세트의 R^2 점수가 높아졌습니다. 그럼 이제 테스트 세트의 점수를 확인해 보죠.

```
print(knr.score(test_input, test_target))
```

0.974645996398761

예상대로 테스트 세트의 점수는 훈련 세트보다 낮아졌으므로 과소적합 문제를 해결한 것 같습니다. 또한 두 점수의 차이가 크지 않으므로 이 모델이 과대적합 된 것 같지도 않습니다. 이 모델이 테스트 세트와 추가될 농어 데이터에도 일반화를 잘하리라 예상할 수 있습니다.

좋습니다. 성공적으로 회귀 모델을 훈련했습니다. 혼공머신의 실력이 날로 늘어나는군요!

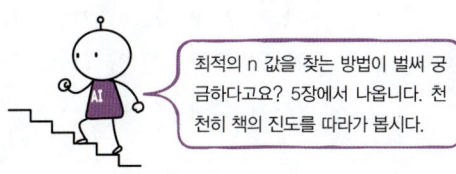

최적의 n 값을 찾는 방법이 벌써 궁금하다고요? 5장에서 나옵니다. 천천히 책의 진도를 따라가 봅시다.

회귀 문제 다루기 〔문제해결 과정〕

김 팀장은 혼공머신에게 농어의 높이, 길이 등의 수치로 무게를 예측해 달라고 요청했습니다. 이 문제는 분류가 아니라 회귀 문제입니다. 회귀는 임의의 수치를 예측하는 문제이죠. 혼공머신은 농어의 길이를 사용해 무게를 예측하는 k-최근접 이웃 회귀 모델을 만들었습니다.

k-최근접 이웃 회귀 모델은 분류와 동일하게 가장 먼저 가까운 k개의 이웃을 찾습니다. 그다음 이웃 샘플의 타깃값을 평균하여 이 샘플의 예측값으로 사용합니다.

사이킷런은 회귀 모델의 점수로 R^2, 즉 결정계수 값을 반환합니다. 이 값은 1에 가까울수록 좋습니다. 정량적인 평가를 하고 싶다면 사이킷런에서 제공하는 다른 평가 도구를 사용할 수 있습니다. 대표적으로 절댓값 오차가 있습니다.

모델을 훈련하고 나서 훈련 세트와 테스트 세트에 대해 모두 평가 점수를 구할 수 있습니다. 훈련 세트의 점수와 테스트 세트의 점수 차이가 크면 좋지 않습니다. 일반적으로 훈련 세트의 점수가 테스트 세트보다 조금 더 높습니다. 만약 테스트 세트의 점수가 너무 낮다면 모델이 훈련 세트에 과도하게 맞춰진 것입니다. 이를 과대적합이라고 합니다. 반대로 테스트 세트 점수가 너무 높거나 두 점수가 모두 낮으면 과소적합입니다.

과대적합일 경우 모델을 덜 복잡하게 만들어야 합니다. k-최근접 이웃의 경우 k 값을 늘립니다. 과소적합일 경우 모델을 더 복잡하게 만들어야 합니다. k-최근접 이웃의 경우 k 값을 줄이는 것입니다.

전체 소스 코드

note https://bit.ly/hg2-03-1에 접속하면 코랩에서 이 절의 코드를 바로 열어 볼 수 있습니다.

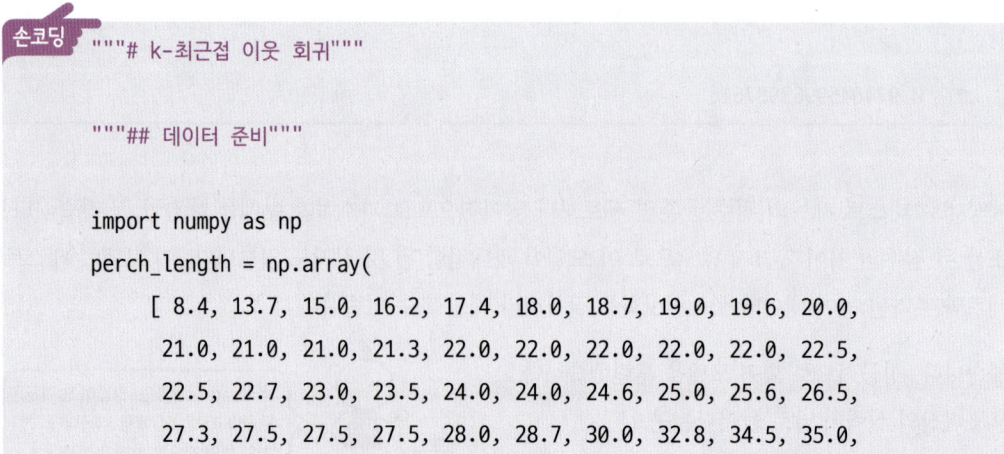

```
"""# k-최근접 이웃 회귀"""

"""## 데이터 준비"""

import numpy as np
perch_length = np.array(
    [ 8.4, 13.7, 15.0, 16.2, 17.4, 18.0, 18.7, 19.0, 19.6, 20.0,
     21.0, 21.0, 21.0, 21.3, 22.0, 22.0, 22.0, 22.0, 22.0, 22.5,
     22.5, 22.7, 23.0, 23.5, 24.0, 24.0, 24.6, 25.0, 25.6, 26.5,
     27.3, 27.5, 27.5, 27.5, 28.0, 28.7, 30.0, 32.8, 34.5, 35.0,
```

```
            36.5, 36.0, 37.0, 37.0, 39.0, 39.0, 39.0, 40.0, 40.0, 40.0,
            40.0, 42.0, 43.0, 43.0, 43.5, 44.0]
        )
perch_weight = np.array(
            [   5.9,  32.0,  40.0,  51.5,  70.0, 100.0,  78.0,  80.0,  85.0,  85.0,
             110.0, 115.0, 125.0, 130.0, 120.0, 120.0, 130.0, 135.0, 110.0,
             130.0, 150.0, 145.0, 150.0, 170.0, 225.0, 145.0, 188.0, 180.0,
             197.0, 218.0, 300.0, 260.0, 265.0, 250.0, 250.0, 300.0, 320.0,
             514.0, 556.0, 840.0, 685.0, 700.0, 700.0, 690.0, 900.0, 650.0,
             820.0, 850.0, 900.0, 1015.0, 820.0, 1100.0, 1000.0, 1100.0,
             1000.0, 1000.0]
        )

import matplotlib.pyplot as plt
plt.scatter(perch_length, perch_weight)
plt.xlabel('length')
plt.ylabel('weight')
plt.show()

from sklearn.model_selection import train_test_split
train_input, test_input, train_target, test_target = train_test_split(
    perch_length,perch_weight, random_state=42)

test_array = np.array([1,2,3,4])
print(test_array.shape)

test_array = test_array.reshape(2, 2)
print(test_array.shape)

# 아래 코드의 주석을 제거하고 실행하면 에러가 발생합니다
# test_array = test_array.reshape(2, 3)

train_input = train_input.reshape(-1, 1)
test_input = test_input.reshape(-1, 1)
print(train_input.shape, test_input.shape)
```

```python
"""## 결정계수(R^2)"""

from sklearn.neighbors import KNeighborsRegressor

knr = KNeighborsRegressor()

# k-최근접 이웃 회귀 모델을 훈련합니다
knr.fit(train_input, train_target)

print(knr.score(test_input, test_target))

from sklearn.metrics import mean_absolute_error

# 테스트 세트에 대한 예측을 만듭니다
test_prediction = knr.predict(test_input)

# 테스트 세트에 대한 평균 절댓값 오차를 계산합니다
mae = mean_absolute_error(test_target, test_prediction)
print(mae)

"""## 과대적합 vs 과소적합"""

print(knr.score(train_input, train_target))

# 이웃의 개수를 3으로 설정합니다
knr.n_neighbors = 3

# 모델을 다시 훈련합니다
knr.fit(train_input, train_target)
print(knr.score(train_input, train_target))

print(knr.score(test_input, test_target))
```

마무리

▶ 키워드로 끝내는 핵심 포인트

- **회귀**는 임의의 수치를 예측하는 문제입니다. 따라서 타깃값도 임의의 수치가 됩니다.

- **k-최근접 이웃 회귀**는 k-최근접 이웃 알고리즘을 사용해 회귀 문제를 풉니다. 가장 가까운 이웃 샘플을 찾고 이 샘플들의 타깃값을 평균하여 예측으로 삼습니다.

- **결정계수(R^2)**는 대표적인 회귀 문제의 성능 측정 도구입니다. 1에 가까울수록 좋고, 0에 가깝다면 성능이 나쁜 모델입니다.

- **과대적합**은 모델의 훈련 세트 성능이 테스트 세트 성능보다 훨씬 높을 때 일어납니다. 모델이 훈련 세트에 너무 집착해서 데이터에 내재된 거시적인 패턴을 감지하지 못합니다. **과소적합**은 이와 반대입니다. 훈련 세트와 테스트 세트 성능이 모두 동일하게 낮거나 테스트 세트 성능이 오히려 더 높을 때 일어납니다. 이런 경우 더 복잡한 모델을 사용해 훈련 세트에 잘 맞는 모델을 만들어야 합니다.

▶ 핵심 패키지와 함수

scikit-learn

- **KNeighborsRegressor**는 k-최근접 이웃 회귀 모델을 만드는 사이킷런 클래스입니다. n_neighbors 매개변수로 이웃의 개수를 지정합니다. 기본값은 5입니다.

  다른 매개변수는 KNeighborsClassifier 클래스와 거의 동일합니다.

- **mean_absolute_error()**는 회귀 모델의 평균 절댓값 오차를 계산합니다. 첫 번째 매개변수는 타깃, 두 번째 매개변수는 예측값을 전달합니다. 이와 비슷한 함수로는 평균 제곱 오차를 계산하는 mean_squared_error()가 있습니다.

  이 함수는 타깃과 예측을 뺀 값을 제곱한 다음 전체 샘플에 대해 평균한 값을 반환합니다.

numpy

- **reshape()**는 배열의 크기를 바꾸는 메서드입니다. 바꾸고자 하는 배열의 크기를 매개변수로 전달합니다. 바꾸기 전후의 배열 원소 개수는 동일해야 합니다.

  넘파이는 종종 배열의 메서드와 동일한 함수를 별도로 제공합니다. 이때 함수의 첫 번째 매개변수는 바꾸고자 하는 배열입니다. 예를 들어 test_array.reshape(2, 2)는 np.reshape(test_array, (2, 2))와 같이 바꿔 쓸 수 있습니다.

▶ 확인 문제

1. k-최근접 이웃 회귀에서는 새로운 샘플에 대한 예측을 어떻게 만드나요?

① 이웃 샘플 클래스 중 다수인 클래스

② 이웃 샘플의 타깃값의 평균

③ 이웃 샘플 중 가장 높은 타깃값

④ 이웃 샘플 중 가장 낮은 타깃값

2. 훈련 세트에 대한 점수가 테스트 세트에 대한 점수보다 낮다면 다음 중 어떤 문제가 발생했다고 볼 수 있나요?

① 과대적합

② 과소적합

③ 샘플링편향

④ 데이터 전처리 오류

3. 다음 중 올바른 결정 계수에 대한 설명 중 올바르지 않은 것은 무엇인가요?

① 결정 계수는 일반적으로 0과 1 사이의 값입니다.

② 모델이 타깃의 평균 정도를 예측하는 수준이면 결정 계수는 0에 가깝습니다.

③ 모델이 타깃을 아주 잘 예측하면 결정 계수는 1에 가깝습니다.

④ 결정 계수는 절대 음수가 될 수 없습니다.

4. 과대적합과 과소적합에 대한 이해를 돕기 위해 복잡한 모델과 단순한 모델을 만들겠습니다. 앞서 만든 k-최근접 이웃 회귀 모델의 k 값을 1, 5, 10으로 바꿔가며 훈련해 보세요. 그다음 농어의 길이를 5에서 45까지 바꿔가며 예측을 만들어 그래프로 나타내 보세요. n이 커짐에 따라 모델이 단순해지는 것을 볼 수 있나요?

> note 맷플롯립의 plot() 함수는 x축과 y축의 값을 받아 선 그래프를 그립니다.

```python
# k-최근접 이웃 회귀 객체를 만듭니다
knr = KNeighborsRegressor()
# 5에서 45까지 x 좌표를 만듭니다
x = np.arange(5, 45).reshape(-1, 1)

# n = 1, 5, 10일 때 예측 결과를 그래프로 그립니다
for n in [1, 5, 10]:
    # 모델을 훈련합니다
    knr.n_neighbors =          # 이 라인의 코드를 완성해 보세요
    knr.fit(train_input, train_target)
    # 지정한 범위 x에 대한 예측을 구합니다
    prediction =          # 이 라인의 코드를 완성해 보세요

    # 훈련 세트와 예측 결과를 그래프로 그립니다
    plt.scatter(train_input, train_target)
    plt.plot(x, prediction)
    plt.title('n_neighbors = {}'.format(n))
    plt.xlabel('length')
    plt.ylabel('weight')
    plt.show()
```

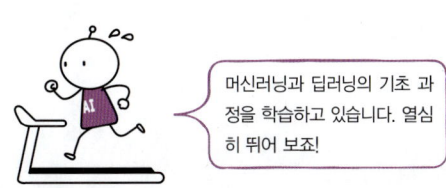

머신러닝과 딥러닝의 기초 과정을 학습하고 있습니다. 열심히 뛰어 보죠!

03-2 선형 회귀

핵심 키워드 선형 회귀 · 계수 또는 가중치 · 모델 파라미터 · 다항 회귀

k-최근접 이웃 회귀와 선형 회귀 알고리즘의 차이를 이해하고 사이킷런을 사용해 여러 가지 선형 회귀 모델을 만들어 봅니다.

시작하기 전에

혼공머신은 농어 무게를 예측하는 k-최근접 이웃 회귀 모델을 김 팀장에게 보고했습니다. 이번에는 모델이 실전에 잘 적용되는지 혼공머신이 직접 확인하기로 했습니다. 이전처럼 뒤늦게 문제가 발견되면 곤란하니까요.

농어 담당 직원은 자랑하듯 혼공머신에게 아주 큰 농어를 골라 무게를 예측해 달라고 가져왔습니다. 무려 길이가 50cm인 농어입니다. 이게 무슨 시합도 아닌데 큰 농어를 골라오는지 혼공머신은 이해할 수 없어 투덜거렸습니다.

> "머신러닝을 모르는 사람들은 그럴 수 있지. 왠지 큰 농어로 테스트해야 안전할 것 같은 거야."

혼공머신은 앞서 만든 모델을 사용해 이 농어의 무게를 예측했습니다. 농어 담당 직원은 이상하다는 듯이 고개를 갸웃거렸습니다. 저울에 나온 농어의 무게와 너무 차이가 났거든요. 뭔가 또 잘못되었군요.

k-최근접 이웃의 한계

혼공머신이 맞닥뜨린 문제를 함께 재현해 보죠. 먼저 1절에서 사용한 데이터와 모델을 준비합니다.

> note 이 숫자를 손으로 모두 입력하려면 번거롭습니다. http://bit.ly/perch_data에서 복사해 쓰세요.

```
import numpy as np
perch_length = np.array(
    [ 8.4, 13.7, 15.0, 16.2, 17.4, 18.0, 18.7, 19.0, 19.6, 20.0,
     21.0, 21.0, 21.0, 21.3, 22.0, 22.0, 22.0, 22.0, 22.0, 22.5,
     22.5, 22.7, 23.0, 23.5, 24.0, 24.0, 24.6, 25.0, 25.6, 26.5,
     27.3, 27.5, 27.5, 27.5, 28.0, 28.7, 30.0, 32.8, 34.5, 35.0,
     36.5, 36.0, 37.0, 37.0, 39.0, 39.0, 39.0, 40.0, 40.0, 40.0,
     40.0, 42.0, 43.0, 43.0, 43.5, 44.0]
     )
perch_weight = np.array(
    [  5.9, 32.0, 40.0, 51.5, 70.0, 100.0, 78.0, 80.0, 85.0, 85.0,
     110.0, 115.0, 125.0, 130.0, 120.0, 120.0, 130.0, 135.0, 110.0,
     130.0, 150.0, 145.0, 150.0, 170.0, 225.0, 145.0, 188.0, 180.0,
     197.0, 218.0, 300.0, 260.0, 265.0, 250.0, 250.0, 300.0, 320.0,
     514.0, 556.0, 840.0, 685.0, 700.0, 700.0, 690.0, 900.0, 650.0,
     820.0, 850.0, 900.0, 1015.0, 820.0, 1100.0, 1000.0, 1100.0,
     1000.0, 1000.0]
     )
```

이번에도 데이터를 훈련 세트와 테스트 세트로 나눕니다. 특성 데이터는 2차원 배열로 변환합니다.

```
from sklearn.model_selection import train_test_split

# 훈련 세트와 테스트 세트로 나눕니다
train_input, test_input, train_target, test_target = train_test_split(
    perch_length, perch_weight, random_state=42)

# 훈련 세트와 테스트 세트를 2차원 배열로 바꿉니다
```

```
train_input = train_input.reshape(-1, 1)
test_input = test_input.reshape(-1, 1)
```

최근접 이웃 개수를 3으로 하는 모델을 훈련합니다. 여기까지는 1절에서 했던 내용 그대로입니다.

손코딩
```
from sklearn.neighbors import KNeighborsRegressor

knr = KNeighborsRegressor(n_neighbors=3)

# k-최근접 이웃 회귀 모델을 훈련합니다
knr.fit(train_input, train_target)
```

이제 이 모델을 사용해 길이가 50cm인 농어의 무게를 예측하겠습니다.

손코딩
```
print(knr.predict([[50]]))
```

> [1033.33333333]

혼공머신의 모델은 50cm 농어의 무게를 1,033g 정도로 예측했습니다. 그런데 실제 이 농어의 무게는 훨씬 더 많이 나간다고 하네요. 어디서 문제가 생긴 걸까요?

훈련 세트와 50cm 농어 그리고 이 농어의 최근접 이웃을 산점도에 표시하겠습니다. 2장에서 보았듯이 사이킷런의 k-최근접 이웃 모델의 kneighbors() 메서드를 사용하면 가장 가까운 이웃까지의 거리와 이웃 샘플의 인덱스를 얻을 수 있습니다.

손코딩
```
import matplotlib.pyplot as plt

# 50cm 농어의 이웃을 구합니다
distances, indexes = knr.kneighbors([[50]])

# 훈련 세트의 산점도를 그립니다
plt.scatter(train_input, train_target)
```

```
# 훈련 세트 중에서 이웃 샘플만 다시 그립니다
plt.scatter(train_input[indexes], train_target[indexes], marker='D')

# 50cm 농어 데이터
plt.scatter(50, 1033, marker='^')
plt.xlabel('length')
plt.ylabel('weight')
plt.show()
```

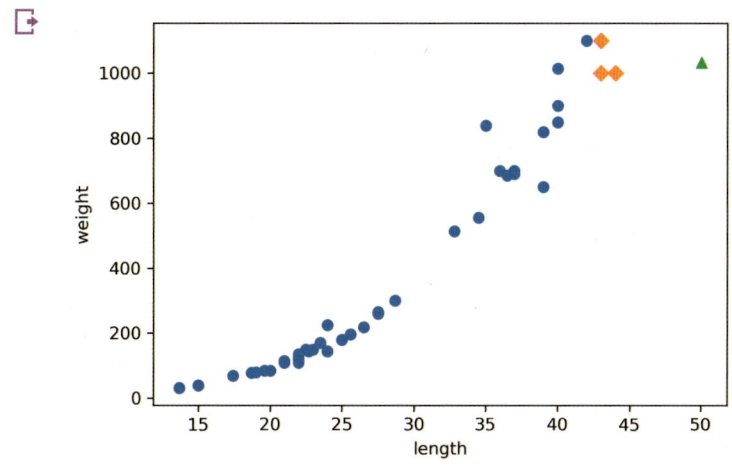

길이가 50cm이고 무게가 1,033g인 농어는 ▲(marker='^')으로 표시되고 그 주변의 샘플은 ◆(marker='D')입니다. 그림을 그려보니 문제가 잘 드러나네요. 이 산점도를 보면 길이가 커질수록 농어의 무게가 증가하는 경향이 있습니다. 어찌 보면 너무나 당연합니다. 하지만 50cm 농어에서 가장 가까운 것은 45cm 근방이기 때문에 k-최근접 이웃 알고리즘은 이 샘플들의 무게를 평균합니다. 이웃 샘플의 타깃의 평균을 구해 보죠.

손코딩 `print(np.mean(train_target[indexes]))`

```
1033.3333333333333
```

모델이 예측했던 값과 정확히 일치하네요. k-최근접 이웃 회귀는 가장 가까운 샘플을 찾아 타깃을 평균합니다. 따라서 새로운 샘플이 훈련 세트의 범위를 벗어나면 엉뚱한 값을 예측할 수 있습니다. 예를 들어 길이가 100cm인 농어도 여전히 1,033g으로 예측합니다.

손코딩
```
print(knr.predict([[100]]))
```

[1033.33333333]

한 번 더 그래프를 그려 확인해 보죠.

손코딩
```
# 100cm 농어의 이웃을 구합니다
distances, indexes = knr.kneighbors([[100]])

# 훈련 세트의 산점도를 그립니다
plt.scatter(train_input, train_target)

# 훈련 세트 중에서 이웃 샘플만 다시 그립니다
plt.scatter(train_input[indexes], train_target[indexes], marker='D')

# 100cm 농어 데이터
plt.scatter(100, 1033, marker='^')
plt.xlabel('length')
plt.ylabel('weight')
plt.show()
```

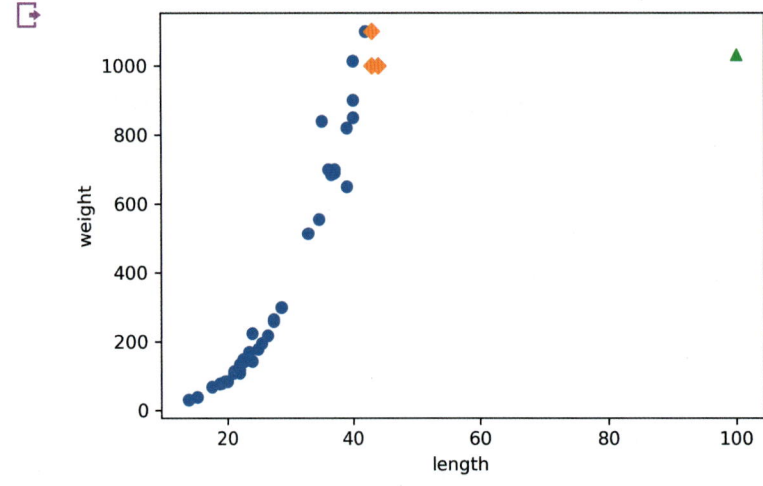

이런 식이면 농어가 아무리 커도 무게가 더 늘어나지 않겠군요!

k-최근접 이웃을 사용해 이 문제를 해결하려면 가장 큰 농어가 포함되도록 훈련 세트를 다시 만들어야 합니다. 하지만 혼공머신은 이런 방법이 마음에 들지 않나 봅니다.

> "k-최근접 이웃 말고 다른 알고리즘을 찾아보자. 분명히 이 문제를 해결할 수 있는 알고리즘이 있을 거야."

> **+ 여기서 잠깐** **머신러닝 모델은 주기적으로 훈련해야 합니다.**
>
> 사실 머신러닝 모델은 한 번 만들고 끝나는 프로그램이 아닙니다. 시간과 환경이 변화하면서 데이터도 바뀌기 때문에 주기적으로 새로운 훈련 데이터로 모델을 다시 훈련해야 합니다. 예를 들어 배달 음식이 도착하는 시간을 예측하는 모델은 배달원이 바뀌거나 도로 환경이 변할 수 있기 때문에 새로운 데이터를 사용해 반복적으로 훈련해야 합니다.

선형 회귀

선형 회귀^{linear regression}는 널리 사용되는 대표적인 회귀 알고리즘입니다. 비교적 간단하고 성능이 뛰어나기 때문에 맨 처음 배우는 머신러닝 알고리즘 중 하나입니다. 선형이란 말에서 짐작할 수 있듯이 특성이 하나인 경우 어떤 직선을 학습하는 알고리즘입니다. 어떤 직선을 학습할까요? 당연히 그 특성을 가장 잘 나타낼 수 있는 직선을 찾아야 하겠죠?

다음 중 어떤 직선이 농어 데이터를 가장 잘 표현하는지 한 번 생각해 보세요.

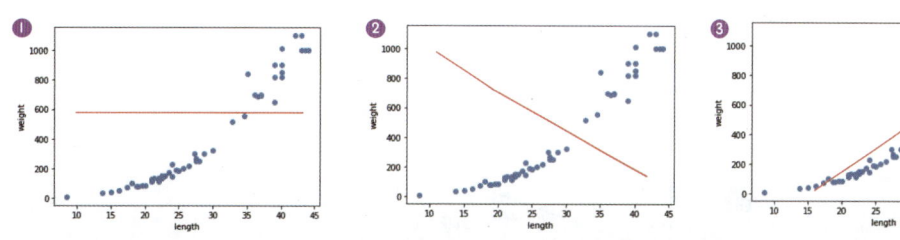

그래프 ❶은 모든 농어의 무게를 하나로 예측합니다. 이 직선의 위치가 만약 훈련 세트의 평균에 가깝다면 R^2는 0에 가까운 값이 됩니다. 그래프 ❷는 완전히 반대로 예측합니다. 길이가 작은 농어의 무게가 높고 길이가 큰 농어의 무게가 낮습니다. 이렇게 예측을 반대로 하면 R^2가 음수가 될 수 있습니다. 그래프 ❸이 가장 그럴싸한 직선입니다. 이런 직선을 머신러닝 알고리즘이 자동으로 찾을 수 있습니다. 아주 편리하겠죠?

사이킷런은 sklearn.linear_model 패키지 아래에 LinearRegression 클래스로 선형 회귀 알고리즘을 구현해 놓았습니다. 이 클래스의 객체를 만들어 훈련하겠습니다. 앞으로 계속 보게 되겠지만 사이킷런의 모델 클래스들은 훈련, 평가, 예측하는 메서드 이름이 모두 동일합니다. 즉 LinearRegression 클래스에도 fit(), score(), predict() 메서드가 있습니다.

```
from sklearn.linear_model import LinearRegression
lr = LinearRegression()

# 선형 회귀 모델을 훈련합니다
lr.fit(train_input, train_target)

# 50cm 농어에 대해 예측합니다
print(lr.predict([[50]]))
```

[1241.83860323]

k-최근접 이웃 회귀를 사용했을 때와 달리 선형 회귀는 50cm 농어의 무게를 아주 높게 예측했군요. 이 선형 회귀가 학습한 직선을 그려 보고 어떻게 이런 값이 나왔는지 알아보겠습니다.

하나의 직선을 그리려면 기울기와 절편이 있어야 합니다. $y = a \times x + b$처럼 쓸 수 있죠. 여기에서 x를 농어의 길이, y를 농어의 무게로 바꾸면 다음과 같습니다.

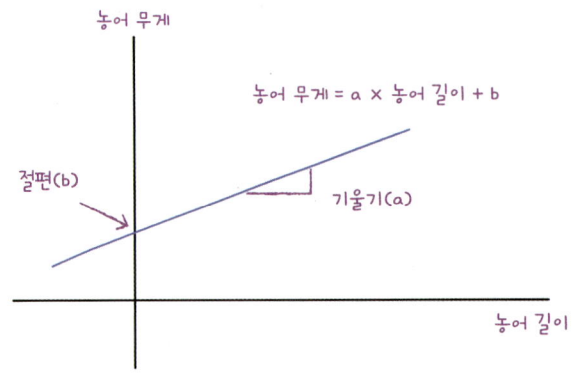

학교에서 배웠던 가장 간단한 직선의 방정식입니다. 그렇다면 LinearRegression 클래스가 이 데이터에 가장 잘 맞는 a와 b를 찾았을까요? 네, 맞습니다. LinearRegression 클래스가 찾은 a와 b는

lr 객체의 coef_와 intercept_ 속성에 저장되어 있습니다.

손코딩
```
print(lr.coef_, lr.intercept_)
```

```
[39.01714496] -709.0186449535477
```

note coef_ 속성 이름에서 알 수 있듯이 머신러닝에서 기울기를 종종 계수(coefficient) 또는 가중치(weight)라고 부릅니다.

+ 여기서 잠깐

coef_와 intercept_를 머신러닝 알고리즘이 찾은 값이라는 의미로 **모델 파라미터**(model parameter)라고 부릅니다. 이 책에서 사용하는 많은 머신러닝 알고리즘의 훈련 과정은 최적의 모델 파라미터를 찾는 것과 같습니다. 이를 **모델 기반 학습**이라고 부릅니다. 앞서 사용한 k-최근접 이웃에는 모델 파라미터가 없습니다. 훈련 세트를 저장하는 것이 훈련의 전부였죠. 이를 **사례 기반 학습**이라고 부릅니다.

농어의 길이 15에서 50까지 직선으로 그려 보죠. 이 직선을 그리려면 앞에서 구한 기울기와 절편을 사용하여 (15, 15×39-709)와 (50, 50×39-709) 두 점을 이으면 됩니다. 훈련 세트의 산점도와 함께 그려 보겠습니다.

손코딩
```
# 훈련 세트의 산점도를 그립니다
plt.scatter(train_input, train_target)

# 15에서 50까지 1차 방정식 그래프를 그립니다
plt.plot([15, 50], [15*lr.coef_+lr.intercept_, 50*lr.coef_+lr.intercept_])

# 50cm 농어 데이터
plt.scatter(50, 1241.8, marker='^')
plt.xlabel('length')
plt.ylabel('weight')
plt.show()
```

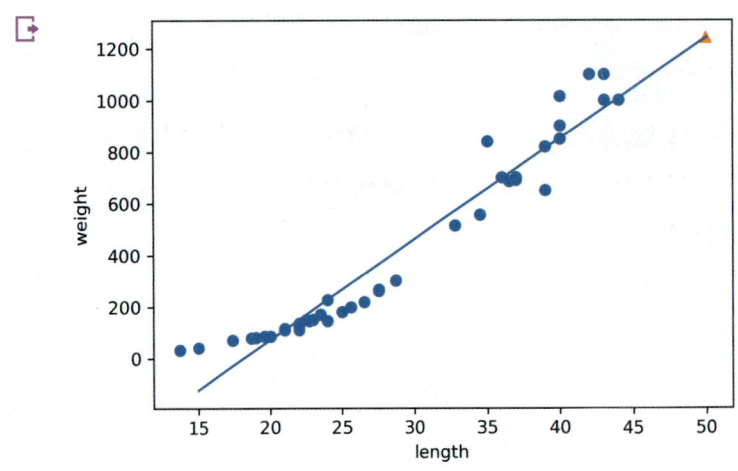

바로 이 직선이 선형 회귀 알고리즘이 이 데이터셋에서 찾은 최적의 직선입니다. 길이가 50cm인 농어에 대한 예측은 이 직선의 연장선에 있네요.

성공입니다! 이제 훈련 세트 범위를 벗어난 농어의 무게도 예측할 수 있겠군요. 그럼 이전 절과 같이 훈련 세트와 테스트 세트에 대한 R^2 점수를 확인하겠습니다.

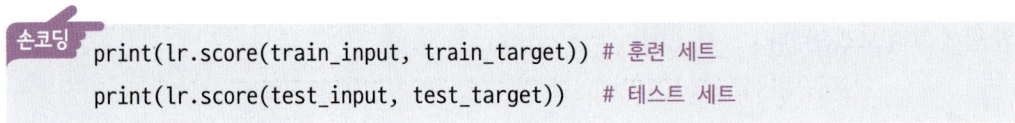

```
0.9398463339976039
0.8247503123313558
```

훈련 세트와 테스트 세트의 점수가 조금 차이 나네요. 이 모델이 훈련 세트에 과대적합되었다고 말할 수 있을까요? 사실 훈련 세트의 점수도 높지 않습니다. 오히려 전체적으로 과소적합되었다고 볼 수 있죠. 과소적합 말고도 다른 문제가 또 있습니다. 그래프 왼쪽 아래를 보세요. 뭔가 이상하지 않나요?

다항 회귀

지금까지의 학습으로 혼공머신은 이제 어느 정도 눈썰미가 생겼습니다. 직감적으로 그래프에서 무언가 이상하다고 느꼈죠. 선형 회귀가 만든 직선이 왼쪽 아래로 쭉 뻗어 있습니다. 이 직선대로 예측하면 농어의 무게가 0g 이하로 내려갈 텐데 현실에서는 있을 수 없는 일입니다.

농어의 길이와 무게에 대한 산점도를 자세히 보면 일직선이라기보다 왼쪽 위로 조금 구부러진 곡선에 가깝습니다. 그렇다면 최적의 직선을 찾기보다 최적의 곡선을 찾으면 어떨까요? 마치 다음 그림처럼 말이죠.

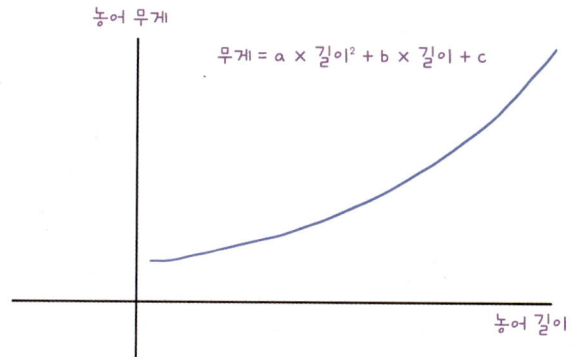

이런 2차 방정식의 그래프를 그리려면 길이를 제곱한 항이 훈련 세트에 추가되어야 합니다. 사실 넘파이를 사용하면 아주 간단히 만들 수 있습니다. 다음처럼 농어의 길이를 제곱해서 원래 데이터 앞에 붙여 보겠습니다.

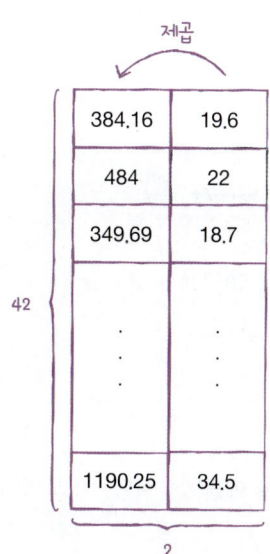

2장에서 사용했던 column_stack() 함수를 사용하면 아주 간단합니다. train_input을 제곱한 것과 train_input 두 배열을 나란히 붙이면 되죠. test_input도 마찬가지입니다.

```
train_poly = np.column_stack((train_input ** 2, train_input))
test_poly = np.column_stack((test_input ** 2, test_input))
```

train_input ** 2 식에도 넘파이 브로드캐스팅이 적용됩니다. 즉 train_input에 있는 모든 원소를 제곱합니다. 새롭게 만든 데이터셋의 크기를 확인하겠습니다.

```
print(train_poly.shape, test_poly.shape)
```

(42, 2) (14, 2)

원래 특성인 길이를 제곱하여 왼쪽 열에 추가했기 때문에 훈련 세트와 테스트 세트 모두 열이 2개로 늘어났습니다.

이제 train_poly를 사용해 선형 회귀 모델을 다시 훈련하겠습니다. 이 모델이 2차 방정식의 a, b, c를 잘 찾을 것으로 기대하겠습니다. 여기서 주목할 점은 2차 방정식 그래프를 찾기 위해 훈련 세트에 제곱 항을 추가했지만, 타깃값은 그대로 사용한다는 것입니다. 목표하는 값은 어떤 그래프를 훈련하든지 바꿀 필요가 없습니다. 이 훈련 세트로 선형 회귀 모델을 훈련한 다음 50cm짜리 농어에 대해 무게를 예측해 보죠. 앞서 훈련 세트에서 했던 것처럼 테스트할 때는 이 모델에 농어 길이의 제곱과 원래 길이를 함께 넣어 주어야 합니다.

```
lr = LinearRegression()
lr.fit(train_poly, train_target)

print(lr.predict([[50**2, 50]]))
```

[1573.98423528]

1절에서 훈련한 모델보다 더 높은 값을 예측했습니다. 이 모델이 훈련한 계수와 절편을 출력해 보죠.

> 손코딩 `print(lr.coef_, lr.intercept_)`

[1.01433211 -21.55792498] 116.0502107827827

네, 이 모델은 다음과 같은 그래프를 학습했습니다.

$$무게 = 1.01 \times 길이^2 - 21.6 \times 길이 + 116.05$$

> **+ 여기서 잠깐** **2차 방정식도 선형 회귀인가요?**
>
> 이 식은 2차 방정식인데 그럼 비선형(non-linear) 아닌가요? 어떻게 이를 선형 회귀라고 부를 수 있을까요? 사실 선형 회귀의 선형은 입력과 타깃 사이의 관계가 아니라 가중치(계수)와 타깃 사이의 관계를 의미합니다. 따라서 길이를 제곱하거나 세제곱하더라도 여전히 선형 회귀로 다룰 수 있습니다.

이런 방정식을 다항식^{polynomial}이라 부르며 다항식을 사용한 선형 회귀를 **다항 회귀**^{polynomial regression}라고 부릅니다.

그럼 이 2차 방정식의 계수와 절편 a, b, c를 알았으니 이전과 동일하게 훈련 세트의 산점도에 그래프로 그려 보겠습니다. 짧은 직선을 이어서 그리면 마치 곡선처럼 표현할 수 있습니다. 여기에서는 1씩 짧게 끊어서 그려 보겠습니다.

```python
# 구간별 직선을 그리기 위해 15에서 49까지 정수 배열을 만듭니다
point = np.arange(15, 50)

# 훈련 세트의 산점도를 그립니다
plt.scatter(train_input, train_target)

# 15에서 49까지 2차 방정식 그래프를 그립니다
plt.plot(point, 1.01*point**2 - 21.6*point + 116.05)

# 50cm 농어 데이터
plt.scatter(50, 1574, marker='^')
plt.xlabel('length')
plt.ylabel('weight')
plt.show()
```

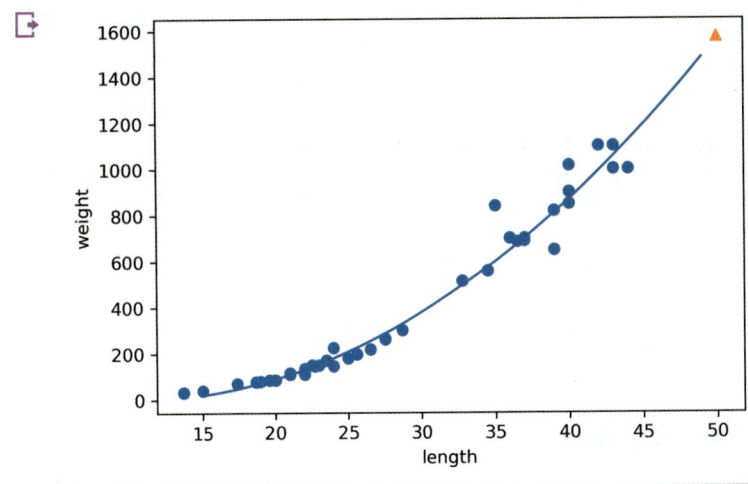

앞선 단순 선형 회귀 모델보다 훨씬 나은 그래프가 그려졌습니다. 훈련 세트의 경향을 잘 따르고 있고 무게가 음수로 나오는 일도 없을 것 같네요. 그럼 훈련 세트와 테스트 세트의 R^2 점수를 평가하겠습니다.

```
print(lr.score(train_poly, train_target))
print(lr.score(test_poly, test_target))
```

```
0.9706807451768623
0.9775935108325122
```

훈련 세트와 테스트 세트에 대한 점수가 크게 높아졌습니다. 아주 좋네요. 하지만 여전히 테스트 세트의 점수가 조금 더 높습니다. 과소적합이 아직 남아 있는 것 같습니다. 그럼 조금 더 복잡한 모델이 필요할 것 같군요. 아무래도 홍 선배에게 도움을 요청해야 할 것 같습니다.

선형 회귀로 훈련 세트 범위 밖의 샘플 예측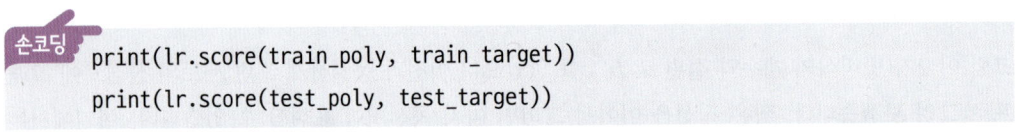

k-최근접 이웃 회귀를 사용해서 농어의 무게를 예측했을 때 발생하는 큰 문제는 훈련 세트 범위 밖의 샘플을 예측할 수 없다는 점입니다. k-최근접 이웃 회귀는 아무리 멀리 떨어져 있더라도 무조건 가장 가까운 샘플의 타깃을 평균하여 예측합니다.

혼공머신은 이 문제를 해결하기 위해 선형 회귀를 사용했습니다. 선형 회귀는 훈련 세트에 잘 맞는 직선의 방정식을 찾는 것입니다. 사이킷런의 LinearRegression 클래스를 사용하면 k-최근접 이웃 알고리즘을 사용했을 때와 동일한 방식으로 모델을 훈련하고 예측에 사용할 수 있습니다.

가장 잘 맞는 직선의 방정식을 찾는다는 것은 최적의 기울기와 절편을 구한다는 의미입니다. 이 값들은 선형 회귀 모델의 coef_와 intercept_ 속성에 저장되어 있습니다. 선형 회귀 모델은 k-최근접 이웃 회귀와 다르게 훈련 세트를 벗어난 범위의 데이터도 잘 예측했습니다. 하지만 모델이 단순하여 농어의 무게가 음수일 수도 있습니다! 무게가 음수라니 있을 수 없는 일이죠.

이를 해결하기 위해 다항 회귀를 사용했습니다. 간단히 농어의 길이를 제곱하여 훈련 세트에 추가한 다음 선형 회귀 모델을 다시 훈련했습니다. 이 모델은 2차 방정식의 그래프 형태를 학습하였고 훈련 세트가 분포된 형태를 잘 표현했습니다. 또 훈련 세트와 테스트 세트의 성능이 단순한 선형 회귀보다 훨씬 높아졌습니다. 하지만 훈련 세트 성능보다 테스트 세트 성능이 조금 높은 것으로 보아 과소적합된 경향이 아직 남았습니다. 다음 절에서 조금 더 복잡한 모델을 만들어 이 문제를 해결하겠습니다. 또한 너무 복잡한 모델일 경우, 즉 과대적합된 모델을 반대로 억제하는 방법도 알아보겠습니다.

전체 소스 코드

note https://bit.ly/hg2-03-2에 접속하면 코랩에서 이 절의 코드를 바로 열어 볼 수 있습니다.

```python
"""# 선형 회귀"""

"""## k-최근접 이웃의 한계"""

import numpy as np
perch_length = np.array(
    [ 8.4, 13.7, 15.0, 16.2, 17.4, 18.0, 18.7, 19.0, 19.6, 20.0,
     21.0, 21.0, 21.0, 21.3, 22.0, 22.0, 22.0, 22.0, 22.0, 22.5,
     22.5, 22.7, 23.0, 23.5, 24.0, 24.0, 24.6, 25.0, 25.6, 26.5,
     27.3, 27.5, 27.5, 27.5, 28.0, 28.7, 30.0, 32.8, 34.5, 35.0,
     36.5, 36.0, 37.0, 37.0, 39.0, 39.0, 39.0, 40.0, 40.0, 40.0,
     40.0, 42.0, 43.0, 43.0, 43.5, 44.0]
     )
```

```python
perch_weight = np.array(
    [  5.9,  32.0,  40.0,  51.5,  70.0, 100.0,  78.0,  80.0,  85.0,  85.0,
     110.0, 115.0, 125.0, 130.0, 120.0, 120.0, 130.0, 135.0, 110.0,
     130.0, 150.0, 145.0, 150.0, 170.0, 225.0, 145.0, 188.0, 180.0,
     130.0, 150.0, 145.0, 150.0, 170.0, 225.0, 145.0, 188.0, 180.0,
     197.0, 218.0, 300.0, 260.0, 265.0, 250.0, 250.0, 300.0, 320.0,
     514.0, 556.0, 840.0, 685.0, 700.0, 700.0, 690.0, 900.0, 650.0,
     820.0, 850.0, 900.0, 1015.0, 820.0, 1100.0, 1000.0, 1100.0,
     1000.0, 1000.0]
     )

from sklearn.model_selection import train_test_split

# 훈련 세트와 테스트 세트로 나눕니다
train_input, test_input, train_target, test_target = train_test_split(
    perch_length,perch_weight, random_state=42)

# 훈련 세트와 테스트 세트를 2차원 배열로 바꿉니다
train_input = train_input.reshape(-1, 1)
test_input = test_input.reshape(-1, 1)

from sklearn.neighbors import KNeighborsRegressor

knr = KNeighborsRegressor(n_neighbors=3)

# k-최근접 이웃 회귀 모델을 훈련합니다
knr.fit(train_input, train_target)

print(knr.predict([[50]]))

import matplotlib.pyplot as plt

# 50cm 농어의 이웃을 구합니다
distances, indexes = knr.kneighbors([[50]])
```

```python
# 훈련 세트의 산점도를 그립니다
plt.scatter(train_input, train_target)

# 훈련 세트 중에서 이웃 샘플만 다시 그립니다
plt.scatter(train_input[indexes], train_target[indexes], marker='D')

# 50cm 농어 데이터
plt.scatter(50, 1033, marker='^')
plt.xlabel('length')
plt.ylabel('weight')
plt.show()

print(np.mean(train_target[indexes]))

print(knr.predict([[100]]))

# 100cm 농어의 이웃을 구합니다
distances, indexes = knr.kneighbors([[100]])

# 훈련 세트의 산점도를 그립니다
plt.scatter(train_input, train_target)

# 훈련 세트 중에서 이웃 샘플만 다시 그립니다
plt.scatter(train_input[indexes], train_target[indexes], marker='D')

# 100cm 농어 데이터
plt.scatter(100, 1033, marker='^')
plt.xlabel('length')
plt.ylabel('weight')
plt.show()


"""## 선형 회귀"""

from sklearn.linear_model import LinearRegression
lr = LinearRegression()
```

```python
# 선형 회귀 모델을 훈련합니다
lr.fit(train_input, train_target)

# 50cm 농어에 대해 예측합니다
print(lr.predict([[50]]))

print(lr.coef_, lr.intercept_)

# 훈련 세트의 산점도를 그립니다
plt.scatter(train_input, train_target)

# 15에서 50까지 1차 방정식 그래프를 그립니다
plt.plot([15, 50], [15*lr.coef_+lr.intercept_, 50*lr.coef_+lr.intercept_])

# 50cm 농어 데이터
plt.scatter(50, 1241.8, marker='^')
plt.xlabel('length')
plt.ylabel('weight')
plt.show()

print(lr.score(train_input, train_target)) # 훈련 세트
print(lr.score(test_input, test_target))   # 테스트 세트

"""## 다항 회귀"""

train_poly = np.column_stack((train_input ** 2, train_input))
test_poly = np.column_stack((test_input ** 2, test_input))

print(train_poly.shape, test_poly.shape)

lr = LinearRegression()
lr.fit(train_poly, train_target)

print(lr.predict([[50**2, 50]]))
```

```
print(lr.coef_, lr.intercept_)

# 구간별 직선을 그리기 위해 15에서 49까지 정수 배열을 만듭니다
point = np.arange(15, 50)

# 훈련 세트의 산점도를 그립니다
plt.scatter(train_input, train_target)

# 15에서 49까지 2차 방정식 그래프를 그립니다
plt.plot(point, 1.01*point**2 - 21.6*point + 116.05)

# 50cm 농어 데이터
plt.scatter([50], [1574], marker='^')
plt.xlabel('length')
plt.ylabel('weight')
plt.show()

print(lr.score(train_poly, train_target))
print(lr.score(test_poly, test_target))
```

마무리

▶ 키워드로 끝내는 핵심 포인트

- **선형 회귀**는 특성과 타깃 사이의 관계를 가장 잘 나타내는 선형 방정식을 찾습니다. 특성이 하나면 직선 방정식이 됩니다.

- 선형 회귀가 찾은 특성과 타깃 사이의 관계는 선형 방정식의 **계수** 또는 **가중치**에 저장됩니다. 머신러닝에서 종종 가중치는 방정식의 기울기와 절편을 모두 의미하는 경우가 많습니다.

- **모델 파라미터**는 선형 회귀가 찾은 가중치처럼 머신러닝 모델이 특성에서 학습한 파라미터를 말합니다.

- **다항 회귀**는 다항식을 사용하여 특성과 타깃 사이의 관계를 나타냅니다. 이 함수는 비선형일 수 있지만 여전히 선형 회귀로 표현할 수 있습니다.

▶ 핵심 패키지와 함수

scikit-learn

- **LinearRegression**은 사이킷런의 선형 회귀 클래스입니다.

  fit_intercept 매개변수를 False로 지정하면 절편을 학습하지 않습니다. 이 매개변수의 기본값은 True입니다.

  학습된 모델의 coef_ 속성은 특성에 대한 계수를 포함한 배열입니다. 즉 이 배열의 크기는 특성의 개수와 같습니다. intercept_ 속성에는 절편이 저장되어 있습니다.

▶ **확인 문제**

1. 선형 회귀 모델이 찾은 방정식의 계수를 무엇이라고 부르나요?

① 회귀 파라미터

② 선형 파라미터

③ 학습 파라미터

④ 모델 파라미터

2. 사이킷런에서 다항 회귀 모델을 훈련할 수 있는 클래스는 무엇인가요?

① LinearRegression

② PolynomialRegression

③ KNeighborsClassifier

④ PolynomialClassifier

3. 다음 중 사이킷런의 모델 클래스에서 제공하는 메서드가 아닌 것은 무엇인가요?

① fit()

② score()

③ evaluate()

④ predict()

4. 다음 중 훈련된 모델의 계수와 절편이 저장되어 있는 LinearRegression 클래스의 속성을 올바르게 짝지은 것은 무엇인가요?

① coef, intercept

② coef_, intercept_

③ _coef, _intercept

④ _coef_, _intercept_

03-3 특성 공학과 규제

핵심 키워드 　다중 회귀　　특성 공학　　릿지　　라쏘　　하이퍼파라미터

여러 특성을 사용한 다중 회귀에 대해 배우고 사이킷런의 여러 도구를 사용해 봅니다. 복잡한 모델의 과대적합을 막기 위한 릿지와 라쏘 회귀를 배웁니다.

시작하기 전에

혼공머신은 다항 회귀로 농어의 무게를 어느 정도 예측할 수 있지만, 여전히 훈련 세트보다 테스트 세트의 점수가 높은 점이 왠지 찜찜합니다. 이 문제를 해결하려면 제곱보다 더 고차항을 넣어야 할 것 같은데 얼만큼 더 고차항을 넣어야 할지 모르고 수동으로 이렇게 고차항을 넣기도 힘듭니다. 혼공머신은 홍 선배에게 도움을 요청하기로 마음먹었습니다.

"농어의 무게를 예측하려고 몸통 길이와 길이를 제곱해서 선형 회귀 모델을 훈련시켰는데 여전히 과소적합인 것 같아요."

"데이터가 농어의 길이뿐이야?"

"어... 사실 김 팀장님이 길이 말고 높이와 두께 데이터도 줬어요."

"이런, 받은 데이터를 모두 사용해야지. 선형 회귀는 특성이 많을수록 엄청난 효과를 내거든. 높이와 두께를 다항 회귀에 함께 적용해 봐.
아, 수고스럽게 직접 만들지 말고 사이킷런의 PolynomialFeatures 클래스를 사용해. 훨씬 편하거든."

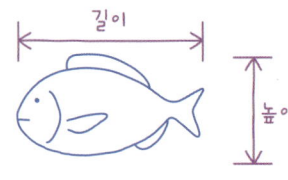 

다중 회귀

2절에서는 하나의 특성을 사용하여 선형 회귀 모델을 훈련시켰습니다. 여러 개의 특성을 사용한 선형 회귀를 **다중 회귀**multiple regression라고 부릅니다.

2절에서처럼 1개의 특성을 사용했을 때 선형 회귀 모델이 학습하는 것은 직선입니다. 2개의 특성을 사용하면 무엇을 학습할까요? 특성이 2개면 선형 회귀는 평면을 학습합니다. 다음 그림에서 두 경우를 비교해 보세요.

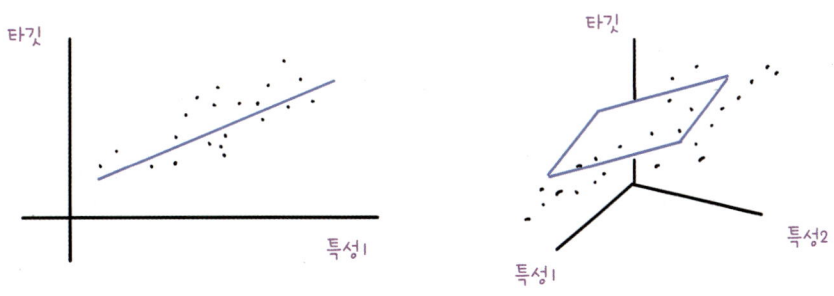

오른쪽 그림처럼 특성이 2개면 타깃값과 함께 3차원 공간을 형성하고 선형 회귀 방정식 '타깃 = a × 특성1 + b × 특성2 + 절편'은 평면이 됩니다. 그럼 특성이 3개일 경우는 어떨까요?

안타깝지만 우리는 3차원 공간 이상을 그리거나 상상할 수 없습니다. 분명한 것은 선형 회귀를 단순한 직선이나 평면으로 생각하여 성능이 무조건 낮다고 오해해서는 안 됩니다. 특성이 많은 고차원에서는 선형 회귀가 매우 복잡한 모델을 표현할 수 있습니다.

이 예제에서는 농어의 길이뿐만 아니라 농어의 높이와 두께도 함께 사용하겠습니다. 또한 이전 절에서처럼 3개의 특성을 각각 제곱하여 추가합니다. 거기다가 각 특성을 서로 곱해서 또 다른 특성을 만들겠습니다. 즉 '농어 길이 × 농어 높이'를 새로운 특성으로 만드는 거죠. 이렇게 기존의 특성을 사용해 새로운 특성을 뽑아내는 작업을 **특성 공학**feature engineering이라고 부릅니다.

우리가 직접 특성을 제곱하고 특성끼리 곱해서 새로운 특성을 추가할 수도 있지만 사이킷런에서 제공하는 편리한 도구를 사용하겠습니다. 그럼 농어 데이터를 다시 불러오는 것부터 시작하죠.

데이터 준비

이전과 달리 농어의 특성이 3개로 늘어났기 때문에 데이터를 복사해 붙여넣는 것도 번거롭습니다. 인터넷에서 데이터를 바로 다운로드하여 사용할 수는 없을까요? 아쉽지만 넘파이는 이런 작업을 잘 지원하지 않습니다. 하지만 판다스를 사용하면 아주 간단합니다.

판다스pandas는 유명한 데이터 분석 라이브러리입니다. **데이터프레임**dataframe은 판다스의 핵심 데이터 구조입니다. 넘파이 배열과 비슷하게 2차원 배열을 다룰 수 있지만 훨씬 더 많은 기능을 제공합니다.

note 판다스와 데이터 분석에 대해 더 자세히 알고 싶다면 『혼자 공부하는 데이터 분석 with 파이썬』(한빛미디어, 2023)을 참고하세요.

데이터프레임은 넘파이 배열로 쉽게 바꿀 수 있습니다. 하지만 사이킷런 1.2 버전부터는 판다스 데이터프레임 자체를 입력 데이터로 사용할 수 있습니다.

판다스를 사용해 농어 데이터를 인터넷에서 내려받아 데이터프레임에 저장하겠습니다. 그다음 타깃 데이터는 넘파이 배열로 만들어 선형 회귀 모델을 훈련해 보죠. 판다스 데이터프레임을 만들기 위해 많이 사용하는 파일은 CSV 파일입니다. CSV 파일은 다음 그림처럼 콤마로 나누어져 있는 텍스트 파일입니다.

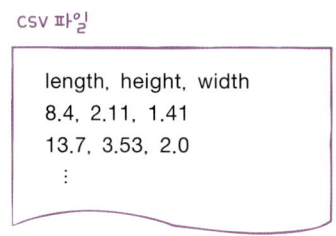

전체 파일 내용을 보고 싶다면 웹 브라우저로 https://bit.ly/perch_csv_data에 접속해 보세요. 이 파일을 판다스에서 읽는 방법은 아주 간단합니다. 판다스의 read_csv() 함수에 주소를 넣어 주는 것이 전부입니다. read_csv() 함수로 데이터프레임을 만든 다음 head() 메서드를 사용해 처음 다섯 개의 행을 출력해 보겠습니다.

note 만약 판다스 데이터프레임을 넘파이 배열로 바꾸고 싶다면 to_numpy() 메서드를 사용하세요.

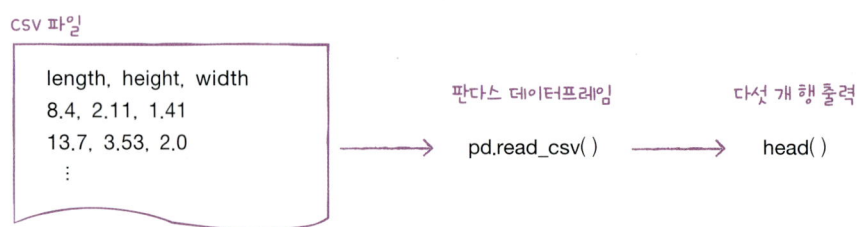

코드로 구현하면 다음과 같습니다.

> **note** 구글 코랩에는 판다스도 이미 준비되어 있습니다. 판다스를 임포트할 때는 관례적으로 pd 별칭을 사용합니다.

```
import pandas as pd  # pd는 관례적으로 사용하는 판다스의 별칭입니다
perch_full = pd.read_csv('https://bit.ly/perch_csv_data')
perch_full.head()
```

	length	height	width
0	8.4	2.11	1.41
1	13.7	3.53	2.00
2	15.0	3.82	2.43
3	16.2	4.59	2.63
4	17.4	4.59	2.94

> **note** 맨 왼쪽에 0, 1, 2, ...와 같은 숫자는 행 번호(데이터프레임의 인덱스)입니다. 맨 위에 쓰여진 length, height, width는 열 제목입니다. 판다스는 CSV 파일의 첫 줄을 자동으로 인식해 열 제목으로 만들어 줍니다.

✚ 여기서 잠깐 | 판다스 데이터프레임을 입력으로 사용하면 넘파이 배열보다 느리지 않나요?

사실 사이킷런에 데이터프레임을 입력하면 넘파이 배열로 바꾸어 모델을 훈련합니다. 그래서 데이터프레임과 넘파이 배열 중 어떤 것을 사용하든지 성능에 차이가 없습니다.

타깃 데이터는 이전과 동일한 방식으로 준비합니다.

> **note** http://bit.ly/perch_data에서 복사해 쓰세요.

```
import numpy as np
perch_weight = np.array(
    [  5.9,  32.0,  40.0,  51.5,  70.0, 100.0,  78.0,  80.0,  85.0,  85.0,
     110.0, 115.0, 125.0, 130.0, 120.0, 120.0, 130.0, 135.0, 110.0,
     130.0, 150.0, 145.0, 150.0, 170.0, 225.0, 145.0, 188.0, 180.0,
     197.0, 218.0, 300.0, 260.0, 265.0, 250.0, 250.0, 300.0, 320.0,
```

```
            514.0, 556.0, 840.0, 685.0, 700.0, 700.0, 690.0, 900.0, 650.0,
            820.0, 850.0, 900.0, 1015.0, 820.0, 1100.0, 1000.0, 1100.0,
            1000.0, 1000.0]
            )
```

그다음 perch_full과 perch_weight를 훈련 세트와 테스트 세트로 나눕니다.

```
from sklearn.model_selection import train_test_split
train_input, test_input, train_target, test_target = train_test_split(
    perch_full, perch_weight, random_state=42)
```

이 데이터를 사용해 새로운 특성을 만들겠습니다.

사이킷런의 변환기

사이킷런은 특성을 만들거나 전처리하기 위한 다양한 클래스를 제공합니다. 사이킷런에서는 이런 클래스를 **변환기**transformer라고 부릅니다. 사이킷런의 모델 클래스에 일관된 fit(), score(), predict() 메서드가 있는 것처럼 변환기 클래스는 모두 fit(), transform() 메서드를 제공합니다.

> 사이킷런에는 변환기라 부르는 특성을 만들거나 전처리하는 클래스가 있습니다.

note 앞서 배운 LinearRegression 같은 사이킷런의 모델 클래스는 추정기(estimator)라고도 부릅니다.

우리가 사용할 변환기는 PolynomialFeatures 클래스입니다. 먼저 이 클래스를 사용하는 방법을 알아보겠습니다. 이 클래스는 sklearn.preprocessing 모듈에 포함되어 있습니다.

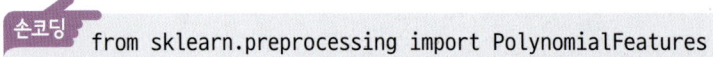
```
from sklearn.preprocessing import PolynomialFeatures
```

2개의 특성 2와 3으로 이루어진 샘플 하나를 적용하겠습니다. 앞서 이야기한 것처럼 이 클래스의 객체를 만든 다음 fit(), transform() 메서드를 차례대로 호출합니다.

note PolynomialFeatures 클래스의 fit() 메서드가 하는 일은 특성의 개수를 파악하는 것이 전부입니다. 따라서 훈련 데이터와 특성 개수만 동일하다면 fit() 메서드에 아무 값이나 전달해도 상관이 없습니다.

손코딩
```
poly = PolynomialFeatures()
poly.fit([[2, 3]])
print(poly.transform([[2, 3]]))
```

➡ [[1. 2. 3. 4. 6. 9.]]

＋ 여기서 잠깐 | **transform 전에 꼭 poly.fit을 사용해야 하나요?**

훈련(fit)을 해야 변환(transform)이 가능합니다. 사이킷런의 일관된 api 때문에 두 단계로 나뉘어져 있습니다. 두 메서드를 하나로 붙인 fit_transform 메서드도 있습니다.

fit() 메서드는 새롭게 만들 특성 조합을 찾고 transform() 메서드는 실제로 데이터를 변환합니다. fit() 메서드 호출을 눈여겨보세요. 변환기는 입력 데이터를 변환하는 데 타깃 데이터가 필요하지 않습니다. 따라서 모델 클래스와는 다르게 fit() 메서드에 입력 데이터만 전달했습니다. 즉 여기에서는 2개의 특성(원소)을 가진 샘플 [2, 3]이 6개의 특성을 가진 샘플 [1. 2. 3. 4. 6. 9.]로 바뀌었습니다.

> 변환기는 타깃 데이터 없이 입력 데이터를 변환합니다.

와우, 특성이 아주 많아졌군요! PolynomialFeatures 클래스는 기본적으로 각 특성을 제곱한 항을 추가하고 특성끼리 서로 곱한 항을 추가합니다. 2와 3을 각기 제곱한 4와 9가 추가되었고, 2와 3을 곱한 6이 추가되었습니다. 1은 왜 추가되었을까요? 다음의 식을 한번 보죠.

$$무게 = a \times 길이 + b \times 높이 + c \times 두께 + d \times 1$$

사실 선형 방정식의 절편을 항상 값이 1인 특성과 곱해지는 계수라고 볼 수 있습니다. 이렇게 놓고 보면 특성은 (길이, 높이, 두께, 1)이 됩니다. 하지만 사이킷런의 선형 모델은 자동으로 절편을 추가하므로 굳이 이렇게 특성을 만들 필요가 없습니다. include_bias=False로 지정하여 다시 특성을 변환하겠습니다.

손코딩
```
poly = PolynomialFeatures(include_bias=False)
poly.fit([[2, 3]])
print(poly.transform([[2, 3]]))
```

➡ [[2. 3. 4. 6. 9.]]

절편을 위한 항이 제거되고 특성의 제곱과 특성끼리 곱한 항만 추가되었습니다.

> **+ 여기서 잠깐** **include_bias=False는 꼭 지정해야 하나요?**
>
> include_bias=False로 지정하지 않아도 사이킷런 모델은 자동으로 특성에 추가된 절편 항을 무시합니다. 하지만 여기에서는 혼돈을 피하기 위해 명시적으로 지정하겠습니다.

이제 이 방식으로 train_input에 적용하겠습니다. train_input을 변환한 데이터를 train_poly에 저장하고 이 배열의 크기를 확인해 보죠.

```
poly = PolynomialFeatures(include_bias=False)
poly.fit(train_input)
train_poly = poly.transform(train_input)
print(train_poly.shape)
```

> (42, 9)

PolynomialFeatures 클래스는 9개의 특성이 어떻게 만들어졌는지 확인하는 아주 좋은 방법을 제공합니다. 다음처럼 get_feature_names_out() 메서드를 호출하면 9개의 특성이 각각 어떤 입력의 조합으로 만들어졌는지 알려 줍니다.

```
poly.get_feature_names_out()
```

> array(['length', ' height', ' width', 'length^2', 'length height',
>   'length width', ' height^2', ' height width', ' width^2'],
>   dtype=object)

'length^2'는 길이 특성의 제곱, 'length height'는 길이 특성과 높이 특성의 곱을 나타내는 식입니다. 이제 테스트 세트를 변환하겠습니다.

note 데이터프레임 대신 넘파이 배열을 사용하는 경우에는 x0, x1, x2와 같이 특성 이름이 부여됩니다.

```
test_poly = poly.transform(test_input)
```

이어서 변환된 특성을 사용하여 다중 회귀 모델을 훈련하겠습니다.

> **+ 여기서 잠깐** | **꼭 훈련 세트에 적용했던 변환기로 테스트 세트를 변환해야 하나요?**
>
> 앞서 언급했듯이 PolynomialFeatures 클래스는 fit() 메서드에서 만들 특성의 조합을 준비하기만 하고 별도의 통계 값을 구하지 않습니다. 따라서 테스트 세트를 따로 변환해도 됩니다. 하지만 앞장에서 설명했듯이 항상 훈련 세트를 기준으로 테스트 세트를 변환하는 습관을 들이는 것이 좋습니다.

다중 회귀 모델 훈련하기

다시 한번 이야기하지만 다중 회귀 모델을 훈련하는 것은 선형 회귀 모델을 훈련하는 것과 같습니다. 다만 여러 개의 특성을 사용하여 선형 회귀를 수행하는 것뿐이죠. 먼저 사이킷런의 LinearRegression 클래스를 임포트하고 앞에서 만든 train_poly를 사용해 모델을 훈련시켜 보겠습니다.

```
from sklearn.linear_model import LinearRegression
lr = LinearRegression()
lr.fit(train_poly, train_target)
print(lr.score(train_poly, train_target))
```

> 0.9903183436982124

와우! 아주 높은 점수가 나왔군요. 농어의 길이뿐만 아니라 높이와 두께를 모두 사용했고 각 특성을 제곱하거나 서로 곱해서 다항 특성을 더 추가했습니다. 특성이 늘어나면 선형 회귀의 능력은 매우 강하다는 것을 알 수 있습니다.

테스트 세트에 대한 점수도 확인하겠습니다.

```
print(lr.score(test_poly, test_target))
```

> 0.9714559911594134

테스트 세트에 대한 점수는 높아지지 않았지만 농어의 길이만 사용했을 때 있던 과소적합 문제는 더 이상 나타나지 않았습니다.

특성을 더 많이 추가하면 어떨까요? 3제곱, 4제곱 항을 넣는 거죠. PolynomialFeatures 클래스의 degree 매개변수를 사용하여 필요한 고차항의 최대 차수를 지정할 수 있습니다. 5제곱까지 특성을 만들어 출력해 보겠습니다.

```
poly = PolynomialFeatures(degree=5, include_bias=False)
poly.fit(train_input)
train_poly = poly.transform(train_input)
test_poly = poly.transform(test_input)
print(train_poly.shape)
```

(42, 55)

만들어진 특성의 개수가 무려 55개나 됩니다. train_poly 배열의 열의 개수가 특성의 개수입니다. 이 데이터를 사용해 선형 회귀 모델을 다시 훈련하겠습니다.

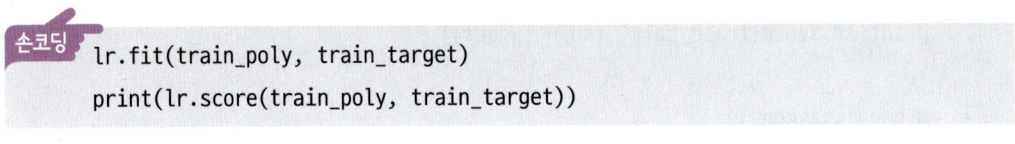

0.9999999999991098

오, 거의 완벽한 점수입니다. 테스트 세트에 대한 점수는 어떨까요?

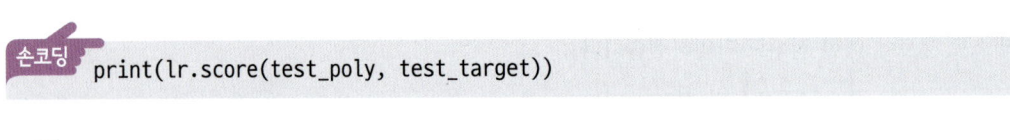

-144.40579242684848

아니, 음수군요? 그것도 아주 큰 음수입니다. 이게 무슨 일이죠? 문제가 뭔지 눈치챘나요?

특성의 개수를 크게 늘리면 선형 모델은 아주 강력해집니다. 훈련 세트에 대해 거의 완벽하게 학습할 수 있죠. 하지만 이런 모델은 훈련 세트에 너무 과대적합되므로 테스트 세트에서는 형편없는 점수를 만듭니다.

> **+ 여기서 잠깐** **샘플 개수보다 특성이 많다면 어떨까요?**
>
> 여기에서 사용한 훈련 세트의 샘플 개수는 42개 밖에 되지 않습니다. 42개의 샘플을 55개의 특성으로 훈련하면 완벽 하게 학습할 수 있는 것이 당연합니다. 예를 들어 42개의 참새를 맞추기 위해 딱 한 번 새총을 쏴야 한다면 참새 떼 중앙을 겨냥하여 가능한 한 맞출 가능성을 높여야 합니다. 하지만 55번이나 쏠 수 있다면 한 번에 하나씩 모든 참새를 맞출 수 있습니다.

이 문제를 해결하려면 다시 특성을 줄여야겠군요. 하지만 이런 상황은 과대적합을 줄이는 또 다른 방법을 배워 볼 좋은 기회입니다. 이어서 바로 알아보겠습니다.

규제

규제regularization는 머신러닝 모델이 훈련 세트를 너무 과도하게 학습하지 못하도록 훼방하는 것을 말합니다. 즉 모델이 훈련 세트에 과대적합되지 않도록 만드는 것이죠. 선형 회귀 모델의 경우 특성에 곱해지는 계수(또는 기울기)의 크기를 작게 만드는 일입니다.

이해를 돕기 위해 다음 쪽과 같이 하나의 특성을 가진 데이터를 학습한 모델을 생각하겠습니다. 왼쪽은 훈련 세트를 과도하게 학습했고 오른쪽은 기울기를 줄여 보다 보편적인 패턴을 학습하고 있습니다.

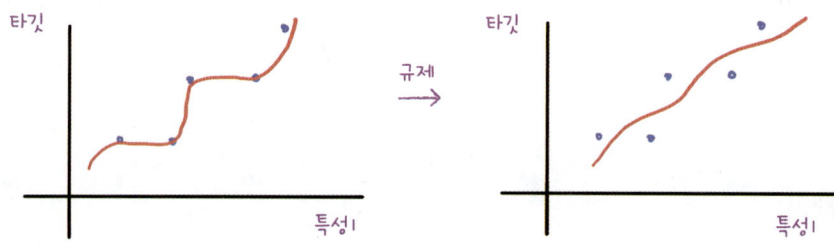

앞서 55개의 특성으로 훈련한 선형 회귀 모델의 계수를 규제하여 훈련 세트의 점수를 낮추고 대신 테스트 세트의 점수를 높여 보겠습니다.

그 전에 특성의 스케일에 대해 잠시 생각하겠습니다. 2장에서 보았듯이 특성의 스케일이 정규화되지 않으면 여기에 곱해지는 계수 값도 차이 나게 됩니다. 일반적으로 선형 회귀 모델에 규제를 적용할 때 계수 값의 크기가 서로 많이 다르면 공정하게 제어되지 않을 겁니다. 그렇다면 규제를 적용하기 전에 먼저 정규화를 해야겠군요! 2장에서는 평균과 표준편차를 직접 구해 특성을 표준점수로 바꾸었습니다. 이 방법이 어렵지는 않지만, 이번에는 사이킷런에서 제공하는 StandardScaler 클래스를 사용하겠습니다. 이 클래스도 변환기의 하나입니다.

우선 코드를 따라서 입력해 봅시다.

```
from sklearn.preprocessing import StandardScaler
ss = StandardScaler()
ss.fit(train_poly)
train_scaled = ss.transform(train_poly)
test_scaled = ss.transform(test_poly)
```

먼저 StandardScaler 클래스의 객체 ss를 초기화한 후 PolynomialFeatures 클래스로 만든 train_poly를 사용해 이 객체를 훈련합니다. 여기에서도 다시 한번 강조하지만 꼭 훈련 세트로 학습한 변환기를 사용해 테스트 세트까지 변환해야 합니다.

이제 표준점수로 변환한 train_scaled와 test_scaled가 준비되었습니다.

note 훈련 세트에서 학습한 평균과 표준편차는 StandardScaler 클래스 객체의 mean_, scale_ 속성에 저장됩니다. 특성마다 계산하므로 55개의 평균과 표준 편차가 들어 있습니다.

선형 회귀 모델에 규제를 추가한 모델을 릿지 ridge와 라쏘 lasso라고 부릅니다. 두 모델은 규제를 가하는 방법이 다릅니다. 릿지는 계수를 제곱한 값을 기준으로 규제를 적용하고, 라쏘는 계수의 절댓값을 기준으로 규제를 적용합니다. 일반적으로 릿지를 조금 더 선호합니다. 두 알고리즘 모두 계수의 크기를 줄이지만 라쏘는 아예 0으로 만들 수도 있습니다. 물론 사이킷런이 이 두 알고리즘을 모두 제공합니다.

릿지 회귀

릿지와 라쏘 모두 sklearn.linear_model 패키지 안에 있습니다. 사이킷런 모델을 사용할 때 편리한 점은 훈련하고 사용하는 방법이 항상 같다는 것입니다. 모델 객체를 만들고 fit() 메서드에서 훈련한 다음 score() 메서드로 평가합니다. 앞서 준비한 train_scaled 데이터로 릿지 모델을 훈련해 보죠.

```
from sklearn.linear_model import Ridge
ridge = Ridge()
ridge.fit(train_scaled, train_target)
print(ridge.score(train_scaled, train_target))
```

0.9896101671037343

선형 회귀에서는 거의 완벽에 가까웠던 점수가 조금 낮아졌군요. 이번에는 테스트 세트에 대한 점수를 확인하겠습니다.

```
print(ridge.score(test_scaled, test_target))
```

0.9790693977615398

테스트 세트 점수가 정상으로 돌아왔습니다. 확실히 많은 특성을 사용했음에도 불구하고 훈련 세트에 너무 과대적합되지 않아 테스트 세트에서도 좋은 성능을 내고 있습니다.

릿지와 라쏘 모델을 사용할 때 규제의 양을 임의로 조절할 수 있습니다. 모델 객체를 만들 때 alpha 매개변수로 규제의 강도를 조절합니다. alpha 값이 크면 규제 강도가 세지므로 계수 값을 더 줄이고 조금 더 과소적합되도록 유도합니다. alpha 값이 작으면 계수를 줄이는 역할이 줄어들고 선형 회귀 모델과 유사해지므로 과대적합될 가능성이 큽니다.

> **+ 여기서 잠깐   사람이 직접 지정해야 하는 매개변수**
>
> alpha 값은 릿지 모델이 학습하는 값이 아니라 사전에 우리가 지정해야 하는 값입니다. 이렇게 머신러닝 모델이 학습할 수 없고 사람이 알려줘야 하는 파라미터를 하이퍼파라미터(hyperparameter)라고 부릅니다. 사이킷런과 같은 머신러닝 라이브러리에서 하이퍼파라미터는 클래스와 메서드의 매개변수로 표현됩니다. 이 책에서는 함수와 클래스의 파라미터는 매개변수라고 하고 모델과 관련된 파라미터(모델 파라미터, 하이퍼파라미터)는 그대로 파라미터라고 표현했습니다.

적절한 alpha 값을 찾는 한 가지 방법은 alpha 값에 대한 R^2 값의 그래프를 그려 보는 것입니다. 훈련 세트와 테스트 세트의 점수가 가장 가까운 지점이 최적의 alpha 값이 됩니다. 먼저 맷플롯립을 임포트하고 alpha 값을 바꿀 때마다 score() 메서드의 결과를 저장할 리스트를 만듭니다.

```
import matplotlib.pyplot as plt
train_score = []
test_score = []
```

다음 코드는 alpha 값을 0.001에서 100까지 10배씩 늘려가며 릿지 회귀 모델을 훈련한 다음 훈련 세트와 테스트 세트의 점수를 파이썬 리스트에 저장합니다.

```
alpha_list = [0.001, 0.01, 0.1, 1, 10, 100]
for alpha in alpha_list:
    # 릿지 모델을 만듭니다
    ridge = Ridge(alpha=alpha)
    # 릿지 모델을 훈련합니다
    ridge.fit(train_scaled, train_target)
    # 훈련 점수와 테스트 점수를 저장합니다
    train_score.append(ridge.score(train_scaled, train_target))
    test_score.append(ridge.score(test_scaled, test_target))
```

이제 그래프를 그려보겠습니다. alpha 값을 0.001부터 10배씩 늘렸기 때문에 이대로 그래프를 그리면 그래프 왼쪽이 너무 촘촘해집니다. alpha_list에 있는 6개의 값을 동일한 간격으로 나타내려면 x 축을 로그 스케일로 나타내면 됩니다. 예를 들어 10^0, 10^1, 10^2 사이의 간격을 거듭제곱의 지수 크기에 비례하게 그립니다. 편리하게도 맷플롯립은 xscale(), yscale() 함수로 간단히 축의 눈금을 로그 스케일로 바꿀 수 있습니다.

```
plt.plot(alpha_list, train_score)
plt.plot(alpha_list, test_score)
plt.xscale('log')
plt.xlabel('alpha')
plt.ylabel('R^2')
plt.show()
```

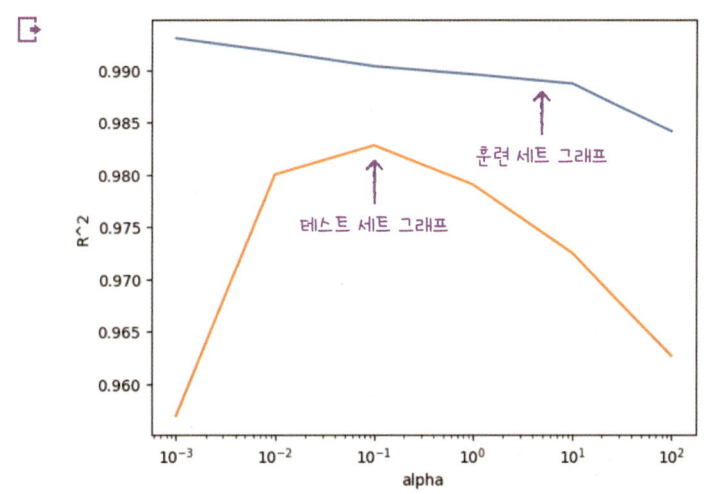

위는 훈련 세트 그래프, 아래는 테스트 세트 그래프입니다. 이 그래프의 왼쪽을 보면 훈련 세트와 테스트 세트의 점수 차이가 아주 큽니다. 훈련 세트에는 잘 맞고 테스트 세트에는 형편없는 과대적합의 전형적인 모습이죠. 반대로 오른쪽 편은 훈련 세트와 테스트 세트의 점수가 모두 낮아지는 과소적합으로 가는 모습을 보입니다.

적절한 alpha 값은 두 그래프가 가장 가깝고 테스트 세트의 점수가 가장 높은 10^{-1}=0.1입니다. alpha 값을 0.1로 하여 최종 모델을 훈련하겠습니다.

```
ridge = Ridge(alpha=0.1)
ridge.fit(train_scaled, train_target)
print(ridge.score(train_scaled, train_target))
print(ridge.score(test_scaled, test_target))
```

```
0.9903815817570366
0.9827976465386926
```

이 모델은 훈련 세트와 테스트 세트의 점수가 비슷하게 모두 높고 과대적합과 과소적합 사이에서 균형을 맞추고 있습니다. 그럼 이번에는 라쏘 모델을 훈련해 보죠.

라쏘 회귀

라쏘 모델을 훈련하는 것은 릿지와 매우 비슷합니다. Ridge 클래스를 Lasso 클래스로 바꾸는 것이 전부입니다.

```
from sklearn.linear_model import Lasso
lasso = Lasso()
lasso.fit(train_scaled, train_target)
print(lasso.score(train_scaled, train_target))
```

```
0.9897898972080961
```

라쏘도 과대적합을 잘 억제한 결과를 보여 줍니다. 테스트 세트의 점수도 확인해 보죠.

```
print(lasso.score(test_scaled, test_target))
```

```
0.9800593698421883
```

테스트 세트의 점수도 릿지만큼 아주 좋습니다. 라쏘 모델도 alpha 매개변수로 규제의 강도를 조절할 수 있습니다. 여기에서도 앞에서와같이 alpha 값을 바꾸어 가며 훈련 세트와 테스트 세트에 대한 점수를 계산하겠습니다.

```
train_score = []
test_score = []
alpha_list = [0.001, 0.01, 0.1, 1, 10, 100]
for alpha in alpha_list:
    # 라쏘 모델을 만듭니다
    lasso = Lasso(alpha=alpha, max_iter=10000)
    # 라쏘 모델을 훈련합니다
    lasso.fit(train_scaled, train_target)
    # 훈련 점수와 테스트 점수를 저장합니다
    train_score.append(lasso.score(train_scaled, train_target))
    test_score.append(lasso.score(test_scaled, test_target))
```

> **+ 여기서 잠깐**   **경고(Warning)가 뜹니다. 정상인가요?**
>
> ```
> /usr/local/lib/python3.6/dist-packages/sklearn/linear_model/_coordinate_descent.
> py:476: ConvergenceWarning: Objective did not converge. You might want to
> increase the number of iterations. Duality gap: 18778.697957792876, tolerance:
> 518.2793833333334 positive)
> ```
>
> 라쏘 모델을 훈련할 때 ConvergenceWarning이란 경고가 발생할 수 있습니다. 사이킷런의 라쏘 모델은 최적의 계수를 찾기 위해 반복적인 계산을 수행하는데, 지정한 반복 횟수가 부족할 때 이런 경고가 발생합니다. 이 반복 횟수를 충분히 늘리기 위해 max_iter 매개변수의 값을 10000으로 지정했습니다. 필요하면 더 늘릴 수 있지만 이 문제에서는 큰 영향을 끼치지 않습니다.

그다음 train_score와 test_score 리스트를 사용해 그래프를 그립니다. 이 그래프도 x축은 로그 스케일로 바꿔 그리겠습니다.

손코딩
```python
plt.plot(alpha_list, train_score)
plt.plot(alpha_list, test_score)
plt.xscale('log')
plt.xlabel('alpha')
plt.ylabel('R^2')
plt.show()
```

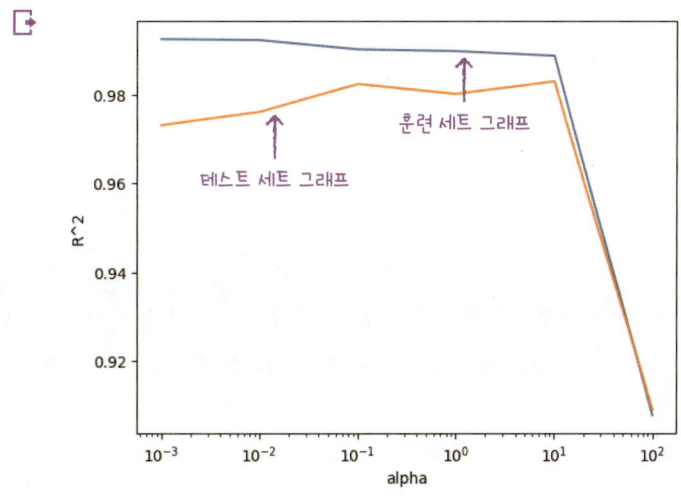

03-3 | 특성 공학과 규제   **171**

이 그래프도 왼쪽은 과대적합을 보여주고 있고, 오른쪽으로 갈수록 훈련 세트와 테스트 세트의 점수가 좁혀지고 있습니다. 가장 오른쪽은 아주 크게 점수가 떨어집니다. 이 지점은 분명 과소적합되는 모델일 것입니다. 라쏘 모델에서 최적의 alpha 값은 10^1=10입니다. 이 값으로 다시 모델을 훈련하겠습니다.

```
lasso = Lasso(alpha=10)
lasso.fit(train_scaled, train_target)
print(lasso.score(train_scaled, train_target))
print(lasso.score(test_scaled, test_target))
```

```
0.9888067471131867
0.9824470598706695
```

네, 모델이 잘 훈련된 것 같군요. 특성을 많이 사용했지만, 릿지와 마찬가지로 라쏘 모델이 과대적합을 잘 억제하고 테스트 세트의 성능을 크게 높였습니다. 앞에서 라쏘 모델은 계수 값을 아예 0으로 만들 수 있다고 했던 것을 기억하나요? 라쏘 모델의 계수는 coef_ 속성에 저장되어 있습니다. 이 중에 0인 것을 헤아려 보겠습니다.

```
print(np.sum(lasso.coef_ == 0))
```

```
40
```

note np.sum() 함수는 배열을 모두 더한 값을 반환합니다. 넘파이 배열에 비교 연산자를 사용했을 때 각 원소는 True 또는 False가 됩니다. np.sum() 함수는 True를 1로, False를 0으로 인식하여 덧셈을 할 수 있기 때문에 마치 비교 연산자에 맞는 원소 개수를 헤아리는 효과를 냅니다.

정말 많은 계수가 0이 되었군요. 55개의 특성을 모델에 주입했지만 라쏘 모델이 사용한 특성은 15개밖에 되지 않습니다. 이런 특징 때문에 라쏘 모델을 유용한 특성을 골라내는 용도로도 사용할 수 있습니다.

> **+ 여기서 잠깐**   **SystanxError: invalid syntax 에러가 떠요!**
>
> 여기까지 오면서 에러를 한 번도 만나지 않았다면 운이 좋다고 생각하세요! 분명 여러 차례의 에러 메시지를 본 독자도 있을 겁니다. 'invalid syntax' 에러는 파이썬 문법을 잘못 사용했을 때 발생합니다. 바로 앞의 코드에서는 ==의 사이에 빈칸을 넣는 실수를 종종 할 수 있습니다. 에러를 만나면 책과 같이 입력했는지 유심히 살펴 보고 깃허브의 노트북을 실행해서 비교해 보세요. 코랩에서 에러가 났을 때 생기는 '오류 수정' 버튼을 눌러 자동으로 잘못된 코드를 고칠 수도 있습니다. 또는 '오류 설명' 버튼을 클릭하면 구글의 인공지능 모델인 제미나이(Gemini)가 에러에 대해 설명해 줍니다.

이제 규제를 적용한 선형 모델을 사용해 농어의 무게를 아주 잘 예측할 수 있게 되었습니다. 혼공머신이 대단한 일을 해냈네요. 함께 축하해 주세요!

모델의 과대적합을 제어하기 `문제해결 과정`

혼공머신은 선형 회귀 알고리즘을 사용해 농어의 무게를 예측하는 모델을 훈련시켰지만 훈련 세트에 과소적합되는 문제가 발생했습니다. 이를 위해 농어의 길이뿐만 아니라 높이와 두께도 사용하여 다중 회귀 모델을 훈련시켰습니다.

또한 다항 특성을 많이 추가하여 훈련 세트에서 거의 완벽에 가까운 점수를 얻는 모델을 훈련했습니다. 특성을 많이 추가하면 선형 회귀는 매우 강력한 성능을 냅니다. 하지만 특성이 너무 많으면 선형 회귀 모델을 제약하기 위한 도구가 필요하죠.

이를 위해 릿지 회귀와 라쏘 회귀에 대해 알아보았습니다. 사이킷런을 사용해 다중 회귀 모델과 릿지, 라쏘 모델을 훈련시켰습니다. 또 릿지와 라쏘 모델의 규제 양을 조절하기 위한 최적의 alpha 값을 찾는 방법을 알아보았습니다.

전체 소스 코드

> note https://bit.ly/hg2-03-3에 접속하면 코랩에서 이 절의 코드를 바로 열어 볼 수 있습니다.

손코딩

```
"""# 특성 공학과 규제"""

"""## 데이터 준비"""

import pandas as pd # pd는 관례적으로 사용하는 판다스의 별칭입니다
perch_full = pd.read_csv('https://bit.ly/perch_csv_data')
```

```python
perch_full.head()

import numpy as np
perch_weight = np.array(
    [  5.9,  32.0,  40.0,  51.5,  70.0, 100.0,  78.0,  80.0,  85.0,  85.0,
     110.0, 115.0, 125.0, 130.0, 120.0, 120.0, 130.0, 135.0, 110.0,
     130.0, 150.0, 145.0, 150.0, 170.0, 225.0, 145.0, 188.0, 180.0,
     197.0, 218.0, 300.0, 260.0, 265.0, 250.0, 250.0, 300.0, 320.0,
     514.0, 556.0, 840.0, 685.0, 700.0, 700.0, 690.0, 900.0, 650.0,
     820.0, 850.0, 900.0, 1015.0, 820.0, 1100.0, 1000.0, 1100.0,
     1000.0, 1000.0]
     )

from sklearn.model_selection import train_test_split
train_input, test_input, train_target, test_target = train_test_split(
    perch_full, perch_weight, random_state=42)


"""## 사이킷런의 변환기"""

from sklearn.preprocessing import PolynomialFeatures

poly = PolynomialFeatures()
poly.fit([[2, 3]])
print(poly.transform([[2, 3]]))


poly = PolynomialFeatures(include_bias=False)
poly.fit(train_input)
train_poly = poly.transform(train_input)
print(train_poly.shape)


poly.get_feature_names_out()


test_poly = poly.transform(test_input)

"""## 다중 회귀 모델 훈련하기"""
```

```python
from sklearn.linear_model import LinearRegression
lr = LinearRegression()
lr.fit(train_poly, train_target)
print(lr.score(train_poly, train_target))

print(lr.score(test_poly, test_target))

poly = PolynomialFeatures(degree=5, include_bias=False)
poly.fit(train_input)
train_poly = poly.transform(train_input)
test_poly = poly.transform(test_input)
print(train_poly.shape)

lr.fit(train_poly, train_target)
print(lr.score(train_poly, train_target))

print(lr.score(test_poly, test_target))

"""## 규제"""

from sklearn.preprocessing import StandardScaler
ss = StandardScaler()
ss.fit(train_poly)
train_scaled = ss.transform(train_poly)
test_scaled = ss.transform(test_poly)

"""## 릿지 회귀"""

from sklearn.linear_model import Ridge
ridge = Ridge()
ridge.fit(train_scaled, train_target)
print(ridge.score(train_scaled, train_target))

print(ridge.score(test_scaled, test_target))

import matplotlib.pyplot as plt
```

```
train_score = []
test_score = []

alpha_list = [0.001, 0.01, 0.1, 1, 10, 100]
for alpha in alpha_list:
    # 릿지 모델을 만듭니다
    ridge = Ridge(alpha=alpha)
    # 릿지 모델을 훈련합니다
    ridge.fit(train_scaled, train_target)
    # 훈련 점수와 테스트 점수를 저장합니다
    train_score.append(ridge.score(train_scaled, train_target))
    test_score.append(ridge.score(test_scaled, test_target))

plt.plot(alpha_list, train_score)
plt.plot(alpha_list, test_score)
plt.xscale('log')
plt.xlabel('alpha')
plt.ylabel('R^2')
plt.show()

ridge = Ridge(alpha=0.1)
ridge.fit(train_scaled, train_target)
print(ridge.score(train_scaled, train_target))
print(ridge.score(test_scaled, test_target))
"""## 라쏘 회귀"""

from sklearn.linear_model import Lasso
lasso = Lasso()
lasso.fit(train_scaled, train_target)
print(lasso.score(train_scaled, train_target))

print(lasso.score(test_scaled, test_target))

train_score = []
test_score = []
alpha_list = [0.001, 0.01, 0.1, 1, 10, 100]
```

```
for alpha in alpha_list:
    # 라쏘 모델을 만듭니다
    lasso = Lasso(alpha=alpha, max_iter=10000)
    # 라쏘 모델을 훈련합니다
    lasso.fit(train_scaled, train_target)
    # 훈련 점수와 테스트 점수를 저장합니다
    train_score.append(lasso.score(train_scaled, train_target))
    test_score.append(lasso.score(test_scaled, test_target))

plt.plot(alpha_list, train_score)
plt.plot(alpha_list, test_score)
plt.xscale('log')
plt.xlabel('alpha')
plt.ylabel('R^2')
plt.show()

lasso = Lasso(alpha=10)
lasso.fit(train_scaled, train_target)
print(lasso.score(train_scaled, train_target))
print(lasso.score(test_scaled, test_target))

print(np.sum(lasso.coef_ == 0))
```

마무리

▶ 키워드로 끝내는 핵심 포인트

- **다중 회귀**는 여러 개의 특성을 사용하는 회귀 모델입니다. 특성이 많으면 선형 모델은 강력한 성능을 발휘합니다.

- **특성 공학**은 주어진 특성을 조합하여 새로운 특성을 만드는 일련의 작업 과정입니다.

- **릿지**는 규제가 있는 선형 회귀 모델 중 하나이며 선형 모델의 계수를 작게 만들어 과대적합을 완화시킵니다. 릿지는 비교적 효과가 좋아 널리 사용하는 규제 방법입니다.

- **라쏘**는 또 다른 규제가 있는 선형 회귀 모델입니다. 릿지와 달리 계수 값을 아예 0으로 만들 수도 있습니다.

- **하이퍼파라미터**는 머신러닝 알고리즘이 학습하지 않는 파라미터입니다. 이런 파라미터는 사람이 사전에 지정해야 합니다. 대표적으로 릿지와 라쏘의 규제 강도 alpha 파라미터입니다.

▶ 핵심 패키지와 함수

pandas

- **read_csv()**는 CSV 파일을 로컬 컴퓨터나 인터넷에서 읽어 판다스 데이터프레임으로 변환하는 함수입니다. 이 함수는 매우 많은 매개변수를 제공합니다. 그중에 자주 사용하는 매개변수는 다음과 같습니다.

  sep는 CSV 파일의 구분자를 지정합니다. 기본값은 '콤마(,)'입니다.

  header에 데이터프레임의 열 이름으로 사용할 CSV 파일의 행 번호를 지정합니다. 기본적으로 첫 번째 행을 열 이름으로 사용합니다.

  skiprows는 파일에서 읽기 전에 건너뛸 행의 개수를 지정합니다.

  nrows는 파일에서 읽을 행의 개수를 지정합니다.

scikit-learn

- **PolynomialFeatures**는 주어진 특성을 조합하여 새로운 특성을 만듭니다.

    degree는 최고 차수를 지정합니다. 기본값은 2입니다.

    interaction_only가 True이면 거듭제곱 항은 제외되고 특성 간의 곱셈 항만 추가됩니다. 기본값은 False입니다.

    include_bias가 False이면 절편을 위한 특성을 추가하지 않습니다. 기본값은 True입니다.

- **Ridge**는 규제가 있는 회귀 알고리즘인 릿지 회귀 모델을 훈련합니다.

    alpha 매개변수로 규제의 강도를 조절합니다. alpha 값이 클수록 규제가 세집니다. 기본값은 1입니다.

    solver 매개변수에 최적의 모델을 찾기 위한 방법을 지정할 수 있습니다. 기본값은 'auto'이며 데이터에 따라 자동으로 선택됩니다. 사이킷런 0.17 버전에 추가된 'sag'는 확률적 평균 경사 하강법 알고리즘으로 특성과 샘플 수가 많을 때에 성능이 빠르고 좋습니다. 사이킷런 0.19 버전에는 'sag'의 개선 버전인 'saga'가 추가되었습니다. 사이킷런 1.5버전부터 어떤 알고리즘을 사용했는지 알려주는 solver_ 속성이 추가되었습니다.

    random_state는 solver가 'sag'나 'saga'일 때 넘파이 난수 시드값을 지정할 수 있습니다.

- **Lasso**는 규제가 있는 회귀 알고리즘인 라쏘 회귀 모델을 훈련합니다. 이 클래스는 최적의 모델을 찾기 위해 좌표축을 따라 최적화를 수행해가는 좌표 하강법 coordinate descent 을 사용합니다.

    alpha와 random_state 매개변수는 Ridge 클래스와 동일합니다.

    max_iter는 알고리즘의 수행 반복 횟수를 지정합니다. 기본값은 1000입니다.

▶ **확인 문제**

1. a, b, c 특성으로 이루어진 훈련 세트를 PolynomialFeatures(degree=3)으로 변환했습니다. 다음 중 이 변환된 데이터에 포함되지 않는 특성은 무엇인가요?

① 1

② a

③ a * b

④ a * b^3

2. 다음 중 특성을 표준화하는 사이킷런 변환기 클래스는 무엇인가요?

① Ridge

② Lasso

③ StandardScaler

④ LinearRegression

3. 다음 중 과대적합과 과소적합을 올바르게 표현하지 못한 것은 무엇인가요?

① 과대적합인 모델은 훈련 세트의 점수가 높습니다.

② 과대적합인 모델은 테스트 세트의 점수도 높습니다.

③ 과소적합인 모델은 훈련 세트의 점수가 낮습니다.

④ 과소적합인 모델은 테스트 세트의 점수도 낮습니다.

4. 다음 중 훈련하기 전에 특성을 표준화해야 하는 모델 클래스를 모두 고르세요.

① KNeighborsClassifier

② KNeighborsRegressor

③ Ridge

④ Lasso

자주 하는 질문

Q. 03장에서는 왜 특성으로 생선 길이만 사용하나요?

A. 회귀는 임의의 실숫값을 예측하는 문제입니다. 그래서 타깃값을 y축에 나타내려면 어쩔 수 없이 특성은 하나만 x축에 나타내야 합니다. 물론 3차원 그래프를 그리면 z축에 타깃값을 나타내고, x-y축에 각각 하나씩 두 개의 특성을 표현할 수 있습니다. 하지만 3차원 그래프를 그리는 일은 번거롭고, 지면에 입체적으로 표현하기 어렵습니다.

물론 그래프를 꼭 그리지 않아도 된다면, 여러 개의 특성을 사용하여 예제를 만들 수 있습니다. 그래서 3개의 특성을 사용하는 03-3절에서는 회귀 모델을 그래프로 그리지 않습니다.

Q. 03-1절에서는 모델을 훈련하기 전에 왜 표준화를 하지 않나요?

A. 2장에서는 두 개의 특성값이 서로 다른 범위를 가지고 있어서, 이를 맞추기 위해 표준화를 수행했습니다. 하지만 03-1절에서 k-최근접 이웃 회귀 모델을 훈련할 때는 하나의 특성만 사용하므로 스케일을 조정할 필요가 없습니다.

Q. 03-2절과 03-3절에서 두 개 이상의 특성을 사용할 때도 표준화를 수행하지 않았는데요?

A. 네, 맞습니다. 사실 LinearRegression 클래스는 해석적으로 해를 구합니다. 중·고등학교 때 2차 방정식의 근의 공식을 사용했던 것을 기억하시나요? 이처럼, 알려진 공식을 사용하여 어떤 문제를 푸는 경우를 '해석적으로 해를 구한다'고 말합니다. 해석적으로 해를 구하는 경우, 특성 간의 스케일 차이가 문제가 되지 않습니다. 당연히 LinearRegression 클래스를 사용하기 전에 표준화를 적용해도 무방합니다.

이에 반해 03-3절에서 Lidge와 Lasso 클래스를 사용할 때는 먼저 표준화를 수행했습니다. 이 두 클래스가 해를 구하는 방식은 특성의 스케일에 영향을 받기 때문입니다.

사이킷런에서 제공하는 대부분의 모델뿐만 아니라 인공신경망 알고리즘도 특성의 스케일 차이에 영향을 받습니다. 따라서 모델을 훈련하기 전에 표준화와 같은 방법으로 특성의 스케일을 조정하는 것이 대부분 바람직합니다.

Q. 03-2절에서 배운 LinearRegression 클래스를 사용할 때, 어떤 경우에 fit_intercept 매개변수 값을 False로 지정하나요?

A. LinearRegresion 클래스의 fit_intercept 매개변수를 False로 지정하면 절편을 학습하지 않습니다. 따라서, 회귀 모델이 원점을 지나게 됩니다. 이렇게 하는 경우는 훈련 데이터가 이미 원점에 맞춰져 있어 절편을 학습할 필요가 없을 때, 또는 훈련된 모델이 원점을 지나야 하는 이유가 있을 때입니다. 하지만 대부분의 경우 fit_intercept 매개변수의 기본값인 True를 그대로 사용하는 것이 바람직합니다.

Q. 03-2절에서 맷플롯립으로 2차 방정식 그래프를 그릴 때 왜 짧은 직선을 이어서 그리나요?

A. 맷플롯립은 2차 방정식의 그래프를 직접 그리는 기능이 없기 때문입니다. 대신, 심파이(Sympy)를 사용하면 2차 방정식 그래프를 멋지게 그릴 수 있습니다. 다음 코드는 148페이지에 나온 그래프와 유사한 그래프를 그리는 심파이 코드입니다.

```python
from sympy import *
from sympy.plotting import plot
import matplotlib.pyplot as plt

# 변수 정의
x = symbols('x')
y = 1.01*x**2 - 21.6*x + 116.05

# 그래프 그리기
plot(y, (x, 15, 50), xlabel="length", ylabel="weight",
     xlim=(10, 55), ylim=(-50, 1600), size=(6, 4), axis_center=(10, -50))
plt.show()
```

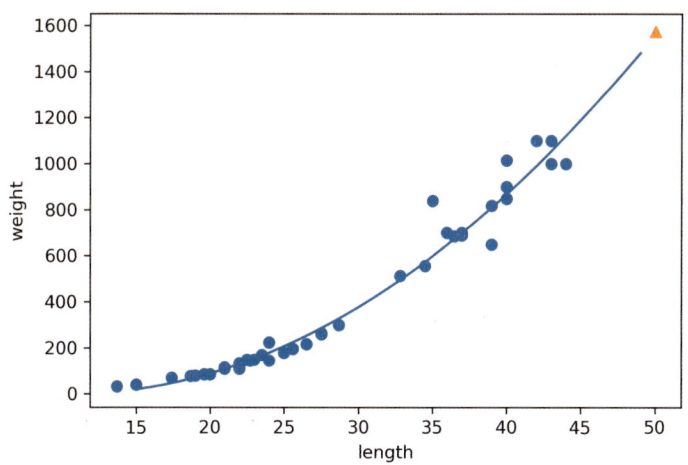

심파이에 대한 자세한 내용은 『개발자를 위한 필수 수학』(한빛미디어, 2024)를 참고하세요.

Q. 03-3절에서 릿지는 왜 계수를 0으로 만들지 못하나요?

A. 수식을 사용하지 않고 이를 설명하기는 쉽지 않지만, 이렇게 생각해 보죠.

릿지의 규제항은 계수의 제곱이기 때문에 큰 계수를 조금 줄이는 것이 작은 계수를 더 작게 만드는 것보다 효과적입니다. 따라서 작은 계수를 완전히 0으로 만들기 위해 애쓸 필요가 없죠. 이에 반해 라쏘의 규제항은 계수의 절댓값이기 때문에 큰 계수를 줄이는 것과 작은 계수를 줄이는 것이 동일한 효과를 가집니다. 사실 릿지가 계수를 0으로 만들 가능성이 전혀 없는 것은 아닙니다. 하지만 이런 경우는 극히 드물기 때문에 일반적으로 릿지는 계수를 0으로 만들지 않는다고 말합니다.

Q. 03-3절에서 릿지와 라쏘 모델이 출력한 점수가 책과 달라요.

A. 머신러닝 라이브러리는 새로운 버전이 출시될 때마다 이전 버전에 있는 버그를 수정하거나 더 나은 알고리즘을 적용하여 성능을 개선합니다. 따라서 라이브러리 버전이 다르면 모델의 성능에 차이가 생길 수 있습니다. 특히, 확률적인 요소를 가진 알고리즘은 실행할 때마다 결과가 다르게 나올 수 있습니다. 그러므로, 출력 결과가 책과 크게 다르지 않다면 문제가 되지 않습니다. 또한, 책과 완전히 똑같은 결과를 얻는 것이 목표도 아닙니다.

학습목표

- 로지스틱 회귀, 확률적 경사 하강법과 같은 분류 알고리즘을 배웁니다.
- 이진 분류와 다중 분류의 차이를 이해하고 클래스별 확률을 예측합니다.

Chapter 04

다양한 분류 알고리즘

럭키백의 확률을 계산하라!

04-1 로지스틱 회귀

핵심 키워드 로지스틱 회귀 · 다중 분류 · 시그모이드 함수 · 소프트맥스 함수

로지스틱 회귀 알고리즘을 배우고 이진 분류 문제에서 클래스 확률을 예측합니다.

시작하기 전에

혼공머신은 분류와 회귀 문제까지 다룰 수 있는 경험을 쌓았고 특성값을 전처리하거나 특성을 조합하여 새로운 특성을 만들 수 있는 경지까지 올랐습니다. 한빛 마켓의 마케팅 팀은 다가오는 명절 특수에 고객의 이목을 끌 새로운 이벤트를 기획했습니다. 그 이름은 바로 '한빛 럭키백'입니다!

럭키백은 구성품을 모른 채 먼저 구매하고, 배송받은 다음에야 비로소 구성품을 알 수 있는 상품입니다. 기간 한정으로 판매하는 럭키백의 물품은 생선으로 한정하기로 했습니다. 아주 독특한 아이디어죠? 요즘에는 이렇게 튀어야 입소문이 나는 법이죠. 하지만 럭키백 이벤트 소식을 들은 고객 만족 팀은 강하게 반대했습니다.

어쩔 수 없이 마케팅 팀은 럭키백에 포함된 생선의 확률을 알려주는 방향으로 이벤트 수정안을 내놓았습니다. 가령 A 럭키백에 도미 확률이 높다고 표시하면 도미를 원한 고객은 A 럭키백을 구매할 겁니다. 음... 그렇다면 어떻게 생선의 확률을 구할지가 문제겠네요. 혹시 머신러닝으로 럭키백의 생선이 어떤 타깃에 속하는지 확률을 구할 수 있을까요? 김 팀장이 혼공머신을 다시 부릅니다.

럭키백의 확률

김 팀장은 혼공머신에게 럭키백에 들어갈 수 있는 생선은 7개라고 알려 주었습니다. 이 이벤트를 잘 마치려면 럭키백에 들어간 생선의 크기, 무게 등이 주어졌을 때 7개 생선에 대한 확률을 출력해야 합니다. 이번에는 길이, 높이, 두께 외에도 대각선 길이와 무게도 사용할 수 있습니다.

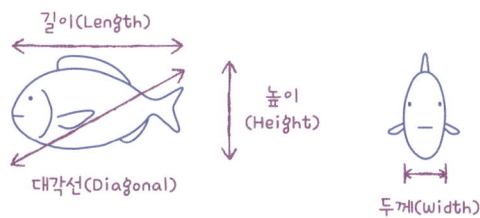

혼공머신은 새 과제를 가지고 자리로 돌아와 생각에 잠겼습니다. 확률은 숫자니까 회귀 문제인가? 7개의 생선에 대한 문제라면 분류 아닐까? 그러다 갑자기 번득이는 아이디어가 떠올랐습니다.

"k-최근접 이웃은 주변 이웃을 찾아주니까 이웃의 클래스 비율을 확률이라고 출력하면 되지 않을까?"

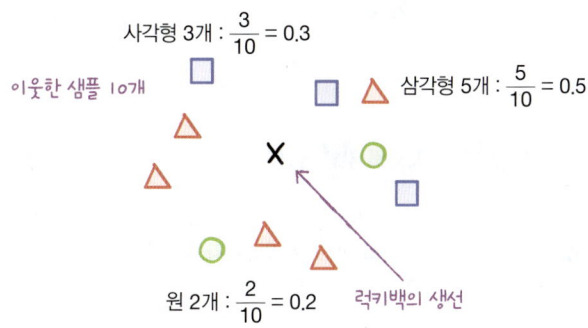

그림을 보면 샘플 X 주위에 가장 가까운 이웃 샘플 10개를 표시했습니다. 사각형이 3개, 삼각형이 5개, 원이 2개입니다. 이웃한 샘플의 클래스를 확률로 삼는다면 샘플 X가 사각형일 확률은 30%, 삼각형일 확률은 50%, 원일 확률은 20%입니다. 아주 쉽네요.

사이킷런의 k-최근접 이웃 분류기도 이와 동일한 방식으로 클래스 확률을 계산하여 제공합니다. 그럼 데이터를 준비하고 k-최근접 이웃 분류기로 럭키백에 들어간 생선의 확률을 계산해 보겠습니다.

데이터 준비하기

모델 훈련에 사용할 데이터를 만들어 보겠습니다. 3장처럼 판다스를 사용할 텐데, 이번에도 인터넷에서 직접 CSV 데이터를 읽어 들일 겁니다. 판다스의 read_csv() 함수로 CSV 파일을 데이터프레임으로 변환한 다음 head() 메서드로 처음 5개 행을 출력해 보겠습니다.

note 이 파일 내용을 직접 보고 싶다면 https://bit.ly/fish_csv_data로 접속해 보세요.

```
import pandas as pd
fish = pd.read_csv('https://bit.ly/fish_csv_data')
fish.head()
```

	species	weight	length	diagonal	height	width
0	Bream	242.0	25.4	30.0	11.5200	4.0200
1	Bream	290.0	26.3	31.2	12.4800	4.3056
2	Bream	340.0	26.5	31.1	12.3778	4.6961
3	Bream	363.0	29.0	33.5	12.7300	4.4555
4	Bream	430.0	29.0	34.0	12.4440	5.1340

+ 여기서 잠깐 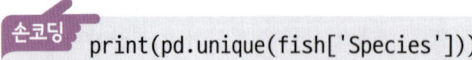 데이터프레임에 대해 자세히 알고 싶어요.

3장에서도 잠깐 언급했지만 데이터프레임(dataframe)은 판다스에서 제공하는 2차원 표 형식의 주요 데이터 구조입니다. 데이터프레임은 넘파이 배열과 비슷하게 열과 행으로 이루어져 있습니다. 데이터프레임은 통계와 그래프를 위한 메서드를 풍부하게 제공합니다. 또 데이터프레임은 넘파이로 상호 변환이 쉽고 사이킷런과도 잘 호환됩니다.

그럼 어떤 종류의 생선이 있는지 Species 열에서 고유한 값을 추출해 보겠습니다. 판다스의 unique() 함수를 사용하면 간단합니다.

```
print(pd.unique(fish['Species']))
```

['Bream', 'Roach', 'Whitefish', 'Parkki', 'Perch', 'Pike', 'Smelt']

이 데이터프레임에서 Species 열을 타깃으로 만들고 나머지 5개 열은 입력 데이터로 사용하겠습니다. 데이터프레임에서 열을 선택하는 방법은 간단합니다. 데이터프레임에서 원하는 열을 리스트로 나열하면 됩니다. Species 열을 빼고 나머지 5개 열을 선택해 보겠습니다.

> 손코딩
> ```
> fish_input = fish[['Weight','Length','Diagonal','Height','Width']]
> ```

데이터프레임에서 여러 열을 선택하면 새로운 데이터프레임이 반환됩니다. 이를 fish_input에 저장했습니다. fish_input에 5개의 특성이 잘 저장되었는지 처음 5개 행을 출력해 보죠.

> 손코딩
> ```
> fish_input.head()
> ```

	weight	length	diagonal	height	width
0	242.0	25.4	30.0	11.5200	4.0200
1	290.0	26.3	31.2	12.4800	4.3056
2	340.0	26.5	31.1	12.3778	4.6961
3	363.0	29.0	33.5	12.7300	4.4555
4	430.0	29.0	34.0	12.4440	5.1340

앞에서 fish 데이터프레임을 출력한 값과 비교해 보세요. 입력 데이터가 잘 준비되었는지 확인했으면 이제 동일한 방식으로 타깃 데이터를 만들겠습니다.

> note 판다스 데이터프레임에서 하나의 열을 선택하면 1차원 배열에 해당하는 판다스 시리즈(series) 객체가 반환됩니다. 따라서 Species 열을 선택할 때 fish[['Species']]와 같이 두 개의 괄호를 사용하지 않도록 주의하세요. 이렇게 하면 fish_target이 데이터프레임이 됩니다.

> 손코딩
> ```
> fish_target = fish['Species']
> ```

이제 데이터를 훈련 세트와 테스트 세트로 나눕니다. 이제 이런 작업이 익숙하게 느껴지면 좋겠습니다. 2장에서 배웠듯이 머신러닝에서는 기본으로 데이터 세트 2개가 필요합니다.

```
from sklearn.model_selection import train_test_split
train_input, test_input, train_target, test_target = train_test_split(
    fish_input, fish_target, random_state=42)
```

그다음 사이킷런의 StandardScaler 클래스를 사용해 훈련 세트와 테스트 세트를 표준화 전처리하겠습니다. 여기에서도 훈련 세트의 통계 값으로 테스트 세트를 변환해야 한다는 점을 잊지 마세요.

```
from sklearn.preprocessing import StandardScaler
ss = StandardScaler()
ss.fit(train_input)
train_scaled = ss.transform(train_input)
test_scaled = ss.transform(test_input)
```

필요한 데이터를 모두 준비했습니다. 이제 k-최근접 이웃 분류기로 테스트 세트에 들어 있는 확률을 예측해 보겠습니다.

k-최근접 이웃 분류기의 확률 예측

2장에서 했던 것처럼 사이킷런의 KNeighborsClassifier 클래스 객체를 만들고 훈련 세트로 모델을 훈련한 다음 훈련 세트와 테스트 세트의 점수를 확인해 보겠습니다. 최근접 이웃 개수인 k를 3으로 지정하여 사용합니다.

```
from sklearn.neighbors import KNeighborsClassifier
kn = KNeighborsClassifier(n_neighbors=3)
kn.fit(train_scaled, train_target)
print(kn.score(train_scaled, train_target))
print(kn.score(test_scaled, test_target))
```

```
0.8907563025210085
0.85
```

여기에서는 클래스 확률을 배우는 것이 목적이므로 훈련 세트와 테스트 세트 점수에 대해서는 잠시 잊도록 하겠습니다.

앞서 fish 데이터프레임에서 7개의 생선이 있었던 것을 기억하나요? 타깃 데이터를 만들 때 fish['Species']를 사용해 만들었기 때문에 훈련 세트와 테스트 세트의 타깃 데이터에도 7개의 생선 종류가 들어가 있습니다. 이렇게 타깃 데이터에 2개 이상의 클래스가 포함된 문제를 **다중 분류**multi-class classification라고 부릅니다.

하지만 조금 전 코드에서 보듯이 2장에서 만들었던 이진 분류와 모델을 만들고 훈련하는 방식은 동일합니다. 이진 분류를 사용했을 때는 양성 클래스와 음성 클래스를 각각 1과 0으로 지정하여 타깃 데이터를 만들었습니다. 다중 분류에서도 타깃값을 숫자로 바꾸어 입력할 수 있지만 사이킷런에서는 편리하게도 문자열로 된 타깃값을 그대로 사용할 수 있습니다.

이때 주의할 점이 하나 있습니다. 타깃값을 그대로 사이킷런 모델에 전달하면 순서가 자동으로 알파벳 순으로 매겨집니다. 따라서 pd.unique(fish['Species'])로 출력했던 순서와 다릅니다. KNeighborsClassifier에서 정렬된 타깃값은 classes_ 속성에 저장되어 있습니다.

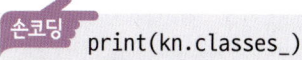
```
print(kn.classes_)
```

```
['Bream' 'Parkki' 'Perch' 'Pike' 'Roach' 'Smelt' 'Whitefish']
```

'Bream'이 첫 번째 클래스, 'Parkki'가 두 번째 클래스가 되는 식입니다. predict() 메서드는 친절하게도 타깃값으로 예측을 출력합니다. 테스트 세트에 있는 처음 5개 샘플의 타깃값을 예측해 보겠습니다.

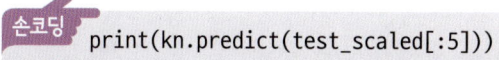
```
print(kn.predict(test_scaled[:5]))
```

```
['Perch' 'Smelt' 'Pike' 'Perch' 'Perch']
```

이 5개 샘플에 대한 예측은 어떤 확률로 만들어졌을까요? 사이킷런의 분류 모델은 predict_proba() 메서드로 클래스별 확률값을 반환합니다. 테스트 세트에 있는 처음 5개의 샘플에 대한 확률을 출력해 보죠. 넘파이 round() 함수는 기본으로 소수점 첫째 자리에서 반올림을 하는데, decimals 매개변수로 유지할 소수점 아래 자릿수를 지정할 수 있습니다.

```python
import numpy as np
proba = kn.predict_proba(test_scaled[:5])
print(np.round(proba, decimals=4))
```
소수점 네 번째 자리까지 표기합니다.
다섯 번째 자리에서 반올림합니다.

```
[[0.    0.    1.    0.    0.    0.    0.    ]
 [0.    0.    0.    0.    0.    1.    0.    ]
 [0.    0.    0.    1.    0.    0.    0.    ]
 [0.    0.    0.6667 0.    0.3333 0.    0.    ]
 [0.    0.    0.6667 0.    0.3333 0.    0.    ]]
```

predict_proba() 메서드의 출력 순서는 앞서 보았던 classes_ 속성과 같습니다. 즉 첫 번째 열이 'Bream'에 대한 확률, 두 번째 열이 'Parkki'에 대한 확률입니다.

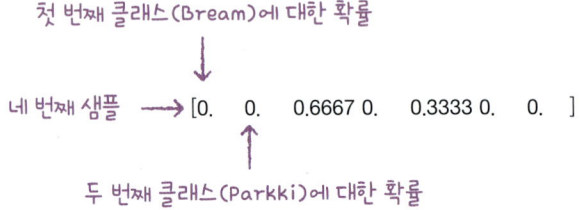

이 모델이 계산한 확률이 가장 가까운 이웃의 비율이 맞는지 확인해 보죠. 네 번째 샘플의 최근접 이웃의 클래스를 확인해 보겠습니다.

note kneighbors() 메서드의 입력은 2차원 배열이어야 합니다. 이를 위해 넘파이 배열의 슬라이싱 연산자를 사용했습니다. 슬라이싱 연산자는 하나의 샘플만 선택해도 항상 2차원 배열이 만들어집니다. 여기에서는 네 번째 샘플 하나를 선택했습니다. 마찬가지로 반환된 indexes도 2차원 배열입니다. 따라서 indexes[0]으로 첫 번째 행을 선택합니다.

```python
distances, indexes = kn.kneighbors(test_scaled[3:4])
print(train_target.iloc[indexes[0]])
```

```
[['Roach' 'Perch' 'Perch']]
```

note 판다스의 iloc 메서드는 주어진 값을 정수 인덱스로 사용해 행이나 열을 선택합니다. 여기에서는 indexes 배열(104, 115, 106)을 사용해 train_target의 105, 116, 107번째 행을 선택합니다.

이 샘플의 이웃은 다섯 번째 클래스인 'Roach'가 1개이고 세 번째 클래스인 'Perch'가 2개입니다. 따라서 다섯 번째 클래스에 대한 확률은 1/3 = 0.3333이고 세 번째 클래스에 대한 확률은 2/3 = 0.6667이 됩니다. 앞서 predict_proba() 메서드가 출력한 네 번째 샘플의 클래스 확률과 같습니다.

성공입니다! 아주 쉽게 클래스 확률을 예측했습니다. 번거로운 계산은 사이킷런이 수행해 주므로 우리는 predict_proba() 메서드를 호출하면 그만입니다.

그런데 뭔가 좀 이상하군요. 혼공머신이 잠시 생각해 보니 3개의 최근접 이웃을 사용하기 때문에 가능한 확률은 0/3, 1/3, 2/3, 3/3이 전부겠군요. 만약 럭키백의 확률을 이렇게만 표시한다면 마케팅 팀이 만족하지 않을 것 같습니다. 확률이라고 말하기 좀 어색하네요. 뭔가 더 좋은 방법을 찾아야 할 것 같습니다.

로지스틱 회귀

로지스틱 회귀logistic regression는 이름은 회귀이지만 분류 모델입니다. 이 알고리즘은 선형 회귀와 동일하게 선형 방정식을 학습합니다. 예를 들면 다음과 같습니다.

$$z = a \times (Weight) + b \times (Length) + c \times (Diagonal) + d \times (Height) + e \times (Width) + f$$

여기에서 a, b, c, d, e는 가중치 혹은 계수입니다. 특성은 늘어났지만 3장에서 다룬 다중 회귀를 위한 선형 방정식과 같습니다. z는 어떤 값도 가능합니다. 하지만 확률이 되려면 0~1 (또는 0~100%) 사이 값이 되어야 합니다. z가 아주 큰 음수일 때 0이 되고, z가 아주 큰 양수일 때 1이 되도록 바꾸는 방법은 없을까요? **시그모이드 함수**sigmoid function (또는 **로지스틱 함수**logistic function)를 사용하면 가능합니다.

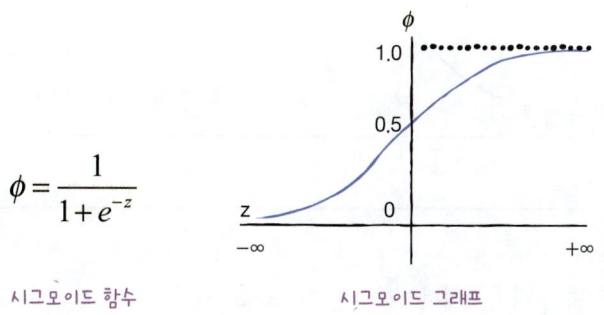

시그모이드 함수   시그모이드 그래프

왼쪽의 식이 시그모이드 함수입니다. 선형 방정식의 출력 z의 음수를 사용해 자연 상수 e를 거듭제곱하고 1을 더한 값의 역수를 취합니다. 이렇게 복잡하게 계산한 이유는 오른쪽과 같은 그래프를 만들 수 있기 때문입니다.

z가 무한하게 큰 음수일 경우 이 함수는 0에 가까워지고, z가 무한하게 큰 양수가 될 때는 1에 가까워집니다. z가 0이 될 때는 0.5가 되죠. z가 어떤 값이 되더라도 ø는 절대로 0~1 사이의 범위를 벗어날 수 없습니다. 그렇다면 0~1 사이 값을 0~100%까지 확률로 해석할 수 있겠군요!

넘파이를 사용하면 그래프를 간단히 그릴 수 있습니다. -5와 5 사이에 0.1 간격으로 배열 z를 만든 다음 z 위치마다 시그모이드 함수를 계산합니다. 지수 함수 계산은 np.exp() 함수를 사용합니다.

```
import numpy as np
import matplotlib.pyplot as plt
z = np.arange(-5, 5, 0.1)
phi = 1 / (1 + np.exp(-z))
plt.plot(z, phi)
plt.xlabel('z')
plt.ylabel('phi')
plt.show()
```

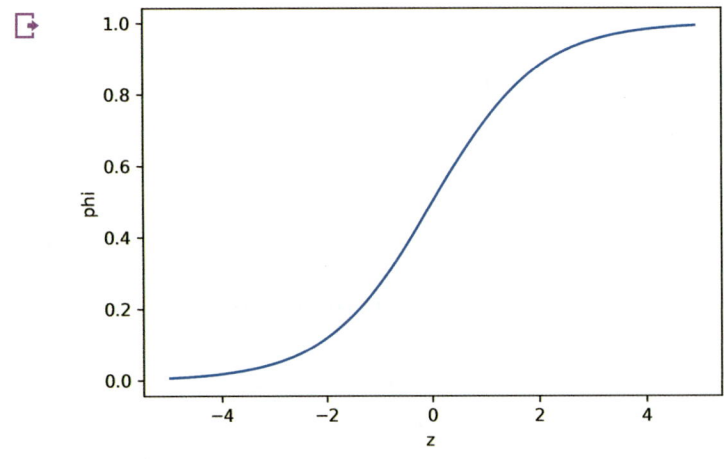

시그모이드 함수의 출력은 정말 0에서 1까지 변하는군요. 좋습니다. 그럼 로지스틱 회귀 모델을 훈련해 보죠. 이미 예상했겠지만 당연히 사이킷런에는 로지스틱 회귀 모델인 LogisticRegression 클래스가 준비되어 있습니다.

훈련하기 전에 간단한 이진 분류를 수행해 보겠습니다. 이진 분류일 경우 시그모이드 함수의 출력이 0.5보다 크면 양성 클래스, 0.5보다 작으면 음성 클래스로 판단합니다. 그럼 먼저 도미와 빙어 2개를 사용해서 이진 분류를 수행해 보겠습니다.

> **+ 여기서 잠깐 | 딱 0.5일 때는 어떻게 되나요?**
>
> 정확히 0.5일 때 라이브러리마다 다를 수 있습니다. 사이킷런은 0.5일 때 음성 클래스로 판단합니다.

로지스틱 회귀로 이진 분류 수행하기

넘파이 배열은 True, False 값을 전달하여 행을 선택할 수 있습니다. 이를 **불리언 인덱싱**boolean indexing이라고 합니다. 간단한 예를 보면 금방 이해할 수 있습니다. 다음과 같이 'A'에서 'E'까지 5개의 원소로 이루어진 배열이 있습니다. 여기서 'A'와 'C'만 골라내려면 첫 번째와 세 번째 원소만 True이고 나머지 원소는 모두 False인 배열을 전달하면 됩니다.

```
char_arr = np.array(['A', 'B', 'C', 'D', 'E'])
print(char_arr[[True, False, True, False, False]])
```

```
['A' 'C']
```

이와 같은 방식을 사용해 훈련 세트에서 도미(Bream)와 빙어(Smelt)의 행만 골라내겠습니다. 비교 연산자를 사용하면 도미와 빙어의 행을 모두 True로 만들 수 있습니다. 예를 들어 도미인 행을 골라내려면 train_target == 'Bream'과 같이 씁니다. 이 비교식은 train_target 배열에서 'Bream'인 것은 True이고 그 외는 모두 False인 배열을 반환합니다. 도미와 빙어에 대한 비교 결과를 비트 OR 연산자(|)를 사용해 합치면 도미와 빙어에 대한 행만 골라낼 수 있습니다.

```
bream_smelt_indexes = (train_target == 'Bream') | (train_target == 'Smelt')
train_bream_smelt = train_scaled[bream_smelt_indexes]
target_bream_smelt = train_target[bream_smelt_indexes]
```

bream_smelt_indexes 배열은 도미와 빙어일 경우 True이고 그 외는 모두 False 값이 들어가 있습니다. 따라서 이 배열을 사용해 train_scaled와 train_target 배열에 불리언 인덱싱을 적용하면 손쉽게 도미와 빙어 데이터만 골라낼 수 있습니다.

이제 이 데이터로 로지스틱 회귀 모델을 훈련해 보겠습니다. LogisticRegression 클래스는 선형 모델이므로 sklearn.linear_model 패키지 아래 있습니다.

```
from sklearn.linear_model import LogisticRegression
lr = LogisticRegression()
lr.fit(train_bream_smelt, target_bream_smelt)
```

훈련한 모델을 사용해 train_bream_smelt에 있는 처음 5개 샘플을 예측해 보죠.

```
print(lr.predict(train_bream_smelt[:5]))
```

> ['Bream' 'Smelt' 'Bream' 'Bream' 'Bream']

두 번째 샘플을 제외하고는 모두 도미로 예측했습니다. KNeighborsClassifier와 마찬가지로 예측 확률은 predict_proba() 메서드에서 제공합니다. train_bream_smelt에서 처음 5개 샘플의 예측 확률을 출력해 보겠습니다.

```
print(lr.predict_proba(train_bream_smelt[:5]))
```

> [[0.99760007 0.00239993]
> [0.02737325 0.97262675]
> [0.99486386 0.00513614]
> [0.98585047 0.01414953]
> [0.99767419 0.00232581]]

샘플마다 2개의 확률이 출력되었군요. 첫 번째 열이 음성 클래스(0)에 대한 확률이고 두 번째 열이 양성 클래스(1)에 대한 확률입니다. 그럼 Bream과 Smelt 중에 어떤 것이 양성 클래스일까요? 앞서 k-최근접 이웃 분류기에서 보았듯이 사이킷런은 타깃값을 알파벳순으로 정렬하여 사용합니다.

classes_ 속성에서 확인해 보죠.

> 손코딩 `print(lr.classes_)`

```
['Bream' 'Smelt']
```

빙어(Smelt)가 양성 클래스군요. predict_proba() 메서드가 반환한 배열 값을 보면 두 번째 샘플만 양성 클래스인 빙어의 확률이 높습니다. 나머지는 모두 도미(Bream)로 예측하겠네요.

note 만약 도미(Bream)를 양성 클래스로 사용하려면 어떻게 해야 할까요? 2장에서 했던 것처럼 Bream인 타깃값을 1로 만들고 나머지 타깃값은 0으로 만들어 사용하면 됩니다.

로지스틱 회귀로 성공적인 이진 분류를 수행했군요! 그럼 선형 회귀에서처럼 로지스틱 회귀가 학습한 계수를 확인해 보죠.

> 손코딩 `print(lr.coef_, lr.intercept_)`

```
[[-0.40451732 -0.57582787 -0.66248158 -1.01329614 -0.73123131]] [-2.16172774]
```

따라서 이 로지스틱 회귀 모델이 학습한 방정식은 다음과 같습니다.

$$z = -0.405 \times (Weight) - 0.576 \times (Length) - 0.662 \times (Diagonal) - 1.013 \times (Height) - 0.731 \times (Width) - 2.162$$

확실히 로지스틱 회귀는 선형 회귀와 매우 비슷하군요. 그럼 LogisticRegression 모델로 z 값을 계산해 볼 수 있을까요? 네, 가능합니다. LogisticRegression 클래스는 decision_function() 메서드로 z 값을 출력할 수 있습니다. train_bream_smelt의 처음 5개 샘플의 z 값을 출력해 보죠.

> 손코딩
```
decisions = lr.decision_function(train_bream_smelt[:5])
print(decisions)
```

```
[-6.02991358  3.57043428 -5.26630496 -4.24382314 -6.06135688]
```

이 z 값을 시그모이드 함수에 통과시키면 확률을 얻을 수 있습니다. 다행히 파이썬의 사이파이^{scipy} 라이브러리에도 시그모이드 함수가 있습니다. 바로 expit()입니다. np.exp() 함수를 사용해 분수 계산을 하는 것보다 훨씬 편리하고 안전합니다. decisions 배열의 값을 확률로 변환해 보죠.

> **손코딩**
> ```
> from scipy.special import expit
> print(expit(decisions))
> ```

> [0.00239993 0.97262675 0.00513614 0.01414953 0.00232581]

출력된 값을 보면 predict_proba() 메서드 출력의 두 번째 열의 값과 동일합니다. 즉 decision_function() 메서드는 양성 클래스에 대한 z 값을 반환합니다.

좋습니다, 아주 훌륭하군요. 이진 분류를 위해 2개의 생선 샘플을 골라냈고 이를 사용해 로지스틱 회귀 모델을 훈련했습니다. 이진 분류일 경우 predict_proba() 메서드는 음성 클래스와 양성 클래스에 대한 확률을 출력합니다. 또 decision_function() 메서드는 양성 클래스에 대한 z 값을 계산합니다. 또 coef_ 속성과 intercept_ 속성에는 로지스틱 모델이 학습한 선형 방정식의 계수가 들어 있습니다.

이제 이진 분류의 경험을 바탕으로 7개의 생선을 분류하는 다중 분류 문제로 넘어가 보겠습니다.

로지스틱 회귀로 다중 분류 수행하기

앞에서 이진 분류를 위해 로지스틱 회귀 모델을 훈련시켜 보았습니다. 다중 분류도 크게 다르지 않습니다. 여기에서도 LogisticRegression 클래스를 사용해 7개의 생선을 분류해 보면서 이진 분류와의 차이점을 알아보겠습니다.

LogisticRegression 클래스는 기본적으로 반복적인 알고리즘을 사용합니다. max_iter 매개변수에서 반복 횟수를 지정하며 기본값은 100입니다. 여기에 준비한 데이터셋을 사용해 모델을 훈련하면 반복 횟수가 부족하다는 경고가 발생합니다. 충분하게 훈련시키기 위해 반복 횟수를 1,000으로 늘리겠습니다.

또 LogisticRegression은 기본적으로 릿지 회귀와 같이 계수의 제곱을 규제합니다. 이런 규제를 L2 규제라고도 부릅니다. 릿지 회귀에서는 alpha 매개변수로 규제의 양을 조절했습니다. alpha가 커지면 규제도 커집니다. LogisticRegression에서 규제를 제어하는 매개변수는 C입니다. 하지만 C는 alpha와 반대로 작을수록 규제가 커집니다. C의 기본값은 1입니다. 여기에서는 규제를 조금 완화하기 위해 20으로 늘리겠습니다.

다음 코드는 LogisticRegression 클래스로 다중 분류 모델을 훈련하는 코드입니다. 7개의 생선 데이터가 모두 들어 있는 train_scaled와 train_target을 사용한 점을 눈여겨보세요.

```
lr = LogisticRegression(C=20, max_iter=1000)
lr.fit(train_scaled, train_target)
print(lr.score(train_scaled, train_target))
print(lr.score(test_scaled, test_target))
```

```
0.9327731092436975
0.925
```

훈련 세트와 테스트 세트에 대한 점수가 높고 과대적합이나 과소적합으로 치우친 것 같지 않습니다. 좋네요. 그럼 테스트 세트의 처음 5개 샘플에 대한 예측을 출력해 보죠.

```
print(lr.predict(test_scaled[:5]))
```

```
['Perch' 'Smelt' 'Pike' 'Roach' 'Perch']
```

이번에는 테스트 세트의 처음 5개 샘플에 대한 예측 확률을 출력해 보겠습니다. 출력을 간소하게 하기 위해 소수점 네 번째 자리에서 반올림하겠습니다.

```
proba = lr.predict_proba(test_scaled[:5])
print(np.round(proba, decimals=3))
```

```
[[0.    0.014 0.842 0.    0.135 0.007 0.003]
 [0.    0.003 0.044 0.    0.007 0.946 0.   ]
 [0.    0.    0.034 0.934 0.015 0.016 0.   ]
 [0.011 0.034 0.305 0.006 0.567 0.    0.076]
 [0.    0.    0.904 0.002 0.089 0.002 0.001]]
```

와우, 많은 숫자가 출력되네요. 5개 샘플에 대한 예측이므로 5개의 행이 출력되었습니다. 또 7개 생선에 대한 확률을 계산했으므로 7개의 열이 출력되었습니다. 이진 분류일 경우 2개의 열만 있었다는 것을 기억하세요.

첫 번째 샘플을 보면 세 번째 열의 확률이 가장 높습니다. 84.1%나 되네요. 세 번째 열이 농어(Perch)에 대한 확률일까요? classes_ 속성에서 클래스 정보를 확인해 보죠.

> 손코딩 `print(lr.classes_)`

```
['Bream' 'Parkki' 'Perch' 'Pike' 'Roach' 'Smelt' 'Whitefish']
```

네, 맞군요. 첫 번째 샘플은 Perch를 가장 높은 확률로 예측했습니다. 두 번째 샘플은 여섯 번째 열인 Smelt를 가장 높은 확률(94.6%)로 예측했습니다.

다중 분류도 어렵지 않네요. 이진 분류는 샘플마다 2개의 확률을 출력하고 다중 분류는 샘플마다 클래스 개수만큼 확률을 출력합니다. 여기에서는 7개입니다. 이 중에서 가장 높은 확률이 예측 클래스가 됩니다.

그럼 다중 분류일 경우 선형 방정식은 어떤 모습일까요? coef_와 intercept_의 크기를 출력해 보겠습니다.

> 손코딩 `print(lr.coef_.shape, lr.intercept_.shape)`

```
(7, 5) (7,)
```

이 데이터는 5개의 특성을 사용하므로 coef_ 배열의 열은 5개입니다. 그런데 행이 7이군요. intercept_도 7개나 있습니다. 이 말은 이진 분류에서 보았던 z를 7개나 계산한다는 의미입니다. 혹시 눈치채셨나요? 네, 맞습니다. 다중 분류는 클래스마다 z 값을 하나씩 계산합니다. 당연히 가장 높은 z 값을 출력하는 클래스가 예측 클래스가 됩니다. 그럼 확률은 어떻게 계산한 것일까요? 이진 분류에서는 시그모이드 함수를 사용해 z를 0과 1 사이의 값으로 변환했습니다. 다중 분류는 이와 달리 **소프트맥스**softmax 함수를 사용하여 7개의 z 값을 확률로 변환합니다.

> **여기서 잠깐** 소프트맥스 함수가 뭔가요?
>
> 시그모이드 함수는 하나의 선형 방정식의 출력값을 0~1 사이로 압축합니다. 이와 달리 소프트맥스 함수는 여러 개의 선형 방정식의 출력값을 0~1 사이의 확률로 압축하고 전체 합이 1이 되도록 만듭니다. 일반적인 맥스(max) 함수는 최댓값 하나를 고르지만 소프트맥스는 최댓값에 높은 확률을 할당하면서도 다른 값에도 작은 확률을 부여합니다. 그래서 소프트(soft)한 맥스(max)인 거죠. 이를 위해 지수 함수를 사용하기 때문에 **정규화된 지수 함수**라고도 부릅니다.

소프트맥스도 어렵지 않습니다. 차근차근 계산 방식을 짚어 보겠습니다. 먼저 7개의 z 값의 이름을 $z1$에서 $z7$이라고 붙이겠습니다. $z1$~$z7$까지 값을 사용해 지수 함수 e^{z1}~e^{z7}을 계산해 모두 더합니다. 이를 e_sum이라고 하겠습니다.

$$e\_sum = e^{z1} + e^{z2} + e^{z3} + e^{z4} + e^{z5} + e^{z6} + e^{z7}$$

그다음 e^{z1}~e^{z7}을 각각 e_sum으로 나누어 주면 됩니다.

$$s1 = \frac{e^{z1}}{e\_sum}, \quad s2 = \frac{e^{z2}}{e\_sum}, \quad \cdots, \quad s7 = \frac{e^{z7}}{e\_sum}$$

$s1$에서 $s7$까지 모두 더하면 분자와 분모가 같아지므로 1이 됩니다. 7개 생선에 대한 확률의 합은 1이 되어야 하므로 잘 맞네요.

> **여기서 잠깐** 시그모이드 함수와 소프트맥스 함수가 중요한가요?
>
> 시그모이드 함수와 소프트맥스 함수를 왜 이렇게 자세히 공부하는지 궁금할 수 있습니다. 사이킷런에서 자동으로 계산해 주지만 이 두 함수는 나중에 신경망을 배울 때 또다시 등장합니다. 여기에서 자세히 익혀두면 나중에 신경망을 배울 때 훨씬 잘 이해할 수 있습니다.

그럼 이진 분류에서처럼 decision_function() 메서드로 $z1$~$z7$까지의 값을 구한 다음 소프트맥스 함수를 사용해 확률로 바꾸어 보겠습니다. 먼저 테스트 세트의 처음 5개 샘플에 대한 $z1$~$z7$의 값을 구해 보죠.

```
decision = lr.decision_function(test_scaled[:5])
print(np.round(decision, decimals=2))
```

```
[[ -6.51   1.04   5.17  -2.76   3.34   0.35  -0.63]
 [-10.88   1.94   4.78  -2.42   2.99   7.84  -4.25]
 [ -4.34  -6.24   3.17   6.48   2.36   2.43  -3.87]
 [ -0.69   0.45   2.64  -1.21   3.26  -5.7    1.26]
 [ -6.4   -1.99   5.82  -0.13   3.5   -0.09  -0.7 ]]
```

역시 사이파이는 소프트맥스 함수도 제공합니다. scipy.special 아래에 softmax() 함수를 임포트해 사용하겠습니다.

```python
from scipy.special import softmax
proba = softmax(decision, axis=1)
print(np.round(proba, decimals=3))
```

```
[[0.    0.014 0.842 0.    0.135 0.007 0.003]
 [0.    0.003 0.044 0.    0.007 0.946 0.   ]
 [0.    0.    0.034 0.934 0.015 0.016 0.   ]
 [0.011 0.034 0.305 0.006 0.567 0.    0.076]
 [0.    0.    0.904 0.002 0.089 0.002 0.001]]
```

앞서 구한 decision 배열을 softmax() 함수에 전달했습니다. softmax()의 axis 매개변수는 소프트맥스를 계산할 축을 지정합니다. 여기에서는 axis=1로 지정하여 각 행, 즉 각 샘플에 대해 소프트맥스를 계산합니다. 만약 axis 매개변수를 지정하지 않으면 배열 전체에 대해 소프트맥스를 계산합니다.

출력 결과를 앞서 구한 proba 배열과 비교해 보세요. 결과가 정확히 일치하는군요! 성공입니다. 혼공머신은 로지스틱 회귀를 사용해 7개의 생선에 대한 확률을 예측하는 모델을 훈련했습니다. 이런 확률 값을 사용자에게 보여줄 수 있다면 마케팅 팀과 고객 만족 팀을 모두 만족시킬 수 있겠네요!

로지스틱 회귀로 확률 예측 문제해결 과정

김 팀장은 럭키백에 담긴 생선이 어떤 생선인지 확률을 예측해달라고 혼공머신에게 요청했습니다. 분류 모델은 예측뿐만 아니라 예측의 근거가 되는 확률을 출력할 수 있습니다. 어찌 보면 이 확률은 분류 모델이 얼마나 예측을 확신하는지 나타냅니다. 확률이 높을수록 강하게 예측하는 셈이죠.

k-최근접 이웃 모델이 확률을 출력할 수 있지만 이웃한 샘플의 클래스 비율이므로 항상 정해진 확률만 출력합니다. 이는 마케팅 팀의 요구사항을 만족시킬 수 없을 것 같습니다. 고객이 어느 정도 생선을 예상할 수 있지만 상품마다 좀 더 그럴싸한 확률을 표시했으면 합니다.

이를 위해 가장 대표적인 분류 알고리즘 중 하나인 로지스틱 회귀를 사용했습니다. 로지스틱 회귀는 회귀 모델이 아닌 분류 모델입니다. 선형 회귀처럼 선형 방정식을 사용합니다. 하지만 선형 회귀처럼 계산한 값을 그대로 출력하는 것이 아니라 로지스틱 회귀는 이 값을 0~1 사이로 압축합니다. 우리는 이 값을 마치 0~100% 사이의 확률로 이해할 수 있습니다.

로지스틱 회귀는 이진 분류에서는 하나의 선형 방정식을 훈련합니다. 이 방정식의 출력값을 시그모이드 함수에 통과시켜 0~1 사이의 값을 만듭니다. 이 값이 양성 클래스에 대한 확률입니다. 음성 클래스의 확률은 1에서 양성 클래스의 확률을 빼면 됩니다.

다중 분류일 경우에는 클래스 개수만큼 방정식을 훈련합니다. 그다음 각 방정식의 출력값을 소프트맥스 함수를 통과시켜 전체 클래스에 대한 합이 항상 1이 되도록 만듭니다. 이 값을 각 클래스에 대한 확률로 이해할 수 있습니다.

다음 절에서는 인기가 높고 성능이 뛰어난 또 다른 머신러닝 알고리즘인 확률적 경사 하강법에 대해 배워 보겠습니다.

전체 소스 코드

note https://bit.ly/hg2-04-1에 접속하면 코랩에서 이 절의 코드를 바로 열어 볼 수 있습니다.

```
"""# 로지스틱 회귀"""

"""## 럭키백의 확률"""

"""### 데이터 준비하기"""

import pandas as pd
fish = pd.read_csv('https://bit.ly/fish_csv_data')
fish.head()

print(pd.unique(fish['Species']))
```

```python
fish_input = fish[['Weight','Length','Diagonal','Height','Width']]

fish_input.head()

fish_target = fish['Species']

from sklearn.model_selection import train_test_split
train_input, test_input, train_target, test_target = train_test_split(
    fish_input, fish_target, random_state=42)

from sklearn.preprocessing import StandardScaler
ss = StandardScaler()
ss.fit(train_input)
train_scaled = ss.transform(train_input)
test_scaled = ss.transform(test_input)

"""### k-최근접 이웃 분류기의 확률 예측"""

from sklearn.neighbors import KNeighborsClassifier
kn = KNeighborsClassifier(n_neighbors=3)
kn.fit(train_scaled, train_target)
print(kn.score(train_scaled, train_target))
print(kn.score(test_scaled, test_target))

print(kn.classes_)

print(kn.predict(test_scaled[:5]))

import numpy as np
proba = kn.predict_proba(test_scaled[:5])
print(np.round(proba, decimals=4))

distances, indexes = kn.kneighbors(test_scaled[3:4])
print(train_target.iloc[indexes[0]])

"""## 로지스틱 회귀"""
```

```python
import numpy as np
import matplotlib.pyplot as plt
z = np.arange(-5, 5, 0.1)
phi = 1 / (1 + np.exp(-z))
plt.plot(z, phi)
plt.xlabel('z')
plt.ylabel('phi')
plt.show()

"""### 로지스틱 회귀로 이진 분류 수행하기"""

char_arr = np.array(['A', 'B', 'C', 'D', 'E'])
print(char_arr[[True, False, True, False, False]])

bream_smelt_indexes = (train_target == 'Bream') | (train_target == 'Smelt')
train_bream_smelt = train_scaled[bream_smelt_indexes]
target_bream_smelt = train_target[bream_smelt_indexes]

from sklearn.linear_model import LogisticRegression
lr = LogisticRegression()
lr.fit(train_bream_smelt, target_bream_smelt)

print(lr.predict(train_bream_smelt[:5]))

print(lr.predict_proba(train_bream_smelt[:5]))

print(lr.classes_)

print(lr.coef_, lr.intercept_)

decisions = lr.decision_function(train_bream_smelt[:5])
print(decisions)

from scipy.special import expit
print(expit(decisions))
```

```python
"""### 로지스틱 회귀로 다중 분류 수행하기"""

lr = LogisticRegression(C=20, max_iter=1000)
lr.fit(train_scaled, train_target)
print(lr.score(train_scaled, train_target))
print(lr.score(test_scaled, test_target))

print(lr.predict(test_scaled[:5]))

proba = lr.predict_proba(test_scaled[:5])
print(np.round(proba, decimals=3))

print(lr.classes_)

print(lr.coef_.shape, lr.intercept_.shape)

decision = lr.decision_function(test_scaled[:5])
print(np.round(decision, decimals=2))

from scipy.special import softmax
proba = softmax(decision, axis=1)
print(np.round(proba, decimals=3))
```

마무리

▶ 키워드로 끝내는 핵심 포인트

- **로지스틱 회귀**는 선형 방정식을 사용한 분류 알고리즘입니다. 선형 회귀와 달리 시그모이드 함수나 소프트맥스 함수를 사용하여 클래스 확률을 출력할 수 있습니다.

- **다중 분류**는 타깃 클래스가 2개 이상인 분류 문제입니다. 로지스틱 회귀는 다중 분류를 위해 소프트맥스 함수를 사용하여 클래스를 예측합니다.

- **시그모이드 함수**는 선형 방정식의 출력을 0과 1 사이의 값으로 압축하며 이진 분류를 위해 사용합니다.

- **소프트맥스 함수**는 다중 분류에서 여러 선형 방정식의 출력 결과를 정규화하여 합이 1이 되도록 만듭니다.

▶ 핵심 패키지와 함수

scikit-learn

- **LogisticRegression**은 선형 분류 알고리즘인 로지스틱 회귀를 위한 클래스입니다.

  solver 매개변수에서 사용할 알고리즘을 선택할 수 있습니다. 기본값은 'lbfgs'입니다. 사이킷런 0.17 버전에 추가된 'sag'는 확률적 평균 경사 하강법 알고리즘으로 특성과 샘플 수가 많을 때 성능은 빠르고 좋습니다. 사이킷런 0.19 버전에는 'sag'의 개선 버전인 'saga'가 추가되었습니다. 사이킷런 1.2 버전에서는 뉴턴 방법과 숄레스키 분해를 결합하여 대규모 데이터셋에서 효율적으로 작동하는 'newton-cholesky'가 추가되었습니다.

  penalty 매개변수에서 L2 규제(릿지 방식)와 L1 규제(라쏘 방식)를 선택할 수 있습니다. 기본값은 L2 규제를 의미하는 'l2'입니다.

  C 매개변수에서 규제의 강도를 제어합니다. 기본값은 1.0이며 값이 작을수록 규제가 강해집니다.

- **predict_proba()** 메서드는 예측 확률을 반환합니다.

  이진 분류의 경우에는 샘플마다 음성 클래스와 양성 클래스에 대한 확률을 반환합니다. 다중 분류의 경우에는 샘플마다 모든 클래스에 대한 확률을 반환합니다.

- **decision_function()** 은 모델이 학습한 선형 방정식의 출력을 반환합니다.

  이진 분류의 경우 양성 클래스의 확률이 반환됩니다. 이 값이 0보다 크면 양성 클래스, 작거나 같으면 음성 클래스로 예측합니다.

  다중 분류의 경우 각 클래스마다 선형 방정식을 계산합니다. 가장 큰 값의 클래스가 예측 클래스가 됩니다.

▶ 확인 문제

1. 2개보다 많은 클래스가 있는 분류 문제를 무엇이라 부르나요?

   ① 이진 분류

   ② 다중 분류

   ③ 단변량 회귀

   ④ 다변량 회귀

2. 로지스틱 회귀가 이진 분류에서 확률을 출력하기 위해 사용하는 함수는 무엇인가요?

   ① 시그모이드 함수

   ② 소프트맥스 함수

   ③ 로그 함수

   ④ 지수 함수

3. decision_function() 메서드의 출력이 0일 때 시그모이드 함수의 값은 얼마인가요?

① 0

② 0.25

③ 0.5

④ 1

4. 다음 중 LogisticRegression 클래스의 설명으로 올바른 것은 무엇인가요?

① 회귀 문제에 사용하는 모델입니다.

② 매개변수 C의 값을 증가시키면 규제가 강해집니다.

③ decision_function() 메서드는 클래스별 확률을 반환합니다.

④ 이진 분류와 다중 분류를 수행할 수 있습니다.

04-2 확률적 경사 하강법

핵심 키워드 확률적 경사 하강법   손실 함수   에포크

경사 하강법 알고리즘을 이해하고 대량의 데이터에서 분류 모델을 훈련하는 방법을 배웁니다.

시작하기 전에

한빛 마켓은 럭키백 이벤트를 오픈하고 나서 매출이 껑충 뛰었습니다. 고객들은 수산물과 IT를 접목한 이 상품을 매우 좋아했습니다. 이제 각지에서 한빛 마켓에 수산물을 공급하겠다고 아우성칩니다.

영업 팀은 매주 7개의 생선 중에서 일부를 무작위로 골라 머신러닝 모델을 학습할 수 있게 훈련 데이터를 제공하고 있습니다. 하지만 수산물을 공급하겠다는 곳이 너무 많아 샘플을 골라내는 일이 너무 힘듭니다. 게다가 추가되는 수산물은 아직 샘플을 가지고 있지도 않습니다. 영업 팀은 새로운 생선이 도착하는 대로 가능한 즉시 훈련 데이터를 제공하겠다고 약속했습니다. 하지만 어느 생선이 먼저 올지도, 모든 생선이 도착할 때까지 기다릴 수도 없습니다. 이제 어떻게 해야 할까요?

점진적인 학습

김 팀장이 혼공머신을 불러서 영업 팀과의 회의 내용을 알려 주었습니다. 아니 정작 개발할 사람을 빼고 회의로 결정하다니요. 개발은 언제나 이런 식이죠! 하지만 타고난 머신러닝 엔지니어인 혼공머신은 불평할 시간조차 아깝습니다. 어떻게든 이 문제를 해결하고 싶습니다.

한빛 마켓이 당면한 문제는 훈련 데이터가 한 번에 준비되는 것이 아니라 조금씩 전달된다는 것입니다. 도착하는 대로 생선을 판매해야 하므로 데이터가 쌓일 때까지 무작정 기다릴 수도 없습니다. 그렇다면 기존의 훈련 데이터에 새로운 데이터를 추가하여 모델을 매일매일 다시 훈련하면 어떨까요?

네, 꽤 괜찮은 아이디어입니다. 이렇게 하면 매일 추가되는 새로운 데이터를 활용해 모델을 훈련할 수 있습니다. 한 가지 단점은 시간이 지날수록 데이터가 늘어나는 것입니다. 처음 며칠은 괜찮겠지만, 몇 달이 지나면 모델을 훈련하기 위해 서버를 늘려야 됩니다. 만약 몇 년이 지난다면… 생각하기도 싫군요. 확실히 이는 지속 가능한 방법은 아닌 것 같습니다.

또 다른 방법은 새로운 데이터를 추가할 때 이전 데이터 중 일부를 버리는 식으로 훈련 데이터 크기를 일정하게 유지하는 것입니다. 이렇게 하면 데이터셋의 크기가 너무 커지지 않을 수 있습니다. 하지만 데이터를 버릴 때 다른 데이터에 없는 중요한 생선 데이터가 포함되어 있다면 큰일입니다. 앞으로 모델이 그 생선을 제대로 예측하지 못할 테니까요. 흠, 더 좋은 방법이 없을까요?

위에서 언급한 방법은 이전에 훈련한 모델을 버리고 처음부터 다시 새로운 모델을 훈련하는 방식입니다. 앞서 훈련한 모델을 버리지 않고 새로운 데이터에 대해서만 조금씩 더 훈련할 수 없을까요? 이렇게 할 수 있다면 훈련에 사용한 데이터를 모두 유지할 필요도 없고 앞서 학습한 생선을 까먹을 일도 없을 것입니다.

이런 식의 훈련 방식을 **점진적 학습** 또는 온라인 학습이라고 부릅니다. 대표적인 점진적 학습 알고리즘은 **확률적 경사 하강법** Stochastic Gradient Descent입니다. 물론 사이킷런에서도 확률적 경사 하강법을 위한 클래스를 제공합니다. 확률적 경사 하강법을 사용하기 전에 어떤 알고리즘인지, 또 왜 중요한지에 대해 먼저 알아보겠습니다.

확률적 경사 하강법

확률적 경사 하강법에서 확률적이란 말은 '무작위하게' 혹은 '랜덤하게'의 기술적인 표현입니다. 이 의미는 조금 나중에 다시 살펴보겠습니다. 그다음 '경사'는 '이 언덕은 경사가 참 가파르군!'할 때 그 경사입니다. 즉 기울기를 말하는 것이죠. '하강법'은 '내려가는 방법'입니다. 다시 말해 경사 하강법은 경사를 따라 내려가는 방법을 말합니다.

산에서 내려온다고 생각해 볼까요. 집으로 돌아가려면 등산로 입구까지 내려가야 합니다. 만약 어떤 산길도 척척 내려갈 수 있는 초능력이 있다면 가장 빠른 길을 선택하는 것이 좋겠죠. 가장 빠른 길은 경사가 가장 가파른 길입니다!

note 실제로 등산할 때는 등산로를 벗어나면 안 됩니다!

경사 하강법이 바로 이런 방식입니다. 가장 가파른 경사를 따라 원하는 지점에 도달하는 것이 목표입니다. 하지만 가제트 형사의 긴 다리를 생각해 보세요. 만약 한번에 걸음이 너무 크면 경사를 따라 내려가지 못하고 오히려 올라갈 수가 있습니다.

조금 과장되었지만, 실제로 산에서 내려올 때는 천천히 조금씩 내려와야 합니다. 나뭇잎 속에 가려진 웅덩이가 있을지도 모르니까요. 경사 하강법도 마찬가지입니다. 가장 가파른 길을 찾아 내려오지만 조금씩 내려오는 것이 중요합니다. 이렇게 내려오는 과정이 바로 경사 하강법 모델을 훈련하는 것입니다.

좋습니다, 어렵지 않군요. 그럼 이제 **확률적**이란 말을 이해할 차례입니다. 경사 하강법으로 내려올 때 가장 가파른 길을 찾는 방법은 무엇일까요? 훈련 세트를 사용해 모델을 훈련하기 때문에 경사 하강법도 당연히 훈련 세트를 사용하여 가장 가파른 길을 찾을 것입니다. 그런데 전체 샘플을 사용하지 않고 딱 하나의 샘플을 훈련 세트에서 랜덤하게 골라 가장 가파른 길을 찾습니다! 이처럼 훈련 세트에서 랜덤하게 하나의 샘플을 고르는 것이 바로 **확률적 경사 하강법**입니다!

조금 더 자세히 설명하면 다음과 같습니다. 확률적 경사 하강법은 훈련 세트에서 랜덤하게 하나의 샘플을 선택하여 가파른 경사를 조금 내려갑니다. 그다음 훈련 세트에서 랜덤하게 또 다른 샘플을 하나 선택하여 경사를 조금 내려갑니다. 이런 식으로 전체 샘플을 모두 사용할 때까지 계속합니다.

이제 모든 샘플을 다 사용했습니다. 그래도 산을 다 내려오지 못했으면 어떻게 할까요? 간단합니다.

다시 처음부터 시작하는 거죠! 훈련 세트에 모든 샘플을 다시 채워 넣습니다. 그다음 다시 랜덤하게 하나의 샘플을 선택해 이어서 경사를 내려갑니다. 이렇게 만족할만한 위치에 도달할 때까지 계속 내려가면 됩니다. 확률적 경사 하강법에서 훈련 세트를 한 번 모두 사용하는 과정을 **에포크**epoch라고 부릅니다. 일반적으로 경사 하강법은 수십, 수백 번 이상 에포크를 수행합니다.

아니 무작위로 샘플을 선택해 산에서 내려가다니 너무 무책임한 것 아닐까요? 네, 그런 면이 있죠. 그래서 아주 조금씩 내려가야 합니다. 그렇지 않으면 돌이킬 수 없는 길로 들어설지 모르죠. 하지만 걱정하는 것과는 달리 확률적 경사 하강법은 꽤 잘 동작합니다. 만약 그래도 걱정이 된다면 한 개씩 말고 무작위로 몇 개의 샘플을 선택해서 경사를 따라 내려가면 어떨까요? 가능합니다. 이렇게 여러 개의 샘플을 사용해 경사 하강법을 수행하는 방식을 **미니배치 경사 하강법**minibatch gradient descent이라고 합니다. 실전에서 아주 많이 사용하죠.

극단적으로 한 번 경사로를 따라 이동하기 위해 전체 샘플을 사용할 수도 있습니다. 이를 **배치 경사 하강법**batch gradient descent이라고 부릅니다. 사실 전체 데이터를 사용하기 때문에 가장 안정적인 방법이 될 수 있습니다. 하지만 전체 데이터를 사용하면 그만큼 컴퓨터 자원을 많이 사용하게 됩니다. 어떤 경우는 데이터가 너무너무 많아 한 번에 전체 데이터를 모두 읽을 수 없을지도 모릅니다.

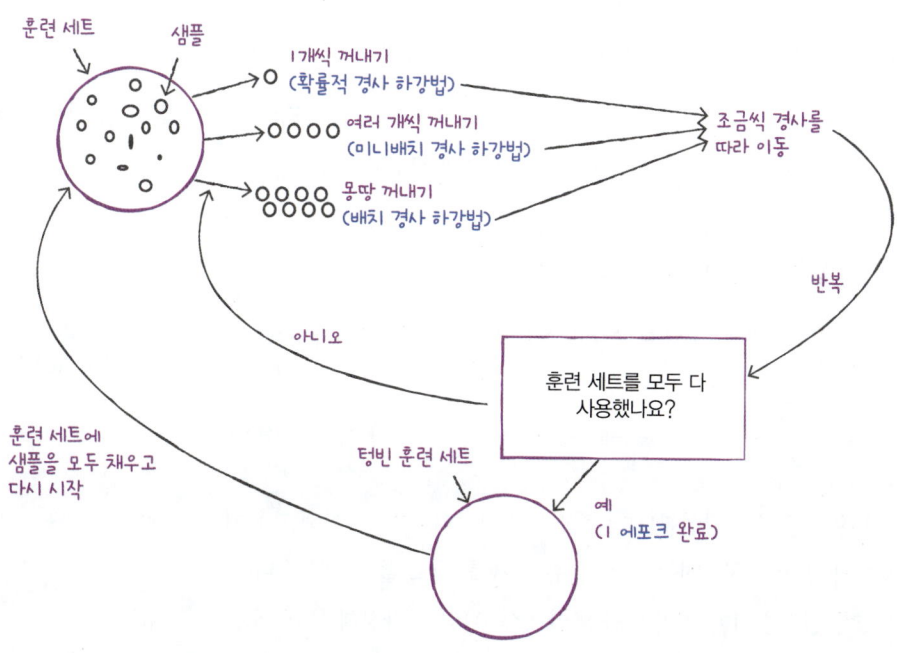

좋습니다. 이해가 조금 되네요. 확률적 경사 하강법은 훈련 세트를 사용해 산 아래에 있는 최적의 장소로 조금씩 이동하는 알고리즘이군요. 이 때문에 훈련 데이터가 모두 준비되어 있지 않고 매일매일 업데이트되어도 학습을 계속 이어나갈 수 있습니다. 즉 다시 산꼭대기에서부터 시작할 필요가 없는 거죠!

> **➕ 여기서 잠깐** | **확률적 경사 하강법과 신경망 알고리즘**
>
> 확률적 경사 하강법을 꼭 사용하는 알고리즘이 있습니다. 바로 신경망 알고리즘입니다. 신경망은 일반적으로 많은 데이터를 사용하기 때문에 한 번에 모든 데이터를 사용하기 어렵습니다. 또 모델이 매우 복잡하기 때문에 수학적인 방법으로 해답을 얻기 어렵습니다. 신경망 모델이 확률적 경사 하강법이나 미니배치 경사 하강법을 사용한다는 점을 꼭 기억하세요.

그런데 어디서 내려가야 하는 걸까요? 다시 말해 가장 빠른 길을 찾아 내려가려고 하는 이 산은 도대체 무엇일까요? 이 산이 바로 손실 함수라 부르는 것입니다.

손실 함수

손실 함수loss function는 어떤 문제에서 머신러닝 알고리즘이 얼마나 엉터리인지를 측정하는 기준입니다. 그렇다면 손실 함수의 값이 작을수록 좋겠네요. 하지만 어떤 값이 최솟값인지는 알지 못합니다. 가능한 많이 찾아보고 만족할만한 수준이라면 산을 다 내려왔다고 인정해야 합니다. 이 값을 찾아서 조금씩 이동하려면 확률적 경사 하강법이 잘 맞을 것 같네요.

다행히 우리가 다루는 많은 문제에 필요한 손실 함수는 이미 정의되어 있습니다. 그럼 생선을 분류하기 위해서는 어떤 손실 함수를 사용하는지 알아보겠습니다.

> **➕ 여기서 잠깐** | **손실 함수와 비용 함수**
>
> 비용 함수(cost function)는 손실 함수의 다른 말입니다. 엄밀히 말하면 손실 함수는 샘플 하나에 대한 손실을 정의하고 비용 함수는 훈련 세트에 있는 모든 샘플에 대한 손실 함수의 합을 말합니다. 하지만 보통 이 둘을 엄격히 구분하지 않고 섞어서 사용합니다.

분류에서 손실은 아주 확실합니다. 정답을 못 맞히는 거죠. 이해를 돕기 위해 도미와 빙어를 구분하는 이진 분류 문제를 예로 들어 보겠습니다. 도미는 양성 클래스(1), 빙어는 음성 클래스(0)라고 가정해 보죠. 오른쪽 그림과 같은 예측과 정답이 있다고 상상해 보세요.

예측		정답(타깃)
1	=	1
0	≠	1
0	=	0
1	≠	0

정확도는 얼마인가요? 4개의 예측 중에 2개만 맞았으므로 정확도는 1/2 = 0.5입니다. 정확도를 손실 함수로 사용할 수 있을까요? 예를 들어 정확도에 음수를 취하면 -1.0이 가장 낮고 -0.0이 가장 높습니다. 손실 함수로 괜찮지 않을까요?

하지만 정확도에는 치명적인 단점이 있습니다. 예를 들어 앞의 그림과 같이 4개의 샘플만 있다면 가능한 정확도는 0, 0.25, 0.5, 0.75, 1 다섯 가지뿐입니다. 앞에서 경사 하강법을 사용할 때 아주 조금씩 내려온다고 했던 말을 기억하시나요? 정확도가 이렇게 듬성듬성하다면 경사 하강법을 이용해 조금씩 움직일 수 없습니다. 산의 경사면은 확실히 연속적이어야 합니다!

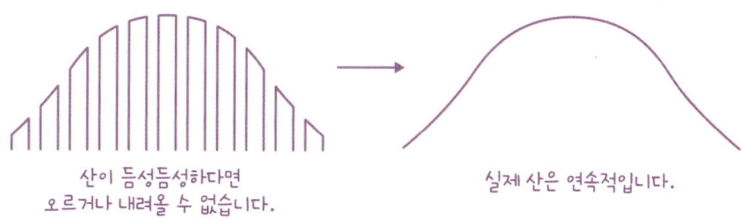

note 기술적으로 말하면 손실 함수는 미분 가능해야 합니다. 여기서는 독자들이 이해하기 쉽도록 최대한 비유를 사용했습니다. 비유가 조금 과하더라도 이해해 주세요.

그럼 어떻게 연속적인 손실 함수를 만들 수 있을까요? 1절 '로지스틱 회귀'에서 로지스틱 회귀 모델이 확률을 출력한 것을 기억하나요? 예측은 0 또는 1이지만 확률은 0~1 사이의 어떤 값도 될 수 있습니다. 즉 연속적이죠. 가령 위의 샘플 4개의 예측 확률을 각각 0.9, 0.3, 0.2, 0.8이라고 가정해 보겠습니다. 첫 번째 샘플부터 하나씩 어떻게 손실 함수를 만들 수 있는지 살펴보죠.

로지스틱 손실 함수

첫 번째 샘플의 예측은 0.9이므로 양성 클래스의 타깃인 1과 곱한 다음 음수로 바꿀 수 있습니다. 이 경우 예측이 1에 가까울수록 좋은 모델입니다. 예측이 1에 가까울수록 예측과 타깃의 곱의 음수는 점점 작아집니다. 이 값을 손실 함수로 사용해도 괜찮겠네요.

예측   정답(타깃)
0.9 × 1 ⟶ -0.9

두 번째 샘플의 예측은 0.3입니다. 타깃이 양성 클래스(1)인데 거리가 머네요. 위에서와 마찬가지로 예측과 타깃을 곱해 음수로 바꿔 보죠. 이 값은 -0.3이 되기 때문에 확실히 첫 번째 샘플보다 높은 손실이 됩니다!

```
       예측      정답(타깃)
       0.9   ×    1    ⟶   -0.9
       0.3   ×    1    ⟶   -0.3
```

세 번째 샘플을 보죠. 이 샘플의 타깃은 음성 클래스라 0이군요. 이 값을 예측 확률인 0.2와 그대로 곱해서는 곤란합니다. 무조건 0이 될 테니까요. 한 가지 방법은 타깃을 마치 양성 클래스처럼 바꾸어 1로 만드는 거죠. 대신 예측값도 양성 클래스에 대한 예측으로 바꿉니다. 즉 1 - 0.2 = 0.8로 사용합니다. 그다음 곱하고 음수로 바꾸는 것은 위와 동일합니다.

```
            예측      정답(타깃)
            0.9   ×    1    ⟶   -0.9
            0.3   ×    1    ⟶   -0.3
   0.2 ⟶  0.8   ×    1    ⟶   -0.8
```

어떤가요? 세 번째 샘플은 음성 클래스인 타깃을 맞추었으므로 손실이 낮아야 합니다. -0.8은 꽤 낮은 손실입니다. 이제 네 번째 샘플을 보죠. 네 번째 샘플도 타깃은 음성 클래스입니다. 하지만 정답을 맞히지 못했네요. 타깃을 1로 바꾸고 예측 확률을 1에서 뺀 다음 곱해서 음수로 바꿔 봅시다.

```
            예측      정답(타깃)
            0.9   ×    1    ⟶   -0.9
            0.3   ×    1    ⟶   -0.3   낮은 손실
   0.2 ⟶  0.8   ×    1    ⟶   -0.8   높은 손실
   0.8 ⟶  0.2   ×    1    ⟶   -0.2
```

네 번째 샘플의 손실이 높군요. 예측 확률을 사용해 이런 방식으로 계산하면 연속적인 손실 함수를 얻을 수 있을 것 같습니다. 여기에서 예측 확률에 로그 함수를 적용하면 더 좋습니다. 예측 확률의 범위는 0~1 사이인데 로그 함수는 이 사이에서 음수가 되므로 최종 손실 값은 양수가 됩니다. 손실이 양수가 되면 이해하기 더 쉽습니다. 또 로그 함수는 0에 가까울수록 아주 큰 음수가 되기 때문에 손실을 아주 크게 만들어 모델에 큰 영향을 미칠 수 있습니다.

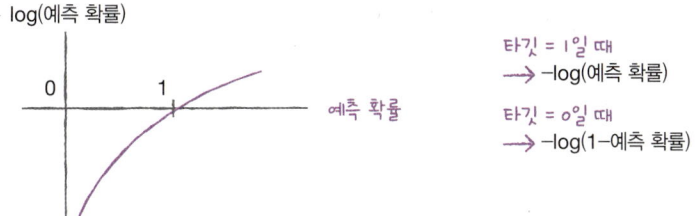

정리하면 위의 그림과 같습니다. 양성 클래스(타깃 = 1)일 때 손실은 -log(예측 확률)로 계산합니다. 확률이 1에서 멀어져 0에 가까워질수록 손실은 아주 큰 양수가 됩니다. 음성 클래스(타깃 = 0)일 때 손실은 -log(1-예측 확률)로 계산합니다. 이 예측 확률이 0에서 멀어져 1에 가까워질수록 손실은 아주 큰 양수가 됩니다.

> **note** 타깃은 무조건 1로 바뀌어 곱해지므로 식을 간단하게 나타내기 위해 따로 쓰지 않았습니다.

네, 멋지게 손실 함수를 정의했네요. 이 손실 함수를 **로지스틱 손실 함수**logistic loss function라고 부릅니다. 또는 **이진 크로스엔트로피 손실 함수**binary cross-entropy loss function라고도 부릅니다.

> **+ 여기서 잠깐** **다양한 손실 함수**
>
> 로지스틱 손실 함수란 이름에서 혹시 눈치챘을지 모르지만 이 손실 함수를 사용하면 로지스틱 회귀 모델이 만들어집니다. 이 절의 끝에서 분류를 위한 다른 손실 함수도 있다는 것을 소개하겠습니다.

여기에서는 이진 분류를 예로 들어 설명했지만 다중 분류도 매우 비슷한 손실 함수를 사용합니다. 다중 분류에서 사용하는 손실 함수를 **크로스엔트로피 손실 함수**cross-entropy loss function라고 부릅니다.

앞서 설명했지만 사실 손실 함수를 우리가 직접 만드는 일은 거의 없습니다. 이미 문제에 잘 맞는 손실 함수가 개발되어 있기 때문입니다. 이진 분류는 로지스틱 손실 함수를 사용하고 다중 분류는 크로스엔트로피 손실 함수를 사용합니다.

> **+ 여기서 잠깐** **그럼 회귀에는 어떤 손실 함수를 사용할까요?**
>
> 회귀의 손실 함수로 3장에서 소개한 평균 절댓값 오차를 사용할 수 있습니다. 타깃에서 예측을 뺀 절댓값을 모든 샘플에 평균한 값이죠. 또는 **평균 제곱 오차**(mean squared error)를 많이 사용합니다. 타깃에서 예측을 뺀 값을 제곱한 다음 모든 샘플에 평균한 값입니다. 확실히 이 값이 작을수록 좋은 모델입니다.

손실 함수를 직접 계산하는 일 또한 드뭅니다. 머신러닝 라이브러리가 처리해 주니까 걱정할 필요가 없습니다. 하지만 손실 함수가 무엇인지, 왜 정의를 해야 하는지 이해하는 것이 중요합니다. 자 그럼 확률적 경사 하강법을 사용한 분류 모델을 만들어 보겠습니다.

SGDClassifier

이번에도 fish_csv_data 파일에서 판다스 데이터프레임을 만들어 보겠습니다.

```
import pandas as pd
fish = pd.read_csv('https://bit.ly/fish_csv_data')
```

그다음 Species 열을 제외한 나머지 5개는 입력 데이터로 사용합니다. Species 열은 타깃 데이터입니다.

```
fish_input = fish[['Weight','Length','Diagonal','Height','Width']]
fish_target = fish['Species']
```

사이킷런의 train_test_split() 함수를 사용해 이 데이터를 훈련 세트와 테스트 세트로 나눕니다.

```
from sklearn.model_selection import train_test_split
train_input, test_input, train_target, test_target = train_test_split(
    fish_input, fish_target, random_state=42)
```

이제 훈련 세트와 테스트 세트의 특성을 표준화 전처리합니다. 다시 한번 강조하지만 꼭 훈련 세트에서 학습한 통계 값으로 테스트 세트도 변환해야 합니다.

```
from sklearn.preprocessing import StandardScaler
ss = StandardScaler()
ss.fit(train_input)
train_scaled = ss.transform(train_input)
test_scaled = ss.transform(test_input)
```

네, 좋습니다. 특성값의 스케일을 맞춘 train_scaled와 test_scaled 두 넘파이 배열을 준비했습니다. 여기까지는 이전과 동일합니다. 사이킷런에서 확률적 경사 하강법을 제공하는 대표적인 분류용 클래스는 SGDClassifier입니다. sklearn.linear_model 패키지 아래에서 임포트해 보죠.

```
from sklearn.linear_model import SGDClassifier
```

SGDClassifier의 객체를 만들 때 2개의 매개변수를 지정합니다. loss는 손실 함수의 종류를 지정합니다. 여기에서는 loss='log_loss'로 지정하여 로지스틱 손실 함수를 지정했습니다. max_iter는 수행할 에포크 횟수를 지정합니다. 10으로 지정하여 전체 훈련 세트를 10회 반복하겠습니다. 그다음 훈련 세트와 테스트 세트에서 정확도 점수를 출력합니다.

> **note** 다중 분류일 경우 SGDClassifier에 loss='log_loss'로 지정하면 클래스마다 이진 분류 모델을 만듭니다. 즉 도미는 양성 클래스로 두고 나머지를 모두 음성 클래스로 두는 방식입니다. 이런 방식을 OvR(One versus Rest)이라고 부릅니다.

```
sc = SGDClassifier(loss='log_loss', max_iter=10, random_state=42)
sc.fit(train_scaled, train_target)
print(sc.score(train_scaled, train_target))
print(sc.score(test_scaled, test_target))
```

```
0.773109243697479
0.775
```

출력된 훈련 세트와 테스트 세트 정확도가 낮군요. 아마도 지정한 반복 횟수 10번이 부족한 것으로 보입니다.

> **+ 여기서 잠깐   ConvergenceWarning 경고가 뜨는데요?**
>
> 이 코드를 실행하면 사이킷런은 친절하게도 모델이 충분히 수렴하지 않았다는 ConvergenceWarning 경고를 보냅니다. 이런 경고를 보았다면 max_iter 매개변수의 값을 늘려 주는 것이 좋습니다. 오류가 아닌 경고이므로 실습은 이대로 진행하겠습니다.

앞서 이야기한 것처럼 확률적 경사 하강법은 점진적 학습이 가능합니다. SGDClassifier 객체를 다시 만들지 않고 훈련한 모델 sc를 추가로 더 훈련해 보죠. 모델을 이어서 훈련할 때는 partial_fit() 메서드를 사용합니다.

이 메서드는 fit() 메서드와 사용법이 같지만 호출할 때마다 1 에포크씩 이어서 훈련할 수 있습니다. partial_fit() 메서드를 호출하고 다시 훈련 세트와 테스트 세트의 점수를 확인해 보겠습니다.

```
sc.partial_fit(train_scaled, train_target)
print(sc.score(train_scaled, train_target))
print(sc.score(test_scaled, test_target))
```

```
0.7983193277310925
0.775
```

아직 점수가 낮지만 에포크를 한 번 더 실행하니 정확도가 향상되었습니다. 이 모델을 여러 에포크에서 더 훈련해 볼 필요가 있겠군요. 그런데 얼마다 더 훈련해야 할까요? 무작정 많이 반복할 수는 없고 어떤 기준이 필요하겠군요.

> **+ 여기서 잠깐** **이건 배치 경사 하강법 아닌가요?**
>
> train_scaled와 train_target을 한꺼번에 모두 사용했으니 확률적 경사 하강법이 아닌 배치 경사 하강법처럼 보이지만 아닙니다. SGDClassifier 객체에 한 번에 훈련 세트 전체를 전달했지만 이 알고리즘은 전달한 훈련 세트에서 1개씩 샘플을 꺼내어 경사 하강법 단계를 수행합니다. 아쉽지만 SGDClassifier는 미니배치 경사 하강법이나 배치 하강법을 제공하지 않습니다. 하지만 7장에서 배울 신경망에서 미니배치 경사 하강법을 사용해 보겠습니다.

에포크와 과대/과소적합

3장에서 배웠던 과소적합과 과대적합을 기억하시나요? 확률적 경사 하강법을 사용한 모델은 에포크 횟수에 따라 과소적합이나 과대적합이 될 수 있습니다. 왜 이런 현상이 일어나는지 잠시 생각해 보죠.

에포크 횟수가 적으면 모델이 훈련 세트를 덜 학습합니다. 마치 산을 다 내려오지 못 하고 훈련을 마치는 셈이죠. 에포크 횟수가 충분히 많으면 훈련 세트를 완전히 학습할 것입니다. 훈련 세트에 아주 잘 맞는 모델이 만들어집니다.

바꾸어 말하면 적은 에포크 횟수 동안에 훈련한 모델은 훈련 세트와 테스트 세트에 잘 맞지 않는 과소적합된 모델일 가능성이 높습니다. 반대로 많은 에포크 횟수 동안에 훈련한 모델은 훈련 세트에 너무 잘 맞아 테스트 세트에는 오히려 점수가 나쁜 과대적합된 모델일 가능성이 높습니다.

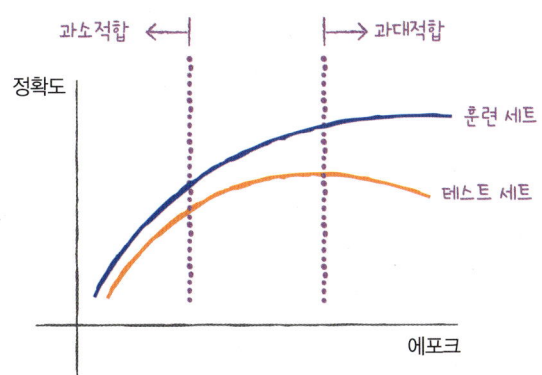

이 그래프는 에포크가 진행됨에 따라 모델의 정확도를 나타낸 것입니다. 훈련 세트 점수는 에포크가 진행될수록 꾸준히 증가하지만 테스트 세트 점수는 어느 순간 감소하기 시작합니다. 바로 이 지점이 모델이 과대적합되기 시작하는 곳입니다. 과대적합이 시작하기 전에 훈련을 멈추는 것을 **조기 종료**early stopping라고 합니다. 그럼 우리가 준비한 데이터셋으로 위와 같은 그래프를 만들어 보겠습니다.

이 예제에서는 fit() 메서드를 사용하지 않고 partial_fit() 메서드만 사용하겠습니다. partial_fit() 메서드만 사용하려면 훈련 세트에 있는 전체 클래스의 레이블을 partial_fit() 메서드에 전달해 주어야 합니다. 이를 위해 np.unique() 함수로 train_target에 있는 7개 생선의 목록을 만듭니다. 또 에포크마다 훈련 세트와 테스트 세트에 대한 점수를 기록하기 위해 2개의 리스트를 준비합니다.

```
import numpy as np
sc = SGDClassifier(loss='log_loss', random_state=42)
train_score = []
test_score = []
classes = np.unique(train_target)
```

300번의 에포크 동안 훈련을 반복하여 진행해 보겠습니다. 반복마다 훈련 세트와 테스트 세트의 점수를 계산하여 train_score, test_score 리스트에 추가합니다.

```
for _ in range(0, 300):
    sc.partial_fit(train_scaled, train_target, classes=classes)
    train_score.append(sc.score(train_scaled, train_target))
    test_score.append(sc.score(test_scaled, test_target))
```

note 파이썬의 _ 변수는 종종 나중에 사용하지 않고 그냥 버리는 값을 넣어두는 용도로 사용합니다. 여기서는 for 문을 구성하기 위해 0에서 299까지 반복 횟수를 임시 저장하는 용도로 사용했습니다.

300번의 에포크 동안 기록한 훈련 세트와 테스트 세트의 점수를 그래프로 그려 보겠습니다.

```
import matplotlib.pyplot as plt
plt.plot(train_score)
plt.plot(test_score)
plt.xlabel('epoch')
plt.ylabel('accuracy')
plt.show()
```

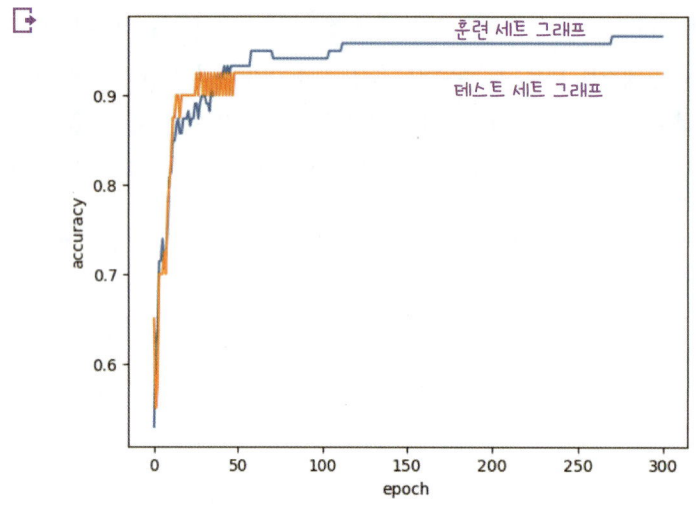

데이터가 작기 때문에 아주 잘 드러나지는 않지만, 백 번째 에포크 이후에는 훈련 세트와 테스트 세트의 점수가 조금씩 벌어지고 있습니다. 또 확실히 에포크 초기에는 과소적합되어 훈련 세트와 테스트 세트의 점수가 낮습니다. 이 모델의 경우 백 번 정도의 에포크가 적절한 반복 횟수로 보입니다.

그럼 SGDClassifier의 반복 횟수를 100에 맞추고 모델을 다시 훈련해 보겠습니다. 그리고 최종적으로 훈련 세트와 테스트 세트에서 점수를 출력합니다.

```
sc = SGDClassifier(loss='log_loss', max_iter=100, tol=None, random_state=42)
sc.fit(train_scaled, train_target)
print(sc.score(train_scaled, train_target))
print(sc.score(test_scaled, test_target))
```

> 0.957983193277311
> 0.925

SGDClassifier는 일정 에포크 동안 성능이 향상되지 않으면 더 훈련하지 않고 자동으로 멈춥니다. tol 매개변수에서 향상될 최솟값을 지정합니다. 앞의 코드에서는 tol 매개변수를 None으로 지정하여 자동으로 멈추지 않고 max_iter=100 만큼 무조건 반복하도록 하였습니다.

최종 점수가 좋네요. 훈련 세트와 테스트 세트에서의 정확도 점수가 비교적 높게 나왔습니다. 확률적 경사 하강법을 사용한 생선 분류 문제도 성공적으로 수행했습니다!

> **여기서 잠깐** 확률적 경사 하강법을 사용한 분류 모델이 있다면 회귀 모델도 있나요?
>
> 네, 있습니다. SGDRegressor가 바로 확률적 경사 하강법을 사용한 회귀 알고리즘을 제공합니다. 사용하는 방법은 SGDClassifier와 동일합니다.

이 섹션을 마무리하기 전에 SGDClassifier의 loss 매개변수를 잠시 알아보겠습니다. 사실 loss 매개변수의 기본값은 'hinge'입니다. 힌지 손실hinge loss은 서포트 벡터 머신support vector machine이라 불리는 또 다른 머신러닝 알고리즘을 위한 손실 함수입니다. 여기에서는 힌지 손실과 서포트 벡터 머신에 대해 더 자세히 다루지 않습니다. 하지만 서포트 벡터 머신이 널리 사용하는 머신러닝 알고리즘 중 하나라는 점과 SGDClassifier가 여러 종류의 손실 함수를 loss 매개변수에 지정하여 다양한 머신러닝 알고리즘을 지원한다는 것만 기억해 주세요.

간단한 예로 힌지 손실을 사용해 같은 반복 횟수 동안 모델을 훈련해 보겠습니다.

```
sc = SGDClassifier(loss='hinge', max_iter=100, tol=None, random_state=42)
sc.fit(train_scaled, train_target)
print(sc.score(train_scaled, train_target))
print(sc.score(test_scaled, test_target))
```

> 0.9495798319327731
> 0.925

점진적 학습을 위한 확률적 경사 하강법 문제해결 과정

비즈니스의 성공은 곧 새로운 도전으로 이어집니다. 한빛 마켓은 럭키백의 폭발적인 인기에 힘입어 생선을 실시간으로 학습하기 위한 새로운 머신러닝 모델이 필요합니다. 이를 위해 혼공머신은 이 절에서 확률적 경사 하강법을 사용해 점진적으로 학습하는 로지스틱 회귀 모델을 훈련했습니다.

확률적 경사 하강법은 손실 함수라는 산을 정의하고 가장 가파른 경사를 따라 조금씩 내려오는 알고리즘입니다. 충분히 반복하여 훈련하면 훈련 세트에서 높은 점수를 얻는 모델을 만들 수 있습니다. 하지만 훈련을 반복할수록 모델이 훈련 세트에 점점 더 잘 맞게 되어 어느 순간 과대적합되고 테스트 세트의 정확도가 줄어들 것입니다.

요즘엔 대량의 데이터를 이용해 문제를 해결해야 하는 일이 매우 흔합니다. 이런 넘쳐나는 데이터가 머신러닝과 인공지능의 발전에 크게 기여했습니다. 데이터가 매우 크기 때문에 전통적인 머신러닝 방식으로 모델을 만들기 어렵습니다. 데이터를 한 번에 모두 컴퓨터 메모리에 읽을 수 없기 때문입니다. 따라서 데이터를 조금씩 사용해 점진적으로 학습하는 방법이 필요해졌습니다. 확률적 경사 하강법이 바로 이 문제를 해결하는 핵심 열쇠입니다. 7장에서 신경망을 다룰 때 좀 더 자세히 확률적 경사 하강법을 다시 다뤄 보겠습니다.

지금까지 회귀와 분류에 널리 사용되는 다양한 알고리즘을 배웠습니다. 최근접 이웃, 선형 회귀, 릿지, 라쏘, 로지스틱 회귀, 확률적 경사 하강법 등입니다. 이 알고리즘들은 실전에서 널리 사용되는 뛰어난 기법이지만 최고는 아닙니다. 신경망 알고리즘을 제외하고 머신러닝에서 가장 뛰어난 성능을 내는 알고리즘이 있습니다. 말 그대로 대세인 거죠! 다음 장에서 이 알고리즘을 배워 보겠습니다.

전체 소스 코드

note https://bit.ly/hg2-04-2에 접속하면 코랩에서 이 절의 코드를 바로 열어 볼 수 있습니다.

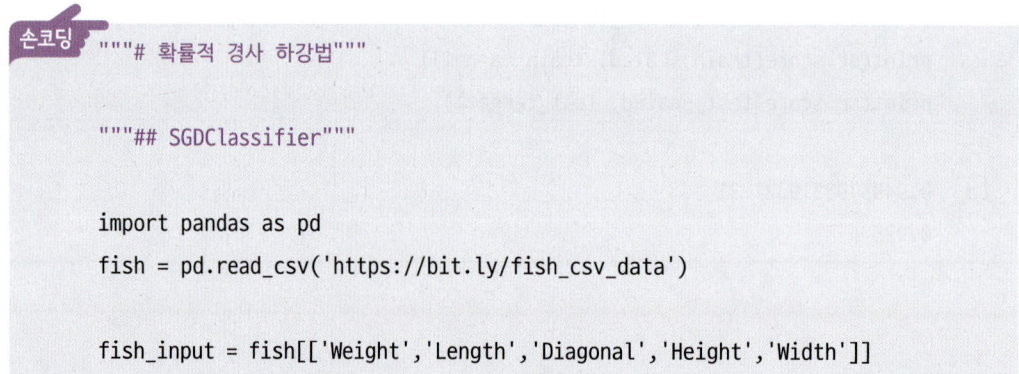

```python
fish_target = fish['Species']

from sklearn.model_selection import train_test_split
train_input, test_input, train_target, test_target = train_test_split(
    fish_input, fish_target, random_state=42)

from sklearn.preprocessing import StandardScaler
ss = StandardScaler()
ss.fit(train_input)
train_scaled = ss.transform(train_input)
test_scaled = ss.transform(test_input)

from sklearn.linear_model import SGDClassifier

sc = SGDClassifier(loss='log_loss', max_iter=10, random_state=42)
sc.fit(train_scaled, train_target)
print(sc.score(train_scaled, train_target))
print(sc.score(test_scaled, test_target))

sc.partial_fit(train_scaled, train_target)
print(sc.score(train_scaled, train_target))
print(sc.score(test_scaled, test_target))

"""## 에포크와 과대/과소적합"""

import numpy as np
sc = SGDClassifier(loss='log_loss', random_state=42)
train_score = []
test_score = []
classes = np.unique(train_target)

for _ in range(0, 300):
    sc.partial_fit(train_scaled, train_target, classes=classes)
    train_score.append(sc.score(train_scaled, train_target))
    test_score.append(sc.score(test_scaled, test_target))
```

```
import matplotlib.pyplot as plt
plt.plot(train_score)
plt.plot(test_score)
plt.xlabel('epoch')
plt.ylabel('accuracy')
plt.show()

sc = SGDClassifier(loss='log_loss', max_iter=100, tol=None, random_state=42)
sc.fit(train_scaled, train_target)
print(sc.score(train_scaled, train_target))
print(sc.score(test_scaled, test_target))

sc = SGDClassifier(loss='hinge', max_iter=100, tol=None, random_state=42)
sc.fit(train_scaled, train_target)
print(sc.score(train_scaled, train_target))
print(sc.score(test_scaled, test_target))
```

4장 내용은 잘 이해되었나요? 머신러닝을 건너뛰고 딥러닝을 공부하고 싶으면 바로 7장으로 건너뛰어도 좋습니다. 대신에! 4장 내용은 정말 잘 이해해야 합니다. 알쏭달쏭하다면 4장을 다시 한번 읽어 봅시다.

마무리

▶ 키워드로 끝내는 핵심 포인트

- **확률적 경사 하강법**은 훈련 세트에서 샘플 하나씩 꺼내 손실 함수의 경사를 따라 최적의 모델을 찾는 알고리즘입니다. 샘플을 하나씩 사용하지 않고 여러 개를 사용하면 미니배치 경사 하강법이 됩니다. 한 번에 전체 샘플을 사용하면 배치 경사 하강법이 됩니다.

- **손실 함수**는 확률적 경사 하강법이 최적화할 대상입니다. 대부분의 문제에 잘 맞는 손실 함수가 이미 정의되어 있습니다. 이진 분류에는 로지스틱 회귀(또는 이진 크로스엔트로피) 손실 함수를 사용합니다. 다중 분류에는 크로스엔트로피 손실 함수를 사용합니다. 회귀 문제에는 평균 제곱 오차 손실 함수를 사용합니다.

- **에포크**는 확률적 경사 하강법에서 전체 샘플을 모두 사용하는 한 번 반복을 의미합니다. 일반적으로 경사 하강법 알고리즘은 수십에서 수백 번의 에포크를 반복합니다.

▶ 핵심 패키지와 함수

scikit-learn

- **SGDClassifier**는 확률적 경사 하강법을 사용한 분류 모델을 만듭니다.

  loss 매개변수는 확률적 경사 하강법으로 최적화할 손실 함수를 지정합니다. 기본값은 서포트 벡터 머신을 위한 'hinge' 손실 함수입니다. 로지스틱 회귀를 위해서는 'log_loss'로 지정합니다.

  penalty 매개변수에서 규제의 종류를 지정할 수 있습니다. 기본값은 L2 규제를 위한 'l2'입니다. L1 규제를 적용하려면 'l1'로 지정합니다. 규제 강도는 alpha 매개변수에서 지정합니다. 기본값은 0.0001입니다.

  max_iter 매개변수는 에포크 횟수를 지정합니다. 기본값은 1000입니다.

  tol 매개변수는 반복을 멈출 조건입니다. n_iter_no_change 매개변수에서 지정한 에포크 동안 손실이 tol 만큼 줄어들지 않으면 알고리즘이 중단됩니다. tol 매개변수의 기본값은 0.001이고 n_iter_no_change 매개변수의 기본값은 5입니다.

- **SGDRegressor**는 확률적 경사 하강법을 사용한 회귀 모델을 만듭니다.

  loss 매개변수에서 손실 함수를 지정합니다. 기본값은 제곱 오차를 나타내는 'squared_loss' 입니다.

  앞의 SGDClassifier에서 설명한 매개변수는 모두 SGDRegressor에서 동일하게 사용됩니다.

▶ 확인 문제

1. 다음 중 표준화 같은 데이터 전처리를 수행하지 않아도 되는 방식으로 구현된 클래스는 무엇인가요?

   ① KNeighborsClassifier

   ② LinearRegression

   ③ Ridge

   ④ SGDClassifier

2. 경사 하강법 알고리즘의 하나로 훈련 세트에서 몇 개의 샘플을 뽑아서 훈련하는 방식은 무엇인가요?

   ① 확률적 경사 하강법

   ② 배치 경사 하강법

   ③ 미니배치 경사 하강법

   ④ 부분배치 경사 하강법

3. SGDClassifier 클래스에서 에포크 횟수를 지정하는 매개변수는 무엇인가요?

① max_iter

② epochs

③ shuffle

④ loss

4. 다음 중 경사 하강법에 대해 잘못 설명한 것은 무엇인가요?

① 손실 함수는 샘플 하나에 대한 손실을 정의하고 비용 함수는 모든 샘플에 대한 손실의 합으로 정의됩니다.

② 확률적 경사 하강법은 훈련 샘플을 하나씩 사용해서 손실 함수의 최솟값을 찾습니다.

③ 미니 배치 경사 하강법은 한 번에 여러 개의 샘플을 사용해 손실 함수를 최적화합니다.

④ SGDClassifier는 한 번에 훈련 세트를 모두 사용하는 배치 경사 하강법을 수행합니다.

자주 하는 질문

Q. 로지스틱 회귀는 회귀 모델이 아닌가요?

A. 아닙니다. 이름 때문에 혼동될 수 있지만, 로지스틱 회귀는 입력 샘플이 어떤 클래스에 속하는지 예측하는 분류 문제에 사용되는 분류 모델입니다.

일부 책이나 강의에서는 로지스틱 회귀를 선형 회귀의 변종이나 회귀 모델의 하나로 소개하는 경우가 있어 이런 질문을 많이 받습니다. 이는 로지스틱 회귀가 선형 회귀와 비슷하게 선형 방정식을 사용하기 때문인 것 같기도 합니다. 그러나, 회귀와 분류를 구분하는 기준은 알고리즘의 구현 방식과는 관련이 없습니다. 회귀는 임의의 숫자를 예측하는 문제이고, 분류는 주어진 범주 중 하나를 예측하는 문제입니다.

이런 점에서 k-최근접 이웃은 회귀 모델이자 분류 모델입니다. 사이킷런에서도 k-최근접 이웃의 회귀 클래스와, 분류 클래스가 따로 있었죠. 회귀라는 용어를 선형 회귀라는 좁은 의미로 이해하지 말고 임의의 숫자를 출력하는 방법을 통칭하는 것으로 이해하세요.

Q. 04-1절에서 사이킷런은 문자열로 된 타깃값을 그대로 사용할 수 있다고 했는데 어떻게 그게 가능한거죠?

A. 사실 사이킷런은 모델을 훈련하기 전에 LabelEncoder 클래스를 사용해 전달된 타깃값을 숫자로 바꾸어 사용합니다. LabelEncoder 클래스는 타깃이 문자열일 경우 알파벳 순서대로 0부터 정숫값을 부여합니다. 타깃이 숫자일 경우에는 크기 순서대로 0부터 정숫값을 부여합니다.

Q. 04-1절에서 시그모이드 함수의 결과가 0.5일 때를 기준으로 양성과 음성으로 분류한다고 했는데요. 그렇다면, 0.5를 기준으로 정하는 무엇인가요? 다른 값으로 설정하면 안 되나요?

A. 일반적으로 0.5를 기준으로 양성 클래스와 음성 클래스를 구분합니다. 만약 다른 값을 기준으로 양성 클래스와 음성 클래스를 분류하고 싶다면 predict_proba() 메서드의 결과를 직접 사용해야 합니다. 예를 들어, 192쪽 predict_proba() 메서드의 결과에서 0.6보다 큰 것을 양성 클래스로 예측하는 코드는 predictions = (lr.predict_proba(train_bream_smelt[:5])[:, 1] > 0.6).astype(int)와 같습니다. 먼저 predict_proba() 메서드의 결괏값으로 반환되는 넘파이

배열에서 양성 클래스에 해당하는 두 번째 열의 값을 선택합니다. 그다음 비교 연산자를 사용해 True, False로 변환합니다. 마지막으로 넘파이 astype() 메서드로 불리언 값을 정수로 변환합니다.

Q. 04-1절에서 z값이 0보다 크면 시그모이드 함수가 0.5보다 커서 양성 클래스가 된다고 하는데요. 그렇다면 굳이 시그모이드 함수를 사용할 필요 없이 z값만 확인하면 되는 거 아닌가요?

A. 네, 맞습니다. 그래서 사이킷런의 분류 모델에서 제공하는 predict() 메서드는 decision_function() 함수의 결과를 사용해 예측 클래스를 반환합니다. predict_proba() 메서드를 호출하는 경우에만 시그모이드 함수 등을 사용해 확률을 계산합니다. 다중 분류의 경우에도 predict_proba() 메서드에서 소프트맥스 함수를 사용하여 확률을 계산합니다.

Q. 04-1절에서 로지스틱 회귀 모델의 coef_와 intercept_가 모두 음수인데 어떻게 양수 z가 나올 수 있죠?

A. 앞서 StandardScaler 클래스를 사용해 훈련 세트를 표준점수로 변환했다는 사실을 잊지 마세요. 표준점수로 변환한 데이터의 평균은 0이고 양수와 음수가 모두 존재합니다. 따라서 decision_function() 메서드 출력에서 양수와 음수가 모두 나올 수 있습니다.

Q. 04-2절에서 확률적 경사 하강법이 에포크마다 랜덤하게 샘플을 선택하여 손실 함수를 최적화한다고 했는데요. 어차피 훈련 세트의 모든 샘플을 사용한다면, 랜덤하게 선택하지 않아도 종착지는 동일하지 않을까요?

A. 212페이지 그림에서는 손실 함수의 최저점이 하나이지만, 일반적으로 손실 함수는 고차원 공간에 존재합니다. 예를 들어, 04-2절에서는 다섯 개의 특성을 사용하므로 손실 함수는 6차원 공간에 존재합니다. 이런 공간은 시각적으로 표현하거나 상상하기도 어렵습니다.

이러한 고차원 공간에는 각 축을 따라 오목한 부분과 볼록한 공간이 많을 것입니다. 따라서 어떤 샘플을 선택하느냐에 따라 손실 함수 위를 이동하는 궤적이 크게 달라질 수 있습니다.

Q. 04-2절에서 partial_fit() 메서드를 호출할 때 왜 전체 클래스 레이블을 전달해야 하나요?

A. fit() 메서드에 전달하는 타깃 데이터에는 분류하려는 모든 샘플의 클래스가 들어 있다고 가정합니다. 당연하지만 훈련 세트에 없는 클래스에 대해서는 예측을 수행할 수 없습니다. 하지만 partial_fit() 메서드에는 전체 데이터가 아니라 일부 데이터만 전달합니다. 따라서 이 메서드에 전달된 타깃 데이터에 모든 클래스 레이블이 포함되어 있을 것이라고 예상하기 어렵습니다. 이런 이유로 classes 매개변수에 해당 분류 작업에서 등장할 수 있는 모든 클래스를 알려 주어야 합니다.

학습목표
- 성능이 좋고 이해하기 쉬운 트리 알고리즘에 대해 배웁니다.
- 알고리즘의 성능을 최대화하기 위한 하이퍼파라미터 튜닝을 실습합니다.
- 여러 트리를 합쳐 일반화 성능을 높일 수 있는 앙상블 모델을 배웁니다.

Chapter 05

트리 알고리즘

화이트 와인을 찾아라!

05-1 결정 트리

핵심 키워드   결정 트리 | 불순도 | 정보 이득 | 가지치기 | 특성 중요도

결정 트리 알고리즘을 사용해 새로운 분류 문제를 다루어 봅니다. 결정 트리가 머신러닝 문제를 어떻게 해결하는지 이해합니다.

시작하기 전에

한빛 마켓에서는 신상품으로 캔 와인을 판매하려 합니다. 주류는 온라인 판매가 안돼서 온라인 예약 후 오프라인 매장에서 구매를 유도할 계획입니다.

아무래도 병이 아닌 캔이라 걱정인데 마케팅 팀은 특수 캔으로 맛과 향이 유지되도록 제작했다며 젊은 층에 인기가 있을 거라고 자신합니다. 그런데 입고된 와인을 보니 급하게 제작하는 바람에 레드 와인과 화이트 와인 표시가 누락되었습니다. 김 팀장은 다시 혼공머신을 불렀습니다.

"캔에 인쇄된 알코올 도수, 당도, pH 값으로 와인 종류를 구별할 수 있는 방법이 있을까?"

"글쎄요. 해 봐야죠. 일단 훈련 데이터를 얻으려면 수천 개의 캔을 뜯어야 할지도 몰라요."

"품질 확인용으로 뜯은 캔이 있으니 걱정 말게. 필요한 데이터는 충분할 거네."

"알겠습니다. 작업해 보고 진전이 있으면 다시 말씀드릴게요."

"이사님께 직접 보고해야 하니 조금이라도 진전이 있으면 바로 말해 줘."

김 팀장의 당부를 듣고 혼공머신은 일단 알코올 도수, 당도, pH 값에 로지스틱 회귀 모델을 적용할 계획을 세웁니다.

로지스틱 회귀로 와인 분류하기

혼공머신은 의외로 문제를 쉽게 풀 수 있을 것 같습니다. 품질관리 팀에서 6,497개의 와인 샘플 데이터를 보냈습니다. 이 데이터셋을 불러와 보죠. 4장에서처럼 판다스를 사용해 인터넷에서 직접 불러오겠습니다. 다운로드할 주소는 https://bit.ly/wine_csv_data입니다.

> **+ 여기서 잠깐 와인 데이터셋의 출처**
>
> 이 데이터셋은 캐글의 Red Wine Quality 데이터셋의 일부를 발췌한 것입니다.
> - https://www.kaggle.com/uciml/red-wine-quality-cortez-et-al-2009

```
import pandas as pd
wine = pd.read_csv('https://bit.ly/wine_csv_data')
```

와인 데이터셋을 판다스 데이터프레임으로 제대로 읽어 들였는지 head() 메서드로 처음 5개의 샘플을 확인해 보겠습니다.

```
wine.head()
```

	alcohol	sugar	pH	class
0	9.4	1.9	3.51	0.0
1	9.8	2.6	3.20	0.0
2	9.8	2.3	3.26	0.0
3	9.8	1.9	3.16	0.0
4	9.4	1.9	3.51	0.0

처음 3개의 열(alcohol, sugar, pH)은 각각 알코올 도수, 당도, pH 값을 나타냅니다. 네 번째 열(class)은 타깃값으로 0이면 레드 와인, 1이면 화이트 와인이라고 하네요. 레드 와인과 화이트 와인을 구분하는 이진 분류 문제이고, 화이트 와인이 양성 클래스입니다. 즉 전체 와인 데이터에서 화이트 와인을 골라내는 문제군요.

로지스틱 회귀 모델을 바로 훈련하기 전에 판다스 데이터프레임의 유용한 메서드 2개를 먼저 알아보겠습니다. 먼저 info() 메서드입니다. 이 메서드는 데이터프레임의 각 열의 데이터 타입과 누락된 데이터가 있는지 확인하는 데 유용합니다.

> 손코딩
> `wine.info()`

```
<class 'pandas.core.frame.DataFrame'>
RangeIndex: 6497 entries, 0 to 6496
Data columns (total 4 columns):
 #   Column   Non-Null Count  Dtype
---  ------   --------------  -----
 0   alcohol  6497 non-null   float64
 1   sugar    6497 non-null   float64
 2   pH       6497 non-null   float64
 3   class    6497 non-null   float64
dtypes: float64(4)
memory usage: 203.2 KB
```

출력 결과를 보면 총 6,497개의 샘플이 있고 4개의 열은 모두 실숫값입니다. Non-Null Count가 모두 6497이므로 누락된 값은 없는 것 같습니다.

> **+ 여기서 잠깐** **누락된 값이 있으면 어떻게 하나요?**
>
> 누락된 값이 있다면 그 데이터를 버리거나 평균값으로 채운 후 사용할 수 있습니다. 누락된 값을 채우는 방법은 여러 가지이며 어떤 방식이 최선인지는 미리 알기 어렵습니다. 가능한 방법을 모두 시도해 보세요. 여기에서도 항상 훈련 세트의 통계 값으로 테스트 세트를 변환한다는 것을 잊지 마세요. 즉 훈련 세트의 평균값으로 테스트 세트의 누락된 값을 채워야 합니다. 누락된 값을 처리하는 다양한 방법은 『실무로 통하는 ML 문제 해결 with 파이썬』(한빛미디어, 2024)를 참고하세요.

다음에 알아볼 메서드는 describe()입니다. 이 메서드는 열에 대한 간략한 통계를 출력해 줍니다. 최소, 최대, 평균값 등을 볼 수 있죠. 이 메서드를 호출해 보겠습니다.

손코딩 `wine.describe()`

	alcohol	sugar	pH	class
count	6497.000000	6497.000000	6497.000000	6497.000000
mean	10.491801	5.443235	3.218501	0.753886
std	1.192712	4.757804	0.160787	0.430779
min	8.000000	0.600000	2.720000	0.000000
25%	9.500000	1.800000	3.110000	1.000000
50%	10.300000	3.000000	3.210000	1.000000
75%	11.300000	8.100000	3.320000	1.000000
max	14.900000	65.800000	4.010000	1.000000

평균(mean), 표준편차(std), 최소(min), 최대(max)값을 볼 수 있습니다. 또 중간값(50%)과 1사분위수(25%), 3사분위수(75%)를 알려 주네요.

note 사분위수는 데이터를 순서대로 4등분 한 값입니다. 예를 들어 2사분위수(중간값)는 데이터를 일렬로 늘어놓았을 때 정중 앙의 값입니다. 만약 데이터 개수가 짝수개라 중앙값을 선택할 수 없다면 가운데 2개 값의 평균을 사용합니다.

여기서 알 수 있는 것은 알코올 도수와 당도, pH 값의 스케일이 다르다는 것입니다. 이전에 했던 것처럼 사이킷런의 StandardScaler 클래스를 사용해 특성을 표준화해야겠군요. 그 전에 먼저 판다스 데이터프레임에서 특성과 타깃을 추출하고 훈련 세트와 테스트 세트로 나누겠습니다.

손코딩
```
data = wine[['alcohol', 'sugar', 'pH']]
target = wine['class']
```

wine 데이터프레임에서 처음 3개의 열을 data에 저장하고 마지막 class 열을 target에 저장했습니다. 이제 훈련 세트와 테스트 세트로 나누어 보죠.

손코딩
```
from sklearn.model_selection import train_test_split
train_input, test_input, train_target, test_target = train_test_split(
    data, target, test_size=0.2, random_state=42)
```

note 실습과 결괏값이 같도록 random_state를 42로 고정했습니다.

train_test_split() 함수는 설정값을 지정하지 않으면 25%를 테스트 세트로 지정합니다. 샘플 개수가 충분히 많으므로 20% 정도만 테스트 세트로 나눴습니다. 코드의 test_size=0.2가 이런 의미입니다. 만들어진 훈련 세트와 테스트 세트의 크기를 확인해 보죠.

```
print(train_input.shape, test_input.shape)
```

```
(5197, 3) (1300, 3)
```

훈련 세트는 5,197개이고 테스트 세트는 1,300개입니다. 좋습니다. 이제 StandardScaler 클래스를 사용해 훈련 세트를 전처리해 보죠. 그다음 같은 객체를 그대로 사용해 테스트 세트를 변환하겠습니다.

```
from sklearn.preprocessing import StandardScaler
ss = StandardScaler()
ss.fit(train_input)
train_scaled = ss.transform(train_input)
test_scaled = ss.transform(test_input)
```

모든 준비가 끝났네요. 이제 표준점수로 변환된 train_scaled와 test_scaled를 사용해 로지스틱 회귀 모델을 훈련하겠습니다.

```
from sklearn.linear_model import LogisticRegression
lr = LogisticRegression()
lr.fit(train_scaled, train_target)
print(lr.score(train_scaled, train_target))
print(lr.score(test_scaled, test_target))
```

```
0.7808350971714451
0.7776923076923077
```

음, 점수가 높지 않군요. 생각보다 화이트 와인을 골라내는 게 어렵나 봅니다. 훈련 세트와 테스트 세트의 점수가 모두 낮으니 모델이 다소 과소적합된 것 같습니다. 이 문제를 해결하기 위해 규제 매개변수 C의 값을 바꿔 볼까요? 아니면 solver 매개변수에서 다른 알고리즘을 선택할 수도 있습니다. 또는 다항 특성을 만들어 추가할 수도 있겠네요.

> LogisticRegression의 매개변수는 4장 1절 '로지스틱 회귀'의 마무리(197쪽)에서 다뤘으니 참고하세요.

그런데 조금이라도 진전이 있으면 먼저 보고하라는 말이 생각났습니다.

설명하기 쉬운 모델과 어려운 모델

혼공머신은 김 팀장과 함께 이사님에게 제출할 보고서를 만들려고 합니다. 이 모델을 설명하기 위해 로지스틱 회귀가 학습한 계수와 절편을 출력해 보죠.

```
print(lr.coef_, lr.intercept_)
```

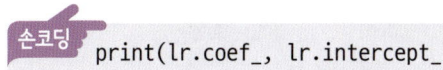
[[0.51268071 1.67335441 -0.68775646]] [1.81773456]

자 이제 보고서를 작성해 봅시다.

보고서
작성자 : 혼공머신

이 모델은 알코올 도수 값에 0.51268071를 곱하고, 당도에 1.67335441을 곱하고, pH 값에 -0.68775646을 곱한 다음 모두 더합니다. 마지막으로 1.81773456를 더합니다. 이 값이 0보다 크면 화이트 와인, 작으면 레드 와인입니다. 현재 약 78% 정도를 정확히 화이트 와인으로 분류했습니다.
모델의 출력 결과는...

여러분은 이 로지스틱 회귀 모델을 잘 이해할 수 있나요? 사실 우리는 이 모델이 왜 저런 계수 값을 학습했는지 정확히 이해하기 어렵습니다.

아마도 알코올 도수와 당도가 높을수록 화이트 와인일 가능성이 높고, pH가 높을수록 레드 와인일 가능성이 높은 것 같습니다. 하지만 정확히 이 숫자가 어떤 의미인지 설명하긴 어렵습니다. 더군다나 다항 특성을 추가한다면 설명하기가 더 어려울 것입니다. 대부분 머신러닝 모델은 이렇게 학습의 결과를 설명하기 어렵습니다.

혼공머신이 보고서를 상신했지만, 이사님은 이 보고서를 이해할 수 없었습니다. 그런데 어려운 설명은 종종 엔지니어를 신뢰하지 않는 결과로 이어지는 불상사가 생깁니다!

"조금 더 쉬운 방법은 없나요? 보고서를 보고, 내가 이 일을 계속 진행해야 할지 말아야 할지 도대체 결정할 수가 없군요."

"…"

"이렇게 순서도처럼 쉽게 설명해서 다시 가져오세요."

이사님은 직접 화이트보드에 순서도를 그리며 이렇게 모델을 만들어야 한다고 일장 연설을 합니다. 이런, 정말 큰일이군요. 이렇게 쉬운 방법으로 설명할 수 있는 모델이 있을까요? 어쩌면 홍 선배는 알고 있을지 모릅니다.

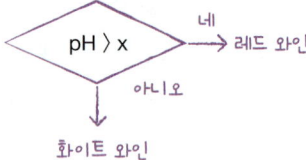

결정 트리

홍 선배는 혼공머신에게 **결정 트리**^{Decision Tree} 모델이 "이유를 설명하기 쉽다"라고 알려 주었습니다. 생각해 보니 언뜻 책에서 본 것도 같네요. 결정 트리 모델은 스무고개와 같습니다. 다음의 오른쪽 그림처럼 질문을 하나씩 던져서 정답과 맞춰가는 거죠.

데이터를 잘 나눌 수 있는 질문을 찾는다면 계속 질문을 추가해서 분류 정확도를 높일 수 있습니다. 이미 예상했겠지만 사이킷런이 결정 트리 알고리즘을 제공합니다. 사이킷런의 DecisionTreeClassifier 클래스를 사용해 결정 트리 모델을 훈련해 보죠. 새로운 클래스이지만 사용법은 이전과 동일합니다. fit() 메서드를 호출해서 모델을 훈련한 다음 score() 메서드로 정확도를 평가해 보겠습니다.

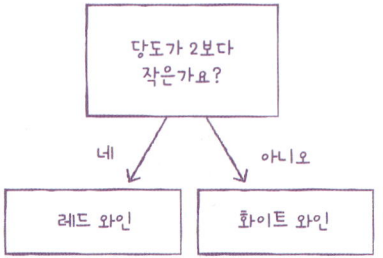

> **+ 여기서 잠깐** 　결정 트리 모델을 만들 때 왜 random_state를 지정하나요?
>
> 사이킷런의 결정 트리 알고리즘은 노드에서 최적의 분할을 찾기 전에 특성의 순서를 섞은 다음 분할에 사용할 일부 특성을 선택합니다. 모든 특성을 사용하는 경우에도 성능이 동일한 두 개의 분할 지점이 있다면 랜덤하게 하나를 선택합니다. 이런 이유로 만들어진 트리가 조금 달라질 수 있습니다. 여기에서는 독자들이 실습한 결과와 책의 내용이 같도록 유지하기 위해 random_state를 지정하지만, 실전에서는 필요하지 않습니다.

```
from sklearn.tree import DecisionTreeClassifier
dt = DecisionTreeClassifier(random_state=42)
dt.fit(train_scaled, train_target)
print(dt.score(train_scaled, train_target)) # 훈련 세트
print(dt.score(test_scaled, test_target))   # 테스트 세트
```

```
0.996921300750433
0.8592307692307692
```

와! 훈련 세트에 대한 점수가 엄청 높군요. 거의 모두 맞춘 것 같습니다. 테스트 세트의 성능은 그에 비해 조금 낮습니다. 과대적합된 모델이라고 볼 수 있겠네요. 그런데 이 모델을 그림으로 어떻게 표현할 수 있을까요? 친절하게도 사이킷런은 plot_tree() 함수를 사용해 결정 트리를 이해하기 쉬운 트리 그림으로 출력해 줍니다. 위에서 만든 결정 트리 모델 객체를 plot_tree() 함수에 전달해서 어떤 트리가 만들어졌는지 그려 보죠.

```
import matplotlib.pyplot as plt
from sklearn.tree import plot_tree
plt.figure(figsize=(10,7))
plot_tree(dt)
plt.show()
```

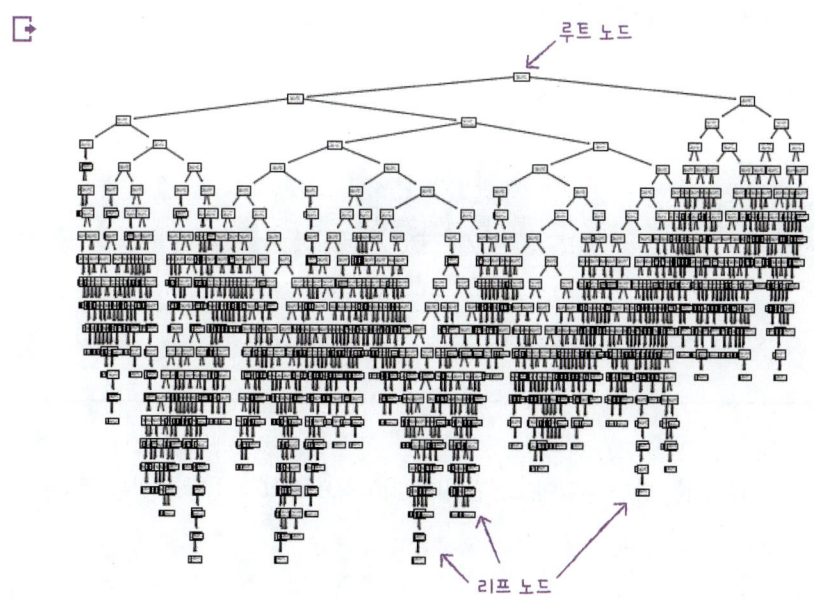

이게 뭐죠? 엄청난 트리가 만들어졌습니다. 수양버들 나뭇잎처럼 늘어졌군요. 진짜 나무는 밑에서부터 하늘 위로 자라나지만, 결정 트리는 위에서부터 아래로 거꾸로 자라납니다. 맨 위의 노드node를 루트 노드root node라 부르고 맨 아래 끝에 달린 노드를 리프 노드leaf node라고 합니다.

> **+ 여기서 잠깐** **노드가 뭔가요?**
>
> 노드는 결정 트리를 구성하는 핵심 요소입니다. 노드는 훈련 데이터의 특성에 대한 테스트를 표현합니다. 예를 들어 현재 샘플의 당도가 −0.239보다 작거나 같은지 테스트합니다. 가지(branch)는 테스트의 결과(True, False)를 나타내며 하나의 노드는 2개의 가지를 가집니다.

너무 복잡하니 plot_tree() 함수에서 트리의 깊이를 제한해서 출력해 보죠. max_depth 매개변수를 1로 주면 루트 노드를 제외하고 하나의 노드를 더 확장하여 그립니다. 또 filled 매개변수에서 클래스에 맞게 노드의 색을 칠할 수 있습니다. feature_names 매개변수에는 특성의 이름을 전달할 수 있습니다. 이렇게 하면 노드가 어떤 특성으로 나뉘는지 좀 더 잘 이해할 수 있죠. 한번 이렇게 그려보겠습니다.

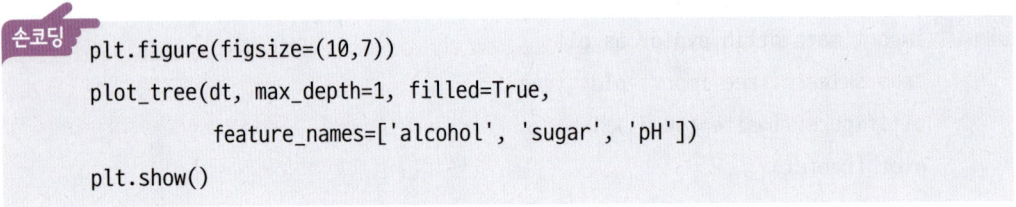

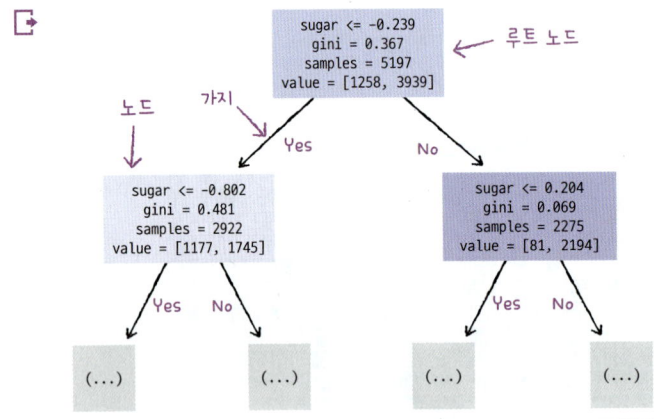

오, 훨씬 낫군요! 이 그림을 읽는 방법을 알아보겠습니다. 기본적으로 그림이 담고 있는 정보는 다음과 같습니다.

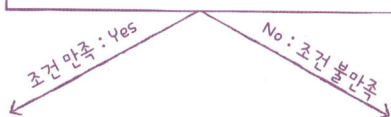

이제 하나씩 살펴볼까요? 루트 노드는 당도(sugar)가 -0.239 이하인지 질문을 합니다. 만약 어떤 샘플의 당도가 -0.239와 같거나 작으면 왼쪽 가지로 갑니다. 그렇지 않으면 오른쪽 가지로 이동합니다. 즉 왼쪽이 Yes, 오른쪽이 No입니다. 루트 노드의 총 샘플 수(samples)는 5,197개입니다. 이 중에서 음성 클래스(레드 와인)는 1,258개이고, 양성 클래스(화이트 와인)는 3,939개입니다. 이 값이 value에 나타나 있습니다.

```
sugar <= -0.239
gini = 0.367
samples = 5197
value = [1258, 3939]
```

이어서 왼쪽 노드를 살펴보겠습니다. 이 노드는 당도가 더 낮은지를 물어보네요. 당도가 -0.802와 같거나 낮다면 다시 왼쪽 가지로, 그렇지 않으면 오른쪽 가지로 이동합니다. 이 노드에서 음성 클래스와 양성 클래스의 샘플 개수는 각각 1,177개와 1,745개입니다. 루트 노드보다 양성 클래스, 즉 화이트 와인의 비율이 크게 줄어들었습니다. 그 이유는 오른쪽 노드를 보면 알 수 있습니다.

왼쪽 노드

```
sugar <= -0.802
gini = 0.481
samples = 2922
value = [1177, 1745]
```

오른쪽 노드는 음성 클래스가 81개, 양성 클래스가 2,194개로 대부분의 화이트 와인 샘플이 이 노드로 이동했습니다. 노드의 바탕 색깔을 유심히 보세요. 루트 노드보다 이 노드가 더 진하고, 왼쪽 노드는 더 연해지지 않았나요? plot_tree() 함수에서 filled=True로 지정하면 클래스마다 색깔을 부여하고, 어떤 클래스의 비율이 높아지면 점점 진한 색으로 표시합니다. 아주 직관적이네요.

오른쪽 노드

```
sugar <= 0.204
gini = 0.069
samples = 2275
value = [81, 2194]
```

결정 트리에서 예측하는 방법은 간단합니다. 리프 노드에서 가장 많은 클래스가 예측 클래스가 됩니다. 앞에서 보았던 k-최근접 이웃과 매우 비슷하네요. 만약 이 결정 트리의 성장을 여기서 멈춘다면 왼쪽 노드에 도달한 샘플과 오른쪽 노드에 도달한 샘플은 모두 양성 클래스로 예측됩니다. 두 노드 모두 양성 클래스의 개수가 많기 때문이죠.

> **note** 만약 결정 트리를 회귀 문제에 적용하면 리프 노드에 도달한 샘플의 타깃을 평균하여 예측값으로 사용합니다. 사이킷런의 결정 트리 회귀 모델은 DecisionTreeRegressor입니다.

그런데 노드 상자 안에 gini라는 것이 있네요. 이것이 무엇인지 좀 더 자세히 알아보겠습니다.

불순도

gini는 **지니 불순도**Gini impurity를 의미합니다. DecisionTreeClassifier 클래스의 criterion 매개변수의 기본값이 'gini'입니다. criterion 매개변수의 용도는 노드에서 데이터를 분할할 기준을 정하는 것입니다. 앞의 그린 트리에서 루트 노드는 어떻게 당도 -0.239를 기준으로 왼쪽과 오른쪽 노드로 나누었을까요? 바로 criterion 매개변수에 지정한 지니 불순도를 사용합니다. 그럼 지니 불순도를 어떻게 계산하는지 알아보죠. 아주 간단합니다.

지니 불순도는 클래스의 비율을 제곱해서 더한 다음 1에서 빼면 됩니다.

$$\text{지니 불순도} = 1 - (\text{음성 클래스 비율}^2 + \text{양성 클래스 비율}^2)$$

이게 끝입니다. 다중 클래스 문제라면 클래스가 더 많겠지만 계산하는 방법은 동일합니다. 그럼 이전 트리 그림에 있던 루트 노드의 지니 불순도를 계산해 봅시다. 루트 노드는 총 5,197개의 샘플이 있고 그중에 1,258개가 음성 클래스, 3,939개가 양성 클래스입니다. 따라서 다음과 같이 지니 불순도를 계산할 수 있습니다.

$$1 - ((1258 / 5197)^2 + (3939 / 5197)^2) = 0.367$$

왼쪽과 오른쪽 노드의 지니 불순도도 한번 계산해 보세요. 만약 100개의 샘플이 있는 어떤 노드의 두 클래스의 비율이 정확히 1/2씩이라면 지니 불순도는 0.5가 되어 최악이 됩니다.

$$1 - ((50 / 100)^2 + (50 / 100)^2) = 0.5$$

노드에 하나의 클래스만 있다면 지니 불순도는 0이 되어 가장 작습니다. 이런 노드를 순수 노드라고도 부릅니다.

$$1 - ((0 / 100)^2 + (100 / 100)^2) = 0$$

결정 트리 모델은 부모 노드parent node와 자식 노드child node의 불순도 차이가 가능한 크도록 트리를 성장시킵니다. 부모 노드와 자식 노드의 불순도 차이를 계산하는 방법을 알아보죠. 먼저 자식 노드의 불순도를 샘플 개수에 비례하여 모두 더합니다. 그다음 부모 노드의 불순도에서 빼면 됩니다.

예를 들어 앞의 트리 그림에서 루트 노드를 부모 노드라 하면 왼쪽 노드와 오른쪽 노드가 자식 노드가 됩니다. 왼쪽 노드로는 2,922개의 샘플이 이동했고, 오른쪽 노드로는 2,275개의 샘플이 이동했습니다. 그럼 불순도의 차이는 다음과 같이 계산합니다.

$$\text{부모의 불순도} - (\text{왼쪽 노드 샘플 수} / \text{부모의 샘플 수}) \times \text{왼쪽 노드 불순도} -$$
$$(\text{오른쪽 노드 샘플 수} / \text{부모의 샘플 수}) \times \text{오른쪽 노드 불순도} =$$
$$0.367 - (2922 / 5197) \times 0.481 - (2275 / 5197) \times 0.069 = 0.066$$

이런 부모와 자식 노드 사이의 불순도 차이를 **정보 이득** information gain이라고 부릅니다. 좋습니다. 이제 결정 트리의 노드를 어떻게 나누는지 이해했습니다. 이 알고리즘은 정보 이득이 최대가 되도록 데이터를 나누는군요. 이때 지니 불순도를 기준으로 사용합니다. 그런데 사이킷런에는 또 다른 불순도 기준이 있습니다.

DecisionTreeClassifier 클래스에서 criterion='entropy'를 지정하여 엔트로피 불순도를 사용할 수 있습니다. 엔트로피 불순도도 노드의 클래스 비율을 사용하지만 지니 불순도처럼 제곱이 아니라 밑이 2인 로그를 사용하여 곱합니다. 예를 들어 루트 노드의 엔트로피 불순도는 다음과 같이 계산할 수 있습니다.

$$-\text{음성 클래스 비율} \times \log_2(\text{음성 클래스 비율}) - \text{양성 클래스 비율} \times \log_2(\text{양성 클래스 비율})$$
$$= -(1258 / 5197) \times \log_2(1258 / 5197) -$$
$$(3939 / 5197) \times \log_2(3939 / 5197) = 0.798$$

보통 지니 불순도와 엔트로피 불순도가 만든 결과의 차이는 크지 않습니다. 여기서는 기본값인 지니 불순도를 계속 사용하겠습니다.

이제 결정 트리 알고리즘을 확실히 이해했습니다. 불순도 기준을 사용해 정보 이득이 최대가 되도록 노드를 분할합니다. 노드를 순수하게 나눌수록 정보 이득이 커집니다. 새로운 샘플에 대해 예측할 때에는 노드의 질문에 따라 트리를 이동합니다. 그리고 마지막에 도달한 노드의 클래스 비율을 보고 예측을 만듭니다.

그런데 앞의 트리는 제한 없이 자라났기 때문에 훈련 세트보다 테스트 세트에서 점수가 크게 낮았습니다. 이 문제를 다루어 보죠.

가지치기

열매를 잘 맺기 위해 과수원에서 가지치기를 하는 것처럼 결정 트리도 가지치기를 해야 합니다! 그렇지 않으면 무작정 끝까지 자라나는 트리가 만들어지거든요. 훈련 세트에는 아주 잘 맞겠지만 테스트 세트에서 점수는 그에 못 미칠 것입니다. 이를 두고 일반화가 잘 안 될 것 같다고 말합니다.

그럼 가지치기를 해 보죠. 결정 트리에서 가지치기를 하는 가장 간단한 방법은 자라날 수 있는 트리의 최대 깊이를 지정하는 것입니다. DecisionTreeClassifier 클래스의 max_depth 매개변수를 3으로 지정하여 모델을 만들어 보겠습니다. 이렇게 하면 루트 노드 아래로 최대 3개의 노드까지만 성장할 수 있습니다.

```
dt = DecisionTreeClassifier(max_depth=3, random_state=42)
dt.fit(train_scaled, train_target)
print(dt.score(train_scaled, train_target))
print(dt.score(test_scaled, test_target))
```

```
0.8454877814123533
0.8415384615384616
```

훈련 세트의 성능은 낮아졌지만 테스트 세트의 성능은 거의 그대로입니다. 이런 모델을 트리 그래프로 그린다면 훨씬 이해하기 쉬울 것 같네요. plot_tree() 함수로 그려 보죠.

```
plt.figure(figsize=(20,15))
plot_tree(dt, filled=True, feature_names=['alcohol', 'sugar', 'pH'])
plt.show()
```

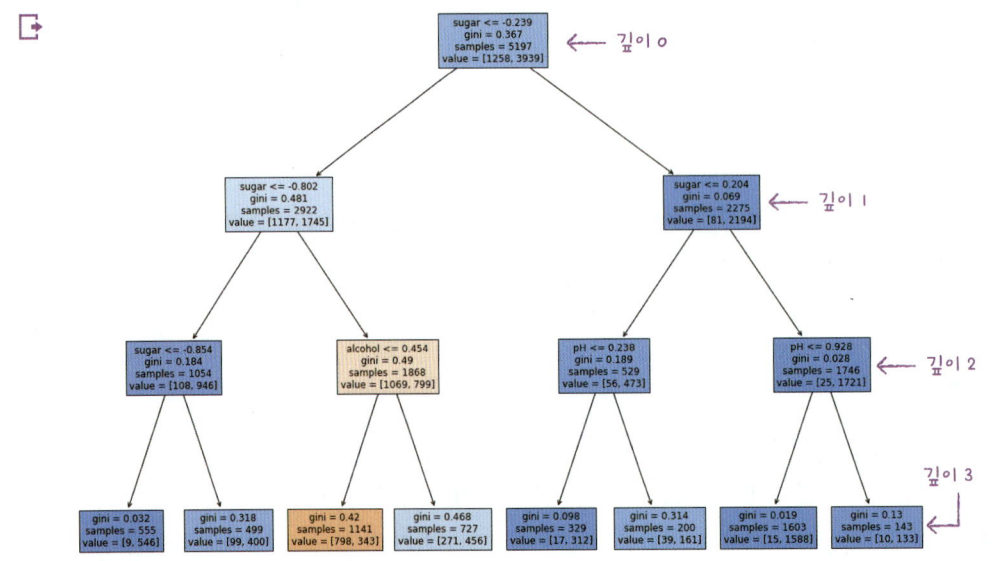

훨씬 보기 좋군요. 그래프를 따라가면서 샘플이 어떻게 나뉘는지 확인할 수 있습니다. 루트 노드 다음에 있는 깊이 1의 노드는 모두 당도(sugar)를 기준으로 훈련 세트를 나눕니다. 하지만 깊이 2의 노드는 맨 왼쪽의 노드만 당도를 기준으로 나누고 왼쪽에서 두 번째 노드는 알코올 도수(alcohol)를 기준으로 나눕니다. 오른쪽의 두 노드는 pH를 사용하네요.

깊이 3에 있는 노드가 최종 노드인 리프 노드입니다. 왼쪽에서 세 번째에 있는 노드만 음성 클래스가 더 많습니다. 이 노드에 도착해야만 레드 와인으로 예측합니다. 그럼 루트 노드부터 이 노드까지 도달하려면 당도는 -0.239보다 작고 또 -0.802보다 커야 합니다. 그리고 알코올 도수는 0.454보다 작아야 합니다. 그럼 세 번째 리프 노드에 도달하네요. 즉 당도가 -0.802보다 크고 -0.239보다 작은 와인 중에 알코올 도수가 0.454와 같거나 작은 것이 레드 와인입니다.

> **note** 실습한 내용은 트리의 깊이가 비교적 얼마 되지 않아서 해석이 쉽습니다. 하지만 실전에서 결정 트리를 사용할 때는 많은 특성을 사용하고 트리의 깊이도 깊어집니다. 이때는 생각만큼 해석이 쉽지 않을 수 있습니다.

그런데 -0.802라는 음수로 된 당도를 이사님께 어떻게 설명해야 할까요? 잠깐만요. 뭔가 이상하군요. 앞서 불순도를 기준으로 샘플을 나눈다고 했습니다. 불순도는 클래스별 비율을 가지고 계산했죠. 샘플을 어떤 클래스 비율로 나누는지 계산할 때 특성값의 스케일이 계산에 영향을 미칠까요? 아니요, 특성값의 스케일은 결정 트리 알고리즘에 아무런 영향을 미치지 않습니다. 따라서 표준화 전처리를 할 필요가 없습니다. 이것이 결정 트리 알고리즘의 또 다른 장점 중 하나입니다.

> 결정 트리는 표준화 전처리 과정이 필요 없습니다.

그럼 앞서 전처리하기 전의 훈련 세트(train_input)와 테스트 세트(test_input)로 결정 트리 모델을 다시 훈련해 보겠습니다.

```
dt = DecisionTreeClassifier(max_depth=3, random_state=42)
dt.fit(train_input, train_target)
print(dt.score(train_input, train_target))
print(dt.score(test_input, test_target))
```

```
0.8454877814123533
0.8415384615384616
```

결과가 정확히 같네요. 이번에는 트리를 그려 보겠습니다.

손코딩
```
plt.figure(figsize=(20,15))
plot_tree(dt, filled=True, feature_names=['alcohol', 'sugar', 'pH'])
plt.show()
```

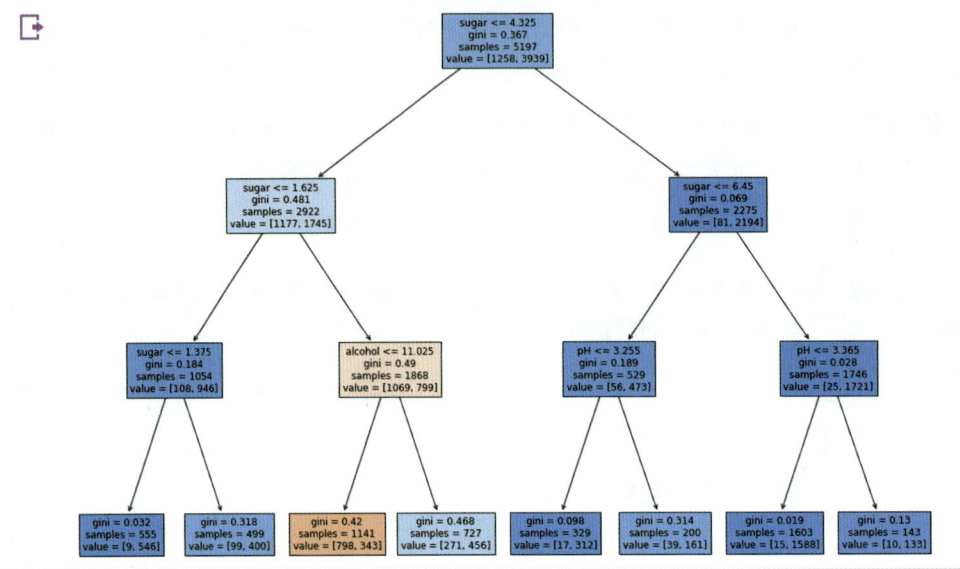

결과를 보면 같은 트리지만, 특성값을 표준점수로 바꾸지 않은 터라 이해하기가 훨씬 쉽습니다. 당도가 1.625보다 크고 4.325보다 작은 와인 중에 알코올 도수가 11.025와 같거나 작은 것이 레드 와인이군요. 그 외에는 모두 화이트 와인으로 예측했습니다.

마지막으로 결정 트리는 어떤 특성이 가장 유용한지 나타내는 특성 중요도를 계산해 줍니다. 이 트리의 루트 노드와 깊이 1에서 당도를 사용했기 때문에 아마도 당도(sugar)가 가장 유용한 특성 중 하나일 것 같습니다. 특성 중요도는 결정 트리 모델의 feature_importances_ 속성에 저장되어 있습니다. 이 값을 출력해 확인해 보죠.

손코딩
```
print(dt.feature_importances_)
```

[0.12345626 0.86862934 0.0079144]

네, 역시 두 번째 특성인 당도가 0.87 정도로 특성 중요도가 가장 높네요. 그다음 알코올 도수, pH 순입니다. 이 값을 모두 더하면 1이 됩니다. 특성 중요도는 각 노드의 정보 이득과 전체 샘플에 대한 비율을 곱한 후 특성별로 더하여 계산합니다. 특성 중요도를 활용하면 결정 트리 모델을 특성 선택에 활용할 수 있습니다. 이것이 결정 트리 알고리즘의 또 다른 장점 중 하나입니다.

> 결정 트리의 특성 중요도를 특성 선택에 활용할 수 있습니다.

note 사이킷런의 결정 트리는 누락된 특성이 있는 샘플도 처리할 수 있습니다. 이는 전처리 과정의 수고를 덜 수 있기 때문에 큰 장점입니다.

좋습니다. 이 모델은 비록 테스트 세트의 성능이 아주 높지 않아 많은 화이트 와인을 완벽하게 골라내지는 못하지만, 이사님에게 보고하기에는 아주 좋은 모델입니다. 조금 부정확한 면이 걱정되면 와인을 위한 럭키백을 기획해 보면 어떨까요? :)

이해하기 쉬운 결정 트리 모델 문제해결 과정

한빛 마켓에서 가을 신상품으로 준비한 캔 와인은 실수로 와인의 종류(레드 와인/화이트 와인)가 캔에 인쇄되지 않았습니다. 혼공머신은 알코올 도수, 당도, pH 데이터를 기준으로 화이트 와인을 골라내는 이진 분류 로지스틱 회귀 모델을 훈련했습니다. 하지만 이사님은 도통 이해할 수 없다고 하네요.

그다음에 혼공머신은 결정 트리를 사용해 레드 와인과 화이트 와인을 분류하는 문제를 풀었습니다. 특성을 더 추가하지 않고도 결정 트리의 성능이 로지스틱 회귀 모델보다 더 좋았습니다. 게다가 결정 트리는 깊이가 너무 깊지 않다면 비교적 설명하기 쉽습니다. 또 결정 트리가 어떻게 데이터를 분할하는지 이해하기 위해 불순도 개념과 정보 이득에 대해 알아보았습니다.

머신러닝 모델을 종종 블랙박스와 같다고 말합니다. 실제로 모델의 계수나 절편이 왜 그렇게 학습되었는지 설명하기가 어렵습니다. 이에 비해 결정 트리는 비교적 비전문가에게도 설명하기 쉬운 모델을 만듭니다. 하지만 결정 트리는 여기에서 끝이 아닙니다. 결정 트리는 많은 앙상블 학습 알고리즘의 기반이 됩니다. 앙상블 학습은 신경망과 함께 가장 높은 성능을 내기 때문에 인기가 높은 알고리즘입니다.

note 앙상블 학습은 3절에서 설명합니다.

다음 절에서 결정 트리의 다양한 매개변수, 즉 하이퍼파라미터를 자동으로 찾기 위한 방법을 알아보고 그다음 앙상블 학습을 다루어 보겠습니다.

전체 소스 코드

> note https://bit.ly/hg2-05-1에 접속하면 코랩에서 이 절의 코드를 바로 열어 볼 수 있습니다.

손코딩

```
"""# 결정 트리"""

"""## 로지스틱 회귀로 와인 분류하기"""

import pandas as pd
wine = pd.read_csv('https://bit.ly/wine_csv_data')

wine.head()

wine.info()

wine.describe()

data = wine[['alcohol', 'sugar', 'pH']]
target = wine['class']

from sklearn.model_selection import train_test_split

train_input, test_input, train_target, test_target = train_test_split(
    data, target, test_size=0.2, random_state=42)

print(train_input.shape, test_input.shape)

from sklearn.preprocessing import StandardScaler
ss = StandardScaler()
ss.fit(train_input)
train_scaled = ss.transform(train_input)
test_scaled = ss.transform(test_input)

from sklearn.linear_model import LogisticRegression

lr = LogisticRegression()
```

```python
lr.fit(train_scaled, train_target)
print(lr.score(train_scaled, train_target))
print(lr.score(test_scaled, test_target))

"""### 설명하기 쉬운 모델과 어려운 모델"""

print(lr.coef_, lr.intercept_)

"""## 결정 트리"""

from sklearn.tree import DecisionTreeClassifier
dt = DecisionTreeClassifier(random_state=42)
dt.fit(train_scaled, train_target)
print(dt.score(train_scaled, train_target)) # 훈련 세트
print(dt.score(test_scaled, test_target))   # 테스트 세트

import matplotlib.pyplot as plt
from sklearn.tree import plot_tree
plt.figure(figsize=(10,7))
plot_tree(dt)
plt.show()

plt.figure(figsize=(10,7))
plot_tree(dt, max_depth=1, filled=True, feature_names=['alcohol',
         'sugar', 'pH'])
plt.show()

"""### 가지치기"""

dt = DecisionTreeClassifier(max_depth=3, random_state=42)
dt.fit(train_scaled, train_target)

print(dt.score(train_scaled, train_target))
print(dt.score(test_scaled, test_target))

plt.figure(figsize=(20,15))
```

```
    plot_tree(dt, filled=True, feature_names=['alcohol', 'sugar', 'pH'])
    plt.show()


    dt = DecisionTreeClassifier(max_depth=3, random_state=42)
    dt.fit(train_input, train_target)
    print(dt.score(train_input, train_target))
    print(dt.score(test_input, test_target))

    plt.figure(figsize=(20,15))
    plot_tree(dt, filled=True, feature_names=['alcohol', 'sugar', 'pH'])
    plt.show()

    print(dt.feature_importances_)
```

마무리

▶ 키워드로 끝내는 핵심 포인트

- **결정 트리**는 예 / 아니오에 대한 질문을 이어나가면서 정답을 찾아 학습하는 알고리즘입니다. 비교적 예측 과정을 이해하기 쉽고 성능도 뛰어납니다.

- **불순도**는 결정 트리가 최적의 질문을 찾기 위한 기준입니다. 사이킷런은 지니 불순도와 엔트로피 불순도를 제공합니다.

- **정보 이득**은 부모 노드와 자식 노드의 불순도 차이입니다. 결정 트리 알고리즘은 정보 이득이 최대화되도록 학습합니다.

- 결정 트리는 제한 없이 성장하면 훈련 세트에 과대적합되기 쉽습니다. **가지치기**는 결정 트리의 성장을 제한하는 방법입니다. 사이킷런의 결정 트리 알고리즘은 여러 가지 가지치기 매개변수를 제공합니다.

- **특성 중요도**는 결정 트리에 사용된 특성이 불순도를 감소하는데 기여한 정도를 나타내는 값입니다. 특성 중요도를 계산할 수 있는 것이 결정 트리의 또다른 큰 장점입니다.

▶ 핵심 패키지와 함수

pandas

- **info()**는 데이터프레임의 요약된 정보를 출력합니다. 인덱스와 컬럼 타입을 출력하고 널(null)이 아닌 값의 개수, 메모리 사용량을 제공합니다. verbose 매개변수의 기본값 True를 False로 바꾸면 각 열에 대한 정보를 출력하지 않습니다.

- **describe()**는 데이터프레임 열의 통계 값을 제공합니다. 수치형일 경우 최소, 최대, 평균, 표준편차와 사분위값 등이 출력됩니다.

  문자열 같은 객체 타입의 열은 가장 자주 등장하는 값과 횟수 등이 출력됩니다.

  percentiles 매개변수에서 백분위수를 지정합니다. 기본값은 [0.25, 0.5, 0.75]입니다.

scikit-learn

- **DecisionTreeClassifier**는 결정 트리 분류 클래스입니다.

  criterion 매개변수는 불순도를 지정하며 기본값은 지니 불순도를 의미하는 'gini'이고 'entropy'를 선택하여 엔트로피 불순도를 사용할 수 있습니다.

  splitter 매개변수는 노드를 분할하는 전략을 선택합니다. 기본값은 'best'로 정보 이득이 최대가 되도록 분할합니다. 'random'이면 임의로 노드를 분할합니다.

  max_depth는 트리가 성장할 최대 깊이를 지정합니다. 기본값은 None으로 리프 노드가 순수하거나 min_samples_split보다 샘플 개수가 적을 때까지 성장합니다.

  min_samples_split은 노드를 나누기 위한 최소 샘플 개수입니다. 기본값은 2입니다.

  max_features 매개변수는 최적의 분할을 위해 탐색할 특성의 개수를 지정합니다. 기본값은 None으로 모든 특성을 사용합니다.

- **plot_tree()**는 결정 트리 모델을 시각화합니다. 첫 번째 매개변수로 결정 트리 모델 객체를 전달합니다.

  max_depth 매개변수로 나타낼 트리의 깊이를 지정합니다. 기본값은 None으로 모든 노드를 출력합니다.

  feature_names 매개변수로 특성의 이름을 지정할 수 있습니다.

  filled 매개변수를 True로 지정하면 타깃값에 따라 노드 안에 색을 채웁니다.

▶ 확인 문제

1. 다음 중 결정 트리의 불순도에 대해 옳게 설명한 것을 모두 고르세요.

① 지니 불순도는 부모 노드의 불순도와 자식 노드의 불순도의 차이로 계산합니다.

② 지니 불순도는 클래스의 비율을 제곱하여 모두 더한 다음 1에서 뺍니다.

③ 엔트로피 불순도는 1에서 가장 큰 클래스 비율을 빼서 계산합니다.

④ 엔트로피 불순도는 클래스 비율과 클래스 비율에 밑이 2인 로그를 적용한 값을 곱해서 모두 더한 후 음수로 바꾸어 계산합니다.

2. 결정 트리에서 계산한 특성 중요도가 저장되어 있는 속성은 무엇인가요?

① important_variables_

② variable_importances_

③ important_features_

④ feature_importances_

3. 다음 중 사이킷런의 결정 트리 모델의 최대 깊이를 지정하는 매개변수는 무엇인가요?

① max_depth

② max_nodes

③ tree_depth

④ tree_length

4. 앞서 결정 트리 예제에서 max_depth를 3으로 지정하여 좌우가 대칭인 트리를 만들었습니다. 사이킷런의 결정 트리 클래스가 제공하는 매개변수 중 min_impurity_decrease를 사용해 가지치기를 해 보겠습니다. 어떤 노드의 정보 이득 × (노드의 샘플 수) / (전체 샘플 수) 값이 이 매개변수보다 작으면 더 이상 분할하지 않습니다. 이 매개변수의 값을 0.0005로 지정하고 결정 트리를 만들어 보세요. 좌우가 균일하지 않은 트리가 만들어지나요? 테스트 세트의 성능은 어떤가요?

```
dt = DecisionTreeClassifier(        , random_state=42)    # 코드를 완성해 보세요
dt.fit(train_input, train_target)
print(dt.score(train_input, train_target))
print(dt.score(test_input, test_target))
plt.figure(figsize=(20,15))
plot_tree(dt, filled=True, feature_names=['alcohol', 'sugar', 'pH'])
plt.show()
```

05-2 교차 검증과 그리드 서치

핵심 키워드 검증 세트   교차 검증   그리드 서치   랜덤 서치

검증 세트가 필요한 이유를 이해하고 교차 검증에 대해 배웁니다. 그리드 서치와 랜덤 서치를 이용해 최적의 성능을 내는 하이퍼파라미터를 찾습니다.

시작하기 전에

혼공머신과 김 팀장의 보고를 받은 이사님은 매우 흡족해했습니다. 무엇보다도 이 모델로 어떻게 화이트 와인을 골라내는지 이해했거든요. 보고서를 물끄러미 바라보던 이사님이 한 가지 질문을 던집니다.

"max_depth를 3 말고 다른 값으로 하면 성능이 달라지나요?"

"네, 아마 그럴 것 같습니다. 모든 값을 다 시도할 수는 없지만 시간이 허락하는 대로 테스트 하려 합니다."

이때 이사님의 번득이는 직관이 두 사람을 굳어지게 만들었습니다.

"이런저런 값으로 모델을 많이 만들어서 테스트 세트로 평가하면 결국 테스트 세트에 잘 맞는 모델이 만들어지는 것 아닌가요?"

지금까지 우리는 훈련 세트에서 모델을 훈련하고 테스트 세트에서 모델을 평가했습니다. 테스트 세트에서 얻은 점수를 보고 "아, 이 모델을 실전에 투입하면 이 정도 성능을 기대할 수 있겠군"이라고 생각을 합니다. 즉 일반화 성능을 가늠해 볼 수 있는 거죠. 그런데 테스트 세트를 사용해 자꾸 성능을 확인하다 보면 점점 테스트 세트에 맞추게 되는 셈입니다.

이전까지는 문제를 간단히 하려고 테스트 세트를 사용하여 모델을 평가했습니다. 하지만 테스트 세트로 일반화 성능을 올바르게 예측하려면 가능한 한 테스트 세트를 사용하지 말아야 합니다. 모델을 만들고 나서 마지막에 딱 한 번만 사용하는 것이 좋습니다. 그렇다면 max_depth 매개변수를 사용한 하이퍼파라미터 튜닝을 어떻게 할 수 있을까요? 게다가 결정 트리는 테스트해 볼 매개변수가 많습니다.

검증 세트

테스트 세트를 사용하지 않으면 모델이 과대적합인지 과소적합인지 판단하기 어렵습니다. 테스트 세트를 사용하지 않고 이를 측정하는 간단한 방법은 훈련 세트를 또 나누는 거죠! 이 데이터를 **검증 세트**validation set라고 부릅니다.

이 방법이 너무 단순해서 이상하게 들릴 수도 있겠지만, 실제로 많이 사용하는 방법입니다. 1절에서 전체 데이터 중 20%를 테스트 세트로 만들고 나머지 80%를 훈련 세트로 만들었습니다. 이 훈련 세트 중에서 다시 20%를 떼어 내어 검증 세트로 만듭니다.

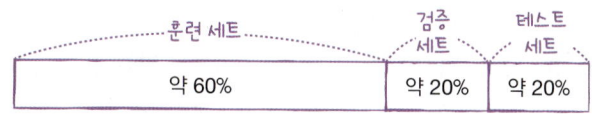

+ 여기서 잠깐 | 테스트 세트와 검증 세트에 얼마나 많은 샘플을 덜어 놔야 하나요?

보통 20~30%를 테스트 세트와 검증 세트로 떼어 놓습니다. 하지만 문제에 따라 다릅니다. 훈련 데이터가 아주 많다면 단 몇 %만 떼어 놓아도 전체 데이터를 대표하는 데 문제가 없습니다.

훈련 세트에서 모델을 훈련하고 검증 세트로 모델을 평가합니다. 이런 식으로 테스트하고 싶은 매개변수를 바꿔가며 가장 좋은 모델을 고릅니다. 그다음 이 매개변수를 사용해 훈련 세트와 검증 세트를 합쳐 전체 훈련 데이터에서 모델을 다시 훈련합니다. 그리고 마지막에 테스트 세트에서 최종 점수를 평가합니다. 아마도 실전에 투입했을 때 테스트 세트의 점수와 비슷한 성능을 기대할 수 있을 것입니다.

그럼 이전 절에 사용했던 데이터를 다시 불러와서 검증 세트를 만들어 보겠습니다. 먼저 판다스로 CSV 데이터를 읽습니다.

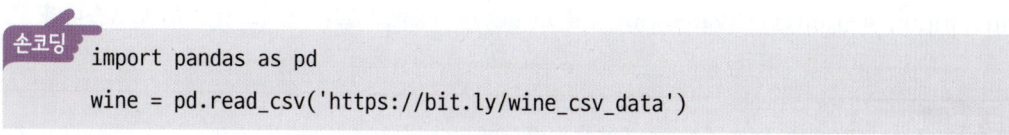

그다음 class 열을 타깃으로 사용하고 나머지 열은 특성으로 사용합니다.

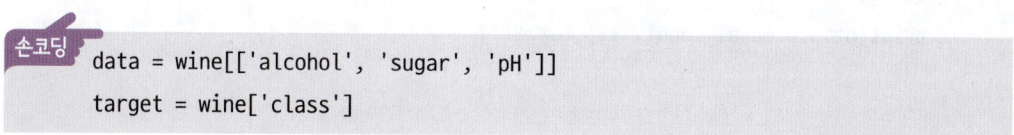

이제 훈련 세트와 테스트 세트를 나눌 차례입니다. 방식은 이전과 동일합니다. 훈련 세트의 입력 데이터와 타깃 데이터를 train_input과 train_target 배열에 저장합니다.

```
from sklearn.model_selection import train_test_split
train_input, test_input, train_target, test_target = train_test_split(
    data, target, test_size=0.2, random_state=42)
```

그다음 train_input과 train_target을 다시 train_test_split() 함수에 넣어 훈련 세트 sub_input, sub_target과 검증 세트 val_input, val_target을 만듭니다. 여기에서도 test_size 매개변수를 0.2로 지정하여 train_input의 약 20%를 val_input으로 만듭니다.

```
sub_input, val_input, sub_target, val_target = train_test_split(
    train_input, train_target, test_size=0.2, random_state=42)
```

어렵지 않군요. 단순히 train_test_split() 함수를 2번 적용해서 훈련 세트와 검증 세트로 나눠준 것뿐입니다. 훈련 세트와 검증 세트의 크기를 확인해 보죠.

```
print(sub_input.shape, val_input.shape)
```

(4157, 3) (1040, 3)

네, 원래 5,197개였던 훈련 세트가 4,157개로 줄고, 검증 세트는 1,040개가 되었습니다. 이제 sub_input, sub_target과 val_input, val_target을 사용해 모델을 만들고 평가해 보겠습니다.

```
from sklearn.tree import DecisionTreeClassifier
dt = DecisionTreeClassifier(random_state=42)
dt.fit(sub_input, sub_target)
print(dt.score(sub_input, sub_target))
print(dt.score(val_input, val_target))
```

> 0.9971133028626413
> 0.864423076923077

네, 좋습니다. 이렇게 val_input, val_target을 사용해서 모델을 평가하면 됩니다. 이 모델은 확실히 훈련 세트에 과대적합되어 있군요. 매개변수를 바꿔서 더 좋은 모델을 찾아야 합니다. 그 전에 검증 세트에 관해 좀 더 알아야 할 것이 있습니다.

교차 검증

검증 세트를 만드느라 훈련 세트가 줄었습니다. 보통 많은 데이터를 훈련에 사용할수록 좋은 모델이 만들어집니다. 그렇다고 검증 세트를 너무 조금 떼어 놓으면 검증 점수가 들쭉날쭉하고 불안정할 것입니다. 이럴 때 **교차 검증**cross validation을 이용하면 안정적인 검증 점수를 얻고 훈련에 더 많은 데이터를 사용할 수 있습니다.

교차 검증은 검증 세트를 떼어 내어 평가하는 과정을 여러 번 반복합니다. 그다음 이 점수를 평균하여 최종 검증 점수를 얻습니다. 이 과정을 그림으로 보면 이해가 쉽습니다. 다음은 3-폴드 교차 검증 그림입니다.

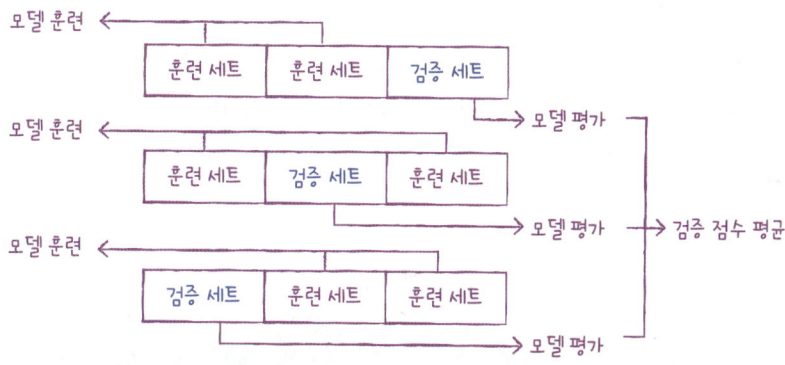

+ 여기서 잠깐 3-폴드 교차 검증이 뭔가요?

훈련 세트를 세 부분으로 나눠서 교차 검증을 수행하는 것을 3-폴드 교차 검증이라고 합니다. 통칭 k-폴드 교차 검증(k-fold cross validation)이라고 하며, 훈련 세트를 몇 부분으로 나누냐에 따라 다르게 부릅니다. k-겹 교차 검증이라고도 부릅니다.

이해를 돕기 위해 3-폴드 교차 검증을 예시로 들었지만, 보통 5-폴드 교차 검증이나 10-폴드 교차 검증을 많이 사용합니다. 이렇게 하면 데이터의 80~90%까지 훈련에 사용할 수 있습니다. 검증 세트가 줄어들지만 각 폴드에서 계산한 검증 점수를 평균하기 때문에 안정된 점수로 생각할 수 있습니다.

사이킷런에는 cross_validate()라는 교차 검증 함수가 있습니다. 사용법은 간단한데, 먼저 평가할 모델 객체를 첫 번째 매개변수로 전달합니다. 그다음 앞에서처럼 직접 검증 세트를 떼어 내지 않고 훈련 세트 전체를 cross_validate() 함수에 전달합니다.

 사이킷런에는 cross_validate() 함수의 전신인 cross_val_score() 함수도 있습니다. 이 함수는 cross_validate() 함수의 결과 중에서 test_score 값만 반환합니다.

```
from sklearn.model_selection import cross_validate
scores = cross_validate(dt, train_input, train_target)
print(scores)
```

```
{'fit_time': array([0.01334453, 0.01186419, 0.00783849, 0.0077858,
       0.00726461]), 'score_time': array([0.00085783, 0.00062561, 0.00061512,
       0.00063181, 0.00067616]), 'test_score': array([0.86923077, 0.84615385,
       0.87680462, 0.84889317, 0.83541867])}
```

이 함수는 fit_time, score_time, test_score 키를 가진 딕셔너리를 반환합니다. 처음 2개의 키는 각각 모델을 훈련하는 시간과 검증하는 시간을 의미합니다. 각 키마다 5개의 숫자가 담겨 있습니다. cross_validate() 함수는 기본적으로 5-폴드 교차 검증을 수행합니다. cv 매개변수에서 폴드 수를 바꿀 수도 있습니다.

 훈련과 검증 시간은 코랩에서 리소스를 사용하는 상황에 따라 달라질 수 있으므로 fit_time과 score_time 출력 값은 책과 다를 수 있습니다.

교차 검증의 최종 점수는 test_score 키에 담긴 5개의 점수를 평균하여 얻을 수 있습니다. 이름은 test_score지만 검증 폴드의 점수입니다. 혼동하지 마세요.

```
import numpy as np
print(np.mean(scores['test_score']))
```

```
0.855300214703487
```

교차 검증을 수행하면 입력한 모델에서 얻을 수 있는 최상의 검증 점수를 가늠해 볼 수 있습니다.

한 가지 주의할 점은 cross_validate()는 훈련 세트를 섞어 폴드를 나누지 않습니다. 앞서 우리는 train_test_split() 함수로 전체 데이터를 섞은 후 훈련 세트를 준비했기 때문에 따로 섞을 필요가 없습니다. 하지만 만약 교차 검증을 할 때 훈련 세트를 섞으려면 분할기splitter를 지정해야 합니다.

사이킷런의 분할기는 교차 검증에서 폴드를 어떻게 나눌지 결정해 줍니다. cross_validate() 함수는 기본적으로 회귀 모델일 경우 KFold 분할기를 사용하고 분류 모델일 경우 타깃 클래스를 골고루 나누기 위해 StratifiedKFold를 사용합니다. 즉 앞서 수행한 교차 검증은 다음 코드와 동일합니다.

```
from sklearn.model_selection import StratifiedKFold
scores = cross_validate(dt, train_input, train_target, cv=StratifiedKFold())
print(np.mean(scores['test_score']))
```

> 0.855300214703487

만약 훈련 세트를 섞은 후 10-폴드 교차 검증을 수행하려면 다음과 같이 작성합니다.

→ n_splits 매개변수는 몇(k) 폴드 교차 검증을 할지 정합니다.

```
splitter = StratifiedKFold(n_splits=10, shuffle=True, random_state=42)
scores = cross_validate(dt, train_input, train_target, cv=splitter)
print(np.mean(scores['test_score']))
```

> 0.8574181117533719

KFold 클래스도 동일한 방식으로 사용할 수 있습니다. 네, 좋습니다. 이제 교차 검증에 대해 이해했습니다. 이어서 결정 트리의 매개변수 값을 바꿔가며 가장 좋은 성능이 나오는 모델을 찾아 보겠습니다. 이때 테스트 세트를 사용하지 않고 교차 검증을 통해서 좋은 모델을 고르면 됩니다. 그럼 시작해 볼까요?

하이퍼파라미터 튜닝

머신러닝 모델이 학습하는 파라미터를 모델 파라미터라고 부른다고 했던 것을 기억하나요? 반면에 모델이 학습할 수 없어서 사용자가 지정해야만 하는 파라미터를 하이퍼파라미터라고 합니다. 사이킷런과 같은 머신러닝 라이브러리를 사용할 때 이런 하이퍼파라미터는 모두 클래스나 메서드의 매개변수로 표현됩니다.

> 하이퍼파라미터는 사용자 지정 파라미터입니다.

그럼 이런 하이퍼파라미터를 튜닝하는 작업은 어떻게 진행할까요? 먼저 라이브러리가 제공하는 기본값을 그대로 사용해 모델을 훈련합니다. 그다음 검증 세트의 점수나 교차 검증을 통해서 매개변수를 조금씩 바꿔 봅니다. 모델마다 적게는 1~2개에서, 많게는 5~6개의 매개변수를 제공합니다. 이 매개변수를 바꿔가면서 교차 검증을 수행해야 하죠.

> **note** 사람의 개입 없이 하이퍼파라미터 튜닝을 자동으로 수행하는 기술을 'AutoML'이라고 부릅니다.

그런데 아주 중요한 점이 있습니다. 가령 결정 트리 모델에서 최적의 max_depth 값을 찾았다고 가정해 봅시다. 그다음 max_depth를 최적의 값으로 고정하고 min_samples_split을 바꿔가며 최적의 값을 찾습니다. 이렇게 한 매개변수의 최적값을 찾고 다른 매개변수의 최적값을 찾아도 될까요? 아니요, 틀렸습니다. 불행하게도 max_depth의 최적값은 min_samples_split 매개변수의 값이 바뀌면 함께 달라집니다. 즉 이 두 매개변수를 동시에 바꿔가며 최적의 값을 찾아야 하는 거죠!

게다가 매개변수가 많아지면 문제는 더 복잡해집니다. 파이썬의 for 반복문으로 이런 과정을 직접 구현할 수도 있지만, 이미 만들어진 도구를 사용하는 게 편리하겠죠? 사이킷런에서 제공하는 **그리드 서치**Grid Search를 사용해 보겠습니다.

사이킷런의 GridSearchCV 클래스는 친절하게도 하이퍼파라미터 탐색과 교차 검증을 한 번에 수행합니다. 별도로 cross_validate() 함수를 호출할 필요가 없죠. 그럼 어떻게 사용하는지 간단한 예를 만들어 보죠. 기본 매개변수를 사용한 결정 트리 모델에서 min_impurity_decrease 매개변수의 최적값을 찾아보겠습니다. 먼저 GridSearchCV 클래스를 임포트하고 탐색할 매개변수와 탐색할 값의 리스트를 딕셔너리로 만듭니다.

```
from sklearn.model_selection import GridSearchCV
params = {'min_impurity_decrease': [0.0001, 0.0002, 0.0003, 0.0004, 0.0005]}
```

여기서는 0.0001부터 0.0005까지 0.0001씩 증가하는 5개의 값을 시도하겠습니다. GridSearchCV 클래스에 탐색 대상 모델과 params 변수를 전달하여 그리드 서치 객체를 만듭니다.

```
gs = GridSearchCV(DecisionTreeClassifier(random_state=42), params, n_jobs=-1)
```

결정 트리 클래스의 객체를 생성하자마자 바로 전달했습니다. 어렵지 않군요! 그다음 일반 모델을 훈련하는 것처럼 gs 객체에 fit() 메서드를 호출합니다. 이 메서드를 호출하면 그리드 서치 객체는 min_impurity_decrease 값을 바꿔가며 결정 트리 모델을 사용해 교차 검증을 총 5번 실행합니다.

GridSearchCV의 cv 매개변수 기본값은 5입니다. 따라서 min_impurity_decrease 값마다 5-폴드 교차 검증을 수행합니다. 결국 5 × 5 = 25개의 모델을 훈련합니다! 많은 모델을 훈련하기 때문에 GridSearchCV 클래스의 n_jobs 매개변수에서 병렬 실행에 사용할 CPU 코어 수를 지정하는 것이 좋습니다. 이 매개변수의 기본값은 1입니다. -1로 지정하면 시스템에 있는 모든 코어를 사용합니다. 그럼 그리드 서치를 수행해 보죠.

```
gs.fit(train_input, train_target)
```

교차 검증에서 최적의 하이퍼파라미터를 찾으면 전체 훈련 세트로 모델을 다시 만들어야 한다고 했던 것을 기억하나요? 아주 편리하게도 사이킷런의 그리드 서치는 훈련이 끝나면 교차 검증 점수가 가장 높은 모델의 매개변수 조합으로 전체 훈련 세트에서 자동으로 다시 모델을 훈련합니다. 이 모델은 gs 객체의 best_estimator_ 속성에 저장되어 있습니다. 이 모델을 일반 결정 트리처럼 똑같이 사용할 수 있습니다.

```
dt = gs.best_estimator_
print(dt.score(train_input, train_target))
```

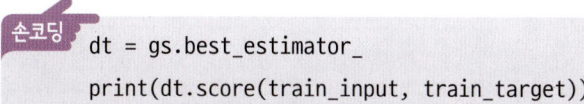

0.9615162593804117

그리드 서치로 찾은 최적의 매개변수는 best_params_ 속성에 저장되어 있습니다.

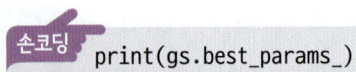
```
print(gs.best_params_)
```

```
{'min_impurity_decrease': 0.0001}
```

여기서는 0.0001이 가장 좋은 값으로 선택되었습니다. 각 매개변수에서 수행한 교차 검증의 평균 점수는 cv_results_ 속성의 'mean_test_score' 키에 저장되어 있습니다. 5번의 교차 검증으로 얻은 점수를 출력해 보죠.

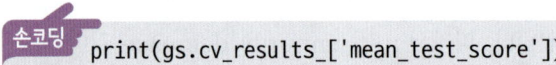
```
print(gs.cv_results_['mean_test_score'])
```

```
[0.86819297 0.86453617 0.86492226 0.86780891 0.86761605]
```

첫 번째 값이 가장 큰 것 같군요. 수동으로 고르는 것보다 gs 객체의 best_index_ 속성을 사용해 가장 높은 값의 인덱스를 얻을 수 있습니다. 그다음 이 인덱스를 사용해 params 키에 저장된 매개변수를 출력할 수 있습니다. 이 값이 최상의 검증 점수를 만든 매개변수 조합입니다. 앞에서 출력한 gs.best_params_와 동일한지 확인해 보세요.

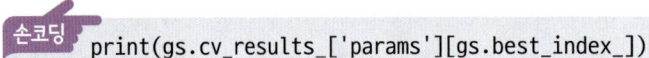
```
print(gs.cv_results_['params'][gs.best_index_])
```

```
{'min_impurity_decrease': 0.0001}
```

좋습니다. 이 과정을 정리해 보겠습니다.

1 먼저 탐색할 매개변수를 지정합니다.
2 그다음 훈련 세트에서 그리드 서치를 수행하여 최상의 평균 검증 점수가 나오는 매개변수 조합을 찾습니다. 이 조합은 그리드 서치 객체에 저장됩니다.
3 그리드 서치는 최상의 매개변수에서 (교차 검증에 사용한 훈련 세트가 아니라) 전체 훈련 세트를 사용해 최종 모델을 훈련합니다. 이 모델도 그리드 서치 객체에 저장됩니다.

그럼 조금 더 복잡한 매개변수 조합을 탐색해 볼까요? 결정 트리에서 min_impurity_decrease는 노드를 분할하기 위한 불순도 감소 최소량을 지정합니다. 여기에다가 max_depth로 트리의 깊이를 제한하고 min_samples_split으로 노드를 나누기 위한 최소 샘플 수도 골라 보겠습니다.

```
params = {'min_impurity_decrease': np.arange(0.0001, 0.001, 0.0001),
          'max_depth': range(5, 20, 1),
          'min_samples_split': range(2, 100, 10)
          }
```

넘파이 arange() 함수(❶)는 첫 번째 매개변수 값에서 시작하여 두 번째 매개변수에 도달할 때까지 세 번째 매개변수를 계속 더한 배열을 만듭니다. 코드에서는 0.0001에서 시작하여 0.001이 될 때까지 0.0001을 계속 더한 배열입니다. 두 번째 매개변수는 포함되지 않으므로 배열의 원소는 총 9개입니다.

파이썬 range() 함수(❷)도 비슷합니다. 하지만 이 함수는 정수만 사용할 수 있습니다. 이 경우 max_depth를 5에서 20까지 1씩 증가하면서 15개의 값을 만듭니다. min_samples_split은 2에서 100까지 10씩 증가하면서 10개의 값을 만듭니다.

따라서 이 매개변수로 수행할 교차 검증 횟수는 9 × 15 × 10 = 1,350개입니다. 기본 5-폴드 교차 검증을 수행하므로 만들어지는 모델의 수는 6,750개나 됩니다! n_jobs 매개변수를 −1로 설정하고 그리드 서치를 실행해 보겠습니다.

```
gs = GridSearchCV(DecisionTreeClassifier(random_state=42), params, n_jobs=-1)
gs.fit(train_input, train_target)
```

최상의 매개변수 조합을 확인해 보겠습니다.

```
print(gs.best_params_)
```

> {'max_depth': 14, 'min_impurity_decrease': 0.0004, 'min_samples_split': 12}

최상의 교차 검증 점수도 확인해 보겠습니다.

```
print(np.max(gs.cv_results_['mean_test_score']))
```

```
0.8683865773302731
```

훌륭합니다. GridSearchCV 클래스를 사용하니 매개변수를 일일이 바꿔가며 교차 검증을 수행하지 않고 원하는 매개변수 값을 나열하면 자동으로 교차 검증을 수행해서 최상의 매개변수를 찾을 수 있습니다.

그런데 아직 조금 아쉬운 점이 있습니다. 앞에서 탐색할 매개변수의 간격을 0.0001 혹은 1로 설정했는데요. 이렇게 간격을 둔 것에 특별한 근거가 없습니다. 이보다 더 좁거나 넓은 간격으로 시도해 볼 수 있지 않을까요?

랜덤 서치

매개변수의 값이 수치일 때 값의 범위나 간격을 미리 정하기 어려울 수 있습니다. 또 너무 많은 매개변수 조건이 있어 그리드 서치 수행 시간이 오래 걸릴 수 있습니다. 이럴 때 **랜덤 서치**Random Search를 사용하면 좋습니다.

랜덤 서치에는 매개변수 값의 목록을 전달하는 것이 아니라 매개변수를 샘플링할 수 있는 확률 분포 객체를 전달합니다. 확률 분포라 하니 조금 어렵게 들릴 수 있지만 간단하고 쉽습니다. 먼저 싸이파이에서 2개의 확률 분포 클래스를 임포트해 보죠.

> **+ 여기서 잠깐** **싸이파이(scipy)는 어떤 라이브러리인가요?**
>
> 싸이파이는 파이썬의 핵심 과학 라이브러리 중 하나입니다. 적분, 보간, 선형 대수, 확률 등을 포함한 수치 계산 전용 라이브러리입니다. 사이킷런은 넘파이와 싸이파이 기능을 많이 사용합니다. 코랩에도 이미 설치되어 있습니다.

```
from scipy.stats import uniform, randint
```

싸이파이의 stats 서브 패키지에 있는 uniform과 randint 클래스는 모두 주어진 범위에서 고르게 값을 뽑습니다. 이를 '균등 분포에서 샘플링한다'라고 말합니다. randint는 정숫값을 뽑고, uniform은 실숫값을 뽑습니다. 사용하는 방법은 같습니다. 0에서 10 사이의 범위를 갖는 randint 객체를 만들고 10개의 숫자를 샘플링해 보겠습니다.

손코딩
```
rgen = randint(0, 10)
rgen.rvs(10)
```

```
array([6, 4, 2, 2, 7, 7, 0, 0, 5, 4])
```

note randint와 uniform은 임의로 샘플링하므로 실행 결과가 책과 다를 수 있습니다. 이어지는 실행 결과도 마찬가지입니다.

10개밖에 되지 않기 때문에 고르게 샘플링되는 것 같지 않지만 샘플링 숫자를 늘리면 쉽게 확인할 수 있습니다. 1,000개를 샘플링해서 각 숫자의 개수를 세어 보겠습니다.

손코딩
```
np.unique(rgen.rvs(1000), return_counts=True)
```

```
(array([0, 1, 2, 3, 4, 5, 6, 7, 8, 9]),
 array([ 98,  94,  99,  93,  93,  92, 111, 118, 105,  97]))
```

개수가 늘어나니 0에서 9까지의 숫자가 어느 정도 고르게 추출된 것을 볼 수 있습니다. uniform 클래스의 사용법도 동일합니다. 0~1 사이에서 10개의 실수를 추출해 보겠습니다.

손코딩
```
ugen = uniform(0, 1)
ugen.rvs(10)
```

```
array([0.12982148, 0.32130647, 0.22468098, 0.09345374, 0.43188927,
       0.69791727, 0.81250121, 0.54913255, 0.00552007, 0.52386115])
```

좋습니다. 이제 랜덤 서치에 randint과 uniform 클래스 객체를 넘겨주고 총 몇 번을 샘플링해서 최적의 매개변수를 찾으라고 명령할 수 있습니다. 샘플링 횟수는 시스템 자원이 허락하는 범위 내에서 최대한 크게 하는 것이 좋겠죠.

그럼 탐색할 매개변수의 딕셔너리를 만들어 보겠습니다. 여기에서는 min_samples_leaf 매개변수를 탐색 대상에 추가하겠습니다. 이 매개변수는 리프 노드가 되기 위한 최소 샘플의 개수입니다. 어떤 노드가 분할하여 만들어질 자식 노드의 샘플 수가 이 값보다 작을 경우 분할하지 않습니다.

탐색할 매개변수 범위는 다음과 같습니다.

```
params = {'min_impurity_decrease': uniform(0.0001, 0.001),
          'max_depth': randint(20, 50),
          'min_samples_split': randint(2, 25),
          'min_samples_leaf': randint(1, 25),
          }
```

min_imputiry_decrease는 0.0001에서 0.001 사이의 실숫값을 샘플링합니다. max_depth는 20에서 50 사이의 정수, min_samples_split은 2에서 25 사이의 정수, min_samples_leaf는 1에서 25 사이의 정수를 샘플링합니다. 샘플링 횟수는 사이킷런의 랜덤 서치 클래스인 RandomizedSearchCV의 n_iter 매개변수에 지정합니다.

```
from sklearn.model_selection import RandomizedSearchCV
rs = RandomizedSearchCV(DecisionTreeClassifier(random_state=42), params,
                        n_iter=100, n_jobs=-1, random_state=42)
rs.fit(train_input, train_target)
```

위 params에 정의된 매개변수 범위에서 총 100번(n_iter 매개변수)을 샘플링하여 교차 검증을 수행하고 최적의 매개변수 조합을 찾습니다. 앞서 그리드 서치보다 교차 검증 수를 훨씬 줄이면서 넓은 영역을 효과적으로 탐색할 수 있습니다. 결과를 확인해 보죠. 먼저 최적의 매개변수 조합을 출력하겠습니다.

```
print(rs.best_params_)
```

> {'max_depth': 39, 'min_impurity_decrease': 0.00034102546602601173,
> 'min_samples_leaf': 7, 'min_samples_split': 13}

최고의 교차 검증 점수도 확인해 보겠습니다.

손코딩 `print(np.max(rs.cv_results_['mean_test_score']))`

→ 0.8695428296438884

최적의 모델은 이미 전체 훈련 세트(train_input, train_target)로 훈련되어 best_estimator_ 속성에 저장되어 있습니다. 이 모델을 최종 모델로 결정하고 테스트 세트의 성능을 확인해 보죠.

손코딩
```
dt = rs.best_estimator_
print(dt.score(test_input, test_target))
```

→ 0.86

테스트 세트 점수는 검증 세트에 대한 점수보다 조금 작은 것이 일반적입니다. 테스트 세트 점수가 아주 만족스럽지는 않지만 이사님에게 충분히 다양한 매개변수를 테스트해서 얻은 결과임을 자랑스럽게 말할 수 있을 것 같네요.

혼공머신은 앞으로 수동으로 매개변수를 바꾸는 대신에, 그리드 서치나 랜덤 서치를 사용해야겠다고 마음먹었습니다.

최적의 모델을 위한 하이퍼파라미터 탐색 문제해결 과정

레드 와인과 화이트 와인을 선별하는 작업의 성능을 끌어올리기 위해 결정 트리의 다양한 하이퍼파라미터를 시도해 봐야 합니다. 이런 과정에서 테스트 세트를 사용하면 결국 테스트 세트에 맞춰 모델을 훈련하는 효과를 만듭니다.

테스트 세트는 최종 모델을 선택할 때까지 사용하지 말아야 합니다. 테스트 세트를 사용하지 않고 모델을 평가하려면 또 다른 세트가 필요합니다. 이를 검증 세트라고 부릅니다. 혹은 개발 세트[dev set]라고도 부릅니다. 검증 세트는 훈련 세트 중 일부를 다시 덜어 내어 만듭니다.

검증 세트가 크지 않다면 어떻게 데이터를 나누었는지에 따라 검증 점수가 들쭉날쭉할 것입니다. 훈련한 모델의 성능을 안정적으로 평가하기 위해 검증 세트를 한 번 나누어 모델을 평가하는 것에 그치지 않고 여러 번 반복할 수 있습니다. 이를 교차 검증이라고 합니다.

보통 훈련 세트를 5등분 혹은 10등분 합니다. 나누어진 한 덩어리를 폴드라고 부르며 한 폴드씩 돌아가면서 검증 세트의 역할을 합니다. 따라서 전체적으로 5개 혹은 10개의 모델을 만듭니다. 최종 검증 점수는 모든 폴드의 검증 점수를 평균하여 계산합니다.

교차 검증을 사용해 다양한 하이퍼파라미터를 탐색합니다. 머신러닝 라이브러리에서는 클래스와 메서드의 매개변수를 바꾸어 모델을 훈련하고 평가해 보는 작업입니다. 이런 과정은 때론 지루하고 반복적입니다. 테스트하고 싶은 매개변수 리스트를 만들어 이 과정을 자동화하는 그리드 서치를 사용하면 편리합니다.

매개변수 값이 수치형이고 특히 연속적인 실숫값이라면 싸이파이의 확률 분포 객체를 전달하여 특정 범위 내에서 지정된 횟수만큼 매개변수 후보 값을 샘플링하여 교차 검증을 시도할 수 있습니다. 이는 한정된 자원을 최대한 활용하여 효율적으로 하이퍼파라미터 공간을 탐색할 수 있는 아주 좋은 도구입니다.

다음 절에서는 결정 트리를 확장하여 다양한 작업에서 뛰어난 성능을 내는 앙상블 모델에 대해 알아보겠습니다.

전체 소스 코드

note https://bit.ly/hg2-05-2에 접속하면 코랩에서 이 절의 코드를 바로 열어 볼 수 있습니다.

```python
"""# 교차 검증과 그리드 서치"""

"""## 검증 세트"""

import pandas as pd

wine = pd.read_csv('https://bit.ly/wine_csv_data')

data = wine[['alcohol', 'sugar', 'pH']]
target = wine['class']

from sklearn.model_selection import train_test_split

train_input, test_input, train_target, test_target = train_test_split(
    data, target, test_size=0.2, random_state=42)
```

```python
sub_input, val_input, sub_target, val_target = train_test_split(
    train_input, train_target, test_size=0.2, random_state=42)

print(sub_input.shape, val_input.shape)

from sklearn.tree import DecisionTreeClassifier

dt = DecisionTreeClassifier(random_state=42)
dt.fit(sub_input, sub_target)

print(dt.score(sub_input, sub_target))
print(dt.score(val_input, val_target))

"""## 교차 검증"""

from sklearn.model_selection import cross_validate

scores = cross_validate(dt, train_input, train_target)
print(scores)

import numpy as np

print(np.mean(scores['test_score']))

from sklearn.model_selection import StratifiedKFold

scores = cross_validate(dt, train_input, train_target, cv=StratifiedKFold())
print(np.mean(scores['test_score']))

splitter = StratifiedKFold(n_splits=10, shuffle=True, random_state=42)
scores = cross_validate(dt, train_input, train_target, cv=splitter)
print(np.mean(scores['test_score']))

"""## 하이퍼파라미터 튜닝"""
```

```
from sklearn.model_selection import GridSearchCV

params = {'min_impurity_decrease': [0.0001, 0.0002, 0.0003, 0.0004, 0.0005]}

gs = GridSearchCV(DecisionTreeClassifier(random_state=42), params, n_jobs=-1)

gs.fit(train_input, train_target)

dt = gs.best_estimator_
print(dt.score(train_input, train_target))

print(gs.best_params_)

print(gs.cv_results_['mean_test_score'])

print(gs.cv_results_['params'][gs.best_index_])

params = {'min_impurity_decrease': np.arange(0.0001, 0.001, 0.0001),
          'max_depth': range(5, 20, 1),
          'min_samples_split': range(2, 100, 10)
          }

gs = GridSearchCV(DecisionTreeClassifier(random_state=42), params, n_jobs=-1)
gs.fit(train_input, train_target)

print(gs.best_params_)

print(np.max(gs.cv_results_['mean_test_score']))

"""### 랜덤 서치"""

from scipy.stats import uniform, randint

rgen = randint(0, 10)
rgen.rvs(10)
```

```
np.unique(rgen.rvs(1000), return_counts=True)


ugen = uniform(0, 1)
ugen.rvs(10)


params = {'min_impurity_decrease': uniform(0.0001, 0.001),
          'max_depth': randint(20, 50),
          'min_samples_split': randint(2, 25),
          'min_samples_leaf': randint(1, 25),
          }


from sklearn.model_selection import RandomizedSearchCV

rs = RandomizedSearchCV(DecisionTreeClassifier(random_state=42), params,
                        n_iter=100, n_jobs=-1, random_state=42)
rs.fit(train_input, train_target)


print(rs.best_params_)


print(np.max(rs.cv_results_['mean_test_score']))


dt = rs.best_estimator_

print(dt.score(test_input, test_target))
```

마무리

▶ 키워드로 끝내는 핵심 포인트

- **검증 세트**는 하이퍼파라미터 튜닝을 위해 모델을 평가할 때, 테스트 세트를 사용하지 않기 위해 훈련 세트에서 다시 떼어 낸 데이터 세트입니다.

- **교차 검증**은 훈련 세트를 여러 폴드로 나눈 다음 한 폴드가 검증 세트의 역할을 하고 나머지 폴드에서는 모델을 훈련합니다. 교차 검증은 이런 식으로 모든 폴드에 대해 검증 점수를 얻어 평균하는 방법입니다.

- **그리드 서치**는 하이퍼파라미터 탐색을 자동화해 주는 도구입니다. 탐색할 매개변수를 나열하면 교차 검증을 수행하여 가장 좋은 검증 점수의 매개변수 조합을 선택합니다. 마지막으로 이 매개변수 조합으로 최종 모델을 훈련합니다.

- **랜덤 서치**는 연속된 매개변수 값을 탐색할 때 유용합니다. 탐색할 값을 직접 나열하는 것이 아니고 탐색 값을 샘플링할 수 있는 확률 분포 객체를 전달합니다. 지정된 횟수만큼 샘플링하여 교차 검증을 수행하기 때문에 시스템 자원이 허락하는 만큼 탐색량을 조절할 수 있습니다.

▶ 핵심 패키지와 함수

scikit-learn

- **cross_validate()**는 교차 검증을 수행하는 함수입니다.

  첫 번째 매개변수에 교차 검증을 수행할 모델 객체를 전달합니다. 두 번째와 세 번째 매개변수에 특성과 타깃 데이터를 전달합니다.

  scoring 매개변수에 검증에 사용할 평가 지표를 지정할 수 있습니다. 기본적으로 분류 모델은 정확도를 의미하는 'accuracy', 회귀 모델은 결정계수를 의미하는 'r2'가 됩니다.

  cv 매개변수에 교차 검증 폴드 수나 분할기 객체를 지정할 수 있습니다. 기본값은 5입니다. 회귀일 때는 KFold 클래스를 사용하고 분류일 때는 StratifiedKFold 클래스를 사용하여 5-폴드 교차 검증을 수행합니다.

n_jobs 매개변수는 교차 검증을 수행할 때 사용할 CPU 코어 수를 지정합니다. 기본값은 1로 하나의 코어를 사용합니다. -1로 지정하면 시스템에 있는 모든 코어를 사용합니다.

return_train_score 매개변수를 True로 지정하면 훈련 세트의 점수도 반환합니다. 기본값은 False입니다.

- **GridSearchCV**는 교차 검증으로 하이퍼파라미터 탐색을 수행합니다. 최상의 모델을 찾은 후 훈련 세트 전체를 사용해 최종 모델을 훈련합니다.

  첫 번째 매개변수로 그리드 서치를 수행할 모델 객체를 전달합니다. 두 번째 매개변수에는 탐색할 모델의 매개변수와 값을 전달합니다.

  scoring, cv, n_jobs, return_train_score 매개변수는 cross_validate() 함수와 동일합니다.

- **RandomizedSearchCV**는 교차 검증으로 랜덤한 하이퍼파라미터 탐색을 수행합니다. 최상의 모델을 찾은 후 훈련 세트 전체를 사용해 최종 모델을 훈련합니다.

  첫 번째 매개변수로 그리드 서치를 수행할 모델 객체를 전달합니다. 두 번째 매개변수에는 탐색할 모델의 매개변수와 확률 분포 객체를 전달합니다.

  scoring, cv, n_jobs, return_train_score 매개변수는 cross_validate() 함수와 동일합니다.

▶ 확인 문제

1. 훈련 세트를 여러 개의 폴드로 나누고 폴드 1개는 평가 용도로, 나머지 폴드는 훈련 용도로 사용합니다. 그다음 모든 폴드를 평가 용도로 사용하게끔 폴드 개수만큼 이 과정을 반복합니다. 이런 평가 방법을 무엇이라고 부르나요?

   ① 교차 검증
   ② 반복 검증
   ③ 교차 평가
   ④ 반복 평가

2. 다음 중 교차 검증을 수행하지 않는 함수나 클래스는 무엇인가요?

   ① cross_validate()
   ② GridSearchCV
   ③ RandomizedSearchCV
   ④ train_test_split

3. 다음 중 GridSearchCV에 대해 올바르게 설명한 것은 무엇인가요?

   ① 사람의 개입없이 하이퍼파라미터를 자동으로 검색합니다.
   ② 확률 분포에서 후보 매개변수를 샘플링합니다.
   ③ 기본적으로 5-폴드 교차 검증을 수행하여 최적의 하이퍼파라미터 조합을 찾습니다.
   ④ DecisionTreeClassifier만 사용할 수 있습니다.

4. 마지막 RandomizedSearchCV 예제에서 DecisionTreeClassifier 클래스에 splitter='random' 매개변수를 추가하고 다시 훈련해 보세요. splitter 매개변수의 기본값은 'best'로 각 노드에서 최선의 분할을 찾습니다. 'random'이면 무작위로 분할한 다음 가장 좋은 것을 고릅니다. 왜 이런 옵션이 필요한지는 다음 절에서 알 수 있습니다. 테스트 세트에서 성능이 올라갔나요? 내려갔나요?

05-3 트리의 앙상블

핵심 키워드: 앙상블 학습 | 랜덤 포레스트 | 엑스트라 트리 | 그레이디언트 부스팅

앙상블 학습이 무엇인지 이해하고 다양한 앙상블 학습 알고리즘을 실습을 통해 배웁니다.

시작하기 전에

혼공머신은 지금까지 k-최근접 이웃, 선형 회귀, 릿지, 라쏘, 다항 회귀, 로지스틱 회귀를 배웠고 확률적 경사 하강법 알고리즘을 사용한 분류기와 결정 트리 모델까지 섭렵했습니다. 최근에는 테스트 세트 사용 없이 모델의 성능을 평가하는 교차 검증과 하이퍼파라미터 튜닝까지 익혔습니다. 이제 머신러닝 도사가 다 된 느낌입니다.

그런데 김 팀장이 이사님에게 보고할 일이 있다며 엘리베이터를 타려는 혼공머신을 급하게 불렀습니다.

"이사님이 베스트 머신러닝 알고리즘을 찾아 보고하라시네."
"그건 문제마다 그때그때 다를텐데요…"
"그렇기는 한데, 그래도 대체로 성능이 좋은 알고리즘이 있지 않을까? 지난 번 결정 트리는 어때?"
"글쎄요. 홍 선배랑 논의 좀 해볼게요."

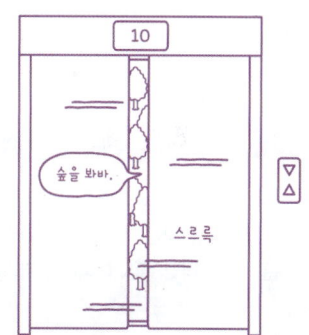

이때 홍 선배는 엘리베이터를 타며 "나무 말고 숲을 봐."라는 알쏭달쏭한 한 마디를 합니다.

혼공머신이 '머신러닝', '나무', '숲'을 검색하니 **랜덤 포레스트** Random Forest라는 알고리즘이 보이는군요.

> note 가장 좋은 알고리즘이 있다고 해서 다른 알고리즘을 배울 필요가 없는 것은 아닙니다. 보편적으로 성능이 좋아 널리 사용되는 알고리즘이 있지만 문제마다 다를 수 있으며 어떤 알고리즘이 더 뛰어나다고 미리 판단해서는 안 됩니다.

정형 데이터와 비정형 데이터

랜덤 포레스트에 대해 배우기 전에 잠시 우리가 다루었던 데이터를 되돌아보겠습니다. 4장까지는 생선의 길이, 높이, 무게 등을 데이터로 사용했습니다. 이 데이터는 CSV 파일에 가지런히 정리되어 있었죠. 또 이번 장에서 사용한 와인 데이터도 CSV 파일이었습니다.

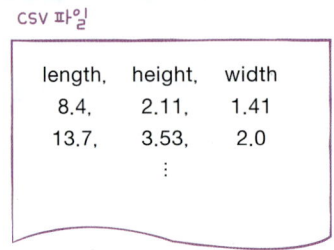

이런 형태의 데이터를 **정형 데이터**structured data라고 부릅니다. 쉽게 말해 어떤 구조로 되어 있다는 뜻이죠. 이런 데이터는 CSV나 데이터베이스Database, 혹은 엑셀Excel에 저장하기 쉽습니다.

온라인 쇼핑몰에 진열된 상품과 우리가 구매한 쇼핑 정보는 모두 데이터베이스에 저장되는 정형 데이터에 속합니다. 사실 프로그래머가 다루는 대부분의 데이터가 정형 데이터입니다. 정형 데이터의 반대도 있겠네요? 네, 이와 반대되는 데이터를 **비정형 데이터**unstructured data라고 부릅니다.

비정형 데이터는 데이터베이스나 엑셀로 표현하기 어려운 것들입니다. 우리 주위에서 찾아보면 이 책의 글과 같은 텍스트 데이터, 디지털카메라로 찍은 사진, 핸드폰으로 듣는 디지털 음악 등이 있습니다.

> **+ 여기서 잠깐**   **텍스트나 사진을 데이터베이스에 저장할 수는 없나요?**
>
> 아니요. 저장할 수도 있습니다. 다만 여기에서는 보편적인 사례를 설명한 것입니다. 데이터베이스 중에는 구조적이지 않은 데이터를 저장하는 데 편리하도록 발전한 것이 많습니다. 대표적으로 NoSQL 데이터베이스는 엑셀이나 CSV에 담기 어려운 텍스트나 JSON 데이터를 저장하는 데 용이합니다.

지금까지 배운 머신러닝 알고리즘은 정형 데이터에 잘 맞습니다. 그중에 정형 데이터를 다루는 데 가장 뛰어난 성과를 내는 알고리즘이 **앙상블 학습**ensemble learning입니다. 이 알고리즘은 대부분 결정 트리를 기반으로 만들어져 있습니다. 바로 이 절에서 배울 알고리즘들이 앙상블 학습에 속합니다.

그럼 비정형 데이터에는 어떤 알고리즘을 사용해야 할까요? 바로 7장에서부터 배울 신경망 알고리즘입니다. 비정형 데이터는 규칙성을 찾기 어려워 전통적인 머신러닝 방법으로는 모델을 만들기 까다

롭습니다. 하지만 신경망 알고리즘의 놀라운 발전 덕분에 사진을 인식하고 텍스트를 이해하는 모델을 만들 수 있죠.

이제 사이킷런에서 제공하는 정형 데이터의 끝판왕인 앙상블 학습 알고리즘을 알아보겠습니다.

랜덤 포레스트

랜덤 포레스트 Random Forest는 앙상블 학습의 대표 주자 중 하나로 안정적인 성능 덕분에 널리 사용되고 있습니다. 앙상블 학습을 적용할 때 가장 먼저 랜덤 포레스트를 시도해 보길 권합니다.

이름 자체로 유추할 수 있듯이 랜덤 포레스트는 결정 트리를 랜덤하게 만들어 결정 트리(나무)의 **숲**을 만듭니다. 그리고 각 결정 트리의 예측을 사용해 최종 예측을 만듭니다. 그럼 랜덤 포레스트가 어떻게 숲을 구성하는지 관찰해 보죠. 아주 흥미진진합니다.

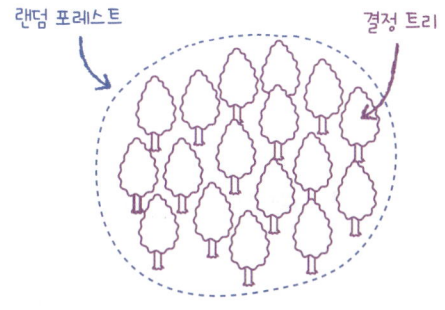

note 이 절은 사이킷런에 구현된 앙상블 학습 알고리즘을 기준으로 설명합니다. 머신러닝 라이브러리마다 구현 방식에 조금씩 차이가 있을 수 있습니다.

먼저 랜덤 포레스트는 각 트리를 훈련하기 위한 데이터를 랜덤하게 만드는데, 이 데이터를 만드는 방법이 독특합니다. 우리가 입력한 훈련 데이터에서 랜덤하게 샘플을 추출하여 훈련 데이터를 만듭니다. 이때 한 샘플이 중복되어 추출될 수도 있습니다.

예를 들어 1,000개의 샘플이 들어있는 가방에서 100개의 샘플을 뽑는다면 먼저 1개를 뽑고, 뽑았던 1개를 다시 가방에 넣습니다. 이런 식으로 계속해서 100개를 가방에서 뽑으면 중복된 샘플을 뽑을 수 있습니다. 이렇게 만들어진 샘플을 **부트스트랩 샘플**bootstrap sample이라고 부릅니다. 기본적으로 부트스트랩 샘플은 훈련 세트의 크기와 같게 만듭니다. 1,000개의 샘플이 들어있는 가방에서 중복하여 1,000개의 샘플을 뽑습니다.

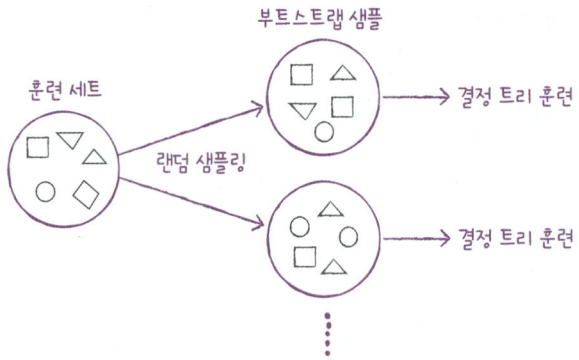

> **+ 여기서 잠깐** **부트스트랩이 뭔가요?**
>
> 보통 부트스트랩 방식이라고 하는데, 데이터 세트에서 중복을 허용하여 데이터를 샘플링하는 방식을 의미합니다. 본문에서 설명한 것처럼 가방에 1,000개의 샘플이 있을 때 먼저 1개를 뽑고, 다시 가방에 넣어 그다음 샘플을 뽑는 방식을 뜻하는 거죠. 부트스트랩 샘플이란 결국 부트스트랩 방식으로 샘플링하여 만든 데이터라는 의미입니다.

또한 각 노드를 분할할 때 전체 특성 중에서 일부 특성을 무작위로 고른 다음 이 중에서 최선의 분할을 찾습니다. 분류 모델인 RandomForestClassifier는 기본적으로 전체 특성 개수의 제곱근만큼의 특성을 선택합니다. 즉 4개의 특성이 있다면 노드마다 2개를 랜덤하게 선택하여 사용합니다. 다만 회귀 모델인 RandomForestRegressor는 전체 특성을 사용합니다.

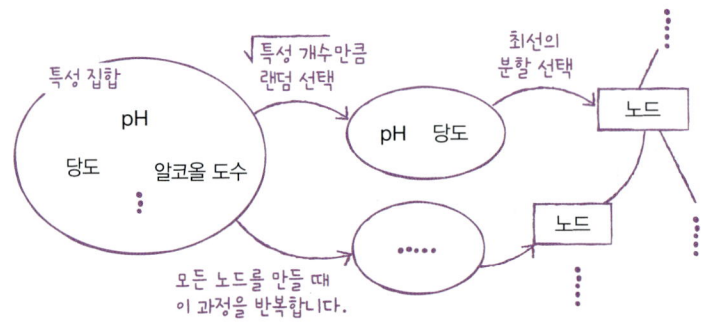

사이킷런의 랜덤 포레스트는 기본적으로 100개의 결정 트리를 이런 방식으로 훈련합니다. 그다음 분류일 때는 각 트리의 클래스별 확률을 평균하여 가장 높은 확률을 가진 클래스를 예측으로 삼습니다. 회귀일 때는 단순히 각 트리의 예측을 평균합니다.

> **➕ 여기서 잠깐** **분류와 회귀를 다시 살펴봅시다.**
>
> 지도 학습 알고리즘을 다루면서 분류와 회귀를 설명했습니다. 분류는 샘플을 몇 개의 클래스 중 하나로 분류하는 문제고, 회귀는 임의의 어떤 숫자를 예측하는 문제였습니다.

랜덤 포레스트는 랜덤하게 선택한 샘플과 특성을 사용하기 때문에 훈련 세트에 과대적합되는 것을 막아주고 검증 세트와 테스트 세트에서 안정적인 성능을 얻을 수 있습니다. 종종 기본 매개변수 설정만으로도 아주 좋은 결과를 냅니다.

그럼 사이킷런의 RandomForestClassifier 클래스를 화이트 와인을 분류하는 문제에 적용해 보죠. 먼저 이전 절에서 했던 것처럼 와인 데이터셋을 판다스로 불러오고 훈련 세트와 테스트 세트로 나눕니다.

```python
import numpy as np
import pandas as pd
from sklearn.model_selection import train_test_split
wine = pd.read_csv('https://bit.ly/wine_csv_data')
data = wine[['alcohol', 'sugar', 'pH']]
target = wine['class']
train_input, test_input, train_target, test_target = train_test_split(
    data, target, test_size=0.2, random_state=42)
```

cross_validate() 함수를 사용해 교차 검증을 수행해 보겠습니다. RandomForestClassifier는 기본적으로 100개의 결정 트리를 사용하므로 n_jobs 매개변수를 -1로 지정하여 모든 CPU 코어를 사용하는 것이 좋습니다. cross_validate() 함수의 n_jobs 매개변수도 -1로 지정하여 최대한 병렬로 교차 검증을 수행하겠습니다. 또 return_train_score 매개변수를 True로 지정하면 검증 점수뿐만 아니라 훈련 세트에 대한 점수도 같이 반환합니다. 훈련 세트와 검증 세트의 점수를 비교하면 과대적합을 파악하는 데 용이합니다(return_train_score 매개변수의 기본값은 False입니다).

```python
from sklearn.model_selection import cross_validate
from sklearn.ensemble import RandomForestClassifier
rf = RandomForestClassifier(n_jobs=-1, random_state=42)
```

```
scores = cross_validate(rf, train_input, train_target,
                        return_train_score=True, n_jobs=-1)
print(np.mean(scores['train_score']), np.mean(scores['test_score']))
```

↳ 0.9973541965122431 0.8905151032797809

출력된 결과를 보면 훈련 세트에 다소 과대적합된 것 같습니다. 여기에서는 알고리즘을 조사하는 것이 목적이므로 매개변수를 더 조정하지 않도록 하겠습니다.

note 사실 이 예제는 매우 간단하고 특성이 많지 않아 그리드 서치를 사용하더라도 하이퍼파라미터 튜닝의 결과가 크게 나아지지 않습니다.

랜덤 포레스트는 결정 트리의 앙상블이기 때문에 DecisionTreeClassifier가 제공하는 중요한 매개변수를 모두 제공합니다. criterion, max_depth, max_features, min_samples_split, min_impurity_decrease, min_samples_leaf 등입니다. 또한 결정 트리의 큰 장점 중 하나인 특성 중요도를 계산합니다. 랜덤 포레스트의 특성 중요도는 각 결정 트리의 특성 중요도를 취합한 것입니다. 앞의 랜덤 포레스트 모델을 훈련 세트에 훈련한 후 특성 중요도를 출력해 보겠습니다.

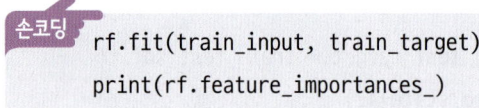
```
rf.fit(train_input, train_target)
print(rf.feature_importances_)
```

↳ [0.23167441 0.50039841 0.26792718]

이 결과를 앞의 1절 '결정 트리'에서 만든 특성 중요도[234쪽]와 비교해 보세요. 결정 트리에서 특성 중요도는 다음과 같았습니다.

↳ [0.12345626 0.86862934 0.0079144]

각각 [알코올 도수, 당도, pH]였는데, 두 번째 특성인 당도의 중요도가 감소하고 알코올 도수와 pH 특성의 중요도가 조금 상승했습니다. 이런 이유는 랜덤 포레스트가 특성의 일부를 랜덤하게 선택하여 결정 트리를 훈련하기 때문입니다. 그 결과 하나의 특성에 과도하게 집중하지 않고 좀 더 많은 특성이 훈련에 기여할 기회를 얻습니다. 이는 과대적합을 줄이고 일반화 성능을 높이는 데 도움이 됩니다.

RandomForestClassifier에는 재미있는 기능이 하나 더 있는데, 자체적으로 모델을 평가하는 점수를 얻을 수 있습니다. 랜덤 포레스트는 훈련 세트에서 중복을 허용하여 부트스트랩 샘플을 만들어 결정 트리를 훈련한다고 했습니다. 이때 부트스트랩 샘플에 포함되지 않고 남는 샘플이 있습니다. 이런 샘플을 OOB$^{out\ of\ bag}$ 샘플이라고 합니다. 이 남는 샘플을 사용하여 부트스트랩 샘플로 훈련한 결정 트리를 평가할 수 있습니다. 마치 검증 세트의 역할을 하는 거죠!

이 점수를 얻으려면 RandomForestClassifier 클래스의 oob_score 매개변수를 True로 지정해야 합니다(이 매개변수의 기본값은 False입니다). 이렇게 하면 랜덤 포레스트는 각 결정 트리의 OOB 점수를 평균하여 출력합니다. oob_score=True로 지정하고 모델을 훈련하여 OOB 점수를 출력해 보겠습니다.

손코딩
```
rf = RandomForestClassifier(oob_score=True, n_jobs=-1, random_state=42)
rf.fit(train_input, train_target)
print(rf.oob_score_)
```

```
0.8934000384837406
```

교차 검증에서 얻은 점수와 매우 비슷한 결과를 얻었습니다. OOB 점수를 사용하면 교차 검증을 대신할 수 있어서 결과적으로 훈련 세트에 더 많은 샘플을 사용할 수 있습니다.

다음에 알아볼 앙상블 학습은 랜덤 포레스트와 아주 비슷한 엑스트라 트리입니다.

엑스트라 트리

엑스트라 트리 Extra Trees는 랜덤 포레스트와 매우 비슷하게 동작합니다. 기본적으로 100개의 결정 트리를 훈련합니다. 랜덤 포레스트와 동일하게 결정 트리가 제공하는 대부분의 매개변수를 지원합니다. 또한 전체 특성 중에 일부 특성을 랜덤하게 선택하여 노드를 분할하는 데 사용합니다.

랜덤 포레스트와 엑스트라 트리의 차이점은 부트스트랩 샘플을 사용하지 않는다는 점입니다. 즉 각 결정 트리를 만들 때 전체 훈련 세트를 사용합니다. 대신 노드를 분할할 때 가장 좋은 분할을 찾는 것이 아니라 무작위로 분할합니다! 사실 빼먹지 않고 책의 구석구석을 따라 읽고 실습했다면 이미 여러분은 엑스트라 트리를 조금 맛보았습니다. 2절의 확인 문제에서 DecisionTreeClassifier의 splitter 매개변수를 'random'으로 지정했는데요, 엑스트라 트리가 사용하는 결정 트리가 바로 splitter='random'인 결정 트리입니다.

하나의 결정 트리에서 특성을 무작위로 분할한다면 성능이 낮아지겠지만 많은 트리를 앙상블 하기 때문에 과대적합을 막고 검증 세트의 점수를 높이는 효과가 있습니다. 사이킷런에서 제공하는 엑스트라 트리는 ExtraTreesClassifier입니다. 이 모델의 교차 검증 점수를 확인해 보죠.

```
from sklearn.ensemble import ExtraTreesClassifier
et = ExtraTreesClassifier(n_jobs=-1, random_state=42)
scores = cross_validate(et, train_input, train_target,
                        return_train_score=True, n_jobs=-1)
print(np.mean(scores['train_score']), np.mean(scores['test_score']))
```

0.9974503966084433 0.8887848893166506

랜덤 포레스트와 비슷한 결과를 얻었습니다. 이 예제는 특성이 많지 않아 두 모델의 차이가 크지 않습니다. 보통 엑스트라 트리가 무작위성이 좀 더 크기 때문에 랜덤 포레스트보다 더 많은 결정 트리를 훈련해야 합니다. 하지만 랜덤하게 노드를 분할하기 때문에 빠른 계산 속도가 엑스트라 트리의 장점입니다.

> **note** 결정 트리는 최적의 분할을 찾는 데 시간을 많이 소모합니다. 특히 고려해야 할 특성의 개수가 많을 때 더 그렇습니다. 만약 무작위로 나눈다면 훨씬 빨리 트리를 구성할 수 있습니다.

엑스트라 트리도 랜덤 포레스트와 마찬가지로 특성 중요도를 제공합니다. 순서는 [알코올 도수, 당도, pH]인데, 결과를 보면 엑스트라 트리도 결정 트리보다 당도에 대한 의존성이 작습니다.

```
et.fit(train_input, train_target)
print(et.feature_importances_)
```

[0.20183568 0.52242907 0.27573525]

엑스트라 트리의 회귀 버전은 ExtraTreesRegressor 클래스입니다.

네, 좋습니다. 지금까지 비슷하지만 조금 다른 2개의 앙상블 학습을 알아보았습니다. 다음에는 이 둘과 다른 방식을 사용하는 앙상블 학습을 알아보겠습니다. 먼저 그레이디언트 부스팅입니다.

그레이디언트 부스팅

그레이디언트 부스팅gradient boosting은 깊이가 얕은 결정 트리를 사용하여 이전 트리의 오차를 보완하는 방식으로 앙상블 하는 방법입니다. 사이킷런의 GradientBoostingClassifier는 기본적으로 깊이가 3인 결정 트리를 100개 사용합니다. 깊이가 얕은 결정 트리를 사용하기 때문에 과대적합에 강하고 일반적으로 높은 일반화 성능을 기대할 수 있습니다.

그레이디언트란 이름에서 눈치챘을지 모르지만 4장에서 배웠던 경사 하강법200쪽을 사용하여 트리를 앙상블에 추가합니다. 분류에서는 로지스틱 손실 함수를 사용하고 회귀에서는 평균 제곱 오차 함수를 사용합니다.

4장에서 경사 하강법은 손실 함수를 산으로 정의하고 가장 낮은 곳을 찾아 내려오는 과정으로 설명했습니다. 이때 가장 낮은 곳을 찾아 내려오는 방법은 모델의 가중치와 절편을 조금씩 바꾸는 것입니다. 그레이디언트 부스팅은 결정 트리를 계속 추가하면서 가장 낮은 곳을 찾아 이동합니다. 혹시 4장에서 손실 함수의 낮은 곳으로 천천히 조금씩 이동해야 한다고 말한 것을 기억하나요? 그레이디언트 부스팅도 마찬가지입니다. 그래서 깊이가 얕은 트리를 사용하는 거죠! 또 학습률 매개변수로 속도를 조절합니다.

그레이디언트 부스팅의 개념에 대해 살펴 보았으니 이제 사이킷런에서 제공하는 GradientBoostingClassifier를 사용해 와인 데이터셋의 교차 검증 점수를 확인해 보죠.

```
from sklearn.ensemble import GradientBoostingClassifier
gb = GradientBoostingClassifier(random_state=42)
scores = cross_validate(gb, train_input, train_target,
                        return_train_score=True, n_jobs=-1)
print(np.mean(scores['train_score']), np.mean(scores['test_score']))
```

```
0.8881086892152563 0.8720430147331015
```

와우! 거의 과대적합이 되지 않습니다. 그레이디언트 부스팅은 결정 트리의 개수를 늘려도 과대적합에 매우 강합니다. 학습률을 증가시키고 트리의 개수를 늘리면 조금 더 성능이 향상될 수 있습니다.

```
gb = GradientBoostingClassifier(n_estimators=500, learning_rate=0.2,
                                random_state=42)
scores = cross_validate(gb, train_input, train_target,
                        return_train_score=True, n_jobs=-1)
print(np.mean(scores['train_score']), np.mean(scores['test_score']))
```

> 0.9464595437171814 0.8780082549788999

결정 트리 개수를 500개로 5배나 늘렸지만 과대적합을 잘 억제하고 있습니다. 학습률 learning_rate의 기본값은 0.1입니다. 그레이디언트 부스팅도 특성 중요도를 제공합니다. 결과에서 볼 수 있듯이 그레이디언트 부스팅이 랜덤 포레스트보다 일부 특성(당도)에 더 집중합니다.

```
gb.fit(train_input, train_target)
print(gb.feature_importances_)
```

> [0.15887763 0.6799705 0.16115187]

재미있는 매개변수가 하나 있습니다. 트리 훈련에 사용할 훈련 세트의 비율을 정하는 subsample입니다. 이 매개변수의 기본값은 1.0으로 전체 훈련 세트를 사용합니다. 하지만 subsample이 1보다 작으면 훈련 세트의 일부를 사용합니다. 이는 마치 경사 하강법 단계마다 일부 샘플을 랜덤하게 선택하여 진행하는 확률적 경사 하강법이나 미니배치 경사 하강법과 비슷합니다.

일반적으로 그레이디언트 부스팅이 랜덤 포레스트보다 조금 더 높은 성능을 얻을 수 있습니다. 하지만 순서대로 트리를 추가하기 때문에 훈련 속도가 느립니다. 즉 GradientBoostingClassifier에는 n_jobs 매개변수가 없습니다. 그레이디언트 부스팅의 회귀 버전은 GradientBoostingRegressor입니다. 그레이디언트 부스팅의 속도와 성능을 더욱 개선한 것이 다음에 살펴볼 히스토그램 기반 그레이디언트 부스팅입니다.

히스토그램 기반 그레이디언트 부스팅

히스토그램 기반 그레이디언트 부스팅 Histogram-based Gradient Boosting은 정형 데이터를 다루는 머신러닝 알고리즘 중에 가장 인기가 높은 알고리즘입니다. 히스토그램 기반 그레이디언트 부스팅은 먼저 입력 특성을 256개의 구간으로 나눕니다. 따라서 노드를 분할할 때 최적의 분할을 매우 빠르게 찾을 수 있습니다. 히스토그램 기반 그레이디언트 부스팅은 256개의 구간 중에서 하나를 떼어 놓고 누락된 값을 위해서 사용합니다. 따라서 입력에 누락된 특성이 있더라도 이를 따로 전처리할 필요가 없죠!

사이킷런의 히스토그램 기반 그레이디언트 부스팅 클래스는 HistGradientBoostingClassifier입니다. 일반적으로 HistGradientBoostingClassifier는 기본 매개변수에서 안정적인 성능을 얻을 수 있습니다. HistGradientBoostingClassifier에는 트리의 개수를 지정하는데 n_estimators 대신에 부스팅 반복 횟수를 지정하는 max_iter를 사용합니다. 성능을 높이려면 max_iter 매개변수를 테스트해 보세요.

그럼 와인 데이터셋에 HistGradientBoostingClassifier 클래스를 적용해 보죠.

```
from sklearn.ensemble import HistGradientBoostingClassifier
hgb = HistGradientBoostingClassifier(random_state=42)
scores = cross_validate(hgb, train_input, train_target,
                        return_train_score=True)
print(np.mean(scores['train_score']), np.mean(scores['test_score']))
```

0.9321723946453317 0.8801241948619236

과대적합을 잘 억제하면서 그레이디언트 부스팅보다 조금 더 높은 성능을 제공합니다. 특성 중요도를 확인해 보죠.

히스토그램 기반 그레이디언트 부스팅은 자체적으로 특성 중요도를 제공하지 않습니다. 그래서 특성 중요도를 계산하기 위해 permutation_importance() 함수를 사용하겠습니다. 이 함수는 특성을 하나씩 랜덤하게 섞어서 모델의 성능이 변화하는지를 관찰하여 어떤 특성이 중요한지를 계산합니다. 훈련 세트뿐만 아니라 테스트 세트에도 적용할 수 있고 사이킷런에서 제공하는 추정기 모델에 모두 사용할 수 있습니다.

먼저 히스토그램 기반 그레이디언트 부스팅 모델을 훈련하고 훈련 세트에서 특성 중요도를 계산해 보겠습니다. n_repeats 매개변수는 랜덤하게 섞을 횟수를 지정합니다. 여기서는 10으로 지정하겠습니다. 기본값은 5입니다.

> **손코딩**
> ```
> from sklearn.inspection import permutation_importance
>
> hgb.fit(train_input, train_target)
> result = permutation_importance(hgb, train_input, train_target,
>                     n_repeats=10, random_state=42, n_jobs=-1)
> print(result.importances_mean)
> ```

⇨ [0.08876275 0.23438522 0.08027708]

permutation_importance() 함수가 반환하는 객체는 반복하여 얻은 특성 중요도(importances), 평균(importances_mean), 표준 편차(importances_std)를 담고 있습니다. 평균을 출력해 보면 랜덤 포레스트와 비슷한 비율임을 알 수 있습니다. 이번에는 테스트 세트에서 특성 중요도를 계산해 보겠습니다.

> **손코딩**
> ```
> result = permutation_importance(hgb, test_input, test_target,
>                     n_repeats=10, random_state=42, n_jobs=-1)
> print(result.importances_mean)
> ```

⇨ [0.05969231 0.20238462 0.049   ]

테스트 세트의 결과를 보면 그레이디언트 부스팅과 비슷하게 조금 더 당도에 집중하고 있다는 것을 알 수 있습니다. 이런 분석을 통해 모델을 실전에 투입했을 때 어떤 특성에 관심을 둘지 예상할 수 있습니다.

그럼 HistGradientBoostingClassifier를 사용해 테스트 세트에서의 성능을 최종적으로 확인해 보죠.

> **손코딩**
> ```
> hgb.score(test_input, test_target)
> ```

⇨ 0.8723076923076923

테스트 세트에서는 약 87% 정확도를 얻었습니다. 실전에 투입하면 성능은 이보다는 조금 더 낮을 것입니다. 앙상블 모델은 확실히 단일 결정 트리보다 좋은 결과를 얻을 수 있군요! (기억이 나지 않을 수 있는데 2절의 랜덤 서치에서 테스트 정확도는 86%였습니다)

히스토그램 기반 그레이디언트 부스팅의 회귀 버전은 HistGradientBoostingRegressor 클래스에 구현되어 있습니다. 사이킷런에서 제공하는 히스토그램 기반 그레이디언트 부스팅 말고도 그레이디언트 부스팅 알고리즘을 구현한 라이브러리가 여럿 있습니다.

가장 대표적인 라이브러리는 XGBoost[1]입니다. 놀랍게도 이 라이브러리도 코랩에서 사용할 수 있을 뿐만 아니라 사이킷런의 cross_validate() 함수와 함께 사용할 수도 있습니다. XGBoost는 다양한 부스팅 알고리즘을 지원합니다. tree_method 매개변수를 'hist'로 지정하면 히스토그램 기반 그레이디언트 부스팅을 사용할 수 있습니다. 그럼 XGBoost를 사용해 와인 데이터의 교차 검증 점수를 확인해 보겠습니다.

```
from xgboost import XGBClassifier
xgb = XGBClassifier(tree_method='hist', random_state=42)
scores = cross_validate(xgb, train_input, train_target,
                        return_train_score=True, n_jobs=-1)
print(np.mean(scores['train_score']), np.mean(scores['test_score']))
```

```
0.9558403027491312 0.8782000074035686
```

널리 사용하는 또 다른 히스토그램 기반 그레이디언트 부스팅 라이브러리는 마이크로소프트에서 만든 LightGBM[2]입니다. LightGBM은 빠르고 최신 기술을 많이 적용하고 있어 인기가 점점 높아지고 있습니다. LightGBM도 코랩에 이미 설치되어 있어 바로 테스트해 볼 수 있습니다!

---

1 https://xgboost.ai/
2 https://github.com/microsoft/LightGBM

```
from lightgbm import LGBMClassifier
lgb = LGBMClassifier(random_state=42)
scores = cross_validate(lgb, train_input, train_target,
                        return_train_score=True, n_jobs=-1)
print(np.mean(scores['train_score']), np.mean(scores['test_score']))
```

0.935828414851749 0.8801251203079884

사실 사이킷런의 히스토그램 기반 그레이디언트 부스팅이 LightGBM에서 영향을 많이 받았습니다. 이제 히스토그램 기반 그레이디언트 부스팅까지 4개의 앙상블을 모두 다루어 보았습니다. 혼공머신이 정말 수고가 많았군요. 축하드립니다!

> **여기서 잠깐** | **좀 더 열정적인 독자에게**
>
> 이 책에서는 XGBoost와 LightGBM에 대해 많이 소개하지 못했습니다. 더 자세한 내용을 알고 싶다면 『XGBoost와 사이킷런을 활용한 그레이디언트 부스팅』(한빛미디어, 2022)을 참고하세요.

앙상블 학습을 통한 성능 향상 문제해결 방식

이제 이사님께 드릴 보고서가 완성되었습니다! 훌륭하네요!

이번 절에서는 앙상블 학습을 배웠습니다. 결정 트리 기반의 앙상블 학습은 강력하고 뛰어난 성능을 제공하기 때문에 인기가 아주 높습니다. 사이킷런에서 제공하는 앙상블 학습 알고리즘 중 랜덤 포레스트, 엑스트라 트리, 그레이디언트 부스팅, 히스토그램 기반 그레이디언트 부스팅을 다루었습니다.

> ### 앙상블 학습 보고서
>
> 작성자 : 혼공머신
>
> 앙상블 학습은 정형 데이터에서 가장 뛰어난 성능을 내는 머신러닝 알고리즘 중 하나입니다. 대표적인 앙상블 학습은 다음과 같습니다.
>
> ### 사이킷런
> - 랜덤 포레스트 : 부트스트랩 샘플 사용. 대표 앙상블 학습 알고리즘임
> - 엑스트라 트리 : 결정 트리의 노드를 랜덤하게 분할함
> - 그레이디언트 부스팅 : 이전 트리의 손실을 보완하는 식으로 얕은 결정 트리를 연속하여 추가함
> - 히스토그램 기반 그레이디언트 부스팅 : 훈련 데이터를 256개 정수 구간으로 나누어 빠르고 높은 성능을 냄
>
> ### 그외 라이브러리
> - XGBoost
> - LightGBM

랜덤 포레스트는 가장 대표적인 앙상블 학습 알고리즘입니다. 성능이 좋고 안정적이기 때문에 첫 번째로 시도해 볼 수 있는 앙상블 학습 중 하나입니다. 랜덤 포레스트는 결정 트리를 훈련하기 위해 부트스트랩 샘플을 만들고 전체 특성 중 일부를 랜덤하게 선택하여 결정 트리를 만듭니다.

엑스트라 트리는 랜덤 포레스트와 매우 비슷하지만 부트스트랩 샘플을 사용하지 않고 노드를 분할할 때 최선이 아니라 랜덤하게 분할합니다. 이런 특징 때문에 랜덤 포레스트보다 훈련 속도가 빠르지만 보통 더 많은 트리가 필요합니다.

그레이디언트 부스팅은 깊이가 얕은 트리를 연속적으로 추가하여 손실 함수를 최소화하는 앙상블 방법입니다. 성능이 뛰어나지만 병렬로 훈련할 수 없기 때문에 랜덤 포레스트나 엑스트라 트리보다 훈련 속도가 조금 느립니다. 그레이디언트 부스팅에서 학습률 매개변수를 조정하여 모델의 복잡도를 제어할 수 있습니다. 학습률 매개변수가 크면 복잡하고 훈련 세트에 과대적합된 모델을 얻을 수 있습니다.

끝으로 가장 뛰어난 앙상블 학습으로 평가받는 히스토그램 기반 그레이디언트 부스팅 알고리즘을 살펴보았습니다. 히스토그램 기반 그레이디언트 부스팅은 훈련 데이터를 256개의 구간으로 변환하여 사용하기 때문에 노드 분할 속도가 매우 빠릅니다. 코랩에는 사이킷런뿐만 아니라 히스토그램 기반 그레이디언트 부스팅 라이브러리인 XGBoost와 LightGBM이 이미 설치되어 있어 바로 시험해 볼 수 있습니다.

이 절에서 다양한 앙상블 학습 방법을 배워 보았습니다. 앙상블 학습과 그리드 서치, 랜덤 서치를 사용한 하이퍼파라미터 튜닝을 사용하면 최고 수준의 성능을 내는 머신러닝 모델을 얻을 수 있습니다.

지금까지는 입력과 타깃이 준비된 문제를 풀었습니다. 이런 머신러닝 분야를 지도 학습 supervised learning 이라고 부릅니다. 타깃이 없다면 어떨까요? 이때에도 유용한 무언가를 학습할 수 있을까요? 다음 장에서 이에 대해 배워 보겠습니다.

전체 소스 코드

note https://bit.ly/hg2-05-3에 접속하면 코랩에서 이 절의 코드를 바로 열어 볼 수 있습니다.

```python
"""# 트리의 앙상블"""

"""## 랜덤 포레스트"""

import numpy as np
import pandas as pd
from sklearn.model_selection import train_test_split

wine = pd.read_csv('https://bit.ly/wine_csv_data')

data = wine[['alcohol', 'sugar', 'pH']]
target = wine['class']

train_input, test_input, train_target, test_target = train_test_split(
    data, target, test_size=0.2, random_state=42)

from sklearn.model_selection import cross_validate
from sklearn.ensemble import RandomForestClassifier

rf = RandomForestClassifier(n_jobs=-1, random_state=42)
scores = cross_validate(rf, train_input, train_target,
                        return_train_score=True, n_jobs=-1)
```

```python
print(np.mean(scores['train_score']), np.mean(scores['test_score']))

rf.fit(train_input, train_target)
print(rf.feature_importances_)

rf = RandomForestClassifier(oob_score=True, n_jobs=-1, random_state=42)

rf.fit(train_input, train_target)
print(rf.oob_score_)
```

"""## 엑스트라 트리"""

```python
from sklearn.ensemble import ExtraTreesClassifier

et = ExtraTreesClassifier(n_jobs=-1, random_state=42)
scores = cross_validate(et, train_input, train_target,
                        return_train_score=True, n_jobs=-1)

print(np.mean(scores['train_score']), np.mean(scores['test_score']))

et.fit(train_input, train_target)
print(et.feature_importances_)
```

"""## 그레이디언트 부스팅"""

```python
from sklearn.ensemble import GradientBoostingClassifier

gb = GradientBoostingClassifier(random_state=42)
scores = cross_validate(gb, train_input, train_target,
                        return_train_score=True, n_jobs=-1)

print(np.mean(scores['train_score']), np.mean(scores['test_score']))

gb = GradientBoostingClassifier(n_estimators=500, learning_rate=0.2,
                                random_state=42)
```

```python
scores = cross_validate(gb, train_input, train_target,
                        return_train_score=True, n_jobs=-1)

print(np.mean(scores['train_score']), np.mean(scores['test_score']))

gb.fit(train_input, train_target)
print(gb.feature_importances_)

"""## 히스토그램 기반 그레이디언트 부스팅"""

from sklearn.experimental import enable_hist_gradient_boosting
from sklearn.ensemble import HistGradientBoostingClassifier
hgb = HistGradientBoostingClassifier(random_state=42)
scores = cross_validate(hgb, train_input, train_target,
                        return_train_score=True, n_jobs=-1)

print(np.mean(scores['train_score']), np.mean(scores['test_score']))

from sklearn.inspection import permutation_importance

hgb.fit(train_input, train_target)
result = permutation_importance(hgb, train_input, train_target,
                                n_repeats=10, random_state=42, n_jobs=-1)
print(result.importances_mean)

result = permutation_importance(hgb, test_input, test_target, n_repeats=10,
                                random_state=42, n_jobs=-1)
print(result.importances_mean)
hgb.score(test_input, test_target)

"""### XGBoost"""

from xgboost import XGBClassifier

xgb = XGBClassifier(tree_method='hist', random_state=42)
scores = cross_validate(xgb, train_input, train_target,
                        return_train_score=True, n_jobs=-1)
```

```
print(np.mean(scores['train_score']), np.mean(scores['test_score']))

"""### LightGBM"""

from lightgbm import LGBMClassifier
lgb = LGBMClassifier(random_state=42)
scores = cross_validate(lgb, train_input, train_target,
                        return_train_score=True, n_jobs=-1)

print(np.mean(scores['train_score']), np.mean(scores['test_score']))
```

마무리

▶ 키워드로 끝내는 핵심 포인트

- **앙상블 학습**은 더 좋은 예측 결과를 만들기 위해 여러 개의 모델을 훈련하는 머신러닝 알고리즘을 말합니다.

- **랜덤 포레스트**는 대표적인 결정 트리 기반의 앙상블 학습 방법입니다. 부트스트랩 샘플을 사용하고 랜덤하게 일부 특성을 선택하여 트리를 만드는 것이 특징입니다.

- **엑스트라 트리**는 랜덤 포레스트와 비슷하게 결정 트리를 사용하여 앙상블 모델을 만들지만 부트스트랩 샘플을 사용하지 않습니다. 대신 랜덤하게 노드를 분할해 과대적합을 감소시킵니다.

- **그레이디언트 부스팅**은 랜덤 포레스트나 엑스트라 트리와 달리 결정 트리를 연속적으로 추가하여 손실 함수를 최소화하는 앙상블 방법입니다. 이런 이유로 훈련 속도가 조금 느리지만 더 좋은 성능을 기대할 수 있습니다. 그레이디언트 부스팅의 속도를 개선한 것이 **히스토그램 기반 그레이디언트 부스팅**이며 안정적인 결과와 높은 성능으로 매우 인기가 높습니다.

▶ 핵심 패키지와 함수

scikit-learn

- **RandomForestClassifier**는 랜덤 포레스트 분류 클래스입니다.

    n_estimators 매개변수는 앙상블을 구성할 트리의 개수를 지정합니다. 기본값은 100입니다.

    criterion 매개변수는 불순도를 지정하며 기본값은 지니 불순도를 의미하는 'gini'이고 'entropy'를 선택하여 엔트로피 불순도를 사용할 수 있습니다.

    max_depth는 트리가 성장할 최대 깊이를 지정합니다. 기본값은 None으로 지정하면 리프 노드가 순수하거나 min_samples_split보다 샘플 개수가 적을 때까지 성장합니다.

    min_samples_split은 노드를 나누기 위한 최소 샘플 개수입니다. 기본값은 2입니다.

    max_features 매개변수는 최적의 분할을 위해 탐색할 특성의 개수를 지정합니다. 기본값은 sqrt로 특성 개수의 제곱근입니다.

bootstrap 매개변수는 부트스트랩 샘플을 사용할지 지정합니다. 기본값은 True입니다.

oob_score는 OOB 샘플을 사용하여 훈련한 모델을 평가할지 지정합니다. 기본값은 False입니다.

n_jobs 매개변수는 병렬 실행에 사용할 CPU 코어 수를 지정합니다. 기본값은 1로 하나의 코어를 사용합니다. -1로 지정하면 시스템에 있는 모든 코어를 사용합니다.

- **ExtraTreesClassifier**는 엑스트라 트리 분류 클래스입니다.

  n_estimators, criterion, max_depth, min_samples_split, max_features 매개변수는 랜덤 포레스트와 동일합니다.

  bootstrap 매개변수는 부트스트랩 샘플을 사용할지 지정합니다. 기본값은 False입니다.

  oob_score는 OOB 샘플을 사용하여 훈련한 모델을 평가할지 지정합니다. 기본값은 False입니다.

  n_jobs 매개변수는 병렬 실행에 사용할 CPU 코어 수를 지정합니다. 기본값은 1로 하나의 코어를 사용합니다. -1로 지정하면 시스템에 있는 모든 코어를 사용합니다.

- **GradientBoostingClassifier**는 그레이디언트 부스팅 분류 클래스입니다.

  loss 매개변수는 손실 함수를 지정합니다. 기본값은 로지스틱 손실 함수를 의미하는 'log_loss'입니다.

  learning_rate 매개변수는 트리가 앙상블에 기여하는 정도를 조절합니다. 기본값은 0.1입니다.

  n_estimators 매개변수는 부스팅 단계를 수행하는 트리의 개수입니다. 기본값은 100입니다.

  subsample 매개변수는 사용할 훈련 세트의 샘플 비율을 지정합니다. 기본값은 1.0입니다.

  max_depth 매개변수는 개별 회귀 트리의 최대 깊이입니다. 기본값은 3입니다.

- **HistGradientBoostingClassifier**는 히스토그램 기반 그레이디언트 부스팅 분류 클래스입니다.

  learning_rate 매개변수는 학습률 또는 감쇠율이라고 합니다. 기본값은 0.1이며 1.0이면 감쇠가 전혀 없습니다.

  max_iter는 부스팅 단계를 수행하는 트리의 개수입니다. 기본값은 100입니다.

  max_bins는 입력 데이터를 나눌 구간의 개수입니다. 기본값은 255이며 이보다 크게 지정할 수 없습니다. 여기에 1개의 구간이 누락된 값을 위해 추가됩니다.

▶ 확인 문제

1. 여러 개의 모델을 훈련시키고 각 모델의 예측을 취합하여 최종 결과를 만드는 학습 방식을 무엇이라고 부르나요?

① 단체 학습

② 오케스트라 학습

③ 심포니 학습

④ 앙상블 학습

2. 다음 중 비정형 데이터에 속하는 것은 무엇인가요?

① 엑셀 데이터

② CSV 데이터

③ 데이터베이스 데이터

④ 이미지 데이터

3. 다음 알고리즘 중 기본적으로 부트스트랩 샘플을 사용하는 알고리즘은 무엇인가요?

① 랜덤 포레스트

② 엑스트라 트리

③ 그레이디언트 부스팅

④ 히스토그램 기반 그레이디언트 부스팅

4. 다음 중 순서대로 트리를 추가하여 앙상블 모델을 만드는 방법은 무엇인가요?

① 결정 트리

② 랜덤 포레스트

③ 엑스트라 트리

④ 그레이디언트 부스팅

자주 하는 질문

Q. 05-1절에서 결정 트리는 정보 이득이 최대가 되는 지점에서 노드를 분할한다고 했는데요. 그럼 이런 분할 지점을 어떻게 찾나요?

A. 사이킷런의 결정 트리 클래스에서 splitter 매개변수가 기본값 'best'인 경우, 특성값을 오름차순으로 정렬한 다음 각 값의 중간값을 사용하여 정보 이득이 최대가 되는 지점을 찾습니다. splitter 매개변수가 'random'으로 설정되면, 특성의 최솟값과 최댓값 사이에서 균등 분포를 사용해 분할 지점을 랜덤하게 선택합니다.

Q. 05-1절의 243페이지에 있는 노드 설명에서 '왼쪽 노드'에 나와 있는 샘플 수 2922는 어디서 온 건가요?

A. 가끔 자식 노드의 샘플 수를 부모 노드의 samples나 value 값과 비교하고 이상하게 느끼는 경우가 있습니다. 자식 노드의 samples 값은 부모 노드의 samples 중에서 조건을 만족하는 (yes) 샘플 수입니다. 이를 부모 노드의 value 값과 혼돈하지 마세요. 부모 노드의 value 값은 samples 중에서 음성 클래스 샘플과 양성 클래스 샘플의 수입니다.

Q. 05-2절에서 사용한 StratifiedKFold와 KFold의 차이는 무엇인가요?

A. KFold는 교차 검증을 위해 타깃값을 고려하지 않고 훈련 세트를 동일한 크기의 세 개의 폴드로 나눕니다. 회귀 문제에서는 이 방식이 큰 문제가 되지 않지만, 분류 문제에서는 문제가 발생할 수 있습니다.

타깃 클래스의 비율이 고르지 않을 경우, 어떤 폴드에 특정 클래스의 샘플이 매우 적게 포함되거나 아예 포함되지 않을 수도 있습니다. 이런 데이터를 사용하면 모델이 올바르게 훈련되기 어렵습니다. 따라서 분류의 경우 전체 훈련 데이터에 있는 타깃 클래스의 비율이 각 폴드에서도 유지되도록 나누는 것이 좋습니다. 이런 역할을 수행하는 것이 StratifiedKFold 클래스입니다. cross_valiate() 함수는 분류 모델이 전달될 경우 자동으로 StratifiedKFold 클래스를 사용해 교차 검증을 수행합니다.

Q. 05-2절에서 cross_validate() 함수에서 훈련한 모델을 따로 확인할 수 없나요?

A. cross_validate() 함수가 교차 검증을 수행하면서 만든 모델을 얻고 싶다면 return_estimator 매개변수를 True로 지정하면 됩니다. cross_validate() 함수가 반환한 딕셔너리에 'estimator' 키에 각 분할에서 훈련된 모델이 저장되어 있습니다. 교차 검증을 수행할 때 각 모델이 검증 세트에 대해 예측한 결과를 얻고 싶다면 cross_val_predict() 함수를 사용하세요. 교차 검증에 전달된 모든 샘플은 딱 한 번씩 검증 세트에 포함됩니다. 따라서 cross_val_predict() 함수는 훈련 세트에 대해 교차 검증된 예측을 만들어 줍니다. 이 함수의 method 매개변수 기본값은 'predict'로 모델의 predict() 메서드 결과를 반환합니다. 또는 'predict_proba'나 'decision_function'으로 지정할 수도 있습니다. 그 외 사용법은 cross_validate()와 동일합니다.

Q. 05-3절에서 앙상블 학습은 왜 주로 결정 트리를 사용하나요?

A. 05-1절에서 보았듯이 결정 트리는 해석하기 쉽습니다. 또 비교적 빠르게 훈련할 수 있기 때문에 많은 모델을 만들어야 하는 앙상블 학습에 적합합니다. 무엇보다도 결정 트리는 데이터에 작은 변화가 있을 때 민감하게 반응하고 모델이 크게 달라집니다. 앙상블 학습은 뛰어난 몇 개의 모델을 사용하는 것보다 성능이 낮은 많은 모델을 앙상블 했을 때 높은 효과를 얻습니다. 결정 트리는 규제를 하지 않았을 때 과대적합되기 매우 쉽지만 가지치기를 사용해 과소적합된 모델을 만들기도 쉽습니다. 이런 이유로 결정 트리가 앙상블 학습에 주로 사용됩니다.

Q. 05-3절에서 히스토그램 기반 부스팅은 256개보다 더 많은 구간을 사용할 수 없나요?

A. 네. 사이킷런의 히스토그램 기반 부스팅 모델에서 max_bins 매개변수의 기본값은 255이며, 이보다 큰 값으로 설정할 수 없습니다. 추가적으로 1개의 구간은 누락된 값을 처리하는 데 사용됩니다. 구간을 256개로 나누면 8비트로 표현할 수 있어 메모리를 효율적으로 사용하면서 모델을 빠르게 구축할 수 있습니다.

XGBoost와 LightGBM 라이브러리에서는 max_bin 파라미터를 사용하여 기본값 256보다 더 많은 구간을 설정할 수 있습니다. 그러나, 모델 훈련 속도가 느려질 수 있습니다.

학습목표
- 타깃이 없는 데이터를 사용하는 비지도 학습과 대표적인 알고리즘을 소개합니다.
- 대표적인 군집 알고리즘인 k-평균을 배웁니다.
- 대표적인 차원 축소 알고리즘인 주성분 분석(PCA)을 배웁니다.

Chapter 06

비지도 학습

비슷한 과일끼리 모으자!

06-1 군집 알고리즘

핵심 키워드 비지도 학습   히스토그램   군집

흑백 사진을 분류하기 위해 여러 가지 아이디어를 내면서 비지도 학습과 군집 알고리즘에 대해 이해합니다.

시작하기 전에

한빛 마켓은 농산물 판매로 확대하며 새 이벤트를 기획하고 있습니다. 고객이 한빛 마켓에서 사고 싶은 과일 사진을 보내면 그중 가장 많이 요청하는 과일을 판매 품목으로 선정하려 합니다. 또 1위로 선정된 과일 사진을 보낸 고객 중 몇 명을 뽑아 이벤트 당첨자로 선정할 겁니다.

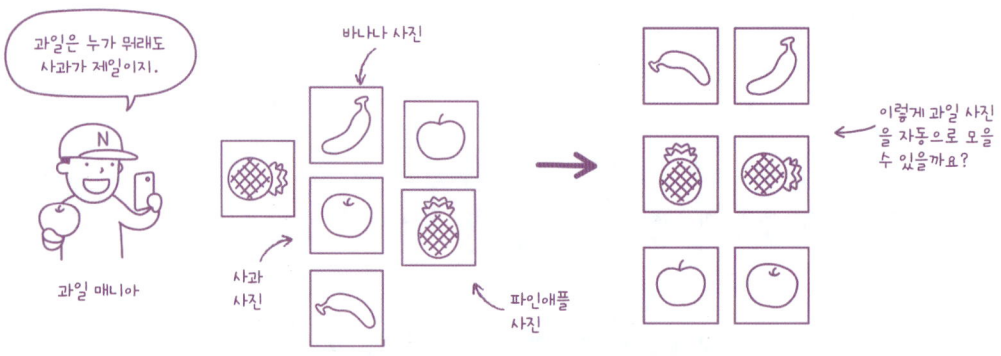

그런데 고객이 올린 사진을 사람이 하나씩 분류하기는 어렵겠죠. 그렇다고 생선처럼 미리 과일 분류기를 훈련하기에는 고객들이 어떤 과일 사진을 보낼지 알 수 없으니 곤란합니다. 사진에 대한 정답(타깃)을 알지 못하는데 어떻게 이 사진을 종류대로 모을 수 있을까요?

타깃을 모르는 비지도 학습

혼공머신은 타깃을 모르는 사진을 종류별로 분류하려 합니다. 이렇게 타깃이 없을 때 사용하는 머신러닝 알고리즘이 있습니다. 바로 **비지도 학습**unsupervised learning입니다. 사람이 가르쳐 주지 않아도 데이터에 있는 무언가를 학습하는 거죠. 혼공머신은 대체 어떻게 해야 할지 한참을 고민했습니다. 그때 김 팀장이 흥미로운 아이디어를 제안했습니다.

"사진의 픽셀값을 모두 평균 내면 비슷한 과일끼리 모이지 않을까?"

"글쎄요. 확신할 수는 없지만 해 봐야 알 것 같습니다."

"모델을 만들기 위해 개발 팀에서 사진 300장을 받아 놨네. 같이 고민해 보자구."

그럼 데이터를 준비하고 픽셀값을 이용해서 사진을 분류하겠습니다.

과일 사진 데이터 준비하기

김 팀장이 준비한 과일 데이터는 사과, 바나나, 파인애플을 담고 있는 흑백 사진입니다. 이 데이터는 넘파이 배열의 기본 저장 포맷인 npy 파일로 저장되어 있습니다. 넘파이에서 이 파일을 읽으려면 먼저 코랩으로 다운로드해야 합니다. 코랩에서 다음 명령을 실행해 파일을 다운로드하세요.

> **+ 여기서 잠깐 | 과일 데이터셋의 출처**
>
> 이 과일 데이터는 캐글에 공개된 데이터셋입니다.
> - https://www.kaggle.com/moltean/fruits

```
!wget https://bit.ly/fruits_300_data -O fruits_300.npy
```

> **+ 여기서 잠깐 | !는 뭔가요?**
>
> 코랩의 코드 셀에서 '!' 문자로 시작하면 코랩은 이후 명령을 파이썬 코드가 아니라 리눅스 셸(shell) 명령으로 이해합니다. wget 명령은 원격 주소에서 데이터를 다운로드하여 저장합니다. -O 옵션에서 저장할 파일 이름을 지정할 수 있습니다.
>
> 이 명령을 실행하고 나서 코랩의 왼쪽 파일 탭을 열면 다음 그림처럼 fruits_300.npy가 저장된 것을 볼 수 있습니다.

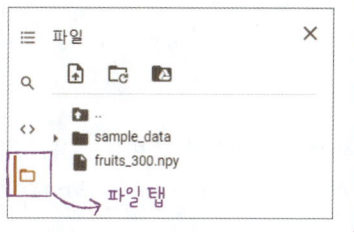

그럼 이 파일에서 데이터를 로드하겠습니다. 먼저 넘파이와 맷플롯립 패키지를 임포트합니다.

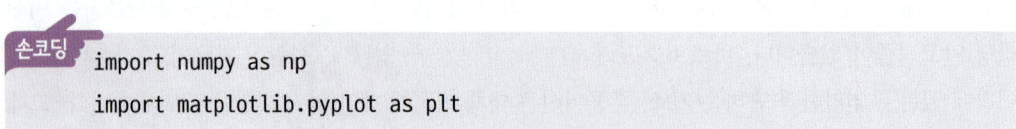

```
import numpy as np
import matplotlib.pyplot as plt
```

넘파이에서 npy 파일을 로드하는 방법은 아주 간단합니다. load() 메서드에 파일 이름을 전달하는 것이 전부죠.

```
fruits = np.load('fruits_300.npy')
```

fruits는 넘파이 배열이고 fruits_300.npy 파일에 들어 있는 모든 데이터를 담고 있습니다. fruits 배열의 크기를 확인하겠습니다.

```
print(fruits.shape)
```

```
(300, 100, 100)
```

이 배열의 첫 번째 차원(300)은 샘플의 개수를 나타내고, 두 번째 차원(100)은 이미지 높이, 세 번째 차원(100)은 이미지 너비입니다. 이미지 크기는 100 × 100입니다. 각 픽셀은 넘파이 배열의 원소 하나에 대응합니다. 즉 배열의 크기가 100 × 100입니다.

첫 번째 이미지의 첫 번째 행을 출력하겠습니다. 3차원 배열이기 때문에 처음 2개의 인덱스를 0으로 지정하고 마지막 인덱스는 지정하지 않거나 슬라이싱 연산자를 쓰면 첫 번째 이미지의 첫 번째 행을 모두 선택할 수 있습니다.

> 손코딩
> ```
> print(fruits[0, 0, :])
> ```

```
[  1   1   1   1   1   1   1   1   1   1   1   1   1   1   1   2   1
   2   2   2   2   2   2   1   1   1   1   1   1   1   1   2   3   2   1
   2   1   1   1   1   2   1   3   2   1   3   1   4   1   2   5   5   5
  19 148 192 117  28   1   1   2   1   4   1   1   3   1   1   1   1   1
   2   2   1   1   1   1   1   1   1   1   1   1   1   1   1   1   1   1
   1   1   1   1   1   1   1   1   1]
```

첫 번째 행에 있는 픽셀 100개에 들어 있는 값을 출력했습니다. 이 넘파이 배열은 흑백 사진을 담고 있으므로 0~255까지의 정숫값을 가집니다. 이 정숫값에 대해 조금 더 설명하기 전에 먼저 첫 번째 이미지를 그림으로 그려서 이 숫자와 비교하겠습니다.

맷플롯립의 imshow() 함수를 사용하면 넘파이 배열로 저장된 이미지를 쉽게 그릴 수 있습니다. 흑백 이미지이므로 cmap 매개변수를 'gray'로 지정합니다.

> 손코딩
> ```
> plt.imshow(fruits[0], cmap='gray')
> plt.show()
> ```

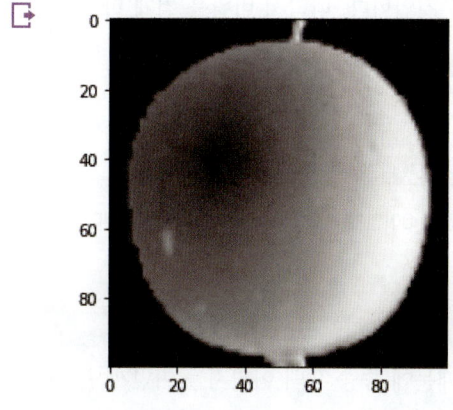

첫 번째 이미지는 사과 같네요. 다음의 그림처럼 첫 번째 행이 위에서 출력한 배열 값에 해당합니다. 0에 가까울수록 검게 나타나고 높은 값은 밝게 표시됩니다.

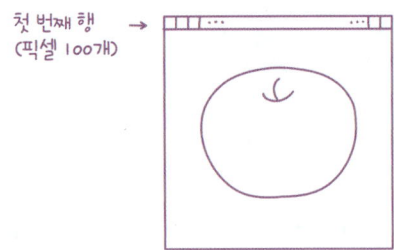

보통 흑백 샘플 이미지는 바탕이 밝고 물체(여기서는 사과)가 짙은 색입니다. 그런데 왜 이렇게 보일까요? 사실 이 흑백 이미지는 사진으로 찍은 이미지를 넘파이 배열로 변환할 때 반전시킨 것입니다. 사진의 흰 바탕(높은 값)은 검은색(낮은 값)으로 만들고 실제 사과가 있어 짙은 부분(낮은 값)은 밝은색(높은 값)으로 바꾸었습니다. 다음 그림을 참고하세요.

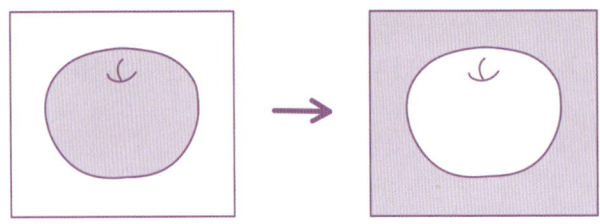

왜 이렇게 바꾸었을까요? 우리의 관심 대상은 바탕이 아니라 사과입니다. 흰색 바탕은 우리에게 중요하지 않지만 컴퓨터는 255에 가까운 바탕에 집중할 것입니다. 따라서 바탕을 검게 만들고 사진에 짙게 나온 사과를 밝은색으로 만들었습니다.

> **+ 여기서 잠깐**   **컴퓨터는 왜 255에 가까운 바탕에 집중하나요?**
>
> 알고리즘이 어떤 출력을 만들기 위해 곱셈, 덧셈을 합니다. 픽셀값이 0이면 출력도 0이 되어 의미가 없습니다. 픽셀값이 높으면 출력값도 커지기 때문에 의미를 부여하기 좋습니다.

우리가 보는 것과 컴퓨터가 처리하는 방식이 다르기 때문에 종종 흑백 이미지를 이렇게 반전하여 사용합니다. 관심 대상의 영역을 높은 값으로 바꾸었지만 맷플롯립으로 출력할 때 바탕이 검게 나오므로 보기에는 썩 좋지 않네요. cmap 매개변수를 'gray_r'로 지정하면 다시 반전하여 우리 눈에 보기 좋게 출력합니다.

```
plt.imshow(fruits[0], cmap='gray_r')
plt.show()
```

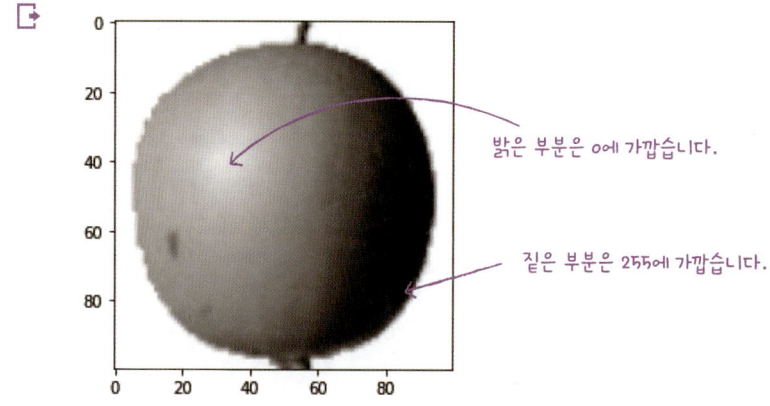

밝은 부분은 0에 가깝습니다.

짙은 부분은 255에 가깝습니다.

이 그림에서 밝은 부분이 0에 가깝고 짙은 부분이 255에 가까운 값이라는 것을 꼭 기억하세요.

이 데이터는 사과, 바나나, 파인애플이 각각 100개씩 들어 있습니다. 바나나와 파인애플 이미지도 출력하겠습니다.

```
fig, axs = plt.subplots(1, 2)
axs[0].imshow(fruits[100], cmap='gray_r')
axs[1].imshow(fruits[200], cmap='gray_r')
plt.show()
```

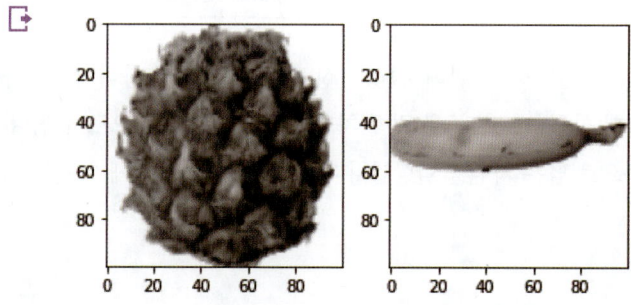

그림이 보기 좋게 나란히 나타났습니다. 맷플롯립의 subplots() 함수를 사용하면 여러 개의 그래프를 배열처럼 쌓을 수 있도록 도와줍니다. subplots() 함수의 두 매개변수는 그래프를 쌓을 행과 열을 지정합니다. 여기에서는 subplots(1, 2)처럼 하나의 행과 2개의 열을 지정했습니다.

반환된 axs는 2개의 서브 그래프를 담고 있는 배열입니다. axs[0]에 파인애플 이미지를, 그리고 axs[1]에 바나나 이미지를 그렸습니다. 이 장에서 subplots()를 사용해 한 번에 여러 개의 이미지를 그려 보겠습니다.

자 이제 샘플 데이터가 준비되었습니다. 이 데이터의 처음 100개는 사과, 그다음 100개는 파인애플, 마지막 100개는 바나나입니다. 각 과일 사진의 평균을 내서 차이를 확인해 보죠.

픽셀값 분석하기

사용하기 쉽게 fruits 데이터를 사과, 파인애플, 바나나로 각각 나누어 봅시다. 넘파이 배열을 나눌 때 100 × 100 이미지를 펼쳐서 길이가 10,000인 1차원 배열로 만들겠습니다. 이렇게 펼치면 이미지로 출력하긴 어렵지만 배열을 계산할 때 편리합니다.

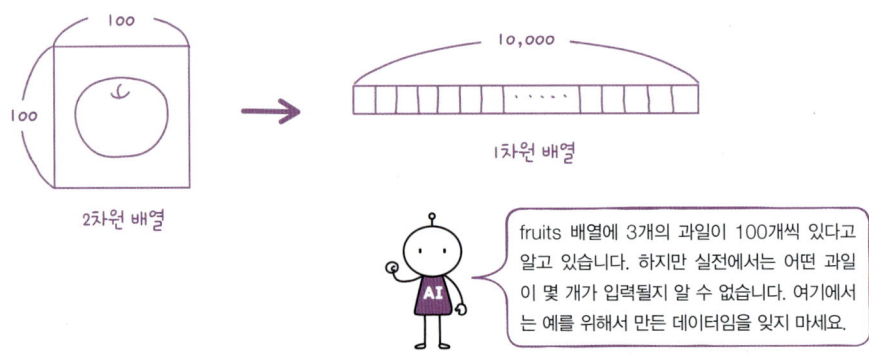

> fruits 배열에 3개의 과일이 100개씩 있다고 알고 있습니다. 하지만 실전에서는 어떤 과일이 몇 개가 입력될지 알 수 없습니다. 여기에서는 예를 위해서 만든 데이터임을 잊지 마세요.

fruits 배열에서 순서대로 100개씩 선택하기 위해 슬라이싱 연산자를 사용합니다. 그다음 reshape() 메서드를 사용해 두 번째 차원(100)과 세 번째 차원(100)을 10,000으로 합칩니다. 첫 번째 차원을 -1로 지정하면 자동으로 남은 차원을 할당합니다. 여기에서는 첫 번째 차원이 샘플 개수입니다.

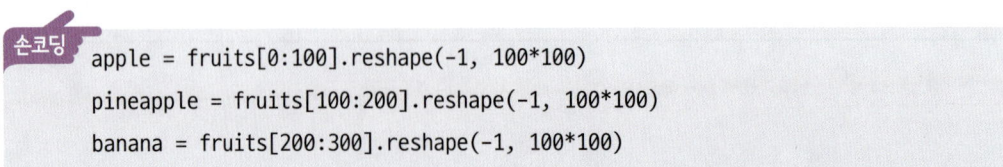

```
apple = fruits[0:100].reshape(-1, 100*100)
pineapple = fruits[100:200].reshape(-1, 100*100)
banana = fruits[200:300].reshape(-1, 100*100)
```

이제 apple, pineapple, banana 배열의 크기는 (100, 10000)입니다. 사과를 확인해볼까요? 뭐 바나나를 확인해 봐도 괜찮습니다.

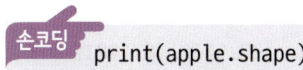 `print(apple.shape)`

```
(100, 10000)
```

좋습니다. 이제 apple, pineapple, banana 배열에 들어 있는 샘플의 픽셀 평균값을 계산해 보죠. 이를 위해 넘파이 mean() 메서드를 사용하겠습니다. 샘플마다 픽셀의 평균값을 계산해야 하므로 mean() 메서드가 평균을 계산할 축을 지정해야 합니다. axis=0으로 하면 첫 번째 축인 행을 따라 계산합니다. axis=1로 지정하면 두 번째 축인 열을 따라 계산합니다.

> **+ 여기서 잠깐** **axis 인수가 뭔가요?**
>
> 2장에서도 잠깐 나오긴 했는데 정확히 axis에 대해 언급하지는 않았습니다. 먼저 다음 그림을 보세요. 그림의 axis는 배열의 '축'을 의미합니다. 다음의 apple 2차원 배열에서 axis=1일 때는 열 방향으로 계산하고, axis=0일 때는 행 방향으로 계산합니다.
>
>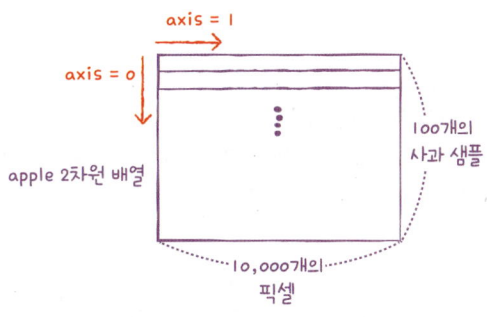

우리가 필요한 것은 각 샘플의 평균값입니다. 샘플의 값은 가로로 나열되어 있으니 axis=1로 지정하여 평균을 계산하겠습니다. 평균을 계산하는 넘파이 np.mean() 함수를 사용해도 되지만 넘파이 배열은 이런 함수들을 메서드로도 제공합니다. apple 배열의 mean() 메서드로 각 샘플의 픽셀 평균값을 계산해 보죠.

손코딩 `print(apple.mean(axis=1))`

```
[ 88.3346   97.9249   87.3709   98.3703   92.8705   82.6439   94.4244   95.5999
  90.681    81.6226   87.0578   95.0745   93.8416   87.017    97.5078   87.2019
  88.9827  100.9158   92.7823  100.9184  104.9854   88.674    99.5643   97.2495
  94.1179   92.1935   95.1671   93.3322  102.8967   94.6695   90.5285   89.0744
  97.7641   97.2938  100.7564   90.5236  100.2542   85.8452   96.4615   97.1492
  90.711   102.3193   87.1629   89.8751   86.7327   86.3991   95.2865   89.1709
  96.8163   91.6604   96.1065   99.6829   94.9718   87.4812   89.2596   89.5268
  93.799    97.3983   87.151    97.825   103.22     94.4239   83.6657   83.5159
 102.8453   87.0379   91.2742  100.4848   93.8388   90.8568   97.4616   97.5022
  82.446    87.1789   96.9206   90.3135   90.565    97.6538   98.0919   93.6252
  87.3867   84.7073   89.1135   86.7646   88.7301   86.643    96.7323   97.2604
  81.9424   87.1687   97.2066   83.4712   95.9781   91.8096   98.4086  100.7823
 101.556   100.7027   91.6098   88.8976]
```

사과 샘플 100개에 대한 픽셀 평균값을 계산했습니다. 히스토그램histogram을 그려보면 평균값이 어떻게 분포되어 있는지 한눈에 잘 볼 수 있습니다.

> **+ 여기서 잠깐 | 히스토그램이 뭔가요?**
>
> 히스토그램은 값이 발생한 빈도를 그래프로 표시한 것입니다. 보통 x축이 값의 구간(계급)이고, y축은 발생 빈도(도수)입니다. 엑셀이나 스프레드시트 등에서 그려본 막대그래프를 상상해 보세요.

맷플롯립의 hist() 함수를 사용해 히스토그램을 그려 보죠. 사과, 파인애플, 바나나에 대한 히스토그램을 모두 겹쳐 그려 보겠습니다. 이렇게 하려면 조금 투명하게 해야 겹친 부분을 잘 볼 수 있습니다. alpha 매개변수를 1보다 작게 하면 투명도를 줄 수 있습니다. 또 맷플롯립의 legend() 함수를 사용해 어떤 과일의 히스토그램인지 범례를 만들어 보죠.

손코딩
```
plt.hist(apple.mean(axis=1), alpha=0.8, label='apple')
plt.hist(pineapple.mean(axis=1), alpha=0.8, label='pineapple')
plt.hist(banana.mean(axis=1), alpha=0.8, label='banana')
```

```
plt.legend()
plt.show()
```

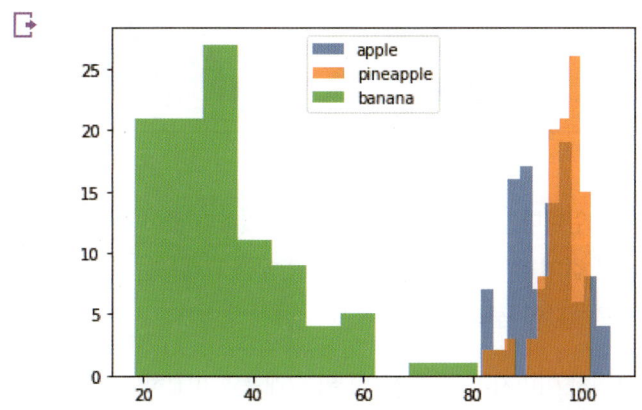

히스토그램을 보면 바나나 사진의 평균값은 40 아래에 집중되어 있습니다. 사과와 파인애플은 90~100 사이에 많이 모여 있네요. 이 그림을 보면 바나나는 픽셀 평균값만으로 사과나 파인애플과 확실히 구분됩니다. 바나나는 사진에서 차지하는 영역이 작기 때문에 평균값이 작습니다.

반면 사과와 파인애플은 많이 겹쳐있어서 픽셀값만으로는 구분하기 쉽지 않습니다. 사과나 파인애플은 대체로 형태가 동그랗고 사진에서 차지하는 크기도 비슷하기 때문입니다.

좀 더 나은 방법은 없을까요? 혼공머신은 골똘히 생각하다가 샘플의 평균값이 아니라 픽셀별 평균값을 비교해 보면 어떨까 생각했습니다. 전체 샘플에 대해 각 픽셀의 평균을 계산하는 거죠. 세 과일은 모양이 다르므로 픽셀값이 높은 위치가 조금 다를 것 같습니다.

픽셀의 평균을 계산하는 것도 간단합니다. axis=0으로 지정하면 됩니다. 이번에는 맷플롯립의 bar() 함수를 사용해 픽셀 10,000개에 대한 평균값을 막대그래프로 그려 보겠습니다. subplots() 함수로 3개의 서브 그래프를 만들어 사과, 파인애플, 바나나에 대한 막대그래프를 그려 보죠.

```
fig, axs = plt.subplots(1, 3, figsize=(20,5))
axs[0].bar(range(10000), apple.mean(axis=0))
axs[1].bar(range(10000), pineapple.mean(axis=0))
axs[2].bar(range(10000), banana.mean(axis=0))
plt.show()
```

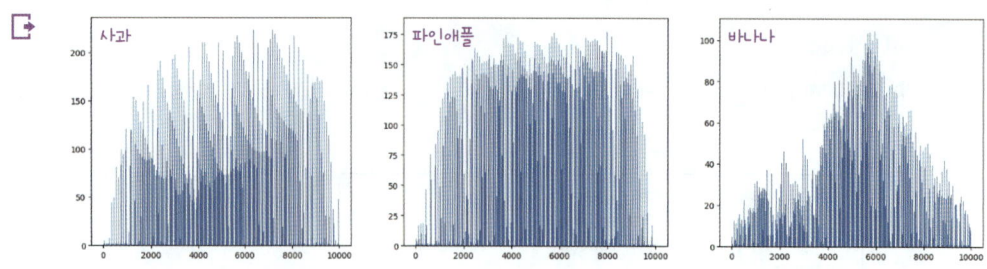

순서대로 사과, 파인애플, 바나나 그래프입니다. 3개의 그래프를 보면 과일마다 값이 높은 구간이 다릅니다. 사과는 사진 중앙에 상대적으로 값이 작은 영역이 보이고 파인애플 그래프는 비교적 고르면서 높습니다. 바나나는 확실히 중앙의 픽셀값이 높습니다.

픽셀 평균값을 100 × 100 크기로 바꿔서 이미지처럼 출력하여 위 그래프와 비교하면 더 좋습니다. 픽셀을 평균 낸 이미지를 모든 사진을 합쳐 놓은 대표 이미지로 생각할 수 있습니다.

```python
apple_mean = apple.mean(axis=0).reshape(100, 100)
pineapple_mean = pineapple.mean(axis=0).reshape(100, 100)
banana_mean = banana.mean(axis=0).reshape(100, 100)
fig, axs = plt.subplots(1, 3, figsize=(20,5))
axs[0].imshow(apple_mean, cmap='gray_r')
axs[1].imshow(pineapple_mean, cmap='gray_r')
axs[2].imshow(banana_mean, cmap='gray_r')
plt.show()
```

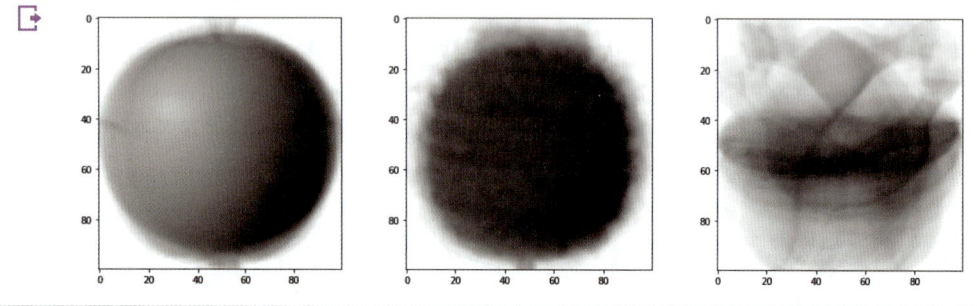

세 과일은 픽셀 위치에 따라 값의 크기가 차이 납니다. 따라서 이 대표 이미지와 가까운 사진을 골라낸다면 사과, 파인애플, 바나나를 구분할 수 있지 않을까요?

평균값과 가까운 사진 고르기

사과 사진의 평균값인 apple_mean과 가장 가까운 사진을 골라보죠. 3장에서 봤던 절댓값 오차를 사용하겠습니다. fruits 배열에 있는 모든 샘플에서 apple_mean을 뺀 절댓값의 평균을 계산하면 됩니다.

넘파이 abs() 함수는 절댓값을 계산하는 함수입니다. 예를 들어 np.abs(-1)은 1을 반환합니다. 배열을 입력하면 모든 원소의 절댓값을 계산하여 입력과 동일한 크기의 배열을 반환합니다. 이 함수는 np.absolute() 함수의 다른 이름입니다.

다음 코드에서 abs_diff는 (300, 100, 100) 크기의 배열입니다. 따라서 각 샘플에 대한 평균을 구하기 위해 axis에 두 번째, 세 번째 차원을 모두 지정했습니다. 이렇게 계산한 abs_mean은 각 샘플의 오차 평균이므로 크기가 (300,)인 1차원 배열입니다.

```
abs_diff = np.abs(fruits - apple_mean)
abs_mean = np.mean(abs_diff, axis=(1,2))
print(abs_mean.shape)
```

> (300,)

그다음, 이 값이 가장 작은 순서대로 100개를 골라 보겠습니다. 즉 apple_mean과 오차가 가장 작은 샘플 100개를 고르는 셈이죠. np.argsort() 함수는 작은 것에서 큰 순서대로 나열한 abs_mean 배열의 인덱스를 반환합니다. 이 인덱스 중에서 처음 100개를 선택해 10 × 10 격자로 이루어진 그래프를 그리겠습니다.

```
apple_index = np.argsort(abs_mean)[:100]
apple_index = apple_index.reshape(10, 10)
fig, axs = plt.subplots(10, 10, figsize=(10,10))
for i in range(10):
    for j in range(10):
        axs[i, j].imshow(fruits[apple_index[i, j]], cmap='gray_r')
        axs[i, j].axis('off')
plt.show()
```

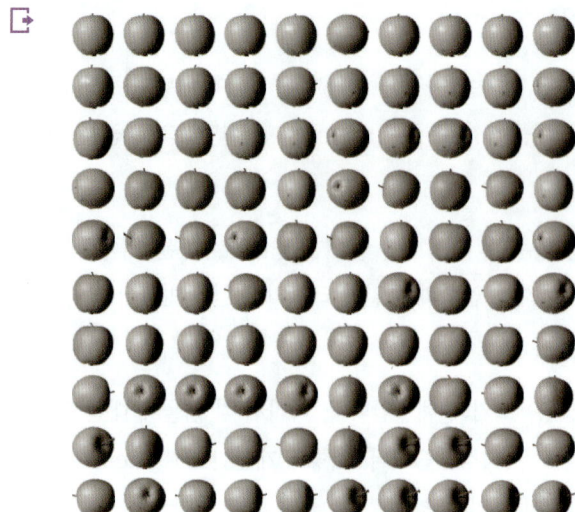

와우! apple_mean과 가장 가까운 사진 100개를 골랐더니 모두 사과입니다. 완벽하네요! 코드를 조금 더 자세히 설명하겠습니다.

먼저 subplots() 함수로 10 × 10, 총 100개의 서브 그래프를 만듭니다. 그래프가 많기 때문에 전체 그래프의 크기를 figsize=(10,10)으로 조금 크게 지정했습니다.

그다음 2중 for 반복문을 순회하면서 10개의 행과 열에 이미지를 출력합니다. axs는 (10, 10) 크기의 2차원 배열이므로 i, j 두 첨자를 사용하여 서브 그래프 위치를 지정합니다. 또 깔끔하게 이미지만 그리기 위해 axis('off')를 사용하여 좌표축을 그리지 않았습니다. 궁금하다면 'on'으로 값을 바꾸거나 해당 줄을 삭제하고 다시 그림을 그려 보세요.

note 맷플롯립의 figsize 기본값은 (8,6)입니다.

흑백 사진에 있는 픽셀값을 사용해 과일 사진을 모으는 작업을 해 보았습니다. 이렇게 비슷한 샘플끼리 그룹으로 모으는 작업을 **군집**clustering이라고 합니다. 군집은 대표적인 비지도 학습 작업 중 하나입니다. 군집 알고리즘에서 만든 그룹을 **클러스터**cluster라고 부릅니다.

하지만 우리는 이미 사과, 파인애플, 바나나가 있다는 것을 알고 있었습니다. 즉 타깃값을 알고 있었기 때문에 사과, 파인애플, 바나나의 사진 평균값을 계산해서 가장 가까운 과일을 찾을 수 있었습니다. 실제 비지도 학습에서는 타깃값을 모르기 때문에 이처럼 샘플의 평균값을 미리 구할 수 없습니다.

타깃값을 모르면서 어떻게 세 과일의 평균값을 찾을 수 있을까요? 다음 2절에서 배울 k-평균 알고리즘이 이 문제를 해결해 줍니다.

비슷한 샘플끼리 모으기 〔문제해결 과정〕

한빛 마켓의 새로운 이벤트를 위해 고객들이 올린 과일 사진을 자동으로 모아야 합니다. 어떤 과일 사진을 올릴지 미리 예상할 수 없기 때문에 타깃값을 준비하여 분류 모델을 훈련하기 어렵습니다.

타깃값이 없을 때 데이터에 있는 패턴을 찾거나 데이터 구조를 파악하는 머신러닝 방식을 비지도 학습이라고 합니다. 타깃이 없기 때문에 알고리즘을 직접적으로 가르칠 수가 없죠. 대신 알고리즘은 스스로 데이터가 어떻게 구성되어 있는지 분석합니다.

대표적인 비지도 학습 문제는 '군집'입니다. 군집은 비슷한 샘플끼리 그룹으로 모으는 작업입니다. 이 절에서는 사진의 픽셀을 사용해 군집과 비슷한 작업을 수행해 보았습니다. 하지만 샘플이 어떤 과일인지 미리 알고 있었기 때문에 사과 사진의 평균값을 알 수 있었습니다.

실제 비지도 학습에서는 타깃이 없는 사진을 사용해야 합니다. 다음 절에서 이런 경우 어떻게 샘플 그룹의 평균값을 찾는지 알아보겠습니다.

전체 소스 코드

note https://bit.ly/hg2-06-1에 접속하면 코랩에서 이 절의 코드를 바로 열어 볼 수 있습니다.

손코딩
```
"""# 군집 알고리즘"""

"""## 과일 사진 데이터 준비하기"""

!wget https://bit.ly/fruits_300_data -O fruits_300.npy

import numpy as np
import matplotlib.pyplot as plt

fruits = np.load('fruits_300.npy')

print(fruits.shape)

print(fruits[0, 0, :])

plt.imshow(fruits[0], cmap='gray')
```

```python
plt.show()

plt.imshow(fruits[0], cmap='gray_r')
plt.show()

fig, axs = plt.subplots(1, 2)
axs[0].imshow(fruits[100], cmap='gray_r')
axs[1].imshow(fruits[200], cmap='gray_r')
plt.show()

"""## 픽셀값 분석하기"""

apple = fruits[0:100].reshape(-1, 100*100)
pineapple = fruits[100:200].reshape(-1, 100*100)
banana = fruits[200:300].reshape(-1, 100*100)

print(apple.shape)

print(apple.mean(axis=1))

plt.hist(apple.mean(axis=1), alpha=0.8, label='apple')
plt.hist(pineapple.mean(axis=1), alpha=0.8, label='pineapple')
plt.hist(banana.mean(axis=1), alpha=0.8, label='banana')
plt.legend()
plt.show()

fig, axs = plt.subplots(1, 3, figsize=(20,5))
axs[0].bar(range(10000), apple.mean(axis=0))
axs[1].bar(range(10000), pineapple.mean(axis=0))
axs[2].bar(range(10000), banana.mean(axis=0))
plt.show()

apple_mean = apple.mean(axis=0).reshape(100, 100)
pineapple_mean = pineapple.mean(axis=0).reshape(100, 100)
banana_mean = banana.mean(axis=0).reshape(100, 100)
```

```
fig, axs = plt.subplots(1, 3, figsize=(20,5))
axs[0].imshow(apple_mean, cmap='gray_r')
axs[1].imshow(pineapple_mean, cmap='gray_r')
axs[2].imshow(banana_mean, cmap='gray_r')
plt.show()

"""## 평균값과 가까운 사진 고르기"""

abs_diff = np.abs(fruits - apple_mean)
abs_mean = np.mean(abs_diff, axis=(1, 2))
print(abs_mean.shape)

apple_index = np.argsort(abs_mean)[:100]
apple_index = apple_index.reshape(10, 10)
fig, axs = plt.subplots(10, 10, figsize=(10,10))
for i in range(10):
    for j in range(10):
        axs[i, j].imshow(fruits[apple_index[i, j]], cmap='gray_r')
        axs[i, j].axis('off')
plt.show()
```

마무리

▶ 키워드로 끝내는 핵심 포인트

- **비지도 학습**은 머신러닝의 한 종류로 훈련 데이터에 타깃이 없습니다. 타깃이 없기 때문에 외부의 도움 없이 스스로 유용한 무언가를 학습해야 합니다. 대표적인 비지도 학습 작업은 군집, 차원 축소 등입니다.

- **히스토그램**은 구간별로 값이 발생한 빈도를 그래프로 표시한 것입니다. 보통 x축이 값의 구간(계급)이고 y축은 발생 빈도(도수)입니다.

- **군집**은 비슷한 샘플끼리 하나의 그룹으로 모으는 대표적인 비지도 학습 작업입니다. 군집 알고리즘으로 모은 샘플 그룹을 클러스터라고 부릅니다.

▶ 확인 문제

1. 히스토그램을 그릴 수 있는 맷플롯립 함수는 무엇인가요?

① hist( )

② scatter( )

③ plot( )

④ bar( )

2. 막대 그래프를 그릴 수 있는 맷플롯립 함수는 무엇인가요?

① hist( )

② scatter( )

③ plot( )

④ bar( )

3. 하나의 그림에 여러 개의 그래프를 그리기 위한 맷플롯립 함수는 무엇인가요?

　① subplot

　② subplots

　③ sub_plot

　④ sub_plots

4. 본문에서 했던 것처럼 바나나 사진의 평균 banana_mean과 비슷한 사진 100장을 찾아 출력해 보세요. 바나나 사진을 모두 찾을 수 있나요?

06-2 k-평균

핵심 키워드 k-평균 클러스터 중심 엘보우 방법

k-평균 알고리즘의 작동 방식을 이해하고 과일 사진을 자동으로 모으는 비지도 학습 모델을 만들어 봅니다.

시작하기 전에

1절에서 사과, 파인애플, 바나나에 있는 각 픽셀의 평균값을 구해서 가장 가까운 사진을 골랐습니다. 이 경우에는 사과, 파인애플, 바나나 사진임을 미리 알고 있었기 때문에 각 과일의 평균을 구할 수 있었습니다. 하지만 진짜 비지도 학습에서는 사진에 어떤 과일이 들어 있는지 알지 못합니다.

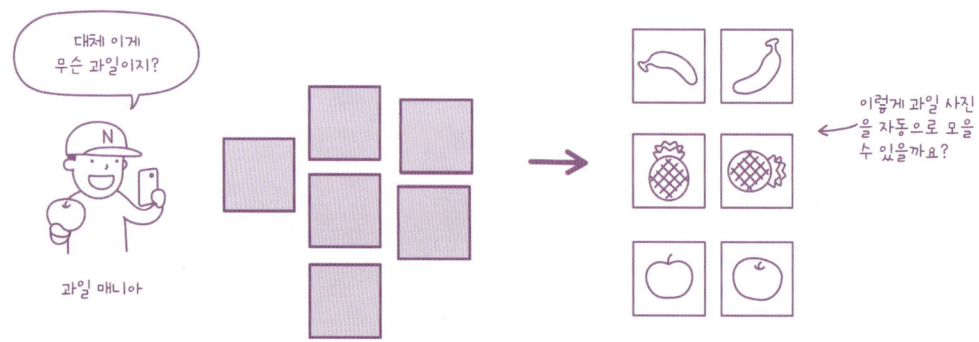

이런 경우 어떻게 평균값을 구할 수 있을까요? 바로 **k-평균**k-means 군집 알고리즘이 평균값을 자동으로 찾아줍니다. 이 평균값이 클러스터의 중심에 위치하기 때문에 **클러스터 중심**cluster center 또는 **센트로이드**centroid라고 부릅니다.

이번 절에서 k-평균 알고리즘의 작동 방식을 이해하고 사과, 파인애플, 바나나를 구분하는 비지도 학습 모델을 만들어 보겠습니다.

k-평균 알고리즘 소개

k-평균 알고리즘의 작동 방식은 다음과 같습니다.

1 무작위로 k개의 클러스터 중심을 정합니다.
2 각 샘플에서 가장 가까운 클러스터 중심을 찾아 해당 클러스터의 샘플로 지정합니다.
3 클러스터에 속한 샘플의 평균값으로 클러스터 중심을 변경합니다.
4 클러스터 중심에 변화가 없을 때까지 2번으로 돌아가 반복합니다.

이를 그림으로 나타내면 다음과 같습니다.

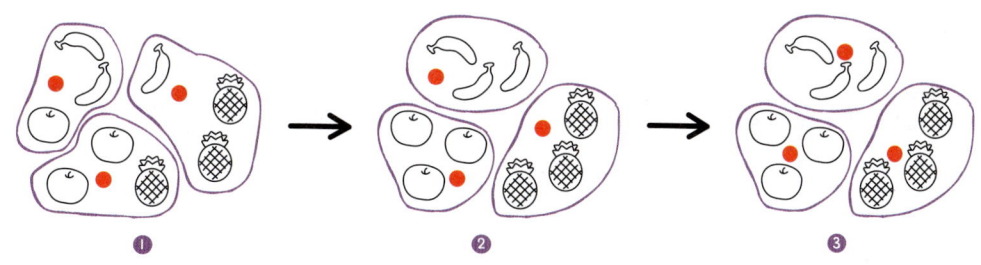

먼저 3개의 클러스터 중심(빨간 점)을 랜덤하게 지정합니다(❶). 그리고 클러스터 중심에서 가장 가까운 샘플을 하나의 클러스터로 묶습니다. 왼쪽 위부터 시계 방향으로 바나나 2개와 사과 1개 클러스터, 바나나 1개와 파인애플 2개 클러스터, 사과 2개와 파인애플 1개 클러스터가 만들어졌습니다. 클러스터에는 순서나 번호는 의미가 없습니다.

그다음 클러스터의 중심을 다시 계산하여 이동시킵니다. 맨 아래 클러스터는 사과 쪽으로 중심이 조금 더 이동하고 왼쪽 위의 클러스터는 바나나 쪽으로 중심이 더 이동하는 식입니다.

클러스터 중심을 다시 계산한 다음 가장 가까운 샘플을 다시 클러스터로 묶습니다(❷). 이제 3개의 클러스터에는 바나나와 파인애플, 사과가 3개씩 올바르게 묶여 있습니다. 다시 한번 클러스터 중심을 계산합니다. 그다음 빨간 점을 클러스터의 가운데 부분으로 이동시킵니다.

이동된 클러스터 중심에서 다시 한번 가장 가까운 샘플을 클러스터로 묶습니다(❸). 중심에서 가장 가까운 샘플은 이전 클러스터(❷)와 동일합니다. 따라서 만들어진 클러스터에 변동이 없으므로 k-평균 알고리즘을 종료합니다.

k-평균 알고리즘은 처음에는 랜덤하게 클러스터 중심을 선택하고 점차 가장 가까운 샘플의 중심으로 이동하는 비교적 간단한 알고리즘입니다. 그럼 이번에는 사이킷런으로 k-평균 모델을 직접 만들어 보겠습니다.

KMeans 클래스

1절에서 사용했던 데이터셋을 여기에서도 사용하겠습니다. 먼저 wget 명령으로 데이터를 다운로드합니다.

```
!wget https://bit.ly/fruits_300_data -O fruits_300.npy
```

그다음 넘파이 np.load() 함수를 사용해 npy 파일을 읽어 넘파이 배열을 준비합니다. k-평균 모델을 훈련하기 위해 (샘플 개수, 너비, 높이) 크기의 3차원 배열을 (샘플 개수, 너비×높이) 크기를 가진 2차원 배열로 변경합니다.

```
import numpy as np
fruits = np.load('fruits_300.npy')
fruits_2d = fruits.reshape(-1, 100*100)
```

사이킷런의 k-평균 알고리즘은 sklearn.cluster 모듈 아래 KMeans 클래스에 구현되어 있습니다. 이 클래스에서 설정할 매개변수는 클러스터 개수를 지정하는 n_clusters입니다. 여기에서는 클러스터 개수를 3으로 지정하겠습니다.

이 클래스를 사용하는 방법도 다른 클래스들과 비슷합니다. 다만 비지도 학습이므로 fit() 메서드에서 타깃 데이터를 사용하지 않습니다.

```
from sklearn.cluster import KMeans
km = KMeans(n_clusters=3, random_state=42)
km.fit(fruits_2d)
```

군집된 결과는 KMeans 클래스 객체의 labels_ 속성에 저장됩니다. labels_ 배열의 길이는 샘플 개수와 같습니다. 이 배열은 각 샘플이 어떤 레이블에 해당되는지 나타냅니다. n_clusters=3으로 지정했기 때문에 labels_ 배열의 값은 0, 1, 2 중 하나입니다.

손코딩 `print(km.labels_)`

```
[2 2 2 2 2 0 2 2 2 2 2 2 2 2 2 2 2 2 2 2 0 2 2 2 2 2 2 2 2 0 2 2 2 2 2 2 2 2
 2 2 2 2 2 0 2 0 2 2 2 2 2 2 2 0 2 2 2 2 2 2 2 2 2 2 0 0 2 2 2 2 2 2 2 2 0 2
 2 2 2 2 2 2 2 2 2 2 2 2 2 2 2 2 0 2 2 2 2 2 2 2 2 0 0 0 0 0 0 0 0 0 0
 0 0 0 0 0 0 0 0 0 0 0 0 0 0 0 0 0 0 0 0 0 0 0 0 0 0 0 0 0 0 0 0 0 0 0 0 0 0
 0 0 0 0 0 0 0 0 0 0 0 0 0 0 0 0 0 0 0 0 0 0 0 0 0 0 0 0 0 0 0 0 0 0 0 0 0 0
 0 0 0 0 0 0 0 0 0 0 0 0 0 0 1 1 1 1 1 1 1 1 1 1 1 1 1 1 1 1 1 1 1 1 1 1
 1 1 1 1 1 1 1 1 0 1 1 1 1 1 1 1 1 1 1 1 1 1 1 1 1 1 1 1 1 1 1 1 1 1 1 1
 1 1 1 1 1 1 1 1 1 1 1 1 1 1 0 1 1 1 1 1 1 1 1 1 1 1 1 1 1 1 1 1 1 1 1 1
 1 1 1 1]
```

레이블값 0, 1, 2와 레이블 순서에는 어떤 의미도 없습니다. 실제 레이블 0, 1, 2가 어떤 과일 사진을 주로 모았는지 알아보려면 직접 이미지를 출력하는 것이 최선입니다. 그 전에 레이블 0, 1, 2로 모은 샘플의 개수를 확인하겠습니다.

손코딩 `print(np.unique(km.labels_, return_counts=True))`

```
(array([0, 1, 2], dtype=int32), array([112,  98,  90]))
```

첫 번째 클러스터(레이블 0)가 112개의 샘플을 모았고, 두 번째 클러스터(레이블 1)가 98개의 샘플을 모았습니다. 세 번째 클러스터(레이블 2)는 90개의 샘플을 모았네요. 그럼 각 클러스터가 어떤 이미지를 나타냈는지 그림으로 출력하기 위해 간단한 유틸리티 함수 draw_fruits()를 만들어 보겠습니다.

> note 이 함수는 다음 3절에서 다시 사용합니다.

```python
import matplotlib.pyplot as plt
def draw_fruits(arr, ratio=1):
    n = len(arr)    # n은 샘플 개수입니다
    # 한 줄에 10개씩 이미지를 그립니다. 샘플 개수를 10으로 나누어 전체 행 개수를 계산합니다
    rows = int(np.ceil(n/10))
    # 행이 1개이면 열의 개수는 샘플 개수입니다. 그렇지 않으면 10개입니다
    cols = n if rows < 2 else 10
    fig, axs = plt.subplots(rows, cols,
                            figsize=(cols*ratio, rows*ratio), squeeze=False)
    for i in range(rows):
        for j in range(cols):
            if i*10 + j < n:    # n 개까지만 그립니다
                axs[i, j].imshow(arr[i*10 + j], cmap='gray_r')
            axs[i, j].axis('off')
    plt.show()
```

draw_fruits() 함수는 (샘플 개수, 너비, 높이)의 3차원 배열을 입력받아 가로로 10개씩 이미지를 출력합니다. 샘플 개수에 따라 행과 열의 개수를 계산하고 figsize를 지정합니다. figsize는 ratio 매개변수에 비례하여 커집니다. ratio의 기본값은 1입니다.

그다음 2중 for 반복문을 사용하여 먼저 첫 번째 행을 따라 이미지를 그립니다. 그리고 두 번째 행의 이미지를 그리는 식으로 계속됩니다.

이 함수를 사용해 레이블이 0인 과일 사진을 모두 그려 보겠습니다. km.labels_==0과 같이 쓰면 km.labels_ 배열에서 값이 0인 위치는 True, 그 외는 모두 False가 됩니다. 넘파이는 이런 불리언 배열을 사용해 원소를 선택할 수 있습니다. 이를 **불리언 인덱싱**이라고 하며 4장에서 소개했습니다. 넘파이 배열에 불리언 인덱싱을 적용하면 True인 위치의 원소만 모두 추출합니다. 즉 다음과 같이 쓸 수 있죠.

> 손코딩 draw_fruits(fruits[km.labels_==0])

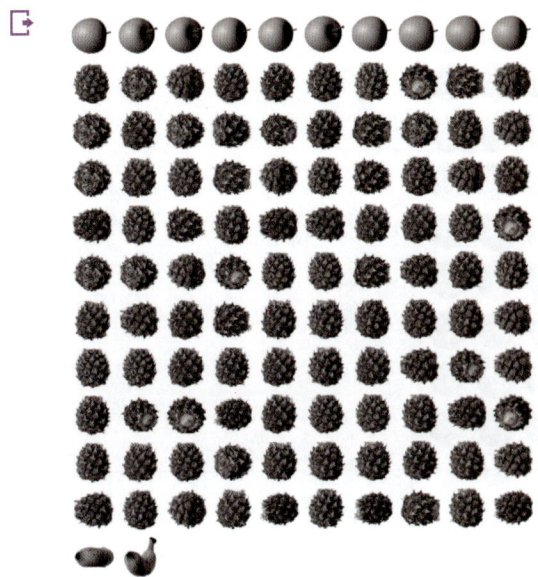

레이블 0으로 클러스터링된 92개의 이미지를 모두 출력했습니다. 이 클러스터는 대부분 파인애플이고 사과와 바나나가 간간이 섞여 있네요. 그럼 다른 두 클러스터도 출력해 보죠.

> 손코딩 draw_fruits(fruits[km.labels_==1])

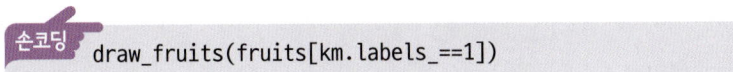

 `draw_fruits(fruits[km.labels_==2])`

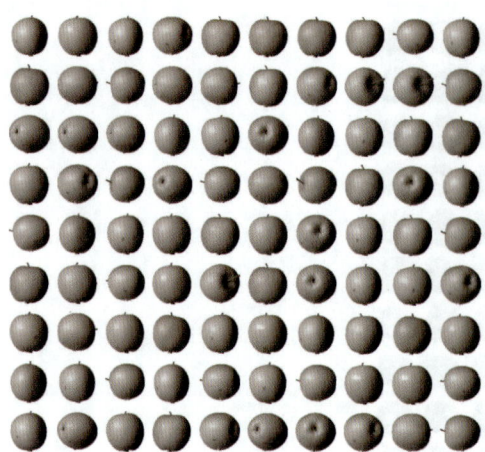

레이블이 1인 클러스터는 바나나로만 이루어져 있고, 레이블이 2인 클러스터는 사과로만 이루어져 있습니다. 하지만 레이블이 0인 클러스터는 파인애플에 사과 10개와 바나나 2개가 섞여 있네요. k-평균 알고리즘이 이 샘플들을 완벽하게 구별해내지는 못했습니다. 하지만 훈련 데이터에 타깃 레이블을 전혀 제공하지 않았음에도 스스로 비슷한 샘플들을 아주 잘 모은 것 같습니다.

클러스터 중심

KMeans 클래스가 최종적으로 찾은 클러스터 중심은 cluster_centers_ 속성에 저장되어 있습니다. 이 배열은 fruits_2d 샘플의 클러스터 중심이기 때문에 각 중심을 이미지로 출력하려면 100 × 100 크기의 2차원 배열로 바꿔야 합니다.

 `draw_fruits(km.cluster_centers_.reshape(-1, 100, 100), ratio=3)`

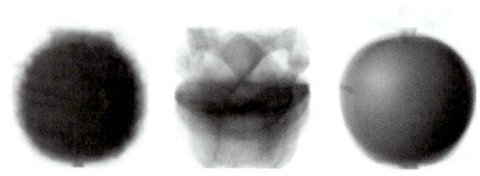

이전 절에서 사과, 바나나, 파인애플의 픽셀 평균값을 출력했던 것과 매우 비슷하네요296쪽.

KMeans 클래스는 훈련 데이터 샘플에서 클러스터 중심까지 거리로 변환해 주는 transform() 메서드를 가지고 있습니다. transform() 메서드가 있다는 것은 마치 StandardScaler 클래스처럼 특성값을 변환하는 도구로 사용할 수 있다는 의미입니다.

인덱스가 100인 샘플에 transform() 메서드를 적용해 보죠. fit() 메서드와 마찬가지로 2차원 배열을 기대합니다. fruits_2d[100]처럼 쓰면 (10000,) 크기의 배열이 되므로 에러가 발생합니다. 슬라이싱 연산자를 사용해서 (1, 10000) 크기의 배열을 전달하겠습니다.

```
print(km.transform(fruits_2d[100:101]))
```

```
[[3400.24197319 8837.37750892 5279.33763699]]
```

하나의 샘플을 전달했기 때문에 반환된 배열은 크기가 (1, 클러스터 개수)인 2차원 배열입니다. 첫 번째 클러스터(레이블 0), 두 번째 클러스터(레이블 1)가 각각 첫 번째 원소, 두 번째 원소의 값입니다. 첫 번째 클러스터까지의 거리가 3393.8로 가장 작네요. 이 샘플은 레이블 0에 속한 것 같습니다. KMeans 클래스는 가장 가까운 클러스터 중심을 예측 클래스로 출력하는 predict() 메서드도 제공합니다.

note 모든 군집 알고리즘이 predict() 메서드를 제공하는 것은 아닙니다. 즉 새로운 샘플에 대해 클래스 레이블을 예측하지 못하는 군집 알고리즘도 있습니다.

```
print(km.predict(fruits_2d[100:101]))
```

```
[0]
```

transform()의 결과에서 짐작할 수 있듯이 레이블 0으로 예측했습니다. 클러스터 중심을 그려보았을 때 레이블 0은 파인애플이었으므로 이 샘플은 파인애플이겠군요. 확인해 보겠습니다.

```
draw_fruits(fruits[100:101])
```

k-평균 알고리즘은 앞에서 설명했듯이 반복적으로 클러스터 중심을 옮기면서 최적의 클러스터를 찾습니다. 알고리즘이 반복한 횟수는 KMeans 클래스의 n_iter_ 속성에 저장됩니다.

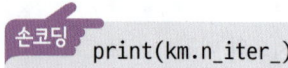
```
print(km.n_iter_)
```

→ 4

좋습니다. 클러스터 중심을 특성 공학처럼 사용해 데이터셋을 저차원(이 경우에는 10,000에서 3으로 줄입니다)으로 변환할 수 있습니다. 또는 가장 가까운 거리에 있는 클러스터 중심을 샘플의 예측값으로 사용할 수 있다는 것을 배웠습니다.

이번에 우리는 타깃값을 사용하지 않았지만, 약간의 편법을 사용했습니다. n_clusters를 3으로 지정한 것은 타깃에 대한 정보를 활용한 셈입니다. 실전에서는 클러스터 개수조차 알 수 없습니다. 그렇다면 n_clusters를 어떻게 지정해야 할까요? 최적의 클러스터 개수는 얼마일까요? 이어서 알아보겠습니다.

최적의 k 찾기

k-평균 알고리즘의 단점 중 하나는 클러스터 개수를 사전에 지정해야 한다는 것입니다. 실전에서는 몇 개의 클러스터가 있는지 알 수 없습니다. 어떻게 하면 적절한 k 값을 찾을 수 있는지 알아보겠습니다.

사실 군집 알고리즘에서 적절한 k 값을 찾기 위한 완벽한 방법은 없습니다. 몇 가지 도구가 있지만 저마다 장단점이 있습니다. 여기서는 적절한 클러스터 개수를 찾기 위한 대표적인 방법인 **엘보우**elbow 방법에 대해 알아보겠습니다.

앞에서 본 것처럼 k-평균 알고리즘은 클러스터 중심과 클러스터에 속한 샘플 사이의 거리를 잴 수 있습니다. 이 거리의 제곱 합을 **이너셔**inertia라고 부릅니다. 이너셔는 클러스터에 속한 샘플이 얼마나 가깝게 모여 있는지를 나타내는 값으로 생각할 수 있습니다. 일반적으로 클러스터 개수가 늘어나면 클러스터 개개의 크기는 줄어들기 때문에 이너셔도 줄어듭니다. 엘보우 방법은 클러스터 개수를 늘려가면서 이너셔의 변화를 관찰하여 최적의 클러스터 개수를 찾는 방법입니다.

> 이너셔는 클러스터의 샘플이 얼마나 가깝게 있는지를 나타내는 값입니다.

클러스터 개수를 증가시키면서 이너셔를 그래프로 그리면 감소하는 속도가 꺾이는 지점이 있습니다. 이 지점부터는 클러스터 개수를 늘려도 클러스터에 잘 밀집된 정도가 크게 개선되지 않습니다.

즉 이너셔가 크게 줄어들지 않습니다. 이 지점이 마치 팔꿈치 모양이어서 엘보우 방법이라 부릅니다.

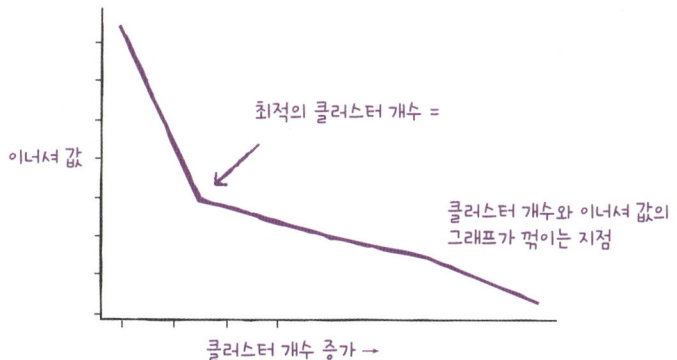

과일 데이터셋을 사용해 이너셔를 계산해 보죠. 친절하게도 KMeans 클래스는 자동으로 이너셔를 계산해서 inertia_ 속성으로 제공합니다. 다음 코드에서 클러스터 개수 k를 2~6까지 바꿔가며 KMeans 클래스를 5번 훈련합니다. fit() 메서드로 모델을 훈련한 후 inertia_ 속성에 저장된 이너셔 값을 inertia 리스트에 추가합니다. 마지막으로 inertia 리스트에 저장된 값을 그래프로 출력합니다.

손코딩
```
inertia = []
for k in range(2, 7):
    km = KMeans(n_clusters=k, n_init='auto', random_state=42)
    km.fit(fruits_2d)
    inertia.append(km.inertia_)
plt.plot(range(2, 7), inertia)
plt.xlabel('k')
plt.ylabel('inertia')
plt.show()
```

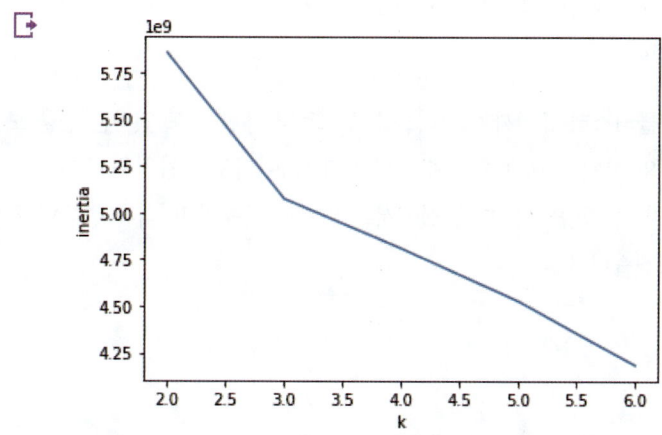

이 그래프에서는 꺾이는 지점이 두드러지지는 않지만, k = 3에서 그래프의 기울기가 조금 바뀐 것을 볼 수 있습니다. 엘보우 지점보다 클러스터 개수가 많아지면 이너셔의 변화가 줄어들면서 군집 효과도 줄어듭니다. 하지만 이 그래프에서는 이런 지점이 명확하지는 않습니다.

과일을 자동으로 분류하기 문제해결 과정

1절에서는 과일 종류별로 픽셀 평균값을 계산했습니다. 하지만 실전에서는 어떤 과일 사진이 들어올지 모릅니다. 따라서 타깃값을 모르는 척하고 자동으로 사진을 클러스터로 모을 수 있는 군집 알고리즘이 필요합니다.

이 절에서는 대표적인 군집 알고리즘인 k-평균 알고리즘을 사용했습니다. k-평균은 비교적 간단하고 속도가 빠르며 이해하기도 쉽습니다. k-평균 알고리즘을 구현한 사이킷런의 KMeans 클래스는 각 샘플이 어떤 클러스터에 소속되어 있는지 labels_ 속성에 저장합니다.

각 샘플에서 각 클러스터까지의 거리를 하나의 특성으로 활용할 수도 있습니다. 이를 위해 KMeans 클래스는 transform() 메서드를 제공합니다. 또한 predict() 메서드에서 새로운 샘플에 대해 가장 가까운 클러스터를 예측값으로 출력합니다.

k-평균 알고리즘은 사전에 클러스터 개수를 미리 지정해야 합니다. 사실 데이터를 직접 확인하지 않고서는 몇 개의 클러스터가 만들어질지 알기 어렵습니다. 최적의 클러스터 개수 k를 알아내는 한 가지 방법은 클러스터가 얼마나 밀집되어 있는지 나타내는 이너셔를 사용하는 것입니다. 이너셔가 더 이상 크게 줄어들지 않는다면 클러스터 개수를 더 늘리는 것은 효과가 없습니다. 이를 엘보우 방법이라고 부릅니다.

사이킷런의 KMeans 클래스는 자동으로 이너셔를 계산하여 inertia_ 속성으로 제공합니다. 클러스터 개수를 늘리면서 반복하여 KMeans 알고리즘을 훈련하고 이너셔가 줄어드는 속도가 꺾이는 지점을 최적의 클러스터 개수로 결정합니다.

이번 절에서 k-평균 알고리즘의 클러스터 중심까지 거리를 특성으로 사용할 수도 있다는 점을 보았습니다. 이렇게 하면 훈련 데이터의 차원을 크게 줄일 수 있습니다. 데이터셋의 차원을 줄이면 지도 학습 알고리즘의 속도를 크게 높일 수 있습니다. 다음 절에서는 비지도 학습의 또 다른 종류인 차원 축소에 대해서 본격적으로 알아보겠습니다.

전체 소스 코드

note https://bit.ly/hg2-06-2에 접속하면 코랩에서 이 절의 코드를 바로 열어 볼 수 있습니다.

```
"""# k-평균"""

"""## KMeans 클래스"""

!wget https://bit.ly/fruits_300_data -O fruits_300.npy

import numpy as np

fruits = np.load('fruits_300.npy')
fruits_2d = fruits.reshape(-1, 100*100)

from sklearn.cluster import KMeans

km = KMeans(n_clusters=3, random_state=42)
km.fit(fruits_2d)

print(km.labels_)

print(np.unique(km.labels_, return_counts=True))

import matplotlib.pyplot as plt

def draw_fruits(arr, ratio=1):
    n = len(arr)    # n은 샘플 개수입니다
    # 한 줄에 10개씩 이미지를 그립니다. 샘플 개수를 10으로 나누어 전체 행 개수를 계산합니다
    rows = int(np.ceil(n/10))
    # 행이 1개이면 열의 개수는 샘플 개수입니다. 그렇지 않으면 10개입니다
    cols = n if rows < 2 else 10
    fig, axs = plt.subplots(rows, cols,
                            figsize=(cols*ratio, rows*ratio), squeeze=False)
    for i in range(rows):
        for j in range(cols):
```

```
                if i*10 + j < n:    # n 개까지만 그립니다
                    axs[i, j].imshow(arr[i*10 + j], cmap='gray_r')
                axs[i, j].axis('off')
    plt.show()

draw_fruits(fruits[km.labels_==0])

draw_fruits(fruits[km.labels_==1])

draw_fruits(fruits[km.labels_==2])

"""## 클러스터 중심"""

draw_fruits(km.cluster_centers_.reshape(-1, 100, 100), ratio=3)

print(km.transform(fruits_2d[100:101]))

print(km.predict(fruits_2d[100:101]))

draw_fruits(fruits[100:101])

print(km.n_iter_)

"""## 최적의 k 찾기"""

inertia = []
for k in range(2, 7):
    km = KMeans(n_clusters=k, n_init='auto', random_state=42)
    km.fit(fruits_2d)
    inertia.append(km.inertia_)

plt.plot(range(2, 7), inertia)
plt.xlabel('k')
plt.ylabel('inertia')
plt.show()
```

마무리

▶ 키워드로 끝내는 핵심 포인트

- **k-평균** 알고리즘은 처음에 랜덤하게 클러스터 중심을 정하고 클러스터를 만듭니다. 그다음 클러스터의 중심을 이동하고 다시 클러스터를 만드는 식으로 반복해서 최적의 클러스터를 구성하는 알고리즘입니다.

- **클러스터 중심**은 k-평균 알고리즘이 만든 클러스터에 속한 샘플의 특성 평균값입니다. 센트로이드centroid라고도 부릅니다. 가장 가까운 클러스터 중심을 샘플의 또 다른 특성으로 사용하거나 새로운 샘플에 대한 예측으로 활용할 수 있습니다.

- **엘보우 방법**은 최적의 클러스터 개수를 정하는 방법 중 하나입니다. 이너셔는 클러스터 중심과 샘플 사이 거리의 제곱 합입니다. 클러스터 개수에 따라 이너셔 감소가 꺾이는 지점이 적절한 클러스터 개수 k가 될 수 있습니다. 이 그래프의 모양을 따서 엘보우 방법이라고 부릅니다.

▶ 핵심 패키지와 함수

scikit-learn

- **KMeans**는 k-평균 알고리즘 클래스입니다.

    n_clusters에는 클러스터 개수를 지정합니다. 기본값은 8입니다.

    처음에 랜덤하게 센트로이드를 초기화하는 식으로 여러 번 반복하여 이너셔를 기준으로 가장 좋은 결과를 선택할 수 있습니다. n_init는 이 반복 횟수를 지정합니다. 기본값은 'auto'이며, 초기화 방법을 지정하는 init 매개변수가 기본값 'k-means++'일 경우 1이고 'random'일 경우 10입니다.

    max_iter는 k-평균 알고리즘의 한 번 실행에서 최적의 센트로이드를 찾기 위해 반복할 수 있는 최대 횟수입니다. 기본값은 300입니다.

▶ 확인 문제

1. k-평균 알고리즘에서 클러스터를 표현하는 방법이 아닌것은 무엇인가요?

① 클러스터에 속한 샘플의 평균

② 클러스터 중심

③ 센트로이드

④ 클러스터에 속한 샘플 개수

2. k-평균에서 최적의 클러스터 개수는 어떻게 정할 수 있나요?

① 엘보우 방법을 사용해 이너셔의 감소 정도가 꺾이는 클러스터 개수를 찾습니다.

② 랜덤하게 클러스터 개수를 정해서 k-평균 알고리즘을 훈련하고 가장 낮은 이너셔가 나오는 클러스터 개수를 찾습니다.

③ 훈련 데이터를 모두 조사하여 몇 개의 클러스터가 나올 수 있는지 직접 확인합니다.

④ 교차 검증을 사용하여 최적의 클러스터 개수를 찾습니다.

3. 다음 중 k-평균 알고리즘에 대해 올바르게 설명한 것은 무엇인가요?

① 모델을 훈련할 때 클러스터 개수를 지정하지 않아도 됩니다.

② 새로운 샘플에 대해 레이블을 예측할 수 있습니다.

③ 특성 변환기나 추출기로 사용할 수 없습니다.

④ 훈련 세트의 샘플에 레이블이 있어야 합니다.

4. 다음 중 클러스터 중심이 저장되어 있는 KMeans 클래스의 속성은 무엇인가요?

① cluster_centroid_

② cluster_centroids_

③ cluster_center_

④ cluster_centers_

06-3 주성분 분석

핵심 키워드 차원 축소   주성분 분석   설명된 분산

차원 축소에 대해 이해하고 대표적인 차원 축소 알고리즘 중 하나인 PCA(주성분 분석) 모델을 만들어 봅니다.

시작하기 전에

한빛 마켓의 과일 사진 이벤트도 대성공이네요. 매일 각양각색의 과일 사진이 업로드되고 있습니다. k-평균 알고리즘으로 업로드된 사진을 클러스터로 분류하여 폴더별로 저장했습니다. 그런데 이벤트가 진행되면서 문제가 생겼습니다. 너무 많은 사진이 등록되어 저장 공간이 부족합니다. 나중에 군집이나 분류에 영향을 끼치지 않으면서 업로드된 사진의 용량을 줄일 수 있을까요?

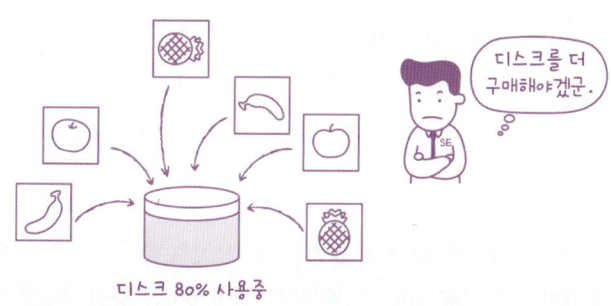

"업로드된 사진이 너무 많아서 디스크 공간이 부족하다는데, 사진을 좀 압축하는 방법은 없을까?"

"아, 그건 제가 잘 압니다. 머신러닝 교육받았을 때 차원 축소에 대해 배웠거든요."

"음. 차원 축소? 우리는 3차원에 살고 있지 않나? 2차원으로 줄이는 건가?"

"아… 아뇨. 그런 차원이 아니에요."

저런, 차원부터 알아보도록 하죠.

차원과 차원 축소

지금까지 우리는 데이터가 가진 속성을 특성이라 불렀습니다. 과일 사진의 경우 10,000개의 픽셀이 있기 때문에 10,000개의 특성이 있는 셈이죠. 머신러닝에서는 이런 특성을 **차원**dimension이라고도 부릅니다. 10,000개의 특성은 결국 10,000개의 차원이라는 건데 이 차원을 줄일 수 있다면 저장 공간을 크게 절약할 수 있을 것입니다.

> **+ 여기서 잠깐**   '2차원 배열', '1차원 배열'에서의 차원과 다른 건가요?
>
> 배열과 벡터에서 차원이란 용어는 조금 다르게 사용됩니다. 다차원 배열에서 차원은 배열의 축 개수가 됩니다. 가령 2차원 배열일 때는 행과 열이 차원이 되죠. 하지만 벡터일 경우에는 원소의 개수를 말합니다. 다음 그림을 참고하세요.
>
>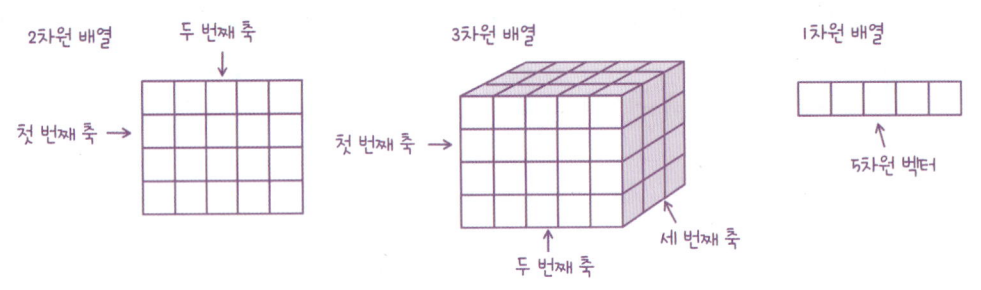
>
> 이 절에서는 혼돈을 피하고자 가능하면 차원 대신 특성을 사용합니다. 하지만 차원이란 단어를 완전히 배제하기는 어렵습니다. 이 책이나 다른 책을 볼 때 참고하세요.

이를 위해 비지도 학습 작업 중 하나인 **차원 축소**dimensionality reduction 알고리즘을 다루어 보겠습니다. 3장에서 특성이 많으면 선형 모델의 성능이 높아지고 훈련 데이터에 쉽게 과대적합된다는 것을 배웠습니다. 차원 축소는 데이터를 가장 잘 나타내는 일부 특성을 선택하여 데이터 크기를 줄이고 지도 학습 모델의 성능을 향상시킬 수 있는 방법입니다.

또한 줄어든 차원에서 다시 원본 차원(예를 들어 과일 사진의 경우 10,000개의 차원)으로 손실을 최대한 줄이면서 복원할 수도 있습니다. 이 절에서는 대표적인 차원 축소 알고리즘인 **주성분 분석**principal component analysis을 배우겠습니다. 주성분 분석을 간단히 **PCA**라고도 부릅니다.

주성분 분석 소개

주성분 분석PCA은 데이터에 있는 분산이 큰 방향을 찾는 것으로 이해할 수 있습니다. 분산은 데이터가 널리 퍼져있는 정도를 말합니다. 분산이 큰 방향이란 데이터를 잘 표현하는 어떤 벡터라고 생각할 수 있습니다. 이해하기 쉽도록 다음과 같은 2차원 데이터를 생각해 보죠.

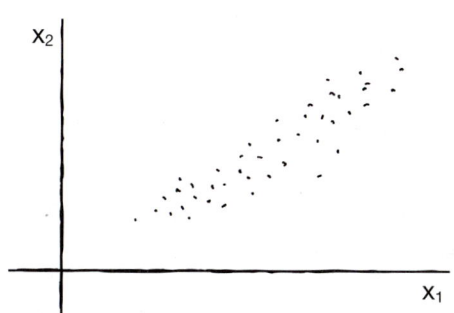

이 데이터는 x_1, x_2 2개의 특성이 있습니다. 대각선 방향으로 길게 늘어진 형태를 가지고 있군요. 이 데이터에서 가장 분산이 큰 방향은 어디일까요? 즉 가장 데이터의 분포를 가장 잘 표현하는 방향을 찾아보죠.

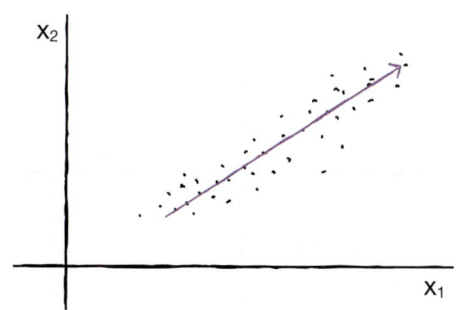

직관적으로 우리는 길게 늘어진 대각선 방향이 분산이 가장 크다고 알 수 있습니다. 위의 그림에서 화살표 위치는 큰 의미가 없습니다. 오른쪽 위로 향하거나 왼쪽 아래로 향할 수도 있죠. 중요한 것은 분산이 큰 방향을 찾는 것이 중요합니다.

앞에서 찾은 직선이 원점에서 출발한다면 두 원소로 이루어진 벡터로 쓸 수 있습니다. 예를 들어 다음 그림의(2, 1)처럼 나타낼 수 있겠죠.

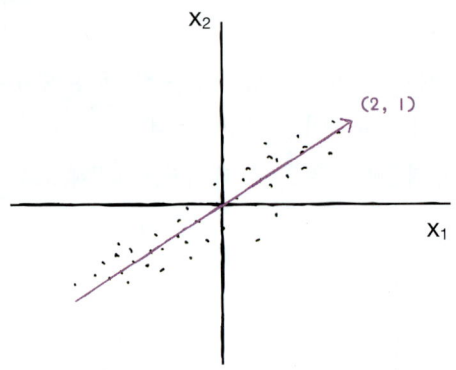

note 실제로 사이킷런의 PCA 모델을 훈련하면 자동으로 특성마다 평균값을 빼서 원점에 맞춰 줍니다. 따라서 우리가 수동으로 데이터를 원점에 맞출 필요가 없습니다.

이 벡터를 **주성분**principal component이라고 부릅니다. 이 주성분 벡터는 원본 데이터에 있는 어떤 방향입니다. 따라서 주성분 벡터의 원소 개수는 원본 데이터셋에 있는 특성 개수와 같습니다. 하지만 주성분을 사용해 원본 데이터의 차원을 줄일 수 있습니다. 예를 들면 다음과 같이 샘플 데이터 s(2, 4)를 주성분에 직각으로 투영하면 1차원 데이터 p(3.58)를 만들 수 있습니다.

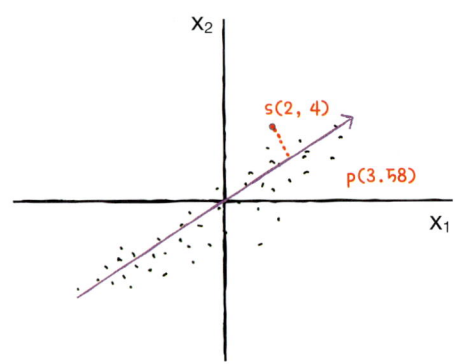

주성분은 원본 차원과 같고 주성분으로 바꾼 데이터는 차원이 줄어든다는 점을 꼭 기억하세요. 주성분이 가장 분산이 큰 방향이기 때문에 주성분에 투영하여 바꾼 데이터는 원본이 가지고 있는 특성을 가장 잘 나타내고 있을 것입니다.

첫 번째 주성분을 찾은 다음 이 벡터에 수직이고 분산이 가장 큰 다음 방향을 찾습니다. 이 벡터가 두 번째 주성분입니다. 여기서는 2차원이기 때문에 두 번째 주성분의 방향은 다음처럼 하나뿐입니다.

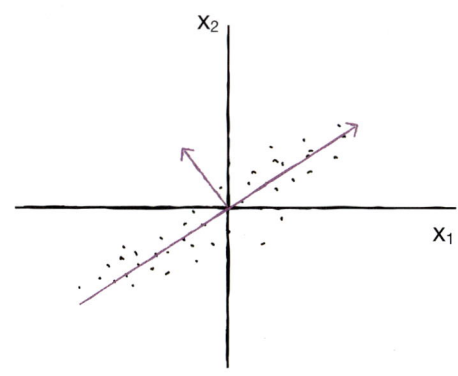

일반적으로 주성분은 원본 특성의 개수만큼 찾을 수 있습니다. 좋습니다. 지금까지 주성분의 특징을 알아보았습니다. 사이킷런으로 과일 사진 데이터에서 주성분 분석을 수행해 보죠.

note 기술적인 이유로 주성분은 원본 특성의 개수와 샘플 개수 중 작은 값만큼 찾을 수 있습니다. 일반적으로 비지도 학습은 대량의 데이터에서 수행하기 때문에 원본 특성의 개수만큼 찾을 수 있다고 말합니다.

PCA 클래스

이전 절과 마찬가지로 과일 사진 데이터를 다운로드하여 넘파이 배열로 적재하겠습니다.

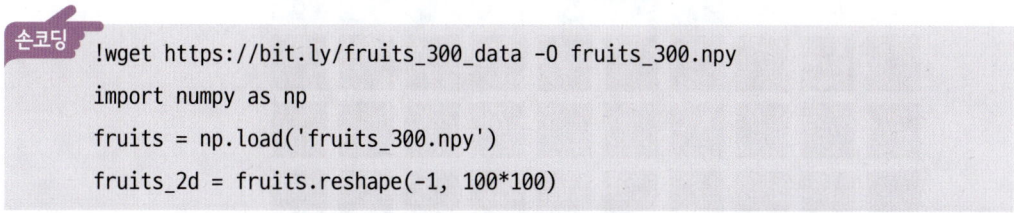

```
!wget https://bit.ly/fruits_300_data -O fruits_300.npy
import numpy as np
fruits = np.load('fruits_300.npy')
fruits_2d = fruits.reshape(-1, 100*100)
```

사이킷런은 sklearn.decomposition 모듈 아래 PCA 클래스로 주성분 분석 알고리즘을 제공합니다. PCA 클래스의 객체를 만들 때 n_components 매개변수에 주성분의 개수를 지정해야 합니다. k-평균과 마찬가지로 비지도 학습이기 때문에 fit() 메서드에 타깃값을 제공하지 않습니다.

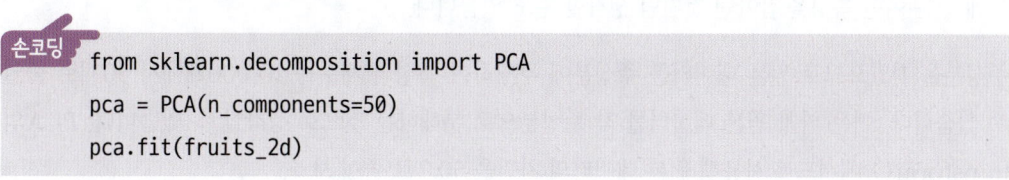

```
from sklearn.decomposition import PCA
pca = PCA(n_components=50)
pca.fit(fruits_2d)
```

간단하군요! PCA 클래스가 찾은 주성분은 components_ 속성에 저장되어 있습니다. 이 배열의 크기를 확인하겠습니다.

```
print(pca.components_.shape)
```

```
(50, 10000)
```

n_components=50으로 지정했기 때문에 pca.components_ 배열의 첫 번째 차원이 50입니다. 즉 50개의 주성분을 찾은 거죠. 두 번째 차원은 항상 원본 데이터의 특성 개수와 같은 10,000입니다.

원본 데이터와 차원이 같으므로 주성분을 100 × 100 크기의 이미지처럼 출력해 볼 수 있습니다. 2절에서 사용했던 draw_fruits() 함수를 사용해서 이 주성분을 그림으로 그려보죠. 이 함수의 실제 코드는 2절을 참고하세요 307쪽.

```
draw_fruits(pca.components_.reshape(-1, 100, 100))
```

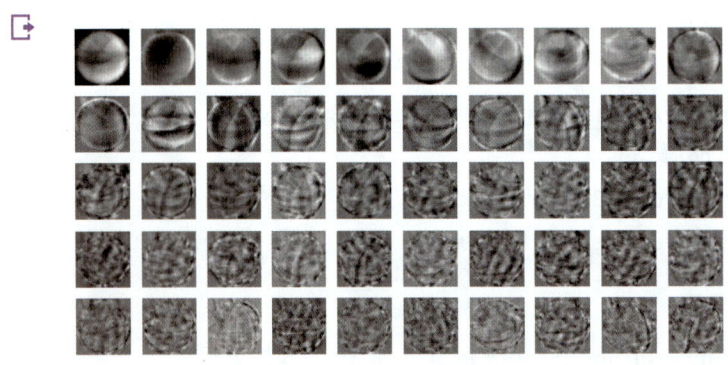

이 주성분은 원본 데이터에서 가장 분산이 큰 방향을 순서대로 나타낸 것입니다. 한편으로는 데이터셋에 있는 어떤 특징을 잡아낸 것처럼 생각할 수도 있습니다.

주성분을 찾았으므로 원본 데이터를 주성분에 투영하여 특성의 개수를 10,000개에서 50개로 줄일 수 있습니다. 이는 마치 원본 데이터를 각 주성분으로 분해하는 것으로 생각할 수 있습니다. PCA의 transform() 메서드를 사용해 원본 데이터의 차원을 50으로 줄여 보죠.

```
print(fruits_2d.shape)
```

```
(300, 10000)
```

```
fruits_pca = pca.transform(fruits_2d)
print(fruits_pca.shape)
```

```
(300, 50)
```

fruits_2d는 (300, 10000) 크기의 배열이었습니다. 10,000개의 픽셀(특성)을 가진 300개의 이미지입니다. 50개의 주성분을 찾은 PCA 모델을 사용해 이를 (300, 50) 크기의 배열로 변환했습니다. 이제 fruits_pca 배열은 50개의 특성을 가진 데이터입니다.

note 주성분 분석은 데이터 변환이 목적이므로 predict() 메서드를 제공하지 않습니다.

데이터를 성공적으로 줄였네요! 무려 1/200로 줄어들었습니다. fruits_2d 대신 fruits_pca를 저장한다면 훨씬 공간을 줄일 수 있겠군요. 데이터의 차원을 줄였다면 다시 원상 복구할 수도 있을까요? 다음에서 이를 알아보죠.

원본 데이터 재구성

앞에서 10,000개의 특성을 50개로 줄였습니다. 이로 인해 어느 정도 손실이 발생할 수밖에 없습니다. 하지만 최대한 분산이 큰 방향으로 데이터를 투영했기 때문에 원본 데이터를 상당 부분 재구성할 수 있습니다.

PCA 클래스는 이를 위해 inverse_transform() 메서드를 제공합니다. 앞서 50개의 차원으로 축소한 fruits_pca 데이터를 전달해 10,000개의 특성을 복원하겠습니다.

```
fruits_inverse = pca.inverse_transform(fruits_pca)
print(fruits_inverse.shape)
```

```
(300, 10000)
```

예상대로 10,000개의 특성이 복원되었습니다. 이 데이터를 100 × 100 크기로 바꾸어 100개씩 나누어 출력하겠습니다. 이 데이터는 순서대로 사과, 파인애플, 바나나를 100개씩 담고 있습니다.

```
fruits_reconstruct = fruits_inverse.reshape(-1, 100, 100)
for start in [0, 100, 200]:
    draw_fruits(fruits_reconstruct[start:start+100])
    print("\n")
```

와우! 거의 모든 과일이 잘 복원되었습니다. 일부 흐리고 번진 부분이 있지만 불과 50개의 특성을 10,000개로 늘린 것을 감안한다면 놀라운 일입니다. 이 50개의 특성이 분산을 가장 잘 보존하도록 변환되었기 때문입니다.

만약 주성분을 최대로 사용했다면 완벽하게 원본 데이터를 재구성할 수 있을 것입니다. 그럼 50개의 특성은 얼마나 분산을 보존하고 있는 것일까요? 다음에서 이를 알아보겠습니다.

설명된 분산

주성분이 원본 데이터의 분산을 얼마나 잘 나타내는지 기록한 값을 **설명된 분산**^{explained variance}이라고 합니다. PCA 클래스의 explained_variance_ratio_ 에 각 주성분의 설명된 분산 비율이 기록되어 있습니다. 당연히 첫 번째 주성분의 설명된 분산이 가장 큽니다. 이 분산 비율을 모두 더하면 50개의 주성분으로 표현하고 있는 총 분산 비율을 얻을 수 있습니다.

> 설명된 분산은 주성분이 원본 데이터의 분산을 얼마나 잘 나타내는지 기록한 값입니다.

 `print(np.sum(pca.explained_variance_ratio_))`

→ 0.9215750941853051

92%가 넘는 분산을 유지하고 있군요. 앞에서 50개의 특성에서 원본 데이터를 복원했을 때 원본 이미지의 품질이 높았던 이유를 여기에서 찾을 수 있습니다. 설명된 분산의 비율을 그래프로 그려 보면 적절한 주성분의 개수를 찾는 데 도움이 됩니다. 맷플롯립의 plot() 함수로 설명된 분산을 그래프로 출력하겠습니다.

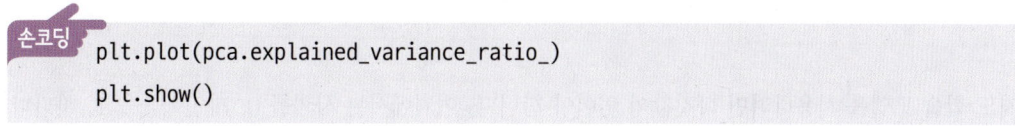
```
plt.plot(pca.explained_variance_ratio_)
plt.show()
```

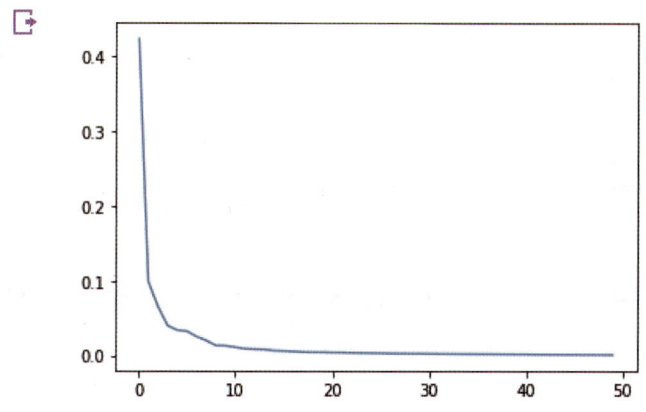

그래프를 보면 처음 10개의 주성분이 대부분의 분산을 표현하고 있습니다. 그다음부터는 각 주성분이 설명하고 있는 분산은 비교적 작습니다. 이번에는 PCA로 차원 축소된 데이터를 사용하여 지도 학습 모델을 훈련하겠습니다. 원본 데이터를 사용했을 때와 어떤 차이가 있는지 확인해 보죠.

다른 알고리즘과 함께 사용하기

과일 사진 원본 데이터와 PCA로 축소한 데이터를 지도 학습에 적용해 보고 어떤 차이가 있는지 알아보겠습니다. 3개의 과일 사진을 분류해야 하므로 간단히 로지스틱 회귀 모델을 사용하겠습니다. 먼저 사이킷런의 LogisticRegression 모델을 만듭니다.

> note 로지스틱 회귀 모델은 183쪽에서 설명했습니다.

```
from sklearn.linear_model import LogisticRegression

lr = LogisticRegression()
```

지도 학습 모델을 사용하려면 타깃값이 있어야 합니다. 여기에서는 사과를 0, 파인애플을 1, 바나나를 2로 지정하겠습니다. 파이썬 리스트와 정수를 곱하면 리스트 안의 원소를 정수만큼 반복합니다. 이를 이용하면 100개의 0, 100개의 1, 100개의 2로 이루어진 타깃 데이터를 손쉽게 만들 수 있습니다.

```
target = np.array([0]*100 + [1]*100 + [2]*100)
```

먼저 원본 데이터인 fruits_2d를 사용해 보죠. 로지스틱 회귀 모델에서 성능을 가늠해 보기 위해 cross_validate()로 교차 검증을 수행하겠습니다.

```
from sklearn.model_selection import cross_validate
scores = cross_validate(lr, fruits_2d, target)
print(np.mean(scores['test_score']))
print(np.mean(scores['fit_time']))
```

```
0.9966666666666667
0.7479389667510986
```

교차 검증의 점수는 0.997 정도로 매우 높습니다. 특성이 10,000개나 되기 때문에 300개의 샘플에서는 금방 과대적합된 모델을 만들기 쉽습니다. cross_validate() 함수가 반환하는 딕셔너리에는

fit_time 항목에 각 교차 검증 폴드의 훈련 시간이 기록되어 있습니다. 0.75초 정도 걸렸군요. 이 값을 PCA로 축소한 fruits_pca를 사용했을 때와 비교하겠습니다.

```
scores = cross_validate(lr, fruits_pca, target)
print(np.mean(scores['test_score']))
print(np.mean(scores['fit_time']))
```

```
0.9966666666666667
0.021138763427734374
```

50개의 특성만 사용했는데도 정확도가 99.7%로 동일하고 훈련 시간은 0.02초로 30배 이상 감소했습니다. PCA로 훈련 데이터의 차원을 축소하면 저장 공간뿐만 아니라 머신러닝 모델의 훈련 속도도 높일 수 있습니다.

앞서 PCA 클래스를 사용할 때 n_components 매개변수에 주성분의 개수를 지정했습니다. 이 대신 원하는 설명된 분산의 비율을 입력할 수도 있습니다. PCA 클래스는 지정된 비율에 도달할 때까지 자동으로 주성분을 찾습니다. 설명된 분산의 50%에 달하는 주성분을 찾도록 PCA 모델을 만들어 보겠습니다.

```
pca = PCA(n_components=0.5)
pca.fit(fruits_2d)
```

간단하네요. 주성분 개수 대신 0~1 사이의 비율을 실수로 입력하면 됩니다. 몇 개의 주성분을 찾았는지 확인하겠습니다.

```
print(pca.n_components_)
```

```
2
```

단 2개네요! 2개의 특성만으로 원본 데이터에 있는 분산의 50%를 표현할 수 있습니다!

이 모델로 원본 데이터를 변환하겠습니다. 주성분이 2개이므로 변환된 데이터의 크기는 (300, 2)가 됩니다.

```
fruits_pca = pca.transform(fruits_2d)
print(fruits_pca.shape)
```

```
(300, 2)
```

2개의 특성만 사용하고도 교차 검증의 결과가 좋을까요? 한번 확인하겠습니다.

```
scores = cross_validate(lr, fruits_pca, target)
print(np.mean(scores['test_score']))
print(np.mean(scores['fit_time']))
```

```
0.9933333333333334
0.027972936630249023
```

note 앞의 코드를 입력하면 로지스틱 회귀 모델이 완전히 수렴하지 못했으니 반복 횟수를 증가하라는 경고(Convergence Warning: lbfgs failed to converge)가 출력됩니다. 하지만 교차 검증의 결과가 충분히 좋기 때문에 무시해도 좋습니다.

와! 정말 놀랍네요. 2개의 특성을 사용했을 뿐인데 99%의 정확도를 달성했습니다.

이번에는 차원 축소된 데이터를 사용해 k-평균 알고리즘으로 클러스터를 찾아보겠습니다.

```
from sklearn.cluster import KMeans
km = KMeans(n_clusters=3, random_state=42)
km.fit(fruits_pca)
print(np.unique(km.labels_, return_counts=True))
```

```
(array([0, 1, 2], dtype=int32), array([110, 99, 91]))
```

fruits_pca로 찾은 클러스터는 각각 110개, 99개, 91개의 샘플을 포함하고 있습니다. 이는 2절에서 원본 데이터를 사용했을 때와 거의 비슷한 결과입니다. KMeans가 찾은 레이블을 사용해 과일 이미지를 출력하겠습니다.

```
for label in range(0, 3):
    draw_fruits(fruits[km.labels_ == label])
    print("\n")
```

2절에서 찾은 클러스터와 비슷하게 파인애플은 사과와 조금 혼동되는 면이 있습니다. 몇 개의 사과가 파인애플 클러스터에 섞여 들어가 있군요.

훈련 데이터의 차원을 줄이면 또 하나 얻을 수 있는 장점은 시각화입니다. 3개 이하로 차원을 줄이면 화면에 출력하기 비교적 쉽습니다. fruits_pca 데이터는 2개의 특성이 있기 때문에 2차원으로 표현할 수 있습니다. 앞에서 찾은 km.labels_를 사용해 클러스터별로 나누어 산점도를 그려 보겠습니다.

```
for label in range(0, 3):
    data = fruits_pca[km.labels_ == label]
    plt.scatter(data[:,0], data[:,1])
plt.legend(['apple', 'banana', 'pineapple'])
plt.show()
```

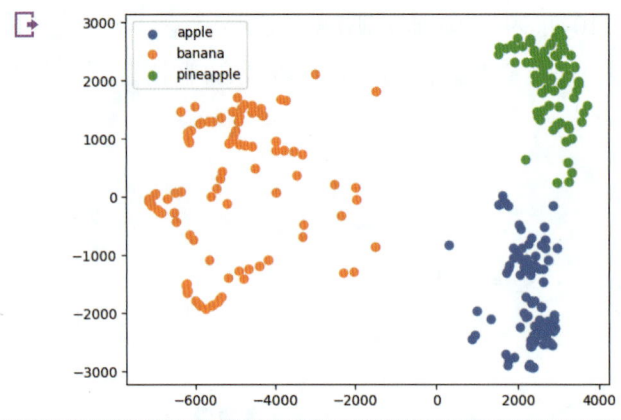

각 클러스터의 산점도가 아주 잘 구분되는군요! 2개의 특성만을 사용했는데 로지스틱 회귀 모델의 교차 검증 점수가 99%에 달하는 이유를 이제 알 것 같습니다!

이 그림을 보면 사과와 파인애플 클러스터의 경계가 가깝게 붙어 있습니다. 이 두 클러스터의 샘플은 몇 개가 혼동을 일으키기 쉬울 것 같군요. 데이터를 시각화하면 예상치 못한 통찰을 얻을 수 있습니다. 그런 면에서 차원 축소는 매우 유용한 도구 중 하나입니다.

주성분 분석으로 차원 축소 문제해결 과정

이 절에서는 대표적인 비지도 학습 문제 중 하나인 차원 축소에 대해 알아보았습니다. 차원 축소를 사용하면 데이터셋의 크기를 줄일 수 있고 비교적 시각화하기 쉽습니다. 또 차원 축소된 데이터를 지도 학습 알고리즘이나 다른 비지도 학습 알고리즘에 재사용하여 성능을 높이거나 훈련 속도를 빠르게 만들 수 있습니다.

사이킷런의 PCA 클래스를 사용해 과일 사진 데이터의 특성을 50개로 크게 줄였습니다. 특성 개수는 작지만 변환된 데이터는 원본 데이터에 있는 분산의 90% 이상을 표현합니다. 이를 설명된 분산이라 부릅니다.

PCA 클래스는 자동으로 설명된 분산을 계산하여 제공해 줍니다. 또한 주성분의 개수를 명시적으로 지정하는 대신 설명된 분산의 비율을 설정하여 원하는 비율만큼 주성분을 찾을 수 있습니다.

PCA 클래스는 변환된 데이터에서 원본 데이터를 복원하는 메서드도 제공합니다. 변환된 데이터가 원본 데이터의 분산을 모두 유지하고 있지 않다면 완벽하게 복원되지 않습니다. 하지만 적은 특성으로도 상당 부분의 디테일을 복원할 수 있습니다.

지금까지 머신러닝의 주요 알고리즘들을 살펴보았습니다. 다음 장에서는 최근 머신러닝 분야에서 가장 인기 있는 주제인 딥러닝에 대해 배워보겠습니다. 기대해 주세요!

전체 소스 코드

> note https://bit.ly/hg2-06-3에 접속하면 코랩에서 이 절의 코드를 바로 열어 볼 수 있습니다.

```
"""# 주성분 분석"""

"""## PCA 클래스"""

!wget https://bit.ly/fruits_300_data -O fruits_300.npy

import numpy as np

fruits = np.load('fruits_300.npy')
fruits_2d = fruits.reshape(-1, 100*100)

from sklearn.decomposition import PCA

pca = PCA(n_components=50)
pca.fit(fruits_2d)

print(pca.components_.shape)

import matplotlib.pyplot as plt

def draw_fruits(arr, ratio=1):
    n = len(arr)    # n은 샘플 개수입니다
    # 한 줄에 10개씩 이미지를 그립니다. 샘플 개수를 10으로 나누어 전체 행 개수를 계산합니다
    rows = int(np.ceil(n/10))
    # 행이 1개이면 열의 개수는 샘플 개수입니다. 그렇지 않으면 10개입니다
    cols = n if rows < 2 else 10
    fig, axs = plt.subplots(rows, cols,
                            figsize=(cols*ratio, rows*ratio), squeeze=False)
```

```python
        for i in range(rows):
            for j in range(cols):
                if i*10 + j < n:    # n 개까지만 그립니다
                    axs[i, j].imshow(arr[i*10 + j], cmap='gray_r')
                axs[i, j].axis('off')
    plt.show()

draw_fruits(pca.components_.reshape(-1, 100, 100))

print(fruits_2d.shape)

fruits_pca = pca.transform(fruits_2d)

print(fruits_pca.shape)

"""## 원본 데이터 재구성"""

fruits_inverse = pca.inverse_transform(fruits_pca)
print(fruits_inverse.shape)

fruits_reconstruct = fruits_inverse.reshape(-1, 100, 100)

for start in [0, 100, 200]:
    draw_fruits(fruits_reconstruct[start:start+100])
    print("\n")

"""## 설명된 분산"""

print(np.sum(pca.explained_variance_ratio_))

plt.plot(pca.explained_variance_ratio_)
plt.show()

"""## 다른 알고리즘과 함께 사용하기"""

from sklearn.linear_model import LogisticRegression
```

```
lr = LogisticRegression()

target = np.array([0]*100 + [1]*100 + [2]*100)

from sklearn.model_selection import cross_validate

scores = cross_validate(lr, fruits_2d, target)
print(np.mean(scores['test_score']))
print(np.mean(scores['fit_time']))

scores = cross_validate(lr, fruits_pca, target)
print(np.mean(scores['test_score']))
print(np.mean(scores['fit_time']))

pca = PCA(n_components=0.5)
pca.fit(fruits_2d)

print(pca.n_components_)

fruits_pca = pca.transform(fruits_2d)
print(fruits_pca.shape)

scores = cross_validate(lr, fruits_pca, target)
print(np.mean(scores['test_score']))
print(np.mean(scores['fit_time']))

from sklearn.cluster import KMeans

km = KMeans(n_clusters=3, random_state=42)
km.fit(fruits_pca)

print(np.unique(km.labels_, return_counts=True))

for label in range(0, 3):
```

```
        draw_fruits(fruits[km.labels_ == label])
        print("\n")

for label in range(0, 3):
    data = fruits_pca[km.labels_ == label]
    plt.scatter(data[:,0], data[:,1])
plt.legend(['apple', 'banana', 'pineapple'])
plt.show()
```

마무리

▶ 키워드로 끝내는 핵심 포인트

- **차원 축소**는 원본 데이터의 특성을 적은 수의 새로운 특성으로 변환하는 비지도 학습의 한 종류입니다. 차원 축소는 저장 공간을 줄이고 시각화하기 쉽습니다. 또한 다른 알고리즘의 성능을 높일 수도 있습니다.

- **주성분 분석**은 차원 축소 알고리즘의 하나로 데이터에서 가장 분산이 큰 방향을 찾는 방법입니다. 이런 방향을 주성분이라고 부릅니다. 원본 데이터를 주성분에 투영하여 새로운 특성을 만들 수 있습니다. 일반적으로 주성분은 원본 데이터에 있는 특성 개수보다 작습니다.

- **설명된 분산**은 주성분 분석에서 주성분이 얼마나 원본 데이터의 분산을 잘 나타내는지 기록한 것입니다. 사이킷런의 PCA 클래스는 주성분 개수나 설명된 분산의 비율을 지정하여 주성분 분석을 수행할 수 있습니다.

▶ 핵심 패키지와 함수

scikit-learn

- **PCA**는 주성분 분석을 수행하는 클래스입니다.

    n_components는 주성분의 개수를 지정합니다. 기본값은 None으로 샘플 개수와 특성 개수 중에 작은 것의 값을 사용합니다.

    random_state에는 넘파이 난수 시드 값을 지정할 수 있습니다.

    components_ 속성에는 훈련 세트에서 찾은 주성분이 저장됩니다.

    explained_variance_ 속성에는 설명된 분산이 저장되고, explained_variance_ratio_에는 설명된 분산의 비율이 저장됩니다.

    inverse_transform() 메서드는 transform() 메서드로 차원을 축소시킨 데이터를 다시 원본 차원으로 복원합니다.

▶ 확인 문제

1. 특성이 20개인 대량의 데이터셋이 있습니다. 이 데이터셋에서 찾을 수 있는 주성분 개수는 몇 개일까요?

① 10개

② 20개

③ 50개

④ 100개

2. 샘플 개수가 1,000개이고 특성 개수는 100개인 데이터셋이 있습니다. 즉 이 데이터셋의 크기는 (1000, 100)입니다. 이 데이터를 사이킷런의 PCA 클래스를 사용해 10개의 주성분을 찾아 변환했습니다. 변환된 데이터셋의 크기는 얼마일까요?

① (1000, 10)

② (10, 1000)

③ (10, 10)

④ (1000, 1000)

3. 2번 문제에서 설명된 분산이 가장 큰 주성분은 몇 번째인가요?

① 첫 번째 주성분

② 다섯 번째 주성분

③ 열 번째 주성분

④ 알 수 없음

4. 사이킷런의 PCA 클래스에 대해 올바르게 설명한 것은 무엇인가요?

① 모델을 훈련한 후 새로운 샘플을 변환할 수 없습니다.

② 모델을 훈련한 후 새로운 샘플의 레이블을 예측할 수 있습니다.

③ PCA로 변환된 데이터를 사용해 원본 데이터를 복원할 수 없습니다.

④ 설명된 분산의 비율은 explained_variance_ratio_ 속성에 저장되어 있습니다.

자주 하는 질문

Q. npy 파일은 어떻게 만드는 건가요?

A. npy 파일은 넘파이 배열을 저장하기 위한 이진 파일 포맷입니다. 이 파일을 만들려면 넘파이 save() 함수를 사용할 수 있습니다. 예를 들어 다음처럼 첫 번째 매개변수에 만들 파일의 이름을 넣고, 두 번째 매개변수에 파일에 저장할 넘파이 배열 객체를 지정합니다.

np.save('filename.npy', numpy_array)

Q. 323쪽에서 출력된 레이블의 순서가 책과 달라요.

A. k-평균 알고리즘은 초기 센트로이드를 랜덤하게 할당하기 때문에 결과가 달라질 수 있습니다. 또 사이킷런의 버전이 바뀌면서 알고리즘의 동작 방식이 변경될 수 있습니다. 또 레이블 값과 순서는 아무런 의미가 없다는 점을 기억하세요. 예를 들어 군집 알고리즘으로 5개의 샘플을 두 개의 클러스터로 나타냈다고 가정해 보죠. 이 경우 5개의 샘플에 대한 레이블이 [0, 0, 0, 1, 1]으로 할당되거나 [1, 1, 0, 0, 0]으로 할당되거나 같은 결과입니다. 처음 세 개의 샘플이 하나의 클러스터가 되고, 남은 두 개의 샘플이 하나의 클러스터를 이루고 있다는 점이 같다면 레이블 값은 중요하지 않습니다.

Q. 06-2절의 draw_fruits() 함수의 코드 중에 arr[i*10 + j]가 무슨 뜻인지 모르겠어요.

A. arr은 100x100 크기 과일 이미지가 들어 있는 3차원 배열입니다. 이 샘플들을 그리기 위해 10개의 열과 여러 개의 행으로 구성된 서브플롯을 만들었습니다. i는 이 서브플롯 배열의 행 인덱스이고, j는 열 인덱스에 해당합니다. 첫 번째 행, 세 번째 열의 샘플은 axs[0, 2] 서브플롯에 그려집니다. 두 번째 행, 네 번째 열의 샘플은 axs[1, 3] 서브플롯에 그려집니다. axs[1, 3]에 그려질 이미지는 첫 번째 행에서 사용된 10개의 이미지 다음에 오는 이미지이므로 인덱스가 1 × 10 + 3 = 13인 이미지입니다. 이런 식으로 배열의 원소를 선택하기 위해 arr[i*10 + j]와 같이 사용했습니다.

Q. 06-2절의 k-평균과 06-1절에서 사용한 방식은 뭐가 다른 거죠?

A. 06-1절에서는 이미지의 타깃값을 알고 있었습니다. 그래서 각 과일에 대한 평균을 구했죠. 하지만 실제 비지도 학습에서는 타깃값을 알고 있지 못합니다. k-평균은 3개의 클러스터를 찾은 다음 클러스터에 속한 각 이미지 픽셀에 대한 평균을 구합니다. 평균을 계산하는 것은 06-1절과 같지만 여기서는 타깃값을 사용하지 않고 클러스터를 찾았다는 점을 기억하세요.

Q. 06-2절에서 KMeans 클래스의 n_clusters 기본값은 왜 8인가요?

A. 이따금 이에 대해 궁금해하는 분들이 있습니다. 왠지 8이라고 하니 무언가 의미가 있을 것 같아 보이긴 합니다. 하지만 사실 이 숫자는 임의적이며 아무런 의도가 없습니다. 1이나 10 같은 값이었다면 오해가 덜했을 수도 있겠네요. 그래서 KMeans 클래스를 사용할 때는 반드시 n_clusters 매개변수가 지정되어야 합니다.

Q. 06-3절에서 PCA를 사용하여 원본 특성을 2개로 줄였는데 50개의 특성을 사용했을 때보다 교차 검증 시간이 더 오래 걸린 이유가 무엇인가요?

A. 이는 로지스틱 회귀가 최적의 해를 구하기 위해 더 많은 반복을 수행했기 때문입니다. 344쪽 노트에서도 언급했듯이 두 개의 특성을 사용하는 경우 LogisticRegression 클래스가 max_iter 매개변수에 지정된 횟수 동안에 최적의 해에 수렴하지 못했기 때문에 반복을 더 늘리라는 경고가 발생합니다. cross_validate() 함수를 호출할 때 return_estimator 매개변수를 True로 주어 교차 검증에서 만든 로지스틱 회귀 모델을 반환받을 수 있습니다. 이 모델들의 n_iter_ 속성에 반복 횟수가 저장되어 있습니다. 실제로 이 예제의 경우 5겹 교차 검증으로 만든 5개의 모델 중에 여러 개가 max_iter 기본값인 100번의 반복에 도달했고, 다른 모델들도 50개의 특성을 사용했을 때보다 두 배 이상 많은 반복을 수행했습니다.

학습목표
- 딥러닝의 핵심 알고리즘인 인공 신경망을 배웁니다.
- 대표적인 인공 신경망 라이브러리인 케라스를 소개합니다.
- 인공 신경망 모델의 훈련을 돕는 도구를 익힙니다.

Chapter 07

딥러닝을 시작합니다
패션 럭키백을 판매합니다!

07-1 인공 신경망

핵심 키워드 인공 신경망 케라스 밀집층 원-핫 인코딩

딥러닝과 인공 신경망 알고리즘을 이해하고 케라스를 사용해 간단한 인공 신경망 모델을 만들어 봅니다.

시작하기 전에

럭키백 이벤트가 성공한 뒤 한빛 마켓의 매출이 큰 폭으로 증가했습니다. 혼공머신도 공로를 인정받아 상반기 보너스를 받았군요. 럭키백 이벤트가 끝나고 열린 주주총회에서 패션 분야로의 진출이 결정되었습니다. 이 소식을 접한 마케팅 팀은 패션 분야 오픈 이벤트도 역시 럭키백 이벤트 형식으로 진행한다고 합니다.

특히 마케팅 팀은 패션 상품의 주 고객층인 20대를 타깃으로 이전보다 럭키백의 정확도를 높여야 한다고 요구했습니다. 개발 팀은 다시 바빠졌습니다. 홍 선배는 생선 럭키백에서 사용한 로지스틱 회귀 알고리즘으로 패션 럭키백의 정확도를 높이려고 합니다. 늦게까지 작업하다 컴퓨터를 켜둔 채 퇴근한 홍 선배의 모니터를 바라보던 혼공머신이 소리쳤습니다.

"그래, 스터디에서 배웠던 게 기억난다!"

패션 MNIST

판매할 패션 상품의 데이터는 아직 없지만, 마침 한빛 마켓에서 판매할 상품과 똑같은 데이터를 구할 수 있었습니다. 이를 대신해 사용하겠습니다.

> 조금 억지스러울 수 있는 설정이지만 이해해 주세요.

7장과 8장에서는 **패션 MNIST 데이터셋**을 사용하겠습니다. 이 데이터셋은 10종류의 패션 아이템으로 구성되어 있습니다.

> **+ 여기서 잠깐 | MNIST가 뭐죠?**
>
> 머신러닝과 딥러닝을 처음 배울 때 많이 사용하는 데이터셋이 있습니다. 머신러닝에서는 붓꽃 데이터셋이 유명하죠. 딥러닝에서는 MNIST 데이터셋이 유명합니다. 이 데이터는 손으로 쓴 0~9까지의 숫자로 이루어져 있습니다. MNIST와 크기, 개수가 동일하지만 숫자 대신 패션 아이템으로 이루어진 데이터가 바로 패션 MNIST입니다.

패션 MNIST 데이터는 워낙 유명하기 때문에 많은 딥러닝 라이브러리에서 이 데이터를 가져올 수 있는 도구를 제공합니다. 여기서는 **케라스**^{Keras}를 사용해 이 데이터를 불러오겠습니다. 딥러닝이나 케라스에 대해 설명하기 전에 먼저 패션 MNIST가 어떤 데이터인지 확인해 보겠습니다. 지금은 궁금하더라도 잠시만 참아주세요.

편리하게도 케라스도 코랩에서 바로 사용할 수 있습니다. 다음 명령으로 케라스 패키지를 임포트하고 패션 MNIST 데이터를 다운로드합니다.

```
import keras
(train_input, train_target), (test_input, test_target) =\
    keras.datasets.fashion_mnist.load_data()
```

keras.datasets.fashion_mnist 모듈 아래 load_data() 함수는 친절하게 훈련 데이터와 테스트 데이터를 나누어 반환합니다. 이 데이터는 각각 입력과 타깃의 쌍으로 구성되어 있습니다.

내려받은 데이터가 있는지 확인하려면 왼쪽의 폴더 아이콘을 클릭해서 sample_data 폴더를 확인하세요. 다음 그림처럼 보일 겁니다.

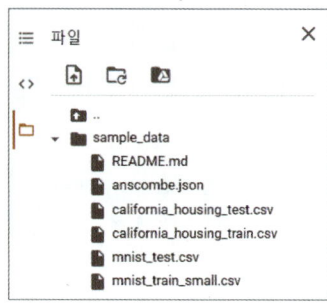

전달받은 데이터의 크기를 확인해 보겠습니다.

손코딩
```
print(train_input.shape, train_target.shape)
```

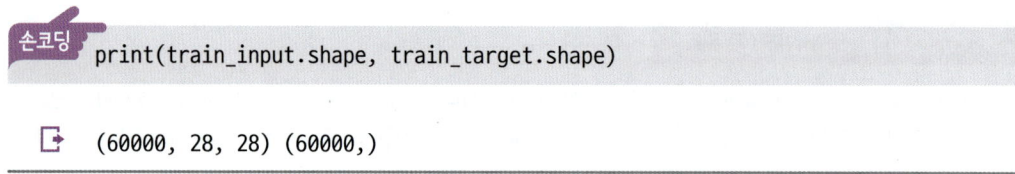

훈련 데이터는 60,000개의 이미지로 이루어져 있군요. 각 이미지는 28 × 28 크기입니다. 타깃도 60,000개의 원소가 있는 1차원 배열입니다.

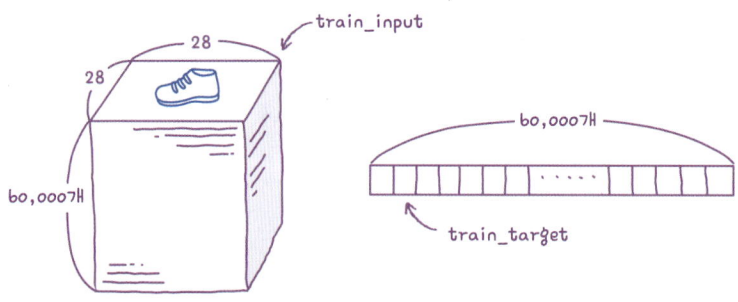

테스트 세트의 크기도 확인해 보겠습니다.

손코딩
```
print(test_input.shape, test_target.shape)
```

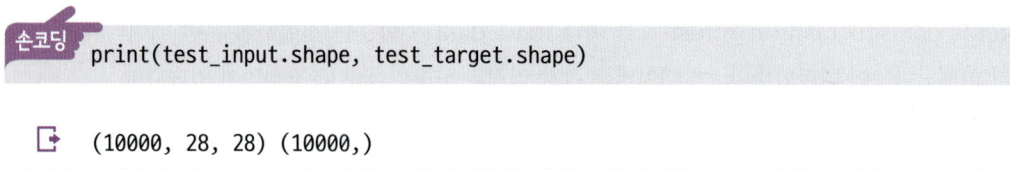

테스트 세트는 10,000개의 이미지로 이루어져 있네요.

6장에서 맷플롯립 라이브러리로 과일을 출력했던 것처럼 훈련 데이터에서 몇 개의 샘플을 그림으로 출력해 볼까요? 어떤 이미지인지 직접 보는 것이 문제를 이해하는 데 큰 도움이 됩니다.

```
import matplotlib.pyplot as plt
fig, axs = plt.subplots(1, 10, figsize=(10,10))
for i in range(10):
    axs[i].imshow(train_input[i], cmap='gray_r')
    axs[i].axis('off')
plt.show()
```

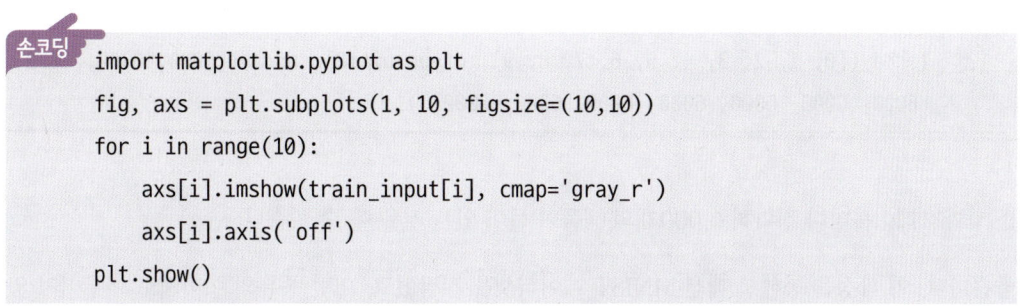

크기가 28 × 28이다 보니 이미지가 흐릿하게 그려집니다. 또 6장에서 다루었던 것처럼 반전된 흑백 이미지입니다. 신발과 다양한 종류의 옷들이 보입니다. 이 샘플들의 타깃값을 확인해 보죠.

슬라이싱 연산자를 사용해서 처음 10개 샘플의 타깃값을 확인해 보죠.

```
[9, 0, 0, 3, 0, 2, 7, 2, 5, 5]
```

패션 MNIST의 타깃은 0~9까지의 숫자 레이블로 구성됩니다. 각 숫자의 의미는 아직 모르지만 마지막 2개의 샘플이 같은 레이블(숫자 5)을 가지고 있습니다. 앞서 출력한 이미지를 보더라도 이 2개의 샘플은 같은 종류의 신발 같네요. 패션 MNIST에 포함된 10개 레이블의 의미는 다음과 같습니다.

레이블	0	1	2	3	4	5	6	7	8	9
패션 아이템	티셔츠	바지	스웨터	드레스	코트	샌달	셔츠	스니커즈	가방	앵클 부츠

이 값을 앞에서 출력한 결과와 비교해 보세요. 마지막으로 넘파이 unique() 함수로 레이블 당 샘플 개수를 확인해 보겠습니다.

```
import numpy as np
print(np.unique(train_target, return_counts=True))
```

> (array([0, 1, 2, 3, 4, 5, 6, 7, 8, 9], dtype=uint8), array([6000, 6000, 6000, 6000, 6000, 6000, 6000, 6000, 6000, 6000]))

0~9까지 레이블마다 정확히 6,000개의 샘플이 들어 있는 것을 볼 수 있습니다.

좋습니다. 이 과정을 통해서 패션 MNIST 데이터셋을 저장했고, 어떤 종류의 이미지로 이루어져 있는지 감을 잡았기를 바랍니다. 이어서 홍 선배의 로지스틱 회귀 모델을 살짝 훔쳐보겠습니다.

로지스틱 회귀로 패션 아이템 분류하기

이 훈련 샘플은 60,000개나 되기 때문에 전체 데이터를 한꺼번에 사용하여 모델을 훈련하는 것보다 샘플을 하나씩 꺼내서 모델을 훈련하는 방법이 더 효율적으로 보입니다. 이런 상황에 잘 맞는 방법이 확률적 경사 하강법입니다. 4장에서 배웠던 SGDClassifier를 기억하시죠?

> **+ 여기서 잠깐** **넘파이 배열의 바이트 크기를 알 수 있나요?**
>
> 넘파이 배열의 nbytes 속성에 실제 해당 배열이 차지하는 바이트 용량이 저장되어 있습니다. train_input의 경우 약 45M 정도됩니다.

4장에서 SGDClassifier 클래스의 loss 매개변수를 'log_loss'로 지정하여 로지스틱 손실 함수를 최소화하는 확률적 경사 하강법 모델을 만들었습니다. 홍 선배가 바로 이 방법을 패션 럭키백에 사용하고 있었습니다.

4장의 내용을 다시 되짚어 봅시다. 4장에서 SGDClassifier를 사용할 때 표준화 전처리된 데이터를 사용했습니다. 그 이유가 기억나나요? 확률적 경사 하강법은 여러 특성 중 기울기가 가장 가파른 방향을 따라 이동합니다. 만약 특성마다 값의 범위가 많이 다르면 올바르게 손실 함수의 경사를 내려올 수 없겠죠. 패션 MNIST의 경우 각 픽셀은 0~255 사이의 정숫값을 가집니다. 이런 이미지의 경우 보통 255로 나누어 0~1 사이의 값으로 정규화합니다. 이는 표준화는 아니지만 양수 값으로 이루어진 이미지를 전처리할 때 널리 사용하는 방법입니다.

6장에서 했듯이 reshape() 메서드를 사용해 2차원 배열인 각 샘플을 1차원 배열로 펼치겠습니다.

4장에서 보았듯이 SGDClassifier는 2차원 입력을 다루지 못하기 때문에 각 샘플을 1차원 배열로 만들어야 합니다.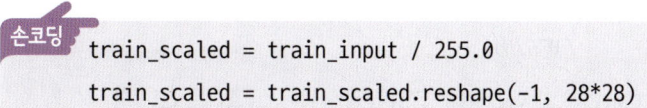

```
train_scaled = train_input / 255.0
train_scaled = train_scaled.reshape(-1, 28*28)
```

reshape() 메서드의 두 번째 매개변수를 28 × 28 이미지 크기에 맞게 지정하면 첫 번째 차원(샘플 개수)은 변하지 않고 원본 데이터의 두 번째, 세 번째 차원이 1차원으로 합쳐집니다. 변환된 train_scaled의 크기를 확인해 보죠.

```
print(train_scaled.shape)
```

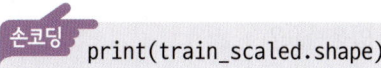 (60000, 784)

네, 기대한 대로 784개의 픽셀로 이루어진 60,000개의 샘플이 준비되었습니다. 4장에서처럼 SGDClassifier 클래스와 cross_validate 함수를 사용해 이 데이터에서 교차 검증으로 성능을 확인해 보죠.

```
from sklearn.model_selection import cross_validate
from sklearn.linear_model import SGDClassifier

sc = SGDClassifier(loss='log_loss', max_iter=5, random_state=42)
scores = cross_validate(sc, train_scaled, train_target, n_jobs=-1)
print(np.mean(scores['test_score']))
```

0.8194166666666666

여기에서는 SGDClassifier의 반복 횟수(max_iter)를 5번으로 지정했습니다. 반복 횟수를 늘려도 성능이 크게 향상되지는 않습니다. 직접 10이나 20 등의 여러 숫자를 넣어서 테스트해 보세요.

```
0.8311666666666667  # max_iter=10
0.8437333333333334  # max_iter=20
```

역시 만족할 만한 수준은 아니군요. 홍 대리도 이 문제로 고민이 많은 것 같습니다. 그러면 여기에서 잠시 4장에서 배웠던 로지스틱 회귀 공식을 떠올려 볼까요?

$$z = a \times (Weight) + b \times (Length) + c \times (Diagonal) + d \times (Height) + e \times (Width) + f$$

이 식을 패션 MNIST 데이터에 있는 티셔츠 레이블에 맞게 변형하면 다음과 같습니다.

$$z\_티셔츠 = w1 \times (픽셀1) + w2 \times (픽셀2) + \ldots + w784 \times (픽셀784) + b$$

총 784개의 픽셀, 즉 특성이 있으므로 아주 긴 식이 만들어집니다. 가중치 개수도 많아지기 때문에 a, b, c 대신에 $w1, w2, w3$과 같은 식으로 바꾸었습니다. 마지막에 절편 b를 더합니다. 어렵지 않죠? 생선에 대한 특성을 픽셀 특성으로 바꾼 것뿐입니다. 대신 개수가 아주 많아졌습니다.

이번에는 두 번째 레이블인 바지에 대한 방정식은 어떻게 쓸 수 있을까요?

$$z\_바지 = w1' \times (픽셀1) + w2' \times (픽셀2) + \ldots + w784' \times (픽셀784) + b'$$

이 식은 티셔츠에 대한 선형 방정식과 매우 비슷합니다. 동일하게 784개의 픽셀값을 그대로 사용하고 있지요. 다만 바지에 대한 출력을 계산하기 위해 가중치와 절편은 다른 값을 사용해야 합니다. 티셔츠와 같은 가중치를 사용한다면 바지와 티셔츠를 구분할 수 있을 리가 없습니다.

이런 식으로 나머지 클래스에 대한 선형 방정식을 모두 생각해 볼 수 있습니다. SGDClassifier 모델은 패션 MNIST 데이터의 클래스를 가능한 잘 구분할 수 있도록 이 10개의 방정식에 대한 모델 파라미터(가중치와 절편)를 찾습니다.

이 방정식의 계산을 그림으로 나타내면 다음과 같습니다.

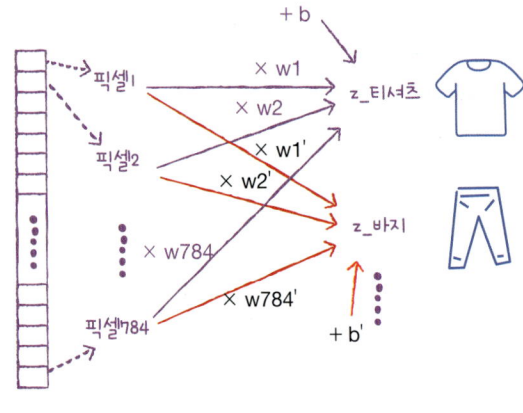

w는 가중치이고, b는 절편입니다.

첫 번째 픽셀1이 $w1$과 곱해져서 $z\_티셔츠$에 더해집니다. 두 번째 픽셀2도 $w2$와 곱해져서 $z\_티셔츠$에 더해집니다. 마지막 픽셀784도 $w784$와 곱해져 $z\_티셔츠$에 더하고 절편 b를 더합니다. $z\_바지$에 대해서도 동일한 계산 과정이 수행됩니다.

여기에서 중요한 점은 앞에서도 언급했듯이 티셔츠를 계산하기 위해 픽셀 784개와 곱하는 가중치 784개($w1$~$w784$)와 절편(b)이 바지를 계산하기 위해 픽셀 784개와 곱하는 가중치 784개($w1'$~$w784'$), 절편(b')과 다르다는 것입니다.

$z\_티셔츠$, $z\_바지$와 같이 10개의 클래스에 대한 선형 방정식을 모두 계산한 다음에는 4장에서 보았듯이 소프트맥스 함수를 통과하여 각 클래스에 대한 확률을 얻을 수 있습니다.

좋습니다. 로지스틱 회귀에 대해 확실히 복습을 했네요. 그럼 이제 혼공머신이 인공 신경망을 만들어 패션 아이템 분류 문제의 성능을 높일 수 있는지 지켜보죠.

지금까지는 여러분들이 이해하기 쉽게 $w1$~$w784$, $z1$~$z784$ 등으로 표기했습니다. 이제 조금 익숙해졌을 테니 이후부터는 수식과 설명에서는 w_1~w_{784}, z_1~z_{784} 등으로 표기하겠습니다.

인공 신경망

혼공머신은 한빛 마켓에 들어오기 전에 딥러닝 스터디 그룹에 참여하여 인공 신경망artificial neural network, ANN에 대해 공부했습니다. 그래서 이미지 분류 문제에는 인공 신경망이 잘 맞는다는 것을 기억하고 있습니다. 그동안 홍 선배에게 받은 도움을 갚을 좋은 기회입니다.

"홍 선배가 내일 출근했을 때 깜짝 놀라게 해 주자."

자 그럼 인공 신경망을 만들어 볼까요? 그런데 사실 우리는 인공 신경망을 이미 만들었습니다!

조금 어이없게 들릴 수 있지만, 가장 기본적인 인공 신경망은 확률적 경사 하강법을 사용하는 로지스틱 회귀와 같습니다. 아니 그렇다면 어떻게 인공 신경망으로 성능을 높일 수 있는 걸까요? 이에 대해 대답을 하기 전에 패션 아이템 분류 문제를 인공 신경망으로 표현해 보겠습니다.

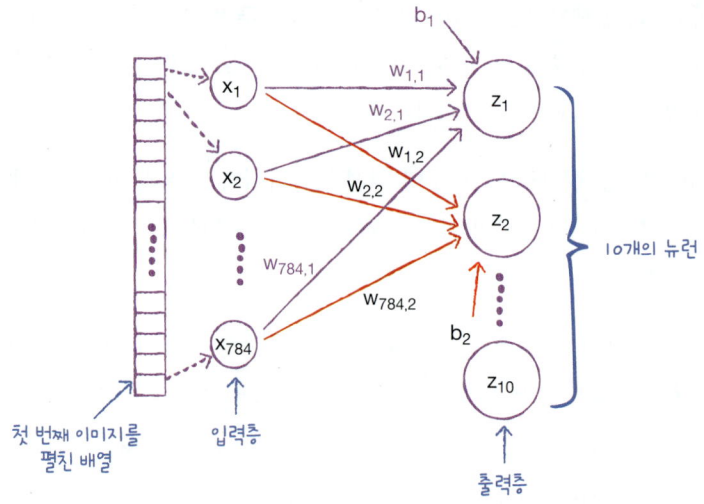

앞서 로지스틱 회귀를 표현한 그림과 매우 비슷합니다. 여기에서는 $z\_$티셔츠, $z\_$바지를 z_1, z_2와 같이 아래첨자를 사용하도록 바꾸었습니다. 클래스가 총 10개이므로 z_{10}까지 계산합니다. z_1~z_{10}을 계산하고 이를 바탕으로 클래스를 예측하기 때문에 신경망의 최종 값을 만든다는 의미에서 **출력층**output layer이라고 부릅니다.

인공 신경망에서는 z 값을 계산하는 단위를 **뉴런**neuron이라고 부릅니다. 하지만 뉴런에서 일어나는 일은 선형 계산이 전부입니다! 이제는 뉴런이란 표현 대신에 **유닛**unit이라고 부르는 사람이 더 많아지고 있습니다.

그다음 픽셀1, 픽셀2를 x_1, x_2와 같이 바꾸었습니다. 역시 아래첨자를 사용해 784번째 픽셀에 해당하는 x_{784}까지 나타냈습니다. 인공 신경망은 x_1~x_{784}까지를 **입력층**input layer이라고 부릅니다. 즉 입력층은 픽셀값 자체이고 특별한 계산을 수행하지 않습니다. 하지만 많은 사람이 입력층이라 부르기 때문에 여기에서도 관례를 따르겠습니다.

z_1을 만들기 위해 픽셀1인 x_1에 곱해지는 가중치는 $w_{1,1}$이라고 쓰고 z_2를 만들기 위해 픽셀1인 x_1에 곱해지는 가중치는 $w_{1,2}$라고 씁니다. 절편은 뉴런마다 하나씩이므로 순서대로 b_1, b_2와 같이 나타내었습니다.

1장에서 소개했듯이 인공 신경망은 1943년 **워런 매컬러**Warren McCulloch와 **월터 피츠**Walter Pitts가 제안한 뉴런 모델로 거슬러 올라갑니다. 이를 **매컬러-피츠 뉴런**이라고 부릅니다. 이런 인공 뉴런은 다음과 같은 생물학적 뉴런에서 영감을 얻어 만들어졌습니다.

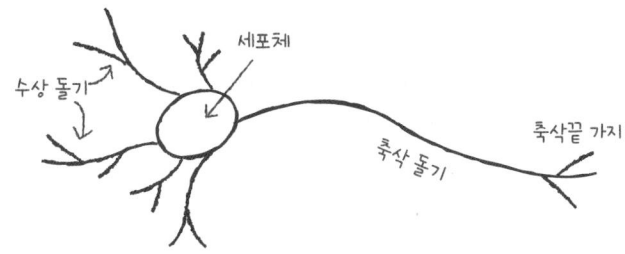

생물학적 뉴런은 수상 돌기로부터 신호를 받아 세포체에 모읍니다. 신호가 어떤 임곗값에 도달하면 축삭 돌기를 통하여 다른 세포에 신호를 전달합니다. 앞서 그렸던 인공 신경망의 출력층에 있는 인공 뉴런 하나와 비교하면 비슷하지 않나요?

하지만 생물학적 뉴런이 가중치($w_{1,1}$, $w_{2,1}$)와 입력을 곱하여 출력을 만드는 것은 아닙니다. 4장에서 보았던 시그모이드 함수나 소프트맥스 함수를 사용하는 것은 더욱 아닙니다. 인공 뉴런은 생물학적 뉴런의 모양을 흉내낸 수학 모델에 불과합니다. 생물학적 뉴런이 하는 일을 실제로 구현한 것이 아니죠.

앞으로 계속 보겠지만 인공 신경망은 정말 우리의 뇌에 있는 뉴런과 같지 않습니다. 인공 신경망이란 말을 많이 사용할 수밖에 없지만 정말 뇌 속에 있는 무언가를 만드는 일이 아니라는 것을 꼭 기억하세요. 인공 신경망은 기존의 머신러닝 알고리즘이 잘 해결하지 못했던 문제에서 높은 성능을 발휘하는 새로운 종류의 머신러닝 알고리즘일 뿐입니다. 여기에 대해서는 앞으로 배우면서 더 잘 이해할 수 있을 것입니다.

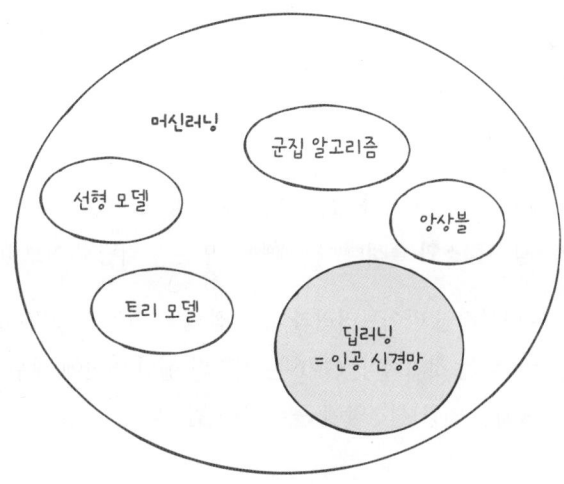

> **+ 여기서 잠깐** **그럼 딥러닝은 무엇인가요?**
>
> 딥러닝은 인공 신경망과 거의 동의어로 사용되는 경우가 많습니다. 혹은 심층 신경망(deep neural network, DNN)을 딥러닝이라고 부릅니다. 심층 신경망은 다음 절에서 보겠지만 여러 개의 층을 가진 인공 신경망입니다.

그럼 확률적 경사 하강법을 사용한 로지스틱 회귀 모델이 가장 간단한 인공 신경망이라면 인공 신경망을 만들어도 성능이 좋아지지 않을 것 같습니다. 하지만 인공 신경망 모델을 만드는 최신 라이브러리들은 SGDClassifier에는 없는 몇 가지 기능을 제공합니다. 이런 기능 덕택에 더 좋은 성능을 얻을 수 있죠.

그럼 가장 인기가 높은 딥러닝 라이브러리 중 하나인 케라스를 사용해 인공 신경망 모델을 만들어 보겠습니다.

텐서플로와 케라스

텐서플로[1]는 구글이 2015년 11월 오픈소스로 공개한 딥러닝 라이브러리입니다. 이때를 기점으로 딥러닝에 대한 개발자의 관심이 늘어났고, 2016년 3월 **알파고**[2]가 이세돌 9단을 이겨 대중에 알려지면서 그야말로 폭발적으로 인기가 높아졌습니다.

텐서플로는 그 후 많은 발전을 거듭하면서 2019년 9월 2.0 버전이 릴리스되었습니다. 이미 예상했겠지만 코랩에는 이미 텐서플로가 설치되어 있기 때문에 다음처럼 간단히 임포트하여 사용할 수 있습니다.

손코딩
```
import tensorflow as tf
```

텐서플로에는 저수준 API와 고수준 API가 있습니다. 바로 **케라스**Keras[3]가 텐서플로의 고수준 API입니다. 케라스는 2015년 3월 **프랑소와 숄레**François Chollet가 만든 딥러닝 라이브러리입니다.

딥러닝 라이브러리가 다른 머신러닝 라이브러리와 다른 점 중 하나는 그래픽 처리 장치인 GPU를 사용하여 인공 신경망을 훈련한다는 것입니다. GPU는 벡터와 행렬 연산에 매우 최적화되어 있기 때문에 곱셈과 덧셈이 많이 수행되는 인공 신경망에 큰 도움이 됩니다.

---
1 TensorFlow. https://www.tensorflow.org
2 AlphaGo. 알파고는 구글의 자회사인 딥마인드(DeepMind)가 개발한 인공지능 바둑 프로그램입니다.
3 https://keras.io

> **+ 여기서 잠깐** 그럼 이 장의 예제를 실행할 때 GPU를 사용해야 하나요?
>
> 네, GPU를 사용하면 케라스로 만든 딥러닝 모델을 훨씬 빠르게 훈련시킬 수 있습니다. 다행히 코랩에서 무료로 GPU를 사용할 수 있습니다. 1장에서 설명한 것처럼 7, 8, 9장의 예제를 실행할 때 코랩의 런타임 유형을 GPU로 바꿔 주세요.

케라스 라이브러리는 직접 GPU 연산을 수행하지 않습니다. 대신 GPU 연산을 수행하는 다른 라이브러리를 **백엔드**backend로 사용합니다. 예를 들면 텐서플로가 케라스의 백엔드 중 하나입니다. 이외에도 **씨아노**[4], CNTK[5]와 같은 여러 딥러닝 라이브러리를 케라스 백엔드로 사용할 수 있습니다. 이런 케라스를 멀티-백엔드 케라스라고 부릅니다. 케라스 API만 익히면 다양한 딥러닝 라이브러리를 입맛대로 골라서 쓸 수 있는 셈이죠. 이를 위해 케라스는 직관적이고 사용하기 편한 고수준 API를 제공합니다.

프랑소와가 구글에 합류한 뒤 텐서플로 라이브러리에 케라스 API가 내장되었습니다. 텐서플로 2.0부터는 케라스 API를 남기고 나머지 고수준 API를 모두 정리했고, 케라스는 텐서플로의 핵심 API가 되었습니다. 다양한 백엔드를 지원했던 멀티-백엔드 케라스는 2.3.1 버전 이후로 더 이상 개발되지 않습니다. 케라스와 텐서플로가 거의 동의어가 된 셈입니다.

하지만 케라스 3.0부터 다시 멀티-백엔드 정책으로 바뀌었습니다. 이제 케라스는 텐서플로, 파이토치[6], 잭스(JAX)[7]를 백엔드로 사용합니다.

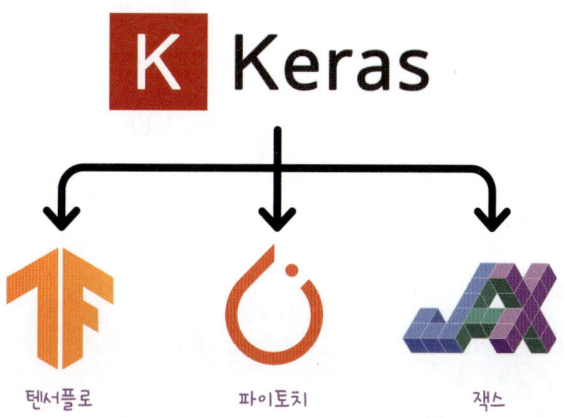

---

4 Theano. 씨아노는 몬트리올 대학의 밀라(MILA) 연구소에서 만든 딥러닝 라이브러리로 2017년 11월에 1.0 버전을 마지막으로 개발이 중지되었습니다.
5 CNTK는 마이크로소프트에서 만든 딥러닝 라이브러리로 2019년 3월 2.7 버전을 마지막으로 개발이 중지되었습니다.
6 메타에서 개발한 파이토치(https://pytorch.org/)는 2022년 리눅스 재단 산하의 파이토치 재단으로 이전되었습니다.
7 잭스(https://jax.readthedocs.io/)는 구글에서 개발한 또 다른 머신러닝 프레임워크입니다.

코랩에 설치된 케라스는 기본적으로 텐서플로를 백엔드로 사용합니다. 이 책에서는 주로 케라스를 사용하지만 각 절의 끝에서 파이토치로 예제 코드를 작성하는 방법도 소개하겠습니다.

와~ 설명이 길었네요. 케라스를 사용하려면 다음과 같이 임포트합니다.

```
import keras
```

케라스가 사용중인 백엔드를 확인하려면 다음과 같이 keras.config.backend() 함수를 사용하세요.

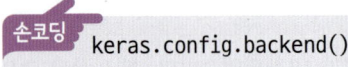
```
keras.config.backend()
```

```
'tensorflow'
```

만약 케라스의 백엔드를 바꾸고 싶다면 환경 변수 "KERAS_BACKEND"를 사용하세요.

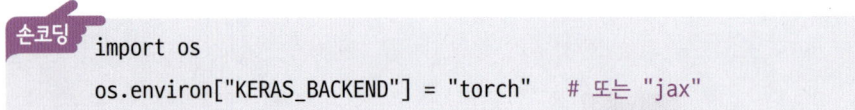
```
import os
os.environ["KERAS_BACKEND"] = "torch"    # 또는 "jax"
```

다만 백엔드를 바꾸려면 케라스 패키지를 임포트하기 전에 "KERAS_BACKEND" 환경 변수를 설정해야 합니다. 코랩의 경우에는 런타임을 종료하고 다시 시작해 주세요.

좋습니다. 케라스에 대한 충분한 설명을 들었군요. 그럼 케라스 API를 사용해 패션 아이템을 분류하는 가장 간단한 인공 신경망을 만들어 보죠.

인공 신경망으로 모델 만들기

여기에서는 앞서 로지스틱 회귀에서 만든 훈련 데이터 train_scaled와 train_target을 사용하겠습니다. 로지스틱 회귀에서는 교차 검증을 사용해 모델을 평가했지만, 인공 신경망에서는 교차 검증을 잘 사용하지 않고 검증 세트를 별도로 덜어내어 사용합니다.

이렇게 하는 이유는 ① 딥러닝 분야의 데이터셋은 충분히 크기 때문에 검증 점수가 안정적이고, ② 교차 검증을 수행하기에는 훈련 시간이 너무 오래 걸리기 때문입니다. 어떤 딥러닝 모델은 훈련하는 데 몇 시간, 심지어 며칠이 걸릴 수도 있습니다. 패션 MNIST 데이터셋이 그만큼 크지는 않지만, 관례를 따라 검증 세트를 나누어 보겠습니다. 사이킷런의 train_test_split() 함수를 사용합니다.

```
from sklearn.model_selection import train_test_split
train_scaled, val_scaled, train_target, val_target = train_test_split(
    train_scaled, train_target, test_size=0.2, random_state=42)
```

note 사실 패션 MNIST 데이터는 이미 잘 섞인 데이터라서 train_test_split() 함수를 사용하지 않고 앞이나 뒤에서 10,000개 정도의 샘플을 덜어서 검증 세트로 만들어도 됩니다. 하지만 우리는 일반적인 상황을 가정하여 데이터를 섞어서 나누었습니다.

훈련 세트에서 20%를 검증 세트로 덜어 내었습니다. 훈련 세트와 검증 세트의 크기를 알아보죠.

```
print(train_scaled.shape, train_target.shape)
```

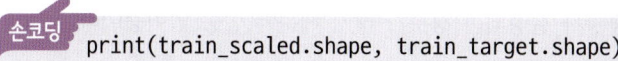

(48000, 784) (48000,)

```
print(val_scaled.shape, val_target.shape)
```

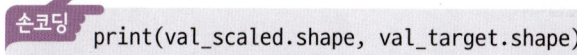

(12000, 784) (12000,)

60,000개 중에 12,000개가 검증 세트로 분리되었습니다. 먼저 훈련 세트(train_scaled, train_target)로 모델을 만듭니다. 그다음 검증 세트(val_scaled, val_target)로 훈련한 모델을 평가해 보겠습니다.

먼저 인공 신경망 그림의 왼쪽에 놓인 층을 만들어 보죠.

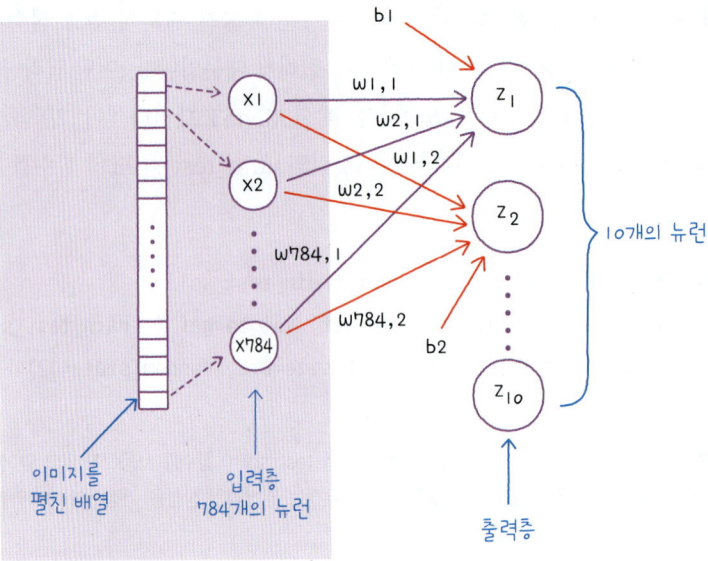

앞서 언급했듯이 입력층은 입력 그 자체이고 별다른 연산을 수행하지 않습니다. 하지만 신경망 알고리즘은 입력의 크기에 따라 모델의 가중치가 결정되는 경우가 많기 때문에 종종 입력층이라는 개념을 도입합니다.

케라스에서 입력층을 정의할 때는 다음처럼 Input() 함수를 사용합니다.

note Input()의 첫 글자가 대문자라서 클래스처럼 보이지만 사실 함수입니다. 아마도 파스칼 케이스(Pascal Case) 스타일의 이름을 가진 다른 층과 일관성을 유지하기 위해서인 것 같습니다.

손코딩
```
inputs = keras.layers.Input(shape=(784,))
```

note input()은 사용자로부터 입력을 받는 파이썬 내장 함수입니다. 따라서 input = keras.layers.Input(...)와 같이 쓰면 나중에 input() 함수를 사용하지 못하게 되므로 주의하세요.

Input() 함수의 shape 매개변수에 입력의 크기를 지정합니다. 이 예제의 샘플은 784개의 픽셀이 1차원으로 펼쳐져 있으므로 (784,)와 같이 배열의 크기를 지정했습니다.

note Input(shape=784)와 같이 쓰면 오류가 발생합니다. shape 매개변수에는 꼭 튜플을 전달해야 합니다.

케라스의 층을 사용해 입력층을 손쉽게 만들었습니다. 이렇게 케라스의 layers 모듈 안에는 미리 만들어 놓은 다양한 층이 준비되어 있습니다.

그다음 인공 신경망 그림의 오른쪽에 놓인 층을 만들어 보겠습니다. 이 층은 다음 그림처럼 10개의 패션 아이템을 분류하기 위해 10개의 뉴런으로 구성됩니다.

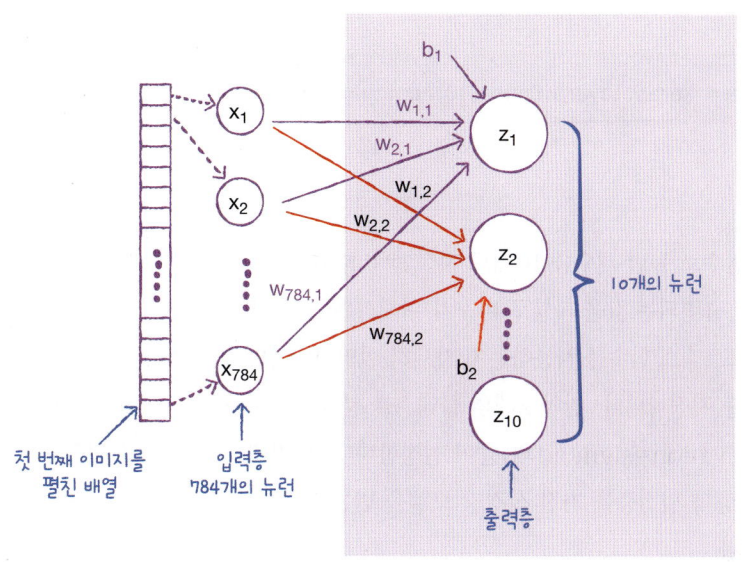

신경망에서 가장 기본이 되는 층은 **밀집층**dense layer입니다. 왜 밀집이라고 부를까요? 다음 그림에서 왼쪽에 있는 784개의 픽셀과 오른쪽에 있는 10개의 뉴런이 모두 연결된 선을 생각해 보세요. 784 × 10 = 7,840개의 연결된 선이 있습니다! 정말 빽빽하네요. 그래서 밀집층이군요!

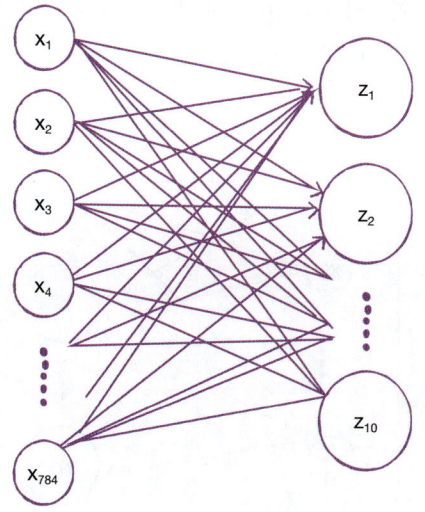

이런 층을 양쪽의 뉴런이 모두 연결하고 있기 때문에 **완전 연결층**fully connected layer이라고도 부릅니다. 그럼 케라스의 Dense 클래스를 사용해 밀집층을 만들어 보죠. 필요한 매개변수는 뉴런 개수, 뉴런의 출력에 적용할 함수입니다.

```
dense = keras.layers.Dense(10, activation='softmax')
```
뉴런 개수   뉴런의 출력에 적용할 함수

첫 번째 매개변수로 뉴런 개수를 10개로 지정합니다. 10개의 패션 아이템을 분류하기 때문이죠. 10개의 뉴런에서 출력되는 값을 확률로 바꾸기 위해서는 소프트맥스 함수를 사용합니다. 4장에서 다중 분류에 왜 소프트맥스 함수를 사용하는지 자세히 설명했습니다. 케라스 층에서는 activation 매개변수에 이 함수를 지정합니다. 만약 2개의 클래스를 분류하는 이진 분류라면 시그모이드 함수를 사용하기 위해 activation='sigmoid'와 같이 설정합니다. 멋지네요! 처음으로 신경망 층을 만들었습니다. 이제 입력층과 밀집층을 가진 신경망 모델을 만들어야 합니다. 케라스의 Sequential 클래스를 사용하겠습니다.

```
model = keras.Sequential([inputs, dense])
```

Sequential 클래스의 객체를 만들 때 앞에서 만든 입력층 객체 inputs와 밀집층의 객체 dense를 리스트로 묶어 전달했습니다. 여기서 만든 model 객체가 바로 신경망 모델입니다! 다음 그림에 지금까지 만든 신경망을 나타냈습니다. 마지막에 소프트맥스 함수를 적용한 것을 주목하세요.

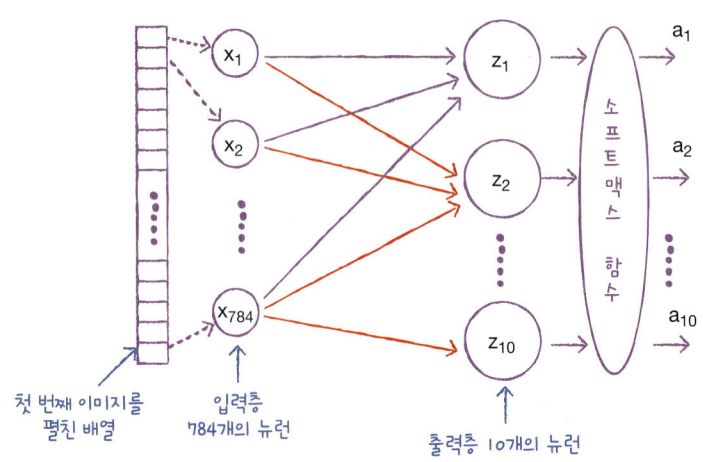

이 그림에서 복잡하지 않도록 입력층과 출력층 사이에 연결선만 나타내고 가중치는 표시하지 않았습니다. 절편의 경우는 아예 선도 그리지 않는 경우가 많습니다. 하지만 절편이 뉴런마다 더해진다는 것을 꼭 기억하세요. 소프트맥스와 같이 뉴런의 선형 방정식 계산 결과에 적용되는 함수를 **활성화 함수**activation function라고 부릅니다. 이 책에서는 이 값을 a로 표시하겠습니다. 앞으로 인공 신경망을 배워가면서 다양한 활성화 함수를 하나씩 소개하겠습니다.

> ➕ **여기서 잠깐**   **소프트맥스 함수는 별도의 층인가요?**
>
> 시그모이드 함수나 소프트맥스와 같은 활성화 함수는 뉴런의 출력에 바로 적용되기 때문에 보통 층의 일부로 나타냅니다. 하지만 종종 "소프트맥스 층을 적용했어"와 같이 따로 부르는 경우도 많습니다. 가중치와 절편으로 선형 계산을 수행하는 층을 좁은 개념의 신경망 층으로 생각한다면 소프트맥스 층은 넓은 의미의 층이라 볼 수 있습니다. 케라스 API에서도 층의 개념을 폭넓게 적용하고 있습니다.

인공 신경망으로 패션 아이템 분류하기

지금까지 사용했던 사이킷런에 비해 케라스에서 모델을 만드는 방식은 조금 다릅니다. 하지만 너무 걱정하지 마세요. 앞으로 계속 신경망 모델을 만들다 보면 금방 익숙해질 것입니다.

케라스 모델은 훈련하기 전에 설정 단계가 있습니다. 이런 설정을 model 객체의 compile() 메서드에서 수행합니다. 꼭 지정해야 할 것은 손실 함수의 종류입니다. 그다음 훈련 과정에서 계산하고 싶은 측정값을 지정합니다.

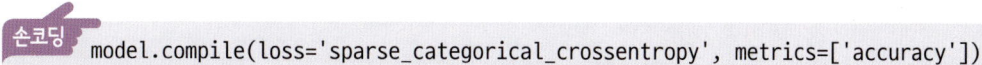

```
model.compile(loss='sparse_categorical_crossentropy', metrics=['accuracy'])
```

으악, 'sparse_categorical_crossentropy' 이름이 엄청 기네요. 조금씩 나누어 생각해 보겠습니다. 혹시 4장의 이진 분류에서 이진 크로스 엔트로피 손실 함수를 사용한다고 했던 것을 기억하나요? 다중 분류에서는 크로스 엔트로피 손실 함수를 사용합니다. 케라스에서는 이 두 손실 함수를 각각 'binary_crossentropy', 'categorical_crossentropy'로 나누어 부릅니다.

- 이진 분류: loss = 'binary_crossentropy'
- 다중 분류: loss = 'categorical_crossentropy'

이름으로 이진 분류와 다중 분류의 손실 함수가 명확히 구분되네요. 여기까지는 좋습니다. 그런데 sparse란 단어는 왜 앞에 붙었을까요? 이에 대해 설명하기 위해 다시 4장의 내용을 기억해 보겠습니다. 이진 크로스 엔트로피 손실을 위해 −log(예측 확률)에 타깃값(정답)을 곱했습니다. 이를 다음처럼 그려 보겠습니다.

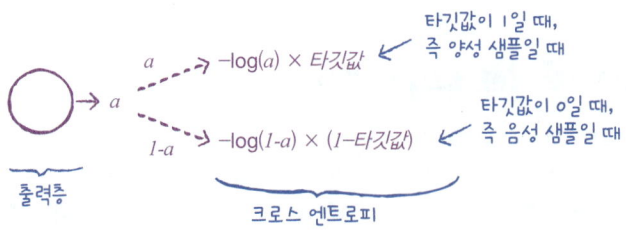

이진 분류에서는 출력층의 뉴런이 하나입니다. 이 뉴런이 출력하는 확률값 a(시그모이드 함수의 출력값)를 사용해 양성 클래스와 음성 클래스에 대한 크로스 엔트로피를 계산합니다. 이 계산은 4장에서 본 로지스틱 손실 함수와 동일하죠.

이진 분류의 출력 뉴런은 오직 양성 클래스에 대한 확률(a)만 출력하기 때문에 음성 클래스에 대한 확률은 간단히 *1-a*로 구할 수 있습니다. 역시 이진 분류의 *타깃값*은 양성 샘플일 경우에는 1, 음성 샘플일 경우에는 0으로 되어 있죠. 0을 곱하면 어떤 계산이든지 모두 0이 되기 때문에 특별히 음성 샘플일 경우 1로 바꾸어(*1-타깃값*) 계산합니다. 이렇게 하면 하나의 뉴런만으로 양성과 음성 클래스에 대한 크로스 엔트로피 손실을 모두 계산할 수 있습니다. 똑똑하네요!

그럼 패션 MNIST 데이터셋과 같이 다중 분류일 경우 어떻게 계산할 수 있을까요? 그림으로 먼저 살펴보죠.

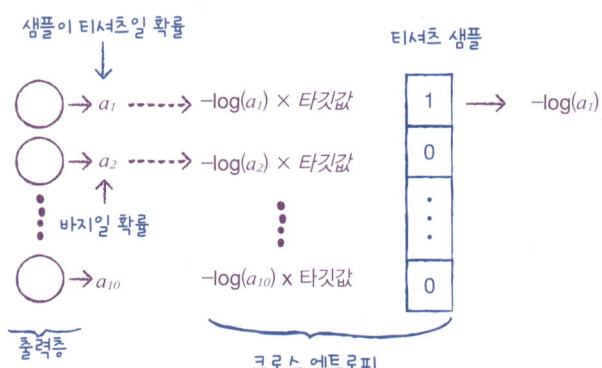

출력층은 10개의 뉴런이 있고 10개의 클래스에 대한 확률을 출력합니다. 첫 번째 뉴런은 티셔츠일 확률이고 두 번째 뉴런은 바지일 확률을 출력하죠. 이진 분류와 달리 각 클래스에 대한 확률이 모두 출력되기 때문에 타깃에 해당하는 확률만 남겨 놓기 위해서 나머지 확률에는 모두 0을 곱합니다.

예를 들어 샘플이 티셔츠일 경우 첫 번째 뉴런의 활성화 함수 출력인 a_1에 크로스 엔트로피 손실 함수를 적용하고 나머지 활성화 함수 출력 a_2~a_{10}까지는 모두 0으로 만듭니다. 이렇게 하기 위해 티셔츠 샘플의 타깃값은 첫 번째 원소만 1이고 나머지는 모두 0인 배열로 만들 수 있습니다.

$$[1, 0, 0, 0, 0, 0, 0, 0, 0, 0]$$

이 배열과 출력층의 활성화 값의 배열과 곱하면 되겠네요.

$$[a_1, a_2, a_3, a_4, a_5, a_6, a_7, a_8, a_9, a_{10}] \times [1, 0, 0, 0, 0, 0, 0, 0, 0, 0]$$

길이가 같은 넘파이 배열의 곱셈은 원소별 곱셈으로 수행됩니다. 즉, 배열에서 동일한 위치의 원소끼리 곱셈이 되죠. 결국 다른 원소는 모두 0이 되고 a_1만 남겠군요. 이 과정이 앞의 그림에 자세히 표현되어 있습니다.

결국 신경망은 티셔츠 샘플에서 손실을 낮추려면 첫 번째 뉴런의 활성화 출력 a_1의 값을 가능한 1에 가깝게 만들어야 합니다. 바로 이것이 크로스 엔트로피 손실 함수가 신경망에 원하는 바입니다! 예를 하나 더 들어 보죠. 만약 샘플이 바지일 경우는 다음과 같습니다.

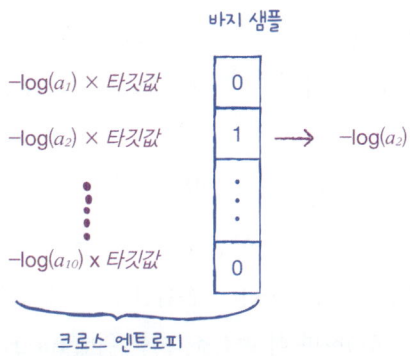

두 번째 뉴런의 활성화 출력인 a_2만 남기려면 두 번째 원소만 1이고 나머지는 모두 0으로 타깃값을 준비하면 됩니다. 바지 샘플을 정확하게 분류하려면 신경망이 a_2의 출력을 가능한 한 높여야 합니다. 이와 같이 타깃값을 해당 클래스만 1이고 나머지는 모두 0인 배열로 만드는 것을 **원-핫 인코딩**one-hot encoding이라고 부릅니다.

따라서 다중 분류에서 크로스 엔트로피 손실 함수를 사용하려면 0, 1, 2와 같이 정수로 된 타깃값을 원-핫 인코딩으로 변환해야 합니다.

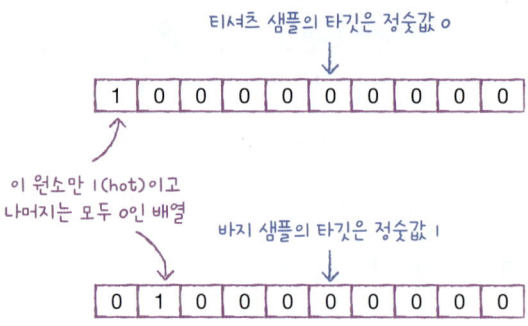

그런데 패션 MNIST 데이터의 타깃값은 어떻게 되어 있었나요?

```
[7 3 5 8 6 9 3 3 9 9]
```

모두 정수로 되어 있군요. 하지만 케라스에서는 정수로 된 타깃값을 원-핫 인코딩으로 바꾸지 않고 그냥 사용할 수 있습니다. 정수로된 타깃값을 사용해 크로스 엔트로피 손실을 계산하는 것이 바로 'sparse_categorical_crossentropy'입니다. 빽빽한 배열 말고 정숫값 하나만 사용한다는 뜻에서 sparse^{희소}라는 이름을 붙인 것 같습니다. 타깃값을 원-핫 인코딩으로 준비했다면 compile() 메서드에 손실 함수를 loss='categorical_crossentropy'로 지정합니다.

이제 compile() 메서드의 두 번째 매개변수인 metrics에 대해 알아보죠. 케라스는 모델이 훈련할 때 기본으로 에포크마다 손실 값을 출력해 줍니다. 손실이 줄어드는 것을 보고 훈련이 잘되었다는 것을 알 수 있지만 정확도를 함께 출력하면 더 좋겠죠. 이를 위해 metrics 매개변수에 정확도 지표를 의미하는 'accuracy'를 지정했습니다. metrics 매개변수에는 여러 개의 지표를 지정할 수 있으며, 하나의 지표를 지정할 때도 꼭 리스트로 전달해야 합니다.

자 이제 모델을 훈련해 보죠. 훈련하는 fit() 메서드는 사이킷런과 매우 비슷합니다. 처음 두 매개변수에 입력(train_scaled)과 타깃(train_traget)을 지정합니다. 그다음 반복할 에포크 횟수를 epochs 매개변수로 지정합니다. 사이킷런의 로지스틱 모델과 동일하게 5번 반복해 보겠습니다.

`model.fit(train_scaled, train_target, epochs=5)`

```
Epoch 1/5
1500/1500 ──────────────────── 5s 2ms/step - accuracy: 0.7370 - loss: 0.7853
Epoch 2/5
1500/1500 ──────────────────── 2s 2ms/step - accuracy: 0.8346 - loss: 0.4845
Epoch 3/5
1500/1500 ──────────────────── 3s 2ms/step - accuracy: 0.8452 - loss: 0.4564
Epoch 4/5
1500/1500 ──────────────────── 3s 2ms/step - accuracy: 0.8504 - loss: 0.4425
Epoch 5/5
1500/1500 ──────────────────── 4s 2ms/step - accuracy: 0.8537 - loss: 0.4337
<keras.src.callbacks.history.History at 0x7b3eb6dacb80>
```

+ 여기서 잠깐 　제가 실행한 것과 책의 결과가 달라요!

네, 맞습니다. 케라스와 같은 딥러닝 라이브러리는 인공 신경망을 만들고 훈련할 때 랜덤하게 동작하는 특성이 있기 때문에 독자들의 실행 결과가 책과 다를 수 있습니다. 또 케라스나 텐서플로의 새로운 버전이 릴리스되면 결과가 달라질 수 있습니다. 모델이 최적점에 안정적으로 수렴한다면 일반적으로 이 차이는 크지 않으니 너무 걱정하지 마세요.

케라스는 친절하게 에포크마다 걸린 시간과 손실(loss), 정확도(accuracy)를 출력해 주네요. 5번 반복에 정확도가 85%를 넘었습니다. 확실히 홍 선배의 모델보다 나아졌군요. 그럼 앞서 따로 떼어 놓은 검증 세트(val_scaled, val_target)에서 모델의 성능을 확인해 보겠습니다. 케라스에서 모델의 성능을 평가하는 메서드는 evaluate() 메서드입니다.

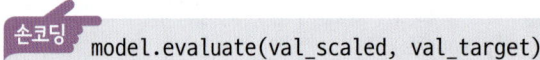

```
model.evaluate(val_scaled, val_target)
```

```
375/375 ━━━━━━━━━━━━━━━━━━━━━━ 1s 1ms/step - accuracy:
0.8462 - loss: 0.4364
[0.44444453716278076, 0.8458333611488342]
```

evaluate() 메서드도 fit() 메서드와 비슷한 출력을 보여 줍니다. 검증 세트의 점수는 훈련 세트 점수보다 조금 낮은 것이 일반적입니다. 예상대로 평가 결과는 훈련 세트의 점수보다 조금 낮은 84% 정도의 정확도를 냈군요.

아주 훌륭합니다. 혼공머신이 인공 신경망 알고리즘을 사용해 패션 아이템을 분류하는 모델을 잘 훈련했습니다. 내일 홍 선배가 출근해서 이 결과를 보면 깜짝 놀라겠군요!

인공 신경망 모델로 성능 향상 문제해결 과정

이 절에서는 28 × 28 크기의 흑백 이미지로 저장된 패션 아이템 데이터셋인 패션 MNIST 데이터셋을 사용했습니다. 먼저 로지스틱 손실 함수를 사용한 SGDClassifier 모델을 만들어 교차 검증 점수를 확인했습니다.

그다음 가장 인기 있는 딥러닝 라이브러리인 텐서플로와 케라스 API를 소개하고 케라스를 사용해 간단한 인공 신경망 모델을 만들어 패션 아이템을 분류해 보았습니다. 이 간단한 인공 신경망은 사실상 앞에서 만든 경사 하강법을 사용한 로지스틱 회귀 모델과 거의 비슷합니다. 하지만 몇 가지 장점 덕분에 조금 더 높은 성능을 냈습니다. 이에 대해서는 다음 절에 이어서 설명하겠습니다.

인공 신경망 모델을 만들면서 이전 장에서 배웠던 로지스틱 손실 함수와 크로스 엔트로피 손실 함수를 다시 되새겨 보았습니다. 그리고 신경망에서 이런 손실 함수를 어떻게 계산하는지 그림을 통해 배웠습니다. 이 과정에서 원-핫 인코딩을 배웠고 케라스 API에 대해 조금 더 자세히 알 수 있었습니다.

다음 그림에서 사이킷런의 SGDClassifier와 케라스의 Sequential 클래스 사용법의 차이를 그림으로 정리하면서 이 절을 마무리하겠습니다.

사이킷런 모델

모델 → `sc = SGDClassifier(loss='log_loss', max_iter=5)` (손실 함수, 반복 횟수)
훈련 → `sc.fit(train_scaled, train_target)`
평가 → `sc.score(val_scaled, val_target)`

케라스 모델

`inputs = keras.layers.Input(shape=(784,))` (입력층 생성)
`dense = keras.layers.Dense(10, activation='softmax')` (밀집층 생성)
모델 → `model = keras.Sequential([inputs, dense])`
`model.compile(loss='sparse_categorical_crossentropy', metrics=['accuracy'])` (손실 함수)
훈련 → `model.fit(train_scaled, train_target, epochs=5)` (반복 횟수)
평가 → `model.evaluate(val_scaled, val_target)`

다음 절에서는 깜짝 놀란 홍 선배의 이야기를 더 살펴보죠.

전체 소스 코드

> note https://bit.ly/hg2-07-1에 접속하면 코랩에서 이 절의 코드를 바로 열어 볼 수 있습니다.

손코딩

```
"""# 인공 신경망"""

"""## 패션 MNIST"""

import keras

(train_input, train_target), (test_input, test_target) =\
    keras.datasets.fashion_mnist.load_data()

print(train_input.shape, train_target.shape)

print(test_input.shape, test_target.shape)
```

```python
import matplotlib.pyplot as plt

fig, axs = plt.subplots(1, 10, figsize=(10,10))
for i in range(10):
    axs[i].imshow(train_input[i], cmap='gray_r')
    axs[i].axis('off')
plt.show()

print(train_target[:10])

import numpy as np

print(np.unique(train_target, return_counts=True))

"""## 로지스틱 회귀로 패션 아이템 분류하기"""

train_scaled = train_input / 255.0
train_scaled = train_scaled.reshape(-1, 28*28)

print(train_scaled.shape)

from sklearn.model_selection import cross_validate
from sklearn.linear_model import SGDClassifier

sc = SGDClassifier(loss='log_loss', max_iter=5, random_state=42)

scores = cross_validate(sc, train_scaled, train_target, n_jobs=-1)
print(np.mean(scores['test_score']))

"""## 인공 신경망"""

"""### 텐서플로와 케라스"""

import tensorflow as tf
```

```
import keras

"""## 인공 신경망으로 모델 만들기"""

from sklearn.model_selection import train_test_split

train_scaled, val_scaled, train_target, val_target = train_test_split(
    train_scaled, train_target, test_size=0.2, random_state=42)

print(train_scaled.shape, train_target.shape)

print(val_scaled.shape, val_target.shape)

inputs = keras.layers.Input(shape=(784,))

dense = keras.layers.Dense(10, activation='softmax')

model = keras.Sequential([inputs, dense])

"""## 인공 신경망으로 패션 아이템 분류하기"""

model.compile(loss='sparse_categorical_crossentropy', metrics=['accuracy'])

print(train_target[:10])

model.fit(train_scaled, train_target, epochs=5)

model.evaluate(val_scaled, val_target)
```

마무리

▶ 키워드로 끝내는 핵심 포인트

- **인공 신경망**은 생물학적 뉴런에서 영감을 받아 만든 머신러닝 알고리즘입니다. 이름이 신경망이지만 실제 우리 뇌를 모델링한 것은 아닙니다. 신경망은 기존의 머신러닝 알고리즘으로 다루기 어려웠던 이미지, 음성, 텍스트 분야에서 뛰어난 성능을 발휘하면서 크게 주목받고 있습니다. 인공 신경망 알고리즘을 종종 딥러닝이라고도 부릅니다.

- **케라스**는 프랑소와 숄레가 만든 딥러닝 라이브러리로 매우 인기가 많습니다. 케라스는 사용하기 편한 고수준 API를 제공하고, 실제 연산은 텐서플로와 같은 백엔드가 담당합니다. 케라스 3.0부터는 텐서플로, 파이토치, 잭스를 백엔드로 사용할 수 있습니다. 코랩에 설치된 케라스는 기본적으로 텐서플로를 백엔드로 사용합니다.

- **밀집층**은 가장 간단한 인공 신경망의 층입니다. 인공 신경망에는 여러 종류의 층이 있습니다. 밀집층에서는 뉴런들이 모두 연결되어 있기 때문에 완전 연결 층이라고도 부릅니다. 특별히 출력층에 밀집층을 사용할 때는 분류하려는 클래스와 동일한 개수의 뉴런을 사용합니다.

- **원-핫 인코딩**은 정숫값을 배열에서 해당 정수 위치의 원소만 1이고 나머지는 모두 0으로 변환합니다. 이런 변환이 필요한 이유는 다중 분류에서 출력층에서 만든 확률과 크로스 엔트로피 손실을 계산하기 위해서 입니다. 케라스에서는 'sparse_categorical_entropy' 손실을 지정하면 이런 변환을 수행할 필요가 없습니다.

▶ 핵심 패키지와 함수

Keras

- **Input**은 입력층을 구성하기 위한 함수입니다. shape 매개변수에 입력의 크기를 튜플로 지정합니다.

- **Dense**는 신경망에서 가장 기본 층인 밀집층을 만드는 클래스입니다.

  이 층에 첫 번째 매개변수에는 뉴런의 개수를 지정합니다.

  activation 매개변수에는 사용할 활성화 함수를 지정합니다. 대표적으로 'sigmoid', 'softmax' 함수가 있습니다. 아무것도 지정하지 않으면 활성화 함수를 사용하지 않습니다.

- **Sequential**은 케라스에서 신경망 모델을 만드는 클래스입니다.

  이 클래스의 객체를 생성할 때 신경망 모델에 추가할 층을 파이썬 리스트로 전달합니다.

- **compile()**은 모델 객체를 만든 후 훈련하기 전에 사용할 손실 함수와 측정 지표 등을 지정하는 메서드입니다.

  loss 매개변수에 손실 함수를 지정합니다. 이진 분류일 경우 'binary_crossentropy', 다중 분류일 경우 'categorical_crossentropy'를 지정합니다. 클래스 레이블이 정수일 경우 'sparse_categorical_crossentropy'로 지정합니다. 회귀 모델일 경우 'mean_square_error' 등으로 지정할 수 있습니다.

  metrics 매개변수에 훈련 과정에서 측정하고 싶은 지표를 리스트로 전달합니다.

- **fit()**은 모델을 훈련하는 메서드입니다.

  첫 번째와 두 번째 매개변수에 입력과 타깃 데이터를 전달합니다.

  epochs 매개변수에 전체 데이터에 대해 반복할 에포크 횟수를 지정합니다.

- **evaluate()**는 모델 성능을 평가하는 메서드입니다.

  첫 번째와 두 번째 매개변수에 입력과 타깃 데이터를 전달합니다.

  compile() 메서드에서 loss 매개변수에 지정한 손실 함수의 값과 metrics 매개변수에서 지정한 측정 지표를 출력합니다.

▶ 확인 문제

1. 어떤 인공 신경망의 입력 특성이 100개이고 밀집층에 있는 뉴런 개수가 10개일 때 필요한 모델 파라미터의 개수는 몇 개인가요?

   ① 1,000개

   ② 1,001개

   ③ 1,010개

   ④ 1,100개

2. 케라스의 Dense 클래스를 사용해 신경망의 출력층을 만들려고 합니다. 이 신경망이 이진 분류 모델이라면 activation 매개변수에 어떤 활성화 함수를 지정해야 하나요?

   ① 'binary'

   ② 'sigmoid'

   ③ 'softmax'

   ④ 'relu'

3. 케라스 모델에서 손실 함수와 측정 지표 등을 지정하는 메서드는 무엇인가요?

   ① configure()

   ② fit()

   ③ set()

   ④ compile()

4. 정수 레이블을 타깃으로 가지는 다중 분류 문제일 때 케라스 모델의 compile() 메서드에 지정할 손실 함수로 적절한 것은 무엇인가요?

   ① 'sparse_categorical_crossentropy'

   ② 'categorical_crossentropy'

   ③ 'binary_crossentropy'

   ④ 'mean_square_error'

07-2 심층 신경망

핵심 키워드 심층 신경망   렐루 함수   옵티마이저

인공 신경망에 층을 여러 개 추가하여 패션 MNIST 데이터셋을 분류하면서 케라스로 심층 신경망을 만드는 방법을 자세히 배웁니다.

시작하기 전에

홍 선배가 혼공머신의 인공 신경망을 보고 놀랐습니다. 이전에 인공 신경망에 대해 들어는 봤지만 직접 만들어 본 적은 없거든요. 새로운 기술은 신참에게라도 배워야 합니다!

"확실히 로지스틱 회귀보다 성능이 좋다. 인공 신경망은 층을 많이 추가할 수 있다던데. 그래서 딥~러닝이니까."

"네, 그럼요. 제가 더 실험해 볼께요."

홍 선배의 칭찬을 들으니 기분이 날아갈 것 같군요. 자, 그럼 1절에서 만들었던 인공 신경망의 성능을 더 높여 볼까요?

2개의 층

다시 케라스 API를 사용해서 패션 MNIST 데이터셋을 불러오겠습니다.

```
import keras
(train_input, train_target), (test_input, test_target) =\
    keras.datasets.fashion_mnist.load_data()
```

그다음 이미지의 픽셀값을 0~255 범위에서 0~1 사이로 변환하고, 28 × 28 크기의 2차원 배열을 784 크기의 1차원 배열로 펼칩니다. 마지막으로 사이킷런의 train_test_split() 함수로 훈련 세트와 검증 세트로 나눕니다. 여기까지는 1절에서 했던 것과 같습니다. 다음 코드가 이해되지 않는다면 1절을 다시 학습하고 오길 바랍니다.

```
from sklearn.model_selection import train_test_split

train_scaled = train_input / 255.0
train_scaled = train_scaled.reshape(-1, 28*28)
train_scaled, val_scaled, train_target, val_target = train_test_split(
    train_scaled, train_target, test_size=0.2, random_state=42)
```

이제 인공 신경망 모델에 층을 2개 추가해 보겠습니다. 여기서 만들 모델의 대략적인 구조는 다음 그림과 같습니다.

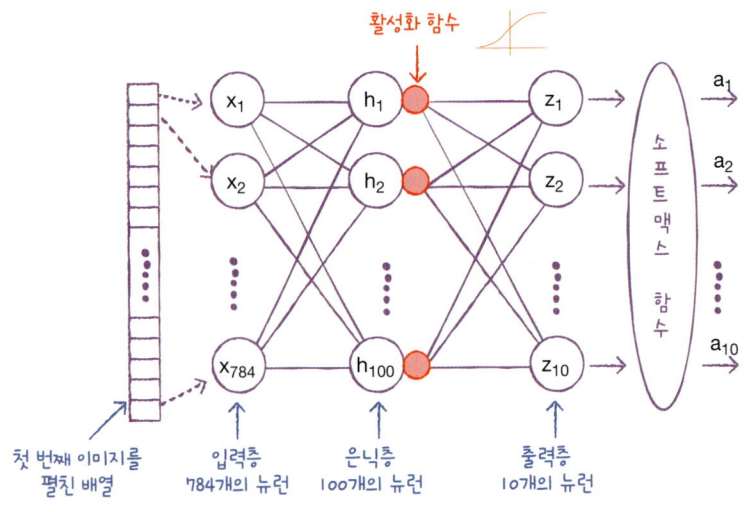

1절을 만든 신경망 모델과 다른 점은 입력층과 출력층 사이에 밀집층이 추가된 것입니다. 이렇게 입력층과 출력층 사이에 있는 모든 층을 **은닉층** hidden layer이라고 부릅니다.

은닉층에는 주황색 원으로 활성화 함수가 표시되어 있습니다. 활성화 함수는 신경망 층의 선형 방정식의 계산 값에 적용하는 함수입니다. 이전 절에서 출력층에 적용했던 소프트맥스 함수도 활성화 함수입니다. 출력층에 적용하는 활성화 함수는 종류가 제한되어 있습니다. 이진 분류일 경우 시그모이드 함수를 사용하고 다중 분류일 경우 소프트맥스 함수를 사용하죠. 이에 비해 은닉층의 활성화 함수는 비교적 자유롭습니다. 대표적으로 시그모이드 함수와 잠시 후에 볼 렐루ReLU 함수 등을 사용합니다.

> 분류 문제를 위한 신경망의 출력층에는 시그모이드 함수나 소프트맥스 함수를 활성화 함수로 사용합니다.

+ 여기서 잠깐 | **회귀를 위한 신경망의 출력층에서는 어떤 활성화 함수를 사용하나요?**

분류 문제는 클래스에 대한 확률을 출력하기 위해 출력층에 활성화 함수를 사용합니다. 회귀의 출력은 임의의 어떤 숫자이므로 활성화 함수를 적용할 필요가 없습니다. 즉 출력층의 선형 방정식의 계산을 그대로 출력합니다. 이렇게 하려면 Dense 층의 activation 매개변수에 아무런 값을 지정하지 않습니다.

그런데 은닉층에 왜 활성화 함수를 적용할까요? 다음 그림에 있는 2개의 선형 방정식을 생각해 보죠. 왼쪽의 첫 번째 식에서 계산된 b가 두 번째 식에서 c를 계산하기 위해 쓰입니다. 하지만 두 번째 식에 첫 번째 식을 대입하면 오른쪽처럼 하나로 합쳐질 수 있죠. 이렇게 되면 b는 사라집니다. b가 하는 일이 없는 셈입니다.

$$a \times 4 + 2 = b$$
$$b \times 3 - 5 = c \longrightarrow a \times 12 + 1 = c$$

신경망도 마찬가지입니다. 은닉층에서 선형적인 산술 계산만 수행한다면 수행 역할이 없는 셈입니다. 선형 계산을 적당하게 비선형적으로 비틀어 주어야 합니다. 그래야 다음 층의 계산과 단순히 합쳐지지 않고 나름의 역할을 할 수 있죠. 마치 다음과 같습니다.

$$a \times 4 + 2 = b$$
$$\log(b) = k$$
$$k \times 3 - 5 = c$$

> **+ 여기서 잠깐** 다른 책에서 보니 인공 신경망 그림에 활성화 함수가 없던데요?
>
> 인공 신경망을 그림으로 나타낼 때 활성화 함수를 생략하는 경우가 많은데 이는 절편과 마찬가지로 번거로움을 피하기 위해서 활성화 함수를 별개의 층으로 생각하지 않고 층에 포함되어 있다고 간주하기 때문입니다. 그림에서 보이지는 않지만 모든 신경망의 은닉층에는 항상 활성화 함수가 있답니다!

많이 사용하는 활성화 함수 중 하나는 4장에서 배웠던 시그모이드 함수입니다. 기억을 되살리기 위해 다시 한번 살펴보겠습니다.

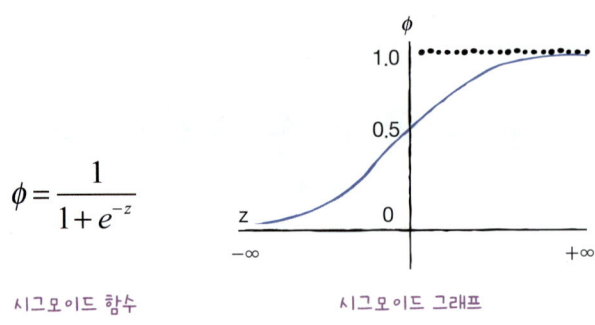

시그모이드 함수　　　　　　시그모이드 그래프

이 함수는 뉴런의 출력 z 값을 0과 1 사이로 압축합니다. 좋습니다. 그럼 시그모이드 활성화 함수를 사용한 은닉층과 소프트맥스 함수를 사용한 출력층을 케라스의 Dense 클래스로 만들어 보겠습니다. 이전 절에서 언급했듯이 케라스에서 입력층은 Input() 함수로 구성합니다.

```
inputs = keras.layers.Input(shape=(784,))
dense1 = keras.layers.Dense(100, activation='sigmoid')
dense2 = keras.layers.Dense(10, activation='softmax')
```

dense1이 은닉층이고 100개의 뉴런을 가진 밀집층입니다. 활성화 함수를 'sigmoid'로 지정했습니다. 은닉층의 뉴런 개수를 정하는 데는 특별한 기준이 없습니다. 몇 개의 뉴런을 두어야 할지 판단하기 위해서는 상당한 경험이 필요합니다.

여기에서 한 가지 제약 사항이 있다면 적어도 출력층의 뉴런보다는 많게 만들어야 합니다. 클래스 10개에 대한 확률을 예측해야 하는데 이전 은닉층의 뉴런이 10개보다 적다면 부족한 정보가 전달될 것입니다.

그다음 dense2는 출력층입니다. 10개의 클래스를 분류하므로 10개의 뉴런을 두었고 활성화 함수는 소프트맥스 함수로 지정했습니다.

심층 신경망 만들기

이제 앞에서 만든 inputs와 dense1, dense2 객체를 Sequential 클래스에 추가하여 **심층 신경망**deep neural network, DNN을 만들어 보겠습니다.

```
model = keras.Sequential([inputs, dense1, dense2])
```

Sequential 클래스의 객체를 만들 때 여러 개의 층을 추가하려면 이와 같이 리스트에 계속 필요한 층을 추가하면 됩니다. 여기서 주의할 것은 입력층을 맨 앞에 두고 출력층을 가장 마지막에 두어야 한다는 것입니다.

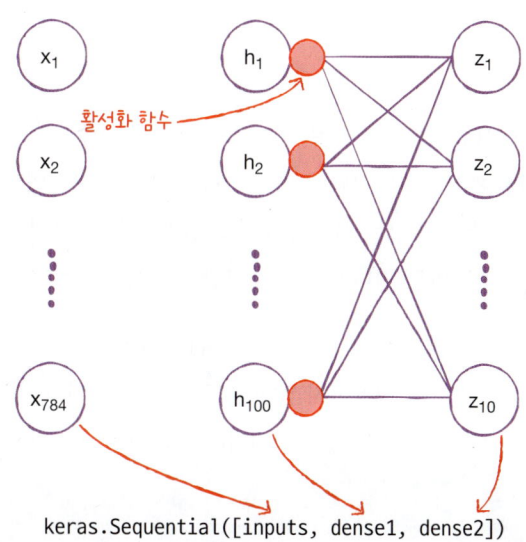

인공 신경망의 강력한 성능은 바로 이렇게 층을 추가하여 입력 데이터에 대해 연속적인 학습을 진행하는 능력에서 나옵니다. 이 책의 앞 장에서 배운 선형 회귀, 로지스틱 회귀, 결정 트리 등 다른 머신 러닝 알고리즘들과 대조됩니다. 물론 이 보다 더 많은 층을 추가할 수도 있습니다. 다음 장에서 더 복잡한 모델을 만들어 보겠습니다.

케라스는 모델의 summary() 메서드를 호출하면 층에 대한 유용한 정보를 얻을 수 있습니다.

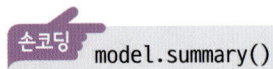

```
model.summary()
```

```
Model: "sequential"
_____
 Layer (type)                Output Shape              Param #
=================================================================
 dense (Dense)               (None, 100)               78,500
 dense_1 (Dense)             (None, 10)                1,010
=================================================================
Total params: 79,510 (310.59 KB)
Trainable params: 79,510 (310.59 KB)
Non-trainable params: 0 (0.00 B)
```

맨 첫 줄에 모델의 이름이 나옵니다. 그다음 입력층을 제외하고 이 모델에 들어 있는 층이 순서대로 나열됩니다. 즉, 맨 처음 추가한 은닉층에서 출력층의 순서대로 나열됩니다.

층마다 층 이름, 클래스, 출력 크기, 모델 파라미터 개수가 출력됩니다. 층을 만들 때 name 매개변수로 이름을 지정할 수 있습니다. 층 이름을 지정하지 않으면 케라스가 자동으로 'dense'라고 이름을 붙입니다.

출력 크기를 보면 (None, 100)입니다. 첫 번째 차원은 샘플의 개수를 나타냅니다. 샘플 개수가 아직 정의되어 있지 않기 때문에 None입니다. 왜 그럴까요? 케라스 모델의 fit() 메서드에 훈련 데이터를 주입하면 이 데이터를 한 번에 모두 사용하지 않고 잘게 나누어 여러 번에 걸쳐 경사 하강법 단계를 수행합니다. 네, 맞습니다. 바로 미니배치 경사 하강법을 사용하는 거죠.

케라스의 기본 미니배치 크기는 32개입니다. 이 값은 fit() 메서드에서 batch_size 매개변수로 바꿀 수 있습니다. 따라서 샘플 개수를 고정하지 않고 어떤 배치 크기에도 유연하게 대응할 수 있도록 None으로 설정합니다. 이렇게 신경망 층에 입력되거나 출력되는 배열의 첫 번째 차원을 배치 차원이라고 부릅니다.

두 번째 100은 쉽습니다. 은닉층의 뉴런 개수를 100개로 두었으니 100개의 출력이 나오겠죠. 즉 샘플마다 784개의 픽셀값이 은닉층을 통과하면서 100개의 특성으로 압축되었습니다.

마지막으로 모델 파라미터 개수가 출력됩니다. 이 층은 Dense 층이므로 입력 픽셀 784개와 100개의 모든 조합에 대한 가중치가 있습니다. 그리고 뉴런마다 1개의 절편이 있습니다.

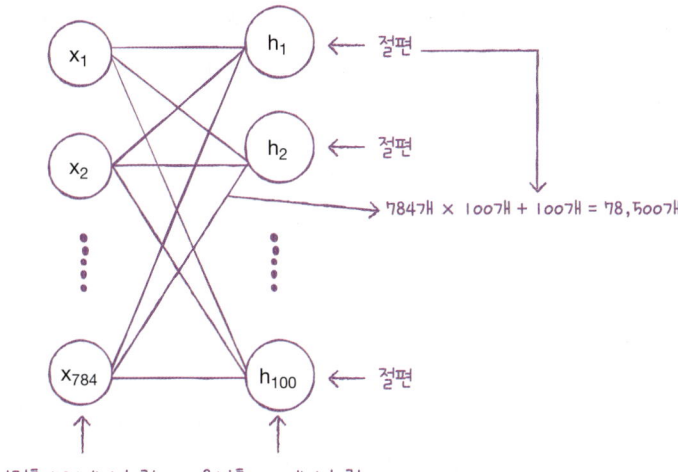

두 번째 층의 출력 크기는 (None, 10)입니다. 배치 차원은 동일하게 None이고 출력 뉴런 개수가 10개이기 때문입니다. 이 층의 모델 파라미터 개수는 몇 개일까요?

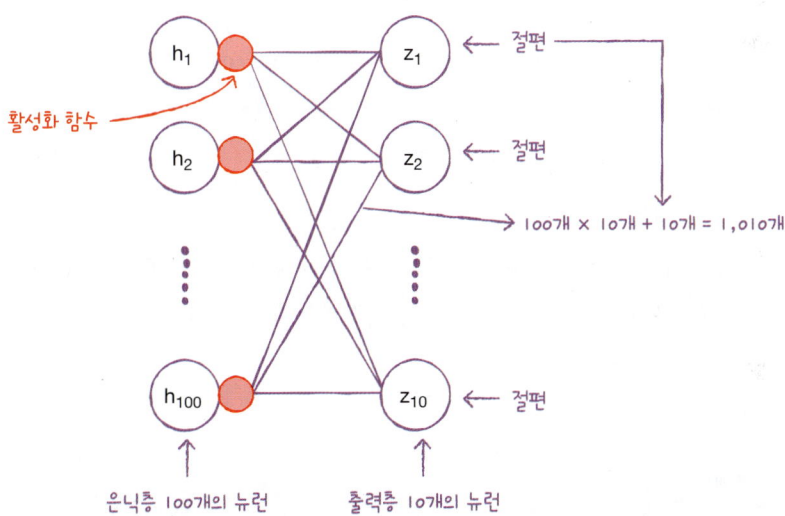

100개의 은닉층 뉴런과 10개의 출력층 뉴런이 모두 연결되고 출력층의 뉴런마다 하나의 절편이 있기 때문에 총 1,010개의 모델 파라미터가 있습니다.

summary() 메서드의 마지막에는 총 모델 파라미터 개수와 훈련되는 파라미터 개수가 동일하게 79,510개로 나옵니다. 은닉층과 출력층의 파라미터 개수를 합친 값입니다. 그 아래 훈련되지 않는 파라미터(Non-trainable params)는 0으로 나옵니다. 간혹 경사 하강법으로 훈련되지 않는 파라미터를 가진 층이 있습니다. 이런 층의 파라미터 개수가 여기에 나타납니다.

층을 추가하는 다른 방법

모델을 훈련하기 전에 Seqeuntial 클래스에 층을 추가하는 다른 방법을 알아보겠습니다. 앞에서는 Dense 클래스의 객체 inputs, dense1, dense2를 만들어 Sequential 클래스에 전달했습니다. 이 두 객체를 따로 저장하여 쓸 일이 없기 때문에 다음처럼 Sequential 클래스의 생성자 안에서 바로 클래스의 객체를 만드는 경우가 많습니다.

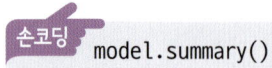
```
model = keras.Sequential([
    keras.layers.Input(shape=(784,)),
    keras.layers.Dense(100, activation='sigmoid', name='은닉층'),
    keras.layers.Dense(10, activation='softmax', name='출력층')
], name='패션 MNIST 모델')
```

이렇게 작업하면 추가되는 층을 한눈에 쉽게 알아보는 장점이 있습니다. 이전과 달리 이번에는 Sequential 클래스의 name 매개변수로 모델의 이름을 지정했습니다. 또 Dense 층의 name 매개변수에 층의 이름을 '은닉층'과 '출력층'으로 각각 지정했습니다. summary() 메서드의 출력에 이름이 잘 반영되는지 확인해 보죠.

```
model.summary()
```

Model: "패션 MNIST 모델"

Layer (type)	Output Shape	Param #
은닉층 (Dense)	(None, 100)	78,500
출력층 (Dense)	(None, 10)	1,010

Total params: 79,510 (310.59 KB)
Trainable params: 79,510 (310.59 KB)
Non-trainable params: 0 (0.00 B)

2개의 Dense 층이 이전과 동일하게 추가되었고 파라미터 개수도 같습니다. 바뀐 것은 모델 이름과 층 이름입니다. 여러 모델과 많은 층을 사용할 때 name 매개변수를 사용하면 구분하기 쉽습니다.

이 방법이 편리하지만 아주 많은 층을 추가하려면 Sequential 클래스 생성자가 매우 길어집니다. 또 조건에 따라 층을 추가할 수도 없습니다. Sequential 클래스에서 층을 추가할 때 가장 널리 사용하는 방법은 모델의 add() 메서드입니다.

이 방법은 다음처럼 Sequential 클래스의 객체를 만들고 이 객체의 add() 메서드를 호출하여 층을 추가합니다.

```
model = keras.Sequential()
model.add(keras.layers.Input(shape=(784,)))
model.add(keras.layers.Dense(100, activation='sigmoid'))
model.add(keras.layers.Dense(10, activation='softmax'))
```

여기에서도 Dense 클래스의 객체를 따로 변수에 담지 않고 바로 add() 메서드로 전달합니다. 이 방법은 한눈에 추가되는 층을 볼 수 있고 프로그램 실행 시 동적으로 층을 선택하여 추가할 수 있습니다.

summary() 메서드의 결과에서 층과 파라미터 개수는 당연히 동일합니다.

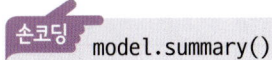
```
model.summary()
```

```
Model: "sequential_1"
```

Layer (type)	Output Shape	Param #
dense_2 (Dense)	(None, 100)	78,500
dense_3 (Dense)	(None, 10)	1,010

```
Total params: 79,510 (310.59 KB)
Trainable params: 79,510 (310.59 KB)
Non-trainable params: 0 (0.00 B)
```

이제 모델을 훈련해 보겠습니다. compile() 메서드의 설정은 1절에서 했던 것과 동일합니다. 여기에서도 5번의 에포크 동안 훈련해 보죠.

```
model.compile(loss='sparse_categorical_crossentropy', metrics=['accuracy'])
model.fit(train_scaled, train_target, epochs=5)
```

```
poch 1/5
1500/1500 ─────────────── 6s 3ms/step - accuracy: 0.7525 - loss: 0.7720
Epoch 2/5
1500/1500 ─────────────── 8s 2ms/step - accuracy: 0.8463 - loss: 0.4270
Epoch 3/5
1500/1500 ─────────────── 3s 2ms/step - accuracy: 0.8604 - loss: 0.3857
Epoch 4/5
1500/1500 ─────────────── 4s 2ms/step - accuracy: 0.8696 - loss: 0.3600
Epoch 5/5
1500/1500 ─────────────── 4s 2ms/step - accuracy: 0.8759 - loss: 0.3410
<keras.src.callbacks.history.History at 0x795663038ee0>
```

훈련 세트에 대한 성능을 보면 추가된 층이 성능을 향상시켰다는 것을 잘 알 수 있습니다. 인공 신경망에 몇 개의 층을 추가하더라도 compile() 메서드와 fit() 메서드의 사용법은 동일합니다. 이것이 케라스 API의 장점입니다. 필요하면 여러 개의 층을 추가하고 실험해 보세요.

다음에는 이미지 분류 문제에서 높은 성능을 낼 수 있는 활성화 함수에 대해 알아보겠습니다.

렐루 함수

초창기 인공 신경망의 은닉층에 많이 사용된 활성화 함수는 시그모이드 함수였습니다. 하지만 이 함수에는 단점이 있습니다. 이 함수의 오른쪽과 왼쪽 끝으로 갈수록 그래프가 누워있기 때문에 올바른 출력을 만드는데 신속하게 대응하지 못합니다. 다음 그림을 참고하세요.

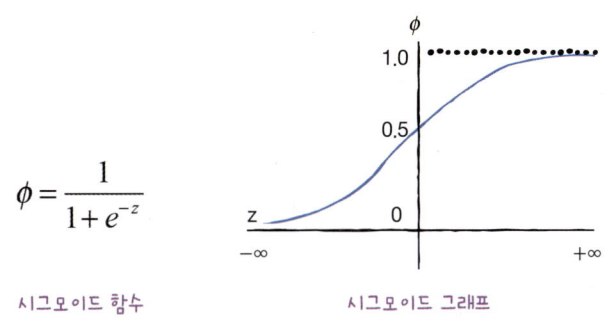

시그모이드 함수 　　　시그모이드 그래프

특히 층이 많은 심층 신경망일수록 그 효과가 누적되어 학습을 더 어렵게 만듭니다. 이를 개선하기 위해 다른 종류의 활성화 함수가 제안되었습니다. 바로 **렐루**ReLU 함수입니다. 렐루 함수는 아주 간단합니다. 입력이 양수일 경우 마치 활성화 함수가 없는 것처럼 그냥 입력을 통과시키고 음수일 경우에는 0으로 만듭니다. 다음 그림을 참고하세요.

> 렐루 함수는 심층 신경망에서 뛰어납니다.

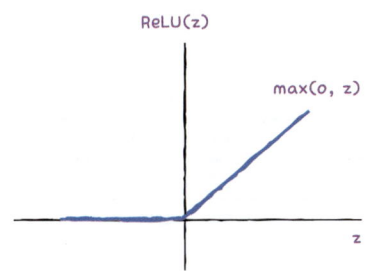

렐루 함수는 max(0, z)와 같이 쓸 수 있습니다. 이 함수는 z가 0보다 크면 z를 출력하고 z가 0보다 작으면 0을 출력합니다. 렐루 함수는 특히 이미지 처리에서 좋은 성능을 낸다고 알려져 있습니다. 은닉층의 활성화 함수에 시그모이드 함수 대신 렐루 함수를 적용하기 전에 케라스에서 제공하는 편리한 층 하나를 더 살펴보겠습니다.

패션 MNIST 데이터는 28 × 28 크기이기 때문에 인공 신경망에 주입하기 위해 넘파이 배열의 reshape() 메서드를 사용해 1차원으로 펼쳤습니다. 직접 이렇게 1차원으로 펼쳐도 좋지만 케라스에서는 이를 위한 Flatten 층을 제공합니다.

사실 Flatten 클래스는 배치 차원을 제외하고 나머지 입력 차원을 모두 일렬로 펼치는 역할만 합니다. 입력에 곱해지는 가중치나 절편이 없죠. 따라서 인공 신경망의 성능을 위해 기여하는 바는 없습니다. 하지만 Flatten 클래스를 층처럼 입력층과 은닉층 사이에 추가하기 때문에 이를 층이라 부릅니다. Flatten 층은 다음 코드처럼 입력층 바로 뒤에 추가합니다.

손코딩
```python
model = keras.Sequential()
model.add(keras.layers.Input(shape=(28,28)))
model.add(keras.layers.Flatten())
model.add(keras.layers.Dense(100, activation='relu'))
model.add(keras.layers.Dense(10, activation='softmax'))
```

첫 번째 Input() 함수의 shape 매개변수에 입력의 크기를 (784,)가 아니라 원본 이미지 크기인 (28,28)로 지정했습니다. 다음에 등장하는 Flatten 층이 1차원으로 펼쳐 줄 것이므로 입력층에는 2차원 입력을 받겠다는 의미입니다. 또 첫 번째 Dense 층의 활성화 함수를 'relu'로 바꾼 것을 눈여겨 보세요. 하지만 이 신경망을 깊이가 3인 신경망이라고 부르지는 않습니다. Flatten 클래스는 학습하는 층이 아니니까요. 모델의 summary() 메서드를 호출해 보면 이런 점을 더 확실히 알 수 있습니다.

손코딩
```python
model.summary()
```

```
Model: "sequential_2"

Layer (type)            Output Shape        Param #
flatten (Flatten)       (None, 784)               0
dense_4 (Dense)         (None, 100)          78,500
dense_5 (Dense)         (None, 10)            1,010

Total params: 79,510 (310.59 KB)
Trainable params: 79,510 (310.59 KB)
Non-trainable params: 0 (0.00 B)
```

첫 번째 등장하는 Flatten 클래스에 포함된 모델 파라미터는 0개입니다. 케라스의 Flatten 층을 신경망 모델에 추가하면 입력값의 차원을 짐작할 수 있는 것이 또 하나의 장점입니다. 앞의 출력에서 784개의 입력이 첫 번째 은닉층에 전달된다는 것을 알 수 있는데요. 이는 이전에 만들었던 모델에서는 쉽게 눈치채기 어려웠습니다. 입력 데이터에 대한 전처리 과정을 가능한 모델에 포함시키는 것이 케라스

> 케라스 API는 입력 데이터에 대한 전처리 과정을 될 수 있으면 모델에 포함합니다.

API의 철학 중 하나입니다.

그럼 훈련 데이터를 다시 준비해서 모델을 훈련해 보겠습니다. 이 절의 서두에 있던 코드와 동일하지만 reshape() 메서드를 적용하지 않았습니다.

```
(train_input, train_target), (test_input, test_target) =\
    keras.datasets.fashion_mnist.load_data()
train_scaled = train_input / 255.0
train_scaled, val_scaled, train_target, val_target = train_test_split(
    train_scaled, train_target, test_size=0.2, random_state=42)
```

모델을 컴파일하고 훈련하는 것은 다음 코드처럼 이전과 동일합니다.

```
model.compile(loss='sparse_categorical_crossentropy', metrics=['accuracy'])
model.fit(train_scaled, train_target, epochs=5)
```

```
Epoch 1/5
1500/1500 ──────────────── 4s 2ms/step - accuracy: 0.7637 - loss: 0.6723
Epoch 2/5
1500/1500 ──────────────── 3s 2ms/step - accuracy: 0.8515 - loss: 0.4054
Epoch 3/5
1500/1500 ──────────────── 5s 2ms/step - accuracy: 0.8676 - loss: 0.3595
Epoch 4/5
1500/1500 ──────────────── 3s 2ms/step - accuracy: 0.8786 - loss: 0.3344
Epoch 5/5
1500/1500 ──────────────── 3s 2ms/step - accuracy: 0.8858 - loss: 0.3177
<keras.src.callbacks.history.History at 0x79565c031ae0>
```

시그모이드 함수를 사용했을 때와 비교하면 성능이 조금 향상되었습니다. 크지 않지만 렐루 함수의 효과를 보았네요. 그럼 검증 세트에서의 성능도 확인해 보겠습니다.

> 손코딩 `model.evaluate(val_scaled, val_target)`

```
375/375 ─────────────────────── 2s 2ms/step - accuracy:
0.8671 - loss: 0.3837
[0.3847014605998993, 0.8665000200271606]
```

1절의 은닉층을 추가하지 않은 경우보다 몇 퍼센트 성능이 향상되었네요. 지금까지는 모델을 5번의 에포크 동안 훈련했습니다. 이보다 더 훈련하지 않을 이유가 없겠죠. 그전에 인공 신경망의 하이퍼파라미터에 대해 잠시 알아보고 이번 절을 마무리하겠습니다.

옵티마이저

3장에서 하이퍼파라미터는 모델이 학습하지 않아 사람이 지정해 주어야 하는 파라미터라고 설명했습니다. 신경망에는 특히 하이퍼파라미터가 많습니다. 어떤 하이퍼파라미터가 있는지 먼저 이번 장에서 등장한 것들을 생각해 보죠.

> 지금까지 다룬 하이퍼파라미터는 추가할 은닉층의 개수, 뉴런 개수, 활성화 함수, 층의 종류, 배치 사이즈 매개변수, 에포크 매개변수 등이 있습니다.

이번 절에서는 은닉층을 하나 추가했습니다. 하지만 여러 개의 은닉층을 추가할 수도 있습니다. 추가할 은닉층의 개수는 모델이 학습하는 것이 아니라 우리가 지정해 주어야 할 하이퍼파라미터입니다. 그럼 은닉층의 뉴런 개수도 하이퍼파라미터일까요? 네, 맞습니다. 또 활성화 함수도 선택해야 할 하이퍼파라미터 중 하나입니다. 심지어 층의 종류도 하이퍼파라미터입니다. 이 장에서는 가장 기본적인 밀집층만 다루지만, 다른 종류의 층을 선택할 수도 있습니다(다음 장에서 이미지에 잘 맞는 합성곱 층을 배웁니다).

케라스는 기본적으로 미니배치 경사 하강법을 사용하며 미니배치 개수는 32개입니다. fit() 메서드의 batch_size 매개변수에서 이를 조정할 수 있으며 역시 하이퍼파라미터입니다. 또한 fit() 메서드의 epochs 매개변수도 하이퍼파라미터입니다! 반복 횟수에 따라 다른 모델이 만들어지거든요.

마지막으로 compile() 메서드에서는 케라스의 기본 경사 하강법 알고리즘인 RMSprop을 사용했습니다. 케라스는 다양한 종류의 경사 하강법 알고리즘을 제공합니다. 이들을 **옵티마이저**optimizer라고 부릅니다. 역시 다른 옵티마이저를 테스트하지 않을 이유는 없습니다. 또한 RMSprop의 학습률 또한 조정할 하이퍼파라미터 중 하나입니다.

와, 정말 많군요. 처음부터 모델을 구성하고 각종 하이퍼파라미터의 최적값을 찾는 것은 어려운 작업입니다. 여기서는 여러 가지 옵티마이저를 테스트해 보겠습니다. 가장 기본적인 옵티마이저는 확률적 경사 하강법인 SGD입니다. 이름이 SGD이지만 1개의 샘플을 뽑아서 훈련하지 않고 앞서 언급한 것처럼 기본적으로 미니배치를 사용합니다.

SGD 옵티마이저를 사용하려면 compile() 메서드의 optimizer 매개변수를 'sgd'로 지정합니다.

```
model.compile(optimizer='sgd', loss='sparse_categorical_crossentropy',
              metrics=['accuracy'])
```

이 옵티마이저는 keras.optimizers 패키지 아래 SGD 클래스로 구현되어 있습니다. 'sgd' 문자열은 이 클래스의 기본 설정 매개변수로 생성한 객체와 동일합니다. 즉 다음 코드는 위의 코드와 정확히 동일합니다.

```
sgd = keras.optimizers.SGD()
model.compile(optimizer=sgd, loss='sparse_categorical_crossentropy',
              metrics=['accuracy'])
```

만약 SGD 클래스의 학습률 기본값은 0.01입니다. 이를 바꾸고 싶다면 다음과 같이 원하는 학습률을 learning_rate 매개변수에 지정하여 사용합니다.

```
sgd = keras.optimizers.SGD(learning_rate=0.1)
```

SGD 외에도 다양한 옵티마이저들이 있습니다. 먼저 그림으로 많이 사용하는 옵티마이저들을 알아보겠습니다.

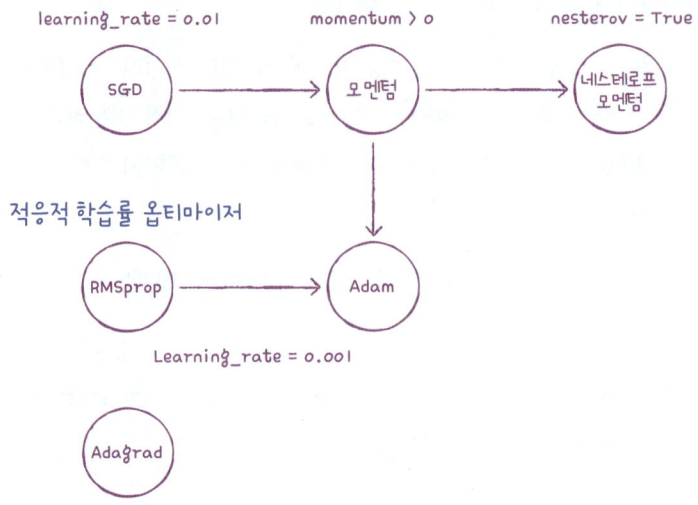

기본 경사 하강법 옵티마이저는 모두 SGD 클래스에서 제공합니다. SGD 클래스의 momentum 매개변수의 기본값은 0입니다. 이를 0보다 큰 값으로 지정하면 마치 이전의 그레이디언트를 가속도처럼 사용하는 **모멘텀 최적화**momentum optimization를 사용합니다. 보통 momentum 매개변수는 0.9 이상을 지정합니다.

다음처럼 SGD 클래스의 nesterov 매개변수를 기본값 False에서 True로 바꾸면 **네스테로프 모멘텀 최적화**nesterov momentum optimization (또는 네스테로프 가속 경사)를 사용합니다.

```
sgd = keras.optimizers.SGD(momentum=0.9, nesterov=True)
```

네스테로프 모멘텀은 모멘텀 최적화를 2번 반복하여 구현합니다. 대부분의 경우 네스테로프 모멘텀 최적화가 기본 확률적 경사 하강법보다 더 나은 성능을 제공합니다.

모델이 최적점에 가까이 갈수록 학습률을 낮출 수 있습니다. 이렇게 하면 안정적으로 최적점에 수렴할 가능성이 높습니다. 이런 학습률을 **적응적 학습률**adaptive learning rate이라고 합니다. 이런 방식들은 학습률 매개변수를 튜닝하는 수고를 덜 수 있는 것이 장점입니다.

적응적 학습률을 사용하는 대표적인 옵티마이저는 Adagrad와 RMSprop입니다. 각각 compile() 메서드의 optimizer 매개변수에 'adagrad'와 'rmsprop'으로 지정할 수 있습니다. optimizer 매개변수의 기본값이 바로 'rmsprop'입니다. 이 두 옵티마이저의 매개변수를 바꾸고 싶다면 SGD와 같이 Adagrad와 RMSprop 클래스 객체를 만들어 사용하면 됩니다.

```
adagrad = keras.optimizers.Adagrad()
model.compile(optimizer=adagrad, loss='sparse_categorical_crossentropy',
              metrics=['accuracy'])
```

RMSprop도 마찬가지입니다.

```
rmsprop = keras.optimizers.RMSprop()
model.compile(optimizer=rmsprop, loss='sparse_categorical_crossentropy',
              metrics=['accuracy'])
```

모멘텀 최적화와 RMSprop의 장점을 접목한 것이 Adam입니다. Adam은 RMSprop과 함께 맨 처음 시도해 볼 수 있는 좋은 알고리즘입니다. Adam 클래스도 keras.optimizers 패키지 아래에 있습니다. 적응적 학습률을 사용하는 이 3개의 클래스는 learning_rate 매개변수의 기본값으로 모두 0.001을 사용합니다.

> **+ 여기서 잠깐** 이런 고급 옵티마이저들의 구체적인 작동 방식은 어떻게 되나요?
>
> 여기서 소개한 옵티마이저들의 상세한 이론을 설명하는 것은 이 책의 범위를 넘어섭니다. 다양한 옵티마이저들의 이론과 개념을 잘 설명한 『핸즈온 머신러닝 3판』(한빛미디어, 2023)의 11장을 참고하세요.

여기에서는 Adam 클래스의 매개변수 기본값을 사용해 패션 MNIST 모델을 훈련해 보겠습니다. 먼저 모델을 다시 생성합니다.

```
model = keras.Sequential()
model.add(keras.layers.Input(shape=(28,28)))
model.add(keras.layers.Flatten())
model.add(keras.layers.Dense(100, activation='relu'))
model.add(keras.layers.Dense(10, activation='softmax'))
```

compile() 메서드의 optimizer를 'adam'으로 설정하고 5번의 에포크 동안 훈련합니다.

```
model.compile(optimizer='adam', loss='sparse_categorical_crossentropy',
              metrics=['accuracy'])
model.fit(train_scaled, train_target, epochs=5)
```

```
Epoch 1/5
1500/1500 ──────────────── 5s 2ms/step - accuracy: 0.7691 - loss: 0.6706
Epoch 2/5
1500/1500 ──────────────── 6s 3ms/step - accuracy: 0.8515 - loss: 0.4134
Epoch 3/5
1500/1500 ──────────────── 6s 4ms/step - accuracy: 0.8691 - loss: 0.3618
Epoch 4/5
1500/1500 ──────────────── 7s 2ms/step - accuracy: 0.8793 - loss: 0.3302
Epoch 5/5
1500/1500 ──────────────── 4s 2ms/step - accuracy: 0.8873 - loss: 0.3088
<keras.src.callbacks.history.History at 0x7956692ffdc0>
```

이 출력 결과를 보면 기본 RMSprop을 사용했을 때와 거의 같은 성능을 보여 줍니다. 마지막으로 검증 세트에서의 성능도 확인해 보죠.

```
model.evaluate(val_scaled, val_target)
```

```
375/375 ──────────────── 1s 1ms/step - accuracy: 0.8762 - loss: 0.3506
[0.35239022970199585, 0.8725833296775818]
```

환경마다 조금씩 차이가 있을 수 있지만 여기서는 기본 RMSprop보다 조금 나은 성능을 냅니다.

케라스 API를 활용한 심층 신경망 〔문제해결 과정〕

이번 장에서 여러 개의 층을 추가하여 다층 인공 신경망을 만드는 방법을 터득했습니다. 특별히 이런 인공 신경망을 심층 신경망이라고 부릅니다. 또 케라스 API를 사용하여 층을 추가하는 여러 가지 방법을 알아보았습니다.

케라스 모델의 정보를 요약해 주는 summary() 메서드를 사용해 보았습니다. 출력값의 의미를 이해하고 모델 파라미터 개수를 계산해 맞추어 보았습니다. 모델 파라미터 개수를 계산하는 과정은 모델을 올바르게 이해하고 있는지 확인하는 좋은 방법 중 하나입니다.

은닉층에 적용한 시그모이드 활성화 함수 대신에 새로운 렐루 활성화 함수에 대해 배웠고 이를 적용해 약간의 성능을 향상시켰습니다. 또한 다양한 고급 경사 하강법 옵티마이저들을 적용하는 방법도 살펴보았습니다. 케라스 API를 사용하면 이런 작업이 어렵지 않고 직관적으로 구성할 수 있습니다.

이번 절에서 인공 신경망에 조금 더 깊게 살펴보았습니다. 다음 절에서는 훈련한 인공 신경망 모델을 저장하고 복원하는 과정을 살펴보겠습니다. 이 과정에서 케라스에서 제공하는 다양한 도구를 배울 수 있습니다.

전체 소스 코드

note https://bit.ly/hg2-07-2에 접속하면 코랩에서 이 절의 코드를 바로 열어 볼 수 있습니다.

```
"""# 심층 신경망"""

"""## 2개의 층"""

import keras

(train_input, train_target), (test_input, test_target) =\
    keras.datasets.fashion_mnist.load_data()

from sklearn.model_selection import train_test_split

train_scaled = train_input / 255.0
train_scaled = train_scaled.reshape(-1, 28*28)
```

```python
train_scaled, val_scaled, train_target, val_target = train_test_split(
    train_scaled, train_target, test_size=0.2, random_state=42)

inputs = keras.layers.Input(shape=(784,))
dense1 = keras.layers.Dense(100, activation='sigmoid')
dense2 = keras.layers.Dense(10, activation='softmax')

"""## 심층 신경망 만들기"""

model = keras.Sequential([inputs, dense1, dense2])

model.summary()

"""## 층을 추가하는 다른 방법"""

model = keras.Sequential([
    keras.layers.Input(shape=(784,)),
    keras.layers.Dense(100, activation='sigmoid', name='은닉층'),
    keras.layers.Dense(10, activation='softmax', name='출력층')
    ], name='패션 MNIST 모델')

model.summary()

model = keras.Sequential()
model.add(keras.layers.Input(shape=(784,)))
model.add(keras.layers.Dense(100, activation='sigmoid'))
model.add(keras.layers.Dense(10, activation='softmax'))

model.summary()

model.compile(loss='sparse_categorical_crossentropy', metrics=['accuracy'])

model.fit(train_scaled, train_target, epochs=5)

"""## 렐루 함수"""
```

```python
model = keras.Sequential()
model.add(keras.layers.Input(shape=(28,28)))
model.add(keras.layers.Flatten())
model.add(keras.layers.Dense(100, activation='relu'))
model.add(keras.layers.Dense(10, activation='softmax'))

model.summary()

(train_input, train_target), (test_input, test_target) =\
    keras.datasets.fashion_mnist.load_data()

train_scaled = train_input / 255.0

train_scaled, val_scaled, train_target, val_target = train_test_split(
    train_scaled, train_target, test_size=0.2, random_state=42)

model.compile(loss='sparse_categorical_crossentropy', metrics=['accuracy'])

model.fit(train_scaled, train_target, epochs=5)

model.evaluate(val_scaled, val_target)

"""## 옵티마이저"""

model = keras.Sequential()
model.add(keras.layers.Input(shape=(28,28)))
model.add(keras.layers.Flatten())
model.add(keras.layers.Dense(100, activation='relu'))
model.add(keras.layers.Dense(10, activation='softmax'))

model.compile(optimizer='adam', loss='sparse_categorical_crossentropy',
              metrics=['accuracy'])

model.fit(train_scaled, train_target, epochs=5)

model.evaluate(val_scaled, val_target)
```

마무리

▶ 키워드로 끝내는 핵심 포인트

- **심층 신경망**은 2개 이상의 층을 포함한 신경망입니다. 종종 다층 인공 신경망, 심층 신경망, 딥러닝을 같은 의미로 사용합니다.

- **렐루 함수**는 이미지 분류 모델의 은닉층에 많이 사용하는 활성화 함수입니다. 시그모이드 함수는 층이 많을수록 활성화 함수의 양쪽 끝에서 변화가 작기 때문에 학습이 어려워집니다. 렐루 함수는 이런 문제가 없으며 계산도 간단합니다.

- **옵티마이저**는 신경망의 가중치와 절편을 학습하기 위한 알고리즘 또는 방법을 말합니다. 케라스에는 다양한 경사 하강법 알고리즘이 구현되어 있습니다. 대표적으로 SGD, 네스테로프 모멘텀, RMSprop, Adam 등이 있습니다.

▶ 핵심 패키지와 함수

Keras

- **add()**는 케라스 모델에 층을 추가하는 메서드입니다.

  케라스 모델의 add() 메서드는 keras.layers 패키지 아래에 있는 층의 객체를 입력받아 신경망 모델에 추가합니다. add() 메서드를 호출하여 전달한 순서대로 층이 차례대로 늘어납니다.

- **summary()**는 케라스 모델의 정보를 출력하는 메서드입니다.

  모델에 추가된 층의 종류와 순서, 모델 파라미터 개수를 출력합니다. 층을 만들 때 name 매개변수로 이름을 지정하면 summary() 메서드 출력에서 구분하기 쉽습니다.

- **SGD**는 기본 경사 하강법 옵티마이저 클래스입니다.

  learning_rate 매개변수로 학습률을 지정하며 기본값은 0.01입니다.

  momentum 매개변수에 0 이상의 값을 지정하면 모멘텀 최적화를 수행합니다.

  nesterov 매개변수를 True로 설정하면 네스테로프 모멘텀 최적화를 수행합니다.

- **Adagrad**는 Adagrad 옵티마이저 클래스입니다.

  learning_rate 매개변수로 학습률을 지정하며 기본값은 0.001입니다.

  Adagrad는 그레이디언트 제곱을 누적하여 학습률을 나눕니다. initial_accumulator_value 매개변수에서 누적 초깃값을 지정할 수 있으며 기본값은 0.1입니다.

- **RMSprop**은 RMSprop 옵티마이저 클래스입니다.

  learning_rate 매개변수로 학습률을 지정하며 기본값은 0.001입니다.

  Adagrad처럼 그레이디언트 제곱으로 학습률을 나누지만 최근의 그레이디언트를 사용하기 위해 지수 감소를 사용합니다. rho 매개변수에서 감소 비율을 지정하며 기본값은 0.9입니다.

- **Adam**은 Adam 옵티마이저 클래스입니다.

  learning_rate 매개변수로 학습률을 지정하며 기본값은 0.001입니다.

  모멘텀 최적화에 있는 그레이디언트의 지수 감소 평균을 조절하기 위해 beta_1 매개변수가 있으며 기본값은 0.9입니다.

  RMSprop에 있는 그레이디언트 제곱의 지수 감소 평균을 조절하기 위해 beta_2 매개변수가 있으며 기본값은 0.999입니다.

▶ 확인 문제

1. 다음 중 모델의 add() 메서드 사용법이 올바른 것은 어떤 것인가요?

① model.add(keras.layers.Dense)

② model.add(keras.layers.Dense(10, activation='relu'))

③ model.add(keras.layers.Dense, 10, activation='relu')

④ model.add(keras.layers.Dense)(10, activation='relu')

2. 크기가 300 × 300인 입력을 케라스 층으로 펼치려고 합니다. 다음 중 어떤 층을 사용해야 하나요?

① Plate

② Flatten

③ Normalize

④ Dense

3. 다음 중에서 이미지 분류를 위한 심층 신경망에 널리 사용되는 케라스의 활성화 함수는 무엇인가요?

① linear

② sigmoid

③ relu

④ tanh

4. 다음 중 적응적 학습률을 사용하지 않는 옵티마이저는 무엇인가요?

① SGD

② Adagrad

③ RMSprop

④ Adam

파이토치 버전 살펴보기

파이토치로 신경망 모델 만들기

note https://bit.ly/hg2-07-2-pt에 접속하면 코랩에서 이 절의 코드를 바로 열어 볼 수 있습니다.

이 책에서는 널리 사용되며 사용하기 편리한 케라스 라이브러리를 이용해 신경망 모델을 구축합니다. 하지만 최근에는 파이토치PyTorch 또한 점점 더 많은 인기를 얻고 있습니다. 두 라이브러리는 사용 방식에 차이가 있지만, 신경망 모델을 만들고 훈련하는 개념과 과정은 유사하기 때문에 하나를 익히면 다른 하나도 쉽게 이해할 수 있습니다. 여기에서는 07-2절에서 만들었던 심층 신경망 모델을 파이토치로 구현하는 방법을 살펴보며, 파이토치에 대해 배워 보겠습니다.

note 파이토치에 대한 더 자세한 내용은 『머신 러닝 교과서: 파이토치 편』(길벗, 2023)을 참고하세요.

앞에서 언급했듯이 파이토치 역시 코랩에 기본적으로 설치되어 있습니다. 또한, 파이토치에는 패션 MNIST와 같은 유명한 데이터셋을 제공하는 도구가 포함되어 있습니다. 이러한 데이터셋은 파이토치의 컴퓨터 비전 라이브러리인 torchvision을 통해 쉽게 불러올 수 있습니다.

다음은 torchvision을 사용해서 패션 MNIST 데이터셋을 가져오는 방법입니다.

```
from torchvision.datasets import FashionMNIST

fm_train = FashionMNIST(root='.', train=True, download=True)
fm_test = FashionMNIST(root='.', train=False, download=True)
```

위 코드에서는 FashionMNIST 클래스를 호출하여 훈련 데이터와 테스트 데이터를 위한 fm_train과 fm_test 객체를 만듭니다. 07-2절에서처럼 훈련 데이터만 사용할 예정이지만, 예제에서 테스트 데이터를 함께 보여주기 위해 다운로드를 진행했습니다.

FashionMNIST 클래스에는 세 개의 주요 매개변수가 있습니다. root 매개변수는 다운로드된 데이터를 저장될 위치를 지정합니다. 앞에서와 같이 root='.'로 지정하면 현재 폴더에 클래스 이름과 동일한 FashionMNIST 폴더를 만들고 그 안에 데이터를 저장합니다.

train 매개변수는 훈련 데이터를 다운로드할지, 테스트 데이터를 다운로드할지를 결정합니다. 기본값은 True이며, 훈련 데이터를 다운로드합니다. 테스트 데이터를 가져오려면 train=False로 지정합니다. 마지막으로 download 매개변수를 True로 지정하면 원격에 저장된 데이터를 다운로드하여 로컬에 저장합니다. 만약 로컬에 이미 데이터가 있다면 다시 다운로드하지 않습니다. 기본값은 False입니다.

실제 데이터는 fm_train과 fm_test 객체의 data 속성에 파이토치 텐서^{PyTorch Tensor}로 저장됩니다. 이제 파이썬의 type() 함수를 사용하여 data 속성을 확인해 보죠.

```
type(fm_train.data)
```

```
torch.Tensor
```

텐서^{Tensor}는 파이토치의 기본 데이터 구조입니다. 넘파이 배열과 비슷한 인터페이스를 제공하므로 사용하는 방법을 금방 배울 수 있습니다. 예를 들어, 훈련 데이터와 테스트 데이터의 크기는 텐서 객체의 shape 속성을 사용하여 확인할 수 있습니다.

```
print(fm_train.data.shape, fm_test.data.shape)
```

```
torch.Size([60000, 28, 28]) torch.Size([10000, 28, 28])
```

note torch.Size는 텐서의 크기를 나타내는 튜플과 유사한 객체입니다.

본문에서 살펴본 것처럼 패션 MNIST 데이터의 훈련 세트는 60,000개, 테스트 데이터는 10,000개로 구성되어 있습니다. 샘플 이미지의 크기는 28×28입니다.

타깃 데이터는 fm_train와 fm_test 객체의 targets 속성에 저장되어 있습니다. 타깃의 크기도 확인해 보겠습니다.

```
print(fm_train.targets.shape, fm_test.targets.shape)
```

```
torch.Size([60000]) torch.Size([10000])
```

타깃이 1차원 배열이므로 원-핫 인코딩이 아니라 정숫값이라는 것을 짐작할 수 있습니다. 이제 fm_train 객체의 이 두 속성을 사용해 모델 훈련에 사용할 입력과 타깃 데이터를 준비해 보죠.

> 손코딩
```
train_input = fm_train.data
train_target = fm_train.targets
```

파이토치 텐서는 넘파이 배열처럼 브로드캐스팅을 지원하기 때문에 다음처럼 간편하게 입력을 정규화할 수 있습니다.

> 손코딩
```
train_scaled = train_input / 255.0
```

또한, 사이킷런의 train_test_split() 함수를 사용해 훈련 세트를 다시 훈련 세트와 검증 세트로 나눌 수도 있습니다.

> 손코딩
```
from sklearn.model_selection import train_test_split

train_scaled, val_scaled, train_target, val_target = train_test_split(
    train_scaled, train_target, test_size=0.2, random_state=42)
```

훈련 세트와 검증 세트의 크기를 다시 확인해 보겠습니다.

> 손코딩
```
print(train_scaled.shape, val_scaled.shape)
```

```
torch.Size([48000, 28, 28]) torch.Size([12000, 28, 28])
```

예상대로 60,000개 중 20%의 데이터가 검증 세트로 나뉘어졌습니다. 데이터가 준비되었으니 이제 모델을 만들어 보겠습니다.

파이토치의 층은 torch.nn 모듈 아래 위치해 있습니다. 일부 층은 케라스와 동일한 이름을 사용하지만, 다른 경우도 있습니다. 케라스와 마찬가지로, Sequential 클래스를 사용하면 간단한 모델을 쉽게 만들 수 있습니다.

Sequential 클래스를 호출할 때 필요한 층을 차례로 나열하면 됩니다. 여기에서는 본문과 동일하게 100개의 뉴런을 가진 은닉층과 10개의 뉴런을 가진 출력층을 구성해 보겠습니다. 시작할 때 Flatten 층을 추가하고 두 개의 밀집층 사이에 렐루 함수를 삽입합니다.

> 손코딩
```
import torch.nn as nn

model = nn.Sequential(
    nn.Flatten(),
    nn.Linear(784, 100),
    nn.ReLU(),
    nn.Linear(100, 10)
)
```

이 코드를 하나씩 살펴보죠. 먼저, torch.nn 패키지를 nn으로 임포트합니다. 그다음 Flatten, Linear, ReLU, Linear 클래스를 사용하여 각각의 층을 생성한 후, 이 객체들을 Sequential 클래스에 매개변수로 전달하여 모델을 구성했습니다.

케라스 모델과 비교했을 때, 파이토치 모델의 주요 차이점은 다음과 같습니다.

1. 파이토치에서는 모델의 입력 크기를 사전에 지정할 필요가 없습니다. 따라서 케라스의 Input()과 같은 별도의 입력 정의 함수가 없습니다.

2. 케라스의 Dense 층과 동일한 역할을 하는 것이 파이토치의 Linear 층입니다. Linear 층을 사용할 때는 입력 크기와 출력 크기(뉴런 개수)를 매개변수로 전달해야 합니다.

3. 파이토치에서는 활성화 함수를 별도의 층으로 추가해야 합니다. 렐루 함수의 경우 ReLU 층을 사용합니다.

4. 출력층에 해당하는 두 번째 Linear 층 다음에는 활성화 함수가 없습니다. 케라스에서는 다중 분류 문제를 해결하기 위해 마지막 층에 소프트맥스 함수를 포함했지만, 파이토치에서는 이를 생략합니다. 이에 대해서는 잠시 후에 다시 설명하겠습니다.

Linear 층에서 입력 크기를 지정하는 방법을 눈여겨 보세요. Flatten 층이 입력을 1차원으로 펼치기 때문에 첫 번째 Linear 층은 784개의 입력을 받습니다. 두 번째 Linear 층은 첫 번째 Linear 층의 출력 크기인 100개의 입력을 받도록 지정했습니다.

파이토치는 케라스의 summary() 메서드와 같이 전체 구조를 확인하는 도구를 제공하지 않습니다. 대신 torchinfo 패키지를 설치하면 비슷한 결과를 얻을 수 있습니다. 이 패키지는 코랩에 설치되어 있지 않으므로 다음 명령을 실행하여 먼저 torchinfo를 설치해 주세요.

> 손코딩
```
!pip install torchinfo
```

그다음 torchinfo에서 summary() 함수를 임포트하고 모델과 함께 호출합니다. 선택적으로 input_size 매개변수에 입력 크기를 지정할 수 있습니다. 입력 크기를 지정하면 입력 데이터가 각 층을 통과할 때 크기가 어떻게 변하는지 확인할 수 있어 매우 유용합니다.

여기서는 배치 크기를 32로 가정하여 입력 크기를 (32, 28, 28)로 설정하겠습니다. 한 번에 32개의 샘플이 모델에 입력되는 형태입니다.

> 손코딩
```
from torchinfo import summary

summary(model, input_size=(32, 28, 28))
```

```
==========================================================================
Layer (type:depth-idx)              Output Shape            Param #
==========================================================================
Sequential                          [32, 10]                --
├─Flatten: 1-1                      [32, 784]               --
├─Linear: 1-2                       [32, 100]               78,500
├─ReLU: 1-3                         [32, 100]               --
├─Linear: 1-4                       [32, 10]                1,010
==========================================================================
Total params: 79,510
Trainable params: 79,510
Non-trainable params: 0
Total mult-adds (M): 2.54
==========================================================================
```

```
Input size (MB): 0.10
Forward/backward pass size (MB): 0.03
Params size (MB): 0.32
Estimated Total Size (MB): 0.45
================================================================
```

summary() 함수의 결과를 보면, 각 층의 출력 크기와 모델의 전체 파라미터 개수를 확인할 수 있습니다. 데이터와 모델이 준비되었으니 훈련을 수행할 차례입니다. 훈련을 시작하기 전에 코랩에서 GPU 런타임을 사용하고 있다면 앞서 만든 모델을 GPU에 적재해야 합니다.

처음에는 이 과정이 다소 생소할 수 있습니다. 케라스의 경우 GPU가 감지되면 자동으로 모델을 GPU에서 훈련하지만, 파이토치는 명시적으로 GPU로 모델을 이동해야 합니다. 그렇지 않으면 CPU를 사용하게 되어 훈련 속도가 느려질 수 있습니다.

조금 번거롭게 느껴질 수 있지만 이를 통해 엔지니어가 GPU에서 수행할 연산을 구체적으로 제어할 수 있는 유연성을 얻을 수 있습니다. 일반적으로 다음과 같이 파이토치 디바이스 객체와 to() 메서드를 사용해 GPU 사용 여부를 설정합니다.

> note torch.cuda.is_available() 함수는 시스템에 GPU가 있는 경우 True, 그렇지 않으면 False를 반환합니다.

```
import torch

device = torch.device("cuda" if torch.cuda.is_available() else "cpu")
model.to(device)
```

> note "참일 경우 값 if 조건 else 거짓일 경우 값"과 같이 쓰는 조건문을 파이썬에서 조건부 표현식 또는 삼항 연산자라고 부릅니다.

이제 케라스의 compile() 메서드에서 했던 것처럼 손실 함수와 옵티마이저를 준비해 보겠습니다. 케라스에서는 다중 분류를 위한 크로스 엔트로피 손실 함수로 CrossEntropyLoss 클래스를 제공합니다. Adam을 비롯한 다양한 옵티마이저 클래스는 torch.optim 패키지 아래에 포함되어 있습니다.

다음 코드와 같이 손실 함수와 옵티마이저 클래스에 대한 객체를 만듭니다.

```
import torch.optim as optim

criterion = nn.CrossEntropyLoss()
optimizer = optim.Adam(model.parameters())
```

앞서 모델의 마지막 층 다음에 소프트맥스 활성화 함수를 추가하지 않은 이유는 바로 CrossEntropyLoss 클래스에 소프트맥스 함수가 이미 포함되어 있기 때문입니다. 파이토치의 CrossEntropyLoss 클래스는 소프트맥스 함수 계산과 크로스 엔트로피 계산을 하나의 연산으로 합쳐 효율적으로 계산할 수 있도록 설계되어 있습니다. 따라서 다중 분류 문제를 다룰 때, 파이토치 모델의 마지막에 소프트맥스 함수를 추가할 필요가 없습니다.

note 다중 분류 손실 함수로 NLLLoss 클래스를 사용하는 경우에는 모델의 마지막에 LogSoftmax 층을 추가해야 합니다.

+ 여기서 잠깐 Adam 클래스에 입력으로 전달하는 model.parameters()는 뭐죠?

옵티마이저를 만들 때 훈련 과정에서 최적화시킬 파이토치 텐서를 전달해야 합니다. 모델 객체의 parameters() 메서드를 호출하면 훈련 가능한 모든 모델 파라미터를 전달해 줍니다. 이 메서드는 제너레이터 객체를 반환하기 때문에 다음처럼 for 문으로 모델 파라미터 목록을 확인할 수 있습니다.

```
for params in model.parameters():
    print(params.shape)
```

```
torch.Size([100, 784])
torch.Size([100])
torch.Size([10, 100])
torch.Size([10])
```

위에서부터 순서대로 첫 번째 Linear 층의 가중치와 절편, 두 번째 Linear 층의 가중치와 절편입니다.

이제 진짜 모델을 훈련해 보죠. 아쉽게도 파이토치에는 케라스와 같은 fit() 메서드가 없습니다. 에포크와 배치 경사 하강법을 위한 for 문을 직접 구현해야 합니다. 처음에는 복잡해 보일 수 있지만 문제가 발생했을 땐 세부 사항을 모두 확인할 수 있는 장점이 있습니다. 그럼 먼저 어떤 순서를 따라 구현되는지 전체적인 코드 구조를 살펴보겠습니다.

```
for 에포크 반복
    에포크 손실 초기화
    for 배치 반복
        배치 입력과 타깃 준비
        옵티마이저 그레이디언트 초기화
        모델에 입력 전달
        모델 출력과 타깃으로 손실 계산
        손실 역전파
        모델 파라미터 업데이트
        에포크 손실 기록
    에포크 손실 출력
```

먼저, 두 개의 for 문을 중첩하여 에포크와 미니 배치를 반복합니다. 여기에서는 본문에서와 동일하게 에포크 횟수를 5로 지정하고, 32개의 샘플을 하나의 배치로 사용하겠습니다. 훈련 세트의 샘플 개수가 48,000개이므로 각 에포크에서 1,500번이 반복되겠네요.

에포크마다 배치를 반복하기 전에 훈련 손실을 기록할 변수를 초기화합니다. 그다음 배치 반복이 모두 끝난 후 마지막에 훈련 손실을 출력하겠습니다.

배치 반복 루프 안에서는 복잡한 일이 일어납니다. 사실 4장에서 경사 하강법에 대해 소개할 때 손실 함수의 가장 낮은 곳을 찾아 내려온다고 설명했지만, 실제로 어떻게 내려가는지에 대해서는 구체적으로 언급하지 않았습니다. 다음 설명을 통해 이 방법을 조금 더 잘 이해할 수 있을 것 같습니다.

먼저, 전체 훈련 세트 중에서 32개씩 선택해 배치 입력과 타깃을 준비합니다. 그다음 옵티마이저의 그레이디언트를 초기화합니다. 그레이디언트는 손실 함수라는 산에서 내려가야 할 방향과 크기를 알려주는 값으로 생각할 수 있습니다. 배치를 처리할 때마다 새로운 그레이디언트를 계산해야 하므로, 먼저 0으로 초기화해 줍니다.

이제 준비한 배치를 모델에 전달하여 출력을 생성합니다. 이를 정방향 계산forward pass 또는 순전파forward propagation라고 합니다. 모델이 계산한 출력과 타깃을 손실 함수에 전달하여 손실을 계산합니다. 그다음, 이 손실을 모델의 출력층에서부터 입력층 방향으로 거꾸로 전달하여 각 층의 모델 파라미터에 대한 그레이디언트를 계산합니다. 이 과정을 역전파backpropagation라고 합니다. 옵티마이저 객체는 계산된 그레이디언트를 사용해 손실 함수가 감소되는 방향으로 모델 파라미터를 업데이트합니다. 마지막으로 손실값을 기록하고 for 반복문을 종료합니다.

이 과정을 유념하면서 실제 코드를 살펴보겠습니다.

```
epochs = 5
batches = int(len(train_scaled)/32)
for epoch in range(epochs):
    model.train()
    train_loss = 0
    for i in range(batches):
        inputs = train_scaled[i*32:(i+1)*32].to(device)
        targets = train_target[i*32:(i+1)*32].to(device)
        optimizer.zero_grad()
        outputs = model(inputs)
        loss = criterion(outputs, targets)
        loss.backward()
        optimizer.step()
        train_loss += loss.item()
    print(f"에포크:{epoch + 1}, 손실:{train_loss/batches:.4f}")
```

에포크 횟수를 5로 설정합니다. 파이썬의 len() 함수에 텐서를 전달하면 첫 번째 차원(샘플 차원)의 크기를 반환합니다. 여기서는 48,000이 반환됩니다. 이를 32로 나누어 배치 횟수를 준비합니다.

첫 번째 for 반복문에서 model 객체의 train() 메서드를 호출하여 모델을 훈련 모드로 설정합니다. 신경망 층 중에는 훈련할 때와 평가할 때 다르게 동작하는 층이 있기 때문에, train() 메서드를 호출하여 현재 모델이 훈련 중임을 명시적으로 알려 줍니다. 이어서 훈련 손실을 기록하기 위한 train_loss 변수를 초기화하고, 배치 개수만큼 두 번째 for 반복문을 반복합니다.

두 번째 for 반복문 안을 자세히 살펴보죠. 우선 train_scaled와 train_target에서 슬라이싱 연산자를 사용해 32개씩 배치 데이터를 덜어냅니다. 이때 to() 메서드를 사용해 이 텐서를 GPU에 적재합니다.

그다음 옵티마이저의 그레이디언트를 초기화하고, 모델에 inputs을 전달하여 출력을 얻습니다. 이 출력과 타깃을 크로스 엔트로피 손실 함수 객체인 criterion에 전달하여 손실을 계산합니다.

note criterion이 반환하는 값은 배치에 있는 샘플에 대한 손실의 합이 아니라 평균입니다.

손실의 backward() 메서드를 호출하여 모델 파라미터에 대한 그레이디언트를 계산하고 옵티마이저의 step() 메서드를 호출하여 앞서 계산된 그레이디언트를 기반으로 모델 파라미터를 업데이트합니다. loss는 텐서 객체입니다. 따라서 손실값을 일반적인 파이썬 변수 train_loss에 누적하기 위해 loss.item() 메서드를 사용했습니다. item() 메서드는 텐서가 배열이 아니라 단일값(스칼라)을 가진 경우 이를 파이썬 타입으로 변환해 줍니다.

마지막으로, 첫 번째 for 반복문 마지막에 현재 에포크과 에포크 동안 누적한 손실의 평균을 출력합니다.

> **note** print() 함수에 사용된 f"..."를 f-문자열이라 부릅니다. 이 문자열 안에는 중괄호로 변수를 삽입하고 출력 형태를 조정할 수 있습니다. f-문자열에 대한 자세한 내용은 『코딩 뇌를 깨우는 파이썬』(한빛미디어, 2023)의 2장을 참고하세요.

이 코드를 실행하면 다음과 같은 출력을 얻을 수 있습니다.

```
에포크:1, 손실:0.5428
에포크:2, 손실:0.4004
에포크:3, 손실:0.3594
에포크:4, 손실:0.3320
에포크:5, 손실:0.3119
```

> **note** 케라스가 출력한 손실과 조금 다르게 나오는 것이 정상입니다. 패션 MNIST 데이터를 반복하는 순서가 다르고, 파이토치의 손실 함수와 옵티마이저 구현이 케라스와 조금 다르기 때문입니다.

손실이 잘 감소된 것 같군요. 이제 검증 세트를 사용해 모델의 성능을 평가해 보겠습니다. model.train()과 유사하게 평가할 때는 model.eval() 메서드를 호출하여 모델을 평가한다는 것을 알려 줍니다. 그다음 파이썬 with 문으로 torch.no_grad()를 호출하여 그레이디언트 계산을 하지 않는다고 알려 줍니다. 이를 사용하면 메모리와 계산량이 줄어 들기 때문에 모델을 훈련하지 않는 경우에는 꼭 호출해 주세요.

with 문 블록 안에서 검증 세트와 타깃을 GPU에 적재하고, 모델의 출력을 계산해 타깃과 비교합니다. outputs는 검증 세트의 샘플 12,000개에 대해 타깃 클래스마다 출력한 값입니다. 따라서 이 텐서의 크기는 (12000, 10)입니다. 각 샘플마다 가장 큰 값의 인덱스를 추출하면 이것이 예측 클래스가 됩니다. 이를 위해 torch.argmax() 함수를 사용해 두 번째 축을 따라 가장 큰 값의 인덱스를 predicts에 저장합니다.

> **note** 검증 세트가 크다면 훈련할 때처럼 배치로 나누어 모델에 전달해야 합니다.

마지막으로 predicts와 val_target을 비교하여 올바르게 예측한 개수를 헤아려 corrects 변수에 저장합니다. 이 값을 검증 세트의 샘플 개수로 나누면 검증 정확도가 됩니다. 전체 코드는 다음과 같습니다.

> **note** 이렇게 정확도를 계산하는 방식은 07-3절에서 케라스의 predict() 메서드를 사용할 때 다시 한번 자세히 살펴보겠습니다.

손코딩
```python
model.eval()
with torch.no_grad():
    val_scaled = val_scaled.to(device)
    val_target = val_target.to(device)
    outputs = model(val_scaled)
    predicts = torch.argmax(outputs, 1)
    corrects = (predicts == val_target).sum().item()

accuracy = corrects / len(val_target)
print(f"검증 정확도: {accuracy:.4f}")
```

> 검증 정확도: 0.8719

케라스로 만든 모델과 비슷하게 87% 정도의 정확도를 얻었습니다. 동일한 구조의 모델을 만들더라도 케라스와 파이토치의 출력 결과는 조금 다를 수 있습니다. 하지만 일반적으로 큰 차이가 발생하지 않습니다.

여기에서는 간단한 파이토치 모델을 만들어 훈련하는 방법을 살펴보았습니다. 코드를 살펴보면서 케라스와 다른 점과 유사한 점을 비교하며 이해하는 것이 중요합니다. 이어지는 절에서 파이토치의 다른 기능을 더 알아보겠습니다.

07-3 신경망 모델 훈련

핵심 키워드 드롭아웃 콜백 조기 종료

인공 신경망 모델을 훈련하는 모범 사례와 필요한 도구들을 살펴보겠습니다. 이런 도구들을 다뤄 보면서 케라스 API에 더 익숙해 질 것입니다.

시작하기 전에

지금까지 인공 신경망에 대해 배우고 케라스 API를 사용해 모델을 직접 만들어 보았습니다. 1개 이상의 층을 추가하여 심층 신경망을 구성하고 다양한 고급 옵티마이저를 적용하는 방법도 알아보았습니다.

이전에 배웠던 머신러닝 알고리즘과는 어떤 차이를 느꼈나요? 일반적으로 사이킷런에서 제공하는 머신러닝 알고리즘들은 좋은 성능을 내기 위해 매개변수를 조정하고 훈련하는 과정을 반복합니다. 이런 알고리즘들은 모델의 구조가 어느 정도 고정되어 있다고 느낄 수 있습니다.

반면에 딥러닝에서는 모델의 구조를 직접 만든다는 느낌이 훨씬 강합니다. 층을 추가하고 층에 있는 뉴런의 개수와 활성화 함수를 결정하는 일들이 그렇습니다. 그래서인지 프로그래머에게는 케라스나 파이토치와 같은 딥러닝 라이브러리가 조금 더 친숙하게 느껴질 수 있습니다. 덕분에 딥러닝 분야에서는 연구자와 프로그래머가 더 밀접하게 일하게 되는 것 같습니다.

이번 절에서는 케라스 API를 사용해 모델을 훈련하는데 필요한 다양한 도구들을 알아보겠습니다. 이 과정에서 여러 가지 중요한 개념과 모범 사례를 함께 살펴보겠습니다.

손실 곡선

2절에서 fit() 메서드로 모델을 훈련하면 훈련 과정이 상세하게 출력되어 확인할 수 있었습니다. 여기에는 에포크 횟수, 손실, 정확도 등이 있었죠. 그런데 이 출력의 마지막에 다음과 같은 메시지를 본 기억이 나나요?

> <keras.src.callbacks.history.History at 0x7956692ffdc0>

노트북의 코드 셀은 print() 명령을 사용하지 않더라도 마지막 라인의 실행 결과를 자동으로 출력합니다. 즉 이 메시지는 fit() 메서드의 실행 결과를 출력한 것입니다. 다시 말해 fit() 메서드가 무엇인가 반환한다는 증거죠. 실은 케라스의 fit() 메서드는 History 클래스 객체를 반환합니다. History 객체에는 훈련 과정에서 계산한 지표, 즉 손실과 정확도 값이 저장되어 있습니다. 이 값을 사용하면 그래프를 그릴 수 있을 듯합니다.

> 노트북의 코드 셀에서 마지막 라인은 실행 결과를 자동으로 출력하고, 중간에 출력하고 싶으면 print() 명령을 사용해야 합니다.

먼저 이전 절에서 사용했던 것과 같이 패션 MNIST 데이터셋을 적재하고 훈련 세트와 검증 세트로 나눕니다.

```
import keras
from sklearn.model_selection import train_test_split
(train_input, train_target), (test_input, test_target) =\
    keras.datasets.fashion_mnist.load_data()
train_scaled = train_input / 255.0
train_scaled, val_scaled, train_target, val_target = train_test_split(
    train_scaled, train_target, test_size=0.2, random_state=42)
```

그다음 모델을 만들겠습니다. 그런데 이전 절과는 달리 모델을 만드는 간단한 함수를 정의하겠습니다. 이 함수는 하나의 매개변수를 가집니다. 먼저 코드를 보죠.

손코딩
```
def model_fn(a_layer=None):
    model = keras.Sequential()
    model.add(keras.layers.Input(shape=(28,28)))
    model.add(keras.layers.Flatten())
    model.add(keras.layers.Dense(100, activation='relu'))
    if a_layer:
        model.add(a_layer)
    model.add(keras.layers.Dense(10, activation='softmax'))
    return model
```

if 구문을 제외하면 이 코드는 이전 절에서 만든 것과 동일한 모델을 만듭니다. if 구문의 역할은 model_fn() 함수에 (a_layer 매개변수로) 케라스 층을 추가하면 은닉층 뒤에 또 하나의 층을 추가하는 것입니다. 어떤가요? 신경망 모델을 만드는 것이 마치 프로그래밍을 하는 것 같죠?

여기서는 a_layer 매개변수로 층을 추가하지 않고 단순하게 model_fn() 함수를 호출합니다. 그리고 모델 구조를 출력하면 이전 절과 동일한 모델이라는 것을 확인할 수 있습니다.

손코딩
```
model = model_fn()
model.summary()
```

Model: "sequential"

Layer (type)	Output Shape	Param #
flatten (Flatten)	(None, 784)	0
dense (Dense)	(None, 100)	78,500
dense_1 (Dense)	(None, 10)	1,010

Total params: 79,510 (310.59 KB)
Trainable params: 79,510 (310.59 KB)
Non-trainable params: 0 (0.00 B)

이전 절과 동일하게 모델을 훈련하지만 fit() 메서드의 결과를 history 변수에 담아 보겠습니다.

```
model.compile(loss='sparse_categorical_crossentropy', metrics=['accuracy'])
history = model.fit(train_scaled, train_target, epochs=5, verbose=0)
```

> **여기서 잠깐** **verbose=0이 뭐죠?**
>
> verbose 매개변수는 훈련 과정 출력을 조절합니다. 기본값은 1로 이전 절에서처럼 에포크마다 진행 막대와 함께 손실 등의 지표가 출력됩니다. 2로 바꾸면 진행 막대를 빼고 출력됩니다. 이번 절에서는 훈련 결과를 그래프로 나타내는 대신 verbose 매개변수를 0으로 지정하여 훈련 과정을 나타내지 않겠습니다.

history 객체에는 훈련 측정값이 담겨 있는 history 딕셔너리가 들어 있습니다. 이 딕셔너리에 어떤 값이 들어 있는지 확인해 보죠.

```
print(history.history.keys())
```

```
dict_keys(['accuracy', 'loss'])
```

정확도와 손실이 포함되어 있군요. 이전 절에서 언급했듯이 케라스는 기본적으로 에포크마다 손실을 계산합니다. 정확도는 compile() 메서드에서 metrics 매개변수에 'accuracy'를 추가했기 때문에 history 속성에 포함되었습니다.

history 속성에 포함된 손실과 정확도는 에포크마다 계산한 값이 순서대로 나열된 단순한 리스트입니다. 맷플롯립을 사용해 쉽게 그래프로 그릴 수 있죠.

```
import matplotlib.pyplot as plt

plt.plot(history.history['loss'])
plt.xlabel('epoch')
plt.ylabel('loss')
plt.show()
```

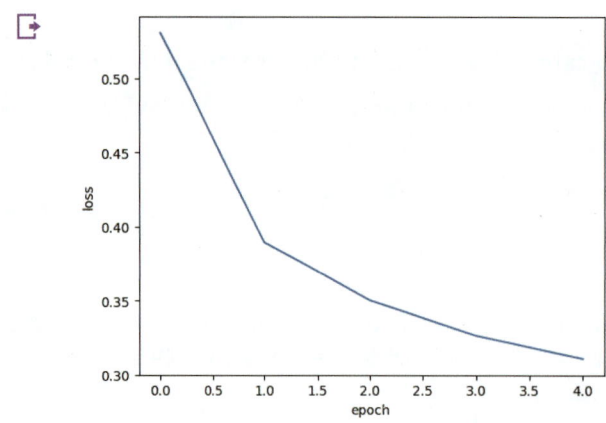

파이썬 리스트의 인덱스는 0부터 시작하므로 5개의 에포크가 0에서부터 4까지 x축에 표현됩니다. y축은 계산된 손실 값입니다.

이번에는 정확도를 출력해 보겠습니다.

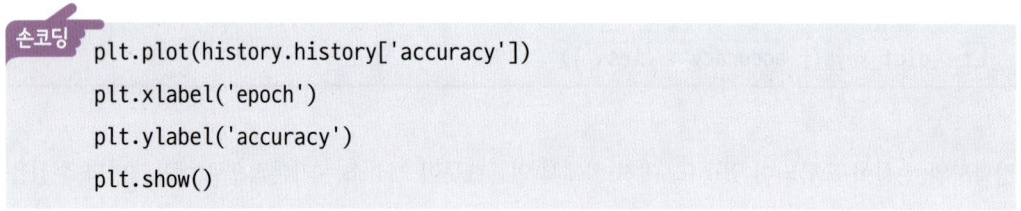

```
plt.plot(history.history['accuracy'])
plt.xlabel('epoch')
plt.ylabel('accuracy')
plt.show()
```

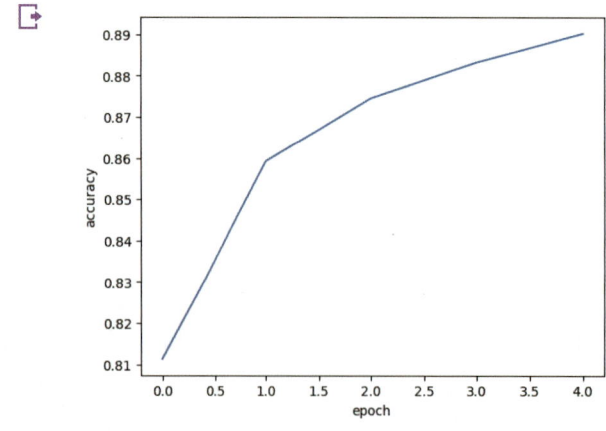

좋습니다. 확실히 에포크마다 손실이 감소하고 정확도가 향상하는군요. 그렇다면 에포크를 늘려서 더 훈련해 봐야 하지 않을까요? 계속 손실이 감소하니까요!

그럼 이번에는 에포크 횟수를 20으로 늘려서 모델을 훈련하고 손실 그래프를 그려 보겠습니다.

```
model = model_fn()
model.compile(loss='sparse_categorical_crossentropy', metrics=['accuracy'])
history = model.fit(train_scaled, train_target, epochs=20, verbose=0)
plt.plot(history.history['loss'])
plt.xlabel('epoch')
plt.ylabel('loss')
plt.show()
```

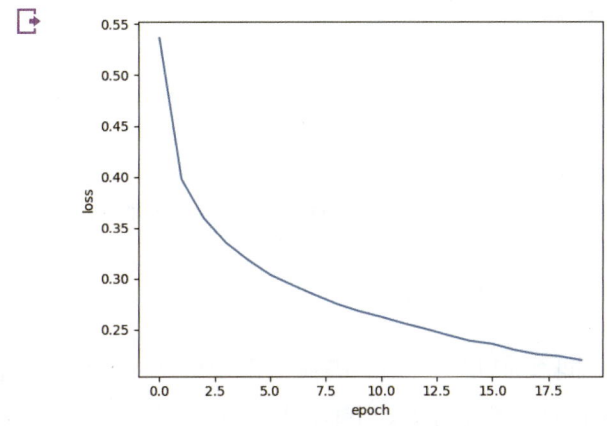

예상대로 손실이 잘 감소합니다. 이전보다 더 나은 모델을 훈련한 것일까요? 이전에 배웠던 것 중에 놓친 것이 있지 않나요?

검증 손실

4장에서 확률적 경사 하강법을 사용했을 때 과대/과소적합과 에포크 사이의 관계를 알아봤습니다. 인공 신경망은 모두 일종의 경사 하강법을 사용하기 때문에 동일한 개념이 여기에도 적용됩니다.

에포크에 따른 과대적합과 과소적합을 파악하려면 훈련 세트에 대한 점수뿐만 아니라 검증 세트에 대한 점수도 필요합니다. 따라서 앞에서처럼 훈련 세트의 손실만 그려서는 안 되죠. 4장에서는 정확도를 사용하여 과대/과소적합을 설명했지만 이 장에서는 손실을 사용하여 과대/과소적합을 다루겠습니다. 아마도 다음과 같은 그래프가 그려지지 않을까 기대해 봅니다.

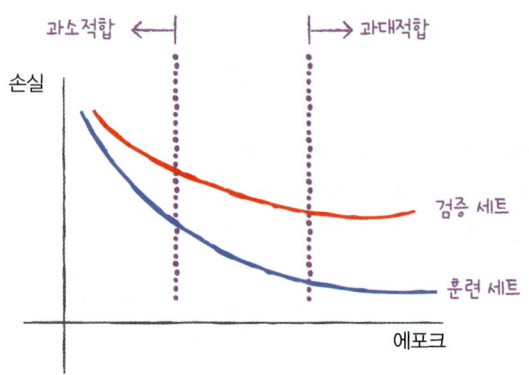

+ 여기서 잠깐 **손실을 사용하는 것과 정확도를 사용하는 것은 어떤 차이가 있나요?**

인공 신경망 모델이 최적화하는 대상은 정확도가 아니라 손실 함수입니다. 이따금 손실 감소에 비례하여 정확도가 높아지지 않는 경우도 있습니다. 따라서 모델이 잘 훈련되었는지 판단하려면 정확도보다는 손실 함수의 값을 확인하는 것이 더 낫습니다.

에포크마다 검증 손실을 계산하기 위해 케라스 모델의 fit() 메서드에 검증 데이터를 전달할 수 있습니다. 다음처럼 validation_data 매개변수에 검증에 사용할 입력과 타깃값을 튜플로 만들어 전달합니다.

```
model = model_fn()
model.compile(loss='sparse_categorical_crossentropy', metrics=['accuracy'])
history = model.fit(train_scaled, train_target, epochs=20, verbose=0,
                    validation_data=(val_scaled, val_target))
```

note 이 과정은 실행하는 데 시간이 조금 걸립니다. 1절에서 소개한 GPU를 사용하면 조금 더 빠릅니다.

반환된 history 딕셔너리에 어떤 값이 들어 있는지 키를 확인해 보죠.

```
print(history.history.keys())
```

```
dict_keys(['accuracy', 'loss', 'val_accuracy', 'val_loss'])
```

검증 세트에 대한 손실은 'val_loss'에 들어 있고 정확도는 'val_accuracy'에 들어 있겠네요. 과대/과소적합 문제를 조사하기 위해 훈련 손실과 검증 손실을 한 그래프에 그려서 비교해 보겠습니다.

```
plt.plot(history.history['loss'], label='train')
plt.plot(history.history['val_loss'], label='val')
plt.xlabel('epoch')
plt.ylabel('loss')
plt.legend()
plt.show()
```

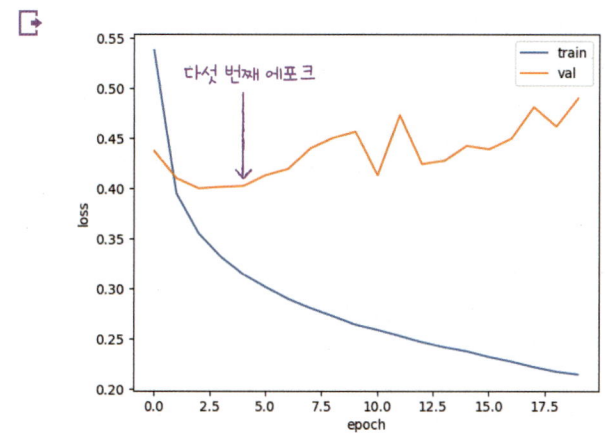

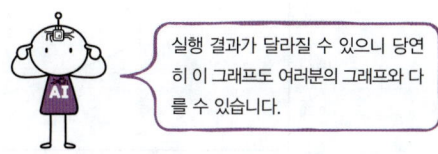

실행 결과가 달라질 수 있으니 당연히 이 그래프도 여러분의 그래프와 다를 수 있습니다.

초기에 검증 손실이 감소하다가 다섯 번째 에포크 만에 다시 상승하기 시작하는군요. 훈련 손실은 꾸준히 감소하기 때문에 전형적인 과대적합 모델이 만들어집니다. 검증 손실이 상승하는 시점을 가능한 뒤로 늦추면 검증 세트에 대한 손실이 줄어들 뿐만 아니라 검증 세트에 대한 정확도도 증가할 것입니다.

과대적합을 막기 위해 3장에서 배웠던 규제 방식 대신에 신경망에 특화된 규제 방법을 다음 섹션에서 다루어 보겠습니다. 당장은 옵티마이저 하이퍼파라미터를 조정하여 과대적합을 완화시킬 수 있는지 알아보겠습니다.

기본 RMSprop 옵티마이저는 많은 문제에서 잘 동작합니다. 만약 이 옵티마이저 대신 다른 옵티마이저를 테스트해 본다면 Adam이 좋은 선택입니다. Adam은 적응적 학습률을 사용하기 때문에 에포크가 진행되면서 학습률의 크기를 조정할 수 있습니다. Adam 옵티마이저를 적용해 보고 훈련 손실과 검증 손실을 다시 그려 보죠.

```python
model = model_fn()
model.compile(optimizer='adam', loss='sparse_categorical_crossentropy',
              metrics=['accuracy'])
history = model.fit(train_scaled, train_target, epochs=20, verbose=0,
                    validation_data=(val_scaled, val_target))
plt.plot(history.history['loss'], label='train')
plt.plot(history.history['val_loss'], label='val')
plt.xlabel('epoch')
plt.ylabel('loss')
plt.legend()
plt.show()
```

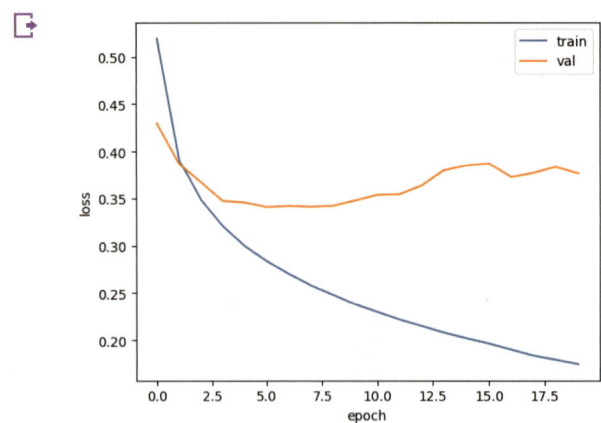

오, 과대적합이 훨씬 줄었군요. 검증 손실 그래프에 여전히 요동이 남아 있지만 일곱 번째 에포크까지 전반적인 감소 추세가 이어지고 있습니다. 이는 Adam 옵티마이저가 이 데이터셋에 잘 맞는다는 것을 보여 줍니다.

더 나은 손실 곡선을 얻으려면 학습률을 조정해서 다시 시도해 볼 수도 있습니다. 이는 독자들에게 숙제로 남겨 놓겠습니다. 우리는 바로 다음 섹션으로 이동해 신경망에서 사용하는 대표적인 규제 방법을 알아보겠습니다.

드롭아웃

드롭아웃dropout은 딥러닝의 아버지로 불리는 제프리 힌턴Geoffrey Hinton이 소개했습니다.[1] 이 방식은 다음 그림처럼 훈련 과정에서 층에 있는 일부 뉴런을 랜덤하게 꺼서(즉 뉴런의 출력을 0으로 만들어) 과대적합을 막습니다.

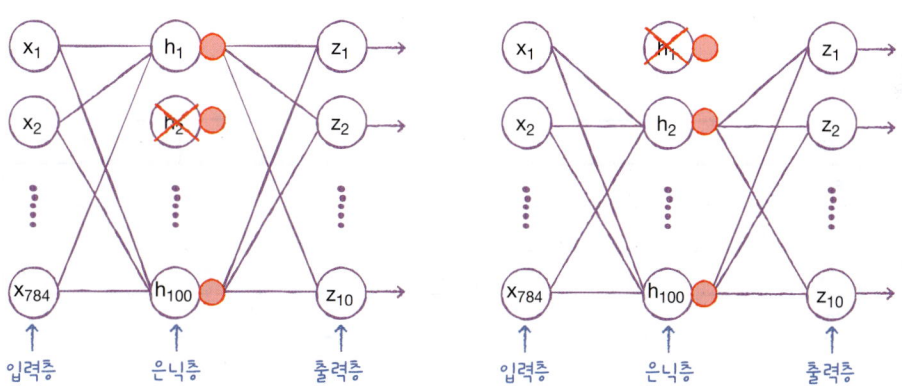

어떤 샘플을 처리할 때는 은닉층의 두 번째 뉴런이 드롭아웃되어 h_2 출력이 없습니다. 다른 샘플을 처리할 때는 은닉층의 첫 번째 뉴런이 드롭아웃되어 h_1 출력이 없습니다. 뉴런은 랜덤하게 드롭아웃되고 얼마나 많은 뉴런을 드롭할지는 우리가 정해야 할 또 다른 하이퍼파라미터입니다.

드롭아웃이 왜 과대적합을 막을까요? 이전 층의 일부 뉴런이 랜덤하게 꺼지면 특정 뉴런에 과대하게 의존하는 것을 줄일 수 있고 모든 입력에 대해 주의를 기울여야 합니다. 일부 뉴런의 출력이 없을 수 있다는 것을 감안하면 이 신경망은 더 안정적인 예측을 만들 수 있을 것입니다.

---

1 제프리 힌턴은 인공 신경망 연구에 대한 공로를 인정받아 2024년 노벨 물리학상을 수상했습니다.

또 다른 해석은 앞의 드롭아웃이 적용된 2개의 신경망 그림을 보면 드롭아웃을 적용해 훈련하는 것은 마치 2개의 신경망을 앙상블 하는 것처럼 상상할 수 있습니다. 5장에서 보았듯이 앙상블은 과대적합을 막아 주는 아주 좋은 기법입니다.

> 앙상블 학습은 더 좋은 예측 결과를 만들기 위해 여러 개의 모델을 훈련하는 머신러닝 알고리즘을 말합니다.

케라스에서는 드롭아웃을 keras.layers 패키지 아래 Dropout 클래스로 제공합니다. 어떤 층의 뒤에 드롭아웃을 두어 이 층의 출력을 랜덤하게 0으로 만드는 거죠. 드롭아웃이 층처럼 사용되지만 훈련되는 모델 파라미터는 없습니다.

그럼 앞서 정의한 model_fn() 함수에 드롭아웃 객체를 전달하여 층을 추가해 보겠습니다. 여기에서는 30% 정도를 드롭아웃 합니다. 만들어진 모델의 summary() 메서드를 사용해 드롭아웃 층이 잘 추가되었는지 확인해 보죠.

손코딩
```
model = model_fn(keras.layers.Dropout(0.3))
model.summary()
```

```
Model: "sequential_4"

Layer (type)              Output Shape        Param #
flatten_4 (Flatten)       (None, 784)              0
dense_8 (Dense)           (None, 100)         78,500
dropout (Dropout)         (None, 100)              0
dense_9 (Dense)           (None, 10)           1,010

Total params: 79,510 (310.59 KB)
Trainable params: 79,510 (310.59 KB)
Non-trainable params: 0 (0.00 B)
```

출력 결과에서 볼 수 있듯이 은닉층 뒤에 추가된 드롭아웃 층(Dropout)은 훈련되는 모델 파라미터가 없습니다. 또한 입력과 출력의 크기가 같습니다. 일부 뉴런의 출력을 0으로 만들지만 전체 출력 배열의 크기를 바꾸지는 않습니다.

물론 훈련이 끝난 뒤에 평가나 예측을 수행할 때는 드롭아웃을 적용하지 말아야 합니다. 훈련된 모든 뉴런을 사용해야 올바른 예측을 수행할 수 있겠죠. 그렇다면 모델을 훈련한 다음 층을 다시 **빼야** 할까요? 아닙니다. 똑똑하게도 케라스는 모델을 평가와 예측에 사용할 때는 자동으로 드롭아웃을 적용하지 않습니다. 그래서 마음 편하게 검증 점수를 계산할 수 있습니다. 이전과 마찬가지로 훈련 손실과 검증 손실의 그래프를 그려 비교해 보겠습니다.

> 평가와 예측에 모델을 사용할 때는 드롭아웃이 적용되지 않습니다.

손코딩
```
model.compile(optimizer='adam', loss='sparse_categorical_crossentropy',
              metrics=['accuracy'])
history = model.fit(train_scaled, train_target, epochs=20, verbose=0,
                    validation_data=(val_scaled, val_target))
plt.plot(history.history['loss'], label='train')
plt.plot(history.history['val_loss'], label='val')
plt.xlabel('epoch')
plt.ylabel('loss')
plt.legend()
plt.show()
```

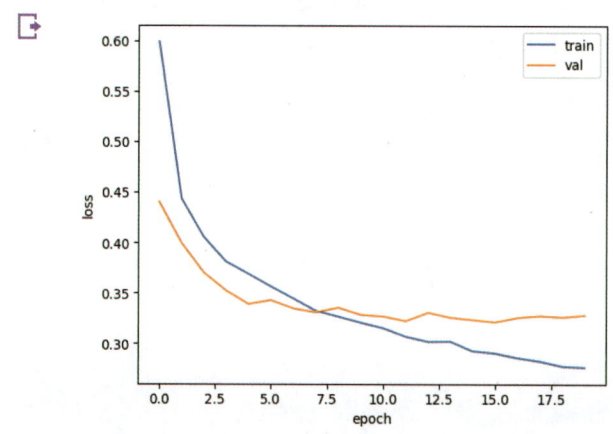

과대적합이 확실히 줄었네요. 열두 번째 에포크 정도에서 검증 손실의 감소가 멈추지만 크게 상승하지 않고 어느 정도 유지되고 있습니다.

이 모델은 20번의 에포크 동안 훈련을 했기 때문에 결국 다소 과대적합 되어 있습니다. 그렇다면 과대적합 되지 않은 모델을 얻기 위해 에포크 횟수를 11로 하고 다시 훈련해야겠군요!

모델 저장과 복원

에포크 횟수를 11로 다시 지정하고 모델을 훈련하겠습니다. 그리고 나중에 한빛 마켓의 패션 럭키백 런칭에 사용하려면 이 모델을 저장해야 합니다.

```
model = model_fn(keras.layers.Dropout(0.3))
model.compile(optimizer='adam', loss='sparse_categorical_crossentropy',
              metrics=['accuracy'])
history = model.fit(train_scaled, train_target, epochs=11, verbose=0,
                    validation_data=(val_scaled, val_target))
```

케라스 모델은 모델 구조와 파라미터를 함께 저장하는 save() 메서드를 제공합니다. 이 메서드는 .keras 확장자를 가진 파일에 필요한 정보를 모두 압축하여 저장합니다.

```
model.save('model-whole.keras')
```

또한 훈련된 모델의 파라미터만 저장하는 간편한 save_weights() 메서드도 제공합니다. 이 메서드는 파라미터를 HDF5 포맷으로 저장하며 파일의 확장자는 weights.h5로 끝나야 합니다.

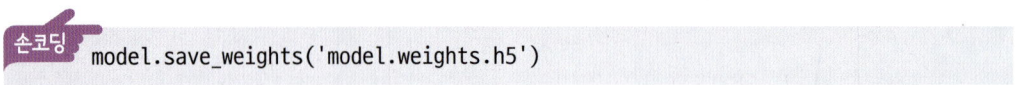

```
model.save_weights('model.weights.h5')
```

간단하네요. 이 두 파일이 잘 만들어졌는지 확인해 보겠습니다.

```
!ls -al model*
```

```
-rw-r--r-- 1 root root 971928 Jan 10 09:56 model.weights.h5
-rw-r--r-- 1 root root 974764 Jan 10 09:56 model-whole.keras
```

> note 앞서 한번 다뤘는데 셀 명령을 실행할 때 !를 사용합니다.

그다음 라인은 argmax()로 고른 인덱스(val_labels)와 타깃(val_target)을 비교합니다. 두 배열에서 각 위치의 값이 같으면 1이되고 다르면 0이 됩니다. 이를 평균하면 정확도가 됩니다.

이번에는 모델 전체를 파일에서 읽은 다음 검증 세트의 정확도를 출력해 보겠습니다. 모델이 저장된 파일을 읽을 때는 케라스가 제공하는 load_model() 함수를 사용합니다.

> 손코딩
> ```
> model = keras.models.load_model('model-whole.keras')
> model.evaluate(val_scaled, val_target)
> ```

```
375/375 ──────────────── 1s 1ms/step - accuracy: 0.8799 - loss: 0.3312
[0.3367460072040558, 0.8788333535194397]
```

같은 모델을 저장하고 다시 불러들였기 때문에 위와 동일한 정확도를 얻었습니다.

> **+ 여기서 잠깐** **여기에서는 어떻게 evaluate() 메서드를 사용할 수 있나요?**
>
> load_model() 함수는 모델 파라미터뿐만 아니라 모델 구조와 옵티마이저 상태까지 모두 복원하기 때문에 evaluate()메서드를 사용할 수 있습니다.

그런데 이 과정을 돌이켜 보면 20번의 에포크 동안 모델을 훈련하여 검증 손실이 상승하는 지점을 확인했습니다. 그다음 모델을 과대적합 되지 않는 에포크만큼 다시 훈련했습니다. 모델을 두 번씩 훈련하지 않고 한 번에 끝낼 수는 없을까요? 드디어 케라스의 콜백을 사용할 차례입니다.

콜백

콜백callback은 훈련 과정 중간에 어떤 작업을 수행할 수 있게 하는 객체로 keras.callbacks 패키지 아래에 있는 클래스들입니다. fit() 메서드의 callbacks 매개변수에 리스트로 전달하여 사용합니다. 여기서 사용할 ModelCheckpoint 콜백은 기본적으로 에포크마다 모델을 저장합니다. save_best_only=True 매개변수를 지정하여 가장 낮은 검증 손실을 만드는 모델을 저장할 수 있습니다. 저장될 파일 이름을 'best-model.keras'로 지정하여 콜백을 적용해 보겠습니다.

```
model = model_fn(keras.layers.Dropout(0.3))
model.compile(optimizer='adam', loss='sparse_categorical_crossentropy',
              metrics=['accuracy'])
checkpoint_cb = keras.callbacks.ModelCheckpoint('best-model.keras',
                                                save_best_only=True)
model.fit(train_scaled, train_target, epochs=20, verbose=0,
          validation_data=(val_scaled, val_target),
          callbacks=[checkpoint_cb])
```

model_fn() 함수로 모델을 만들고 compile() 메서드를 호출하는 것은 이전과 동일합니다. ModelCheckpoint 클래스의 객체 checkpoint_cb를 만든 후 fit() 메서드의 callbacks 매개변수에 리스트로 감싸서 전달합니다. 모델이 훈련한 후에 best-model.h5에 최상의 검증 점수를 낸 모델이 저장됩니다. 이 모델을 load_model() 함수로 다시 읽어서 예측을 수행해 보죠.

```
model = keras.models.load_model('best-model.keras')
model.evaluate(val_scaled, val_target)
```

> 375/375 ─────────────── 1s 1ms/step - accuracy: 0.8886 - loss: 0.3160
> [0.32140621542930603, 0.8859166502952576]

훨씬 편하네요. ModelCheckpoint 콜백이 가장 낮은 검증 손실 모델을 자동으로 저장해 주었습니다. 하지만 여전히 20번의 에포크 동안 훈련을 하는군요. 사실 검증 점수가 상승하기 시작하면 그 이후에는 과대적합이 더 커지기 때문에 훈련을 계속할 필요가 없습니다. 이때 훈련을 중지하면 컴퓨터 자원과 시간을 아낄 수 있습니다. 이렇게 과대적합이 시작되기 전에 훈련을 미리 중지하는 것을 **조기 종료** early stopping라고 부르며, 딥러닝 분야에서 널리 사용합니다.

조기 종료는 훈련 에포크 횟수를 제한하는 역할이지만 모델이 과대적합되는 것을 막아 주기 때문에 규제 방법 중 하나로 생각할 수도 있습니다.

> 과대적합이 커지기 전에 훈련을 미리 중지하는 걸 조기 종료라고 합니다.

케라스에는 조기 종료를 위한 EarlyStopping 콜백을 제공합니다. 이 콜백의 patience 매개변수는 검증 점수가 향상되지 않더라도 참을 에포크 횟수로 지정합니다. 예를 들어 다음 코드에서처럼

patience=2로 지정하면 2번 연속 검증 점수가 향상되지 않으면 훈련을 중지합니다. 또한 restore_best_weights 매개변수를 True로 지정하면 가장 낮은 검증 손실을 낸 모델 파라미터로 되돌립니다.

EarlyStopping 콜백을 ModelCheckpoint 콜백과 함께 사용하면 가장 낮은 검증 손실의 모델을 파일에 저장하고 검증 손실이 다시 상승할 때 훈련을 중지할 수 있습니다. 또한 훈련을 중지한 다음 현재 모델의 파라미터를 최상의 파라미터로 되돌립니다.

이 두 콜백을 함께 사용해 보겠습니다.

```
model = model_fn(keras.layers.Dropout(0.3))
model.compile(optimizer='adam', loss='sparse_categorical_crossentropy',
              metrics=['accuracy'])
checkpoint_cb = keras.callbacks.ModelCheckpoint('best-model.keras',
                                                save_best_only=True)
early_stopping_cb = keras.callbacks.EarlyStopping(patience=2,
                                                  restore_best_weights=True)
history = model.fit(train_scaled, train_target, epochs=20, verbose=0,
                    validation_data=(val_scaled, val_target),
                    callbacks=[checkpoint_cb, early_stopping_cb])
```

EarlyStopping 콜백을 추가한 것 외에는 이전과 동일합니다. fit() 메서드의 callbacks 매개변수에 2개의 콜백을 리스트로 전달한 것을 눈여겨보세요. 훈련을 마치고 나면 몇 번째 에포크에서 훈련이 중지되었는지 early_stopping_cb 객체의 stopped_epoch 속성에서 확인할 수 있습니다.

```
print(early_stopping_cb.stopped_epoch)
```

14

결과가 책과 다를 수 있다는 점을 늘 염두에 두세요. 책의 결과는 에포크 횟수가 0부터 시작하기 때문에 14는 열다섯 번째 에포크에서 훈련이 중지되었다는 것을 의미합니다. patience를 2로 지정했으므로 최상의 모델은 열세 번째 에포크일 것입니다.

훈련 손실과 검증 손실을 출력해서 확인해 보죠.

```
plt.plot(history.history['loss'], label='train')
plt.plot(history.history['val_loss'], label='val')
plt.xlabel('epoch')
plt.ylabel('loss')
plt.legend()
plt.show()
```

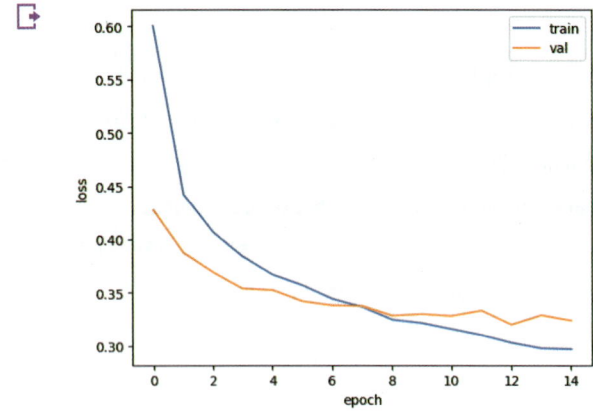

네, 맞습니다. 열세 번째 에포크에서 가장 낮은 손실을 기록했고 열다섯 번째 에포크에서 훈련이 중지되었습니다. 조기 종료 기법을 사용하면 안심하고 에포크 횟수를 크게 지정해도 괜찮습니다. 컴퓨터 자원과 시간을 아낄 수 있고 ModelCheckpoint 콜백과 함께 사용하면 최상의 모델을 자동으로 저장해 주므로 편리합니다.

마지막으로 조기 종료로 얻은 모델을 사용해 검증 세트에 대한 성능을 확인해 보겠습니다.

```
model.evaluate(val_scaled, val_target)
```

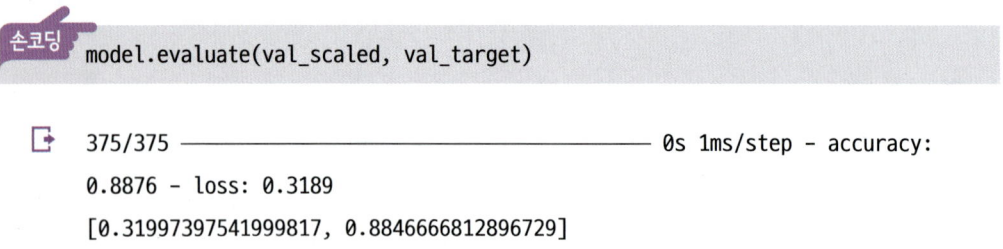

최상의 신경망 모델 얻기 `문제해결 과정`

이번 절에서는 인공 신경망 모델을 훈련하기 위한 다양한 도구를 배웠습니다. fit() 메서드의 반환값을 사용해 훈련 세트와 검증 세트에 대한 손실을 그래프로 그릴 수 있습니다. 이를 위해 fit() 메서드는 훈련 세트뿐만 아니라 검증 세트를 전달할 수 있는 매개변수를 제공합니다.

과대적합을 막기 위해 신경망에서 즐겨 사용하는 대표적인 규제 방법인 드롭아웃을 알아보았습니다. 드롭아웃은 일부 뉴런의 출력을 랜덤하게 꺼서 일부 뉴런에 의존하는 것을 막고 마치 많은 신경망을 앙상블 하는 효과를 냅니다. 케라스에서는 드롭아웃을 층으로 제공하기 때문에 밀집층을 추가하듯이 간편하게 모델의 원하는 곳에 드롭아웃을 추가할 수 있습니다.

케라스는 훈련된 모델의 파라미터를 저장하고 다시 불러오는 메서드를 제공합니다. 또한 모델 전체를 파일에 저장하고 파일에서 모델을 만들 수도 있습니다. 하지만 과대적합 되기 전의 에포크를 수동으로 찾아 모델을 다시 훈련하는 대신 콜백을 사용하면 자동으로 최상의 모델을 유지할 수 있습니다.

케라스에는 더 많은 도구와 기능들을 제공합니다. 이 책에서는 꼭 필요하고 중요한 것들만을 골라서 설명합니다. 다른 도구들에 대해 배우려면 케라스 홈페이지(https://keras.io)나 『핸즈온 머신러닝 3판』(한빛미디어, 2023)을 참고하세요.

아주 훌륭합니다. 패션 럭키백을 위한 분류 모델을 성공적으로 만들었습니다. 최상의 모델을 파일에 저장해 놓았으니 안심하고 퇴근해도 되겠네요. 그런데 왠지 이사님의 눈빛이 예사롭지 않군요.

전체 소스 코드

note https://bit.ly/hg2-07-3에 접속하면 코랩에서 이 절의 코드를 바로 열어 볼 수 있습니다.

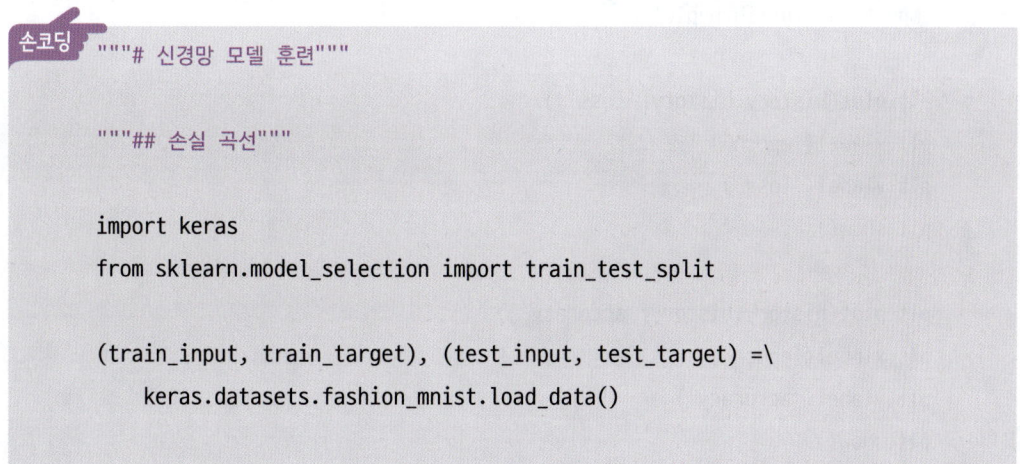

```
"""# 신경망 모델 훈련"""

"""## 손실 곡선"""

import keras
from sklearn.model_selection import train_test_split

(train_input, train_target), (test_input, test_target) =\
    keras.datasets.fashion_mnist.load_data()
```

```python
train_scaled = train_input / 255.0

train_scaled, val_scaled, train_target, val_target = train_test_split(
    train_scaled, train_target, test_size=0.2, random_state=42)

def model_fn(a_layer=None):
    model = keras.Sequential()
    model.add(keras.layers.Input(shape=(28,28)))
    model.add(keras.layers.Flatten())
    model.add(keras.layers.Dense(100, activation='relu'))
    if a_layer:
        model.add(a_layer)
    model.add(keras.layers.Dense(10, activation='softmax'))
    return model

model = model_fn()

model.summary()

model.compile(loss='sparse_categorical_crossentropy', metrics=['accuracy'])

history = model.fit(train_scaled, train_target, epochs=5, verbose=0)

print(history.history.keys())

import matplotlib.pyplot as plt

plt.plot(history.history['loss'])
plt.xlabel('epoch')
plt.ylabel('loss')
plt.show()

plt.plot(history.history['accuracy'])
plt.xlabel('epoch')
plt.ylabel('accuracy')
plt.show()
```

```
model = model_fn()
model.compile(loss='sparse_categorical_crossentropy', metrics=['accuracy'])

history = model.fit(train_scaled, train_target, epochs=20, verbose=0)

plt.plot(history.history['loss'])
plt.xlabel('epoch')
plt.ylabel('loss')
plt.show()

"""## 검증 손실"""

model = model_fn()
model.compile(loss='sparse_categorical_crossentropy', metrics=['accuracy'])

history = model.fit(train_scaled, train_target, epochs=20, verbose=0,
                    validation_data=(val_scaled, val_target))

print(history.history.keys())

plt.plot(history.history['loss'], label='train')
plt.plot(history.history['val_loss'], label='val')
plt.xlabel('epoch')
plt.ylabel('loss')
plt.legend()
plt.show()

model = model_fn()
model.compile(optimizer='adam', loss='sparse_categorical_crossentropy',
              metrics=['accuracy'])

history = model.fit(train_scaled, train_target, epochs=20, verbose=0,
                    validation_data=(val_scaled, val_target))

plt.plot(history.history['loss'], label='train')
```

```
plt.plot(history.history['val_loss'], label='val')
plt.xlabel('epoch')
plt.ylabel('loss')
plt.legend()
plt.show()

"""## 드롭아웃"""

model = model_fn(keras.layers.Dropout(0.3))

model.summary()

model.compile(optimizer='adam', loss='sparse_categorical_crossentropy',
              metrics=['accuracy'])

history = model.fit(train_scaled, train_target, epochs=20, verbose=0,
                    validation_data=(val_scaled, val_target))

plt.plot(history.history['loss'], label='train')
plt.plot(history.history['val_loss'], label='val')
plt.xlabel('epoch')
plt.ylabel('loss')
plt.legend()
plt.show()

"""## 모델 저장과 복원"""

model = model_fn(keras.layers.Dropout(0.3))
model.compile(optimizer='adam', loss='sparse_categorical_crossentropy',
              metrics=['accuracy'])

history = model.fit(train_scaled, train_target, epochs=10, verbose=0,
                    validation_data=(val_scaled, val_target))

model.save('model-whole.keras')
```

```
model.save_weights('model.weights.h5')

!ls -al model*

model = model_fn(keras.layers.Dropout(0.3))

model.load_weights('model-weights.keras')

import numpy as np

val_labels = np.argmax(model.predict(val_scaled), axis=-1)
return np.mean(val_labels == val_target)

accuracy_fn(model, val_scaled, val_target)

model = keras.models.load_model('model-whole.h5')

model.evaluate(val_scaled, val_target)

"""## 콜백"""

model = model_fn(keras.layers.Dropout(0.3))
model.compile(optimizer='adam', loss='sparse_categorical_crossentropy',
              metrics=['accuracy'])

checkpoint_cb = keras.callbacks.ModelCheckpoint('best-model.keras',
                                                save_best_only=True)

model.fit(train_scaled, train_target, epochs=20, verbose=0,
          validation_data=(val_scaled, val_target),
          callbacks=[checkpoint_cb])

model = keras.models.load_model('best-model.keras')

model.evaluate(val_scaled, val_target)
```

```
model = model_fn(keras.layers.Dropout(0.3))
model.compile(optimizer='adam', loss='sparse_categorical_crossentropy',
              metrics=['accuracy'])

checkpoint_cb = keras.callbacks.ModelCheckpoint('best-model.keras',
                                                save_best_only=True)
early_stopping_cb = keras.callbacks.EarlyStopping(patience=2,
                                                  restore_best_weights=True)

history = model.fit(train_scaled, train_target, epochs=20, verbose=0,
                    validation_data=(val_scaled, val_target),
                    callbacks=[checkpoint_cb, early_stopping_cb])

print(early_stopping_cb.stopped_epoch)

plt.plot(history.history['loss'], label='train')
plt.plot(history.history['val_loss'], label='val')
plt.xlabel('epoch')
plt.ylabel('loss')
plt.legend()
plt.show()

model.evaluate(val_scaled, val_target)
```

마무리

▶ 키워드로 끝내는 핵심 포인트

- **드롭아웃**은 은닉층에 있는 뉴런의 출력을 랜덤하게 꺼서 과대적합을 막는 기법입니다. 드롭아웃은 훈련 중에 적용되며 평가나 예측에서는 적용하지 않습니다. 케라스는 이를 자동으로 처리합니다.

- **콜백**은 케라스 모델을 훈련하는 도중에 어떤 작업을 수행할 수 있도록 도와주는 도구입니다. 대표적으로 최상의 모델을 자동으로 저장해 주거나 검증 점수가 더 이상 향상되지 않으면 일찍 종료할 수 있습니다.

- **조기 종료**는 검증 점수가 더 이상 감소하지 않고 상승하여 과대적합이 일어나면 훈련을 계속 진행하지 않고 멈추는 기법입니다. 이렇게 하면 계산 비용과 시간을 절약할 수 있습니다.

▶ 핵심 패키지와 함수

Keras

- **Dropout**은 드롭아웃 층입니다.

  첫 번째 매개변수로 드롭아웃 할 비율(r)을 지정합니다. 드롭아웃 하지 않는 뉴런의 출력은 $1/(1-r)$만큼 증가시켜 출력의 총합이 같도록 만듭니다.

- **save_weights()**는 모든 층의 가중치와 절편을 파일에 저장합니다.

  첫 번째 매개변수에 저장할 파일을 지정합니다.

  save_format 매개변수에서 저장할 파일 포맷을 지정합니다. 기본적으로 HDF5 포맷으로 가중치와 절편을 저장합니다. 파일 이름은 반드시 '.weights.h5'로 끝나야 합니다.

- **load_weights()**는 모든 층의 가중치와 절편을 파일에 읽습니다.

  첫 번째 매개변수에 읽을 파일을 지정합니다.

- **save()** 는 모델 구조와 모든 가중치와 절편을 파일에 저장합니다.

  첫 번째 매개변수에 저장할 파일을 지정합니다.

  save_format 매개변수에서 저장할 파일 포맷을 지정합니다. 기본적으로 케라스 3.x 포맷으로 저장하며 파일 이름은 '.keras'로 끝나야 합니다.

- **load_model()** 은 model.save()로 저장된 모델을 로드합니다.

  첫 번째 매개변수에 읽을 파일을 지정합니다.

- **ModelCheckpoint** 는 케라스 모델과 가중치를 일정 간격으로 저장합니다.

  첫 번째 매개변수에 저장할 파일을 지정합니다.

  monitor 매개변수는 모니터링할 지표를 지정합니다. 기본값은 'val_loss'로 검증 손실을 관찰합니다.

  save_weights_only 매개변수의 기본값은 False로 전체 모델을 저장합니다. True로 지정하면 모델의 가중치와 절편만 저장합니다.

  save_best_only 매개변수를 True로 지정하면 가장 낮은 검증 점수를 만드는 모델을 저장합니다.

- **EarlyStopping** 은 관심 지표가 더이상 향상하지 않으면 훈련을 중지합니다.

  monitor 매개변수는 모니터링할 지표를 지정합니다. 기본값은 'val_loss'로 검증 손실을 관찰합니다.

  patience 매개변수에 모델이 더 이상 향상되지 않고 지속할 수 있는 최대 에포크 횟수를 지정합니다.

  restore_best_weights 매개변수에 최상의 모델 가중치를 복원할지 지정합니다. 기본값은 False입니다.

NumPy

- **argmax** 는 배열에서 축을 따라 최댓값의 인덱스를 반환합니다.

  axis 매개변수에서 어떤 축을 따라 최댓값을 찾을지 지정합니다. 기본값은 None으로 전체 배열에서 최댓값을 찾습니다.

▶ 확인 문제

1. 케라스 모델의 fit() 메서드에 검증 세트를 올바르게 전달하는 코드는 무엇인가요?

① model.fit(..., val_input=val_input, val_target=val_target)

② model.fit(..., validation_input=val_input, validation_target=val_target)

③ model.fit(..., val_data=(val_input, val_target))

④ model.fit(..., validation_data=(val_input, val_target))

2. 이전 층의 뉴런 출력 중 70%만 사용하기 위해 드롭아웃 층을 추가하려고 합니다. 다음 중 옳게 설정한 것은 무엇인가요?

① Dropout(0.7)

② Dropout(0.3)

③ Dropout(1/0.7)

④ Dropout(1/0.3)

3. 케라스 모델의 가중치만 저장하는 메서드는 무엇인가요?

① save()

② load_model()

③ save_weights()

④ load_weights()

4. 케라스의 조기 종료 콜백을 사용하려고 합니다. 3번의 에포크 동안 손실이 감소되지 않으면 종료하고 최상의 모델 가중치를 복원하도록 올바르게 설정한 것은 무엇인가요?

① EarlyStopping(monitor='loss', patience=3)

② EarlyStopping(monitor='val_loss', patience=3, restore_best_weights=True)

③ EarlyStopping(monitor='accuracy', patience=3)

④ EarlyStopping(monitor='val_accuracy', patience=3, restore_best_weights=True)

파이토치 버전 살펴보기

파이토치로 신경망 모델 훈련하기

> note https://bit.ly/hg2-07-3-pt에 접속하면 코랩에서 이 절의 코드를 바로 열어 볼 수 있습니다.

이번에는 파이토치를 사용하여 신경망 모델을 훈련하면서 훈련 세트 손실과 검증 세트 손실을 기록하고, 이를 그래프로 시각화하는 방법을 살펴보겠습니다. 또, 검증 손실이 일정 에포크 동안 향상되지 않으면 자동으로 훈련을 종료하는 '조기 종료' 기법을 구현하는 방법을 알아보겠습니다.

먼저, 07-2절의 파이토치 코드와 마찬가지로 패션 MNIST 데이터를 로드하고, 훈련 세트와 검증 세트를 준비합니다.

```
from torchvision.datasets import FashionMNIST

fm_train = FashionMNIST(root='.', train=True, download=True)
fm_test = FashionMNIST(root='.', train=False, download=True)

train_input = fm_train.data
train_target = fm_train.targets
train_scaled = train_input / 255.0

from sklearn.model_selection import train_test_split

train_scaled, val_scaled, train_target, val_target = train_test_split(
    train_scaled, train_target, test_size=0.2, random_state=42)
```

07-3절 본문에서 만든 모델과 동일하게 두 개의 밀집층 사이에 드롭아웃을 추가하겠습니다. 파이토치의 드롭아웃 층은 nn.Dropout 클래스에 구현되어 있습니다. 드롭아웃 비율은 0.3으로 지정합니다. 그다음 만든 모델을 GPU에 적재합니다.

```python
import torch.nn as nn

model = nn.Sequential(
    nn.Flatten(),
    nn.Linear(784, 100),
    nn.ReLU(),
    nn.Dropout(0.3),
    nn.Linear(100, 10)
)

import torch

device = torch.device("cuda" if torch.cuda.is_available() else "cpu")
model.to(device)
```

이어서 손실 함수와 옵티마이저를 준비합니다.

```python
import torch.optim as optim

criterion = nn.CrossEntropyLoss()
optimizer = optim.Adam(model.parameters())
```

여기까지는 이전 절과 거의 동일합니다. 이제 본격적으로 모델을 훈련하는 코드를 작성해 보죠. 코드가 길기 때문에 나누어서 설명해 보겠습니다. 먼저 필요한 변수를 준비합니다.

```python
train_hist = []
val_hist = []
patience = 2
best_loss = -1
early_stopping_counter = 0
```

에포크마다 훈련 손실과 검증 손실을 기록하기 위해 train_hist와 val_hist 리스트를 생성합니다. 조기 종료를 구현하기 위해서는 세 개의 추가 변수가 필요합니다. 검증 손실이 향상될 때까지 에포크 횟수를 설정하는 patience, 최상의 손실을 기록하기 위한 best_loss, 연속적으로 검증 손실이 향상되지 않은 에포크 횟수를 기록하는 early_stopping_counter입니다. early_stopping_counter가 patience보다 크거나 같으면 더 이상 모델을 훈련하지 않고 종료합니다.

그다음은 이전 절에서 본 것과 동일한 훈련 반복문입니다.

```
epochs = 20
batches = int(len(train_scaled)/32)
for epoch in range(epochs):
    model.train()
    train_loss = 0
    for i in range(batches):
        inputs = train_scaled[i*32:(i+1)*32].to(device)
        targets = train_target[i*32:(i+1)*32].to(device)
        optimizer.zero_grad()
        outputs = model(inputs)
        loss = criterion(outputs, targets)
        loss.backward()
        optimizer.step()
        train_loss += loss.item()
```

그다음 검증 세트에 대한 손실을 계산하는 코드가 추가됩니다. 이 코드 블록은 첫 번째 for 반복문 안에 속하므로 들여쓰기에 유의하세요.

```
    model.eval()
    val_loss = 0
    with torch.no_grad():
        val_scaled = val_scaled.to(device)
        val_target = val_target.to(device)
        outputs = model(val_scaled)
        loss = criterion(outputs, val_target)
        val_loss = loss.item()
```

검증 세트에 대한 손실을 계산하는 코드는 이전 절에서 검증 세트로 정확도를 계산했던 과정과 매우 유사합니다. 차이점은 정확도를 계산하는 것이 아니라 손실 함수 객체인 criterion에 모델 출력과 타깃을 전달해 손실을 계산하고 val_loss 변수에 저장하는 것입니다.

그다음, train_hist와 val_hist 리스트에 훈련 손실과 검증 손실을 추가하고 두 값을 출력합니다. 나중에 이 두 리스트를 사용해 훈련 손실과 검증 손실 곡선을 그래프로 그려보겠습니다.

```
train_hist.append(train_loss/batches)
val_hist.append(val_loss)
print(f"에포크:{epoch+1},",
      f"훈련 손실:{train_loss/batches:.4f}, 검증 손실:{val_loss:.4f}")
```

마지막으로 조기 종료를 위한 코드가 등장합니다. 이 코드는 다음과 같습니다. 첫 번째 에포크이거나(best_loss == -1) 검증 손실이 이전에 기록된 최상의 손실보다 작으면(val_loss < best_loss) 현재 검증 손실을 최상의 손실로 저장합니다(best_loss = val_loss). 그다음 조기 종료 카운터를 0으로 설정합니다. 이 카운터를 0으로 설정하면 검증 손실이 더 좋아지지 않더라도 patience에 지정된 횟수만큼 참고 기다릴 것입니다.

현재 검증 손실이 최상이므로 torch.save() 함수를 사용해 모델을 저장합니다. torch.save(model, 'some_model.pt')와 같이 이 함수에 모델 객체와 파일 이름을 지정하면 모델 구조와 모델 파라미터가 모두 저장됩니다. 여기에서는 일반적으로 권장되는 방식을 따라서 모델의 state_dict() 메서드로 모델 파라미터와 훈련하는 동안 기록된 다른 값(10장에서 배울 층 정규화의 파라미터 등)을 반환합니다. 이 딕셔너리를 best_model.pt 파일에 기록하겠습니다.

만약 검증 손실이 더 나아지지 않았다면 조기 종료 카운터를 1 증가시킵니다. 이 카운터가 patience 보다 크다면 조기 종료된다는 메시지와 함께 훈련을 중지시킵니다.

```
if best_loss == -1 or val_loss < best_loss:
    best_loss = val_loss
    early_stopping_counter = 0
    torch.save(model.state_dict(), 'best_model.pt')
else:
    early_stopping_counter += 1
```

```
        if early_stopping_counter >= patience:
            print(f"{epoch+1}번째 에포크에서 조기 종료되었습니다.")
            break
```

여기까지의 코드 모두 첫 번째 for 반복문 안에 포함되어야 합니다. 이 코드를 실행하면 다음 출력 결과와 같이 10번째 에포크에서 조기 종료됩니다.

> 에포크:1, 훈련 손실:0.6031, 검증 손실:0.4344
> 에포크:2, 훈련 손실:0.4415, 검증 손실:0.3981
> 에포크:3, 훈련 손실:0.4023, 검증 손실:0.3699
> 에포크:4, 훈련 손실:0.3820, 검증 손실:0.3614
> 에포크:5, 훈련 손실:0.3675, 검증 손실:0.3564
> 에포크:6, 훈련 손실:0.3539, 검증 손실:0.3468
> 에포크:7, 훈련 손실:0.3432, 검증 손실:0.3410
> 에포크:8, 훈련 손실:0.3357, 검증 손실:0.3315
> 에포크:9, 훈련 손실:0.3261, 검증 손실:0.3335
> 에포크:10, 훈련 손실:0.3201, 검증 손실:0.3335
> 10번째 에포크에서 조기 종료되었습니다.

본문에서와 같이 훈련 손실과 검증 손실을 그래프로 그려 보겠습니다.

```
import matplotlib.pyplot as plt

plt.plot(train_hist, label='train')
plt.plot(val_hist, label='val')
plt.xlabel('epoch')
plt.ylabel('loss')
plt.legend()
plt.show()
```

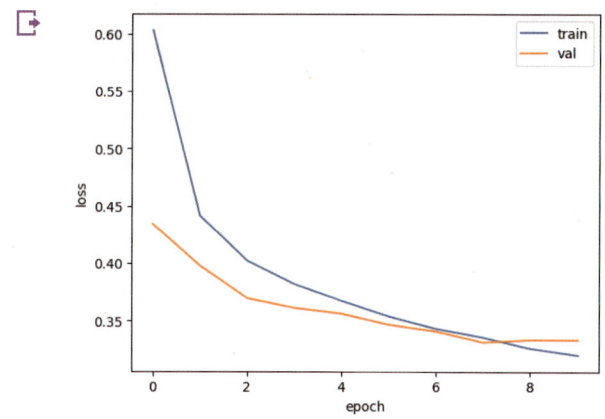

그래프를 살펴보면, 8번째 에포크에서 검증 점수가 가장 좋고 그 이후에 과대적합되어 10번째 에포크에서 멈춘 것을 확인할 수 있습니다.

torch.save()에 대응되는 함수는 torch.load()입니다. torch.load()를 사용해 torch.save()로 저장한 모델이나 텐서를 불러올 수 있습니다. state_dict()에 대응되는 메서드는 load_state_dict()입니다. load_state_dict()는 state_dict()로 저장한 데이터를 다시 모델에 복원할 때 사용합니다.

torch.load() 함수로 best_model.pt 파일에 저장한 모델 파라미터를 읽은 다음 load_state_dict() 메서드에 전달하여 최상의 파라미터로 model 객체를 업데이트해 보죠.

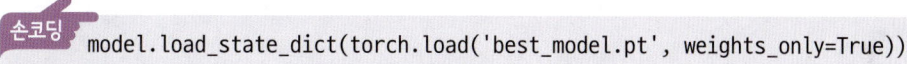

```
model.load_state_dict(torch.load('best_model.pt', weights_only=True))
```

torch.load() 함수의 weights_only 매개변수 기본값은 False입니다. 향후 기본값이 True로 바뀐다는 경고가 발생하기 때문에 앞에서 명시적으로 weights_only=True로 지정했습니다.

이어서 최상의 모델을 사용해 검증 세트에 대한 성능을 확인해 보겠습니다. 이 코드는 이전 절의 파이토치 코드와 동일합니다.

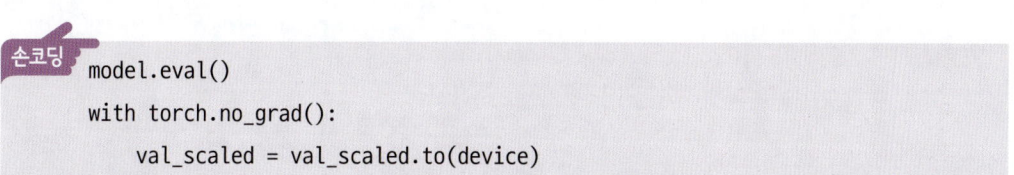

```
model.eval()
with torch.no_grad():
    val_scaled = val_scaled.to(device)
```

```
        val_target = val_target.to(device)
        outputs = model(val_scaled)
        predicts = torch.argmax(outputs, 1)
        corrects = (predicts == val_target).sum().item()

    accuracy = corrects / len(val_target)
    print(f"검증 정확도: {accuracy:.4f}")
```

> 검증 정확도: 0.8798

약 88% 정도의 검증 정확도를 얻었습니다.

이번 시간에는 파이토치를 사용하여 훈련 손실과 검증 손실을 기록하고, 과대적합을 방지하기 위해 조기 종료를 구현하는 방법을 알아보았습니다. 또한, 파이토치 모델을 저장하고 복원하는 방법도 익혔습니다. 조기 종료를 직접 제어하는 일이 귀찮게 느껴질 수 있지만, 이를 통해 조기 종료가 어떻게 수행되는지 이해하고 세부적으로 제어할 수 있다는 것이 장점입니다. 다음 장에서는 파이토치를 활용해서 합성곱 신경망을 만드는 방법을 알아보겠습니다.

자주 하는 질문

Q. 07-1절에서 사이킷런 SGDClassifier의 fit() 메서드와 케라스 모델의 fit() 메서드가 동일한 건가요?

A. 사이킷런과 케라스가 모델을 훈련할 때 동일하게 fit() 메서드를 사용하지만 실제 작동 방식은 다릅니다. SGDClassifier의 fit() 메서드에 전체 훈련 데이터를 전달하지만 이 클래스는 훈련 세트에서 하나의 샘플씩 꺼내어 경사 하강법을 수행합니다. 즉 확률적 경사 하강법을 구현하고 있습니다. SGDClassifier에는 배치 크기를 지정하는 옵션이 없기 때문에 배치 경사 하강법이나 미니배치 경사 하강법을 구현하지 못합니다. 케라스의 fit() 메서드에도 훈련 세트를 모두 전달하지만 기본적으로 미니배치 경사 하강법을 수행합니다. 이 메서드의 batch_size 매개변수 기본값이 32이기 때문입니다.

Q. 07-1절에서 검증 세트를 나누기 전에 특성을 정규화한 것 아닌가요?

A. 네 맞습니다. 사실 특성을 정규화하거나 전처리하려면 항상 훈련 세트와 검증 세트로 나눈 다음 훈련 세트에서 획득한 통계량으로 검증 세트를 변환해야 합니다. 하지만 07-1절에서와 같이 단순히 255로 나누는 경우에는 훈련 세트와 검증 세트로 분리하기 전에 수행해도 괜찮습니다. 255는 도메인에 대한 사전 지식으로 결정된 값이며 훈련 세트에서 취득한 값이 아니기 때문입니다.

Q. 07-2절에서 summary() 메서드의 출력 결과에 모델 이름과 층 이름이 책과 달라요.

A. 케라스에서 모델을 만들 때 name 매개변수에 이름을 지정하지 않으면 자동으로 소문자 클래스 이름의 모델 이름이 됩니다. 한 번에 여러 개의 모델을 만드는 경우에는 클래스 이름 뒤에 밑줄 문자와 함께 순서대로 1, 2 등의 번호가 붙습니다. 예를 들어 "sequential", "sequential_1", "sequential_2"와 같습니다. 층 이름도 name 매개변수로 지정할 수 있으며, 지정하지 않을 경우 모델 이름과 같은 방식으로 부여됩니다.

Q. 07-2절에서 경사 하강법으로 훈련되지 않는 파라미터를 가진 층에는 어떤 것이 있나요?

A. 10-1절에서 잠깐 소개되는 배치 정규화가 훈련되지 않는 파라미터를 가진 대표적인 예입니다. 배치 정규화는 정규화를 위해 배치에 있는 여러 샘플에 대해 평균과 표준편차를 구합니다. 하지만 모델을 추론에 사용할 때는 하나의 샘플을 처리할 때도 있기 때문에 이렇게 평균과 표준편차를 계산할 수 없습니다. 이를 위해 배치 정규화는 훈련 배치를 처리할 때 평균과 표준편차의 이동 평균(moving average)을 계산합니다. 모델 추론 시에 이 값을 사용해 입력 데이터를 정규화합니다. 평균과 표준 편차의 이동 평균이 바로 경사 하강법으로 훈련되지 않는 파라미터에 해당합니다. 이에 반해 층 정규화는 각 샘플마다 정규화가 적용되기 때문에 이동 평균을 계산할 필요가 없습니다. 따라서 층 정규화에는 경사 하강법으로 훈련되지 않는 파라미터가 없습니다.

Q. 07-3절에서 패션 MNIST의 테스트 세트는 왜 사용하지 않나요?

A. 패션 MNIST 데이터를 8장에서도 사용하기 때문입니다. 모델을 만들 때 훈련 세트와 검증 세트를 사용해 가장 좋은 성능을 내는 모델을 찾습니다. 그다음 테스트 세트는 최종적으로 딱 한번 사용하여 이 모델의 일반화 성능을 가늠합니다. 이 책에서도 가급적 이런 모범 사례를 지키려고 노력했습니다. 그래서 7장에서는 훈련 세트와 검증 세트만 사용하고 8장에서 최종 모델을 만든 다음 테스트 세트로 일반화 성능을 확인해 보겠습니다.

Q. 07-3절에서 드롭아웃 비율 0.3을 사용했는데요. 이 값은 어떻게 결정된 건가요?

A. 신경망 모델은 많은 하이퍼파라미터를 가지고 있습니다. 지금까지 층의 개수, 층의 뉴런 개수, 활성화 함수 등이 모두 하이퍼파라미터였죠. 마찬가지로 드롭아웃 층 자체와 드롭아웃 비율도 하이퍼파라미터입니다. 드롭아웃 층을 어디에 얼만큼의 비율로 적용할지는 다양한 실험을 통해 결정해야 합니다. 여기서는 다소 임의적으로 제가 선택한 값을 사용했습니다. 일반적으로 0.2~0.5 사이의 값이 널리 사용되지만 절대적인 기준은 없습니다.

학습목표

- 이미지 분류 문제에 뛰어난 성능을 발휘하는 합성곱 신경망의 개념과 구성 요소에 대해 배웁니다.
- 케라스 API로 합성곱 신경망을 만들어 패션 MNIST 데이터에서 성능을 평가해 봅니다.
- 합성곱 층의 필터와 활성화 출력을 시각화하여 합성곱 신경망이 학습한 내용을 고찰해 봅니다.

Chapter 08

이미지를 위한 인공 신경망

패션 럭키백의 정확도를 높입니다!

08-1 합성곱 신경망의 구성 요소

핵심 키워드 `합성곱` `필터` `특성 맵` `패딩` `스트라이드` `풀링`

합성곱 신경망을 구성하는 기본 개념과 동작 원리를 배우고 간단한 합성곱, 풀링 계산 방법을 익힙니다.

시작하기 전에

혼공머신은 한빛 마켓의 패션 럭키백 론칭을 위해 이사님께 훈련된 모델을 설명해 드렸습니다. 개발 팀에서 처음으로 딥러닝을 도입했다는 사실을 자랑스럽게 소개했죠.

로지스틱 회귀의 성능은 82% 정도였는데 딥러닝의 성능은 88%로 크게 높아졌습니다. 그런데 이 결과가 이사님에게는 그리 감동적이지 않은 것 같군요.

더군다나 갑자기 도장을 떠올린 이사님은 회의 내내 도장으로 패션 이미지를 팍팍 찍어서 훈련해야 한다는 이야기만 계속 합니다. 아.. 이사님 전자 결제가 시작된 게 언제인데요. 갑자기 도장이라뇨. 회의는 점점 미궁으로 빠져들어 갑니다. 그런데 혼공머신에게 무언가 번뜩이는 아이디어가 떠올랐습니다.

"맞습니다. 이사님의 아이디어를 딥러닝에 접목해 보겠습니다!"

혼공머신의 말에 회의에 참석한 팀원들보다 더 놀란 건 바로 이사님이었습니다.

"오... 내가 제대로 된 아이디어를 생각해 내다니..."

합성곱

합성곱convolution은 마치 입력 데이터에 마법의 도장을 찍어서 유용한 특성만 드러나게 하는 것으로 비유할 수 있습니다. 그럼 여기서 합성곱의 동작 원리를 자세히 알아보겠습니다.

7장에서 사용한 밀집층에는 뉴런마다 입력 개수만큼의 가중치가 있습니다. 즉 모든 입력에 가중치를 곱하죠.[1] 이 과정을 그림으로 표현하면 다음과 같습니다.

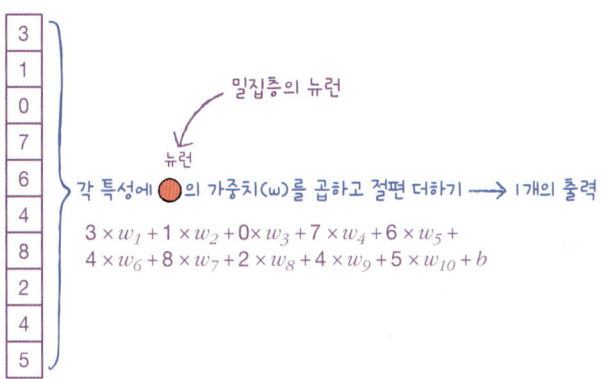

인공 신경망은 처음에 가중치 w_1~w_{10}과 절편 b를 랜덤하게 초기화한 다음 에포크를 반복하면서 경사 하강법 알고리즘을 사용하여 손실이 낮아지도록 최적의 가중치와 절편을 찾아갑니다. 이것이 바로 모델 훈련이죠.

예를 들어 밀집층에 뉴런이 3개 있다면 출력은 3개가 됩니다. 입력 개수에 상관없이 동일합니다. 7장의 예를 다시 떠올려 보면 패션 MNIST 이미지에 있는 784개의 픽셀을 입력받는 은닉층의 뉴런 개수가 100개면 뉴런마다 하나씩 출력도 100개가 됩니다.

합성곱은 밀집층의 계산과 조금 다릅니다. 입력 데이터 전체에 가중치를 적용하는 것이 아니라 일부에 가중치를 곱하죠. 다음 그림과 이전의 밀집층 그림을 비교해 보세요. 여기에서는 이 뉴런이 3개의 가중치를 가진다고 가정했습니다.

---

1 당연히 뉴런마다 절편을 가지고 있습니다. 입력과 가중치를 곱한 다음 절편을 더하지만 편의상 절편을 더하는 과정은 생략하는 경우가 많습니다.

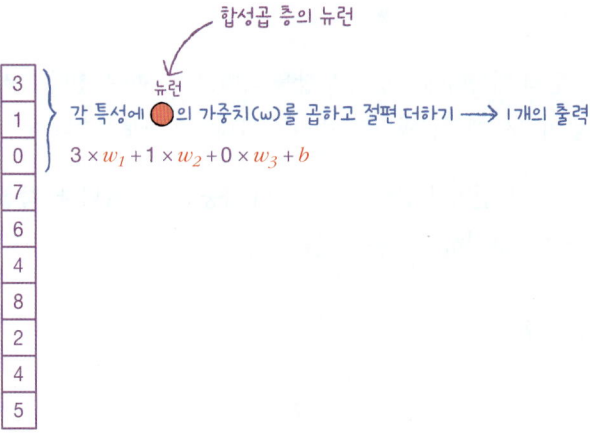

가중치 w_1~w_3이 입력의 처음 3개 특성과 곱해져 1개의 출력을 만듭니다. 그다음이 중요합니다. 이 뉴런이 한 칸 아래로 이동해 두 번째부터 네 번째 특성과 곱해져 새로운 출력을 만듭니다. 다음 그림을 참고하세요.

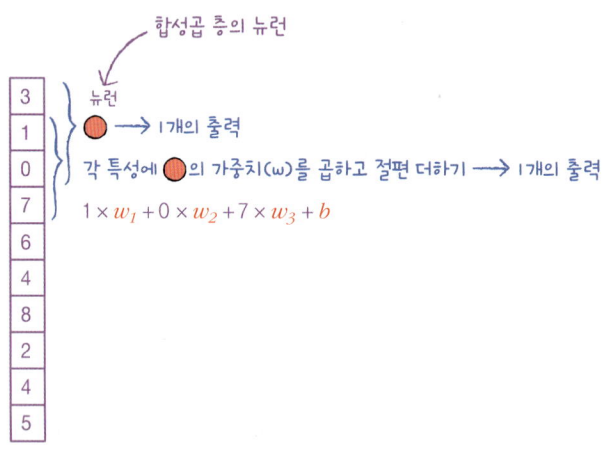

여기에서 중요한 것은 첫 번째 합성곱에 사용된 가중치 w_1~w_3과 절편 b가 두 번째 합성곱에도 동일하게 사용됩니다. 이렇게 한 칸씩 아래로 이동하면서 출력을 만드는 것이 합성곱입니다. 여기에서는 이 뉴런의 가중치가 3개이기 때문에 모두 8개의 출력이 만들어집니다.

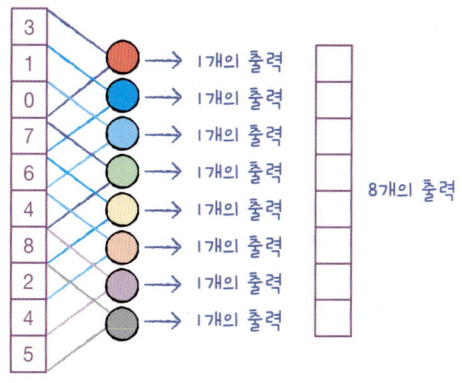

쉽게 구분할 수 있도록 8번의 계산을 다른 색으로 나타냈지만 모두 같은 뉴런입니다. 즉 모두 같은 가중치 w_1~w_3과 절편 b를 사용합니다.

밀집층의 뉴런은 입력 개수만큼 10개의 가중치를 가지고 1개의 출력을 만듭니다. 합성곱 층의 뉴런은 3개의 가중치를 가지고 8개의 출력을 만듭니다. 혹시 눈치챘을지 모르지만 합성곱 층의 뉴런에 있는 가중치 개수는 정하기 나름입니다. 즉 또 다른 하이퍼파라미터죠. 이는 마치 입력 데이터 위를 이동하면서 같은 도장(!)으로 한 번씩 찍는 것처럼 생각할 수 있습니다. 도장을 찍을 때마다 출력이 하나씩 만들어지는 거죠.

이전에 그렸던 신경망 층의 그림은 뉴런이 길게 늘어서 있고 서로 조밀하게 연결되어 있습니다. 그런데 합성곱에서는 뉴런이 입력 위를 이동하면서 출력을 만들기 때문에 이런 식으로 표현하기가 어렵습니다. 또 뉴런이라고 부르기도 어색합니다. **합성곱 신경망**convolutional neural network, CNN에서는 완전 연결 신경망과 달리 뉴런을 **필터**filter라고 부릅니다. 혹은 **커널**kernel이라고도 부릅니다.

> 뉴런 = 필터 = 커널 모두 같은 말이라고 생각해도 좋습니다.

+ 여기서 잠깐 | 완전 연결 신경망이 뭐죠?

7장에서 만들었던 신경망입니다. 완전 연결 층(밀집층)만 사용하여 만든 신경망을 완전 연결 신경망(밀집 신경망)이라고 부릅니다.

이 책에서는 케라스 API와 이름을 맞추어 뉴런 개수를 이야기할 때는 필터라 부르고, 입력에 곱해지는 가중치를 의미할 때는 커널이라고 부르겠습니다. 합성곱의 장점은 1차원이 아니라 2차원 입력에도 적용할 수 있다는 것입니다. 다음 그림을 보죠.

> 커널은 입력에 곱하는 가중치이고, 필터는 뉴런 개수를 표현할 때 사용합니다.

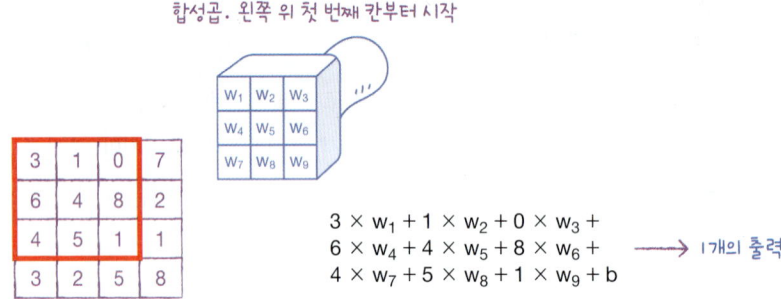

입력이 2차원 배열이면 필터(도장!)도 2차원이어야 합니다. 이 그림에서 이 필터의 커널 크기는 (3, 3)으로 가정합니다(앞에서도 언급했지만 커널 크기는 우리가 지정해야 할 하이퍼파라미터입니다). 그다음 왼쪽 위 모서리에서부터 합성곱을 시작합니다. 입력의 9개 원소와 커널의 9개 가중치를 곱한 후 (물론 여기에서도 절편을 더합니다) 1개의 출력을 만듭니다.

그다음에는 필터가 오른쪽으로 한 칸 이동하여 합성곱을 또 수행합니다. 입력의 너비가 4이므로 더 이상 오른쪽으로 한 칸 이동할 수 없습니다. 이럴 때는 아래로 한 칸 이동한 다음 다시 왼쪽에서부터 합성곱을 수행합니다. 그리고 다시 오른쪽으로 한 칸 이동하죠. 다음 그림을 참고하세요.

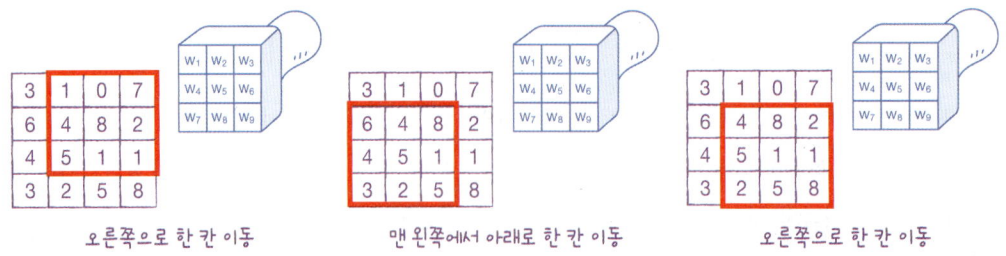

재미있네요. 합성곱은 마치 도장을 찍듯이 왼쪽 위에서 오른쪽 맨 아래까지 이동하면서 출력을 만듭니다. 계산식은 밀집층과 크게 다르지 않습니다. 입력과 가중치의 행과 열을 맞추어 곱셈하고 모두 더하는 게 전부입니다. 쉽군요. 그림에서 필터는 모두 4번 이동할 수 있기 때문에 4개의 출력을 만듭니다.

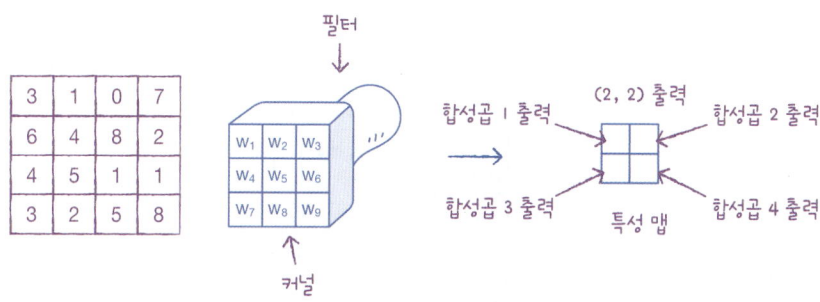

이때 4개의 출력을 필터가 입력에 놓인 위치에 맞게 2차원으로 배치합니다. 즉 왼쪽 위, 오른쪽 위, 왼쪽 아래, 오른쪽 아래 모두 4개의 위치에 해당 값을 놓습니다. 이렇게 합성곱 계산을 통해 얻은 출력을 특별히 **특성 맵**feature map이라고 부릅니다.

> **+ 여기서 잠깐** | **필터, 커널, 특성 맵 같은 새로운 용어를 모두 알아야 하나요?**
>
> 네, 조금 복잡해 보이지만 어쩔 수 없습니다. 이런 용어는 이 책뿐만 아니라 공통으로 사용하는 용어입니다. 이미 이 분야의 많은 개발자나 학자가 사용하는 용어인 만큼 익숙해져야 다른 사람과 원활하게 의견을 나눌 수 있고 다른 책을 볼 때도 쉽게 이해할 수 있습니다. 미리 양해를 구하겠지만, 다음 장에서는 또 다른 용어가 많이 등장한답니다.

밀집층에서 여러 개의 뉴런을 사용하듯이 합성곱 층에서도 여러 개의 필터를 사용합니다. 하나만 사용할 이유는 없죠. 다음 그림에서처럼 여러 개의 필터를 사용하면 만들어진 특성 맵은 순서대로 차곡차곡 쌓입니다. (2, 2) 크기의 특성 맵을 쌓으면 3차원 배열이 되죠. 다음 그림에서는 3개의 필터를 사용했기 때문에 (2, 2, 3) 크기의 3차원 배열이 됩니다.

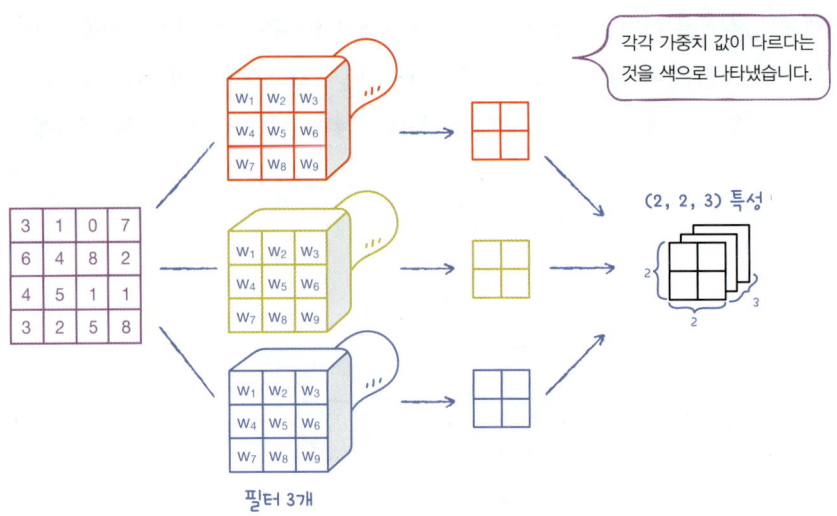

밀집층에 있는 뉴런의 가중치가 모두 다르듯이 합성곱 층에 있는 필터의 가중치(커널)도 모두 다릅니다. 너무 당연하지만 같은 가중치를 가진 필터를 여러 개 사용할 이유가 없겠죠?

합성곱에 대해 이해가 잘 되었나요? 실제 계산은 밀집층과 동일하게 단순히 입력과 가중치를 곱하는 것이지만 2차원 형태를 유지하는 점이 다릅니다. 또 입력보다 훨씬 작은 크기의 커널을 사용하고 입력 위를 (왼쪽에서 오른쪽으로, 위에서 아래로) 이동하면서 2차원 특성 맵을 만듭니다. 이렇게 2차원 구조를 그대로 사용하기 때문에 합성곱 신경망이 이미지 처리 분야에서 뛰어난 성능을 발휘합니다. 그럼 케라스에서 합성곱 층을 어떻게 만드는지 알아보죠.

케라스 합성곱 층

케라스의 층은 모두 keras.layers 패키지 아래 클래스로 구현되어 있습니다. 합성곱 층도 마찬가지입니다. 특별히 입력 위를 (왼쪽에서 오른쪽으로, 위에서 아래로) 이동하는 합성곱은 Conv2D 클래스로 제공합니다.

```
import keras
keras.layers.Conv2D(10, kernel_size=(3, 3), activation='relu')
```

Conv2D 클래스의 첫 번째 매개변수는 필터(즉 도장!)의 개수입니다. kernel_size 매개변수는 필터에 사용할 커널의 크기를 지정합니다. 필터의 개수와 커널의 크기는 반드시 지정해야 하는 매개변수입니다.

마지막으로 밀집층에서처럼 활성화 함수를 지정합니다. 여기서는 렐루 함수를 선택했습니다.

> **+ 여기서 잠깐** **그럼 특성 맵은 활성화 함수를 적용하기 전인가요? 후인가요?**
>
> 결론부터 이야기하자면 후입니다. 완전 연결 신경망에서처럼 합성곱 신경망에서도 종종 활성화 함수를 언급하지 않습니다. 일반적으로 특성 맵은 활성화 함수를 통과한 값을 나타냅니다.

> **+ 여기서 잠깐** **커널의 크기는 어떻게 정하나요?**
>
> 앞에서 잠깐 언급했지만 커널의 크기는 하이퍼파라미터입니다. 따라서 여러 가지 값을 시도해 봐야 합니다. 하지만 보통 (3, 3)이나 (5, 5) 크기가 많이 사용됩니다.

케라스 API를 사용하면 합성곱 층을 사용하는 것이 어렵지 않습니다. 이전에 Dense 층을 사용했던 자리에 대신 Conv2D 층을 넣으면 됩니다. 다만 kernel_size와 같이 추가적인 매개변수들을 고려해야 합니다.

그렇다면 합성곱 신경망의 정의는 무엇일까요? 일반적으로 1개 이상의 합성곱 층을 쓴 인공 신경망을 합성곱 신경망이라고 부릅니다. 즉 꼭 합성곱 층만 사용한 신경망을 합성곱 신경망이라고 부르는 것은 아닙니다. 이전 장에서 보았듯이 클래스에 대한 확률을 계산하려면 마지막 층에 클래스 개수만큼의 뉴런을 가진 밀집층을 두는 것이 일반적이니까요.

> 합성곱 층을 1개 이상 사용한 인공 신경망을 합성곱 신경망이라고 합니다.

좋습니다. 합성곱 층이 구현된 케라스 API를 잠시 살펴보았습니다. 그런데 합성곱 신경망을 실제 만들려면 조금 더 알아야 할 것이 있습니다. 마음이 급하겠지만 호흡을 가다듬고 패딩과 스트라이드를 알아보겠습니다.

패딩과 스트라이드

앞에서 예로 들었던 합성곱 계산은 (4, 4) 크기의 입력에 (3, 3) 크기의 커널을 적용하여 (2, 2) 크기의 특성 맵을 만들었습니다. 그런데 만약 커널 크기는 (3, 3)으로 그대로 두고 출력의 크기를 입력과 동일하게 (4, 4)로 만들려면 어떻게 해야 할까요?

(4, 4) 입력과 동일한 크기의 출력을 만들려면 마치 더 큰 입력에 합성곱하는 척해야 합니다. 예를 들어 실제 입력 크기는 (4, 4)이지만 (6, 6)처럼 다룬다고 가정해 보겠습니다. 오른쪽 그림과 같이 (6, 6) 크기이면 (3, 3) 크기의 커널로 합성곱을 했을 때 출력의 크기가 얼마나 될까요?

(3, 3) 커널로 차례대로 도장을 찍어 보면 출력의 크기가 (4, 4)가 되는 것을 알 수 있습니다. 다음 그림의 빨강 색 상자가 커널을 나타냅니다. 왼쪽 위에서 오른쪽 아래까지 한 칸씩 이동하면서 합성곱을 수행하면 입력과 같은 (4, 4) 크기의 출력을 만들 수 있습니다.

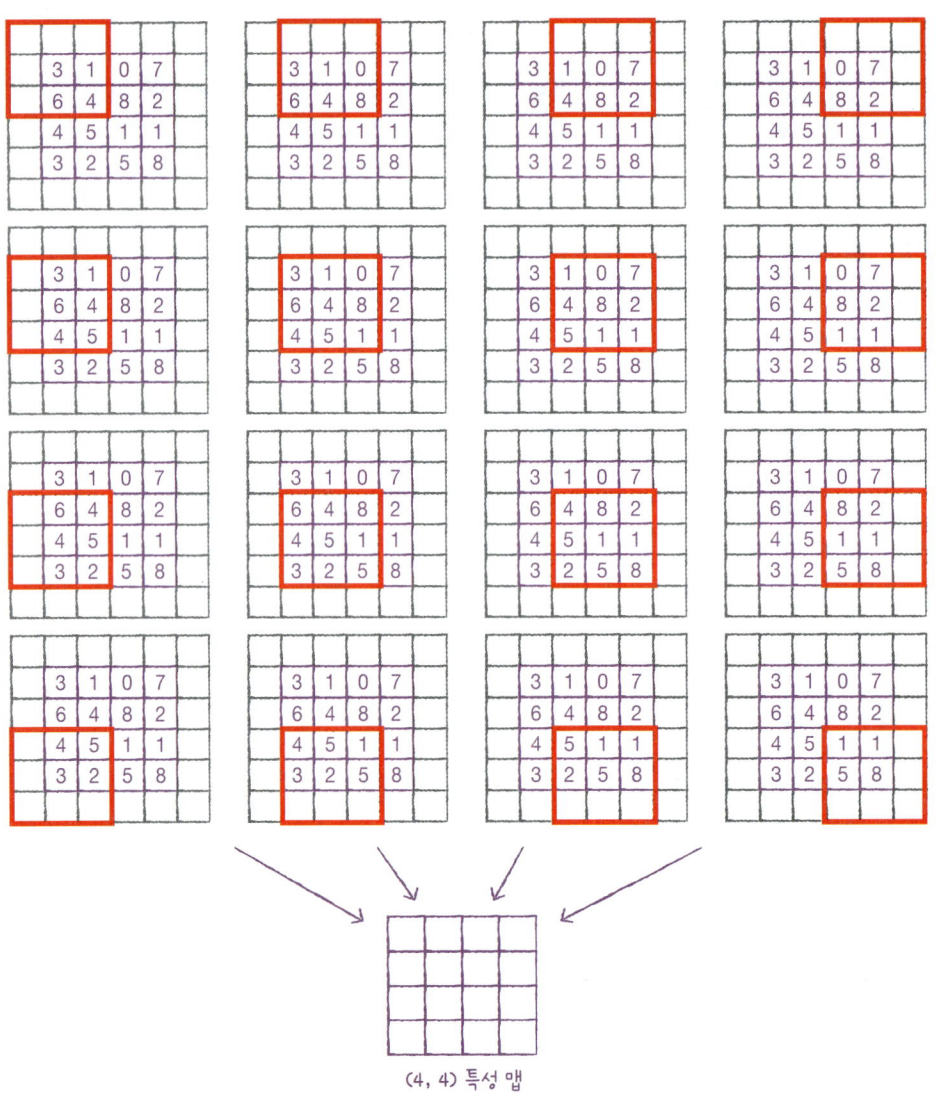

(4, 4) 특성 맵

이렇게 입력 배열의 주위를 가상의 원소로 채우는 것을 **패딩**padding이라고 합니다. 실제 입력값이 아니기 때문에 패딩은 0으로 채웁니다. 즉 (4, 4) 크기의 입력에 0을 1개 패딩 하면 다음과 같은 (6, 6) 크기의 입력이 됩니다. 패딩의 역할은 순전히 커널이 도장을 찍을 횟수를 늘려주는 것밖에는 없습니다. 실제 값은 0으로 채워져 있기 때문에 계산에 영향을 미치지는 않습니다.

커널이 도장(필터)을 찍을 횟수를 늘려주기 위해서 입력 배열 주변을 가상의 원소로 채우는 것을 패딩이라고 합니다. 보통 패딩은 0으로 채웁니다.

특히 입력과 특성 맵의 크기를 동일하게 만들기 위해 입력 주위에 0으로 패딩 하는 것을 **세임 패딩**same padding이라고 부릅니다. 합성곱 신경망에서는 세임 패딩이 많이 사용됩니다. 바꿔 말하면 입력과 특성 맵의 크기를 동일하게 만드는 경우가 아주 많죠.

패딩 없이 순수한 입력 배열에서만 합성곱을 하여 특성 맵을 만드는 경우를 **밸리드 패딩**valid padding이라고 합니다. 밸리드 패딩은 특성 맵의 크기가 줄어들 수밖에 없습니다.

그럼 왜 합성곱에서는 패딩을 즐겨 사용할까요? 위의 예에서 (4, 4) 크기의 입력에 패딩 없이 합성곱을 한다면 왼쪽 위 모서리의 3은 커널 도장에 딱 한 번만 찍힙니다. 사실 네 모서리에 있는 다른 3개의 값도 마찬가지입니다.

반면 다른 원소들은 2번 이상 커널과 계산됩니다. 가운데 있는 4개 원소 4, 8, 5, 1은 4번의 합성곱 계산에 모두 포함되네요. 만약 이 입력을 이미지라고 생각하면 모서리에 있는 중요한 정보가 특성 맵으로 잘 전달되지 않을 가능성이 높습니다. 반면 가운데 있는 정보는 두드러지게 표현됩니다.

다음 그림을 보면 패딩을 하지 않을 경우 중앙부와 모서리 픽셀이 합성곱에 참여하는 비율은 크게 차이 납니다(4:1). 1픽셀을 패딩 하면 이 차이는 크게 줄어듭니다(9:4). 만약 2픽셀을 패딩 하면 중앙부와 모서리 픽셀이 합성곱에 참여하는 비율이 동일해집니다(1:1).

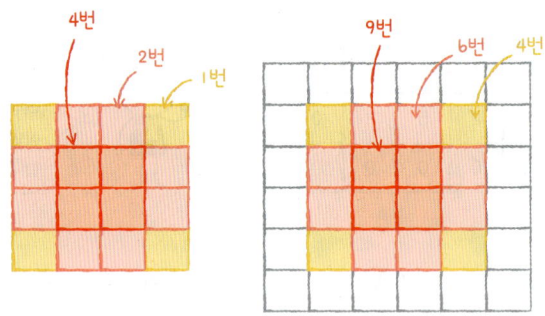

말이 나온 김에 직접 손으로 그림을 그려서 계산해 보세요. 합성곱을 이해하는 데 큰 도움이 됩니다. 먼저 (4, 4) 그림을 칠해 봅시다. 커널 크기가 (3, 3)일 때 a, b, c가 각각 몇 번 합성곱에 참여하나요?

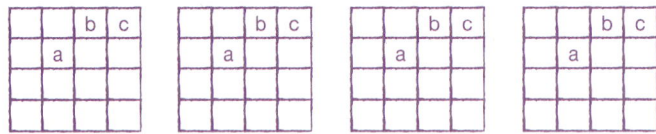

이번에는 패딩을 준 (6, 6)을 확인해볼까요? 커널 크기가 (3, 3)일 때 a, b, c는 합성곱에 몇 번 참여하나요?

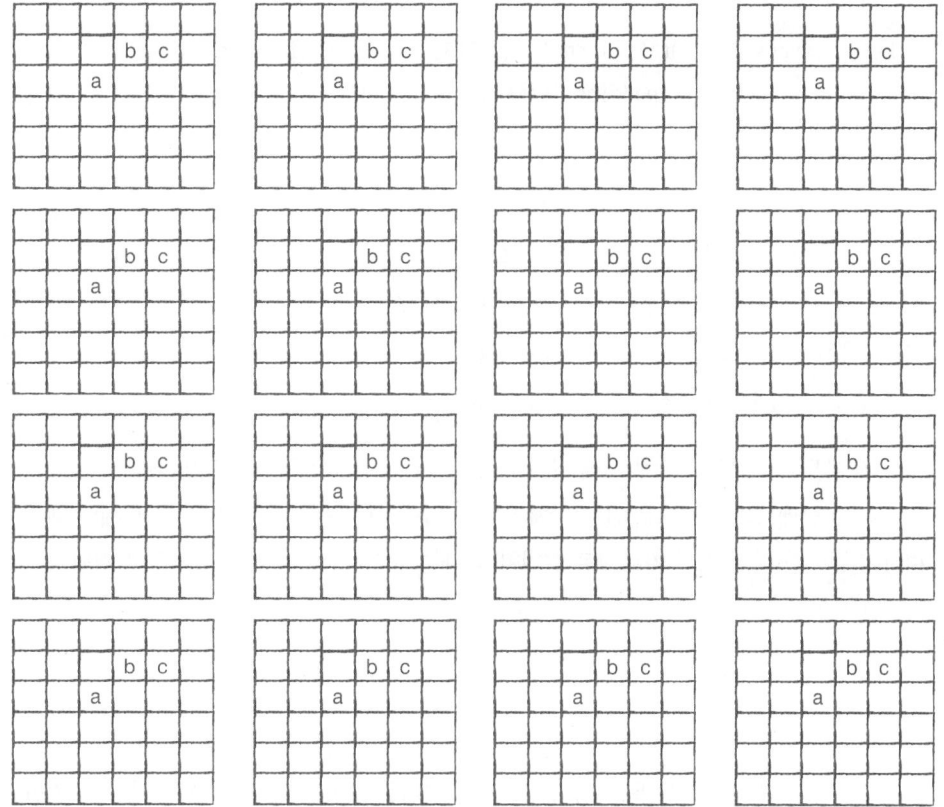

정확하게 그렸다면, 첫 번째는 4, 2, 1번씩, 두 번째는 9, 6, 4번씩 참여한다고 확인할 수 있습니다.

적절한 패딩은 이처럼 이미지의 주변에 있는 정보를 잃어버리지 않도록 도와줍니다. 앞에서도 언급했지만 일반적인 합성곱 신경망에서는 세임 패딩이 많이 사용됩니다. 케라스 Conv2D 클래스에서는 padding 매개변수로 패딩을 지정할 수 있습니다. 기본값은 'valid'로 밸리드 패딩을 나타냅니다. 세임 패딩을 사용하려면 'same'으로 지정합니다.

```
keras.layers.Conv2D(10, kernel_size=(3,3), activation='relu', padding='same')
```

지금까지 본 합성곱 연산은 좌우, 위아래로 한 칸씩 이동했습니다. 하지만 두 칸씩 건너뛸 수도 있습니다. 이렇게 두 칸씩 이동하면 만들어지는 특성 맵의 크기는 더 작아지겠죠? 커널 도장을 찍는 횟수가 줄어드니까요!

이런 이동의 크기를 **스트라이드**stride라고 합니다. 기본으로 스트라이드는 1입니다. 즉 한 칸씩 이동합니다. 이 값이 케라스 Conv2D의 strides 매개변수의 기본값입니다.

keras.layers.Conv2D(10, kernel_size=(3,3), activation='relu',
padding='same', strides=1)

strides 매개변수는 아래쪽으로 이동하는 크기와 오른쪽으로 이동하는 크기를 (1, 1)과 같이 튜플을 사용해 각각 지정할 수 있습니다. 하지만 커널의 이동 크기를 가로세로 방향으로 다르게 지정하는 경우는 거의 없습니다. 또 1보다 큰 스트라이드를 사용하는 경우도 드뭅니다. 대부분 기본값을 그대로 사용하기 때문에 strides 매개변수는 잘 사용하지 않습니다.

> 스트라이드는 도장(필터)이 이동하는 칸의 개수라고 생각하면 편합니다. 튜플로 이동 칸수를 지정할 수 있습니다.

네, 지금까지 패딩과 스트라이드에 대해 알아보았습니다. 조금 복잡해 보이지만 케라스 API를 사용하면 Conv2D 클래스의 옵션으로 간단히 처리할 수 있습니다. 꼭 기억해야 할 것은 세임 패딩의 경우 입력과 만들어진 특성 맵의 가로세로 크기가 같다는 점입니다. 자 그럼 합성곱 신경망의 마지막 구성 요소인 풀링으로 넘어가 보죠.

풀링

풀링pooling은 합성곱 층에서 만든 특성 맵의 가로세로 크기를 줄이는 역할을 수행합니다. 하지만 특성 맵의 개수는 줄이지 않습니다. 예를 들면 다음 그림처럼 (2, 2, 3) 크기의 특성 맵에 풀링을 적용하면 마지막 차원인 개수는 그대로 유지하고 너비와 높이만 줄어들어 (1, 1, 3) 크기의 특성 맵이 됩니다.

> 풀링은 특성 맵에 커널 없는 필터를 적용하는 것과 비슷하게 생각하세요!

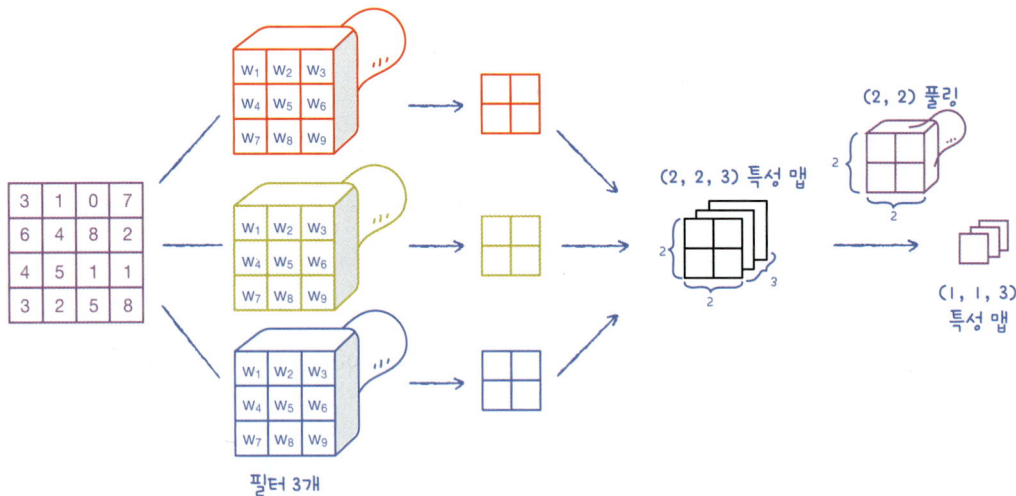

풀링도 합성곱처럼 입력 위를 지나가면서 도장을 찍습니다. 위 그림에서는 (2, 2) 크기로 풀링을 합니다. 하지만 풀링에는 가중치가 없습니다. 도장을 찍은 영역에서 가장 큰 값을 고르거나 평균값을 계산합니다. 이를 각각 **최대 풀링**max pooling과 **평균 풀링**average pooling이라고 부릅니다. 풀링은 합성곱 층과 뚜렷이 구분되기 때문에 풀링 층이라고 부르겠습니다.

> 풀링에는 가중치가 없습니다. 대신에 최댓값이나 평균값을 계산하는 역할을 수행합니다.

조금 더 자세히 설명해 보죠. 가령 다음과 같은 (4, 4) 크기의 특성 맵이 있다고 가정해 보겠습니다. 여기에 (2, 2) 최대 풀링을 적용하면 절반으로 크기가 줄어듭니다.

note 여기서는 간단한 예를 위해 특성 맵의 값을 정수로 표현했지만 일반적으로 특성 맵에 들어 있는 값은 실숫값입니다.

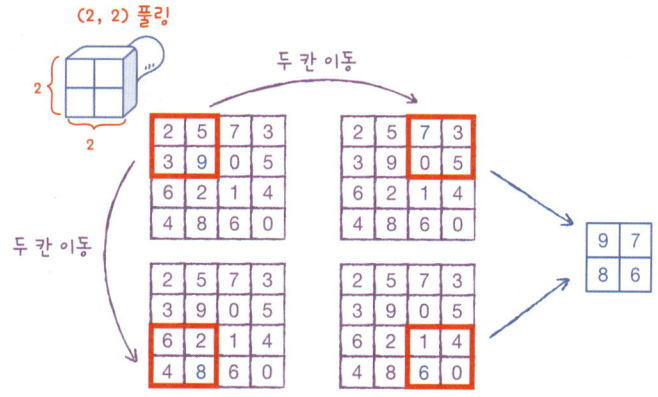

최대 풀링은 가장 큰 값을 고르기 때문에 첫 번째 (2, 2) 영역에서 9를 고르고 그다음 7, 8, 6을 차례대로 골라 (2, 2) 크기의 출력을 만듭니다. 특성 맵이 여러 개라면 동일한 작업을 반복합니다. 즉 10개의 특성 맵이 있다면 풀링을 거친 특성 맵도 10개가 됩니다.

+ 여기서 잠깐 | **풀링 층의 출력도 특성 맵이라고 하나요?**

네, 맞습니다. 합성곱 신경망에서는 합성곱 층과 풀링 층에서 출력되는 값을 모두 특성 맵이라고 부릅니다.

눈여겨볼 점은 풀링 영역이 두 칸씩 이동했다는 점입니다. 합성곱에서는 커널이 한 칸씩 이동했기 때문에 겹치는 부분이 있었습니다. 하지만 풀링에서는 겹치지 않고 이동합니다. 따라서 풀링의 크기가 (2, 2)이면 가로세로 두 칸씩 이동합니다. 즉 스트라이드가 2입니다. (3, 3) 풀링이면 가로세로 세 칸씩 이동합니다.

> 스트라이드는 이동의 크기라고 했습니다.

풀링은 가중치가 없고 풀링 크기와 스트라이드가 같기 때문에 이해하기 쉽습니다. 또 패딩도 없습니다. 케라스에서는 MaxPooling2D 클래스로 풀링을 수행할 수 있습니다.

```
keras.layers.MaxPooling2D(2)
```

MaxPooling2D의 첫 번째 매개변수로 풀링의 크기를 지정합니다. 대부분 풀링의 크기는 2입니다. 즉 가로세로 크기를 절반으로 줄입니다. 가로세로 방향의 풀링 크기를 다르게 하려면 첫 번째 매개변수를 정수의 튜플로 지정할 수 있습니다(예를 들어 (2, 3)로 지정하면 높이 방향으로 두 칸, 너비 방향으로 세 칸씩 이동합니다.). 하지만 이런 경우는 극히 드뭅니다.

합성곱 층과 마찬가지로 strides와 padding 매개변수를 제공합니다. strides의 기본값은 자동으로 풀링의 크기이므로 따로 지정할 필요가 없습니다. padding의 기본값은 'valid'로 패딩을 하지 않습니다. 앞서 언급한 대로 풀링은 패딩을 하지 않기 때문에 이 매개변수를 바꾸는 경우는 거의 없습니다. 예를 들어 바로 이전에 쓴 최대 풀링과 같은 코드는 다음과 같습니다.

```
keras.layers.MaxPooling2D(2, strides=2, padding='valid')
```

평균 풀링을 제공하는 클래스는 AveragePooling2D입니다. 최댓값 대신 평균을 계산하는 것만 빼면 MaxPooling2D와 동일하며 제공하는 매개변수도 같습니다. 많은 경우 평균 풀링보다 최대 풀링을 많이 사용합니다. 평균 풀링은 특성 맵에 있는 중요한 정보를 (평균하여) 희석시킬 수 있기 때문입니다.

꼭 기억할 점은 일반적으로 풀링은 가로세로 방향으로만 진행한다는 것입니다. 따라서 특성 맵의 개수는 변하지 않고 그대로입니다. 이제 합성곱의 중요한 모든 요소를 배웠습니다. 합성곱 신경망의 전체 구조를 살펴보겠습니다.

합성곱 신경망의 전체 구조

지금까지 합성곱 층, 필터, 패딩, 스트라이드, 풀링 등 중요한 합성곱 신경망의 개념을 모두 살펴보았습니다. 이들을 합쳐서 전체 구조를 그려 보겠습니다. 예상할 수 있겠지만 합성곱 신경망은 7장에서처럼 일렬로 늘어선 뉴런으로 표현하기 힘듭니다. 합성곱 신경망의 입력은 일반적으로 너비와 높이가 있는 이미지이기 때문에 조금 입체적으로 그려 보겠습니다. 먼저 입력층부터 시작해 보죠.

합성곱 층(①)에서 사용할 커널의 크기는 (3, 3) 크기이고 세임 패딩이므로 1픽셀이 입력 데이터 주변에 추가되었습니다. 이때 패딩은 케라스에서 자동으로 추가하므로 수동으로 입력에 어떤 작업을 추가할 필요가 없습니다. 그다음 패딩이 추가된 입력에서 합성곱이 수행됩니다.

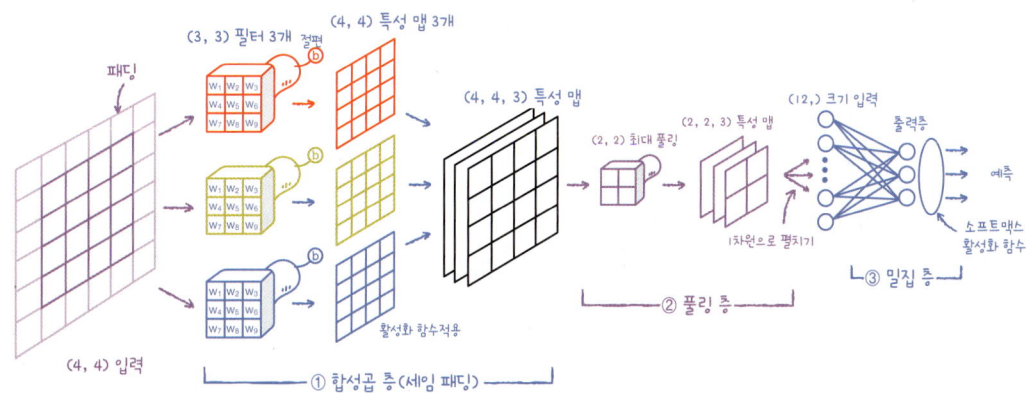

이 그림에서 합성곱의 필터는 3개입니다. 각각 (3, 3) 크기 가중치를 가지고 있으며 필터마다 절편이 하나씩 있습니다(도장마다 절편 ⓑ가 끝에 매달린 것 보이죠?). 앞에서도 설명했지만 밀집층의 뉴런과 마찬가지로 필터의 가중치는 각기 서로 다릅니다.

따로 언급하지 않는다면 합성곱의 스트라이드는 항상 1입니다. 따라서 만들어지는 특성 맵의 크기는 입력과 동일한 (4, 4)입니다. 3개의 필터가 하나씩 합성곱의 출력을 만들고 이 출력이 합쳐져서 (4, 4, 3) 크기의 특성 맵이 만들어집니다. 밀집층과 마찬가지로 합성곱 층에서도 활성화 함수를 적용합니다. 합성곱 층은 활성화 함수로 렐루 함수를 많이 사용합니다.

그다음은 풀링 층(②)입니다. 풀링 층은 합성곱 층에서 만든 특성 맵의 가로세로 크기를 줄입니다. 보통 (2, 2) 풀링을 사용해 절반으로 줄입니다. 특성 맵의 개수는 변하지 않으므로 (4, 4, 3)에서 (2, 2, 3)으로 특성 맵 개수는 유지된 게 보입니다.

풀링을 사용하는 이유는 합성곱에서 스트라이드를 크게 하여 특성 맵을 줄이는 것보다 풀링 층에서 크기를 줄이는 것이 경험적으로 더 나은 성능을 내기 때문입니다. 합성곱 신경망은 이렇게 합성곱 층에서 특성 맵을 생성하고 풀링에서 크기를 줄이는 구조가 쌍을 이룹니다.

풀링을 거친 특성 맵의 크기는 절반으로 줄었기 때문에 (2, 2, 3)이 됩니다. 밀집층(③)인 출력층에 전달하려면 이 3차원 배열을 1차원으로 펼쳐야 합니다(7장에서 사용했던 Flatten 클래스 기억하시죠?). 이 배열은 12개의 원소를 가진 1차원 배열이고 출력층의 입력이 됩니다.

출력층에는 3개의 뉴런을 두었습니다. 즉 3개의 클래스를 분류하는 다중 분류 문제입니다. 출력층에서 계산된 값은 소프트맥스 활성화 함수를 거쳐 최종 예측 확률이 됩니다.

합성곱 신경망의 전체 구조가 이해되었나요? 다음 2절에서 케라스로 직접 합성곱 신경망을 구현해 보면 이 절에서 배운 내용을 더 잘 이해할 수 있을 것입니다.

컬러 이미지를 사용한 합성곱

지금까지 우리는 입력을 2차원 배열이라고 가정했습니다. 이 장에서 다룰 패션 MNIST 데이터는 실제로 흑백 이미지이기 때문에 2차원 배열로 표현할 수 있죠. 하지만 컬러 이미지라면 어떨까요? 컬러 이미지는 RGB(빨강, 초록, 파랑) 채널로 구성되어 있기 때문에 컴퓨터는 이를 3차원 배열로 표시합니다. 예를 들면 다음 그림과 같습니다.

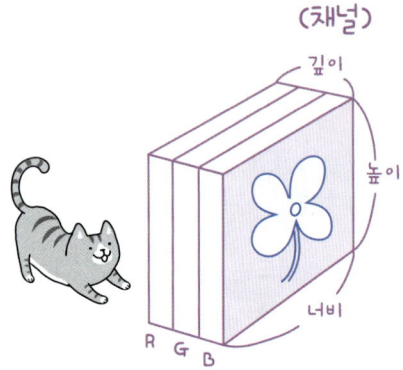

하나의 컬러 이미지는 너비와 높이 차원 외에 깊이 차원(또는 채널 차원)이 있습니다. 예를 들어 앞의 예제에서 입력이 (4, 4)가 아니라 (4, 4, 3)이 되는 거죠. 마지막 3이 깊이 차원입니다. 이런 경우에는 어떻게 합성곱이 수행될까요?

깊이가 있는 입력에서 합성곱을 수행하기 위해서는 도장도 깊이가 필요합니다(실제로 이런 도장은 없지만 상상해 보죠). 즉 필터의 커널 크기가 (3, 3)이 아니라 (3, 3, 3)이 됩니다. 다음 그림처럼 커널 배열의 깊이는 항상 입력의 깊이와 같습니다.

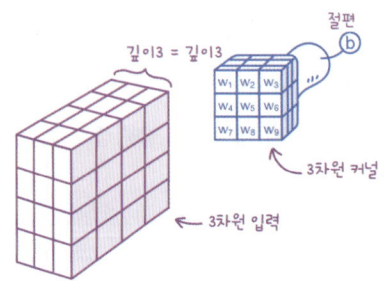

이 합성곱의 계산은 (3, 3, 3) 영역에 해당하는 27개의 원소에 27개의 가중치를 곱하고 절편을 더하는 식이 됩니다. 기본적으로 2차원 합성곱과 같지만 도장이 입력의 깊이만큼 쑥 들어간다고 생각해 보세요.

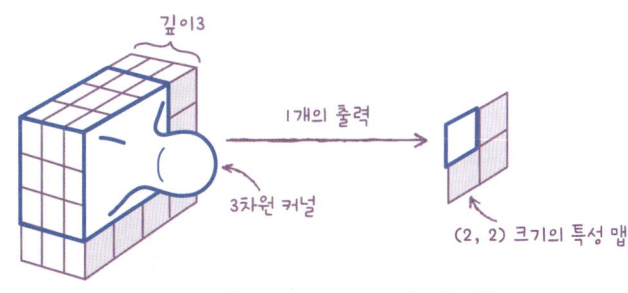

(4, 4, 3) 크기의 입력과 (3, 3, 3) 크기 커널의 합성곱

여기서 중요한 것은 입력이나 필터의 차원이 몇 개인지 상관없이 항상 출력은 하나의 값이라는 점입니다. 즉 특성 맵에 있는 한 원소가 채워집니다.

사실 케라스의 합성곱 층은 항상 이렇게 3차원 입력을 기대합니다. 만약 패션 MNIST 데이터처럼 흑백 이미지일 경우에는 깊이 차원이 1인 3차원 배열로 변환하여 전달합니다.

예를 들어 (28, 28) 크기의 2차원 배열을 (28, 28, 1) 크기의 3차원 배열로 변환합니다. 원소 개수는 동일하면서 차원만 맞춘 거죠.

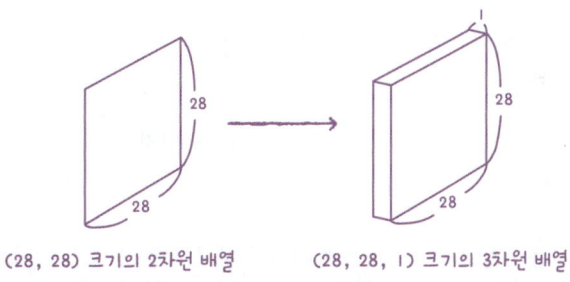

(28, 28) 크기의 2차원 배열   (28, 28, 1) 크기의 3차원 배열

이와 비슷한 경우가 또 있습니다. 합성곱 층-풀링 층 다음에 다시 또 합성곱 층이 올 때입니다. 예를 들어 첫 번째 합성곱 층의 필터 개수가 5개라고 가정하여 첫 번째 풀링 층을 통과한 특성 맵의 크기가 (4, 4, 5)라고 해 보죠.

> 이 합성곱 층이 (3, 3) 커널을 사용하고 세임 패딩을 사용한다면 맨 처음 입력의 크기는 얼마나 될까요? 확인 문제에서 풀어 보세요!

두 번째 합성곱 층에서 필터의 너비와 높이가 각각 3이라면 이 필터의 커널 크기는 (3, 3, 5)가 됩니다. 왜냐하면 입력의 깊이와 필터의 깊이는 같아야 하기 때문입니다. 다음 그림처럼 (3 × 3 × 5 = 45개의 가중치를 곱하고 절편을 더한) 이 합성곱의 결과는 1개의 출력을 만듭니다.

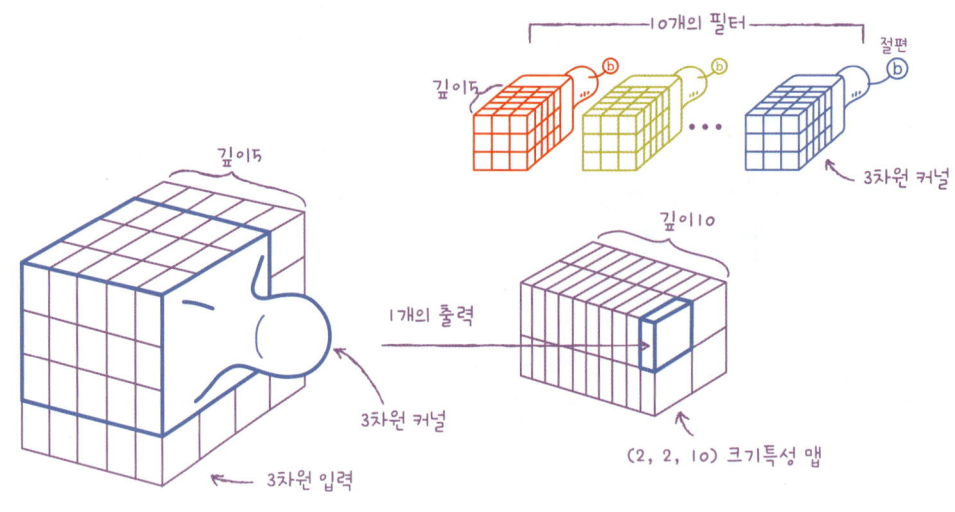

(4, 4, 5) 크기 입력과 (3, 3, 5) 크기 커널의 합성곱

두 번째 합성곱 층의 필터 개수가 10개라면 만들어진 특성 맵의 크기는 (2, 2, 10)이 될 것입니다. 이렇게 합성곱 신경망은 너비와 높이는 점점 줄어들고 깊이는 점점 깊어지는 것이 특징입니다. 그리고 마지막에 출력층 전에 특성 맵을 모두 펼쳐서 밀집층의 입력으로 사용합니다.

합성곱 신경망에서 필터는 이미지에 있는 어떤 특징을 찾는다고 생각할 수 있습니다. 처음에는 간단한 기본적인 특징(직선, 곡선 등)을 찾고 층이 깊어질수록 다양하고 구체적인 특징을 감지할 수 있도록 필터의 개수를 늘립니다. 또 어떤 특징이 이미지의 어느 위치에 놓이더라도 쉽게 감지할 수 있도록 너비와 높이 차원을 점점 줄여가는 거죠.

왠지 멋진 것 같군요. 다음 2절에서는 케라스 API로 실제 합성곱 신경망을 만들어 보겠습니다.

합성곱 층과 풀링 층 이해하기 문제해결 과정

이번 절에서 합성곱 신경망을 구성하는 핵심 개념을 살펴보았습니다. 여기에는 합성곱, 필터, 패딩, 스트라이드, 풀링 등이 포함됩니다. 합성곱 신경망은 직관적으로 이해하기 쉽지 않지만 이미지 처리에서 뛰어난 성능을 발휘할 수 있도록 발전된 결과물입니다. 우리 뇌 속에 있는 신경 조직을 흉내내기 위해 만든 것이 아닙니다.

합성곱 층과 풀링 층은 거의 항상 함께 사용됩니다. 합성곱 층에서 입력의 크기를 유지하며 각 필터가 추출한 특성 맵을 출력하면 풀링 층에서 특성 맵의 가로세로를 줄입니다. 일반적으로 최대 풀링을 즐겨 사용하며 특성 맵을 절반으로 줄입니다. 마지막에는 특성 맵을 1차원 배열로 펼쳐서 1개 이상의 밀집층에 통과시켜 클래스에 대한 확률을 만듭니다.

합성곱 신경망에는 새로운 개념이 많이 등장하기 때문에 이 절에서는 코드보다는 구조를 이해하는 데 집중했습니다. 이 개념을 머릿속에 잘 담아두고 다음 절에서 케라스 API로 실제 합성곱 신경망을 만들어 패션 MNIST 데이터에 적용해 보겠습니다.

마무리

▶ 키워드로 끝내는 핵심 포인트

- **합성곱**은 밀집층과 비슷하게 입력과 가중치를 곱하고 절편을 더하는 선형 계산입니다. 하지만 밀집층과 달리 각 합성곱은 입력 전체가 아니라 일부만 사용하여 선형 계산을 수행합니다.

- 합성곱 층의 **필터**는 밀집층의 뉴런에 해당합니다. 필터의 가중치와 절편을 종종 커널이라고 부릅니다. 자주 사용되는 커널의 크기는 (3, 3) 또는 (5, 5)입니다. 커널의 깊이는 입력의 깊이와 같습니다.

- **특성 맵**은 합성곱 층이나 풀링 층의 출력 배열을 의미합니다. 필터 하나가 하나의 특성 맵을 만듭니다. 합성곱 층에서 5개의 필터를 적용하면 5개의 특성 맵이 만들어집니다.

- **패딩**은 합성곱 층의 입력 주위에 추가한 0으로 채워진 픽셀입니다. 패딩을 사용하지 않는 것을 밸리드 패딩이라고 합니다. 합성곱 층의 출력 크기를 입력과 동일하게 만들기 위해 입력에 패딩을 추가하는 것을 세임 패딩이라고 합니다.

- **스트라이드**는 합성곱 층에서 필터가 입력 위를 이동하는 크기입니다. 일반적으로 스트라이드는 1픽셀을 사용합니다.

- **풀링**은 가중치가 없고 특성 맵의 가로세로 크기를 줄이는 역할을 수행합니다. 대표적으로 최대 풀링과 평균 풀링이 있으며 (2, 2) 풀링으로 입력을 절반으로 줄입니다.

▶ **확인 문제**

1. 다음 중 합성곱 층에 대해 잘못 설명한 것은 무엇인가요?

   ① 합성곱 층에서 널리 사용되는 커널 크기는 (3, 3)이나 (5, 5)입니다.
   ② 합성곱 층이 출력한 특성 맵의 채널 크기는 사용한 필터의 개수와 같습니다.
   ③ 합성곱의 필터마다 서로 다른 가중치와 절편을 사용하여 선형 계산을 수행합니다.
   ④ 일반적으로 입력에 풀링을 먼저 수행한 후 합성곱 층이 적용됩니다.

2. 어떤 합성곱 층이 컬러 이미지에 대해 5개의 필터를 사용해 세임 패딩으로 합성곱을 수행합니다. 그다음 (2, 2) 풀링 층을 통과한 특성 맵의 크기가 (4, 4, 5)입니다. 이 경우 합성곱 층에 주입된 입력의 크기는 얼마일까요?

   ① (4, 4, 3)   ② (4, 4, 5)
   ③ (8, 8, 3)   ④ (8, 8, 5)

3. 다음과 같은 입력에서 (3, 3) 커널과 밸리드 패딩으로 합성곱을 수행합니다. 필터의 개수는 1개이고 입력의 깊이(채널)도 1개입니다. 절편은 0이라고 가정합니다. 이 합성곱의 결과를 계산해 보세요.

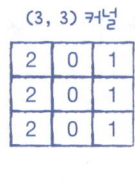

4. 다음과 같은 (4, 4, 2) 크기의 특성 맵이 있습니다. (2, 2) 최대 풀링의 결과를 계산해 보세요.

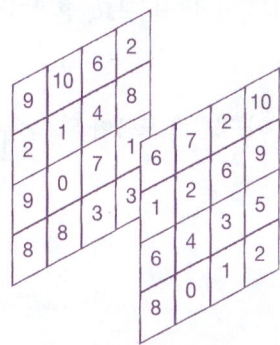

08-2 합성곱 신경망을 사용한 이미지 분류

핵심 키워드 `Conv2D` `MaxPooling2D` `plot_model`

케라스 API를 사용해 합성곱 신경망 모델을 만들어 패션 MNIST 이미지를 분류하는 방법을 배웁니다.

시작하기 전에

1절에서 합성곱 신경망에 등장하는 여러 가지 새로운 개념을 살펴보았습니다. 여기에는 합성곱, 필터, 패딩, 스트라이드, 풀링 등이 포함됩니다. 사실 케라스를 사용하면 합성곱, 패딩, 풀링 크기를 직접 계산할 필요가 없습니다. 복잡한 계산은 케라스 API에 모두 위임하고 사용자는 직관적으로 신경망을 설계할 수 있습니다.

하지만 합성곱 계산 방법을 잘 이해하면 합성곱 신경망 이면의 동작 원리를 터득할 수 있고 특히 다른 사람이 만든 신경망의 구조를 이해할 때 도움이 됩니다.

이번 절에서는 케라스 API를 사용해 7장에서 만들었던 패션 MNIST 데이터를 합성곱 신경망으로 분류해 보겠습니다. 이 절의 내용을 모두 이해할 수 있다면 나중에 더 복잡한 합성곱 층이나 신경망 구조를 만나더라도 잘 이해할 수 있을 것입니다.

이사님은 자신의 아이디어가 이미 딥러닝 라이브러리에 구현되어 있다는 사실에 놀라며 자리를 뜨지 못하네요. 이사님이 지켜보는 가운데 작업을 해야 한다니 여간 힘든 일이 아니군요. 혼공머신이 이 어려움을 잘 극복하는지 함께 지켜보시죠.

그럼 이제 패션 MNIST 데이터를 분류하는 데 합성곱의 아이디어가 정말로 도움이 되는지 확인해 보겠습니다!

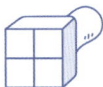

패션 MNIST 데이터 불러오기

먼저 주피터 노트북에서 케라스 API를 사용해 패션 MNIST 데이터를 불러오고 적절히 전처리하겠습니다. 이 작업은 7장에서 했던 것과 아주 비슷합니다. 데이터 스케일을 0~255 사이에서 0~1 사이로 바꾸고 훈련 세트와 검증 세트로 나눕니다.

여기에서는 한 가지 작업이 다릅니다. 완전 연결 신경망에서는 입력 이미지를 밀집층에 연결하기 위해 일렬로 펼쳐야 합니다. 이 작업을 위해 넘파이 reshape() 메서드를 사용하거나 Flatten 클래스를 사용했습니다. 합성곱 신경망은 2차원 이미지를 그대로 사용하기 때문에 이렇게 일렬로 펼치지 않습니다.

다만 8장 1절에서 언급했듯이 입력 이미지는 항상 깊이(채널) 차원이 있어야 합니다. 흑백 이미지의 경우 채널 차원이 없는 2차원 배열이지만 Conv2D 층을 사용하기 위해 마지막에 이 채널 차원을 추가해야 합니다. 넘파이 reshape() 메서드를 사용해 전체 배열 차원을 그대로 유지하면서 마지막에 차원을 간단히 추가할 수 있습니다.

```
import keras
from sklearn.model_selection import train_test_split
(train_input, train_target), (test_input, test_target) =\
    keras.datasets.fashion_mnist.load_data()
train_scaled = train_input.reshape(-1, 28, 28, 1) / 255.0
train_scaled, val_scaled, train_target, val_target = train_test_split(
    train_scaled, train_target, test_size=0.2, random_state=42)
```

이제 (48000, 28, 28) 크기인 train_input이 (48000, 28, 28, 1) 크기인 train_scaled가 되었습니다.

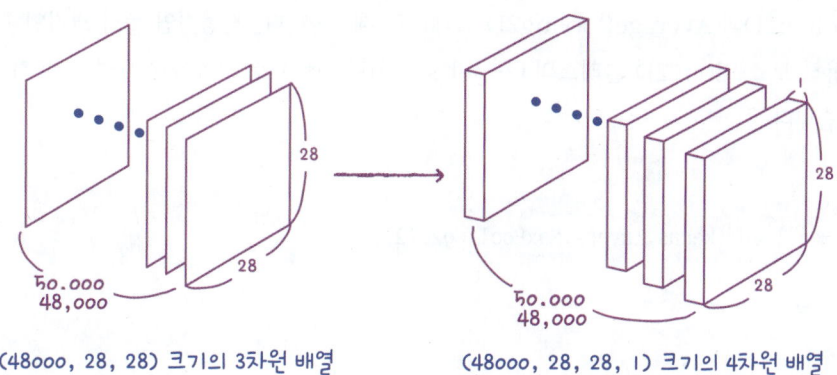

(48000, 28, 28) 크기의 3차원 배열 → (48000, 28, 28, 1) 크기의 4차원 배열

그 외 다른 작업은 7장에서 했던 것과 정확히 같습니다. 데이터를 준비했으니 이제 본격적으로 합성곱 신경망을 만들어 보죠.

합성곱 신경망 만들기

1절에서 설명했듯이 전형적인 합성곱 신경망의 구조는 합성곱 층으로 이미지에서 특징을 감지한 후 밀집층으로 클래스에 따른 분류 확률을 계산합니다. 케라스의 Sequential 클래스를 사용해 순서대로 이 구조를 정의해 보겠습니다.

먼저 Sequential 클래스의 객체를 만들고 첫 번째 합성곱 층인 Conv2D를 추가합니다. 이 클래스는 다른 층 클래스와 마찬가지로 keras.layers 패키지 아래에 있습니다. 여기에서는 이전 장에서 보았던 모델의 add() 메서드를 사용해 층을 하나씩 차례대로 추가하겠습니다.

```
model = keras.Sequential()
model.add(keras.layers.Input(shape=(28,28,1)))
model.add(keras.layers.Conv2D(32, kernel_size=3, activation='relu',
                              padding='same'))
```

이 코드의 매개변수를 자세히 살펴보겠습니다. 이 합성곱 층은 32개의 필터를 사용합니다. 커널의 크기는 (3, 3)이고 렐루 활성화 함수와 세임 패딩을 사용합니다.

완전 연결 신경망에서처럼 케라스 신경망 모델의 첫 번째 층에서 입력층을 추가해 주어야 합니다. 앞서 패션 MNIST 이미지를 (28, 28)에서 (28, 28, 1)로 변경했던 것을 기억하시죠? Input() 함수의 shape 매개변수를 이 값으로 지정합니다.

그다음 풀링 층을 추가합니다. 케라스는 최대 풀링과 평균 풀링을 keras.layers 패키지 아래 MaxPooling2D와 AveragePooling2D 클래스로 제공합니다. 전형적인 풀링 크기인 (2, 2) 풀링을 사용해 보죠. Conv2D 클래스의 kernel_size처럼 가로세로 크기가 같으면 정수 하나로 지정할 수 있습니다.

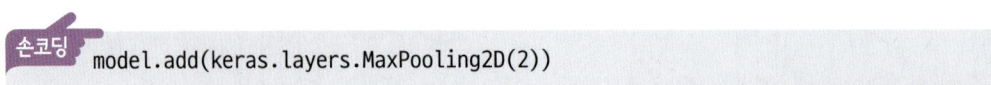
```
model.add(keras.layers.MaxPooling2D(2))
```

패션 MNIST 이미지가 (28, 28) 크기에 세임 패딩을 적용했기 때문에 합성곱 층에서 출력된 특성 맵의 가로세로 크기는 입력과 동일합니다. 그다음 (2, 2) 풀링을 적용했으므로 특성 맵의 크기는 절반으로 줄어듭니다. 합성곱 층에서 32개의 필터를 사용했기 때문에 이 특성 맵의 깊이는 32가 됩니다. 따라서 최대 풀링을 통과한 특성 맵의 크기는 (14, 14, 32)가 될 것입니다. 나중에 각 층의 출력 크기를 summary() 메서드로 확인해 보겠습니다.

> 풀링을 통과한 특성 맵의 개수 32는 변하지 않습니다.

첫 번째 합성곱-풀링 층 다음에 두 번째 합성곱-풀링 층을 추가해 보겠습니다. 두 번째 합성곱-풀링 층은 첫 번째와 거의 동일합니다. 필터의 개수를 64개로 늘린 점만 다릅니다.

```
model.add(keras.layers.Conv2D(64, kernel_size=3, activation='relu',
                              padding='same'))
model.add(keras.layers.MaxPooling2D(2))
```

첫 번째 합성곱-풀링 층과 마찬가지로 이 합성곱 층은 세임 패딩을 사용합니다. 따라서 입력의 가로세로 크기를 줄이지 않습니다. 이어지는 풀링 층에서 이 크기를 절반으로 줄입니다. 64개의 필터를 사용했으므로 최종적으로 만들어지는 특성 맵의 크기는 (7, 7, 64)가 될 것입니다.

이제 이 3차원 특성 맵을 일렬로 펼칠 차례입니다. 이렇게 하는 이유는 마지막에 10개의 뉴런을 가진 (밀집) 출력층에서 확률을 계산하기 때문입니다. 여기에서는 특성 맵을 일렬로 펼쳐서 바로 출력층에 전달하지 않고 중간에 하나의 밀집 은닉층을 하나 더 두도록 하겠습니다. 즉 Flatten 클래스 다음에 Dense 은닉층, 마지막으로 Dense 출력층의 순서대로 구성합니다.

```
model.add(keras.layers.Flatten())
model.add(keras.layers.Dense(100, activation='relu'))
model.add(keras.layers.Dropout(0.4))
model.add(keras.layers.Dense(10, activation='softmax'))
```

은닉층과 출력층 사이에 드롭아웃을 넣었습니다. 드롭아웃 층이 은닉층의 과대적합을 막아 성능을 조금 더 개선해 줄 것입니다. 은닉층은 100개의 뉴런을 사용하고 활성화 함수는 합성곱 층과 마찬가지로 렐루 함수를 사용합니다. 패션 MNIST 데이터셋은 클래스 10개를 분류하는 다중 분류 문제이므로 마지막 층의 활성화 함수는 소프트맥스를 사용합니다.

이렇게 합성곱 신경망의 구성을 마쳤습니다. 정말 간단하죠? 앞 절에서 커널, 패딩, 풀링 등을 잘 이해했다면 케라스 API를 사용해 손쉽게 다양한 구성을 실험해 볼 수 있습니다.

케라스 모델의 구성을 마쳤으니 summary() 메서드로 모델 구조를 출력해 보겠습니다.

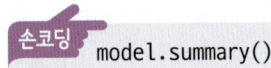 `model.summary()`

```
Model: "sequential"
```

Layer (type)	Output Shape	Param #
conv2d (Conv2D)	(None, 28, 28, 32)	320
max_pooling2d (MaxPooling2D)	(None, 14, 14, 32)	0
conv2d_1 (Conv2D)	(None, 14, 14, 64)	18,496
max_pooling2d_1 (MaxPooling2D)	(None, 7, 7, 64)	0
flatten (Flatten)	(None, 3136)	0
dense (Dense)	(None, 100)	313,700
dropout (Dropout)	(None, 100)	0
dense_1 (Dense)	(None, 10)	1,010

```
Total params: 333,526 (1.27 MB)
Trainable params: 333,526 (1.27 MB)
Non-trainable params: 0 (0.00 B)
```

summary() 메서드의 출력 결과를 보면 합성곱 층과 풀링 층의 효과가 잘 나타나 있습니다. 첫 번째 합성곱 층을 통과하면서 특성 맵의 깊이는 32가 되고 두 번째 합성곱에서 특성 맵의 크기가 64로 늘어납니다. 반면 특성 맵의 가로세로 크기는 첫 번째 풀링 층에서 절반으로 줄어들고 두 번째 풀링 층에서 다시 절반으로 더 줄어듭니다. 따라서 최종 특성 맵의 크기는 (7, 7, 64)입니다.

완전 연결 신경망에서 했던 것처럼 모델 파라미터의 개수를 계산해 보죠. 첫 번째 합성곱 층은 32개의 필터를 가지고 있고 크기가 (3, 3), 깊이가 1입니다. 또 필터마다 하나의 절편이 있습니다.

따라서 총 3 × 3 × 1 × 32 + 32 = 320개의 파라미터가 있습니다.

두 번째 합성곱 층은 64개의 필터를 사용하고 크기가 (3, 3), 깊이가 32입니다. 역시 필터마다 하나의 절편이 있습니다. 따라서 총 3 × 3 × 32 × 64 + 64 = 18,496개의 파라미터가 있습니다. 층의 구조를 잘 이해하고 있는지 확인하려면 이렇게 모델 파라미터 개수를 계산해 보세요.

Flatten 클래스에서 (7, 7, 64) 크기의 특성 맵을 1차원 배열로 펼치면 (3136,) 크기의 배열이 됩니다. 이를 100개의 뉴런과 완전히 연결해야 하므로 은닉층의 모델 파라미터 개수는 3,136 × 100 + 100 = 313,700개입니다. 마찬가지 방식으로 계산하면 마지막 출력층의 모델 파라미터 개수는 1,010개입니다.

좋습니다. 합성곱 신경망 모델을 잘 구성했고 각 층의 파라미터 개수를 검증해 보았습니다. 케라스는 summary() 메서드 외에 층의 구성을 그림으로 표현해 주는 plot_model() 함수를 keras.utils 패키지에서 제공합니다. 이 함수에 앞에서 만든 model 객체를 넣어 호출해 보죠.

> 손코딩
> keras.utils.plot_model(model)

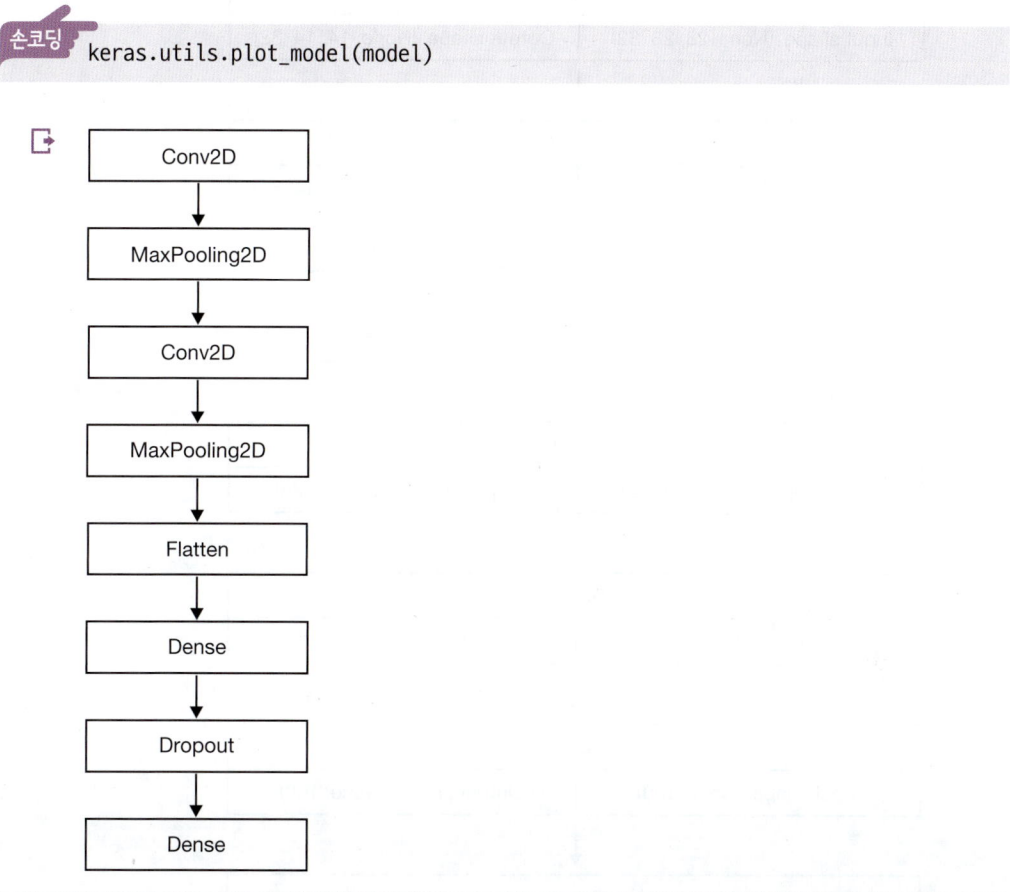

네모 상자 안의 내용 중 콜론 왼쪽에는 층의 이름이 쓰여 있고 오른쪽에는 클래스가 나타납니다.

plot_model() 함수의 show_shapes 매개변수를 True로 설정하면 이 그림에 입력과 출력의 크기를 표시해 줍니다. 기본적으로 이 함수는 "model.png" 파일에 출력된 이미지를 저장합니다. to_file 매개변수에 원하는 파일 이름을 지정할 수 있습니다. dpi 매개변수로 해상도를 지정할 수도 있습니다. dpi의 기본값은 200입니다.

```
keras.utils.plot_model(model, show_shapes=True)
```

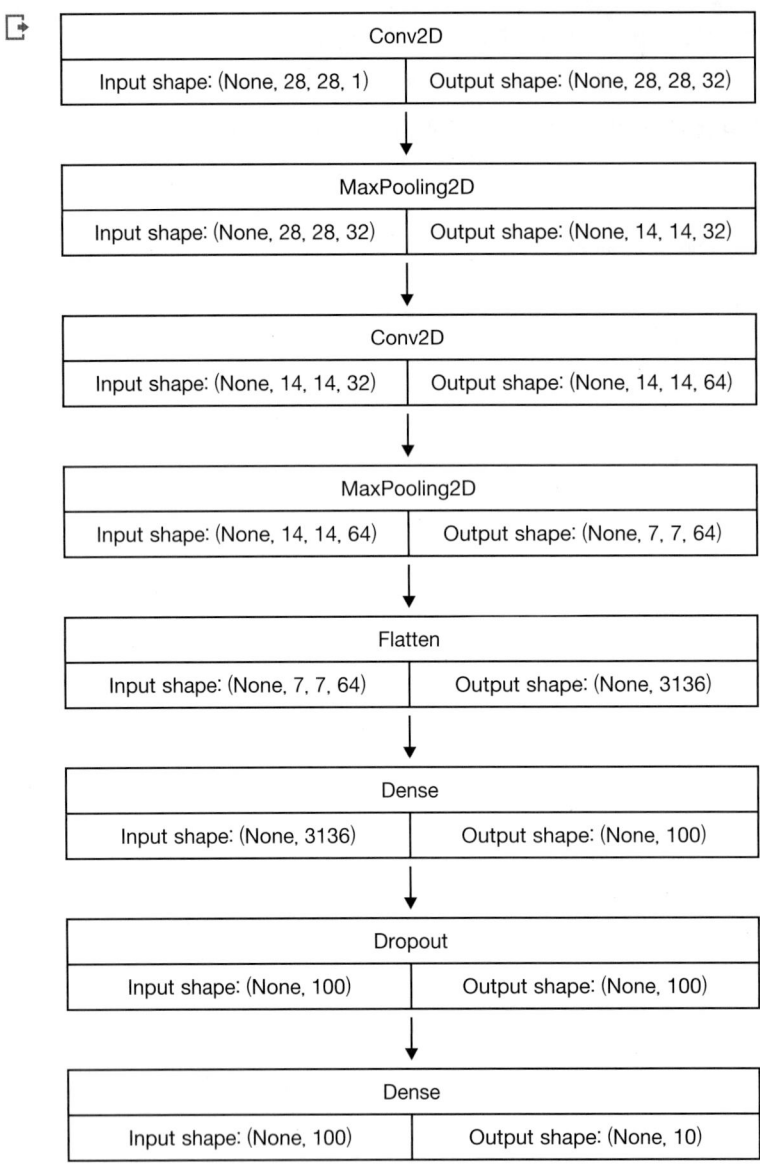

오른쪽의 input, output 상자에서 층으로 입력되는 크기와 출력되는 크기가 나타나기 때문에 이해하기 훨씬 쉽습니다. 지금까지 만든 신경망을 그림으로 다시 살펴보도록 하겠습니다.

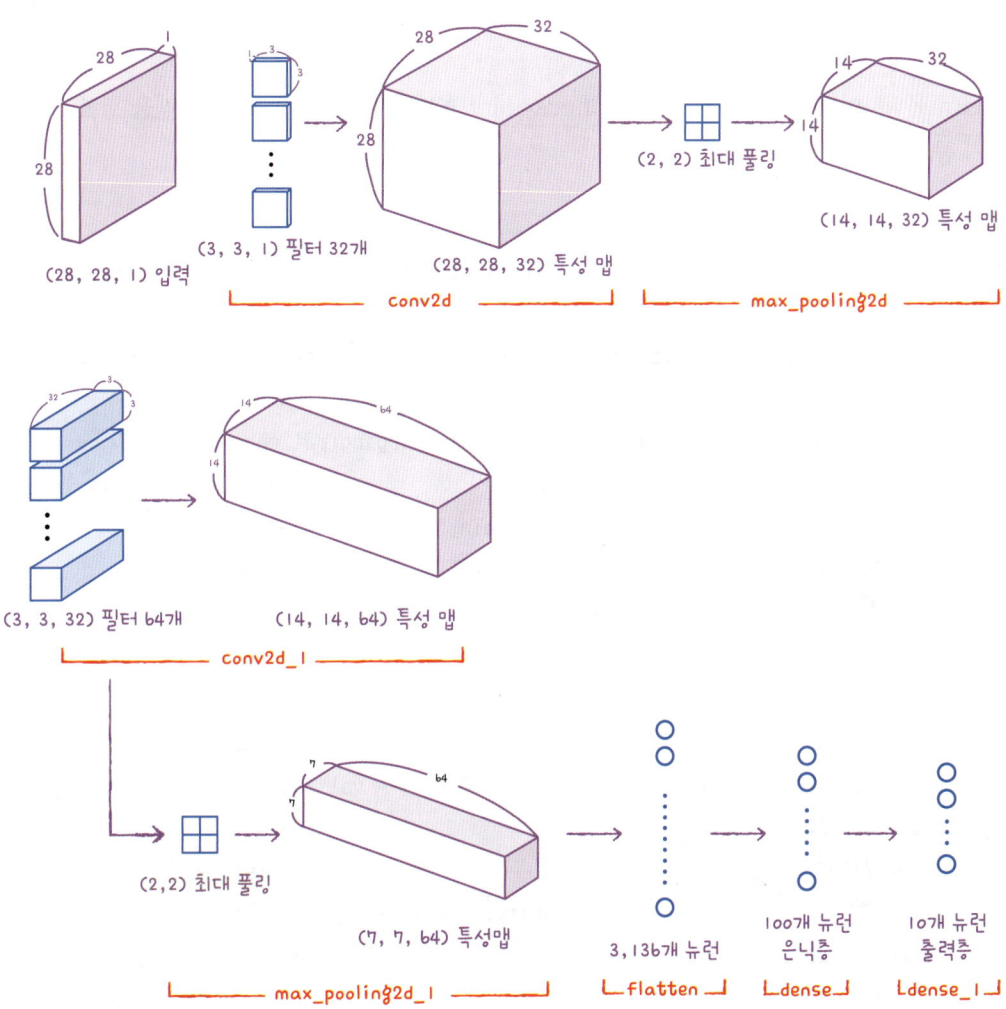

패션 MNIST 데이터에 적용할 합성곱 신경망 모델의 구성을 마쳤습니다. 이제 모델을 컴파일하고 훈련해 보죠.

모델 컴파일과 훈련

케라스 API의 장점은 딥러닝 모델의 종류나 구성 방식에 상관없이 컴파일과 훈련 과정이 같다는 점입니다. 다음 코드는 7장 3절에서 사용했던 완전 연결 신경망 모델을 컴파일하고 훈련하는 코드와 거의 같습니다.

Adam 옵티마이저를 사용하고 ModelCheckpoint 콜백과 EarlyStopping 콜백을 함께 사용해 조기 종료 기법을 구현합니다.

```
model.compile(optimizer='adam', loss='sparse_categorical_crossentropy',
              metrics=['accuracy'])
checkpoint_cb = keras.callbacks.ModelCheckpoint('best-cnn-model.keras',
                                                save_best_only=True)
early_stopping_cb = keras.callbacks.EarlyStopping(patience=2,
                                                  restore_best_weights=True)
history = model.fit(train_scaled, train_target, epochs=20,
                    validation_data=(val_scaled, val_target),
                    callbacks=[checkpoint_cb, early_stopping_cb])
```

```
Epoch 1/20
1500/1500 ──────────────── 13s 5ms/step - accuracy: 0.7401 - loss: 0.7269 - val_accuracy: 0.8774 - val_loss: 0.3317
Epoch 2/20
1500/1500 ──────────────── 7s 5ms/step - accuracy: 0.8664 - loss: 0.3699 - val_accuracy: 0.8928 - val_loss: 0.2956
Epoch 3/20
1500/1500 ──────────────── 10s 4ms/step - accuracy: 0.8858 - loss: 0.3108 - val_accuracy: 0.9027 - val_loss: 0.2621
Epoch 4/20
1500/1500 ──────────────── 10s 4ms/step - accuracy: 0.8966 - loss: 0.2785 - val_accuracy: 0.9102 - val_loss: 0.2471
Epoch 5/20
1500/1500 ──────────────── 10s 4ms/step - accuracy: 0.9067 - loss: 0.2539 - val_accuracy: 0.9087 - val_loss: 0.2466
Epoch 6/20
1500/1500 ──────────────── 7s 5ms/step - accuracy: 0.9124 - loss: 0.2320 - val_accuracy: 0.9149 - val_loss: 0.2350
```

```
Epoch 7/20
1500/1500 ———————————————————————————— 6s 4ms/step - accuracy: 
0.9197 - loss: 0.2169 - val_accuracy: 0.9195 - val_loss: 0.2370
Epoch 8/20
1500/1500 ———————————————————————————— 8s 5ms/step - accuracy: 
0.9267 - loss: 0.1947 - val_accuracy: 0.9191 - val_loss: 0.2369
```

얼핏 보아도 훈련 세트의 정확도가 이전보다 훨씬 좋아진 것을 알 수 있습니다. 손실 그래프를 그려서 조기 종료가 잘 이루어졌는지 확인해 보죠.

> 출력 결과는 각자 조금씩 차이가 있겠지만, 80%대에서 90%대로 정확도가 올랐습니다!

```
import matplotlib.pyplot as plt

plt.plot(history.history['loss'], label='train')
plt.plot(history.history['val_loss'], label='val')
plt.xlabel('epoch')
plt.ylabel('loss')
plt.legend()
plt.show()
```

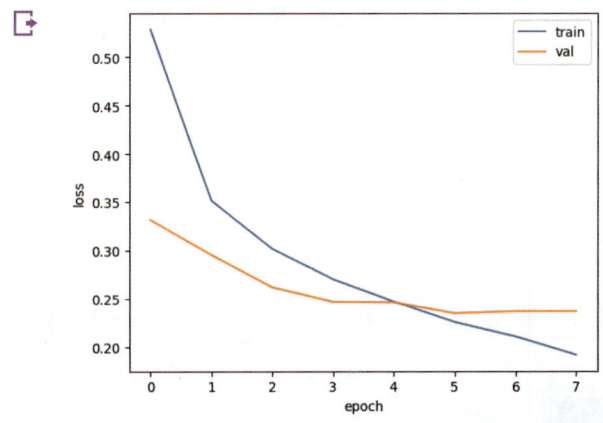

검증 세트에 대한 손실이 점차 감소하다가 정체되기 시작하고 훈련 세트에 대한 손실은 점점 더 낮아지고 있습니다. 이 그래프를 기반으로 여섯 번째 에포크를 최적으로 생각할 수 있습니다.

EarlyStopping 클래스에서 restore_best_weights 매개변수를 True로 지정했으므로 현재 model 객체가 최적의 모델 파라미터로 복원되어 있습니다. 즉 ModelCheckpoint 콜백이 저장한 best-cnn-model.keras 파일을 다시 읽을 필요가 없습니다. 이번에는 세트에 대한 성능을 평가해 보겠습니다.

> **note** 다음 절의 노트북에서 체크포인트 파일을 재사용하므로 코랩의 파일 탭에서 best-cnn-model.keras 파일을 찾아 내 컴퓨터로 다운로드하세요.

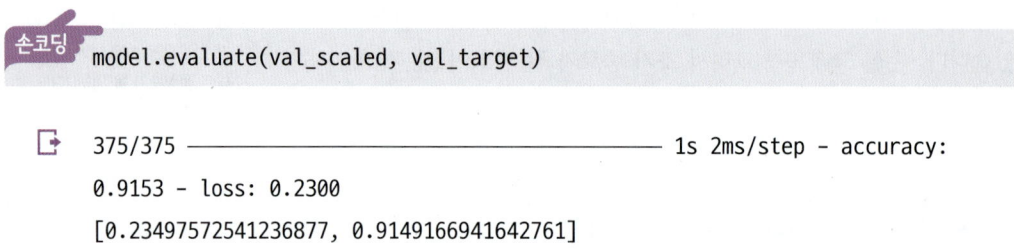

```
model.evaluate(val_scaled, val_target)
```

```
375/375 ──────────────── 1s 2ms/step - accuracy:
0.9153 - loss: 0.2300
[0.23497572541236877, 0.9149166941642761]
```

이 결과는 fit() 메서드의 출력 중 여섯 번째 에포크의 출력과 동일합니다. EarlyStopping 콜백이 model 객체를 최상의 모델 파라미터로 잘 복원한 것 같습니다.

7장에서 잠깐 소개했던 predict() 메서드를 사용해 훈련된 모델을 사용하여 새로운 데이터에 대해 예측을 만들어 보겠습니다. 여기에서는 편의상 검증 세트의 첫 번째 샘플을 처음 본 이미지라고 가정합니다. 맷플롯립에서는 흑백 이미지에 깊이 차원은 없습니다. 따라서 (28, 28, 1) 크기를 (28, 28)로 바꾸어 출력해야 합니다. 첫 번째 샘플 이미지를 먼저 확인해 보죠.

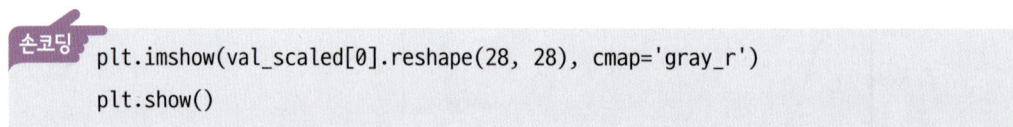

```
plt.imshow(val_scaled[0].reshape(28, 28), cmap='gray_r')
plt.show()
```

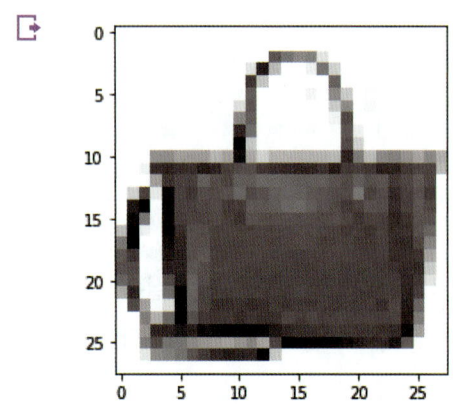

핸드백 이미지같군요. 모델은 이 이미지에 대해 어떤 예측을 만드는지 확인해 보죠. predict() 메서드는 10개의 클래스에 대한 예측 확률을 출력합니다.

```
preds = model.predict(val_scaled[0:1])
print(preds)
```

```
1/1 ──────────────────────── 0s 133ms/step
[[2.1421800e-18 8.7024404e-25 3.2938590e-20 3.9525481e-20 4.2847604e-19
  5.3240785e-18 6.1603418e-19 4.9034962e-19 1.0000000e+00 1.5801817e-20]]
```

+ 여기서 잠깐   왜 슬라이싱을 사용했나요?

predict() 메서드에 데이터를 전달할 때 val_scaled[0]로 쓰지 않고 val_scaled[0:1]와 같이 슬라이싱을 사용했습니다. 케라스의 fit(), predict(), evaluate() 메서드는 모두 입력의 첫 번째 차원이 배치 차원일 것으로 기대합니다. 따라서 샘플 하나를 전달할 때 (28, 28, 1)이 아니라 (1, 28, 28, 1) 크기를 전달해야 합니다. 배열 슬라이싱은 인덱싱과 다르게 선택된 원소가 하나이더라도 전체 차원이 유지되어 (1, 28, 28, 1) 크기를 만듭니다.

출력 결과를 보면 아홉 번째 값이 1이고 다른 값은 거의 0에 가깝습니다.[1] 다시 말해 아홉 번째 클래스라고 강하게 주장하는 거죠. 이를 막대그래프로 그리면 확실하게 느낄 수 있습니다.

```
plt.bar(range(1, 11), preds[0])
plt.xlabel('class')
plt.ylabel('prob.')
plt.show()
```

---
[1] 출력값 중에서 e 문자는 지수 표현을 의미합니다. 예를 들어 5e3은 5×10^3이고 5e-3은 5×10^{-3}입니다.

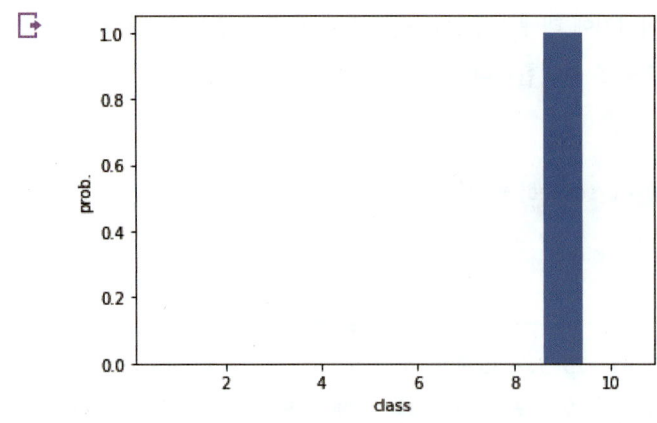

네, 정말 그렇네요. 다른 클래스의 값은 사실상 모두 0입니다. 아홉 번째 클래스가 실제로 무엇인지는 패션 MNIST 데이터셋의 정의를 참고해야 합니다. 7장에서 패션 MNIST 데이터셋의 레이블을 보았었죠. 여기에서는 파이썬에서 레이블을 다루기 위해 리스트로 저장하겠습니다.

```
classes = ['티셔츠', '바지', '스웨터', '드레스', '코트', '샌들', '셔츠', '스니커즈',
           '가방', '앵클 부츠']
```

클래스 리스트가 있으면 레이블을 출력하기 쉽습니다. preds 배열에서 가장 큰 인덱스를 찾아 classes 리스트의 인덱스로 사용하면 됩니다.

```
import numpy as np

print(classes[np.argmax(preds)])
```

가방

네, 이 샘플을 '가방'으로 잘 예측한 것 같군요. 축하합니다. 합성곱 신경망을 만들고 훈련하여 새로운 샘플에 대해 예측을 수행하는 방법도 알아보았습니다. 마지막으로 맨 처음에 떼어 놓았던 테스트 세트로 합성곱 신경망의 일반화 성능을 가늠해 보겠습니다. 즉 이 모델을 실전에 투입했을 때 얻을 수 있는 예상 성능을 측정해 보죠.

훈련 세트와 검증 세트에서 했던 것처럼 픽셀값의 범위를 0~1 사이로 바꾸고 채널 차원을 추가하기 위해 이미지 크기를 (28, 28)에서 (28, 28, 1)로 바꾸겠습니다.

```
test_scaled = test_input.reshape(-1, 28, 28, 1) / 255.0
```

그다음 evaluate() 메서드로 테스트 세트에 대한 성능을 측정합니다.

```
model.evaluate(test_scaled, test_target)
```

> 313/313 [==============================] - 1s 4ms/step - loss: 0.2457 - accuracy: 0.9124
> [0.26197266578674316, 0.9088000059127808]

역시 예상대로 테스트 세트에서의 점수는 검증 세트보다 조금 더 작습니다. 이 모델을 실전에 투입하여 패션 아이템을 분류한다면 약 91%의 성능을 기대할 수 있겠군요!

케라스 API로 합성곱 신경망 구현 [문제해결 과정]

이전 절에서 살펴본 합성곱 신경망의 주요 개념을 토대로 이번 절에서는 케라스 API를 사용해 합성곱 신경망을 만들어 보았습니다. 케라스의 Conv2D 클래스를 사용해 32개의 필터와 64개의 필터를 둔 2개의 합성곱 층을 추가했습니다. 두 합성곱 층 다음에는 모두 (2, 2) 크기의 최대 풀링 층을 배치했습니다. 두 번째 풀링 층을 통과한 특성 맵을 펼친 다음 밀집 은닉층에 연결하고 최종적으로 10개의 뉴런을 가진 출력층에서 샘플에 대한 확률을 출력했습니다.

7장에서 사용했던 조기 종료 기법을 사용해 모델을 훈련한 다음 검증 세트로 최적의 에포크에서 성능을 평가했습니다. 또 샘플 데이터 하나를 선택해 예측 클래스를 출력하는 방법을 살펴보았습니다.

마지막으로 이제까지 사용하지 않았던 테스트 세트를 사용해 최종 모델의 일반화 성능을 평가하였습니다. 항상 테스트 세트는 모델을 출시하기 직전 딱 한 번만 사용해야 합니다. 그렇지 않다면 모델을 실전에 투입했을 때 성능을 올바르게 예측하지 못합니다.

합성곱 신경망은 이미지를 주로 다루기 때문에 각 층의 출력을 시각화하기 좋습니다. 다음 절에서는 합성곱 층의 가중치와 특성 맵을 시각화하여 신경망이 학습한 내용을 고찰해 보겠습니다.

전체 소스 코드

note https://bit.ly/hg2-08-2에 접속하면 코랩에서 이 절의 코드를 바로 열어 볼 수 있습니다.

```python
"""# 합성곱 신경망을 사용한 이미지 분류"""

"""## 패션 MNIST 데이터 불러오기"""

import keras
from sklearn.model_selection import train_test_split

(train_input, train_target), (test_input, test_target) =\
    keras.datasets.fashion_mnist.load_data()

train_scaled = train_input.reshape(-1, 28, 28, 1) / 255.0

train_scaled, val_scaled, train_target, val_target = train_test_split(
    train_scaled, train_target, test_size=0.2, random_state=42)

"""## 합성곱 신경망 만들기"""

model = keras.Sequential()

model.add(keras.layers.Input(shape=(28,28,1)))

model.add(keras.layers.Conv2D(32, kernel_size=3, activation='relu',
                              padding='same'))

model.add(keras.layers.MaxPooling2D(2))

model.add(keras.layers.Conv2D(64, kernel_size=(3,3), activation='relu',
                              padding='same'))
model.add(keras.layers.MaxPooling2D(2))

model.add(keras.layers.Flatten())
model.add(keras.layers.Dense(100, activation='relu'))
```

```python
model.add(keras.layers.Dropout(0.4))
model.add(keras.layers.Dense(10, activation='softmax'))

model.summary()

keras.utils.plot_model(model)

keras.utils.plot_model(model, show_shapes=True,
                       to_file='cnn-architecture.png', dpi=300)

"""## 모델 컴파일과 훈련"""

model.compile(optimizer='adam', loss='sparse_categorical_crossentropy',
              metrics=['accuracy'])

checkpoint_cb = keras.callbacks.ModelCheckpoint('best-cnn-model.keras',
                                                save_best_only=True)
early_stopping_cb = keras.callbacks.EarlyStopping(patience=2,
                                                  restore_best_weights=True)

history = model.fit(train_scaled, train_target, epochs=20,
                    validation_data=(val_scaled, val_target),
                    callbacks=[checkpoint_cb, early_stopping_cb])

import matplotlib.pyplot as plt

plt.plot(history.history['loss'], label='train')
plt.plot(history.history['val_loss'], label='val')
plt.xlabel('epoch')
plt.ylabel('loss')
plt.legend()
plt.show()

model.evaluate(val_scaled, val_target)

plt.imshow(val_scaled[0].reshape(28, 28), cmap='gray_r')
```

```
plt.show()

preds = model.predict(val_scaled[0:1])
print(preds)

plt.bar(range(1, 11), preds[0])
plt.xlabel('class')
plt.ylabel('prob.')
plt.show()

classes = ['티셔츠', '바지', '스웨터', '드레스', '코트', '샌달', '셔츠', '스니커즈',
           '가방', '앵클 부츠']

import numpy as np

print(classes[np.argmax(preds)])

test_scaled = test_input.reshape(-1, 28, 28, 1) / 255.0

model.evaluate(test_scaled, test_target)
```

마무리

▶ 키워드로 끝내는 핵심 포인트

- 케라스의 Conv2D, MaxPooling2D, plot_model를 활용한 실습을 했습니다. 자세한 설명은 [핵심 패키지와 함수]에서 하겠습니다.

▶ 핵심 패키지와 함수

Keras

- **Conv2D**는 입력의 너비와 높이 방향의 합성곱 연산을 구현한 클래스입니다.

  첫 번째 매개변수는 합성곱 필터의 개수입니다.

  kernel_size 매개변수는 필터의 커널 크기를 지정합니다. 가로세로 크기가 같은 경우 정수 하나로, 다른 경우 (높이, 너비)로 구성된 정수 튜플을 지정할 수 있습니다. 일반적으로 커널의 가로세로 크기는 동일합니다. 커널의 깊이는 입력의 깊이와 동일하기 때문에 따로 지정하지 않습니다.

  strides 매개변수는 필터의 이동 간격을 지정합니다. 가로세로 크기가 같은 경우 정수 하나로, 다른 경우 정수의 튜플로 지정할 수 있습니다. 일반적으로 가로세로 스트라이드 크기는 동일합니다. 기본값은 1입니다.

  padding 매개변수는 입력의 패딩 타입을 지정합니다. 기본값 'valid'는 패딩을 하지 않습니다. 'same'은 합성곱 층의 출력의 가로세로 크기를 입력과 동일하게 맞추도록 입력에 패딩을 추가합니다.

  activation 매개변수는 합성곱 층에 적용할 활성화 함수를 지정합니다.

- **MaxPooling2D**는 입력의 너비와 높이를 줄이는 풀링 연산을 구현한 클래스입니다.

  첫 번째 매개변수는 풀링의 크기를 지정하며, 가로세로 크기가 같은 경우 정수 하나로, 다른 경우 (높이, 너비)로 구성된 정수 튜플을 지정할 수 있습니다. 일반적으로 풀링의 가로세로 크기는 같게 지정합니다.

strides 매개변수는 풀링의 이동 간격을 지정합니다. 기본값은 풀링의 크기와 동일합니다. 즉 입력 위를 겹쳐서 풀링하지 않습니다.

padding 매개변수는 입력의 패딩 타입을 지정합니다. 기본값 'valid'는 패딩을 하지 않습니다. 'same'은 합성곱 층의 출력의 가로세로 크기를 입력과 동일하게 맞추도록 입력에 패딩을 추가합니다.

- **plot_model( )**은 케라스 모델 구조를 주피터 노트북에 그리거나 파일로 저장합니다.

  첫 번째 매개변수에 케라스 모델 객체를 전달합니다.

  to_file 매개변수에 파일 이름을 지정하면 그림을 파일로 저장합니다.

  show_shapes 매개변수를 True로 지정하면 층의 입력, 출력 크기를 표시합니다. 기본값은 False입니다.

  show_layer_names 매개변수를 True로 지정하면 층 이름을 출력합니다. 기본값이 True입니다.

matplotlib

- **bar( )**는 막대그래프를 출력합니다.

  첫 번째 매개변수에 x축의 값을 리스트나 넘파이 배열로 전달합니다.

  두 번째 매개변수에 막대의 y축 값을 리스트나 넘파이 배열로 전달합니다.

  width 매개변수에서 막대의 두께를 지정할 수 있습니다. 기본값은 0.8입니다.

▶ 확인 문제

1. 합성곱 층의 필터가 입력 위를 이동하는 간격을 조절하는 Conv2D 클래스의 매개변수는 무엇인가요?

   ① kernel_size

   ② strides

   ③ padding

   ④ activation

2. Conv2D 클래스의 padding 매개변수의 설명이 올바르게 된 것은 무엇인가요?

① 'valid'는 입력의 크기가 커널의 크기의 배수가 되도록 패딩 합니다.

② 'valid'는 입력과 출력의 가로세로 크기를 동일하게 만들도록 패딩 합니다.

③ 'same'은 입력의 크기가 커널의 크기의 배수가 되도록 패딩 합니다.

④ 'same'은 입력과 출력의 가로세로 크기를 동일하게 만들도록 패딩 합니다.

3. 다음 중 최대 풀링 층의 풀링 매개변수를 잘못 설정한 것은 무엇인가요?

① MaxPooling2D(2)

② MaxPooling2D((2, 2))

③ MaxPooling2D(2, 2)

④ MaxPooling2D((2, 2, 2))

4. Conv2D 층의 입력에 대해 올바르게 설명한 것은 무엇인가요?

① Conv2D 층은 3차원 입력을 기대합니다.

② Conv2D 층을 사용하는 합성곱 신경망의 입력 크기는 배치 차원을 포함해 3차원입니다.

③ 기본적으로 케라스 신경망 모델에서 이미지 입력의 크기는 (배치, 채널, 높이, 너비)입니다.

④ 흑백 이미지의 경우 채널이 없어도 3차원 배열로 간주합니다.

파이토치 버전 살펴보기

파이토치로 합성곱 신경망 모델 훈련하기

note https://bit.ly/hg2-08-2-pt에 접속하면 코랩에서 이 절의 코드를 바로 열어 볼 수 있습니다.

이번에는 파이토치에서 제공하는 합성곱 층은 물론, Sequential 클래스에 층을 추가하는 또 다른 방법을 알아보겠습니다. 또, 수동으로 배치 데이터셋을 준비하는 대신 파이토치에 포함된 데이터 로더 data loader를 활용하여 모델을 훈련시켜 보겠습니다.

먼저, 이전 절에서와 같이 torchvision 패키지를 사용해 패션 MNIST 데이터셋을 로드하고 훈련 세트와 검증 세트로 나눕니다. 여기서 주의할 점은 파이토치는 이미지의 채널 차원이 배치 차원 바로 다음에 올 것이라 기대한다는 점입니다. 따라서 기존 (28, 28) 크기의 이미지를 (1, 28, 28) 크기로 변환해야 합니다. 아래 코드에서 train_input의 reshape() 메서드를 사용해 첫 번째 배치 차원 다음에 크기가 1인 두 번째 차원을 추가했습니다.

note 케라스는 이와 반대로 채널 차원이 마지막에 등장할 것이라 기대하기 때문에 본문에서 (28, 28) 이미지를 (28, 28, 1) 크기로 바꾸었습니다.

```python
from torchvision.datasets import FashionMNIST

fm_train = FashionMNIST(root='.', train=True, download=True)
fm_test = FashionMNIST(root='.', train=False, download=True)

train_input = fm_train.data
train_target = fm_train.targets
train_scaled = train_input.reshape(-1, 1, 28, 28) / 255.0

from sklearn.model_selection import train_test_split

train_scaled, val_scaled, train_target, val_target = train_test_split(
    train_scaled, train_target, test_size=0.2, random_state=42)
```

이전 절에서는 Sequential 클래스에 층 객체를 나열하여 모델을 만들었습니다. 하지만 Sequential 클래스를 사용하는 또 다른 방법이 있습니다.

모델 객체를 먼저 생성한 후, add_module() 메서드를 사용해 층을 하나씩 추가하는 것입니다. 이 방법은 마치 케라스에서 add() 메서드를 사용한 것과 비슷합니다. add_module() 메서드를 사용할 때는 첫 번째 매개변수로 층 이름을, 두 번째 매개변수로 층 객체를 전달합니다.

본문에서와 같이 32개의 필터를 가진 합성곱 층과 렐루 활성화 함수, 풀링 층을 추가해 보죠.

```
import torch.nn as nn

model = nn.Sequential()
model.add_module('conv1', nn.Conv2d(1, 32, kernel_size=3, padding='same'))
model.add_module('relu1', nn.ReLU())
model.add_module('pool1', nn.MaxPool2d(2))
```

파이토치의 합성곱 층 클래스는 Conv2d입니다. 첫 번째 매개변수로 입력 채널 개수를 지정하고 두 번째 매개변수에 출력 채널 개수, 즉 필터 개수를 지정합니다. 패션 MNIST 데이터는 흑백 이미지이므로 채널 개수가 1개이고 출력 채널 개수는 본문과 동일하게 32개로 지정합니다. 또 kernel_size로 커널 크기를 정수 하나 또는 정수의 튜플로 지정할 수 있습니다. 패딩도 본문의 예와 동일하게 'same' 패딩을 사용하겠습니다.

note 케라스와 다르게 파이토치의 합성곱 층의 이름은 Conv2d로 마지막 d가 소문자입니다.

합성곱 층 다음에는 이전 절에서 사용했던 렐루 활성화 함수를 추가하고, 풀링 층을 추가합니다. 파이토치의 최대 풀링 클래스는 MaxPool2d입니다. 첫 번째 매개변수에 풀링 크기를 지정합니다. 합성곱 층과 마찬가지로 정수 하나 또는 (높이, 너비)를 나타내는 정수 튜플을 지정할 수 있습니다.

이런 식으로 두 번째 합성곱 층과 렐루 활성화 함수, 최대 풀링 층을 또 추가할 수 있습니다. 그리고 마지막에 Flatten 층을 추가합니다. 두 번째 합성곱 층의 입력 채널 크기는 첫 번째 합성곱 층의 출력 채널 개수와 같습니다. 렐루 활성화 함수와 최대 풀링 층은 채널 크기를 변경시키지 않기 때문입니다.

```
model.add_module('conv2', nn.Conv2d(32, 64, kernel_size=3, padding='same'))
model.add_module('relu2', nn.ReLU())
model.add_module('pool2', nn.MaxPool2d(2))
model.add_module('flatten', nn.Flatten())
```

두 번째 합성곱 층의 출력을 1차원으로 펼쳤으므로, 이제 Linear 층을 추가할 차례입니다. 하지만 Linear 층을 사용할 때는 입력 크기를 첫 번째 매개변수로 전달해야 하므로, Flatten 층으로 펼친 입력의 크기를 먼저 알아야 합니다.

첫 번째 합성곱 층은 세임 패딩을 사용하므로, 입력과 출력의 높이와 너비가 동일하게 유지됩니다. 하지만 그다음에 오는 풀링 층 때문에 높이와 너비가 절반으로 줄어 들어 14×14가 됩니다. 따라서 두 번째 합성곱 층도 세임 패딩을 사용하므로, 출력 크기가 동일합니다. 두 번째 최대 풀링 때문에 특성 맵의 높이와 너비는 절반으로 다시 줄어 들어 7×7가 됩니다. 두 번째 합성곱 층이 64개의 채널을 만들기 때문에 이 특성 맵을 Flatten 층으로 펼친 크기는 7×7×64 = 3136이 됩니다.

이렇게 직접 계산을 할 수도 있지만 층이 더 많고 세임 패딩을 사용하지 않는 경우에는 복잡합니다. 더 간단한 방법은 지금까지 만든 모델에 가짜 입력을 만들어 통과시켜서 어떤 크기의 출력이 만들어지는지 확인하는 것입니다. 예를 들어, 다음처럼 torch.ones() 함수로 값이 모두 1로 채워진 (1, 1, 28, 28) 크기 배열을 하나 만들어 모델에 전달해 보죠.

```
outputs = model(torch.ones(1, 1, 28, 28))
print(outputs.shape)
```

 torch.Size([1, 3136])

note [1, 3136]에서 1은 배치 차원에 담긴 샘플 개수입니다.

예상 대로 출력된 값의 크기는 3136이군요. 이 값을 Linear 층의 입력 크기로 사용하면 됩니다. 그런 다음 렐루 활성화 함수와 드롭아웃 층을 추가하고 최종적으로 출력 층을 추가하겠습니다.

```
model.add_module('dense1', nn.Linear(3136, 100))
model.add_module('relu3', nn.ReLU())
model.add_module('dropout', nn.Dropout(0.3))
model.add_module('dense2', nn.Linear(100, 10))
```

모델을 다 구성했으니 GPU로 모델을 전달하고 손실 함수와 옵티마이저를 준비합니다. 이 과정은 이전과 동일합니다.

```
import torch

device = torch.device("cuda" if torch.cuda.is_available() else "cpu")
model.to(device)

import torch.optim as optim

criterion = nn.CrossEntropyLoss()
optimizer = optim.Adam(model.parameters())
```

이전에는 훈련 세트를 직접 배치 크기로 나누어 모델을 훈련했습니다. 패션 MNIST의 훈련 세트는 다행히 다행히 배치 크기인 32로 딱 나누어 떨어졌기 때문에 비교적 편리했습니다. 하지만 배치 크기를 32가 아닌 다른 값으로 설정하거나, 훈련 세트의 크기가 배치 크기의 정수배가 아닌 경우에는 이를 적절히 처리해야 하는 문제가 있습니다.

더 중요한 문제는, 이전 방식에서는 에포크마다 훈련 세트를 섞지 않았다는 점입니다. 확률적 경사 하강법이나 미니 배치 경사 하강법에서 중요한 특징 중 하나는, 각 에포크가 시작될 때마다 훈련 샘플을 다시 섞는 것입니다. 이렇게 데이터를 섞어 주면, 모델이 샘플 순서에서 발생할 수 있는 편향을 학습하지 않고, 무작위성 덕분에 손실 함수의 최솟값을 더 잘 찾을 수 있습니다. 따라서 이전처럼 슬라이싱 연산자를 사용해 에포크마다 동일한 순서로 배치를 만드는 것은 최상의 방법이 아닙니다. 파이썬으로 에포크마다 훈련 샘플을 섞을 수 있지만 파이토치에서 제공하는 좋은 도구를 사용하지 않은 이유가 없겠죠?

파이토치는 데이터셋을 변환하고 배치 데이터셋을 만들기 위한 여러 도구를 제공합니다. TensorDataset 클래스는 여러 텐서를 결합하여 하나의 데이터셋으로 관리하도록 도와줍니다. 데이터를 섞을 때 입력과 타깃이 같은 순서로 섞여야 합니다. 따라서 배치를 만들기 전에 TensorDataset으로 입력과 타깃을 묶어 주는 것이 좋습니다. 그다음 DataLoader 클래스에서 TensorDataset으로 만든 데이터셋으로 배치를 생성합니다. 이때 배치 크기와 데이터를 섞을지 여부를 결정할 수 있습니다.

다음 코드는 훈련 세트와 검증 세트로 각각 데이터셋을 만들고 이를 사용해 배치 크기 32인 데이터 로더를 만드는 과정을 보여줍니다. 검증 세트는 모델을 훈련하는데 사용하는 것이 아니므로 배치마다 섞을 필요가 없습니다. 따라서 shuffle 매개변수를 False로 지정합니다(False가 기본값이지만 작동 방식을 잘 드러내기 위해 지정합니다).

```
from torch.utils.data import TensorDataset, DataLoader

train_dataset = TensorDataset(train_scaled, train_target)
val_dataset = TensorDataset(val_scaled, val_target)

train_loader = DataLoader(train_dataset, batch_size=32, shuffle=True)
val_loader = DataLoader(val_dataset, batch_size=32, shuffle=False)
```

모델 훈련 코드는 거의 동일하지만, 텐서를 직접 사용하지 않고 데이터로더를 사용하기 때문에 일부 변화가 있습니다. 이제 batches 변수는 필요하지 않으며, 두 번째 for 문에서 데이터로더가 입력과 타깃을 자동으로 배치 단위로 전달해 주기 때문에 코드가 간결해졌습니다.

```
train_hist = []
val_hist = []
patience = 2
best_loss = -1
early_stopping_counter = 0

epochs = 20
for epoch in range(epochs):
    model.train()
```

```
        train_loss = 0
        for inputs, targets in train_loader:
            inputs, targets = inputs.to(device), targets.to(device)
            optimizer.zero_grad()
            outputs = model(inputs)
            loss = criterion(outputs, targets)
            loss.backward()
            optimizer.step()
            train_loss += loss.item()
```

검증 손실을 계산할 때도 for 반복문과 검증 세트용 데이터로더를 사용합니다. 따라서 val_loss 변수에 검증 손실을 누적해서 기록해야 합니다.

손코딩
```
model.eval()
    val_loss = 0
    with torch.no_grad():
        for inputs, targets in val_loader:
            inputs, targets = inputs.to(device), targets.to(device)
            outputs = model(inputs)
            loss = criterion(outputs, targets)
            val_loss += loss.item()
```

note 파이썬에서 A, B = C, D와 같은 코드를 다중 할당이라 부릅니다. A = C와 B = D로 나눠 쓰는 것과 동일합니다.

누적된 훈련 손실과 검증 손실 값은 배치 횟수로 나누어야 합니다. 편리하게도 데이터로더에 파이썬 len() 함수를 적용하면 배치 반복 횟수를 반환해 줍니다. 이를 활용해 평균 훈련 손실과 평균 검증 손실을 계산해 출력합니다. 마지막에 등장하는 조기 종료 코드는 이전 절과 동일합니다.

손코딩
```
    train_loss = train_loss/len(train_loader)
    val_loss = val_loss/len(val_loader)
    train_hist.append(train_loss)
    val_hist.append(val_loss)
    print(f"에포크:{epoch+1},",
```

```
                f"훈련 손실:{train_loss:.4f}, 검증 손실:{val_loss:.4f}")

        if best_loss == -1 or val_loss < best_loss:
            best_loss = val_loss
            early_stopping_counter = 0
            torch.save(model.state_dict(), 'best_cnn_model.pt')
        else:
            early_stopping_counter += 1
            if early_stopping_counter >= patience:
                print(f"{epoch+1}번째 에포크에서 조기 종료되었습니다.")
                break
```

> 에포크:1, 훈련 손실:0.5187, 검증 손실:0.3458
> 에포크:2, 훈련 손실:0.3410, 검증 손실:0.2938
> 에포크:3, 훈련 손실:0.2885, 검증 손실:0.2616
> 에포크:4, 훈련 손실:0.2592, 검증 손실:0.2400
> 에포크:5, 훈련 손실:0.2317, 검증 손실:0.2280
> 에포크:6, 훈련 손실:0.2124, 검증 손실:0.2281
> 에포크:7, 훈련 손실:0.1946, 검증 손실:0.2324
> 7번째 에포크에서 조기 종료되었습니다.

7번째 에포크에서 훈련이 조기 종료되었군요. 훈련 손실과 검증 손실을 그래프로 그려보겠습니다.

손코딩
```
import matplotlib.pyplot as plt

plt.plot(train_hist, label='train')
plt.plot(val_hist, label='val')
plt.xlabel('epoch')
plt.ylabel('loss')
plt.legend()
plt.show()
```

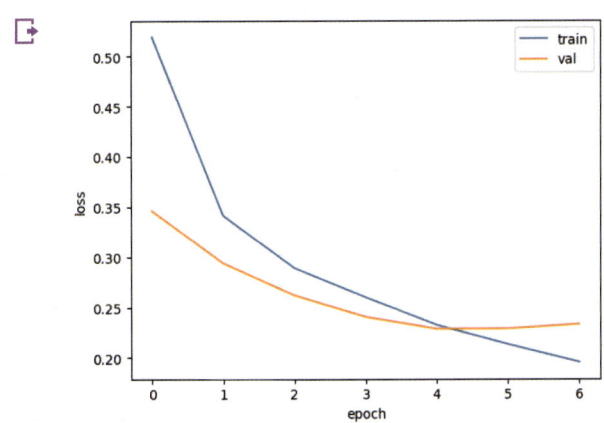

다섯 번째 에포크 이후부터 과대적합이 발생하는 모습을 확인할 수 있습니다. 훈련 과정에서 저장한 'best_cnn_model.pt' 파일을 다시 로드하여 검증 세트에 대한 정확도를 확인해 보겠습니다. 이 과정에서도 데이터로더를 사용하므로, corrects 변수에 값을 누적한 후 검증 세트 크기로 나누어 정확도를 계산해야 합니다.

```python
model.load_state_dict(torch.load('best_cnn_model.pt', weights_only=True))

model.eval()
corrects = 0
with torch.no_grad():
    for inputs, targets in val_loader:
        inputs, targets = inputs.to(device), targets.to(device)
        outputs = model(inputs)
        predicts = torch.argmax(outputs, 1)
        corrects += (predicts == targets).sum().item()

accuracy = corrects / len(val_dataset)
print(f"검증 정확도: {accuracy:.4f}")
```

검증 정확도: 0.9155

네, 케라스 모델과 거의 비슷한 정확도를 얻었습니다. 이제 마지막으로 훈련 세트에 대한 정확도를 계산해 보죠. 앞서 FashionMNIST 클래스를 사용해 테스트 세트를 fm_test 객체에 준비해 놓았습니다. 이 객체의 data와 targets 속성을 사용해 앞서 훈련 세트에서 했던 것과 동일한 과정을 거쳐 데이터로더를 준비해 보겠습니다.

```
test_scaled = fm_test.data.reshape(-1, 1, 28, 28) / 255.0
test_target = fm_test.targets

test_dataset = TensorDataset(test_scaled, test_target)
test_loader = DataLoader(test_dataset, batch_size=32, shuffle=False)
```

그다음 검증 세트의 정확도를 계산한 것과 같은 방식으로 테스트 세트의 정확도를 구할 수 있습니다.

```
model.eval()
corrects = 0
with torch.no_grad():
    for inputs, targets in test_loader:
        inputs, targets = inputs.to(device), targets.to(device)
        outputs = model(inputs)
        predicts = torch.argmax(outputs, 1)
        corrects += (predicts == targets).sum().item()

accuracy = corrects / len(test_dataset)
print(f"테스트 정확도: {accuracy:.4f}")
```

> 테스트 정확도: 0.9083

예상대로 테스트 세트의 정확도는 검증 세트보다 약간 낮습니다.

이번에는 파이토치를 활용하여 합성곱 신경망을 만들고, 훈련하는 과정을 살펴보았습니다. 파이토치에서는 배치 데이터를 생성할 때 항상 데이터로더를 사용하므로, 이번 절의 코드를 잘 익혀두는 것이 중요합니다. 다음 절에서는 합성곱 신경망의 필터를 시각화하는 방법을 살펴보겠습니다.

08-3 합성곱 신경망의 시각화

핵심 키워드   가중치 시각화   특성 맵 시각화   함수형 API

합성곱 층의 가중치와 특성 맵을 시각화하여 신경망이 이미지에서 어떤 것을 학습하는지 이해해 봅니다.

시작하기 전에

이번 장에서 합성곱 신경망에 대해 배우고 패션 MNIST 이미지를 분류하는 방법을 알아보았습니다. 합성곱 신경망은 특히 이미지에 있는 특징을 찾아 압축하는 데 뛰어난 성능을 냅니다. 이번 절에서는 합성곱 층이 이미지에서 어떤 것을 학습했는지 알아보기 위해 합성곱 층의 가중치와 특성 맵을 그림으로 시각화해 보겠습니다. 이를 통해 합성곱 신경망의 동작 원리에 대한 통찰을 키울 수 있습니다.

지금까지는 케라스의 Sequential 클래스만 사용했습니다. 케라스는 좀 더 복잡한 모델을 만들 수 있는 함수형 API를 제공합니다. 이번 절에서 함수형 API가 무엇인지 살펴보고 합성곱 층의 특성 맵을 시각화하는 데 사용해 보겠습니다.

이 절에서는 2절에서 훈련했던 합성곱 신경망의 체크포인트 파일을 사용합니다. 이 파일은 최적의 에포크까지 훈련한 모델 파라미터를 저장하고 있습니다. 그럼 시작해 보죠.

가중치 시각화

합성곱 층은 여러 개의 필터를 사용해 이미지에서 특징을 학습합니다. 각 필터는 커널이라 부르는 가중치와 절편을 가지고 있죠. 일반적으로 절편은 시각적으로 의미가 있지 않습니다. 가중치는 입력 이미지의 2차원 영역에 적용되어 어떤 특징을 크게 두드러지게 표현하는 역할을 합니다.

예를 들어 다음과 같은 가중치는 둥근 모서리가 있는 영역에서 크게 활성화되고 그렇지 않은 영역에서는 낮은 값을 만들 것입니다.

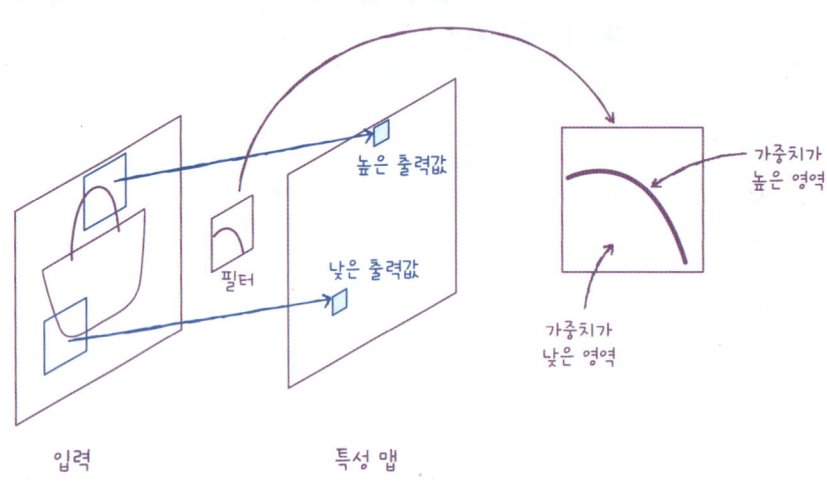

이 필터의 가운데 곡선 부분의 가중치 값은 높고 그 외 부분의 가중치 값은 낮을 것입니다. 이렇게 해야 둥근 모서리가 있는 입력과 곱해져서 큰 출력을 만들기 때문입니다.

그럼 2절에서 만든 모델이 어떤 가중치를 학습했는지 확인하기 위해 체크포인트 파일을 읽어 들이겠습니다.

note 2절에서 만든 best-cnn-model.keras 파일을 사용합니다. 코랩의 경우 2절에서 만든 파일을 코랩의 파일 탭으로 업로드한 후 실습을 진행하세요.

손코딩
```
import keras
model = keras.models.load_model('best-cnn-model.keras')
```

케라스 모델에 추가한 층은 layers 속성에 저장되어 있습니다. 이 속성은 파이썬 리스트입니다. model.layers를 출력해 보겠습니다.

> 손코딩 model.layers

```
[<Conv2D name=conv2d, built=True>,
 <MaxPooling2D name=max_pooling2d, built=True>,
 <Conv2D name=conv2d_1, built=True>,
 <MaxPooling2D name=max_pooling2d_1, built=True>,
 <Flatten name=flatten, built=True>,
 <Dense name=dense, built=True>,
 <Dropout name=dropout, built=True>,
 <Dense name=dense_1, built=True>]
```

model.layers 리스트에 이전 절에서 추가했던 Conv2D, MaxPooling2D 층이 번갈아 2번 연속 등장합니다. 그다음 Flatten 층과 Dense 층, Dropout 층이 차례대로 등장합니다. 마지막에 Dense 출력층이 놓여 있습니다.

그럼 첫 번째 합성곱 층의 가중치를 조사해 보겠습니다. 층의 가중치와 절편은 층의 weights 속성에 저장되어 있습니다. weights도 파이썬 리스트입니다. 다음 코드에서처럼 layers 속성의 첫 번째 원소를 선택해 weights의 첫 번째 원소(가중치)와 두 번째 원소(절편)의 크기를 출력해 보죠.

> 손코딩

```
conv = model.layers[0]
print(conv.weights[0].shape, conv.weights[1].shape)
```

```
(3, 3, 1, 32) (32,)
```

이전 절에서 커널 크기를 (3, 3)으로 지정했던 것을 기억하시죠? 이 합성곱 층에 전달되는 입력의 깊이가 1이므로 실제 커널 크기는 (3, 3, 1)입니다. 또 필터 개수가 32개이므로 weights의 첫 번째 원소인 가중치의 크기는 (3, 3, 1, 32)가 되었습니다. weights의 두 번째 원소는 절편의 개수를 나타냅니다. 필터마다 1개의 절편이 있으므로 (32,) 크기가 됩니다.

weights 속성은 텐서플로의 다차원 배열인 Tensor 클래스의 객체입니다. 여기서는 다루기 쉽도록 numpy() 메서드를 사용해 넘파이 배열로 변환하겠습니다. 그다음 가중치 배열의 평균과 표준편차를 넘파이 mean() 메서드와 std() 메서드로 계산해 보죠.

```
conv_weights = conv.weights[0].numpy()
print(conv_weights.mean(), conv_weights.std())
```

```
-0.017617775 0.22690606
```

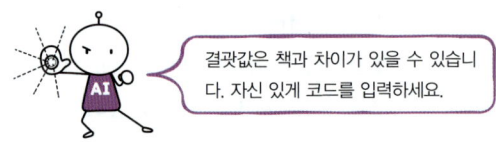

결괏값은 책과 차이가 있을 수 있습니다. 자신 있게 코드를 입력하세요.

이 가중치의 평균값은 0에 가깝고 표준편차는 0.23 정도입니다. 나중에 이 값을 훈련하기 전의 가중치와 비교해 보겠습니다. 이 가중치가 어떤 분포를 가졌는지 직관적으로 이해하기 쉽도록 히스토그램을 그려 보겠습니다.

```
import matplotlib.pyplot as plt

plt.hist(conv_weights.reshape(-1, 1))
plt.xlabel('weight')
plt.ylabel('count')
plt.show()
```

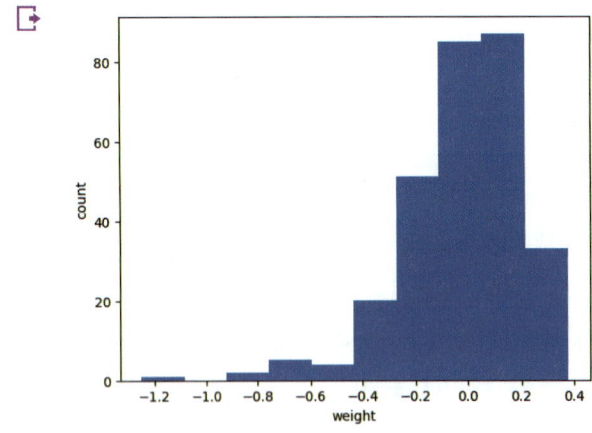

맷플롯립의 hist() 함수에는 히스토그램을 그리기 위해 1차원 배열로 전달해야 합니다. 이를 위해 넘파이 reshape 메서드로 conv_weights 배열을 1개의 열이 있는 배열로 변환했습니다.

히스토그램을 보면 0을 중심으로 종 모양 분포를 띠고 있는 것을 알 수 있습니다. 이 가중치가 무엇인가 의미를 학습한 것일까요? 역시 잠시 후에 훈련하기 전의 가중치와 비교해 보도록 하죠.

이번에는 32개의 커널을 16개씩 두 줄에 출력해 보겠습니다. 이전 장에서 사용했던 맷플롯립의 subplots() 함수를 사용해 32개의 그래프 영역을 만들고 순서대로 커널을 출력하겠습니다.

```
fig, axs = plt.subplots(2, 16, figsize=(15,2))
for i in range(2):
    for j in range(16):
        axs[i, j].imshow(conv_weights[:,:,0,i*16 + j], vmin=-0.5, vmax=0.5)
        axs[i, j].axis('off')
plt.show()
```

앞에서 conv_weights에 32개의 가중치를 저장했습니다. 이 배열의 마지막 차원을 순회하면서 0부터 i*16 + j번째까지의 가중치 값을 차례대로 출력합니다. 여기에서 i는 행 인덱스이고, j는 열 인덱스로 각각 0~1, 0~15까지의 범위를 가집니다. 따라서 conv_weights[:,:,0,0]에서 conv_weights[:,:,0,31]까지 출력합니다.

결과 그래프를 보면 이 가중치 값이 무작위로 나열된 것이 아닌 어떤 패턴을 볼 수 있습니다. 예를 들어 두 번째 줄의 왼쪽에서 여덟 번째 가중치는 왼쪽 3픽셀의 값이 다른 픽셀보다 상대적으로 낮습니다(어두운 부분의 값이 낮습니다). 이 가중치는 오른쪽에 놓인 직선을 만나면 크게 활성화될 것입니다.

imshow() 함수는 배열에 있는 최댓값과 최솟값을 사용해 픽셀의 강도를 표현합니다. 즉 0.1이나 0.4나 어떤 값이든지 그 배열의 최댓값이면 가장 밝은 노란 색으로 그리죠. 만약 두 배열을 imshow() 함수로 비교하려면 이런 동작은 바람직하지 않습니다. 어떤 절댓값으로 기준을 정해서 픽셀의 강도를 나타내야 비교하기 좋죠. 이를 위해 위 코드에서 vmin과 vmax로 맷플롯립의 컬러맵colormap으로 표현할 범위를 지정했습니다.

자 이번에는 훈련하지 않은 빈 합성곱 신경망을 만들어 보겠습니다. 이 합성곱 층의 가중치가 위에서 본 훈련한 가중치와 어떻게 다른지 그림으로 비교해 보겠습니다. 먼저 Sequential 클래스로 모델을 만들고 Conv2D 층을 하나 추가합니다.

손코딩
```
no_training_model = keras.Sequential()
no_training_model.add(keras.layers.Input(shape=(28,28,1)))
no_training_model.add(keras.layers.Conv2D(32, kernel_size=3, activation=\
                    'relu', padding='same'))
```

그다음 이 모델의 첫 번째 층(즉 Conv2D 층)의 가중치를 no_training_conv 변수에 저장합니다.

손코딩
```
no_training_conv = no_training_model.layers[0]
print(no_training_conv.weights[0].shape)
```

↳ (3, 3, 1, 32)

이 가중치의 크기도 앞서 그래프로 출력한 가중치와 같습니다. 동일하게 (3, 3) 커널을 가진 필터를 32개 사용했기 때문이죠. 이 가중치의 평균과 표준편차를 확인해 보겠습니다. 이전처럼 먼저 넘파이 배열로 만든 다음 mean(), std() 메서드를 호출합니다.

손코딩
```
no_training_weights = no_training_conv.weights[0].numpy()
print(no_training_weights.mean(), no_training_weights.std())
```

↳ 0.0053191613 0.08463709

평균은 이전과 동일하게 0에 가깝지만 표준편차는 이전과 달리 매우 작습니다. 이 가중치 배열을 히스토그램으로 표현해 보죠.

손코딩
```
plt.hist(no_training_weights.reshape(-1, 1))
plt.xlabel('weight')
plt.ylabel('count')
plt.show()
```

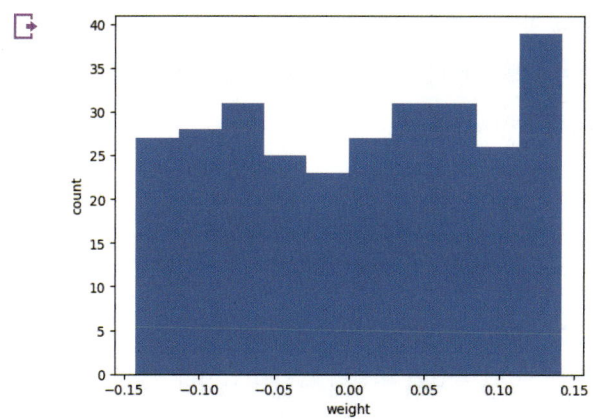

이 그래프는 이전과 확실히 다릅니다. 대부분의 가중치가 −0.15~0.15 사이에 있고 비교적 고른 분포를 보입니다. 이런 이유는 케라스가 신경망의 가중치를 처음 초기화할 때 균등 분포에서 랜덤하게 값을 선택하기 때문입니다.

이 가중치 값을 맷플롯립의 imshow() 함수를 사용해 이전처럼 그림으로 출력해 보겠습니다. 학습된 가중치와 비교하기 위해 동일하게 vmin과 vmax를 −0.5와 0.5로 설정합니다.

```
fig, axs = plt.subplots(2, 16, figsize=(15,2))
for i in range(2):
    for j in range(16):
        axs[i, j].imshow(no_training_weights[:,:,0,i*16 + j], vmin=-0.5,
                         vmax=0.5)
        axs[i, j].axis('off')
plt.show()
```

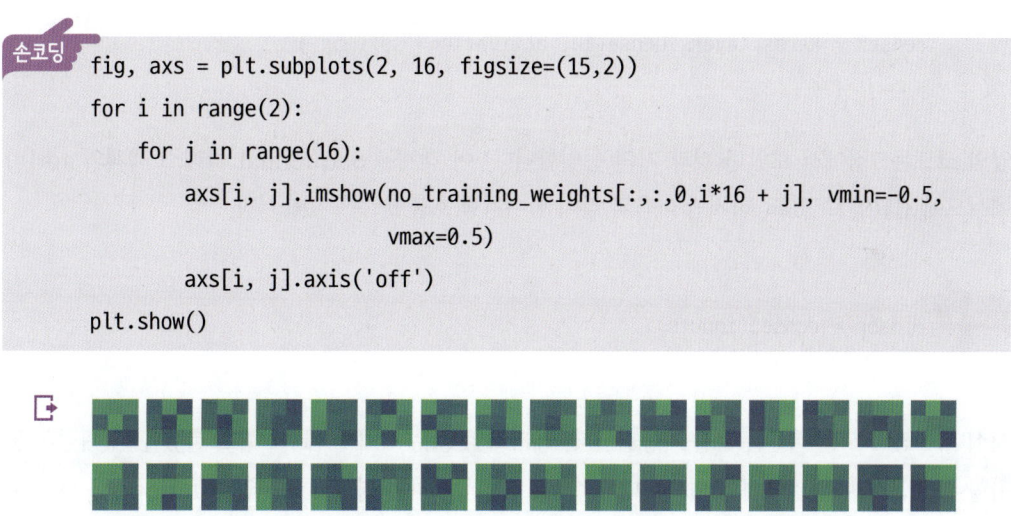

히스토그램에서 보았듯이 전체적으로 가중치가 밋밋하게 초기화되었습니다. 이 그림을 훈련이 끝난 이전 가중치와 비교해 보세요. 합성곱 신경망이 패션 MNIST 데이터셋의 분류 정확도를 높이기 위해 유용한 패턴을 학습했다는 사실을 눈치챌 수 있습니다.

합성곱 신경망의 학습을 시각화하는 두 번째 방법은 합성곱 층에서 출력된 특성 맵을 그려 보는 것입니다. 이를 통해 입력 이미지를 신경망 층이 어떻게 바라보는지 엿볼 수 있습니다. 합성곱 층의 출력을 만들기 전에 케라스의 함수형 API에 대해 잠시 알아보겠습니다.

함수형 API

지금까지는 신경망 모델을 만들 때 케라스 Sequential 클래스를 사용했습니다. 이 클래스는 층을 차례대로 쌓은 모델을 만듭니다. 딥러닝에서는 좀 더 복잡한 모델이 많이 있습니다. 예를 들어 입력이 2개일 수도 있고 출력이 2개일 수도 있죠. 이런 경우는 Sequential 클래스를 사용하기 어렵습니다. 대신 **함수형 API**functional API를 사용합니다.

함수형 API는 케라스의 Model 클래스를 사용하여 모델을 만듭니다. 간단한 예를 들어 보죠. 7장에서 만들었던 Dense 층 2개로 이루어진 완전 연결 신경망을 함수형 API로 구현해 보겠습니다. 먼저 입력층과 2개의 Dense 층 객체를 만듭니다.

```
inputs = keras.Input(shape=(784,))
dense1 = keras.layers.Dense(100, activation='relu')
dense2 = keras.layers.Dense(10, activation='softmax')
```

앞의 코드는 7장에서 보았던 것과 거의 동일합니다. 이 객체를 Sequential 클래스 객체의 add() 메서드에 전달할 수 있죠. 하지만 다음과 같이 함수처럼 호출할 수도 있습니다.

```
hidden = dense1(inputs)
```

사실 파이썬의 모든 객체는 호출 가능합니다. 케라스의 층은 객체를 함수처럼 호출했을 때 적절히 동작할 수 있도록 미리 준비해 놓았습니다. 앞의 코드를 실행하면 영리하게도 입력값 inputs를 Dense 층에 통과시킨 후 출력값 hidden을 만들어 줍니다!

이제 왜 함수형 API라고 부르는지 이해했을 것 같네요. 그다음 두 번째 층을 호출합니다. 이때는 첫 번째 층의 출력을 입력으로 사용합니다.

> 손코딩 outputs = dense2(hidden)

그다음 inputs와 outputs을 Model 클래스로 연결해 주면 됩니다.

> 손코딩 func_model = keras.Model(inputs, outputs)

이 과정을 그림으로 나타내면 다음과 같습니다.

```
   ┌─ inputs = keras.Input(shape=(784, ))
   │       ↓
   │  hidden = dense1(inputs)
   │       ↓
   └─ outputs = dense2(hidden)
          ↓
      func_model = keras.Model(inputs, outputs)
                                 ↑
```

마치 체인처럼 입력에서 출력까지 연결하고 마지막에 Model 클래스에 입력과 출력을 지정하여 모델을 만듭니다. 이렇게 모델을 만들게 되면 중간에 다양한 형태로 층을 연결할 수 있습니다. 그런데 특성 맵 시각화를 만드는 데 함수형 API가 왜 필요한 것일까요? 2절에서 정의한 model 객체의 층을 순서대로 나열하면 다음과 같습니다.

```
                        ↱ 활성화 출력
  (model 객체) → Conv2D → Maxpooling2D → Conv2D → Maxpooling2D ┐
                 Dense ← Dropout ← Dense ← Flatten ←──────────┘
```

우리가 필요한 것은 첫 번째 Conv2D의 출력입니다. model 객체의 입력과 Conv2D의 출력을 알 수 있다면 이 둘을 연결하여 새로운 모델을 얻을 수 있지 않을까요?

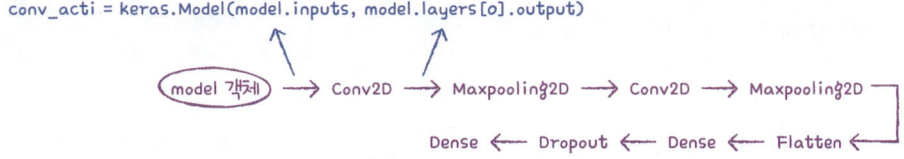

model 객체의 predict() 메서드를 호출하면 입력부터 마지막 층까지 모든 계산을 수행한 후 최종 출력을 반환합니다. 하지만 우리가 필요한 것은 첫 번째 Conv2D 층이 출력한 특성 맵입니다. 첫 번째 층의 출력은 Conv2D 객체의 output 속성에서 얻을 수 있습니다. model.layers[0].output처럼 참조할 수 있죠. model 객체의 입력은 어떻게 얻을 수 있을까요? 다행히 케라스 모델은 inputs 속성으로 모델의 입력을 참조할 수 있습니다.

```
print(model.inputs)
```

```
[<KerasTensor shape=(None, 28, 28, 1), dtype=float32, sparse=False,
name=input_layer>]
```

이제 model.inputs의 첫 번째 원소와 model.layers[0].output을 연결하는 새로운 conv_acti 모델을 만들 수 있습니다.

```
conv_acti = keras.Model(model.inputs[0], model.layers[0].output)
```

model 객체의 predict() 메서드를 호출하면 최종 출력층의 확률을 반환합니다. 하지만 conv_acti의 predict() 메서드를 호출하면 첫 번째 Conv2D의 출력을 반환할 것입니다. 이제 준비를 마쳤으니 특성 맵을 시각화해 보죠.

특성 맵 시각화

케라스로 패션 MNIST 데이터셋을 읽은 후 훈련 세트에 있는 첫 번째 샘플을 그려 보겠습니다.

```
(train_input, train_target), (test_input, test_target) =\
    keras.datasets.fashion_mnist.load_data()
plt.imshow(train_input[0], cmap='gray_r')
plt.show()
```

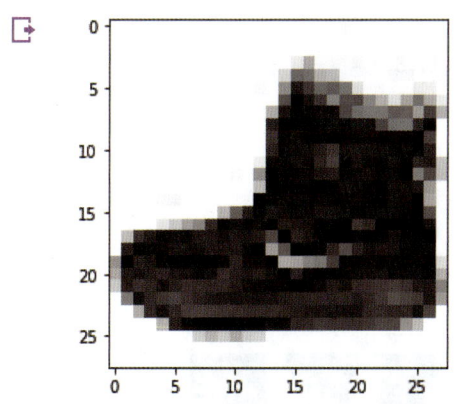

앵클 부츠군요. 이 샘플을 conv_acti 모델에 주입하여 Conv2D 층이 만드는 특성 맵을 출력해 보겠습니다. 앞에서도 설명했지만 predict() 메서드는 항상 입력의 첫 번째 차원이 배치 차원일 것으로 기대합니다. 하나의 샘플을 전달하더라도 꼭 첫 번째 차원을 유지해야 합니다. 이를 위해 슬라이싱 연산자를 사용해 첫 번째 샘플을 선택합니다. 그다음에 (28, 28) 크기를 (28, 28, 1) 크기로 변경하고 255로 나눕니다(2절에서 했던 전처리 과정과 동일합니다).

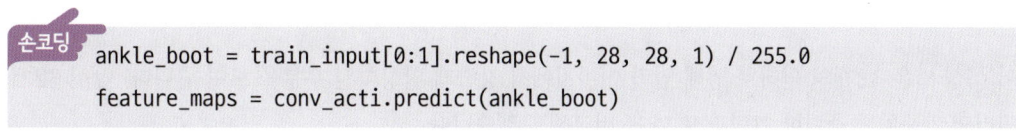

```
ankle_boot = train_input[0:1].reshape(-1, 28, 28, 1) / 255.0
feature_maps = conv_acti.predict(ankle_boot)
```

conv_acti.predict() 메서드가 출력한 feature_maps의 크기를 확인해 보죠.

```
print(feature_maps.shape)
```

(1, 28, 28, 32)

세임 패딩과 32개의 필터를 사용한 합성곱 층의 출력이므로 (28, 28, 32)입니다. 첫 번째 차원은 배치 차원이라는 점을 기억하세요. 샘플을 하나 입력했기 때문에 1이 됩니다.

이제 앞에서와같이 맷플롯립의 imshow 함수로 이 특성 맵을 그려 보겠습니다. 총 32개의 특성 맵이 있으므로 4개의 행으로 나누어 그려 보겠습니다.

```
fig, axs = plt.subplots(4, 8, figsize=(15,8))
for i in range(4):
    for j in range(8):
        axs[i, j].imshow(feature_maps[0,:,:,i*8 + j])
        axs[i, j].axis('off')
plt.show()
```

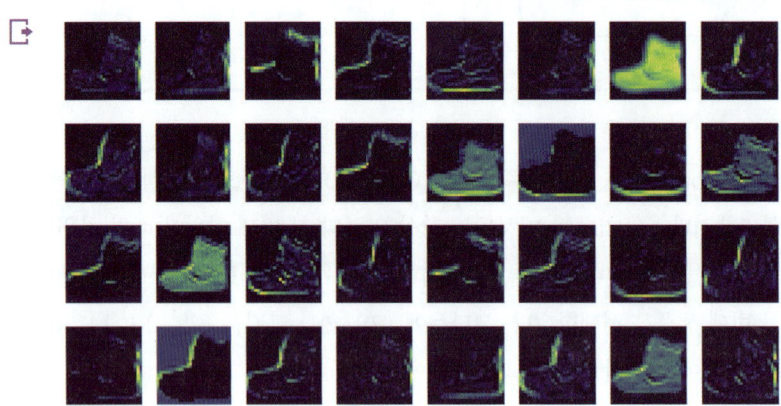

이 특성 맵은 32개의 필터로 인해 입력 이미지에서 강하게 활성화된 부분을 보여 줍니다. 앞서 32개 필터의 가중치를 출력한 그림과 몇 개를 비교해 보겠습니다.

다음 그림에서 일곱 번째 필터는 전체적으로 밝은색이므로 전면이 모두 칠해진 영역을 감지합니다. 일곱 번째 특성 맵에서 이를 잘 확인할 수 있습니다. 흑백 부츠 이미지에서 검은 영역이 모두 잘 활성화되어 있습니다. 스물 네 번째 필터는 수직선을 감지하는 것 같습니다. 그래서 세 번째 줄의 맨 오른쪽 특성 맵은 이 필터가 감지한 수직선이 강하게 활성화되었습니다.

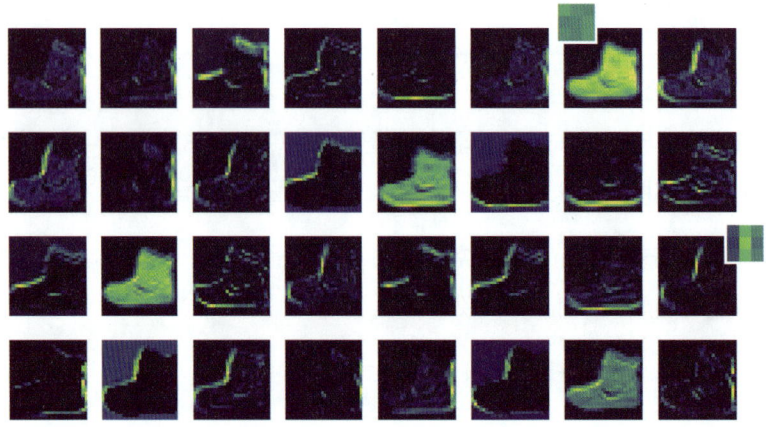

두 번째 합성곱 층이 만든 특성 맵도 같은 방식으로 확인할 수 있습니다. 먼저 model 객체의 입력과 두 번째 합성곱 층인 model.layers[2]의 출력을 연결한 conv2_acti 모델을 만듭니다.

```
conv2_acti = keras.Model(model.inputs[0], model.layers[2].output)
```

그다음 앵클 부츠 샘플을 conv2_acti 모델의 predict() 메서드에 전달합니다.

```
feature_maps = conv2_acti.predict(ankle_boot)
```

첫 번째 풀링 층에서 가로세로 크기가 절반으로 줄었고, 두 번째 합성곱 층의 필터 개수는 64개이므로 feature_maps의 크기는 배치 차원을 제외하면 (14, 14, 64)일 것입니다. 한번 확인해 보죠.

```
print(feature_maps.shape)
```

(1, 14, 14, 64)

네, 예상대로네요. 그럼 64개의 특성 맵을 8개씩 나누어 imshow() 함수로 그려 보겠습니다.

```
fig, axs = plt.subplots(8, 8, figsize=(12,12))
for i in range(8):
    for j in range(8):
        axs[i, j].imshow(feature_maps[0,:,:,i*8 + j])
        axs[i, j].axis('off')
plt.show()
```

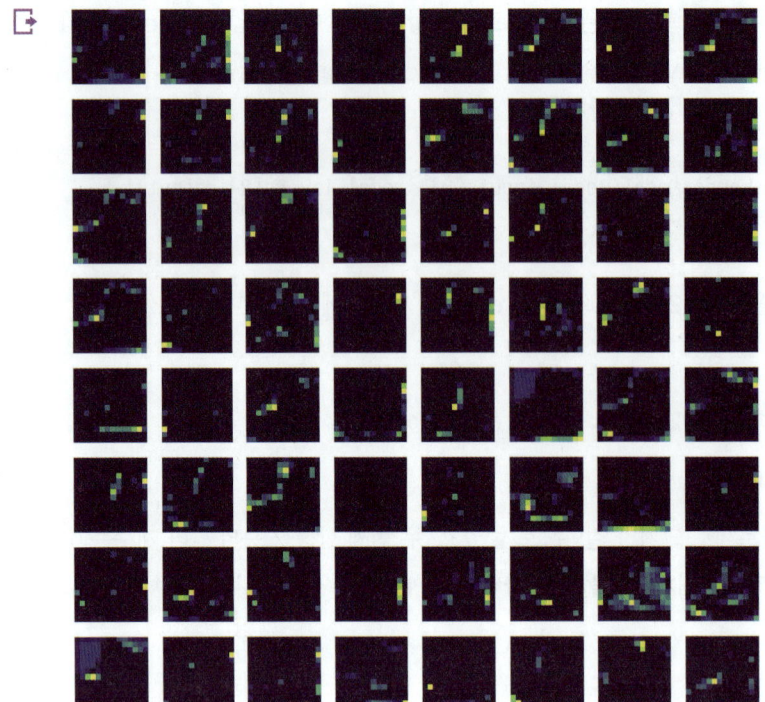

이 특성 맵은 시각적으로 이해하기 어렵군요. 왜 이런 결과가 나올까요?

두 번째 합성곱 층의 필터 크기는 (3, 3, 32)입니다. 두 번째 합성곱 층의 첫 번째 필터가 앞서 출력한 32개의 특성 맵과 곱해져 두 번째 합성곱 층의 첫 번째 특성 맵이 됩니다. 다음의 그림처럼 이렇게 계산된 출력은 (14, 14, 32) 특성 맵에서 어떤 부위를 감지하는지 직관적으로 이해하기가 어렵습니다.

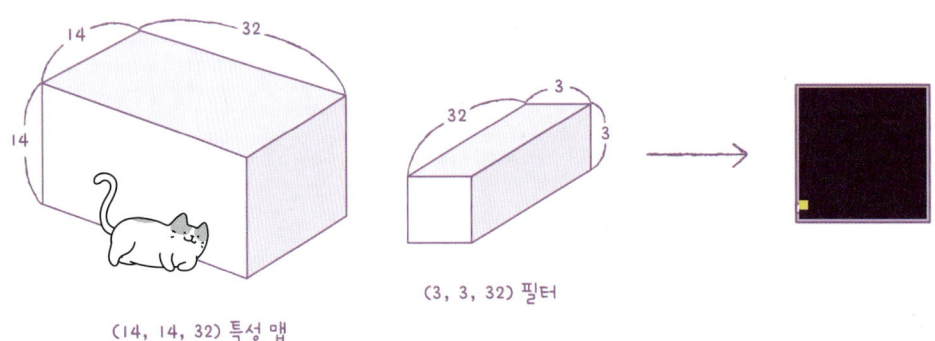

이런 현상은 합성곱 층을 많이 쌓을수록 심해집니다. 이를 바꾸어 생각하면 합성곱 신경망의 앞부분에 있는 합성곱 층은 이미지의 시각적인 정보를 감지하고 뒤쪽에 있는 합성곱 층은 앞쪽에서 감지한 시각적인 정보를 바탕으로 추상적인 정보를 학습한다고 볼 수 있습니다. 합성곱 신경망이 패션 MNIST 이미지를 인식하여 10개의 클래스를 찾아낼 수 있는 이유가 바로 여기에 있습니다!

시각화로 이해하는 합성곱 신경망 문제해결 과정

2절에서 훈련하여 저장한 합성곱 신경망 모델을 읽어 들인 후 이 모델의 가중치와 특성 맵을 시각화해 보았습니다. 이를 통해 합성곱 층이 어떻게 입력에서 특성을 학습하는지 관찰할 수 있었습니다.

입력에 가까운 합성곱 층은 이미지에서 시각적인 정보나 패턴을 감지하도록 훈련됩니다. 이어지는 합성곱 층은 이런 시각적인 정보를 활용해 조금 더 고차원적인 개념을 학습합니다. 층이 추가될수록 이런 현상은 더욱 강해집니다. 결국 주어진 이미지가 패션 MNIST 데이터셋에 있는 10개의 클래스 중 어떤 것인지를 판단할 수 있습니다.

특성 맵을 시각화하면서 케라스 API의 핵심 기능 중 하나인 함수형 API를 배웠습니다. 함수형 API를 사용하면 복잡한 조합의 모델을 자유롭게 구성할 수 있습니다. 이 절에서는 입력과 합성곱 층의 출력을 연결하여 특성 맵을 시각화하기 위한 용도로 사용했습니다.

전체 소스 코드

note https://bit.ly/hg2-08-3에 접속하면 코랩에서 이 절의 코드를 바로 열어 볼 수 있습니다.

```
"""# 합성곱 신경망의 시각화"""

"""## 가중치 시각화"""

import keras

model = keras.models.load_model('best-cnn-model.keras')

model.layers

conv = model.layers[0]
```

```python
print(conv.weights[0].shape, conv.weights[1].shape)

conv_weights = conv.weights[0].numpy()

print(conv_weights.mean(), conv_weights.std())

import matplotlib.pyplot as plt

plt.hist(conv_weights.reshape(-1, 1))
plt.xlabel('weight')
plt.ylabel('count')
plt.show()

fig, axs = plt.subplots(2, 16, figsize=(15,2))

for i in range(2):
    for j in range(16):
        axs[i, j].imshow(conv_weights[:,:,0,i*16 + j], vmin=-0.5, vmax=0.5)
        axs[i, j].axis('off')

plt.show()

no_training_model = keras.Sequential()

no_training_model.add(keras.layers.Input(shape=(28,28,1)))

no_training_model.add(keras.layers.Conv2D(32, kernel_size=3, activation=\
                      'relu', padding='same'))

no_training_conv = no_training_model.layers[0]

print(no_training_conv.weights[0].shape)

no_training_weights = no_training_conv.weights[0].numpy()
```

```python
print(no_training_weights.mean(), no_training_weights.std())

plt.hist(no_training_weights.reshape(-1, 1))
plt.xlabel('weight')
plt.ylabel('count')
plt.show()

fig, axs = plt.subplots(2, 16, figsize=(15,2))

for i in range(2):
    for j in range(16):
        axs[i, j].imshow(no_training_weights[:,:,0,i*16 + j], vmin=-0.5,
                         vmax=0.5)
        axs[i, j].axis('off')

plt.show()

"""## 함수형 API"""

inputs = keras.Input(shape=(784,))
dense1 = keras.layers.Dense(100, activation='relu')
dense2 = keras.layers.Dense(10, activation='softmax')

hidden = dense1(inputs)
outputs = dense2(hidden)

func_model = keras.Model(inputs, outputs)

print(model.inputs)

conv_acti = keras.Model(model.inputs, model.layers[0].output)

"""## 특성 맵 시각화"""

(train_input, train_target), (test_input, test_target) =\
    keras.datasets.fashion_mnist.load_data()
```

```
plt.imshow(train_input[0], cmap='gray_r')
plt.show()


ankle_boot = train_input[0:1].reshape(-1, 28, 28, 1) / 255.0

feature_maps = conv_acti.predict(ankle_boot)

print(feature_maps.shape)

fig, axs = plt.subplots(4, 8, figsize=(15,8))

for i in range(4):
    for j in range(8):
        axs[i, j].imshow(feature_maps[0,:,:,i*8 + j])
        axs[i, j].axis('off')

plt.show()


conv2_acti = keras.Model(model.inputs, model.layers[2].output)
feature_maps = conv2_acti.predict(ankle_boot)

print(feature_maps.shape)

fig, axs = plt.subplots(8, 8, figsize=(12,12))

for i in range(8):
    for j in range(8):
        axs[i, j].imshow(feature_maps[0,:,:,i*8 + j])
        axs[i, j].axis('off')

plt.show()
```

마무리

▶ 키워드로 끝내는 핵심 포인트

- **가중치 시각화**는 합성곱 층의 가중치를 이미지로 출력하는 것을 말합니다. 합성곱 신경망은 주로 이미지를 다루기 때문에 가중치가 시각적인 패턴을 학습하는지 알아볼 수 있습니다.

- **특성 맵 시각화**는 합성곱 층의 활성화 출력을 이미지로 그리는 것을 말합니다. 가중치 시각화와 함께 비교하여 각 필터가 이미지의 어느 부분을 활성화시키는지 확인할 수 있습니다.

- **함수형 API**는 케라스에서 신경망 모델을 만드는 방법 중 하나입니다. Model 클래스에 모델의 입력과 출력을 지정합니다. 전형적으로 입력은 Input() 함수를 사용하여 정의하고 출력은 마지막 층의 출력으로 정의합니다.

▶ 핵심 패키지와 함수

Keras

- **Model**은 케라스 모델을 만드는 클래스입니다.

  첫 번째 매개변수인 inputs에 모델의 입력 또는 입력의 리스트를 지정합니다.

  두 번째 매개변수인 outputs에 모델의 출력 또는 출력의 리스트을 지정합니다.

  name 매개변수에 모델의 이름을 지정할 수 있습니다.

▶ **확인 문제**

1. 합성곱 신경망의 첫 번째 합성곱 층에서 다음과 같은 필터가 학습되있습니다. 이 필터를 사용해 가장 높은 값의 특성 맵을 만들 수 있는 입력은 무엇일까요?

    ① 　② 　③ 　④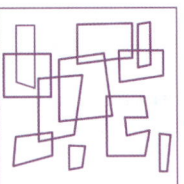

2. 다음 중 케라스 모델을 만드는 올바른 방법이 아닌 것은 무엇인가요?

    ① model = Sequential()

    ② model = Model(ins, outs)

    ③ model = Model(inputs=ins, outputs=outs)

    ④ model = Model()(ins, outs)

3. 다음 중 케라스 모델의 입력을 올바르게 참조하는 것은 무엇인가요?

    ① model.input

    ② model.inputs

    ③ model.Input

    ④ model.Inputs

4. 다음 중 합성곱 신경망에 대해 올바르게 설명한 것은 무엇인가요?

① 입력에 가까운 합성곱 층은 경계, 색깔 같은 저수준의 특징을 감지하고, 출력에 가까운 합성곱 층은 추상적인 특징을 감지합니다.

② 합성곱 신경망의 특성 맵은 층이 거듭될수록 일반적으로 높이와 너비가 커지고 채널이 얕아집니다.

③ 합성곱의 커널 크기는 클수록 좋습니다.

④ 합성곱 신경망에서는 일반적으로 합성곱 층의 스트라이드를 사용하여 특성맵의 크기를 줄입니다.

파이토치 버전 살펴보기

파이토치로 합성곱 신경망 시각화하기

note https://bit.ly/hg2-08-3-pt에 접속하면 코랩에서 이 절의 코드를 바로 열어 볼 수 있습니다.

이번에는 08-2절에서 파이토치로 훈련한 모델을 사용해서 훈련된 가중치와 특성 맵을 시각화해 보겠습니다. 먼저 이전 절에서 훈련한 best_cnn_model.pt 파일을 준비합니다. 만약 코랩을 사용하는 경우라면 다음 명령으로 깃허브에 저장된 파일을 다운로드할 수 있습니다.

```
!wget https://bit.ly/3DQeEH8 -O best_cnn_model.pt
```

best_cnn_model.pt 파일에는 가중치만 저장되어 있기 때문에, 이전에 만든 것과 동일한 모델을 생성한 후 이 가중치를 로드해야 합니다. 이를 위해 Sequential 클래스를 사용해서 이전 절에서 만든 것과 동일한 합성곱 신경망을 만들어 보겠습니다.

note 층의 매개변수, 순서는 물론 층의 이름도 동일하게 지정해야 best_cnn_model.pt 파일을 로드할 수 있습니다.

```python
import torch.nn as nn

model = nn.Sequential()
model.add_module('conv1', nn.Conv2d(1, 32, kernel_size=3, padding='same'))
model.add_module('relu1', nn.ReLU())
model.add_module('pool1', nn.MaxPool2d(2))
model.add_module('conv2', nn.Conv2d(32, 64, kernel_size=3, padding='same'))
model.add_module('relu2', nn.ReLU())
model.add_module('pool2', nn.MaxPool2d(2))
model.add_module('flatten', nn.Flatten())
model.add_module('dense1', nn.Linear(3136, 100))
model.add_module('relu3', nn.ReLU())
model.add_module('dropout', nn.Dropout(0.3))
model.add_module('dense2', nn.Linear(100, 10))
```

이제 best_cnn_model.pt에 저장한 가중치를 로드합니다.

손코딩
```
model.load_state_dict(torch.load('best_cnn_model.pt', weights_only=True))
```

파이토치 모델의 층을 참조하는 방법에는 여러 가지가 있습니다. 이번 절에서는 비교적 간단하고 손쉽게 사용할 수 있는 방식을 살펴보겠습니다.

model 객체의 children() 메서드는 모델에 추가된 층을 반환하는 파이썬 제너레이터generator 객체를 반환합니다. 따라서 다음과 같은 간단한 리스트 내포 구문을 사용하면 model 객체의 모든 층을 쉽게 가져올 수 있습니다.

> **note** 파이썬 제너레이터에 대한 자세한 내용은 『코딩 뇌를 깨우는 파이썬』(한빛미디어, 2023) 10장을 참고하세요.

손코딩
```
layers = [layer for layer in model.children()]
```

layers 리스트를 사용해 model의 층을 참조할 수 있습니다. 예를 들어, 이 리스트의 첫 번째 원소는 모델에 가장 처음 추가한 합성곱 층입니다.

손코딩
```
print(layers[0])
```

```
Conv2d(1, 32, kernel_size=(3, 3), stride=(1, 1), padding=same)
```

하지만 더 간단한 방법이 있습니다. Sequential 클래스로 만든 모델은 정수 인덱스로 하위 층을 참조할 수 있습니다. model 객체의 첫 번째 층은 다음과 같이 접근할 수 있죠.

손코딩
```
model[0]
```

```
Conv2d(1, 32, kernel_size=(3, 3), stride=(1, 1), padding=same)
```

또 다른 방법으로 모델 객체의 named_children() 메서드를 사용하면 층의 이름과 층 객체를 함께 얻을 수 있습니다. for 문으로 named_children() 메서드가 반환하는 층을 이름과 함께 하나씩 출력해 보겠습니다.

손코딩
```
for name, layer in model.named_children():
    print(f"{name:10s}", layer)
```

```
conv1      Conv2d(1, 32, kernel_size=(3, 3), stride=(1, 1), padding=same)
relu1      ReLU()
pool1      MaxPool2d(kernel_size=2, stride=2, padding=0, dilation=1, ceil_
           mode=False)
conv2      Conv2d(32, 64, kernel_size=(3, 3), stride=(1, 1), padding=same)
relu2      ReLU()
pool2      MaxPool2d(kernel_size=2, stride=2, padding=0, dilation=1, ceil_
           mode=False)
flatten    Flatten(start_dim=1, end_dim=-1)
dense1     Linear(in_features=3136, out_features=100, bias=True)
relu3      ReLU()
dropout    Dropout(p=0.3, inplace=False)
dense2     Linear(in_features=100, out_features=10, bias=True)
```

출력 결과에 표시된 이름은 모델을 만들었을 때 지정한 이름입니다. 놀랍게도 파이토치 모델은 층의 이름을 모델의 속성처럼 사용할 수 있습니다. 이름이 'conv1'인 첫 번째 합성곱 층은 다음과 같이 참조할 수 있습니다.

손코딩
```
model.conv1
```

```
Conv2d(1, 32, kernel_size=(3, 3), stride=(1, 1), padding=same)
```

아주 편리하군요. 그럼 이 층을 사용해 본문처럼 가중치의 평균과 표준편차를 계산해 보겠습니다.

파이토치 층의 가중치와 절편은 각각 weight와 bias 속성에 저장되어 있습니다. 이 속성은 파이토치의 Parameter 클래스의 객체입니다. 실제 가중치 텐서는 weight와 bias의 data 속성에 들어 있습니다. 파이토치 텐서는 넘파이와 유사한 메서드를 많이 제공하기 때문에 다음과 같이 평균과 표준편차를 손쉽게 구할 수 있습니다.

손코딩
```
conv_weights = model.conv1.weight.data
print(conv_weights.mean(), conv_weights.std())
```

tensor(-0.0505) tensor(0.3335)

역시 평균은 0에 가깝군요. 표준편차는 약 0.3 정도입니다. 이번에는 히스토그램으로 가중치 값의 분포를 확인해보겠습니다.

손코딩
```
import matplotlib.pyplot as plt

plt.hist(conv_weights.reshape(-1, 1))
plt.xlabel('weight')
plt.ylabel('count')
plt.show()
```

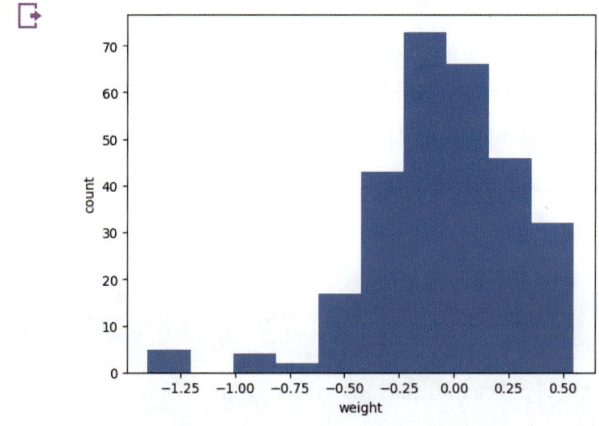

케라스 모델과 비슷하게 약간 한쪽으로 치우쳐져 있지만 종모양 형태를 띠고 있습니다. 이제 가중치를 직접 그림으로 나타내 보겠습니다. 파이토치는 채널 차원이 가장 먼저 나온다는 것을 유의하세요. conv_weight 텐서의 크기를 확인하면 이를 잘 볼 수 있습니다.

```
print(conv_weights.shape)
```

```
torch.Size([32, 1, 3, 3])
```

케라스는 기본적으로 가중치를 (높이, 너비, 채널, 필터 개수)로 나타내지만 파이토치는 (필터 개수, 채널, 높이, 너비)입니다. 따라서 가중치를 그리는 본문의 코드에서 conv_weights 첨자의 순서를 조금 바꾸어야 합니다.

```
fig, axs = plt.subplots(2, 16, figsize=(15,2))
for i in range(2):
    for j in range(16):
        axs[i, j].imshow(conv_weights[i*16 + j,0,:,:], vmin=-0.5, vmax=0.5)
        axs[i, j].axis('off')
plt.show()
```

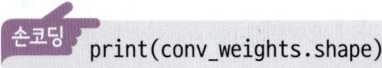

네, 성공적으로 모델의 가중치를 잘 그린 것 같습니다. 이어서 패션 MNIST 데이터 중 하나를 모델에 통과시키고 합성곱 층이 어떤 활성화 출력을 만드는지 확인해 보겠습니다. 패션 MNIST 데이터 중에서 훈련 세트만 다운로드합니다.

```
from torchvision.datasets import FashionMNIST

fm_train = FashionMNIST(root='.', train=True, download=True)
train_input = fm_train.data
```

본문과 동일하게 훈련 세트에 있는 첫 번째 샘플을 그려보겠습니다.

```
plt.imshow(train_input[0], cmap='gray_r')
plt.show()
```

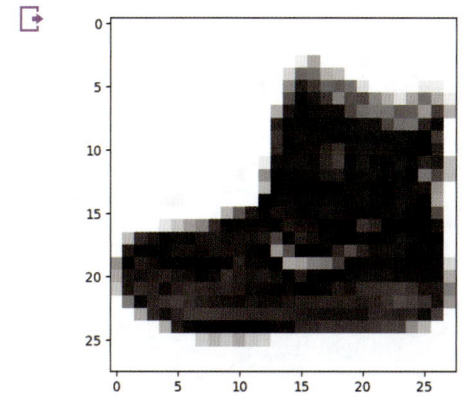

훈련 세트를 준비했던 것과 동일한 방식으로 배치 차원과 채널 차원을 추가하고 255로 나눕니다. 그 후 model.conv1 층에 전달하면 됩니다. 케라스 모델은 활성화 함수가 층에 포함되어 있습니다. 합성곱 층의 출력이 렐루 함수를 거친 결과입니다. 파이토치의 경우 렐루 함수가 별도의 층으로 분리되어 있기 때문에 model.conv1 층이 반환한 결과를 다시 model.relu1에 전달하여 최종 결과를 얻어야 합니다. 케라스의 함수형 API와 매우 비슷해서 쉽게 이해할 수 있을 것입니다.

```
ankle_boot = train_input[0:1].reshape(1, 1, 28, 28) / 255.0

model.eval()
with torch.no_grad():
    feature_maps = model.conv1(ankle_boot)
    feature_maps = model.relu1(feature_maps)
```

이렇게 얻은 feature_maps의 크기를 확인해 보죠.

```
print(feature_maps.shape)
```

```
torch.Size([1, 32, 28, 28])
```

샘플 한 개이므로 배치 차원의 값은 1이고, 채널 개수는 32로 늘어났습니다. 합성곱 층에서 세임 패딩을 사용했기 때문에 높이와 너비는 28 그대로입니다. 이 특성 맵을 맷플롯립을 사용해 그려보겠습니다. feature_maps의 첨자 순서에 주의하세요.

```
fig, axs = plt.subplots(4, 8, figsize=(15,8))
for i in range(4):
    for j in range(8):
        axs[i, j].imshow(feature_maps[0,i*8 + j,:,:])
        axs[i, j].axis('off')
plt.show()
```

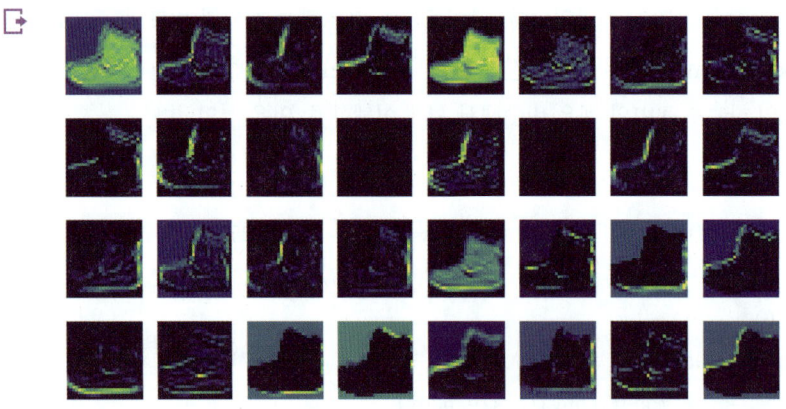

케라스 모델과 비슷하게 이 합성곱 층은 이미지의 경계와 모서리, 전경, 배경 등을 감지하는 것 같습니다. 그럼 이번에는 두 번째 합성곱 층이 만드는 특성 맵을 그려보죠. 앞에와 같은 방식으로 합성곱 층, 렐루 함수, 풀링 층, 합성곱 층, 렐루 함수를 이어서 호출합니다.

```
model.eval()
with torch.no_grad():
    feature_maps = model.conv1(ankle_boot)
    feature_maps = model.relu1(feature_maps)
    feature_maps = model.pool1(feature_maps)
    feature_maps = model.conv2(feature_maps)
    feature_maps = model.relu2(feature_maps)
```

만약 층이 매우 깊다면 왠지 이런 방식이 계속 통하지 않을 것 같군요. 대신 앞서 보았던 named_children() 메서드를 사용해 특정 이름을 가진 층까지만 호출하도록 코드를 작성할 수 있습니다. 다음 코드는 모델의 층을 반복하여 호출하면서 층 이름이 'relu2'인 경우 반복을 중지합니다.

```
model.eval()
x = ankle_boot
with torch.no_grad():
    for name, layer in model.named_children():
        x = layer(x)
        if name == 'relu2':
            break
feature_maps = x
```

feature_maps를 사용해 두 번째 합성곱 층이 만든 특성 맵을 그려보겠습니다.

```
fig, axs = plt.subplots(8, 8, figsize=(12,12))
for i in range(8):
    for j in range(8):
        axs[i, j].imshow(feature_maps[0,i*8 + j,:,:])
        axs[i, j].axis('off')
plt.show()
```

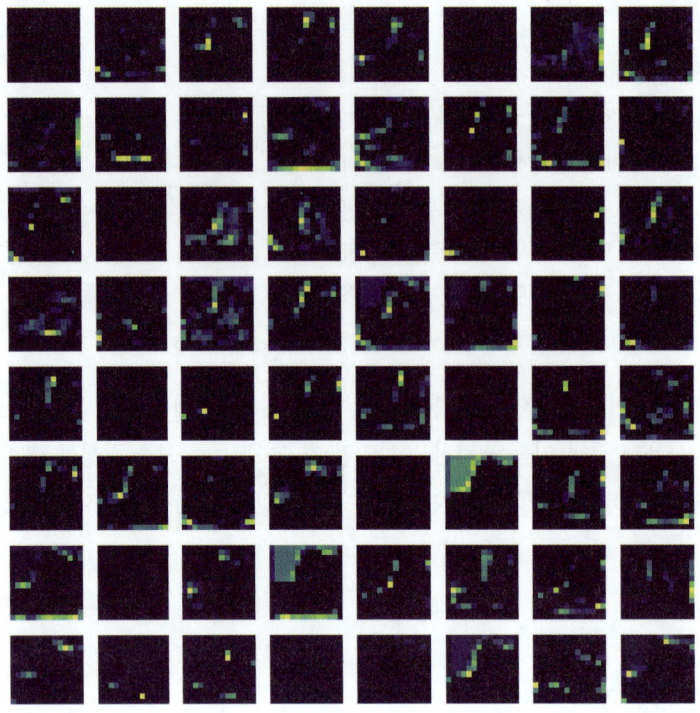

두 번째 합성곱 층이 출력한 특성 맵도 케라스 모델이 만든 것과 비슷한 것 같습니다. 지금까지 파이토치에서 합성곱 신경망의 가중치와 특성 맵을 시각화하는 방법을 살펴보았습니다. 9장에서는 텍스트 처리에 뛰어난 순환 신경망에 대해 배워 보겠습니다.

자주 하는 질문

Q. 이미지 분류 문제를 해결하기 위해 합성곱 신경망을 만들려고 합니다. 합성곱 층을 몇 개나 쌓아야 할까요?

A. 신경망의 층 개수, 뉴런 개수 등은 모두 하이퍼파라미터이며 실험을 해 보기 전에 몇 개의 층이 필요한지 미리 알 수 없습니다. 이미지 분류 문제를 위해 합성곱 신경망을 만들려고 한다면 비슷한 데이터셋에서 사전 훈련된 합성곱 신경망을 사용하여 테스트해 보세요. 이를 통해 필요한 신경망의 규모를 가늠할 수 있습니다. 케라스는 keras.applications 패키지 아래 사전 훈련된 합성곱 신경망을 제공합니다(https://keras.io/api/applications/). 또 캐글(https://www.kaggle.com/models)과 허깅페이스(https://huggingface.co/models)에는 다양한 모델이 공개되어 있습니다. 비슷한 작업에서 훈련한 모델이 있는지 꼭 먼저 찾아보세요.

Q. 08-1절의 그림처럼 1차원 데이터에 적용할 수 있는 합성곱 층도 있나요?

A. 네, 있습니다. 케라스에는 1차원 데이터에 적용할 수 있는 Conv1D 클래스와 3차원 데이터에 적용할 수 있는 Conv3D 클래스가 있습니다. Conv1D는 순환 층처럼 주로 순차 데이터를 처리하는 용도로 사용합니다. 예를 들면 (배치 크기, 시퀀스 길이, 특성 크기)의 입력을 받습니다. Conv3D는 영상 데이터와 같은 3차원 데이터를 처리합니다. 영상 데이터를 처리할 때 이 층의 입력 크기는 (배치 크기, 타임 스텝, 높이, 너비, 채널 개수)가 됩니다.

Q. 08-2절에서 흑백 이미지에 차원을 추가한다는게 이해가 잘 안되요. 그냥 28×28 이미지를 사용하면 안되나요?

A. Conv2D 클래스는 (배치 크기, 높이, 너비, 채널 개수) 크기의 입력을 기대합니다. 그래서 크기가 (높이, 너비)인 흑백 이미지를 (높이, 너비, 채널 개수)인 3차원으로 바꾸어야 합니다. 크기가 1인 차원은 얼마든지 넣어도 실제 데이터에 영향을 미치지 않습니다. 예를 들어 원소가 두 개인 리스트 [1, 2]을 생각해 보죠. 이 리스트를 [[1, 2]]와 같이 리스트의 리스트로 바꿀 수 있습니다. 배열로 생각하면 크기의 (2,) 배열을 (1, 2)와 같이 바꾼 셈입니다. 마찬가지로 리스트의 각 원소를 다시 리스트로 감싸면 [[[1], [2]]]가 됩니다. 배열로 생각하면 크기가 (1, 2, 1)입니다. 이런 식으로 크기가 1인 차원은 필요에 따라 추가하여 다차원 배열을 만들 수 있습니다. 이

예제에서 흑백 이미지는 (28, 28) 크기입니다. 여기에 크기가 1인 차원을 마지막에 추가하여 (28, 28, 1)을 만들면 Conv2D 클래스에 사용할 수 있습니다. 이미지 데이터의 마지막 차원을 보통 채널이라 말하기 때문에 종종 채널 차원을 추가했다고 합니다.

학습목표
- 텍스트와 시계열 데이터 같은 순차 데이터에 잘 맞는 순환 신경망의 개념과 구성 요소에 대해 배웁니다.
- 케라스 API로 기본적인 순환 신경망에서 고급 순환 신경망을 만들어 영화 감상평을 분류하는 작업에 적용해 봅니다.
- 순환 신경망에서 발생하는 문제점과 이를 극복하기 위한 해결책을 살펴봅니다.

Chapter 09

텍스트를 위한 인공 신경망
한빛 마켓의 댓글을 분석하라!

09-1 순차 데이터와 순환 신경망

핵심 키워드 순차 데이터 순환 신경망 셀 은닉 상태

순차 데이터의 특징을 알고 순환 신경망의 개념을 학습합니다.

시작하기 전에

한빛 마켓은 고객들의 상품 평가를 분석하기로 했습니다. 어떤 제품의 평가가 나쁘다면 빨리 상품 담당자와 개선할 수 있는 방법을 찾아야 합니다.

그런데 상품 페이지의 수많은 댓글을 일일이 확인하기 어렵다며 마케팅 팀에서 난색을 보입니다. 설령 마케팅 팀의 모든 직원이 나눠서 확인하더라도 사람마다 댓글의 좋고 나쁨을 가르는 기준이 달라서 이 또한 문제입니다.

김 팀장은 혼공머신에게 또 한 번 큰 임무를 부탁합니다.

"혼공머신, 딥러닝으로 댓글을 분석해서 평가가 긍정적인지 부정적인지 판단할 수 있을까?"

"글을 분석하는 건 순환 신경망을 사용할 수 있을 거예요. 한번 해 볼게요."

"상품 평가를 자동으로 분석하는 거라 신중하게 접근해야 할 것 같아. 일단 댓글의 감정을 분석할 수 있는지 확인해서 보고해 주게."

"네. 예제 데이터를 사용해서 테스트해 보고 가능성을 알려 드릴게요."

자 그럼 이번에도 혼공머신과 함께 흥미진진한 딥러닝의 세계를 탐험해 보겠습니다.

순차 데이터

순차 데이터sequential data는 텍스트나 **시계열 데이터**time series data[1]와 같이 순서에 의미가 있는 데이터를 말합니다. 예를 들어 "I am a boy"는 쉽게 이해할 수 있지만 "boy am a I"는 말이 되지 않습니다. 또 일별 온도를 기록한 데이터에서 날짜 순서를 뒤죽박죽 섞는다면 내일의 온도를 쉽게 예상하기 어렵습니다.

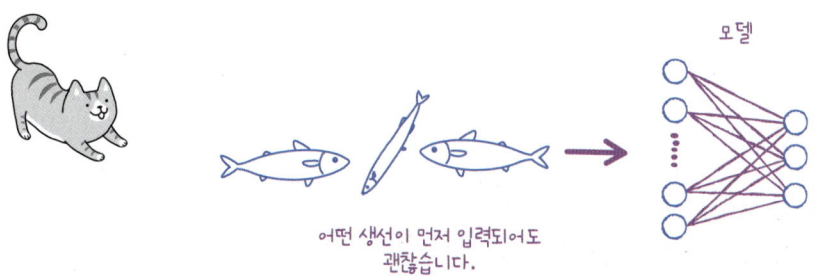

지금까지 우리가 보았던 데이터는 순서와는 상관이 없었습니다. 예로 패션 MNIST 데이터를 생각해 보죠. 이 데이터를 신경망 모델에 전달할 때 샘플을 랜덤하게 섞은 후 훈련 세트와 검증 세트로 나누었습니다. 즉 샘플의 순서와 전혀 상관이 없었죠. 심지어 골고루 섞는 편이 결과가 더 좋습니다.

이는 딥러닝뿐만 아니라 일반적인 머신러닝 모델에서도 마찬가지입니다. 4장에서 봤던 생선 데이터나 패션 MNIST 데이터는 어떤 샘플이 먼저 주입되어도 모델의 학습에 큰 영향을 미치지 않습니다.

이 장에서 사용하려는 댓글, 즉 텍스트 데이터는 단어의 순서가 중요한 순차 데이터입니다. 이런 데이터는 순서를 유지하며 신경망에 주입해야 합니다. 단어의 순서를 마구 섞어서 주입하면 안 됩니다.

따라서 순차 데이터를 다룰 때는 이전에 입력한 데이터를 기억하는 기능이 필요합니다. 예를 들어 "별로지만 추천해요"에서 "추천해요"가 입력될 때 "별로지만"을 기억하고 있어야 이 댓글을 무조건 긍정적이라고 판단하지 않을 것입니다.

---

1 시계열 데이터는 일정한 시간 간격으로 기록된 데이터를 말합니다.

완전 연결 신경망이나 합성곱 신경망은 이런 기억 장치가 없습니다. 하나의 샘플(또는 하나의 배치)을 사용하여 정방향 계산을 수행하고 나면 그 샘플은 버려지고 다음 샘플을 처리할 때 재사용하지 않습니다.

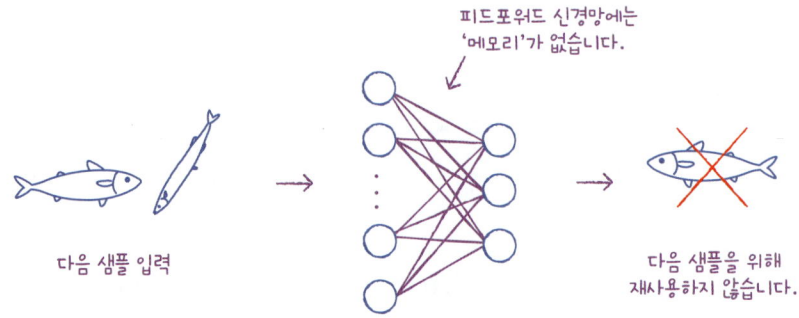

이렇게 입력 데이터의 흐름이 앞으로만 전달되는 신경망을 **피드포워드 신경망**feedforward neural network, FFNN이라고 합니다. 이전 장에서 배웠던 완전 연결 신경망과 합성곱 신경망이 모두 피드포워드 신경망에 속합니다.

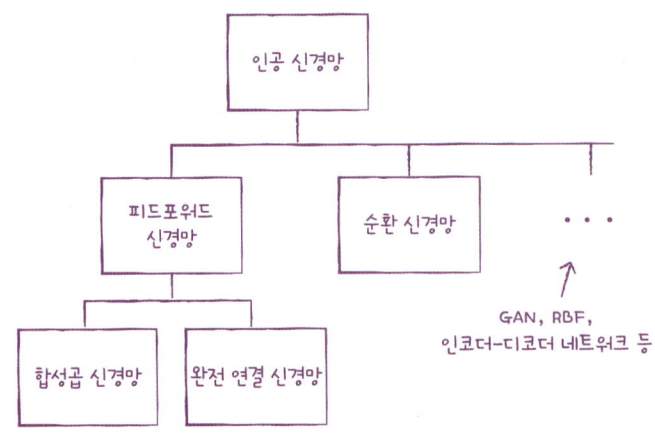

신경망이 이전에 처리했던 샘플을 다음 샘플을 처리하는데 재사용하기 위해서는 이렇게 데이터 흐름이 앞으로만 전달되어서는 곤란합니다. 다음 샘플을 위해서 이전 데이터가 신경망 층에 순환될 필요가 있죠. 이런 신경망이 바로 순환 신경망입니다.

순환 신경망

순환 신경망recurrent neural network, RNN은 일반적인 완전 연결 신경망과 거의 비슷합니다. 완전 연결 신경망에 이전 데이터의 처리 결과가 순환되는 고리 하나만 추가하면 됩니다. 다음 그림에서 은닉층에 있는 붉은 고리를 눈여겨보세요!

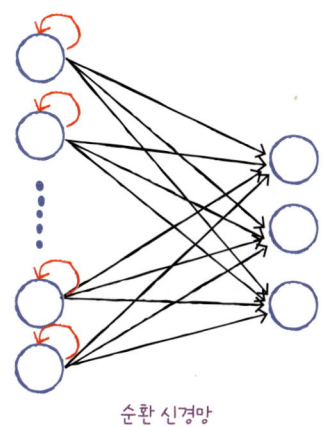

순환 신경망

그림을 보고 감이 잡히시나요? 뉴런의 출력이 다시 자기 자신으로 전달됩니다. 즉 어떤 샘플을 처리할 때 바로 이전에 사용했던 데이터를 재사용하는 셈이죠. 조금 더 간단한 예를 들어 설명해 보겠습니다. 다음처럼 A, B, C, 3개의 샘플을 처리하는 순환 신경망의 뉴런이 있다고 가정해 보죠. O는 출력된 결과입니다. 첫 번째 샘플 A를 처리하고 난 출력(O_A)이 다시 뉴런으로 들어갑니다.

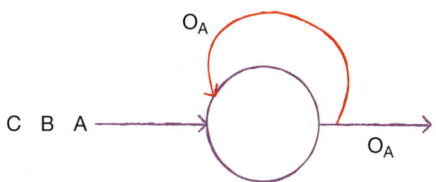

이 출력에는 A에 대한 정보가 다분히 들어 있겠죠. 그다음 B를 처리할 때 앞에서 A를 사용해 만든 출력 O_A를 함께 사용합니다.

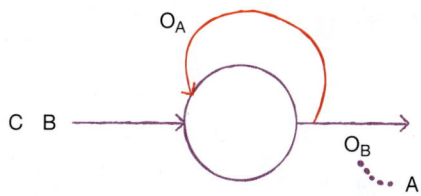

따라서 O_A와 B를 사용해서 만든 O_B에는 A에 대한 정보가 어느 정도 포함되어 있을 것입니다. 그다음 C를 처리할 때는 O_B를 함께 사용합니다.

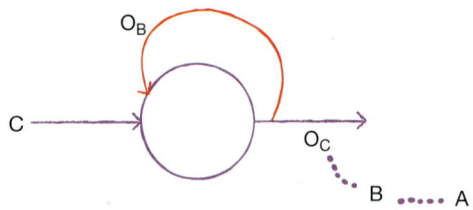

O_B와 C를 사용해 만든 O_C에는 어떤 정보들이 포함되어 있을까요? O_B를 사용했으므로 당연히 B에 대한 정보가 어느 정도 포함되어 있을 것입니다. 또 O_B에는 A에 대한 정보도 포함되어 있습니다! 따라서 O_C에 B와 A에 대한 정보가 담겨 있다고 말할 수 있습니다. 이렇게 샘플을 처리하는 한 단계를 **타임스텝**timestep이라고 말합니다.

물론 O_C에는 A에 대한 정보보다는 B에 대한 정보가 더 많을 것입니다. 즉, 순환 신경망은 이전 타임스텝의 샘플을 기억하지만 타임스텝이 오래될수록 순환되는 정보는 희미해집니다. 나중에 여기에 대해서 다시 자세히 언급하겠습니다.

순환 신경망에서는 특별히 층을 **셀**cell이라고 부릅니다. 한 셀에는 여러 개의 뉴런이 있지만 완전 연결 신경망과 달리 뉴런을 모두 표시하지 않고 하나의 셀로 층을 표현합니다. 또 셀의 출력을 **은닉 상태**hidden state라고 부릅니다.

합성곱 신경망에서처럼 신경망의 구조마다 조금씩 부르는 이름이 다를 수 있습니다. 하지만 기본 구조는 같습니다. 입력에 어떤 가중치를 곱하고 활성화 함수를 통과시켜 다음 층으로 보내는 거죠. 달라지는 것은 층의 출력(즉 은닉 상태)을 다음 타임 스텝에 재사용한다는 것뿐입니다.

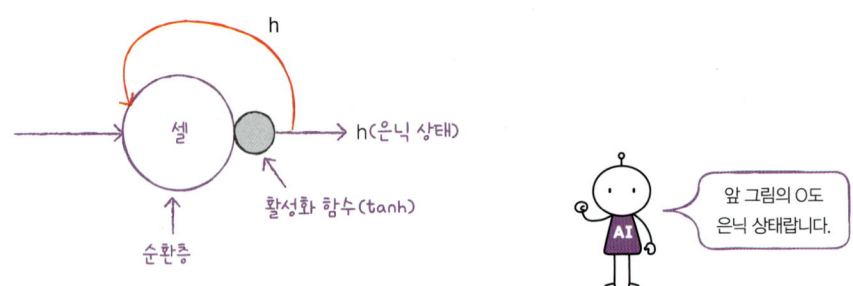

일반적으로 은닉층의 활성화 함수로는 하이퍼볼릭 탄젠트$^{\text{hyperbolic tangent}}$ 함수인 tanh가 많이 사용됩니다. tanh 함수도 S자 모양을 띠기 때문에 종종 시그모이드 함수라고 부르기도 합니다. 하지만 헷갈릴 수 있으니 이 책에서는 이렇게 부르지 않겠습니다. tanh 함수는 시그모이드 함수와는 달리 −1~1 사이의 범위를 가집니다.

> 순환 신경망에서는 활성화 함수로 tanh 함수를 많이 사용합니다.

note 시그모이드 함수는 0~1 사이의 범위를 가졌습니다.

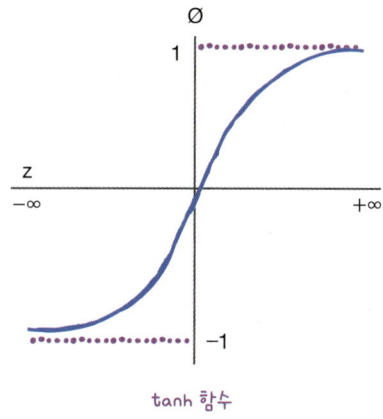

tanh 함수

다른 신경망과 마찬가지로 순환 신경망 그림에도 번거로움을 피하기 위해 활성화 함수를 표시하지 않는 경우가 많습니다. 하지만 순환 신경망에도 활성화 함수가 반드시 필요하다는 것을 꼭 기억해 주세요.

합성곱 신경망과 같은 피드포워드 신경망에서 뉴런은 입력과 가중치를 곱합니다. 순환 신경망에서도 동일합니다. 다만 순환 신경망의 뉴런은 가중치가 하나 더 있습니다. 바로 이전 타임스텝의 은닉 상태에 곱해지는 가중치입니다. 셀은 입력과 이전 타임스텝의 은닉 상태를 사용하여 현재 타임스텝의 은닉 상태를 만듭니다.

다음 그림에서 2개의 가중치를 셀 안에 구분해서 표시했습니다. w_x는 입력에 곱해지는 가중치이고 w_h는 이전 타임스텝의 은닉 상태에 곱해지는 가중치입니다. 피드포워드 신경망과 마찬가지로 뉴런마다 하나의 절편이 포함됩니다. 하지만 여기에서는 따로 표시하지 않겠습니다.

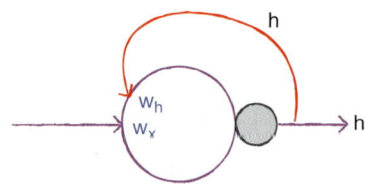

이 그림을 조금 변형해서 그려보죠. 셀의 출력(은닉 상태)이 다음 타임스텝에 재사용되기 때문에 타임스텝으로 셀을 나누어 그릴 수 있습니다. 다음 그림처럼 순환 신경망을 타임스텝마다 그릴 수 있는데요. 이런 그림을 보고 셀을 타임스텝으로 펼쳤다고 말합니다.

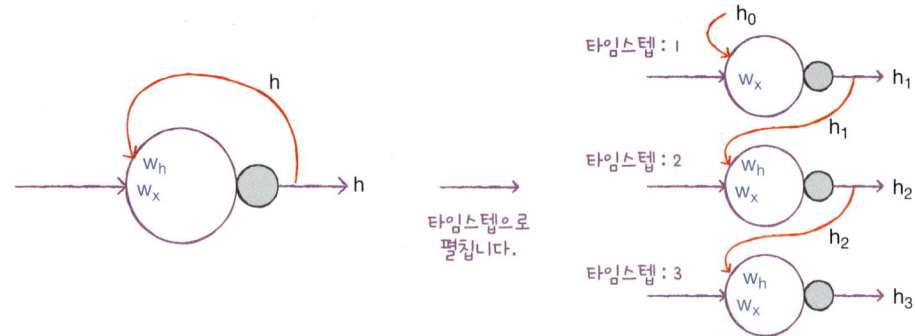

타임스텝 1에서 셀의 출력 h_1이 타임스텝 2의 셀로 주입됩니다. 이때 w_h와 곱해집니다. 마찬가지로 타임스텝 2에서 셀의 출력 h_2가 타임스텝 3의 셀로 주입됩니다. 이때에도 w_h와 곱해집니다.

여기에서 알 수 있는 것은 모든 타임스텝에서 사용되는 가중치 w_h는 하나라는 점입니다. 가중치 w_h는 타임스텝에 따라 변화되는 뉴런의 출력을 학습합니다. 이런 능력이 이 절의 시작 부분에 언급했던 순차 데이터를 다루는 데 필요합니다.

그럼 맨 처음 타임스텝 1에서 사용되는 이전 은닉 상태 h_0은 어떻게 구할 수 있을까요? 맨 처음 샘플을 입력할 때는 이전 타임스텝이 없습니다. 따라서 간단히 h_0은 모두 0으로 초기화합니다.

셀의 가중치와 입출력

순환 신경망의 셀에서 필요한 가중치 크기를 계산해 보겠습니다. 복잡한 모델을 배울수록 가중치 개수를 계산해 보면 잘 이해하고 있는지 알 수 있습니다. 예를 들어 다음 그림처럼 순환층에 입력되는 특성의 개수가 4개이고 순환층의 뉴런이 3개라고 가정해 보겠습니다.

먼저 w_x의 크기를 구해 봅시다. 입력층과 순환층의 뉴런이 모두 완전 연결되기 때문에 가중치 w_x의 크기는 4 × 3 = 12개가 됩니다. 7장에서 본 완전 연결 신경망의 입력층과 은닉층의 연결과 같죠.

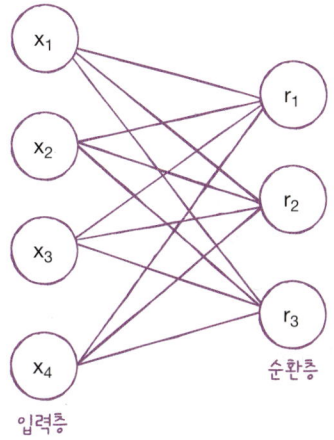

그럼 순환층에서 다음 타임스텝에 재사용되는 은닉 상태를 위한 가중치 w_h의 크기는 어떻게 될까요? 다음 그림을 먼저 보겠습니다.

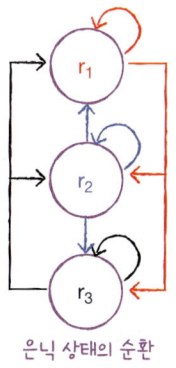

순환층에 있는 첫 번째 뉴런(r_1)의 은닉 상태가 다음 타임스텝에 재사용될 때 첫 번째 뉴런과 두 번째 뉴런, 세 번째 뉴런에 모두 전달됩니다. 위 그림에서 붉은색으로 표시했습니다. 즉 이전 타임스텝의 은닉 상태는 다음 타임스텝의 뉴런에 완전히 연결됩니다!

두 번째 뉴런의 은닉 상태도 마찬가지로 첫 번째 뉴런과 두 번째 뉴런, 세 번째 뉴런에 모두 전달되고 (파란 화살표), 세 번째 뉴런의 은닉 상태도 동일합니다(검은 화살표). 따라서 이 순환층에서 은닉 상태를 위한 가중치 w_h는 3 × 3 = 9개입니다.

가중치는 모두 구했으니 모델 파라미터 개수를 계산해볼까요? 가중치에 절편을 더하면 되죠. 여기엔 각 뉴런마다 하나의 절편이 있습니다. 따라서 이 순환층은 모두 12 + 9 + 3 = 24개의 모델 파라미터를 가지고 있습니다. 이제 왜 순환층을 셀 하나로 표시할 수밖에 없는지 이해되셨나요? 은닉 상태가 모든 뉴런에 순환되기 때문에 완전 연결 신경망처럼 그림으로 표현하기는 너무 어렵습니다.

$$\text{모델 파라미터 수} = w_x + w_b + \text{절편} = 12 + 9 + 3 = 24$$

순환층의 가중치 크기를 알아보았으므로 이번에는 순환층의 입력과 출력에 대해 생각해 보죠. 이전 장에서 배웠던 합성곱 층의 입력은 전형적으로 하나의 샘플이 3개의 차원을 가집니다. 너비, 높이, 채널입니다. 입력이 합성곱 층과 풀링 층을 통과하면 너비, 높이, 채널(혹은 깊이)의 크기가 달라지지만 차원의 개수는 그대로 유지되었습니다.

순환층은 일반적으로 샘플마다 2개의 차원을 가집니다. 보통 하나의 샘플을 하나의 시퀀스^{sequence}라고 말합니다. 시퀀스 안에는 여러 개의 아이템이 들어 있습니다. 여기에서 시퀀스의 길이가 바로 타임스텝 길이가 됩니다.

예를 들어 어떤 샘플에 "I am a boy"란 문장이 들어 있다고 가정해 보죠. 이 샘플은 4개의 단어로 이루어져 있습니다. 각 단어를 3개의 어떤 숫자로 표현한다고 가정해 봅시다(이 숫자 표현에 대해서는 다음 절에 자세히 다루겠습니다).

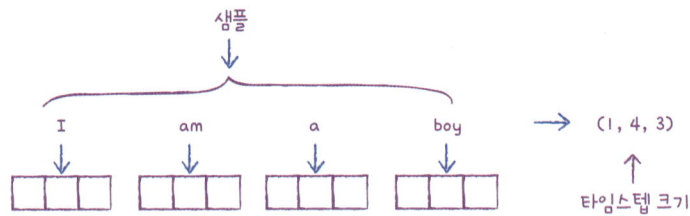

이런 입력이 순환층을 통과하면 두 번째, 세 번째 차원이 사라지고 순환층의 뉴런 개수만큼 출력됩니다. 이를 차근차근 설명해 보겠습니다. 먼저 방금 한 설명을 그림으로 나타내어 보겠습니다.

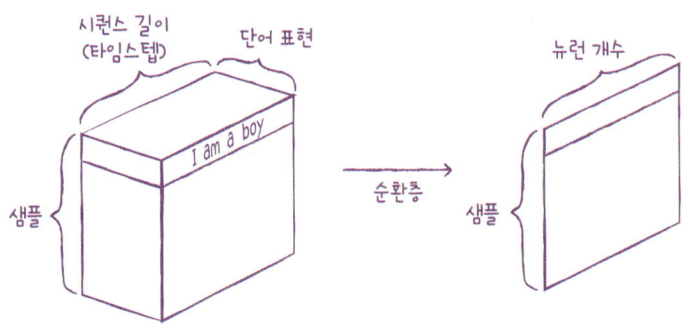

하나의 샘플은 시퀀스 길이(여기에서는 단어 개수)와 단어 표현(다음 절에서 자세히 다룹니다)의 2차원 배열입니다. 순환층을 통과하면 1차원 배열로 바뀝니다. 이 1차원 배열의 크기는 순환층의 뉴런 개수에 의해 결정됩니다.

혹시 이 설명이 의아하게 느껴지지 않나요? 앞에서 셀의 출력을 설명할 때 빠뜨린 것이 있기 때문입니다. 앞에서는 셀이 모든 타임스텝에서 출력을 만든 것처럼 표현했습니다. 하지만 사실 케라스의 순환층은 기본적으로 마지막 타임스텝의 은닉 상태만 출력으로 내보냅니다.

다음 그림에서 이런 특징을 그림으로 표현하기 위해 셀의 출력을 점선으로 표시했습니다. 또 마지막 타임스텝의 은닉 상태임을 나타내기 위해 아랫첨자 f를 사용했습니다.

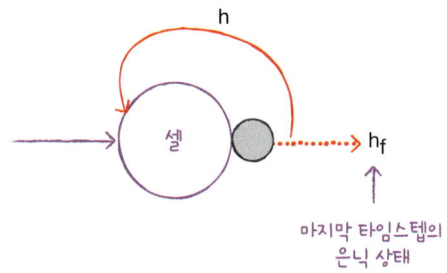

이는 마치 입력된 시퀀스에서 읽은 모든 정보를 마지막 은닉 상태에 압축하여 전달하는 것처럼 볼 수 있습니다. 그래서 순환 신경망이 정보를 기억하는 메모리를 가진다고 표현하기도 합니다. 또 순환 신경망이 순차 데이터에 잘 맞는 이유를 파악할 수 있습니다.

순환 신경망도 완전 연결 신경망이나 합성곱 신경망처럼 여러 개의 층을 쌓을 수 있습니다. 순환층을 여러 개 쌓았을 때는 셀의 출력은 어떻게 달라질까요? 셀의 입력은 샘플마다 타임스텝과 단어 표현으로 이루어진 2차원 배열이어야 합니다. 따라서 첫 번째 셀이 마지막 타임스텝의 은닉 상태만 출력해서는 안 되겠죠. 이런 경우에는 마지막 셀을 제외한 다른 모든 셀은 모든 타임스텝의 은닉 상태를 출력합니다. 예를 들어 2개의 순환층을 쌓은 경우에는 다음 그림과 같습니다.

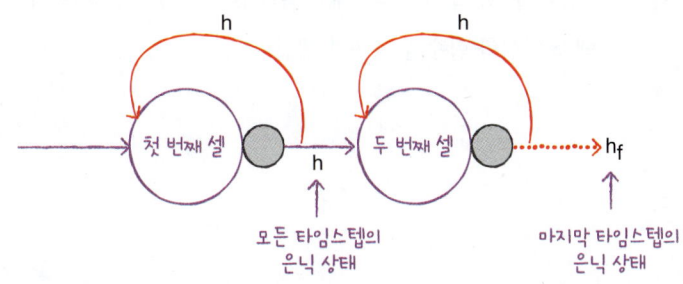

첫 번째 셀은 모든 타임스텝의 은닉 상태를 출력하고, 두 번째 셀은 마지막 타임스텝의 은닉 상태만 출력합니다. 다음 절에서 이런 예를 직접 다루어 보겠습니다.

마지막으로 출력층의 구성에 대해 알아보겠습니다. 합성곱 신경망과 마찬가지로 순환 신경망도 마지막에는 밀집층을 두어 클래스를 분류합니다. 다중 분류일 경우에는 출력층에 클래스 개수만큼 뉴런을 두고 소프트맥스 활성화 함수를 사용합니다. 이진 분류일 경우에는 하나의 뉴런을 두고 시그모이드 활성화 함수를 사용합니다.

합성곱 신경망과 다른 점은 마지막 셀의 출력이 1차원이기 때문에 Flatten 클래스로 펼칠 필요가 없습니다. 셀의 출력을 그대로 밀집층에 사용할 수 있죠. 예를 들어 다중 분류 문제에서 입력 샘플의 크기가 (20, 100)일 경우 하나의 순환층을 사용하는 순환 신경망의 구조는 다음과 같이 나타낼 수 있습니다.

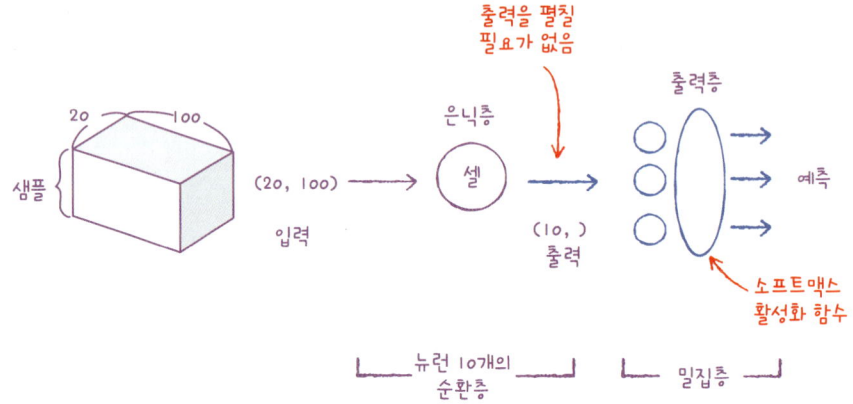

이 예에서 샘플은 20개의 타임스텝으로 이루어져 있습니다. 또 각 타임스텝은 100개의 표현 또는 특성으로 이루어져 있죠. 이 샘플이 순환층의 셀을 통과하면 모든 타임스텝을 처리하고 난 후의 은닉 상태만 출력됩니다. 이 은닉 상태의 크기는 셀에 있는 뉴런의 개수가 되므로 (10,)입니다.

샘플마다 셀이 1차원 배열을 출력하기 때문에 합성곱 신경망처럼 Flatten 클래스로 펼칠 필요 없이 바로 출력층에 연결할 수 있습니다. 앞의 그림은 3개의 클래스를 가진 다중 분류일 경우를 위해 출력층에 3개의 뉴런과 소프트맥스 활성화 함수를 사용한 예입니다.

순환 신경망으로 순환 데이터 처리 〔문제해결 과정〕

이번 절에서 순차 데이터와 순환 신경망을 소개했습니다. 먼저 순차 데이터의 특징을 예를 들어 소개했고 순환 신경망의 개념과 주요 구성 요소를 소개했습니다. 여기에는 순환층, 셀, 은닉 상태 등이 포함됩니다.

순환층은 순서를 가진 데이터를 처리하기 위해 밀집 신경망이나 합성곱 신경망과는 계산하는 방식이 다릅니다. 은닉층의 출력을 다음 층으로만 보내지 않고 다음 순서에 다시 재사용하는 순환 구조로 되어 있습니다.

하지만 거시적인 구조는 다른 신경망과 크게 다르지 않습니다. 입력에 가중치를 곱하고 절편을 더한 다음 활성화 함수를 통과시켜 다음 층으로 전달하는 거죠. 다만 순환층은 이전 타임스텝의 출력을 입력으로 함께 사용합니다. 또 마지막 타임스텝의 출력만 다음 층으로 전달한다는 것을 잊지 마세요.

다음 절에서는 케라스를 사용해 순차 데이터와 순환 신경망을 직접 만들어 영화 감상평을 긍정과 부정으로 분류해 보겠습니다.

마무리

▶ 키워드로 끝내는 핵심 포인트

- **순차 데이터**는 텍스트나 시계열 데이터와 같이 순서에 의미가 있는 데이터입니다. 대표적인 순차 데이터로는 글, 대화, 일자별 날씨, 일자별 판매 실적 등을 예로 들 수 있습니다.

- **순환 신경망**은 순차 데이터에 잘 맞는 인공 신경망의 한 종류입니다. 순차 데이터를 처리하기 위해 고안된 순환층을 1개 이상 사용한 신경망을 순환 신경망이라고 부릅니다.

- 순환 신경망에서는 종종 순환층을 **셀**이라 부릅니다. 일반적인 인공 신경망과 마찬가지로 하나의 셀은 여러 개의 뉴런으로 구성됩니다.

- 순환 신경망에서는 셀의 출력을 특별히 **은닉 상태**라고 부릅니다. 은닉 상태는 다음 층으로 전달될 뿐만 아니라 셀이 다음 타임스텝의 데이터를 처리할 때 재사용됩니다.

▶ 확인 문제

1. 다음 중 순차 데이터로 처리하기 어려운 작업은 무엇인가요?

    ① 환자의 검사 결과를 바탕으로 질병 예측하기

    ② 월별 주택 가격을 바탕으로 다음 달의 주택 가격 예측하기

    ③ 태풍의 이동 경로를 바탕으로 다음 경로 예측하기

    ④ 노래 악보를 바탕으로 다음 음표를 예측하기

2. 순환 신경망에서 순환층을 부르는 다른 말과 순환층의 출력을 나타내는 용어를 올바르게 짝 지은 것은 무엇인가요?

① 셸(shell)-셸 상태

② 셸(shell)-은닉 상태

③ 셀(cell)-셀 상태

④ 셀(cell)-은닉 상태

3. 순환 신경망에서 한 셀에 있는 뉴런의 개수가 10개입니다. 이 셀의 은닉 상태가 다음 타임스 텝에 사용될 때 곱해지는 가중치 w_h의 크기는 얼마인가요?

① (10,)

② (10, 10)

③ (10, 10, 10)

④ 알 수 없음

4. 기본 순환 신경망에서 널리 사용되는 활성화 함수는 무엇인가요?

① ReLU

② max

③ softmax

④ tanh

09-2 순환 신경망으로 IMDB 리뷰 분류하기

핵심 키워드 말뭉치 토큰 원-핫 인코딩 단어 임베딩

케라스를 사용해 순환 신경망을 만들어 영화 리뷰 데이터셋에 적용해서 리뷰를 긍정과 부정으로 분류합니다.

시작하기 전에

1절에서 순환 신경망의 작동 원리를 살펴보았습니다. 이번 절에서는 대표적인 순환 신경망 문제인 IMDB 리뷰 데이터셋을 사용해 가장 간단한 순환 신경망 모델을 훈련해 보겠습니다.

이 데이터셋을 두 가지 방법으로 변형하여 순환 신경망에 주입해 보겠습니다. 하나는 원-핫 인코딩이고 또 다른 하나는 단어 임베딩입니다. 이 두 가지 방법의 차이점에 대해 설명하고 순환 신경망을 만들 때 고려해야 할 점을 알아보겠습니다.

그럼 먼저 이 절에서 사용할 IMDB 리뷰 데이터셋을 적재해 보겠습니다.

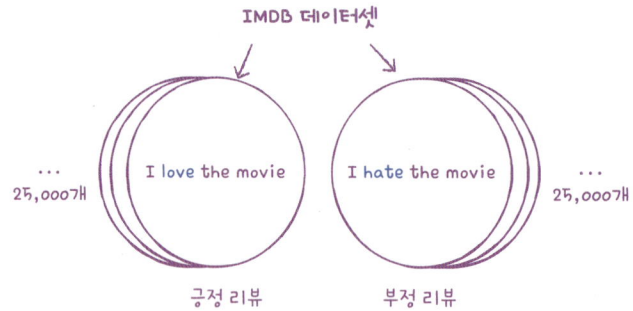

IMDB 리뷰 데이터셋

IMDB 리뷰 데이터셋은 유명한 인터넷 영화 데이터베이스인 imdb.com에서 수집한 리뷰를 감상평에 따라 긍정과 부정으로 분류해 놓은 데이터셋입니다. 총 50,000개의 샘플로 이루어져 있고 훈련 데이터와 테스트 데이터에 각각 25,000개씩 나누어져 있습니다.

> **+ 여기서 잠깐**   **자연어 처리와 말뭉치란 무엇인가요?**
>
> **자연어 처리**(natural language processing, NLP)는 컴퓨터를 사용해 인간의 언어를 처리하는 분야입니다. 대표적인 세부 분야로는 음성 인식, 기계 번역, 감성 분석 등이 있습니다. IMDB 리뷰를 감상평에 따라 분류하는 작업은 감성 분석에 해당합니다. 자연어 처리 분야에서는 훈련 데이터를 종종 **말뭉치**(corpus)라고 부릅니다. 예를 들어 IMDB 리뷰 데이터셋이 하나의 말뭉치입니다.

사실 텍스트 자체를 신경망에 전달하지는 않습니다. 컴퓨터에서 처리하는 모든 것은 어떤 숫자 데이터입니다. 앞서 합성곱 신경망에서 이미지를 다룰 때는 특별한 변환을 하지 않았습니다. 이미지가 정수 픽셀값으로 이루어져 있기 때문이죠. 텍스트 데이터의 경우 단어를 숫자 데이터로 바꾸는 일반적인 방법은 데이터에 등장하는 단어마다 고유한 정수를 부여하는 것입니다. 예를 들면 다음과 같습니다.

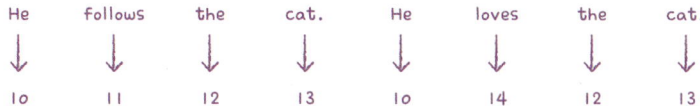

앞의 두 문장에 등장하는 각 단어를 하나의 정수에 매핑했고, 동일한 단어는 동일한 정수에 매핑됩니다. 단어에 매핑되는 정수는 단어의 의미나 크기와 관련이 없습니다. 예를 들어 'He'를 10으로 매핑하고 'cat'을 13에 매핑하더라도 'cat'이 'He'보다 좋거나 크다는 뜻은 아닙니다. 이 정숫값 사이에는 어떤 관계도 없습니다. 일반적으로 영어 문장은 모두 소문자로 바꾸고 구둣점을 삭제한 다음 공백을 기준으로 분리합니다. 이렇게 분리된 단어를 **토큰**(token)이라고 부릅니다. 하나의 샘플은 여러 개의 토큰으로 이루어져 있고 1개의 토큰이 하나의 타임스텝에 해당합니다.

> 단어를 더 작은 단위의 토큰으로 나누는 방법은 10장에서 알아 보겠습니다.

> **+ 여기서 잠깐**   **한글 문장은 어떻게 토큰을 분리하나요?**
>
> 한글은 조사가 발달되어 있기 때문에 공백으로 나누는 것만으로는 부족합니다. 일반적으로 한글은 형태소 분석을 통해 토큰을 만듭니다. 안타깝지만 한글의 형태소 분석은 이 책의 범위를 넘어섭니다. KoNLPy를 사용한 한글의 형태소 분석에 관심이 있다면 『파이썬 라이브러리를 활용한 머신러닝(번역개정2판)』(2022, 한빛미디어)의 7장을 참고해 주세요.

토큰에 할당하는 정수 중에 몇 개는 특정한 용도로 예약되어 있는 경우가 많습니다. 예를 들어 0은 패딩(잠시 후에 설명합니다), 1은 문장의 시작, 2는 어휘 사전에 없는 토큰을 나타냅니다.

> **+ 여기서 잠깐 어휘 사전은 또 뭐죠?**
>
> 훈련 세트에서 고유한 단어를 뽑아 만든 목록을 어휘 사전이라고 말합니다. 예를 들어 테스트 세트 안에 어휘 사전에 없는 단어가 있다면 2로 변환하여 신경망 모델에 주입합니다.

실제 IMDB 리뷰 데이터셋은 영어로 된 문장이지만 편리하게도 케라스에는 이미 정수로 바꾼 데이터가 포함되어 있습니다. keras.datasets 패키지 아래 imdb 모듈을 임포트하여 이 데이터를 적재해 보겠습니다. 여기에서는 전체 데이터셋에서 가장 자주 등장하는 단어 200개만 사용하겠습니다. 이렇게 하기 위해 load_data() 함수의 num_words 매개변수를 200으로 지정합니다.

```
from keras.datasets import imdb

(train_input, train_target), (test_input, test_target) = imdb.load_data(
    num_words=200)
```

먼저 훈련 세트와 테스트 세트의 크기를 확인해 보겠습니다.

```
print(train_input.shape, test_input.shape)
```

> (25000,) (25000,)

앞서 말했듯이 이 데이터셋은 훈련 세트와 테스트 세트가 각각 25,000개의 샘플로 이루어져 있습니다. 그런데 1차원 배열이라니 이상하지 않나요? IMDB 리뷰 텍스트는 길이가 제각각입니다. 따라서 고정 크기의 2차원 배열에 담기 보다는 리뷰마다 별도의 파이썬 리스트로 담아야 메모리를 효율적으로 사용할 수 있습니다.

train_input : [리뷰1, 리뷰2, 리뷰3, ...] ← 넘파이 배열
                      ↑
                  파이썬 리스트

즉 앞의 그림처럼 이 데이터는 개별 리뷰를 담은 파이썬 리스트 객체로 이루어진 넘파이 배열입니다. 네, 맞습니다. 넘파이 배열은 정수나 실수가 아닌 다른 파이썬 객체를 담을 수 있습니다. 그럼 다음과 같이 첫 번째 리뷰의 길이를 출력해 보겠습니다.

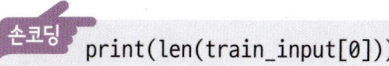
```
print(len(train_input[0]))
```

↪ 218

첫 번째 리뷰의 길이는 218개의 토큰으로 이루어져 있습니다. 두 번째 리뷰의 길이를 확인해 보겠습니다.

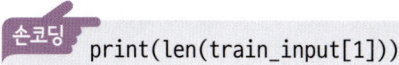
```
print(len(train_input[1]))
```

↪ 189

몇 개 더 해 볼 수도 있겠지만 리뷰마다 각각 길이가 다릅니다. 여기서 하나의 리뷰가 하나의 샘플이 됩니다. 서로 다른 길이의 샘플을 어떻게 신경망에 전달하는지 잠시 후에 살펴보겠습니다. 이제 첫 번째 리뷰에 담긴 내용을 출력해 보죠.

```
print(train_input[0])
```

↪ [1, 14, 22, 16, 43, 2, 2, 2, 2, 65, 2, 2, 66, 2, 4, 173, 36, 256, 5, 25, 100, 43, 2, 112, 50, 2, 2, 9, 35, 2, 284, 5, 150, 4, 172, 112, 167, 2, 2, 2, 39, 4, 172, 2, 2, 17, 2, 38, 13, 2, 4, 192, 50, 16, 6, 147, 2, 19, 14, 22, 4, 2, 2, 2, 4, 22, 71, 87, 12, 16, 43, 2, 38, 76, 15, 13, 2, 4, 22, 17, 2, 17, 12, 16, 2, 18, 2, 5, 62, 2, 12, 8, 2, 8, 106, 5, 4, 2, 2, 16, 2, 66, 2, 33, 4, 130, 12, 16, 38, 2, 5, 25, 124, 51, 36, 135, 48, 25, 2, 33, 6, 22, 12, 215, 28, 77, 52, 5, 14, 2, 16, 82, 2, 8, 4, 107, 117, 2, 15, 256, 4, 2, 7, 2, 5, 2, 36, 71, 43, 2, 2, 26, 2, 2, 46, 7, 4, 2, 2, 13, 104, 88, 4, 2, 15, 297, 98, 32, 2, 56, 26, 141, 6, 194, 2, 18, 4, 226, 22, 21, 134, 2, 26, 2, 5, 144, 30, 2, 18, 51, 36, 28, 224, 92, 25, 104, 4, 226, 65, 16, 38, 2, 88, 12, 16, 283, 5, 16, 2, 113, 103, 32, 15, 16, 2, 19, 178, 32]

네, 앞서 설명했듯이 케라스에 있는 IMDB 리뷰 데이터는 이미 정수로 변환되어 있습니다. 앞서 num_words=200으로 지정했기 때문에 어휘 사전에는 200개의 단어만 들어가 있습니다. 어휘 사전에 없는 단어는 모두 2로 표시되어 나타납니다.

> 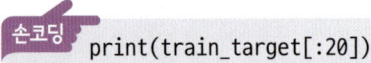 **어떤 기준으로 200개의 단어를 고른 것인가요?**
>
> imdb.load_data() 함수는 전체 어휘 사전에 있는 단어를 등장 횟수 순서대로 나열한 다음 가장 많이 등장한 200개의 단어를 선택합니다.

이번에는 타깃 데이터를 출력해 보겠습니다.

```
print(train_target[:20])
```

```
[1 0 0 1 0 0 1 0 1 0 1 0 0 0 0 0 1 1 0 1]
```

해결할 문제는 리뷰가 긍정인지 부정인지를 판단하는 것입니다. 따라서 이진 분류 문제로 볼 수 있고 타깃값은 0(부정)과 1(긍정)로 나누어집니다.

좋습니다. 데이터를 더 살펴보기 전에 훈련 세트에서 검증 세트를 떼어 놓도록 하죠. 원래 훈련 세트의 크기가 25,000개였으므로 20%를 검증 세트로 떼어 놓으면 훈련 세트의 크기는 20,000개로 줄어듭니다.

```
from sklearn.model_selection import train_test_split

train_input, val_input, train_target, val_target = train_test_split(
    train_input, train_target, test_size=0.2, random_state=42)
```

이제 훈련 세트에 대해 몇 가지 조사를 해 보겠습니다. 먼저 각 리뷰의 길이를 계산해 넘파이 배열에 담겠습니다. 이렇게 하는 이유는 평균적인 리뷰의 길이와 가장 짧은 리뷰의 길이 그리고 가장 긴 리뷰의 길이를 확인하고 싶기 때문입니다. 이를 위해 넘파이 리스트 내포를 사용해 train_input의 원소를 순회하면서 길이를 재도록 하겠습니다.

```
import numpy as np

lengths = np.array([len(x) for x in train_input])
```

lengths 배열이 준비되었으므로 넘파이 mean() 함수와 median() 함수를 사용해 리뷰 길이의 평균과 중간값을 구해 보겠습니다.

```
print(np.mean(lengths), np.median(lengths))
```

```
239.00925 178.0
```

리뷰의 평균 단어 개수는 239개이고 중간값이 178인 것으로 보아 이 리뷰 길이 데이터는 한쪽에 치우친 분포를 보일 것 같습니다. lengths 배열을 히스토그램으로 표현해 보겠습니다.

```
import matplotlib.pyplot as plt

plt.hist(lengths)
plt.xlabel('length')
plt.ylabel('frequency')
plt.show()
```

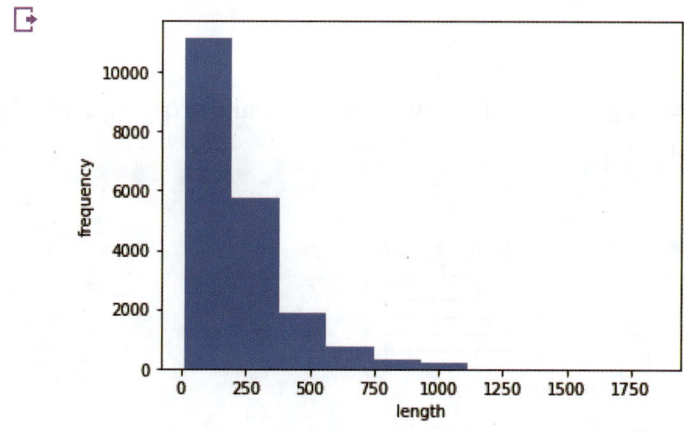

역시 한쪽으로 치우쳤군요. 대부분의 리뷰 길이는 300 미만입니다. 평균이 중간값보다 높은 이유는 오른쪽 끝에 아주 큰 데이터가 있기 때문입니다. 어떤 리뷰는 1,000개의 단어가 넘기도 하는군요!

리뷰는 대부분 짧아서 이 예제에서는 중간값보다 훨씬 짧은 100개의 단어만 사용하겠습니다. 하지만 여전히 100개의 단어보다 작은 리뷰가 있습니다. 이런 리뷰들의 길이를 100에 맞추기 위해 패딩이 필요합니다. 보통 패딩을 나타내는 토큰으로는 0을 사용합니다.

물론 수동으로 훈련 세트에 있는 20,000개의 리뷰를 순회하면서 길이가 100이 되도록 잘라내거나 0으로 패딩 할 수 있습니다. 하지만 자주 있는 번거로운 작업에는 항상 편리한 도구가 준비되어 있죠. 케라스는 시퀀스 데이터의 길이를 맞추는 pad_sequences() 함수를 제공합니다. 이 함수를 사용해 train_input의 길이를 100으로 맞추어 보겠습니다.

```python
from keras.preprocessing.sequence import pad_sequences

train_seq = pad_sequences(train_input, maxlen=100)
```

사용법은 간단합니다. maxlen에 원하는 길이를 지정하면 이보다 긴 경우는 잘라내고 짧은 경우는 0으로 패딩 합니다. 패딩 된 결과가 어떻게 나타나는지 확인해 보겠습니다. 먼저 train_seq의 크기를 확인해 보죠.

```python
print(train_seq.shape)
```

⇨ (20000, 100)

train_input은 파이썬 리스트의 배열이었지만 길이를 100으로 맞춘 train_seq는 이제 (20000, 100) 크기의 2차원 배열이 되었습니다.

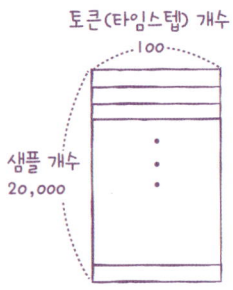

train_seq에 있는 첫 번째 샘플을 출력해 보겠습니다.

> 손코딩 `print(train_seq[0])`

```
[  10    4   20    9    2    2    2    5   45    6    2    2   33  269    8    2  142    2
    5    2   17   73   17  204    5    2   19   55    2    2   92   66  104   14   20   93
   76    2  151   33    4   58   12  188    2  151   12  215   69  224  142   73  237    6
    2    7    2    2  188    2  103   14   31   10   10    2    7    2    5    2   80   91
    2   30    2   34   14   20  151   50   26  131   49    2   84   46   50   37   80   79
    6    2   46    7   14   20   10   10  2158]
```

이 샘플의 앞뒤에 패딩값 0이 없는 것으로 보아 100보다는 길었을 것 같습니다. 그럼 원래 샘플의 앞부분이 잘렸을까요? 뒷부분이 잘렸을까요? train_input에 있는 원본 샘플의 끝을 확인해 보죠.

> 손코딩 `print(train_input[0][-10:])`

```
[6, 2, 46, 7, 14, 20, 10, 10, 2, 158]
```

음수 인덱스와 슬라이싱을 사용해 train_input[0]에 있는 마지막 10개의 토큰을 출력했습니다. train_seq[0]의 출력값과 비교하면 정확히 일치합니다. 그렇다면 샘플의 앞부분이 잘렸다는 것을 짐작할 수 있겠네요.

pad_sequences() 함수는 기본으로 maxlen보다 긴 시퀀스의 앞부분을 자릅니다. 이렇게 하는 이유는 일반적으로 시퀀스의 뒷부분의 정보가 더 유용하리라 기대하기 때문입니다. 영화 리뷰 데이터를 생각해 보면 리뷰 끝에 뭔가 결정적인 소감을 말할 가능성이 높다고 볼 수 있습니다. 만약 시퀀스의 뒷부분을 잘라내고 싶다면 pad_sequences() 함수의 truncating 매개변수의 값을 기본값 'pre'가 아닌 'post'로 바꾸면 됩니다.

이번에는 train_seq에 있는 여섯 번째 샘플을 출력해 보겠습니다.

🖐 손코딩 `print(train_seq[5])`

```
[  0   0   0   0   1   2 195  19  49   2   2 190   4   2   2 183  10
  10  13  82  79   4   2  36  71 269   8   2  25  19  49   7   4   2   2
   2   2   2  10  10  48  25  40   2  11   2   2  40   2   2   5   4   2
   2  95  14 238  56 129   2  10  10  21   2  94   2   2   2   2  11 190
  24   2   2   7  94 205   2  10  10  87   2  34  49   2   7   2   2   2
   2   2 290   2  46  48  64  18   4   2]
```

앞부분에 0이 있는 것으로 보아 이 샘플의 길이는 100이 안 되겠군요. 역시 같은 이유로 패딩 토큰은 시퀀스의 뒷부분이 아니라 앞부분에 추가됩니다. 시퀀스의 마지막에 있는 단어가 셀의 은닉 상태에 가장 큰 영향을 미치게 되므로 마지막에 패딩을 추가하는 것은 일반적으로 선호하지 않습니다. 하지만 원한다면 pad_sequences() 함수의 padding 매개변수의 기본값인 'pre'를 'post'로 바꾸면 샘플의 뒷부분에 패딩을 추가할 수 있습니다.

> 길이가 짧으면 앞부분을 0으로 패딩 합니다.

네, 좋습니다. 그럼 이런 방식대로 검증 세트의 길이도 100으로 맞추어 보죠.

🖐 손코딩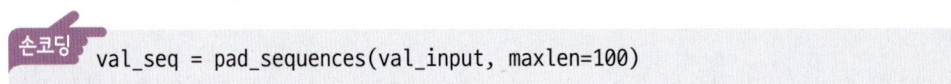

휴, 이제 훈련 세트와 검증 세트 준비를 마쳤습니다. 이제 본격적으로 순환 신경망 모델을 만들어 보겠습니다.

순환 신경망 만들기

케라스는 여러 종류의 순환층 클래스를 제공합니다. 그중에 가장 간단한 것은 SimpleRNN 클래스입니다. 이 클래스는 7장 1절에서 설명한 것과 거의 비슷한 기능을 수행합니다. IMDB 리뷰 분류 문제는 이진 분류이므로 마지막 출력층은 1개의 뉴런을 가지고 시그모이드 활성화 함수를 사용해야 합니다. 먼저 케라스의 Sequential 클래스로 만든 신경망 코드를 살펴보죠.

> **+ 여기서 잠깐** **Sequential 클래스가 순환 신경망을 만드는 용도인가요?**
>
> 아닙니다. 이름 때문에 혼동하지 마세요. 이전 장에서 보았듯이 Sequential 클래스는 순환 신경망뿐만 아니라 합성곱 신경망이나 일반적인 인공 신경망 모델을 모두 만들 수 있습니다. 다만 층을 순서대로 쌓기 때문에 Sequential 클래스로 이름을 붙였습니다. 순차 데이터(sequential data)와는 관련이 없으니 혼동하지 마세요.

 손코딩

```
import keras

model = keras.Sequential()
model.add(keras.layers.Input(shape=(100,200)))
model.add(keras.layers.SimpleRNN(8))
model.add(keras.layers.Dense(1, activation='sigmoid'))
```

이 코드는 지금까지 보았던 구성과 매우 비슷합니다. 달라진 것은 Dense나 Conv2D 클래스 대신 SimpleRNN 클래스를 사용했습니다. Input 함수의 입력 차원을 (100, 200)으로 지정했습니다. 첫 번째 차원이 100인 것은 앞에서 샘플의 길이를 100으로 지정했기 때문입니다. 그럼 200은 어디서 온 숫자일까요? 이에 대해서는 잠시 후에 설명하겠습니다.

그다음 SimpleRNN 클래스에 사용할 뉴런의 개수를 지정합니다. 순환층도 당연히 활성화 함수를 사용해야 합니다. SimpleRNN 클래스의 activation 매개변수의 기본값은 'tanh'로 하이퍼볼릭 탄젠트 함수를 사용합니다. 여기서는 기본값을 그대로 사용합니다.

그럼 Input 함수에서 shape 매개변수의 두 번째 차원인 200은 어디서 온 숫자일까요? 이전 섹션에서 만든 train_seq와 val_seq에는 한 가지 큰 문제가 있습니다. 토큰을 정수로 변환한 이 데이터를 신경망에 주입하면 큰 정수가 큰 활성화 출력을 만들기 때문입니다.

분명히 이 정수 사이에는 어떤 관련이 없습니다. 20번 토큰을 10번 토큰보다 더 중요시해야 할 이유가 없습니다. 따라서 단순한 정숫값을 신경망에 입력하기 위해서는 다른 방식을 찾아야 합니다.

정숫값에 있는 크기 속성을 없애고 각 정수를 고유하게 표현하는 방법은 7장에서 잠깐 보았던 원-핫 인코딩입니다. 예를 들어 train_seq[0]의 첫 번째 토큰인 10을 원-핫 인코딩으로 바꾸면 다음과 같습니다.

> 원-핫 인코딩은 정숫값을 배열에서 해당 정수 위치의 원소만 1이고 나머지는 모두 0으로 변환합니다. 7장의 다중 분류에서 출력층에서 만든 확률과 크로스 엔트로피 손실을 계산하기 위해 원-핫 인코딩을 사용할 수 있다고 배웠습니다.

| 0 | 0 | 0 | 0 | 0 | 0 | 0 | 0 | 0 | 0 | 1 | 0 | ... | 0 |

열한 번째 원소만 1이고 나머지는 모두 0인 배열입니다. 이 배열의 길이는 얼마일까요?

imdb.load_data() 함수에서 200개의 단어만 사용하도록 지정했기 때문에 고유한 단어는 모두 200개입니다. 즉 훈련 데이터에 포함될 수 있는 정숫값의 범위는 0(패딩 토큰)에서 199까지입니다. 따라서 이 범위를 원-핫 인코딩으로 표현하려면 배열의 길이가 200이어야 합니다!

9장 1절에서 "I am a boy"에 있는 각 단어를 숫자 3개를 사용해 표현한다고 예를 들었던 것을 기억하나요? 여기서도 개념은 동일합니다. 토큰마다 200개의 숫자를 사용해 표현하는 것이죠. 다만 200개 중에 하나만 1이고 나머지는 모두 0으로 만들어 정수 사이에 있던 크기 속성을 없애는 원-핫 인코딩을 사용합니다.

혹시 예상했을 수 있겠지만 케라스에는 이미 원-핫 인코딩을 위한 유틸리티를 제공합니다. 따라서 수동으로 위와 같은 배열을 만들 필요가 없죠. 이 유틸리티는 바로 keras.utils 패키지 아래에 있는 to_categorical() 함수입니다. 정수 배열을 입력하면 자동으로 원-핫 인코딩된 배열을 반환해 줍니다.

```
train_oh = keras.utils.to_categorical(train_seq)
```

먼저 train_seq를 원-핫 인코딩으로 변환하여 train_oh 배열을 만들었습니다. 이 배열의 크기를 출력해 보겠습니다.

```
print(train_oh.shape)
```

> (20000, 100, 200)

정수 하나마다 모두 200차원의 배열로 변경되었기 때문에 (20000, 100) 크기의 train_seq가 (20000, 100, 200) 크기의 train_oh로 바뀌었습니다. 이렇게 샘플 데이터의 크기가 1차원 정수 배열 (100,)에서 2차원 배열 (100, 200)로 바뀌었으므로 Input 함수의 shape 매개변수의 값을 (100, 200)으로 지정한 것입니다.

train_oh의 첫 번째 샘플의 첫 번째 토큰 10이 잘 인코딩되었는지 출력해 보죠.

```
print(train_oh[0][0][:12])
```

```
[0. 0. 0. 0. 0. 0. 0. 0. 0. 0. 1. 0.]
```

처음 12개 원소를 출력해 보면 열한 번째 원소가 1인 것을 확인할 수 있습니다. 나머지 원소는 모두 0일까요? 넘파이 sum() 함수로 모든 원소의 값을 더해서 1이 되는지 확인해 보죠.

```
print(np.sum(train_oh[0][0]))
```

```
1.0
```

네, 토큰 10이 잘 인코딩된 것 같습니다. 열한 번째 원소만 1이고 나머지는 모두 0이어서 원-핫 인코딩된 배열의 값을 모두 더한 결과가 1이 되었습니다. 같은 방식으로 val_seq도 원-핫 인코딩으로 바꾸어 놓겠습니다.

```
val_oh = keras.utils.to_categorical(val_seq)
```

이제 훈련에 사용할 훈련 세트와 검증 세트가 모두 준비되었습니다. 앞서 만든 모델의 구조를 출력해 보죠.

```
model.summary()
```

```
Model: "sequential"
```

Layer (type)	Output Shape	Param #
simple_rnn (SimpleRNN)	(None, 8)	1,672
dense (Dense)	(None, 1)	9

```
Total params: 1,681 (6.57 KB)
Trainable params: 1,681 (6.57 KB)
Non-trainable params: 0 (0.00 B)
```

SimpleRNN에 전달할 샘플의 크기는 (100, 200)이지만 이 순환층은 마지막 타임스텝의 은닉 상태만 출력합니다. 이 때문에 출력 크기가 순환층의 뉴런 개수와 동일한 8임을 확인할 수 있습니다.

순환층에 사용된 모델 파라미터의 개수를 계산해 보죠. 입력 토큰은 200차원의 원-핫 인코딩 배열입니다. 이 배열이 순환층의 뉴런 8개와 완전히 연결되기 때문에 총 200 × 8 = 1,600개의 가중치가 있습니다. 순환층의 은닉 상태는 다시 다음 타임스텝에 사용되기 위해 또 다른 가중치와 곱해집니다. 이 은닉 상태도 순환층의 뉴런과 완전히 연결되기 때문에 8(은닉 상태 크기) × 8(뉴런 개수) = 64개의 가중치가 필요합니다. 마지막으로 뉴런마다 하나의 절편이 있습니다. 따라서 모두 1,600 + 64 + 8 = 1,672개의 모델 파라미터가 필요합니다.

케라스 API를 사용해 순환 신경망 모델을 손쉽게 만들었습니다. 이전에 만들었던 완전 연결 신경망에 비해 크게 바뀐 것은 없습니다. Dense 층 대신에 SimpleRNN 층을 사용했고 입력 데이터의 차원을 원-핫 인코딩으로 바꾸어 주었습니다. 다음 섹션에서 이 순환 신경망 모델을 훈련해 보겠습니다.

순환 신경망 훈련하기

순환 신경망의 훈련은 완전 연결 신경망이나 합성곱 신경망과 크게 다르지 않습니다. 모델을 만드는 것은 달라도 훈련하는 방법은 모두 같습니다. 이것이 케라스 API를 사용하는 장점이죠. 다음 코드처럼 모델을 컴파일하고 훈련하는 전체 구조가 동일합니다.

이 예에서는 Adam 옵티마이저를 사용하고 이진 분류 문제이므로 손실 함수로 'binary_crossentropy'를 사용합니다. 그다음 에포크 횟수를 100으로 늘리고 배치 크기는 64개로 설정했습니다. 그 밖에 체크포인트와 조기 종료를 구성하는 코드는 거의 동일합니다.

```
model.compile(optimizer='adam', loss='binary_crossentropy',
              metrics=['accuracy'])
checkpoint_cb = keras.callbacks.ModelCheckpoint('best-simplernn-model.keras',
                                                save_best_only=True)
early_stopping_cb = keras.callbacks.EarlyStopping(patience=3,
                                                  restore_best_weights=True)
history = model.fit(train_oh, train_target, epochs=100, batch_size=64,
                    validation_data=(val_oh, val_target),
                    callbacks=[checkpoint_cb, early_stopping_cb])
```

```
Epoch 1/100
313/313 ──────────────────────────── 14s 31ms/step - accuracy: 0.5031 - loss: 0.7030 - val_accuracy: 0.5284 - val_loss: 0.6907
Epoch 2/100
313/313 ──────────────────────────── 6s 19ms/step - accuracy: 0.5437 - loss: 0.6871 - val_accuracy: 0.5508 - val_loss: 0.6844
Epoch 3/100
313/313 ──────────────────────────── 6s 18ms/step - accuracy: 0.5760 - loss: 0.6759 - val_accuracy: 0.6800 - val_loss: 0.6070
Epoch 4/100
313/313 ──────────────────────────── 6s 18ms/step - accuracy: 0.6755 - loss: 0.6009 - val_accuracy: 0.7152 - val_loss: 0.5624
Epoch 5/100
313/313 ──────────────────────────── 5s 17ms/step - accuracy: 0.7100 - loss: 0.5688 - val_accuracy: 0.7198 - val_loss: 0.5575
Epoch 6/100
313/313 ──────────────────────────── 6s 18ms/step - accuracy: 0.7191 - loss: 0.5586 - val_accuracy: 0.7140 - val_loss: 0.5663
Epoch 7/100
313/313 ──────────────────────────── 5s 17ms/step - accuracy: 0.7266 - loss: 0.5526 - val_accuracy: 0.7140 - val_loss: 0.5603
Epoch 8/100
313/313 ──────────────────────────── 5s 17ms/step - accuracy: 0.7184 - loss: 0.5549 - val_accuracy: 0.7226 - val_loss: 0.5538
Epoch 9/100
313/313 ──────────────────────────── 5s 17ms/step - accuracy: 0.7280 - loss: 0.5474 - val_accuracy: 0.7254 - val_loss: 0.5525
Epoch 10/100
313/313 ──────────────────────────── 5s 17ms/step - accuracy: 0.7301 - loss: 0.5443 - val_accuracy: 0.7256 - val_loss: 0.5505
Epoch 11/100
313/313 ──────────────────────────── 5s 17ms/step - accuracy: 0.7349 - loss: 0.5386 - val_accuracy: 0.7228 - val_loss: 0.5520
Epoch 12/100
313/313 ──────────────────────────── 5s 17ms/step - accuracy: 0.7358 - loss: 0.5371 - val_accuracy: 0.7268 - val_loss: 0.5520
Epoch 13/100
```

```
313/313 ─────────────── 5s 17ms/step - accuracy:
0.7363 - loss: 0.5348 - val_accuracy: 0.7270 - val_loss: 0.5514
```

이 훈련은 열 세 번째 에포크에서 조기 종료되었습니다. 검증 세트에 대한 정확도는 약 73% 정도입니다. 매우 뛰어난 성능은 아니지만 감상평을 분류하는 데 어느 정도 성과를 내고 있다고 판단할 수 있습니다.

그럼 이전 장에서처럼 훈련 손실과 검증 손실을 그래프로 그려서 훈련 과정을 살펴보겠습니다.

```
plt.plot(history.history['loss'], label='train')
plt.plot(history.history['val_loss'], label='val')
plt.xlabel('epoch')
plt.ylabel('loss')
plt.legend()
plt.show()
```

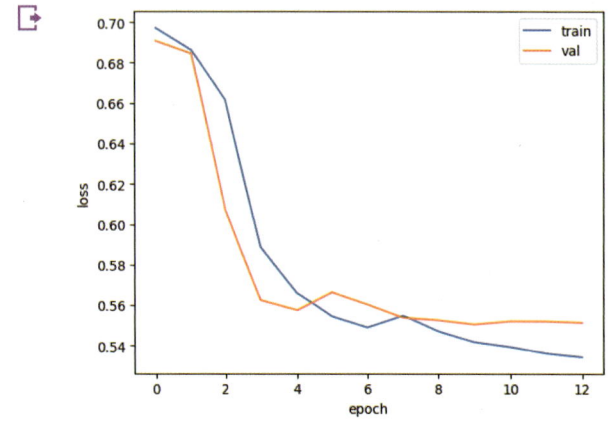

훈련 손실은 꾸준히 감소하고 있지만 검증 손실은 열 번째 에포크에서 감소가 멈췄습니다. 적절한 에포크에서 훈련을 멈춘 것 같네요. 네, 성공입니다. 1절에서 배운 순환 신경망을 성공적으로 훈련시켜서 IMDB 리뷰 데이터를 긍정과 부정으로 분류하는 작업을 수행했습니다.

여기서 한 가지 생각할 점이 있습니다. 이 작업을 하기 위해서 입력 데이터를 원-핫 인코딩으로 변환했습니다. 원-핫 인코딩의 단점은 입력 데이터가 엄청 커진다는 것입니다. 실제로 train_seq 배열과 train_oh 배열의 nbytes 속성을 출력하여 크기를 확인해 보세요.

> 손코딩 `print(train_seq.nbytes, train_oh.nbytes)`

train_seq 배열의 크기는 약 7.6M 정도인데 train_oh의 크기는 3GB에 달합니다! 이는 썩 좋은 방법은 아닌 것 같군요. 훈련 데이터가 커질수록 더 문제가 될 것입니다. 다음 섹션에서 순환 신경망에 사용하는 더 좋은 단어 표현 방법을 알아보도록 하겠습니다.

단어 임베딩을 사용하기

순환 신경망에서 텍스트를 처리할 때 즐겨 사용하는 방법은 **단어 임베딩**word embedding입니다. 단어 임베딩은 각 단어를 고정된 크기의 실수 벡터로 바꾸어 줍니다. 예를 들면 다음 그림과 같습니다.

이런 단어 임베딩으로 만들어진 벡터는 원-핫 인코딩된 벡터보다 훨씬 의미 있는 값으로 채워져 있기 때문에 자연어 처리에서 더 좋은 성능을 내는 경우가 많습니다. 물론 이런 단어 임베딩 벡터를 만드는 층은 이미 준비되어 있습니다. 케라스에서는 keras.layers 패키지 아래 Embedding 클래스로 임베딩 기능을 제공합니다. 이 클래스를 모델에 추가하면 처음에는 다른 층처럼 모든 벡터가 랜덤하게 초기화되지만 훈련을 통해 데이터에서 좋은 단어 임베딩을 학습합니다.

단어 임베딩의 장점은 입력으로 정수 데이터를 받는다는 것입니다. 즉 원-핫 인코딩으로 변경된 train_oh 배열이 아니라 train_seq를 사용할 수 있습니다. 이 때문에 메모리를 훨씬 효율적으로 사용할 수 있습니다.

앞서 원-핫 인코딩은 샘플의 크기를 200차원으로 늘렸습니다. 이와 비슷하게 임베딩 층도 각각의 샘플을 고정된 크기의 벡터로 표현합니다. 하지만 원-핫 인코딩과는 달리 훨씬 작은 크기로도 단어를 잘 표현할 수 있습니다. 덕분에 메모리를 절약하고 더 많은 단어를 사용할 수 있습니다. 많이 등장하는 500개의 단어까지 선택해서 IMDB 데이터셋을 다시 준비해 보겠습니다.

> 손코딩
> ```
> (train_input, train_target), (test_input, test_target) = imdb.load_data(
>     num_words=500)
> train_input, val_input, train_target, val_target = train_test_split(
> ```

```
        train_input, train_target, test_size=0.2, random_state=42)
train_seq = pad_sequences(train_input, maxlen=100)
val_seq = pad_sequences(val_input, maxlen=100)
```

데이터셋을 다시 준비했으니 Embedding 클래스를 SimpleRNN 층 앞에 추가한 두 번째 순환 신경망을 만들어 보겠습니다.

손코딩
```
model_emb = keras.Sequential()
model_emb.add(keras.layers.Input(shape=(100,)))
model_emb.add(keras.layers.Embedding(500, 16))
model_emb.add(keras.layers.SimpleRNN(8))
model_emb.add(keras.layers.Dense(1, activation='sigmoid'))
```

train_seq를 그대로 사용하므로 Input 함수에 지정할 입력의 크기는 (100,)입니다.

Embedding 클래스의 첫 번째 매개변수(500)는 어휘 사전의 크기입니다. imdb.load_data(num_words=500)으로 데이터를 준비했기 때문에 이 데이터셋에 있는 고유한 토큰의 개수는 총 500개 입니다. 이 값이 임베딩 층의 첫 번째 매개변수가 됩니다.

두 번째 매개변수(16)는 임베딩 벡터의 크기입니다. 여기에서는 원-핫 인코딩보다 훨씬 작은 크기 (16)의 벡터를 사용했습니다.

그다음 SimpleRNN 층과 Dense 층은 이전과 동일합니다. 이 모델의 구조를 출력해 보죠.

손코딩
```
model_emb.summary()
```

Model: "sequential_1"

Layer (type)	Output Shape	Param #
embedding (Embedding)	(None, 100, 16)	8,000
simple_rnn_1 (SimpleRNN)	(None, 8)	200
dense_1 (Dense)	(None, 1)	9

Total params: 8,209 (32.07 KB)
Trainable params: 8,209 (32.07 KB)
Non-trainable params: 0 (0.00 B)

summary() 메서드의 출력에서 알 수 있듯이 임베딩 층은 (100,) 크기의 입력을 받아 (100, 16) 크기의 출력을 만듭니다. 이 모델에서 사용되는 모델 파라미터 개수를 계산해 보죠.

Embedding 클래스는 200개의 각 토큰을 크기가 16인 벡터로 변경하기 때문에 총 200 × 16 = 3,200개의 모델 파라미터를 가집니다. 그다음 SimpleRNN 층은 임베딩 벡터의 크기가 16이므로 8개의 뉴런과 곱하기 위해 필요한 가중치 16 × 8 = 128개를 가집니다. 또한 은닉 상태에 곱해지는 가중치 8 × 8 = 64개가 있습니다. 마지막으로 8개의 절편이 있으므로 이 순환층에 있는 전체 모델 파라미터의 개수는 128 + 64 + 8 = 200개입니다.

마지막 Dense 층의 가중치 개수는 이전과 동일하게 9개입니다. 원-핫 인코딩보다 SimpleRNN에 주입되는 입력의 크기가 크게 줄었지만 임베딩 벡터는 단어를 잘 표현하는 능력이 있기 때문에 훈련 결과는 이전에 못지않을 것입니다. 모델 훈련 과정은 이전과 동일합니다.

```
model_emb.compile(optimizer='adam', loss='binary_crossentropy',
                  metrics=['accuracy'])
checkpoint_cb = keras.callbacks.ModelCheckpoint('best-embedding-model.keras',
                                                save_best_only=True)
early_stopping_cb = keras.callbacks.EarlyStopping(patience=3,
                                                  restore_best_weights=True)

history = model_emb.fit(train_seq, train_target, epochs=100, batch_size=64,
                        validation_data=(val_seq, val_target),
                        callbacks=[checkpoint_cb, early_stopping_cb])
```

```
Epoch 1/100
313/313 ──────────────────────── 53s 161ms/step - accuracy: 0.5242 - loss: 0.6913 - val_accuracy: 0.5782 - val_loss: 0.6750
Epoch 2/100
313/313 ──────────────────────── 49s 156ms/step - accuracy: 0.6491 - loss: 0.6349 - val_accuracy: 0.7262 - val_loss: 0.5638
Epoch 3/100
313/313 ──────────────────────── 49s 155ms/step - accuracy: 0.7431 - loss: 0.5284 - val_accuracy: 0.7388 - val_loss: 0.5468
Epoch 4/100
313/313 ──────────────────────── 49s 155ms/step - accuracy: 0.7704 - loss: 0.4928 - val_accuracy: 0.7552 - val_loss: 0.5289
```

```
Epoch 5/100
313/313 ──────────────────────── 49s 155ms/step - accuracy: 
0.7807 - loss: 0.4776 - val_accuracy: 0.7466 - val_loss: 0.5294
Epoch 6/100
313/313 ──────────────────────── 49s 156ms/step - accuracy: 
0.7968 - loss: 0.4532 - val_accuracy: 0.7456 - val_loss: 0.5244
Epoch 7/100
313/313 ──────────────────────── 49s 156ms/step - accuracy: 
0.8051 - loss: 0.4395 - val_accuracy: 0.7648 - val_loss: 0.5088
Epoch 8/100
313/313 ──────────────────────── 49s 156ms/step - accuracy: 
0.8084 - loss: 0.4320 - val_accuracy: 0.7544 - val_loss: 0.5380
Epoch 9/100
313/313 ──────────────────────── 49s 156ms/step - accuracy: 
0.8087 - loss: 0.4268 - val_accuracy: 0.7582 - val_loss: 0.5370
Epoch 10/100
313/313 ──────────────────────── 49s 155ms/step - accuracy: 
0.8131 - loss: 0.4257 - val_accuracy: 0.7550 - val_loss: 0.5432
```

출력 결과를 보면 원-핫 인코딩을 사용한 모델보다 조금 더 나은 성능을 냈습니다. 또한 순환층의 가중치 개수는 훨씬 작고 훈련 세트 크기도 훨씬 줄어들었습니다. 마지막으로 훈련 손실과 검증 손실을 그래프로 출력해 보겠습니다.

```
plt.plot(history.history['loss'], label='train')
plt.plot(history.history['val_loss'], label='val')
plt.xlabel('epoch')
plt.ylabel('loss')
plt.legend()
plt.show()
```

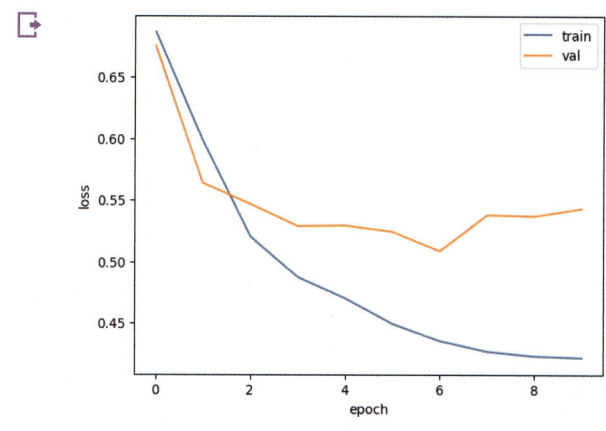

네, 검증 손실이 더 감소되지 않아 훈련이 적절히 조기 종료된 것 같습니다. 이에 비해 훈련 손실은 계속 감소합니다. 이를 더 개선할 방법이 있는지 다음 절에서 알아보겠습니다.

케라스 API로 순환 신경망 구현 문제해결 과정

1절에서 배웠던 순환 신경망의 개념을 실제 모델을 만들어 보면서 구체화해 보았습니다. 케라스는 완전 연결 신경망, 합성곱 신경망뿐만 아니라 다양한 순환층 클래스를 제공하기 때문에 손쉽게 순환 신경망을 만들 수 있습니다.

이 절에서는 순환 신경망의 MNIST 데이터셋으로 생각할 수 있는 유명한 IMDB 리뷰 데이터셋을 사용했습니다. 이 작업은 리뷰의 감상평을 긍정과 부정으로 분류하는 이진 분류 작업입니다.

두 가지 모델을 훈련해 보았습니다. 먼저 입력 데이터를 원-핫 인코딩으로 변환하여 순환층에 직접 주입하는 방법을 사용했습니다. 두 번째는 정수 시퀀스를 그대로 사용하기 위해 모델 처음에 Embedding 층을 추가했습니다. 단어 임베딩은 단어마다 실수로 이루어진 밀집 벡터를 학습하기 때문에 단어를 풍부하게 표현할 수 있습니다.

다음 절에서는 더 복잡한 문제에 적용할 수 있는 고급 순환층을 배우고 같은 문제에 적용하여 결과를 비교해 보겠습니다.

전체 소스 코드

> note https://bit.ly/hg-09-2에 접속하면 코랩에서 이 절의 코드를 바로 열어 볼 수 있습니다.

```python
"""# 순환 신경망으로 IMDB 리뷰 분류하기"""

"""## IMDB 리뷰 데이터셋"""

from keras.datasets import imdb

(train_input, train_target), (test_input, test_target) = imdb.load_data(
    num_words=200)

print(train_input.shape, test_input.shape)

print(len(train_input[0]))

print(len(train_input[1]))

print(train_input[0])

print(train_target[:20])

from sklearn.model_selection import train_test_split

train_input, val_input, train_target, val_target = train_test_split(
    train_input, train_target, test_size=0.2, random_state=42)

import numpy as np

lengths = np.array([len(x) for x in train_input])

print(np.mean(lengths), np.median(lengths))

import matplotlib.pyplot as plt
```

```python
plt.hist(lengths)
plt.xlabel('length')
plt.ylabel('frequency')
plt.show()

from keras.preprocessing.sequence import pad_sequences

train_seq = pad_sequences(train_input, maxlen=100)

print(train_seq.shape)

print(train_seq[0])

print(train_input[0][-10:])

print(train_seq[5])

val_seq = pad_sequences(val_input, maxlen=100)

"""## 순환 신경망 만들기"""

import keras

model = keras.Sequential()

model.add(keras.layers.Input(shape=(100,200)))
model.add(keras.layers.SimpleRNN(8))
model.add(keras.layers.Dense(1, activation='sigmoid'))

train_oh = keras.utils.to_categorical(train_seq)

print(train_oh.shape)

print(train_oh[0][0][:12])
```

```python
print(np.sum(train_oh[0][0]))

val_oh = keras.utils.to_categorical(val_seq)

model.summary()

"""## 순환 신경망 훈련하기"""

model.compile(optimizer='adam', loss='binary_crossentropy',
              metrics=['accuracy'])

checkpoint_cb = keras.callbacks.ModelCheckpoint('best-simplernn-model.keras',
                                                save_best_only=True)
early_stopping_cb = keras.callbacks.EarlyStopping(patience=3,
                                                  restore_best_weights=True)

history = model.fit(train_oh, train_target, epochs=100, batch_size=64,
                    validation_data=(val_oh, val_target),
                    callbacks=[checkpoint_cb, early_stopping_cb])

plt.plot(history.history['loss'], label='train')
plt.plot(history.history['val_loss'], label='val')
plt.xlabel('epoch')
plt.ylabel('loss')
plt.legend()
plt.show()

print(train_seq.nbytes, train_oh.nbytes)

"""## 단어 임베딩을 사용하기"""

(train_input, train_target), (test_input, test_target) = imdb.load_data(
    num_words=500)
train_input, val_input, train_target, val_target = train_test_split(
    train_input, train_target, test_size=0.2, random_state=42)
train_seq = pad_sequences(train_input, maxlen=100)
```

```python
val_seq = pad_sequences(val_input, maxlen=100)

model_emb = keras.Sequential()
model_emb.add(keras.layers.Input(shape=(100,)))
model_emb.add(keras.layers.Embedding(500, 16))
model_emb.add(keras.layers.SimpleRNN(8))
model_emb.add(keras.layers.Dense(1, activation='sigmoid'))

model_emb.summary()

model_emb.compile(optimizer='adam', loss='binary_crossentropy',
                  metrics=['accuracy'])
checkpoint_cb = keras.callbacks.ModelCheckpoint('best-embedding-model.keras',
                                                save_best_only=True)
early_stopping_cb = keras.callbacks.EarlyStopping(patience=3,
                                                  restore_best_weights=True)

history = model_emb.fit(train_seq, train_target, epochs=100, batch_size=64,
                        validation_data=(val_seq, val_target),
                        callbacks=[checkpoint_cb, early_stopping_cb])

plt.plot(history.history['loss'], label='train')
plt.plot(history.history['val_loss'], label='val')
plt.xlabel('epoch')
plt.ylabel('loss')
plt.legend()
plt.show()
```

마무리

▶ 키워드로 끝내는 핵심 포인트

- **말뭉치**는 자연어 처리에서 사용하는 텍스트 데이터의 모음, 즉 훈련 데이터셋을 일컫습니다.

- **토큰**은 텍스트에서 공백으로 구분되는 단어 혹은 단어의 일부분을 말합니다. 종종 소문자로 변환하고 구둣점은 삭제합니다.

- **원-핫 인코딩**은 어떤 클래스에 해당하는 원소만 1이고 나머지는 모두 0인 벡터입니다. 정수로 변환된 토큰을 원-핫 인코딩으로 변환하려면 어휘 사전 크기의 벡터가 만들어집니다.

- **단어 임베딩**은 정수로 변환된 토큰을 비교적 작은 크기의 실수 밀집 벡터로 변환합니다. 이런 밀집 벡터는 단어 사이의 관계를 표현할 수 있기 때문에 자연어 처리에서 좋은 성능을 발휘합니다.

▶ 핵심 패키지와 함수

Keras

- **pad_sequences()**는 시퀀스 길이를 맞추기 위해 패딩을 추가합니다. 이 함수는 (샘플 개수, 타임스텝 개수) 크기의 2차원 배열을 기대합니다.

  maxlen 매개변수로 원하는 시퀀스 길이를 지정할 수 있습니다. 이 값보다 긴 시퀀스는 잘리고 짧은 시퀀스는 패딩 됩니다. 이 매개변수를 지정하지 않으면 가장 긴 시퀀스의 길이가 됩니다.

  padding 매개변수는 패딩을 추가할 위치를 지정합니다. 기본값인 'pre'는 시퀀스 앞에 패딩을 추가하고 'post'는 시퀀스 뒤에 패딩을 추가합니다.

  truncating 매개변수는 긴 시퀀에서 잘라버릴 위치를 지정합니다. 기본값인 'pre'는 시퀀스 앞부분을 잘라내고 'post'는 시퀀스 뒷부분을 잘라냅니다.

- **to_categorical()**은 정수 시퀀스를 원-핫 인코딩으로 변환합니다. 토큰을 원-핫 인코딩하거나 타깃값을 원-핫 인코딩할 때 사용합니다.

  num_classes 매개변수에서 클래스 개수를 지정할 수 있습니다. 지정하지 않으면 데이터에서 자동으로 찾습니다.

- **SimpleRNN**은 케라스의 기본 순환층 클래스입니다.

  첫 번째 매개변수에 뉴런의 개수를 지정합니다.

  activation 매개변수에서 활성화 함수를 지정합니다. 기본값은 하이퍼볼릭 탄젠트인 'tanh'입니다.

  dropout 매개변수에서 입력에 대한 드롭아웃 비율을 지정할 수 있습니다.

  return_sequences 매개변수에서 모든 타임스텝의 은닉 상태를 출력할지 결정합니다. 기본값은 False입니다.

- **Embedding**은 단어 임베딩을 위한 클래스입니다.

  첫 번째 매개변수에서 어휘 사전의 크기를 지정합니다.

  두 번째 매개변수에서 Embedding 층이 출력할 밀집 벡터의 크기를 지정합니다.

▶ 확인 문제

1. pad_sequences(5, padding='post', truncating='pre')로 했을 때 만들어질 수 없는 시퀀스는 무엇인가요?

① [10, 5, 7, 3, 8]

② [0, 0, 10, 5, 7]

③ [5, 7, 3, 8, 0]

④ [7, 3, 8, 0, 0]

2. 케라스에서 제공하는 가장 기본적인 순환층 클래스는 무엇인가요?

① RNN

② BaseRNN

③ PlainRNN

④ SimpleRNN

3. 어떤 순환층에 (100, 10) 크기의 입력이 주입됩니다. 이 순환층의 뉴런 개수는 16개입니다. 이 층에 필요한 모델 파라미터 개수는 몇 개인가요?

① 192

② 416

③ 432

④ 1,872

4. Embedding 클래스에 대해 올바르게 설명한 것은 무엇인가요?

① 토큰 정숫값을 실수 벡터로 바꾸어 줍니다.

② Embedding 층의 벡터는 사전에 결정된 값으로 훈련 도중 바뀌지 않습니다.

③ 만들어진 벡터의 길이는 토큰마다 다릅니다.

④ 일반적으로 임베딩 벡터의 크기는 원-핫 인코딩 벡터보다 큽니다.

파이토치 버전 살펴보기

파이토치로 순환 신경망 만들기

note https://bit.ly/hg2-09-2-pt에 접속하면 코랩에서 이 절의 코드를 바로 열어 볼 수 있습니다.

케라스 모델과 비교하기 위해 본문과 동일한 IMDB 데이터셋을 사용해 파이토치 모델을 구현해 보겠습니다. 먼저 케라스에서 IMDB 데이터를 로드하고 각 샘플의 길이를 100으로 맞춥니다.

```
from keras.datasets import imdb
from sklearn.model_selection import train_test_split

(train_input, train_target), (test_input, test_target) = imdb.load_data(
    num_words=500)
train_input, val_input, train_target, val_target = train_test_split(
    train_input, train_target, test_size=0.2, random_state=42)

from keras.preprocessing.sequence import pad_sequences

train_seq = pad_sequences(train_input, maxlen=100)
val_seq = pad_sequences(val_input, maxlen=100)
```

본문에서 살펴보았듯이 train_seq에는 20,000개의 샘플이 있으며, 각 샘플의 길이는 100입니다. 이제 train_seq와 train_target의 크기를 확인해 보겠습니다.

```
print(train_seq.shape, train_target.shape)
```

→ (20000, 100) (20000,)

케라스로 준비한 이 데이터는 넘파이 배열입니다. 파이토치의 데이터로더에 사용하려면 이를 파이토치 텐서로 변환해야 합니다. 이때 torch.tensor() 함수를 사용하면 리스트나 튜플과 같은 파이썬 데이터 타입을 파이토치 텐서로 바꿀 수 있습니다.

```
train_seq = torch.tensor(train_seq)
val_seq = torch.tensor(val_seq)
```

이제 타깃값을 텐서로 변환하겠습니다. 먼저, 넘파이 배열의 dtype 속성을 사용해 train_target의 데이터 타입을 확인해 보겠습니다.

```
print(train_target.dtype)
```

```
int64
```

출력 결과를 보면 train_target은 64비트 정수입니다. 본문에서 살펴보았듯이 train_target은 긍정 또는 부정을 나타내는 1과 0으로 채워져 있습니다. 그런데 파이토치 손실 함수는 입력으로 실숫값을 기대합니다. 따라서 train_target과 val_target을 실수형 텐서로 바꾸어 주겠습니다.

```
train_target = torch.tensor(train_target, dtype=torch.float32)
val_target = torch.tensor(val_target, dtype=torch.float32)
```

다시 데이터 타입을 확인해 보면 32비트 부동소수점으로 바뀌었습니다.

```
print(train_target.dtype)
```

```
torch.float32
```

이전 절에서와 같이 데이터 로더로 훈련 세트와 검증 세트를 준비하겠습니다.

```python
from torch.utils.data import TensorDataset, DataLoader

train_dataset = TensorDataset(train_seq, train_target)
val_dataset = TensorDataset(val_seq, val_target)

train_loader = DataLoader(train_dataset, batch_size=64, shuffle=True)
val_loader = DataLoader(val_dataset, batch_size=64, shuffle=False)
```

이제 모델을 구현할 차례입니다. 파이토치의 RNN 층은 모든 타임스텝의 출력과 최종 은닉 상태, 두 가지 값을 반환합니다. 따라서 Sequential 클래스를 사용하여 모델을 구현하기에는 어려움이 있습니다. 대신 nn.Module의 서브 클래스를 만들어 모델을 구현하면 손쉽게 RNN 모델을 만들 수 있습니다. nn.Module 클래스를 상속하는 방법은 RNN 이외에도 다양한 구조의 모델을 만들 수 있기 때문에 파이토치 개발자들이 즐겨 사용합니다. 먼저 구현 코드를 보고 자세히 설명하겠습니다.

```python
import torch.nn as nn

class IMDBRnn(nn.Module):
    def __init__(self):
        super().__init__()
        self.embedding = nn.Embedding(500, 16)
        self.rnn = nn.RNN(16, 8, batch_first=True)
        self.dense = nn.Linear(8, 1)
        self.sigmoid = nn.Sigmoid()
    def forward(self, x):
        x = self.embedding(x)
        _, hidden = self.rnn(x)
        outputs = self.dense(hidden[-1])
        return self.sigmoid(outputs)
```

nn.Module 클래스를 상속한 IMDBRnn 클래스를 선언합니다. 이 클래스에 꼭 필요한 메서드는 생성자인 __init__()와 정방향 계산을 담당할 forward()입니다. 일반적인 생성자의 사용 관례에 따라 __init__() 메서드에서 부모 클래스의 생성자를 호출한 다음 IMDBRnn 모델이 사용할 층을 생성합니다. 위 코드에서는 임베딩 층, 순환층, 밀집층, 시그모이드 활성화 함수를 위한 층을 선언했습니다. 각 층을 하나씩 살펴보겠습니다.

파이토치에서 임베딩 층은 nn.Embedding 클래스에 구현되어 있습니다. 케라스와 마찬가지로 첫 번째 매개변수에는 어휘 사전의 크기, 두 번째 매개변수에는 임베딩 벡터의 크기를 지정합니다. 이 객체에 (배치 크기, 시퀀스 길이) 크기의 입력을 전달하면 (배치 크기, 시퀀스 길이, 임베딩 크기)의 출력을 만듭니다.

다음으로, 파이토치의 기본 순환층인 nn.RNN 클래스의 객체를 만듭니다. 이 클래스의 첫 번째 매개변수에는 입력 크기(임베딩 벡터의 크기), 두 번째 매개변수에는 출력 크기(뉴런 개수)를 지정합니다. 파이토치의 순환층은 기본적으로 입력 차원의 순서가 (시퀀스 길이, 배치 크기, 임베딩 크기)라고 가정합니다. 하지만 이 예에서 임베딩 층을 통과한 출력은 배치 크기가 맨 앞에 놓여 (배치 크기, 시퀀스 길이, 임베딩 크기)의 크기를 가집니다. 따라서 배치 차원이 맨 앞이라는 것을 알리기 위해 batch_first 매개변수를 True로 지정합니다. 이 매개변수의 기본값은 False입니다.

이어서 입력의 크기가 8이고 출력 크기가 1인 nn.Linear 층을 만듭니다. 이진 분류이므로 마지막에 시그모이드 활성화 함수를 놓기 위해 nn.Sigmoid 층을 만듭니다. 이전에는 파이토치로 다중 분류 모델을 만들 때 마지막에 소프트맥스 함수를 놓지 않았습니다. nn.CrossEntropyLoss 손실이 소프트맥스 함수를 포함하고 있기 때문입니다. 이진 분류의 경우도 시그모이드 함수가 포함된 손실 함수를 사용할 수 있지만 여기에서는 다른 예를 보이기 위해 일부러 시그모이드 함수를 마지막에 추가했습니다.

forward() 메서드에는 __init__() 메서드에서 정의한 층을 사용해 입력에서 출력까지 층 객체를 호출합니다. 이 과정은 08-3절의 파이토치 예제에서 합성곱 층의 특성 맵을 시각화할 때 사용한 방식과 같습니다. 한가지 주의할 점은 nn.RNN 클래스는 마지막 층에서 나온 각 타임스텝의 은닉 상태와 모든 층의 최종 은닉 상태 두 개를 반환한다는 것입니다. 케라스와 달리 파치토치는 여러 개의 순환층을 쌓기 위해 nn.RNN 클래스의 객체를 여러 개 만들 필요가 없이 num_layers 매개변수에서 층 개수를 지정하면 됩니다. 기본값은 1이므로 이 예에서는 하나의 층을 사용합니다.

각 타임스텝의 은닉 상태는 batch_first=True로 지정된 경우 크기가 (배치 크기, 시퀀스 길이, 뉴런 개수)이고 batch_first=False이면 (시퀀스 길이, 배치 크기, 뉴런 개수)입니다. 두 번째 반환 값인 최종 은닉 상태의 크기는 (층 개수, 배치 크기, 뉴런 개수)입니다. 이 예제는 각 샘플의 길이가 100이고 1개의 순환층과 64개의 배치를 사용하므로 첫 번째 출력의 크기는 (64, 100, 8)이고, 두 번째 출력의 크기는 (1, 64, 8)입니다.

이 예에서 각 타임스텝의 은닉 상태는 불필요하므로 self.rnn 객체가 반환하는 두 번째 값만 hidden 변수에 저장해서 사용합니다. 한 개의 층만 사용했지만 여러 개의 층을 사용하는 경우를 가정하여 hidden[-1]로 마지막 층에 해당하는 은닉 상태를 선택해 nn.Linear 객체에 전달합니다.

이제 IMDBRnn 클래스로 모델 객체를 만들고 GPU로 전달합니다.

```
model = IMDBRnn()

import torch

device = torch.device("cuda" if torch.cuda.is_available() else "cpu")
model.to(device)
```

다음은 손실 함수와 옵티마이저를 정의할 차례입니다. 이진 분류의 경우 모델의 마지막 층으로 시그모이드 함수를 추가했기 때문에 nn.BCELoss를 사용합니다. 만약 모델이 마지막 출력을 만들기 위해 시그모이드 함수를 사용하지 않는다면 nn.BCEWithLogitsLoss을 손실 함수로 사용하세요. 옵티마이저는 이전과 동일하게 Adam을 사용하되 학습률을 기본값보다 조금 낮춰 2e-4로 설정합니다.

```
import torch.optim as optim

criterion = nn.BCELoss()
optimizer = optim.Adam(model.parameters(), lr=2e-4)
```

모델을 훈련하는 코드는 다른 예제와 거의 동일합니다. 이 모델은 (64, 100) 크기의 배치 입력을 받아 마지막 시그모이드 함수를 통과한 (64, 1) 크기의 값을 출력합니다. 이 값은 각 샘플이 양성 클래스에 속할 확률을 나타냅니다. 그러나 앞서 준비한 타깃값은 1차원 배열입니다. 따라서 데이터로더가 반환한 타깃의 크기는 (64,)입니다. 손실 함수에서 이 두 값을 사용하려면 차원이 같아야 합니다. 따라서 파이토치 텐서의 squeeze() 메서드를 사용해 크기가 1인 차원을 삭제한 후 criterion 객체에 전달합니다. 이제 모델을 훈련하고 결과를 확인해 보겠습니다.

```python
train_hist = []
val_hist = []
patience = 2
best_loss = -1
early_stopping_counter = 0

epochs = 100
for epoch in range(epochs):
    model.train()
    train_loss = 0
    for inputs, targets in train_loader:
        inputs, targets = inputs.to(device), targets.to(device)
        optimizer.zero_grad()
        outputs = model(inputs)
        loss = criterion(outputs.squeeze(), targets)
        loss.backward()
        optimizer.step()
        train_loss += loss.item()

    model.eval()
    val_loss = 0
    with torch.no_grad():
        for inputs, targets in val_loader:
            inputs, targets = inputs.to(device), targets.to(device)
            outputs = model(inputs)
            loss = criterion(outputs.squeeze(), targets)
            val_loss += loss.item()

    train_loss = train_loss/len(train_loader)
    val_loss = val_loss/len(val_loader)
    train_hist.append(train_loss)
    val_hist.append(val_loss)
    print(f"에포크:{epoch+1},",
          f"훈련 손실:{train_loss:.4f}, 검증 손실:{val_loss:.4f}")
```

```
            if best_loss == -1 or val_loss < best_loss:
                best_loss = val_loss
                early_stopping_counter = 0
                torch.save(model.state_dict(), 'best_rnn_model.pt')
            else:
                early_stopping_counter += 1
                if early_stopping_counter >= patience:
                    print(f"{epoch+1}번째 에포크에서 조기 종료되었습니다.")
                    break
```

> 에포크:1, 훈련 손실:0.7088, 검증 손실:0.7030
> 에포크:2, 훈련 손실:0.6992, 검증 손실:0.6970
> 에포크:3, 훈련 손실:0.6941, 검증 손실:0.6934
> 에포크:4, 훈련 손실:0.6907, 검증 손실:0.6909
> 에포크:5, 훈련 손실:0.6883, 검증 손실:0.6893
> 에포크:6, 훈련 손실:0.6865, 검증 손실:0.6875
> 에포크:7, 훈련 손실:0.6847, 검증 손실:0.6861
> 에포크:8, 훈련 손실:0.6829, 검증 손실:0.6850
> 에포크:9, 훈련 손실:0.6812, 검증 손실:0.6834
> 에포크:10, 훈련 손실:0.6793, 검증 손실:0.6820
> 에포크:11, 훈련 손실:0.6772, 검증 손실:0.6806
> 에포크:12, 훈련 손실:0.6750, 검증 손실:0.6789
> 에포크:13, 훈련 손실:0.6725, 검증 손실:0.6766
> 에포크:14, 훈련 손실:0.6698, 검증 손실:0.6745
> 에포크:15, 훈련 손실:0.6667, 검증 손실:0.6712
> 에포크:16, 훈련 손실:0.6628, 검증 손실:0.6675
> 에포크:17, 훈련 손실:0.6579, 검증 손실:0.6634
> 에포크:18, 훈련 손실:0.6517, 검증 손실:0.6578
> 에포크:19, 훈련 손실:0.6442, 검증 손실:0.6514
> 에포크:20, 훈련 손실:0.6371, 검증 손실:0.6452
> 에포크:21, 훈련 손실:0.6303, 검증 손실:0.6400
> 에포크:22, 훈련 손실:0.6239, 검증 손실:0.6348
> 에포크:23, 훈련 손실:0.6183, 검증 손실:0.6302
> 에포크:24, 훈련 손실:0.6117, 검증 손실:0.6241
> 에포크:25, 훈련 손실:0.6054, 검증 손실:0.6177

```
에포크:26, 훈련 손실:0.5996, 검증 손실:0.6137
에포크:27, 훈련 손실:0.5953, 검증 손실:0.6112
에포크:28, 훈련 손실:0.5899, 검증 손실:0.6052
에포크:29, 훈련 손실:0.5852, 검증 손실:0.6023
에포크:30, 훈련 손실:0.5821, 검증 손실:0.5987
에포크:31, 훈련 손실:0.5788, 검증 손실:0.5972
에포크:32, 훈련 손실:0.5745, 검증 손실:0.5910
에포크:33, 훈련 손실:0.5717, 검증 손실:0.5902
에포크:34, 훈련 손실:0.5672, 검증 손실:0.5870
에포크:35, 훈련 손실:0.5657, 검증 손실:0.5847
에포크:36, 훈련 손실:0.5626, 검증 손실:0.5899
에포크:37, 훈련 손실:0.5564, 검증 손실:0.5820
에포크:38, 훈련 손실:0.5531, 검증 손실:0.5800
에포크:39, 훈련 손실:0.5529, 검증 손실:0.5763
에포크:40, 훈련 손실:0.5495, 검증 손실:0.5757
에포크:41, 훈련 손실:0.5463, 검증 손실:0.5735
에포크:42, 훈련 손실:0.5440, 검증 손실:0.5696
에포크:43, 훈련 손실:0.5396, 검증 손실:0.5741
에포크:44, 훈련 손실:0.5379, 검증 손실:0.5693
에포크:45, 훈련 손실:0.5359, 검증 손실:0.5657
에포크:46, 훈련 손실:0.5326, 검증 손실:0.5623
에포크:47, 훈련 손실:0.5306, 검증 손실:0.5616
에포크:48, 훈련 손실:0.5304, 검증 손실:0.5667
에포크:49, 훈련 손실:0.5259, 검증 손실:0.5592
에포크:50, 훈련 손실:0.5237, 검증 손실:0.5593
에포크:51, 훈련 손실:0.5220, 검증 손실:0.5678
51번째 에포크에서 조기 종료되었습니다.
```

49번째 에포크가 최상의 성능을 기록했으며, 51번째 에포크에서 조기 종료되었습니다. 훈련 손실과 검증 손실을 그래프로 시각화하여 비교해 보겠습니다.

```
import matplotlib.pyplot as plt

plt.plot(train_hist, label='train')
```

```
plt.plot(val_hist, label='val')
plt.xlabel('epoch')
plt.ylabel('loss')
plt.legend()
plt.show()
```

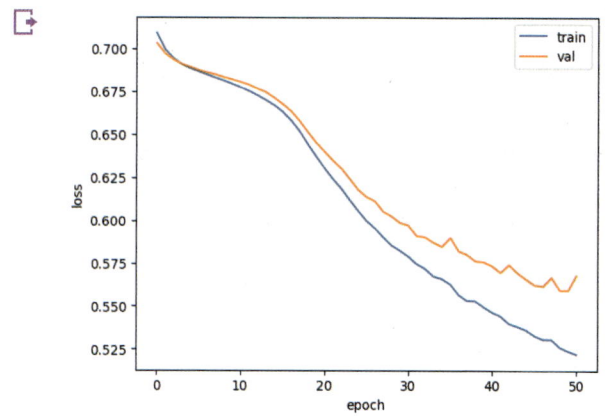

검증 손실이 훈련 손실과 함께 감소하지만, 에포크가 진행될수록 두 손실 값 사이의 간격이 점점 벌어집니다. 마지막에는 검증 손실이 크게 증가하는데, 이를 통해 모델이 적절한 시점에 조기 종료된 것을 알 수 있습니다.

검증 세트에 대한 모델의 정확도를 확인해 보겠습니다. 훈련 과정에서 저장한 best_rnn_model.pt 파일을 로드한 다음 이전과 동일하게 val_loader를 사용해 올바르게 예측한 개수를 누적합니다. 이 모델의 출력은 시그모이드 함수가 만든 양성 클래스에 대한 확률 값입니다. 따라서 모델의 출력 값이 0.5보다 크면 양성 클래스이고, 그렇지 않으면 음성 클래스로 판별합니다. 아래 코드에서 간단히 출력 값 outputs와 0.5를 비교하여 모델의 출력이 양성 클래스인지 음성 클래스인지를 기록한 불리언 텐서를 만들었습니다. 이 불리언 텐서를 squeeze() 메서드로 1차원 텐서로 줄인 다음 targets와 비교하여 올바른 예측 개수를 카운트합니다.

note 만약 nn.BCEWithLogitsLoss를 사용한다면 모델의 출력은 Linear 층의 결과이므로 양성 클래스와 음성 클래스를 구분하기 위해 outputs와 0을 비교하세요.

> **손코딩**
> ```
> model.load_state_dict(torch.load('best_rnn_model.pt', weights_only=True))
> 
> model.eval()
> corrects = 0
> with torch.no_grad():
>     for inputs, targets in val_loader:
>         inputs, targets = inputs.to(device), targets.to(device)
>         outputs = model(inputs)
>         predicts = outputs > 0.5
>         corrects += (predicts.squeeze() == targets).sum().item()
> 
> accuracy = corrects / len(val_dataset)
> print(f"검증 정확도: {accuracy:.4f}")
> ```

↪ 검증 정확도: 0.7272

검증 정확도는 케라스 모델보다 약간 작은 73% 정도입니다. 만족할만한 수준은 아니지만 500개의 단어만 사용했다는 점을 감안하면 놀라운 결과입니다. 간단한 순환 신경망 모델로도 텍스트의 감성을 상당히 정확하게 예측할 수 있군요. 다음 절에서는 더 고급 순환층을 사용해 보겠습니다.

09-3 LSTM과 GRU 셀

핵심 키워드

`LSTM` `셀 상태` `GRU`

순환 신경망에서 빼놓을 수 없는 핵심 기술인 LSTM과 GRU 셀을 사용한 모델을 만들어 봅니다.

시작하기 전에

이 절에서는 고급 순환층인 LSTM과 GRU에 대해 알아보겠습니다. 이런 층들은 2절에서 배웠던 SimpleRNN보다 계산이 훨씬 복잡합니다. 하지만 성능이 뛰어나기 때문에 순환 신경망에 많이 채택되고 있습니다.

일반적으로 기본 순환층은 긴 시퀀스를 학습하기 어렵습니다. 시퀀스가 길수록 순환되는 은닉 상태에 담긴 정보가 점차 희석되기 때문입니다. 따라서 멀리 떨어져 있는 단어 정보를 인식하는 데 어려울 수 있습니다. 이를 위해 LSTM과 GRU 셀이 발명되었습니다.

이 절에서는 LSTM과 GRU 셀의 구조를 이해하고 케라스를 사용해 다양한 순환 신경망 구조를 만들어 보겠습니다.

LSTM 구조

LSTM은 Long Short-Term Memory의 약자입니다. 말 그대로 단기 기억을 오래 기억하기 위해 고안되었습니다. LSTM은 구조가 복잡하므로 단계적으로 설명하겠습니다. 하지만 기본 개념은 동일합니다. LSTM에는 입력과 가중치를 곱하고 절편을 더해 활성화 함수를 통과시키는 구조를 여러 개 가지고 있습니다. 이런 계산 결과는 다음 타임스텝에 재사용됩니다. 이 과정을 하나씩 따라가 보죠.

먼저 은닉 상태를 만드는 방법을 알아보죠. 은닉 상태는 입력과 이전 타임스텝의 은닉 상태를 가중치에 곱한 후 활성화 함수를 통과시켜 다음 은닉 상태를 만듭니다. 이때 기본 순환층과는 달리 시그모이드 활성화 함수를 사용합니다. 또 tanh 활성화 함수를 통과한 어떤 값과 곱해져서 은닉 상태를 만듭니다. 이 값은 잠시 후에 설명하겠습니다. 다음 그림을 참고하세요.

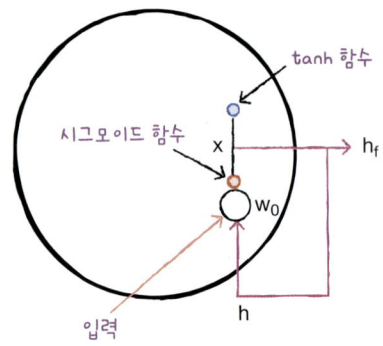

이 그림에는 편의상 은닉 상태를 계산할 때 사용하는 가중치 w_x와 w_h를 통틀어 w_o라고 표시했습니다. 파란색 원은 tanh 함수를 나타내고 주황색 원은 시그모이드 함수를 나타냅니다. ×는 곱셈을 나타냅니다. 여기까지는 괜찮네요. 기본 순환층과 크게 다르지 않습니다. 그럼 tanh 함수를 통과하는 값이 무엇인지 알아보죠.

LSTM에는 순환되는 상태가 2개입니다. 은닉 상태 말고 **셀 상태**cell state라고 부르는 값이 또 있죠. 은닉 상태와 달리 셀 상태는 다음 층으로 전달되지 않고 현재 셀 안에서만 순환되는 값입니다. 다음 그림에 초록색으로 순환되는 셀 상태가 표시되어 있습니다.

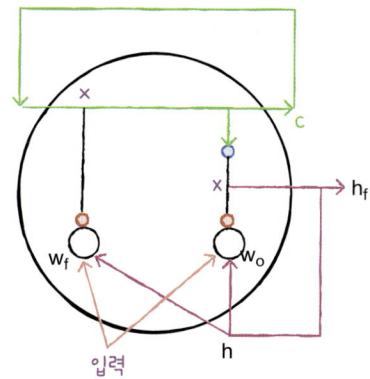

셀 상태를 은닉 상태 h와 구분하여 c로 표시했습니다. 셀 상태를 계산하는 과정은 다음과 같습니다. 먼저 입력과 은닉 상태를 또 다른 가중치 w_f에 곱한 다음 시그모이드 함수를 통과시킵니다. 그다음 이전 타임스텝의 셀 상태와 곱하여 새로운 셀 상태를 만듭니다. 이 셀 상태가 오른쪽에서 tanh 함수를 통과하여 새로운 은닉 상태를 만드는 데 기여합니다.

와우, 복잡하군요. LSTM은 마치 작은 셀을 여러 개 포함하고 있는 큰 셀 같습니다. 중요한 것은 입력과 은닉 상태에 곱해지는 가중치 w_o와 w_f가 다르다는 점입니다. 이 두 작은 셀은 각기 다른 기능을 위해 훈련됩니다. 그런데 LSTM 셀은 이게 끝이 아닙니다!

여기에 2개의 작은 셀이 더 추가되어 셀 상태를 만드는 데 기여합니다. 다음 그림을 보시죠.

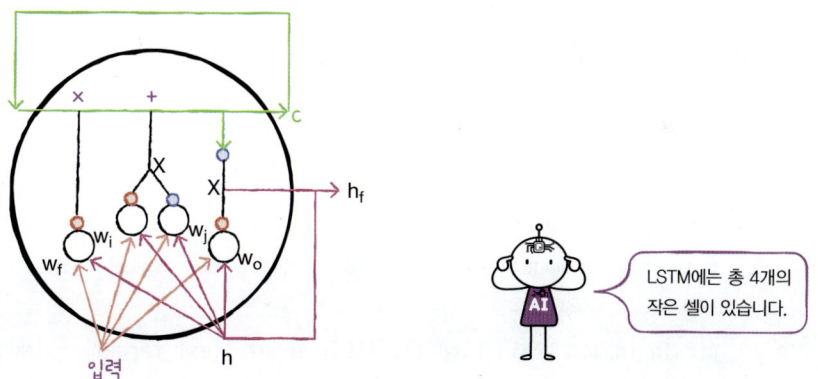

LSTM에는 총 4개의 작은 셀이 있습니다.

이전과 마찬가지로 입력과 은닉 상태를 각기 다른 가중치에 곱한 다음, 하나는 시그모이드 함수를 통과시키고 다른 하나는 tanh 함수를 통과시킵니다. 그다음 두 결과를 곱한 후 이전 셀 상태와 더합니다. 이 결과가 최종적인 다음 셀 상태가 됩니다.

다음 그림처럼 세 군데의 곱셈을 왼쪽부터 차례대로 삭제 게이트gate, 입력 게이트, 출력 게이트라고 부릅니다.

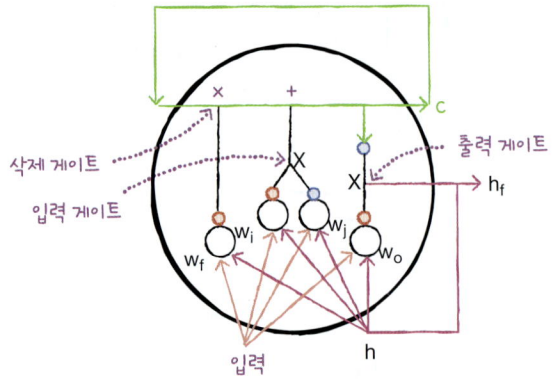

삭제 게이트는 셀 상태에 있는 정보를 제거하는 역할을 하고 입력 게이트는 새로운 정보를 셀 상태에 추가합니다. 출력 게이트를 통해서 이 셀 상태가 다음 은닉 상태로 출력됩니다.

물론 이 복잡한 셀 계산을 직접 할 필요는 없습니다. 케라스에는 이미 LSTM 클래스가 준비되어 있습니다. 다음 섹션에서 LSTM 클래스를 사용해 LSTM 순환 신경망을 만들어 보겠습니다.

LSTM 신경망 훈련하기

먼저 이전 절에서처럼 IMDB 리뷰 데이터를 로드하고 훈련 세트와 검증 세트로 나눕니다. 여기에서도 500개의 단어를 사용하겠습니다.

```
from keras.datasets import imdb
from sklearn.model_selection import train_test_split

(train_input, train_target), (test_input, test_target) = imdb.load_data(
    num_words=500)
train_input, val_input, train_target, val_target = train_test_split(
    train_input, train_target, test_size=0.2, random_state=42)
```

그다음 케라스의 pad_sequences() 함수로 각 샘플의 길이를 100에 맞추고 부족할 때는 패딩을 추가합니다.

```
from keras.preprocessing.sequence import pad_sequences

train_seq = pad_sequences(train_input, maxlen=100)
val_seq = pad_sequences(val_input, maxlen=100)
```

이제 LSTM 셀을 사용한 순환층을 만들어 보겠습니다. 사실 SimpleRNN 클래스를 LSTM 클래스로 바꾸기만 하면 됩니다!

```
import keras

model_lstm = keras.Sequential()
model_lstm.add(keras.layers.Input(shape=(100,)))
model_lstm.add(keras.layers.Embedding(500, 16))
model_lstm.add(keras.layers.LSTM(8))
model_lstm.add(keras.layers.Dense(1, activation='sigmoid'))
```

2절에서 임베딩을 사용했던 순환 신경망 모델과 완전히 동일합니다. 여기에서는 SimpleRNN 대신에 LSTM을 사용합니다. 모델 구조를 출력해 보죠.

```
model_lstm.summary()
```

```
Model: "sequential"
```

Layer (type)	Output Shape	Param #
embedding (Embedding)	(None, 100, 16)	8,000
lstm (LSTM)	(None, 8)	800
dense (Dense)	(None, 1)	9

Total params: 8,809 (34.41 KB)
Trainable params: 8,809 (34.41 KB)
Non-trainable params: 0 (0.00 B)

SimpleRNN 클래스의 모델 파라미터 개수는 200개였습니다. LSTM 셀에는 작은 셀이 4개 있으므로 정확히 4배가 늘어 모델 파라미터 개수는 800개가 되었습니다.

모델을 컴파일하고 훈련해 보겠습니다. 이전과 마찬가지로 배치 크기는 64개, 에포크 횟수는 100으로 지정합니다. 체크포인트와 조기 종료를 위한 코드도 동일합니다.

```
model_lstm.compile(optimizer='adam', loss='binary_crossentropy',
                   metrics=['accuracy'])
checkpoint_cb = keras.callbacks.ModelCheckpoint('best-lstm-model.keras',
                                                save_best_only=True)
early_stopping_cb = keras.callbacks.EarlyStopping(patience=3,
                                                  restore_best_weights=True)
history = model_lstm.fit(train_seq, train_target, epochs=100, batch_size=64,
                         validation_data=(val_seq, val_target),
                         callbacks=[checkpoint_cb, early_stopping_cb])
```

```
Epoch 1/100
313/313 ───────────────── 7s 11ms/step - accuracy: 0.6052 - loss: 0.6481 - val_accuracy: 0.7632 - val_loss: 0.4902
Epoch 2/100
313/313 ───────────────── 7s 7ms/step - accuracy: 0.7781 - loss: 0.4808 - val_accuracy: 0.7874 - val_loss: 0.4556
Epoch 3/100
313/313 ───────────────── 2s 7ms/step - accuracy: 0.7947 - loss: 0.4495 - val_accuracy: 0.7922 - val_loss: 0.4437
Epoch 4/100
313/313 ───────────────── 4s 12ms/step - accuracy: 0.8008 - loss: 0.4342 - val_accuracy: 0.7940 - val_loss: 0.4417
Epoch 5/100
313/313 ───────────────── 4s 7ms/step - accuracy: 0.8036 - loss: 0.4251 - val_accuracy: 0.7964 - val_loss: 0.4382
Epoch 6/100
313/313 ───────────────── 3s 7ms/step - accuracy: 0.8085 - loss: 0.4170 - val_accuracy: 0.7986 - val_loss: 0.4358
Epoch 7/100
313/313 ───────────────── 2s 7ms/step - accuracy: 0.8113 - loss: 0.4104 - val_accuracy: 0.7998 - val_loss: 0.4331
Epoch 8/100
```

```
313/313 ────────────────────── 3s 10ms/step - accuracy: 0.8120 - loss: 0.4053 - val_accuracy: 0.7992 - val_loss: 0.4304
Epoch 9/100
313/313 ────────────────────── 4s 7ms/step - accuracy: 0.8139 - loss: 0.4010 - val_accuracy: 0.8024 - val_loss: 0.4277
Epoch 10/100
313/313 ────────────────────── 2s 7ms/step - accuracy: 0.8166 - loss: 0.3971 - val_accuracy: 0.8020 - val_loss: 0.4251
Epoch 11/100
313/313 ────────────────────── 2s 7ms/step - accuracy: 0.8190 - loss: 0.3939 - val_accuracy: 0.8056 - val_loss: 0.4229
Epoch 12/100
313/313 ────────────────────── 3s 9ms/step - accuracy: 0.8214 - loss: 0.3905 - val_accuracy: 0.8070 - val_loss: 0.4218
Epoch 13/100
313/313 ────────────────────── 5s 8ms/step - accuracy: 0.8198 - loss: 0.3864 - val_accuracy: 0.8058 - val_loss: 0.4218
Epoch 14/100
313/313 ────────────────────── 2s 7ms/step - accuracy: 0.8203 - loss: 0.3830 - val_accuracy: 0.8062 - val_loss: 0.4217
Epoch 15/100
313/313 ────────────────────── 2s 7ms/step - accuracy: 0.8249 - loss: 0.3759 - val_accuracy: 0.8092 - val_loss: 0.4234
Epoch 16/100
313/313 ────────────────────── 3s 9ms/step - accuracy: 0.8272 - loss: 0.3718 - val_accuracy: 0.8086 - val_loss: 0.4240
Epoch 17/100
313/313 ────────────────────── 5s 8ms/step - accuracy: 0.8291 - loss: 0.3672 - val_accuracy: 0.8088 - val_loss: 0.4233
```

검증 세트에 대한 정확도를 보면 약 80% 정도로 SimpleRNN 클래스를 사용했을 때보다 향상되었습니다. 순환 신경망으로 감성 분석 문제를 해결할 수 있다는 가능성을 잘 보여줍니다. 훈련 손실과 검증 손실 그래프를 그려 보겠습니다.

```
import matplotlib.pyplot as plt

plt.plot(history.history['loss'], label='train')
plt.plot(history.history['val_loss'], label='val')
plt.xlabel('epoch')
plt.ylabel('loss')
plt.legend()
plt.show()
```

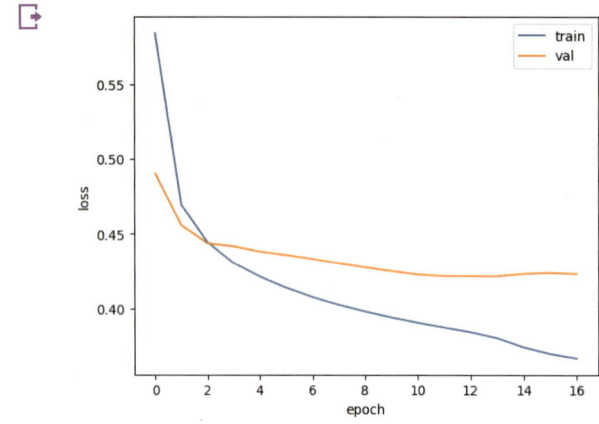

그래프를 보면 훈련 손실이 잘 줄어들고 있지만 과대적합을 잘 억제하지 못한 것 같습니다. 7장에서 배웠던 드롭아웃을 순환층에도 적용할 수 있을까요? 다음 섹션에서 이에 대해 알아보겠습니다.

순환층에 드롭아웃 적용하기

완전 연결 신경망과 합성곱 신경망에서는 Dropout 클래스를 사용해 드롭아웃을 적용했습니다. 이를 통해 모델이 훈련 세트에 너무 과대적합되는 것을 막았죠. 순환층은 자체적으로 드롭아웃 기능을 제공합니다. SimpleRNN과 LSTM 클래스 모두 dropout 매개변수와 recurrent_dropout 매개변수를 가지고 있습니다.

> 드롭아웃은 은닉층에 있는 뉴런의 출력을 랜덤하게 꺼서 과대적합을 막는 기법입니다.

dropout 매개변수는 셀의 입력에 드롭아웃을 적용하고 recurrent_dropout은 순환되는 은닉 상태에 드롭아웃을 적용합니다. 하지만 기술적인 문제로 인해 recurrent_dropout을 사용하면 GPU를 사용하여 모델을 훈련하지 못합니다. 이 때문에 모델의 훈련 속도가 크게 느려집니다. 따라서 여기에서는 dropout만을 사용해 보겠습니다.

전체적인 모델 구조는 이전과 동일합니다. LSTM 클래스에 dropout 매개변수를 0.2으로 지정하여 20%의 입력을 드롭아웃 합니다.

```
model_dropout = keras.Sequential()
model_dropout.add(keras.layers.Input(shape=(100,)))
model_dropout.add(keras.layers.Embedding(500, 16))
model_dropout.add(keras.layers.LSTM(8, dropout=0.2))
model_dropout.add(keras.layers.Dense(1, activation='sigmoid'))
```

이 모델을 이전과 동일한 조건으로 훈련해 보죠.

```
model_dropout.compile(optimizer='adam', loss='binary_crossentropy',
                      metrics=['accuracy'])
checkpoint_cb = keras.callbacks.ModelCheckpoint('best-dropout-model.keras',
                                                save_best_only=True)
early_stopping_cb = keras.callbacks.EarlyStopping(patience=3,
                                                  restore_best_weights=True)
history = model_dropout.fit(train_seq, train_target, epochs=100, batch_size=64,
                            validation_data=(val_seq, val_target),
                            callbacks=[checkpoint_cb, early_stopping_cb])
```

```
Epoch 1/100
313/313 ━━━━━━━━━━━━━━━━━━━━ 5s 9ms/step - accuracy: 0.5852 - loss: 0.6662 - val_accuracy: 0.7528 - val_loss: 0.5231
Epoch 2/100
313/313 ━━━━━━━━━━━━━━━━━━━━ 4s 10ms/step - accuracy: 0.7606 - loss: 0.5058 - val_accuracy: 0.7748 - val_loss: 0.4804
Epoch 3/100
313/313 ━━━━━━━━━━━━━━━━━━━━ 2s 8ms/step - accuracy: 0.7853 - loss: 0.4649 - val_accuracy: 0.7868 - val_loss: 0.4625
Epoch 4/100
313/313 ━━━━━━━━━━━━━━━━━━━━ 2s 7ms/step - accuracy: 0.7969 - loss: 0.4437 - val_accuracy: 0.7960 - val_loss: 0.4436
```

```
Epoch 5/100
313/313 ──────────────────────── 3s 8ms/step - accuracy:
0.7988 - loss: 0.4294 - val_accuracy: 0.7970 - val_loss: 0.4413
Epoch 6/100
313/313 ──────────────────────── 3s 9ms/step - accuracy:
0.8047 - loss: 0.4210 - val_accuracy: 0.8002 - val_loss: 0.4366
Epoch 7/100
313/313 ──────────────────────── 3s 9ms/step - accuracy:
0.8100 - loss: 0.4147 - val_accuracy: 0.7934 - val_loss: 0.4471
Epoch 8/100
313/313 ──────────────────────── 2s 7ms/step - accuracy:
0.8107 - loss: 0.4132 - val_accuracy: 0.7950 - val_loss: 0.4418
Epoch 9/100
313/313 ──────────────────────── 2s 8ms/step - accuracy:
0.8134 - loss: 0.4100 - val_accuracy: 0.7964 - val_loss: 0.4382
```

드롭아웃을 추가했더니 모델의 성능이 약간 줄어든 것 같습니다. 훈련 손실과 검증 손실 그래프를 그려 보겠습니다.

```
plt.plot(history.history['loss'], label='train')
plt.plot(history.history['val_loss'], label='val')
plt.xlabel('epoch')
plt.ylabel('loss')
plt.legend()
plt.show()
```

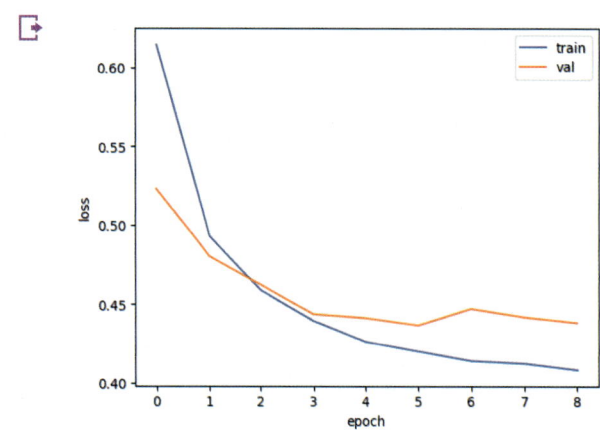

LSTM 층에 적용한 드롭아웃 덕분에 훈련 손실이 줄어드는 것을 조금 억제했지만 검증 손실이 더 나아지지는 않았네요. 조금 더 강력한 모델을 시도해 볼 필요가 있을 것 같습니다.

밀집층이나 합성곱 층처럼 순환층도 여러 개를 쌓지 않을 이유가 없습니다. 다음 섹션에서 2개의 순환층을 연결한 모델을 훈련해 보죠.

2개의 층을 연결하기

순환층을 연결할 때는 한 가지 주의할 점이 있습니다. 앞서 언급했지만 순환층의 은닉 상태는 샘플의 마지막 타임스텝에 대한 은닉 상태만 다음 층으로 전달합니다. 하지만 순환층을 쌓게 되면 모든 순환층에 순차 데이터가 필요합니다. 따라서 앞쪽의 순환층이 모든 타임스텝에 대한 은닉 상태를 출력해야 합니다. 오직 마지막 순환층만 마지막 타임스텝의 은닉 상태를 출력해야 합니다. 1절에서 보았던 그림을 기억해 보세요!

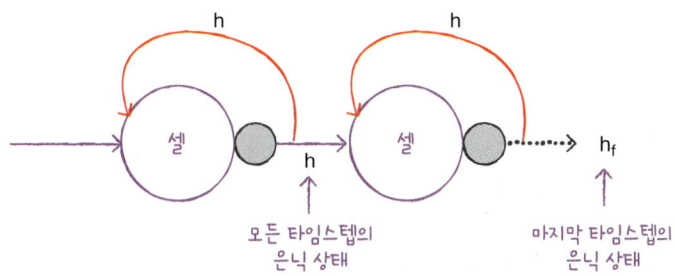

케라스의 순환층에서 모든 타임스텝의 은닉 상태를 출력하려면 마지막을 제외한 다른 모든 순환층에서 return_sequences 매개변수를 True로 지정하면 됩니다. 다음의 코드를 확인해 보세요.

```
odel_2lstm = keras.Sequential()
model_2lstm.add(keras.layers.Input(shape=(100,)))
model_2lstm.add(keras.layers.Embedding(500, 16))
model_2lstm.add(keras.layers.LSTM(8, dropout=0.2, return_sequences=True))
model_2lstm.add(keras.layers.LSTM(8, dropout=0.2))
model_2lstm.add(keras.layers.Dense(1, activation='sigmoid'))
model_2lstm.summary()
```

2개의 LSTM 층을 쌓았고 모두 드롭아웃을 0.2로 지정했습니다. 그리고 첫 번째 LSTM 클래스에는 return_sequences 매개변수를 True로 지정한 것을 볼 수 있습니다. summary() 메서드의 결과를 확인해 보죠.

손코딩
```
model_2lstm.summary()
```

```
Model: "sequential_2"

Layer (type)              Output Shape          Param #
embedding_2 (Embedding)   (None, 100, 16)       8,000
lstm_2 (LSTM)             (None, 100, 8)        800
lstm_3 (LSTM)             (None, 8)             544
dense_2 (Dense)           (None, 1)             9

Total params: 9,353 (36.54 KB)
Trainable params: 9,353 (36.54 KB)
Non-trainable params: 0 (0.00 B)
```

첫 번째 LSTM 층이 모든 타임스텝(100개)의 은닉 상태를 출력하기 때문에 출력 크기가 (None, 100, 8)로 표시되었습니다. 이에 반해 두 번째 LSTM 층의 출력 크기는 마지막 타임스텝의 은닉 상태만 출력하기 때문에 (None, 8)입니다.

이 모델을 앞에서와 같이 훈련해 보겠습니다.

손코딩
```
model_2lstm.compile(optimizer='adam', loss='binary_crossentropy',
                    metrics=['accuracy'])
checkpoint_cb = keras.callbacks.ModelCheckpoint('best-2lstm-model.keras',
                                                save_best_only=True)
early_stopping_cb = keras.callbacks.EarlyStopping(patience=3,
                                                  restore_best_weights=True)
history = model_2lstm.fit(train_seq, train_target, epochs=100, batch_size=64,
                          validation_data=(val_seq, val_target),
                          callbacks=[checkpoint_cb, early_stopping_cb])
```

```
Epoch 1/100
313/313 ─────────────────────── 7s 16ms/step - accuracy: 0.6153 - loss: 0.6340 - val_accuracy: 0.7670 - val_loss: 0.4913
```

```
Epoch 2/100
313/313 ———————————————————— 4s 11ms/step - accuracy:
0.7712 - loss: 0.4857 - val_accuracy: 0.7862 - val_loss: 0.4619
Epoch 3/100
313/313 ———————————————————— 5s 12ms/step - accuracy:
0.7864 - loss: 0.4614 - val_accuracy: 0.7832 - val_loss: 0.4602
Epoch 4/100
313/313 ———————————————————— 5s 14ms/step - accuracy:
0.7973 - loss: 0.4471 - val_accuracy: 0.7882 - val_loss: 0.4556
Epoch 5/100
313/313 ———————————————————— 4s 11ms/step - accuracy:
0.7998 - loss: 0.4405 - val_accuracy: 0.7902 - val_loss: 0.4525
Epoch 6/100
313/313 ———————————————————— 5s 12ms/step - accuracy:
0.8022 - loss: 0.4313 - val_accuracy: 0.7868 - val_loss: 0.4622
Epoch 7/100
313/313 ———————————————————— 6s 13ms/step - accuracy:
0.8060 - loss: 0.4291 - val_accuracy: 0.7982 - val_loss: 0.4457
Epoch 8/100
313/313 ———————————————————— 4s 11ms/step - accuracy:
0.8114 - loss: 0.4183 - val_accuracy: 0.8002 - val_loss: 0.4369
Epoch 9/100
313/313 ———————————————————— 6s 14ms/step - accuracy:
0.8131 - loss: 0.4104 - val_accuracy: 0.7958 - val_loss: 0.4484
Epoch 10/100
313/313 ———————————————————— 4s 11ms/step - accuracy:
0.8197 - loss: 0.4039 - val_accuracy: 0.7936 - val_loss: 0.4366
Epoch 11/100
313/313 ———————————————————— 5s 12ms/step - accuracy:
0.8219 - loss: 0.3989 - val_accuracy: 0.7926 - val_loss: 0.4422
Epoch 12/100
313/313 ———————————————————— 6s 14ms/step - accuracy:
0.8229 - loss: 0.3912 - val_accuracy: 0.7980 - val_loss: 0.4298
Epoch 13/100
313/313 ———————————————————— 4s 12ms/step - accuracy:
0.8274 - loss: 0.3863 - val_accuracy: 0.8050 - val_loss: 0.4274
```

```
Epoch 14/100
313/313 ──────────────────── 4s 11ms/step - accuracy: 
0.8284 - loss: 0.3815 - val_accuracy: 0.8064 - val_loss: 0.4211
Epoch 15/100
313/313 ──────────────────── 6s 13ms/step - accuracy: 
0.8317 - loss: 0.3782 - val_accuracy: 0.8050 - val_loss: 0.4233
Epoch 16/100
313/313 ──────────────────── 4s 12ms/step - accuracy: 
0.8346 - loss: 0.3715 - val_accuracy: 0.8042 - val_loss: 0.4216
Epoch 17/100
313/313 ──────────────────── 6s 14ms/step - accuracy: 
0.8349 - loss: 0.3723 - val_accuracy: 0.8094 - val_loss: 0.4256
```

모델은 잘 훈련되었지만 이 예에서는 순환층을 쌓아 그리 큰 효과를 얻지 못했습니다. 하지만 일반적으로 순환층을 쌓으면 성능이 높아집니다. 손실 그래프를 그려서 훈련 과정을 확인해 보겠습니다.

```
plt.plot(history.history['loss'], label='train')
plt.plot(history.history['val_loss'], label='val')
plt.xlabel('epoch')
plt.ylabel('loss')
plt.legend()
plt.show()
```

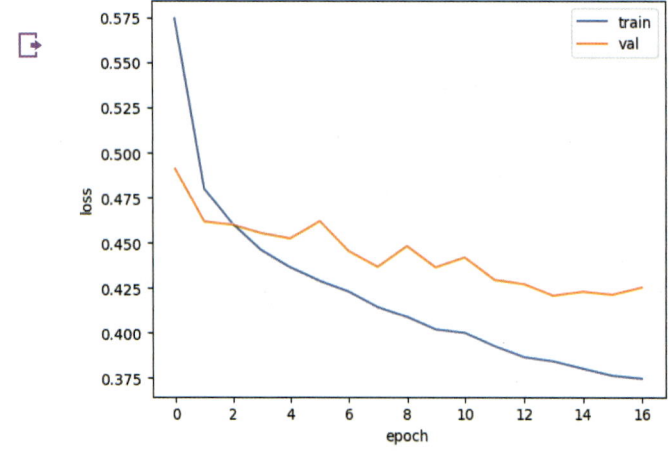

그래프를 보면 과대적합을 억제하기 위해 노력하면서 손실을 최대한 낮춘 것 같습니다. 지금까지 LSTM 셀을 사용한 훈련과 드롭아웃을 적용해 보았고 2개의 층을 쌓은 순환 신경망을 만들어 보았습니다. 다음 섹션에서는 유명한 또 다른 셀인 GRU 셀에 대해 알아보겠습니다.

GRU 구조

GRU는 Gated Recurrent Unit의 약자입니다. 뉴욕 대학교 조경현 교수가 발명한 셀로 유명합니다. 이 셀은 LSTM을 간소화한 버전으로 생각할 수 있습니다. 이 셀은 LSTM처럼 셀 상태를 계산하지 않고 은닉 상태 하나만 포함하고 있습니다. 먼저 GRU 셀의 그림을 보죠.

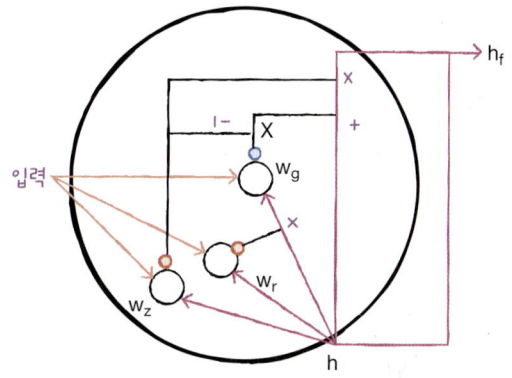

GRU 셀에는 은닉 상태와 입력에 가중치를 곱하고 절편을 더하는 작은 셀이 3개 들어 있습니다. 2개는 시그모이드 활성화 함수를 사용하고 하나는 tanh 활성화 함수를 사용합니다. 여기에서도 은닉 상태와 입력에 곱해지는 가중치를 합쳐서 나타냈습니다.

맨 왼쪽에서 w_z를 사용하는 셀의 출력이 은닉 상태에 바로 곱해져 삭제 게이트 역할을 수행합니다. 이와 똑같은 출력을 1에서 뺀 다음에 가장 오른쪽 w_g를 사용하는 셀의 출력에 곱합니다. 이는 입력되는 정보를 제어하는 역할을 수행합니다. 가운데 w_r을 사용하는 셀에서 출력된 값은 w_g 셀이 사용할 은닉 상태의 정보를 제어합니다.

GRU 셀은 LSTM보다 가중치가 적기 때문에 계산량이 적지만 LSTM 못지않은 좋은 성능을 내는 것으로 알려져 있습니다. 다음 섹션에서 GRU 셀을 사용한 순환 신경망을 만들어 보겠습니다.

GRU 신경망 훈련하기

```
model_gru = keras.Sequential()
model_gru.add(keras.layers.Input(shape=(100,)))
model_gru.add(keras.layers.Embedding(500, 16))
model_gru.add(keras.layers.GRU(8, dropout=0.2))
model_gru.add(keras.layers.Dense(1, activation='sigmoid'))
```

LSTM 클래스를 GRU 클래스로 바꾼 것 외에는 이전 모델과 동일합니다. 이 모델의 구조를 확인해 보죠.

```
model_gru.summary()
```

Model: "sequential_3"

Layer (type)	Output Shape	Param #
embedding_3 (Embedding)	(None, 100, 16)	8,000
gru (GRU)	(None, 8)	624
dense_3 (Dense)	(None, 1)	9

Total params: 8,633 (33.72 KB)
Trainable params: 8,633 (33.72 KB)
Non-trainable params: 0 (0.00 B)

GRU 층의 모델 파라미터 개수를 계산해 보겠습니다. GRU 셀에는 3개의 작은 셀이 있습니다. 작은 셀에는 입력과 은닉 상태에 곱하는 가중치와 절편이 있습니다. 입력에 곱하는 가중치는 16 × 8 = 128개이고 은닉 상태에 곱하는 가중치는 8 × 8 = 64개입니다. 그리고 절편은 뉴런마다 하나씩이므로 8개입니다. 모두 더하면 128 + 64 + 8 = 200개입니다. 이런 작은 셀이 3개이므로 모두 600개의 모델 파라미터가 필요합니다. 어, 그런데 summary() 메서드의 출력은 624개네요. 무엇이 잘못되었을까요?

사실 케라스에 구현된 GRU 셀의 계산은 다음 그림과 같이 계산됩니다. 538쪽의 그림과 다른 점을 비교해 보세요.

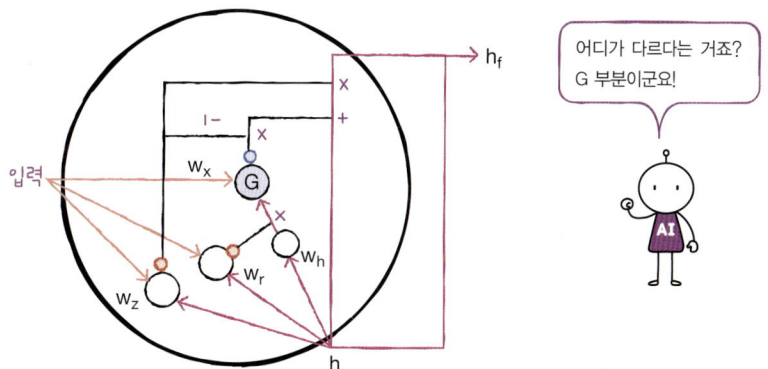

달라지는 부분은 G로 표시된 작은 셀에 들어가는 입력 부분입니다. 이전에는 가운데 셀의 출력과 은닉 상태가 곱해진 후 G 셀에 입력되었습니다. 하지만 바뀐 그림에서는 은닉 상태가 먼저 가중치와 곱해진 다음 가운데 셀의 출력과 곱해집니다. 그래서 이전에는 입력과 은닉 상태에 곱해지는 가중치를 w_g로 별도로 표기했는데 이 그림에서는 w_x와 w_h로 나누었습니다.

이렇게 나누어 계산하면 은닉 상태에 곱해지는 가중치 외에 절편이 별도로 필요합니다. 따라서 작은 셀마다 하나씩 절편이 추가되고 8개의 뉴런이 있으므로 총 24개의 모델 파라미터가 더해집니다. 따라서 GRU 층의 총 모델 파라미터 개수는 624개가 됩니다.

케라스가 이런 계산 방식을 사용하는 이유는 GPU를 잘 활용하기 위해서입니다. 하지만 대부분 GRU 셀을 소개할 때는 전자의 그림을 사용합니다. 널리 통용되는 이론과 구현이 차이 나는 경우가 종종 있습니다. 이로 인해 GRU 층의 모델 파라미터 개수를 혼동하지 마세요!

좋습니다. 그럼 GRU 셀을 사용한 순환 신경망을 훈련해 보죠. 역시 훈련 방법은 이전과 동일합니다.

```
model_gru.compile(optimizer='adam', loss='binary_crossentropy',
                  metrics=['accuracy'])
checkpoint_cb = keras.callbacks.ModelCheckpoint('best-gru-model.keras',
                                                save_best_only=True)
early_stopping_cb = keras.callbacks.EarlyStopping(patience=3,
                                                  restore_best_weights=True)
history = model_gru.fit(train_seq, train_target, epochs=100, batch_size=64,
                        validation_data=(val_seq, val_target),
                        callbacks=[checkpoint_cb, early_stopping_cb])
```

```
Epoch 1/100
313/313 ──────────────────────── 4s 8ms/step - accuracy: 0.5616 - loss: 0.6737 - val_accuracy: 0.7552 - val_loss: 0.5116
Epoch 2/100
313/313 ──────────────────────── 5s 8ms/step - accuracy: 0.7562 - loss: 0.5036 - val_accuracy: 0.7536 - val_loss: 0.5063
Epoch 3/100
313/313 ──────────────────────── 3s 9ms/step - accuracy: 0.7815 - loss: 0.4700 - val_accuracy: 0.7778 - val_loss: 0.4677
Epoch 4/100
313/313 ──────────────────────── 5s 8ms/step - accuracy: 0.7939 - loss: 0.4477 - val_accuracy: 0.7880 - val_loss: 0.4506
Epoch 5/100
313/313 ──────────────────────── 2s 7ms/step - accuracy: 0.8002 - loss: 0.4342 - val_accuracy: 0.7906 - val_loss: 0.4492
Epoch 6/100
313/313 ──────────────────────── 3s 8ms/step - accuracy: 0.8050 - loss: 0.4260 - val_accuracy: 0.7992 - val_loss: 0.4349
Epoch 7/100
313/313 ──────────────────────── 3s 10ms/step - accuracy: 0.8074 - loss: 0.4215 - val_accuracy: 0.7988 - val_loss: 0.4350
Epoch 8/100
313/313 ──────────────────────── 3s 9ms/step - accuracy: 0.8102 - loss: 0.4183 - val_accuracy: 0.7976 - val_loss: 0.4370
Epoch 9/100
313/313 ──────────────────────── 5s 8ms/step - accuracy: 0.8118 - loss: 0.4119 - val_accuracy: 0.8014 - val_loss: 0.4332
Epoch 10/100
313/313 ──────────────────────── 2s 8ms/step - accuracy: 0.8150 - loss: 0.4075 - val_accuracy: 0.8010 - val_loss: 0.4319
Epoch 11/100
313/313 ──────────────────────── 3s 10ms/step - accuracy: 0.8177 - loss: 0.4043 - val_accuracy: 0.8036 - val_loss: 0.4328
Epoch 12/100
313/313 ──────────────────────── 4s 8ms/step - accuracy: 0.8186 - loss: 0.4017 - val_accuracy: 0.8018 - val_loss: 0.4294
```

```
Epoch 13/100
313/313 ─────────────────────────── 2s 8ms/step - accuracy:
0.8205 - loss: 0.3966 - val_accuracy: 0.8064 - val_loss: 0.4274
Epoch 14/100
313/313 ─────────────────────────── 2s 7ms/step - accuracy:
0.8238 - loss: 0.3936 - val_accuracy: 0.8062 - val_loss: 0.4321
Epoch 15/100
313/313 ─────────────────────────── 3s 10ms/step - accuracy:
0.8248 - loss: 0.3905 - val_accuracy: 0.8058 - val_loss: 0.4320
Epoch 16/100
313/313 ─────────────────────────── 5s 8ms/step - accuracy:
0.8283 - loss: 0.3842 - val_accuracy: 0.8034 - val_loss: 0.4320
```

출력 결과에서 볼 수 있듯이 LSTM와 거의 비슷한 성능을 냅니다. 이 모델의 손실을 그래프로 그려서 확인해 보죠.

```
plt.plot(history.history['loss'], label='train')
plt.plot(history.history['val_loss'], label='val')
plt.xlabel('epoch')
plt.ylabel('loss')
plt.legend()
plt.show()
```

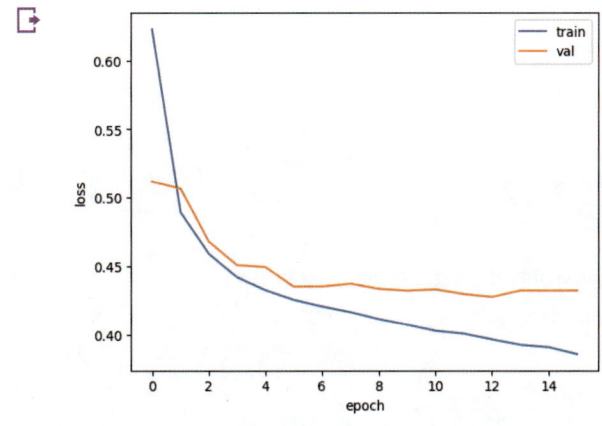

훈련 손실과 검증 손실 사이에 여전히 차이가 있지만 훈련 과정이 잘 수렴되고 있는 것을 확인할 수 있습니다. 축하합니다. 순환 신경망에서 가장 인기 있는 LSTM과 GRU 셀을 사용해 텍스트를 감정에 따라 분류하는 모델을 성공적으로 훈련시켰습니다!

LSTM과 GRU 셀로 훈련 문제해결 과정

이 절에서는 순환 신경망에서 가장 인기 있는 LSTM과 GRU 셀에 대해 배웠습니다. 또 순환층에 드롭아웃을 적용해 보았고 2개의 순환층을 쌓는 방법에 대해 알아보았습니다.

마지막에 훈련한 GRU 모델을 다시 로드하여 테스트 세트에 대한 성능을 확인해 보겠습니다. 먼저 테스트 세트를 훈련 세트와 동일한 방식으로 변환합니다. 그다음 load_model() 함수를 사용해 best-gru-model.keras 파일을 읽고 evaluate() 메서드로 테스트 세트에서 성능을 계산합니다.

```
test_seq = pad_sequences(test_input, maxlen=100)
best_model = keras.models.load_model('best-gru-model.keras')
best_model.evaluate(test_seq, test_target)
```

```
782/782 ───────────────── 3s 3ms/step - accuracy: 0.8082 - loss: 0.4215
[0.4206896126270294, 0.8072400093078613]
```

이 모델은 드롭아웃을 적용하여 과대적합을 잘 억제했기 때문에 테스트 세트의 성능이 검증 세트와 크게 차이 나지 않는 것 같군요.

성공입니다. 이제 댓글을 긍정과 부정으로 분류할 수 있다는 멋진 보고서를 작성하기만 하면 됩니다!

전체 소스 코드

note https://bit.ly/hg2-09-3에 접속하면 코랩에서 이 절의 코드를 바로 열어 볼 수 있습니다.

```
"""# LSTM과 GRU 셀"""

"""## LSTM 신경망 훈련하기"""
```

```
from keras.datasets import imdb
from sklearn.model_selection import train_test_split

(train_input, train_target), (test_input, test_target) = imdb.load_data(
    num_words=500)

train_input, val_input, train_target, val_target = train_test_split(
    train_input, train_target, test_size=0.2, random_state=42)

from keras.preprocessing.sequence import pad_sequences

train_seq = pad_sequences(train_input, maxlen=100)
val_seq = pad_sequences(val_input, maxlen=100)

import keras

model_lstm = keras.Sequential()
model_lstm.add(keras.layers.Input(shape=(100,)))
model_lstm.add(keras.layers.Embedding(500, 16))
model_lstm.add(keras.layers.LSTM(8))
model_lstm.add(keras.layers.Dense(1, activation='sigmoid'))

model_lstm.summary()

model_lstm.compile(optimizer='adam', loss='binary_crossentropy',
                   metrics=['accuracy'])
checkpoint_cb = keras.callbacks.ModelCheckpoint('best-lstm-model.keras',
                                                save_best_only=True)
early_stopping_cb = keras.callbacks.EarlyStopping(patience=3,
                                                  restore_best_weights=True)
history = model_lstm.fit(train_seq, train_target, epochs=100, batch_size=64,
                         validation_data=(val_seq, val_target),
                         callbacks=[checkpoint_cb, early_stopping_cb])

import matplotlib.pyplot as plt
```

```python
plt.plot(history.history['loss'], label='train')
plt.plot(history.history['val_loss'], label='val')
plt.xlabel('epoch')
plt.ylabel('loss')
plt.legend()
plt.show()

"""## 순환층에 드롭아웃 적용하기"""

model_dropout = keras.Sequential()
model_dropout.add(keras.layers.Input(shape=(100,)))
model_dropout.add(keras.layers.Embedding(500, 16))
model_dropout.add(keras.layers.LSTM(8, dropout=0.2))
model_dropout.add(keras.layers.Dense(1, activation='sigmoid'))

model_dropout.compile(optimizer='adam', loss='binary_crossentropy',
                      metrics=['accuracy'])
checkpoint_cb = keras.callbacks.ModelCheckpoint('best-dropout-model.keras',
                                                 save_best_only=True)
early_stopping_cb = keras.callbacks.EarlyStopping(patience=3,
                                                   restore_best_weights=True)
history = model_dropout.fit(train_seq, train_target, epochs=100, batch_size=64,
                            validation_data=(val_seq, val_target),
                            callbacks=[checkpoint_cb, early_stopping_cb])

plt.plot(history.history['loss'], label='train')
plt.plot(history.history['val_loss'], label='val')
plt.xlabel('epoch')
plt.ylabel('loss')
plt.legend()
plt.show()

"""## 2개의 층을 연결하기"""

model_2lstm = keras.Sequential()
model_2lstm.add(keras.layers.Input(shape=(100,)))
```

```python
model_2lstm.add(keras.layers.Embedding(500, 16))
model_2lstm.add(keras.layers.LSTM(8, dropout=0.2, return_sequences=True))
model_2lstm.add(keras.layers.LSTM(8, dropout=0.2))
model_2lstm.add(keras.layers.Dense(1, activation='sigmoid'))

model_2lstm.summary()

model_2lstm.compile(optimizer='adam', loss='binary_crossentropy',
                    metrics=['accuracy'])
checkpoint_cb = keras.callbacks.ModelCheckpoint('best-2lstm-model.keras',
                                                save_best_only=True)
early_stopping_cb = keras.callbacks.EarlyStopping(patience=3,
                                                  restore_best_weights=True)
history = model_2lstm.fit(train_seq, train_target, epochs=100, batch_size=64,
                          validation_data=(val_seq, val_target),
                          callbacks=[checkpoint_cb, early_stopping_cb])

plt.plot(history.history['loss'], label='train')
plt.plot(history.history['val_loss'], label='val')
plt.xlabel('epoch')
plt.ylabel('loss')
plt.legend()
plt.show()

"""## GRU 신경망 훈련하기"""

model_gru = keras.Sequential()
model_gru.add(keras.layers.Input(shape=(100,)))
model_gru.add(keras.layers.Embedding(500, 16))
model_gru.add(keras.layers.GRU(8, dropout=0.2))
model_gru.add(keras.layers.Dense(1, activation='sigmoid'))

model_gru.summary()

model_gru.compile(optimizer='adam', loss='binary_crossentropy',
                  metrics=['accuracy'])
```

```python
checkpoint_cb = keras.callbacks.ModelCheckpoint('best-gru-model.keras',
                                                save_best_only=True)
early_stopping_cb = keras.callbacks.EarlyStopping(patience=3,
                                                  restore_best_weights=True)
history = model_gru.fit(train_seq, train_target, epochs=100, batch_size=64,
                        validation_data=(val_seq, val_target),
                        callbacks=[checkpoint_cb, early_stopping_cb])

plt.plot(history.history['loss'], label='train')
plt.plot(history.history['val_loss'], label='val')
plt.xlabel('epoch')
plt.ylabel('loss')
plt.legend()
plt.show()

"""## 마무리"""

test_seq = pad_sequences(test_input, maxlen=100)

best_model = keras.models.load_model('best-gru-model.keras')

best_model.evaluate(test_seq, test_target)
```

마무리

▶ 키워드로 끝내는 핵심 포인트

- **LSTM** 셀은 타임스텝이 긴 데이터를 효과적으로 학습하기 위해 고안된 순환층입니다. 입력 게이트, 삭제 게이트, 출력 게이트 역할을 하는 작은 셀이 포함되어 있습니다.

- LSTM 셀은 은닉 상태 외에 **셀 상태**를 출력합니다. 셀 상태는 다음 층으로 전달되지 않으며 현재 셀에서만 순환됩니다.

- **GRU** 셀은 LSTM 셀의 간소화 버전으로 생각할 수 있지만 LSTM 셀에 못지않는 성능을 냅니다.

▶ 핵심 패키지와 함수

Keras

- **LSTM**은 LSTM 셀을 사용한 순환층 클래스입니다.

  첫 번째 매개변수에 뉴런의 개수를 지정합니다.

  dropout 매개변수에서 입력에 대한 드롭아웃 비율을 지정할 수 있습니다.

  return_sequences 매개변수에서 모든 타임스텝의 은닉 상태를 출력할지 결정합니다. 기본값은 False입니다.

- **GRU**는 GRU 셀을 사용한 순환층 클래스입니다.

  첫 번째 매개변수에 뉴런의 개수를 지정합니다.

  dropout 매개변수에서 입력에 대한 드롭아웃 비율을 지정할 수 있습니다.

  return_sequences 매개변수에서 모든 타임스텝의 은닉 상태를 출력할지 결정합니다. 기본값은 False입니다.

▶ **확인 문제**

1. 다음 중 케라스에서 제공하는 순환층 클래스가 아닌 것은 무엇인가요?

① SimpleRNN

② LSTM

③ GRU

④ Conv2D

2. LSTM 층에 있는 게이트가 아닌 것은 무엇인가요?

① 순환 게이트

② 삭제 게이트

③ 입력 게이트

④ 출력 게이트

3. 순환층을 2개 이상 쌓을 때 마지막 층을 제외하고는 모든 타임스텝의 은닉 상태를 출력하기 위해 지정해야 할 매개변수는 무엇인가요?

① return_seq

② return_sequences

③ return_series

④ return_hidden

4. GRU 셀에 대해 잘못 설명한 것은 무엇인가요?

① 순차 데이터에 적용할 수 있는 순환 신경망의 한 종류입니다.

② LSTM 셀의 간소화 버전으로 생각할 수 있습니다.

③ LSTM 셀보다 모델 파라미터가 더 많습니다.

④ 케라스는 과대적합을 억제하기 위한 드롭아웃 옵션을 제공합니다.

파이토치 버전 살펴보기

파이토치로 LSTM 모델 훈련하기

note https://bit.ly/hg2-09-3-pt에 접속하면 코랩에서 이 절의 코드를 바로 열어 볼 수 있습니다.

이번 절에서는 파이토치에서 두 개의 LSTM 층을 쌓아 IMDB 리뷰 데이터를 분류해 보겠습니다. 이전 절의 예제와 상당히 비슷하므로 주로 두 개의 LSTM 층을 사용하는 부분을 집중해서 설명하겠습니다. 먼저 이전과 동일한 방식으로 훈련 데이터를 준비합니다. 케라스에서 IMDB 데이터를 로드하고, 훈련 세트와 테스트 세트로 나누고, 패딩을 추가하여 파이토치 텐서로 바꿉니다. 마지막으로 훈련 세트와 검증 세트를 위한 데이터로더를 만듭니다.

```
from keras.datasets import imdb
from sklearn.model_selection import train_test_split

(train_input, train_target), (test_input, test_target) = imdb.load_data(
    num_words=500)
train_input, val_input, train_target, val_target = train_test_split(
    train_input, train_target, test_size=0.2, random_state=42)
from keras.preprocessing.sequence import pad_sequences

train_seq = pad_sequences(train_input, maxlen=100)
val_seq = pad_sequences(val_input, maxlen=100)

train_seq = torch.tensor(train_seq)
val_seq = torch.tensor(val_seq)
train_target = torch.tensor(train_target, dtype=torch.float32)
val_target = torch.tensor(val_target, dtype=torch.float32)

from torch.utils.data import TensorDataset, DataLoader

train_dataset = TensorDataset(train_seq, train_target)
```

```
        val_dataset = TensorDataset(val_seq, val_target)

        train_loader = DataLoader(train_dataset, batch_size=64, shuffle=True)
        val_loader = DataLoader(val_dataset, batch_size=64, shuffle=False)
```

코드 역시 이전 절과 매우 비슷합니다. 다만 몇 가지 차이점이 있습니다. 먼저, __init__() 메서드에서 nn.RNN 대신 nn.LSTM을 사용하였으며, 두 개의 층을 사용하기 위해 num_layers=2로 설정했습니다. 또한 드롭아웃을 추가하기 위해 dropout=0.2를 지정했습니다. nn.LSTM 클래스는 세 개의 값을 반환합니다. 순서대로 마지막 층의 타임스텝별 은닉 상태, 모든 층의 마지막 은닉 상태, 그리고 모든 층의 마지막 셀 상태입니다. 여기서는 두 번째 값을 hidden 변수에 저장하여 self.dense 객체에 전달하겠습니다. 두 개의 층을 사용하므로 hidden 값의 크기는 (2, 64, 8)이 됩니다. 따라서 밀집층에 전달할 때는 두 번째 층의 마지막 값을 선택해야 하며, 이는 두 번째 행에 해당하는 값입니다.

손코딩
```
import torch.nn as nn

class IMDBLstm(nn.Module):
    def __init__(self):
        super().__init__()
        self.embedding = nn.Embedding(500, 16)
        self.lstm = nn.LSTM(16, 8, batch_first=True, num_layers=2, dropout=0.2)
        self.dense = nn.Linear(8, 1)
        self.sigmoid = nn.Sigmoid()
    def forward(self, x):
        x = self.embedding(x)
        _, (hidden, _) = self.lstm(x)
        outputs = self.dense(hidden[-1])
        return self.sigmoid(outputs)
```

모델을 만들고 훈련하는 코드는 이전과 동일합니다. 이번에는 Adam 옵티마이저의 학습률로 기본값을 그대로 사용합니다. 모델을 훈련하고 결과를 확인해 보겠습니다.

```python
model = IMDBLstm()

import torch

device = torch.device("cuda" if torch.cuda.is_available() else "cpu")
model.to(device)

import torch.optim as optim

criterion = nn.BCELoss()
optimizer = optim.Adam(model.parameters())

train_hist = []
val_hist = []
patience = 2
best_loss = -1
early_stopping_counter = 0

epochs = 100
for epoch in range(epochs):
    model.train()
    train_loss = 0
    for inputs, targets in train_loader:
        inputs, targets = inputs.to(device), targets.to(device)
        optimizer.zero_grad()
        outputs = model(inputs)
        loss = criterion(outputs.squeeze(), targets)
        loss.backward()
        optimizer.step()
        train_loss += loss.item()

    model.eval()
    val_loss = 0
    with torch.no_grad():
        for inputs, targets in val_loader:
```

```python
            inputs, targets = inputs.to(device), targets.to(device)
            outputs = model(inputs)
            loss = criterion(outputs.squeeze(), targets)
            val_loss += loss.item()

    train_loss = train_loss/len(train_loader)
    val_loss = val_loss/len(val_loader)
    train_hist.append(train_loss)
    val_hist.append(val_loss)
    print(f"에포크:{epoch+1},",
          f"훈련 손실:{train_loss:.4f}, 검증 손실:{val_loss:.4f}")

    if best_loss == -1 or val_loss < best_loss:
        best_loss = val_loss
        early_stopping_counter = 0
        torch.save(model.state_dict(), 'best_2lstm_model.pt')
    else:
        early_stopping_counter += 1
        if early_stopping_counter >= patience:
            print(f"{epoch+1}번째 에포크에서 조기 종료되었습니다.")
            break
```

```
에포크:1, 훈련 손실:0.6910, 검증 손실:0.6820
에포크:2, 훈련 손실:0.6467, 검증 손실:0.6123
에포크:3, 훈련 손실:0.5843, 검증 손실:0.5699
에포크:4, 훈련 손실:0.5391, 검증 손실:0.5307
에포크:5, 훈련 손실:0.5139, 검증 손실:0.5076
에포크:6, 훈련 손실:0.4931, 검증 손실:0.4953
에포크:7, 훈련 손실:0.4736, 검증 손실:0.4838
에포크:8, 훈련 손실:0.4581, 검증 손실:0.4779
에포크:9, 훈련 손실:0.4465, 검증 손실:0.4606
에포크:10, 훈련 손실:0.4389, 검증 손실:0.4589
에포크:11, 훈련 손실:0.4254, 검증 손실:0.4520
에포크:12, 훈련 손실:0.4243, 검증 손실:0.4439
에포크:13, 훈련 손실:0.4142, 검증 손실:0.4508
```

```
에포크:14, 훈련 손실:0.4103, 검증 손실:0.4398
에포크:15, 훈련 손실:0.4041, 검증 손실:0.4350
에포크:16, 훈련 손실:0.4018, 검증 손실:0.4397
에포크:17, 훈련 손실:0.3953, 검증 손실:0.4308
에포크:18, 훈련 손실:0.3921, 검증 손실:0.4342
에포크:19, 훈련 손실:0.3898, 검증 손실:0.4306
에포크:20, 훈련 손실:0.3869, 검증 손실:0.4279
에포크:21, 훈련 손실:0.3817, 검증 손실:0.4245
에포크:22, 훈련 손실:0.3827, 검증 손실:0.4256
에포크:23, 훈련 손실:0.3760, 검증 손실:0.4356
23번째 에포크에서 조기 종료되었습니다.
```

이전 절의 예보다 조금 더 일찍 조기 종료되었군요. 훈련 손실과 검증 손실을 그래프로 나타내 보겠습니다.

```
import matplotlib.pyplot as plt

plt.plot(train_hist, label='train')
plt.plot(val_hist, label='val')
plt.xlabel('epoch')
plt.ylabel('loss')
plt.legend()
plt.show()
```

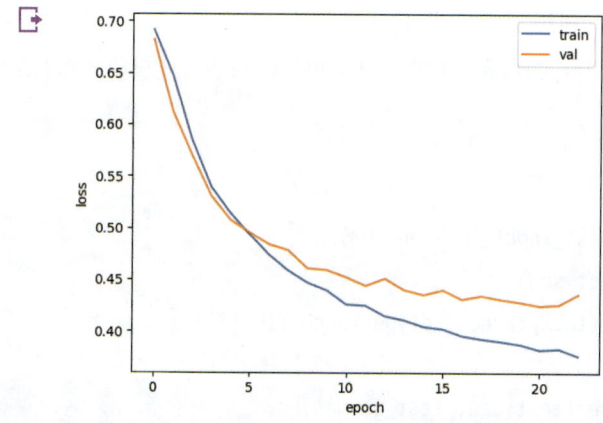

훈련 손실과 검증 손실이 어느정도 간격을 유지하면서 감소하다가, 21번째 에포크 이후부터 두 값의 차이가 크게 벌어지는 것을 확인할 수 있습니다. 과대적합이 발생하기 전에 적절하게 훈련이 멈춘 것 같습니다. 그림 best_2lstm_model.pt 파일을 로드하여 검증 세트에 대한 정확도를 확인해 보겠습니다.

```python
model.load_state_dict(torch.load('best_2lstm_model.pt', weights_only=True))

model.eval()
corrects = 0
with torch.no_grad():
    for inputs, targets in val_loader:
        inputs, targets = inputs.to(device), targets.to(device)
        outputs = model(inputs)
        predicts = outputs > 0.5
        corrects += (predicts.squeeze() == targets).sum().item()

accuracy = corrects / len(val_dataset)
print(f"검증 정확도: {accuracy:.4f}")
```

> 검증 정확도: 0.8014

모델을 검증 세트에서 평가한 결과, 약 80%의 정확도를 얻었습니다. 순환 신경망에 대한 예제를 마무리하면서 최종적으로 테스트 세트에 대한 모델의 성능을 확인해 보죠.

앞서 test_inpu과 test_target으로 데이터를 분리해 놓았습니다. 길이가 100이 되도록 자른 다음 패딩을 추가하고 파이토치 텐서로 바꿉니다. 그다음 데이터로더를 만들어 모델에 전달해서 정확도를 계산합니다.

```python
test_seq = pad_sequences(test_input, maxlen=100)
test_seq = torch.tensor(test_seq)
test_target = torch.tensor(test_target, dtype=torch.float32)

test_dataset = TensorDataset(test_seq, test_target)
```

```
test_loader = DataLoader(test_dataset, batch_size=64, shuffle=False)

model.eval()
corrects = 0
with torch.no_grad():
    for inputs, targets in test_loader:
        inputs, targets = inputs.to(device), targets.to(device)
        outputs = model(inputs)
        predicts = outputs > 0.5
        corrects += (predicts.squeeze() == targets).sum().item()

accuracy = corrects / len(test_dataset)
print(f"테스트 정확도: {accuracy:.4f}")
```

테스트 정확도: 0.8072

지금까지 우리는 파이토치를 사용하여 다양한 신경망 모델을 만들고 훈련하는 방법을 배웠습니다. 여러 모델을 만들어 보면서, 모델을 훈련하고 평가하는 코드가 대부분 비슷한 구조를 가진다는 점을 확인할 수 있었을 것입니다. 따라서 한 번 익혀 두면 쉽게 재사용할 수 있다는 장점이 있습니다. 하지만 모델이 달라지면 데이터셋을 준비하고 모델을 구성하는 과정에서 더 많은 노력이 필요하다는 점을 기억해야 합니다. 다음 장에서는 최근 가장 주목받고 있는 트랜스포머 모델에 대해 알아보겠습니다.

자주 하는 질문

Q. 09-2절에서 train_seq에 있는 정숫값이 Embedding 층에 있는 벡터로 어떻게 변환되는 건가요?

A. 좋은 질문입니다. Embedding 층은 (어휘사전, 임베딩크기) 형태의 가중치를 가지고 있으며, 신경망의 다른 층과 달리 절편이 없습니다. 즉, 입력값에 가중치를 곱하고 절편을 더하는 방식의 연산을 수행하지 않는다는 의미입니다. Embedding 층의 가중치에서 각 행이 개별 토큰에 대한 임베딩 벡터입니다. 그래서 이 가중치의 행 개수가 어휘사전의 크기인 것이죠. Embedding 층은 토큰을 나타내는 정숫값(토큰 아이디)을 인덱스처럼 사용하여 이 정숫값이 가리키는 행을 추출하여 반환합니다.

예를 들어 다음처럼 넘파이 배열로 임베딩 층의 초기 가중치를 만들어 보죠.

```
import numpy as np

weights = np.zeros((5, 7)) + np.arange(5).reshape(-1, 1)
print(weights)
```

```
[[0. 0. 0. 0. 0. 0. 0.]
 [1. 1. 1. 1. 1. 1. 1.]
 [2. 2. 2. 2. 2. 2. 2.]
 [3. 3. 3. 3. 3. 3. 3.]
 [4. 4. 4. 4. 4. 4. 4.]]
```

이 가중치 행렬의 크기는 (5, 7)입니다. 따라서 임베딩 벡터의 크기가 7인 토큰 5개를 위한 임베딩 층의 가중치로 사용할 수 있습니다.

다음처럼 Embedding 클래스의 weights 매개변수에 초기 가중치 행렬을 설정합니다. 그다음 토큰 아이디 1과 3을 위한 임베딩 벡터를 추출해 보죠.

```
emb = keras.layers.Embedding(5, 7, weights=weights)
print(emb(np.array([[1,3]])))
```

```
tf.Tensor(
[[[1. 1. 1. 1. 1. 1. 1.]
  [3. 3. 3. 3. 3. 3. 3.]]], shape=(1, 2, 7), dtype=float32)
```

출력 결과를 보면 토큰 아이디 1, 3에 해당하는 두 번째, 네 번째 행이 추출되어 반환되었습니다. 임베딩 층의 동작 방식을 이해하는데 이 예시가 도움이 되었기를 바랍니다.

Q. 09-2절에서 입력을 제로 패딩하여 모델에 주입하면 훈련할 때 문제가 되지 않나요?

A. 본문에서 사용한 예제의 경우 평균적인 샘플의 길이는 약 239입니다. 훈련에 사용한 데이터는 이보다 훨씬 작은 100으로 길이를 줄였기 때문에 패딩되는 양이 크지 않습니다. 만약 제로 패딩이 모델의 성능에 영향을 미친다고 생각하면 패딩 토큰 0을 무시하도록 모델을 만들 수 있습니다.

케라스의 경우 Embedding 층에 mask_zero=True를 설정하면 제로 패딩을 위한 마스크를 생성합니다. 이 마스크는 제로 패딩된 위치가 False이고 나머지는 True인 행렬입니다. 편리하게도 케라스는 Embedding 층이 생성한 마스크가 자동으로 후속 층에 전파됩니다. 따라서 마스크 행렬을 수동으로 관리해 줄 필요가 없습니다.

```
model = keras.Sequential()
model.add(keras.layers.Input(shape=(100,)))
model.add(keras.layers.Embedding(500, 16, mask_zero=True))
model.add(keras.layers.LSTM(8))
model.add(keras.layers.Dense(1, activation='sigmoid'))
```

한 가지 주의해야 할 점은 마스크를 사용할 경우 시퀀스의 앞쪽을 제로 패딩으로 채우는 것이 아니라 뒤쪽에 패딩을 추가해야 합니다. 그렇지 않으면 GPU를 사용할 수 없어 훈련 속도가 매우 느려집니다. 따라서 본문의 예제와 같은 경우 train_seq와 val_seq를 만들 때 padding 매개변수를 'post'로 지정해야 합니다.

```
train_seq = pad_sequences(train_input, maxlen=100, padding='post')
val_seq = pad_sequences(val_input, maxlen=100, padding='post')
```

실제로 이렇게 훈련을 해보면 성능에 큰 차이가 없음을 알 수 있습니다.

Q. 09-3절에서 GRU 셀의 모델 파라미터 개수를 계산할 때 절편을 추가한 이유가 무엇인가요?

A. 인공신경망 모델에서는 입력(또는 은닉 상태)과 가중치의 곱셈 연산이 자주 일어납니다. 그래서 텐서플로나 파이토치 같은 딥러닝 프레임워크는 이런 연산에 최적화된 루틴을 사용합니다. 그러다 보니 GRU 셀과 같은 방식으로 계산하면 이런 최적화된 루틴의 도움을 받지 못하는 일이 발생합니다. 예를 들어 538페이지 GRU 그림에서 은닉 상태 h와 W_r을 곱한 다음 다시 이 결과를 h에 곱하는 과정을 약식으로 나타내면 다음과 같습니다.

$$\sigma(h * W_r) * h$$

여기서 σ는 시그모이드 활성화 함수입니다. 이렇게 은닉 상태와 가중치의 곱셈 결과에 다시 은닉 상태를 곱하는 계산은 딥러닝 프레임워크에서 효율적이지 않습니다. 그래서 이 식을 다음과 같이 바꿉니다.

$$\sigma(h * W_r) * (h * W_h)$$

이렇게 바꾸면 은닉 상태와 가중치를 곱하는 효율적인 방식을 사용할 수 있죠. 여기에서 W_h는 W_g를 W_x와 W_h로 나누어 얻은 것입니다. 비슷한 방식으로 W_r과 W_z도 x와 h에 각각 곱해지는 두 개의 가중치로 나눌 수 있습니다. 즉 다음과 같이 계산을 두 개의 선형 방정식으로 나눌 수 있습니다.

$$(x + h) * W \rightarrow (x * W_1) + (h * W_2)$$

선형 방정식마다 하나의 절편이 필요하므로 GRU 셀에는 총 6개의 절편이 필요하겠군요. 이런 셀이 8개라면 절편은 48개가 됩니다. 따라서 입력의 크기가 16이고 뉴런이 8개인 GRU 셀의 총 모델 파라미터 개수는 (16*8)*3 + (8*8)*3 + 48 = 624개가 됩니다.

학습목표
- 순환 신경망의 한계를 뛰어넘기 위해 고안된 어텐션 메커니즘과 트랜스포머 구조에 대해 배웁니다.
- 트랜스포머 모델의 구성 방식에 대해 배우고, 인코더와 디코더 기반 모델의 차이를 이해합니다.
- 사전 훈련된 트랜스포머 기반의 언어 모델로 텍스트를 요약하거나 입력된 프롬프트를 기반으로 새로운 텍스트를 생성하는 방법을 배웁니다.

Chapter 10

언어 모델을 위한 신경망

한빛 마켓을 위해 텍스트 처리 능력을 높여라!

10-1 어텐션 메커니즘과 트랜스포머

핵심 키워드 시퀀스-투-시퀀스 작업 어텐션 메커니즘 트랜스포머 멀티 헤드 어텐션

어텐션 메커니즘을 소개하고 트랜스포머 모델을 구성하는 핵심 요소를 알아 봅니다. 이를 통해 10-2절과 10-3절에서 배우게 될 대규모 언어 모델의 기초를 다집니다.

시작하기 전에

자세한 정보를 원하는 고객과 간단한 정보만 얻기를 원하는 고객 모두를 만족시킬 수 있는 방법을 고민하던 중 경쟁사인 별별 마켓에서 긴 상품 설명을 두세 줄로 요약해서 제공한다는 소식을 들었습니다. 놀라운 점은 이 작업이 사람이 아니라 최신 인공지능 알고리즘을 활용해 이루어졌다는 것입니다. 아이고, 큰일입니다. 팀장님이 혼공머신을 또 찾으시는군요.

"혼공머신, 별별 마켓에서 상품 설명을 자동으로 요약해서 보여준다는데 우리도 순환 신경망으로 할 수 있을까?"

"네, 가능할 것 같아요. 하지만 데이터셋 준비와 신경망 훈련에 시간이 좀 걸릴 것 같고, 성능도 장담하긴 어려워요."

"그래? 별별 마켓은 금방 만들었다고 하더라구. 게다가 벌써 이사님 귀에 이 소식이 들어 갔어."

"그럼 뭔가 다른 방법을 사용한 것 같아요. 제가 찾아보고 알려 드릴게요."

혼공머신은 과연 별별 마켓의 기술을 뛰어 넘는 방법을 찾아낼 수 있을까요?

순환 신경망을 사용한 인코더-디코더 네트워크

9장에서 배운 순환 신경망은 텍스트와 같은 시퀀스 데이터를 효과적으로 처리할 수 있지만 여러 가지 한계를 가지고 있습니다. 대표적으로 시퀀스가 길어질수록 이전에 처리한 데이터를 기억하기 어렵다는 것이죠. 이 문제를 해결하기 위해 LSTM과 GRU 같은 구조가 개발되었지만, 완벽한 해결책이 되지는 못했습니다.

이러한 한계는 **기계 번역**machine translation 애플리케이션에서도 두드러졌습니다. 번역할 문장이 길어질수록 기존 RNN 기반 모델은 번역의 품질을 유지하기 어렵습니다. 기계 번역에 사용되는 신경망 구조는 전형적으로 **시퀀스-투-시퀀스**sequence-to-sequence 구조를 가지고 있습니다.

시퀀스-투-시퀀스 작업은 텍스트를 입력받아 텍스트를 출력하는 작업입니다. 대표적인 예로는 기계 번역과 문서 요약이 있습니다. 이런 작업을 수행하기 위해 보통 인코더-디코더 구조를 사용하며, 다음 그림과 같이 인코더와 디코더에 각각 순환 신경망을 적용합니다.

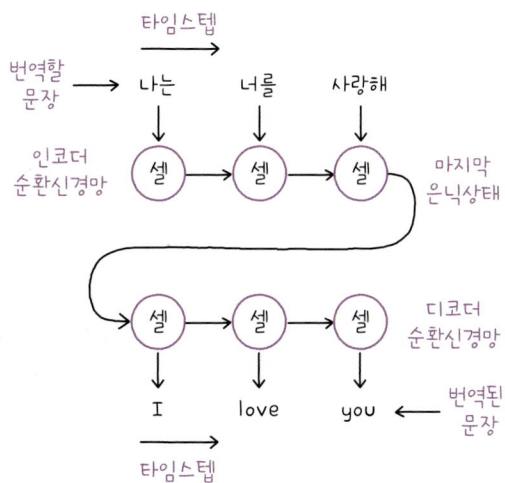

note 그림에서는 이해를 돕기 위해 인코더에 입력되는 텍스트와 디코더에서 출력되는 텍스트의 길이를 동일하게 표현했습니다. 하지만 일반적으로 이 두 텍스트의 길이는 다를 수 있습니다.

위의 그림은 기계 번역을 수행하는 인코더-디코더 구조를 보여줍니다. 그림을 보면, 인코더 신경망은 입력된 문장을 단어(토큰) 단위로 하나씩 처리하면서 전체 정보를 하나의 은닉 상태에 압축합니다. 그런 다음, 디코더 신경망이 이 은닉 상태를 받아 마찬가지로 한 단어씩 번역된 문장을 생성합니다.

note 위 그림은 인코더와 디코더가 타임스텝에 따라 순차적으로 동작하는 과정을 펼쳐서 나타낸 것입니다. 세 개의 셀(층)을 가진 신경망을 나타내는 것이 아니니 오해하지 마세요.

이런 구조에서는 번역할 문장이 길어질수록 초기에 입력된 내용을 기억하기 어려워집니다. 특히, 디코더 신경망은 인코더의 마지막 은닉 상태만 참고하여 번역을 수행하기 때문에 이런 문제가 더 심해집니다.

또한 인코더와 디코더는 텍스트를 한 토큰씩 처리합니다. 입력할 때도 한 토큰씩 받고, 출력할 때도 한 토큰씩 생성해야 하므로 속도가 느립니다. 앞의 그림의 디코더는 "I"라는 토큰을 생성한 후, 인코더의 마지막 은닉 상태와 자신의 은닉 상태를 활용해 "love"를 만듭니다. "I love"를 생성한 후 같은 방식으로 인코더의 마지막 은닉 상태와 자신의 은닉 상태를 활용해 "you"를 출력합니다.

이처럼 디코더는 이전에 생성한 토큰을 참고하면서 다음 토큰을 생성하는데, 이를 **자기회귀 모델** autoregressive model이라고 합니다. 이 개념은 순환 신경망을 사용하는 인코더-디코더 구조뿐만 아니라 앞으로 배울 다른 구조에서도 동일하게 적용됩니다.

그런데 2014년, 어텐션 메커니즘이 등장하면서 순환 신경망 기반 기계 번역 애플리케이션의 성능이 크게 개선되었습니다.

어텐션 메커니즘

어텐션 메커니즘attention mechanism은 순환 신경망 기반 인코더-디코더 모델의 성능을 크게 향상시킨 기술입니다. 기존에는 디코더가 인코더의 마지막 은닉 상태만 참고하여 번역을 수행했지만, 어텐션 메커니즘을 사용하면 인코더의 모든 타임스텝에서 계산된 은닉 상태를 활용할 수 있습니다.

아래 그림을 보면서 어텐션 메커니즘이 어떻게 동작하는지 자세히 살펴보겠습니다.

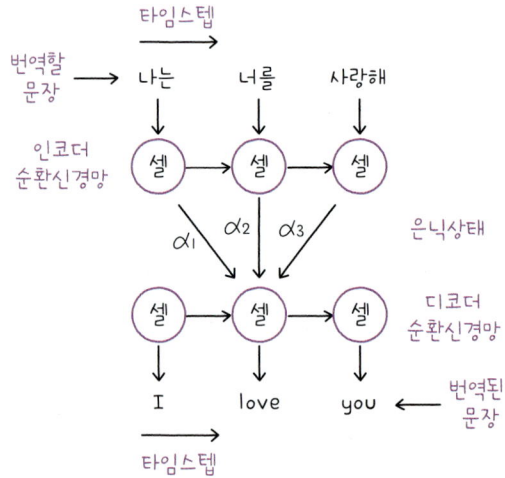

디코더가 두 번째 타임스텝에서 "love"라는 토큰을 생성할 때, 인코더의 모든 타임스텝에서 출력된 은닉 상태를 참고합니다. 즉, 디코더는 단순히 인코더의 마지막 은닉 상태만 활용하는 것이 아니라 각각의 타임스텝에서 생성된 모든 은닉 상태를 참조하여 출력을 만듭니다.

어텐션 가중치

디코더가 인코더의 은닉 상태를 활용하는 방식은 가중치를 곱하는 형태로 이루어집니다. 디코더는 인코더의 모든 타임스텝에서 생성된 은닉 상태를 동일하게 참고하는 것이 아니라, 각 은닉 상태마다 가중치를 다르게 적용하여 더 중요한 정보를 강조합니다. 이러한 가중치는 다른 모델 파라미터와 마찬가지로 신경망을 훈련하면서 함께 학습됩니다.

위 그림에서는 어텐션 가중치를 α_1, α_2, α_3으로 나타냈습니다. 이 값들은 각각 다른 값을 가지며, 디코더의 타임스텝마다 달라질 수 있습니다. 이를 디코더가 타임스텝에서 인코더의 각기 다른 은닉 상태에 주의를 기울인다고 이해할 수 있습니다. 디코더가 입력 토큰마다 중요도를 다르게 부여하는 이런 방식을 어텐션 메커니즘이라고 합니다.

어텐션 메커니즘의 장점과 단점

어텐션 메커니즘은 긴 텍스트를 처리할 때 정보 손실을 줄이는 데 매우 효과적입니다. 인코더의 모든 타임스텝에서 생성된 은닉 상태를 참고하여 더 정확한 출력을 생성할 수 있기 때문입니다.

하지만 이 방식에도 단점이 있습니다. 어텐션 가중치를 계산하기 위해 인코더의 모든 타임스텝에서 생성된 은닉 상태를 저장해야 하므로 메모리 사용량과 연산량이 증가합니다. 따라서 인코더가 처리할 수 있는 타임스텝의 최대 개수를 정해야 하며, 이로 인해 입력 텍스트의 길이가 제한될 수 있습니다. 또한, 어텐션을 사용해도 여전히 한 번에 한 토큰씩 처리해야 하는 한계는 남아 있습니다. 이러한 문제에도 불구하고, 어텐션 메커니즘을 사용한 획기적인 모델이 등장하면서 기계 번역은 물론, 자연어 처리 전 분야에 혁명을 일으켰습니다.

트랜스포머

어텐션 메커니즘의 효과를 극대화하기 위해, 2017년 구글 연구팀은 **트랜스포머**Transformer라는 새로운 신경망 구조를 발표했습니다. 이 연구는 "Attention Is All You Need"라는 제목의 논문에서 소개되었으며, 트랜스포머는 논문의 제목처럼 어텐션 메커니즘을 적극적으로 활용합니다. 하지만 어텐션 메커니즘만 사용하는 것이 아니며 다양한 기술을 조합하여 구성됩니다.

트랜스포머는 기존의 인코더-디코더 구조를 유지하면서도 순환 신경망을 완전히 제거했다는 특징을 가지고 있습니다. 따라서 입력 텍스트를 한 토큰씩 처리할 필요 없이 한 번에 모두 처리할 수 있습니다.

다음 그림은 트랜스포머의 전체적인 구조를 단순화하여 나타낸 것입니다.

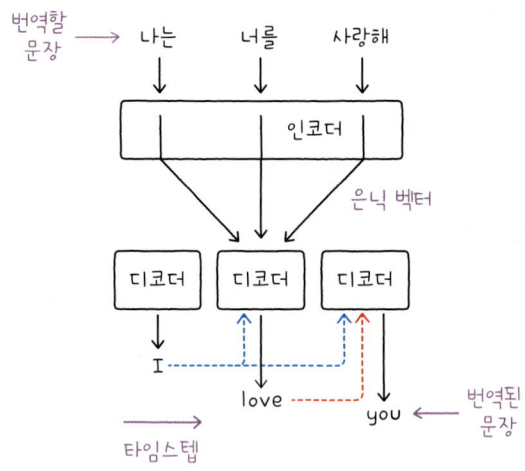

note 설명의 편의를 위해 인코더를 디코더보다 크게 그렸습니다. 앞으로 보게 되겠지만 실제로는 디코더의 구성 요소가 조금 더 많습니다.

그림에서 볼 수 있듯이 **인코더**와 **디코더**는 기존의 순환 신경망과 구분하기 위해 사각형으로 표시했습니다. 트랜스포머의 기본 작동 방식을 먼저 살펴보고, 이후에 내부 구조를 더 자세히 알아보겠습니다.

트랜스포머의 작동 방식

트랜스포머의 인코더는 입력된 텍스트를 한 번에 모두 처리합니다. 기존의 순환 신경망과 달리, 타입스텝 개념이 필요하지 않습니다. 어텐션 메커니즘으로 인해 사실상 입력 텍스트의 길이에 제한이 있는 점은 아쉽지만, 한 번에 모두 처리할 수 있어 모델의 처리 속도가 크게 향상됩니다.

note 앞으로 알아보겠지만, 최근에는 트랜스포머 기반 모델들이 발전하면서 더 긴 문장이나 문서 전체를 처리할 수 있는 방식이 개발되고 있습니다.

인코더에서 처리된 결과는 디코더에 전달되며, 디코더는 이를 바탕으로 번역된 문장을 생성합니다. 기존의 순환 신경망을 사용한 인코더-디코더 구조에서는 디코더가 인코더의 마지막 은닉 상태를 받아 번역을 수행했습니다. 하지만 트랜스포머는 순환 신경망을 사용하지 않으므로, 더 이상 은닉 상태라는 개념을 사용하지 않습니다. 대신, **은닉 벡터**hidden vector 또는 **단어 벡터**word vector, **임베딩 벡터**embedding vector라는 표현을 사용합니다.

디코더는 인코더에서 전달받은 은닉 벡터를 활용해 각 타임스텝에서 출력할 토큰을 생성합니다. 기존의 인코더-디코더 모델처럼, 디코더는 이전에 생성된 토큰을 참고하면서 새로운 토큰을 만듭니다. 하지만, 순환 신경망 없이도 이전 출력값을 반영할 수 있는 구조를 갖추고 있습니다.

예를 들어, 디코더가 두 번째 타임스텝에서 "love"를 출력하려면, 앞서 생성한 텍스트 "I"를 입력으로 받아야 합니다. 세 번째 타임스텝에서는 "I love"를 입력으로 받아 "you"를 출력하는 식입니다.

그림에서 볼 수 있듯이 디코더가 자기회귀 방식으로 작동하는 것은 기존의 순환 신경망을 사용한 인코더-디코더 구조와 동일합니다. 하지만 디코더가 이전 출력값을 활용하는 방식이 다릅니다.

트랜스포머의 전체적인 구조를 알아보았으니, 이제 인코더 내부에서 어떻게 입력 텍스트를 한 번에 처리하는지 알아보겠습니다.

셀프 어텐션 메커니즘

기존 어텐션 메커니즘은 인코더의 은닉 상태와 디코더의 은닉 상태를 비교해 디코더가 특정 타임스텝에서 어떤 입력 토큰에 집중해야 하는지를 학습합니다. 하지만 트랜스포머에서는 이와 다르게 인코더에 입력되는 토큰만으로 어텐션 가중치를 학습하도록 만들었습니다. 이를 **셀프 어텐션**self-attention 이라고 합니다.

셀프 어텐션의 계산 과정

그림으로 차근차근 알아보죠. 먼저 입력 텍스트의 각 토큰을 밀집층에 통과시킵니다. 아래 그림에 있는 밀집층은 모두 같은 층입니다. 7장에서 배웠듯이 밀집층은 한 번에 여러 개의 샘플을 처리할 수 있습니다. 여기서는 이해를 돕기 위해 각각의 토큰이 밀집층을 통과하는 것처럼 그려졌지만, 사실 전체 토큰이 한 번에 밀집층을 통과합니다.

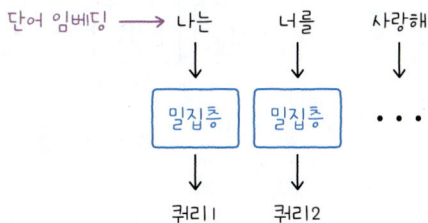

note 사실 토큰이 바로 입력되는 것이 아니라, 9장에서 배운 단어 임베딩 과정을 거친 후 어텐션 메커니즘에 전달됩니다. 이에 대해서는 뒤에서 더 자세히 알아보겠습니다.

밀집층을 통과한 벡터를 **쿼리**Query 벡터라고 합니다. 같은 입력 텍스트를 두 번째 밀집층에 통과시켜 **키**key 벡터를 만듭니다. 여기서 중요한 점은 쿼리를 생성하는 밀집층과 키를 생성하는 밀집층이 서로 다른 층이라는 점입니다. 이를 강조하기 위해 그림에서도 다른 색으로 구분했습니다.

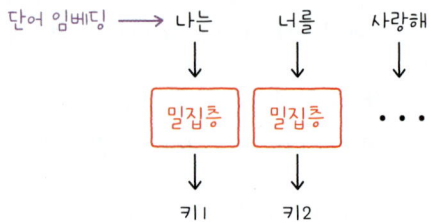

어텐션 점수 계산

쿼리 벡터와 키 벡터가 생성되면 두 벡터를 서로 곱해서 **어텐션 점수**attention score를 계산합니다. 예를 들어, 입력된 토큰이 3개라면 쿼리 벡터도 3개, 키 벡터도 3개가 생성됩니다. 각 쿼리 벡터와 키 벡터를 곱하면 총 9개의 어텐션 점수가 만들어집니다. 이를 행렬 형태로 정리한 것이 **어텐션 행렬**attention matrix 입니다.

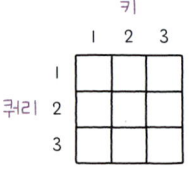

그다음, 입력 텍스트를 또 다른 밀집층에 통과시켜 **값**value 벡터를 계산합니다.

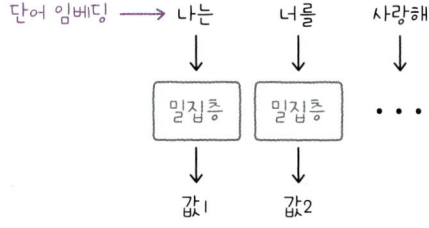

이제 계산된 어텐션 점수를 값 벡터에 곱해서 최종적인 셀프 어텐션 출력을 생성합니다. 이 출력 벡터는 각 입력 토큰이 다른 토큰들과 얼마나 관련이 있는지를 반영한 은닉 벡터라고 할 수 있습니다. 이를 통해 모델은 문맥을 더 정확하게 이해하고, 중요한 정보를 효과적으로 강조할 수 있습니다.

셀프 어텐션에서 중요한 점은 각 토큰의 벡터 표현이 주어진 문제를 효과적으로 해결할 수 있도록 학습된다는 것입니다. 이를 위해 쿼리, 키, 값 벡터를 생성하는 밀집층 세 개의 가중치도 함께 학습됩니다. 셀프 어텐션 메커니즘을 간단히 그림으로 나타내면 다음과 같습니다.

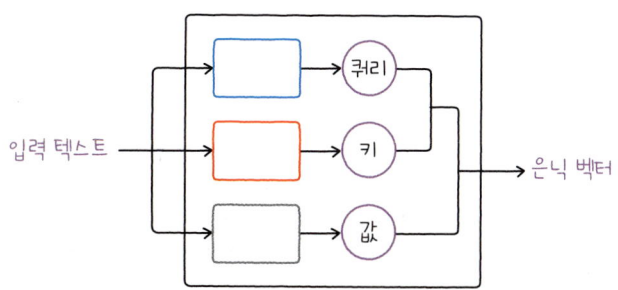

멀티 헤드 어텐션

셀프 어텐션 연산을 수행하는 하나의 단위를 **어텐션 헤드**attention head라고 합니다. 트랜스포머는 여러 개의 어텐션 헤드를 사용하는데, 이를 **멀티 헤드 어텐션**multi-head attention이라고 합니다. 이를 그림으로 나타내면 다음과 같습니다.

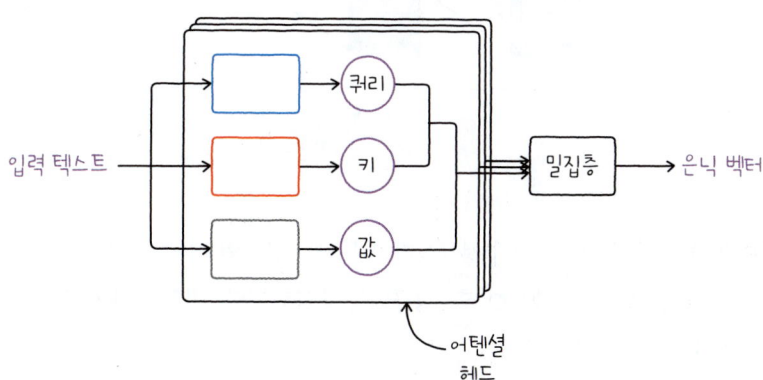

각 어텐션 헤드에서는 쿼리, 키, 값 벡터를 생성하는 밀집층이 서로 다르게 사용됩니다. 어텐션 헤드들의 출력은 하나로 합쳐진 후, 밀집층을 통과하여 어텐션 층의 최종 출력이 됩니다. 헤드의 개수는 모델마다 다르며, 보통 몇 개에서 많게는 수십 개까지 사용됩니다.

트랜스포머의 핵심 요소 중 하나인 멀티 헤드 어텐션을 알아보았으니, 이제 정규화 층을 알아보겠습니다.

층 정규화

3장에서 모델을 훈련하기 전에 사이킷런의 StandardScaler 클래스를 사용해 입력 데이터를 정규화하는 방법을 알아보았습니다. 하지만 딥러닝에서는 여러 개의 층을 거치면서 특성의 스케일이 변할 수 있기 때문에, 단순한 입력 정규화만으로는 충분하지 않습니다. 이를 해결하기 위해 고안된 것이 **배치 정규화**batch normalization입니다.

배치 정규화는 주로 합성곱 신경망에 널리 활용되며 층과 층 사이에 놓입니다. 이전 층의 출력을 배치 단위로 평균과 분산을 계산하여 평균이 0, 분산이 1이 되도록 조정한 후, 다음 층으로 전달합니다.

> **note** 모든 특성을 동일한 분포(평균 0, 분산 1)로 정규화하면 신경망이 학습한 유용한 정보가 손실될 수 있습니다. 이를 방지하기 위해 배치 정규화 층은 평균과 분산의 양을 조정하는 두 개의 파라미터를 학습하여 정규화를 수행합니다.

예를 들어 합성곱 신경망의 경우 일반적으로 합성곱 층이 출력한 특성 맵의 크기는 (샘플 개수, 높이, 너비, 채널)이 됩니다. 이런 특성 맵에 배치 정규화가 적용되는 범위를 그림으로 나타내면 다음과 같습니다.

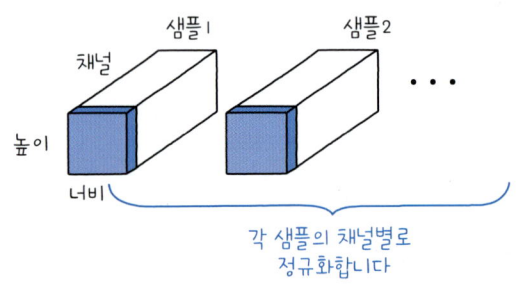

위 그림에서 파란 색으로 표시된 부분이 정규화가 적용되는 단위입니다. 즉 모든 샘플에서 특정 채널의 데이터를 모아 평균과 분산을 계산한 후, 정규화를 적용합니다. 이처럼 배치 단위로 정규화를 수행하기 때문에 배치 정규화라고 부릅니다.

배치 정규화를 적용하면 훈련 속도가 빨라지고, 학습 과정이 안정화됩니다. 이로 인해 모델의 성능이 향상될 수 있어, 많은 신경망에서 널리 사용됩니다. 하지만 이 방식을 텍스트 데이터에 적용하기는 어려웠습니다. 텍스트 데이터는 샘플마다 길이가 다르기 때문입니다. 이를 위해 고안된 것이 **층 정규화** layer normalization입니다.

층 정규화는 각 샘플의 토큰마다 개별적으로 정규화를 수행하는 방식입니다. 이렇게 하면 샘플마다 길이가 달라도 독립적으로 정규화할 수 있어 샘플의 길이에 영향을 받지 않습니다. 이를 그림으로 나타내면 다음과 같습니다.

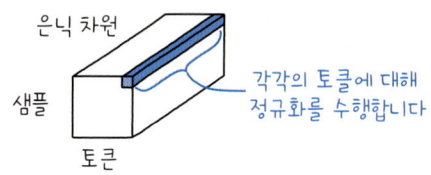

트랜스포머에서도 멀티 헤드 어텐션 층 다음에 드롭아웃과 층 정규화가 사용됩니다. 일부 모델에서는 층 정규화를 멀티 헤드 어텐션 층 앞에 배치하기도 하지만, 여기서는 원본 트랜스포머 모델의 구조를 따라 배치해 보겠습니다. 지금까지 배운 멀티 헤드 어텐션과 드롭아웃, 층 정규화를 그림으로 나타내면 다음과 같습니다.

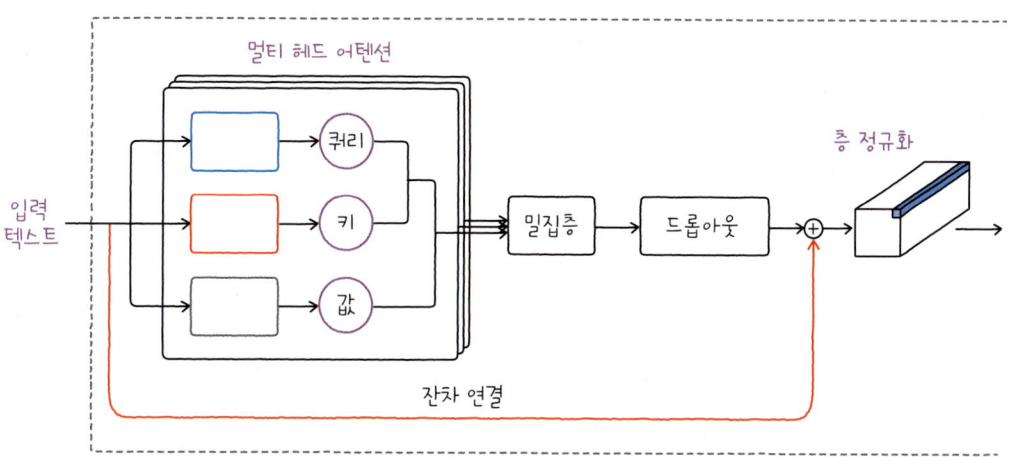

멀티 헤드 어텐션과 층 정규화 사이에는 **잔차 연결**residual connection이 추가됩니다. 잔차 연결 또는 **스킵 연결**skip connection은 ResNet이라는 합성곱 신경망에서 처음 도입된 이후, 많은 신경망에서 널리 사용되고 있는 기술입니다.

신경망은 층이 많을수록 훈련이 어려워집니다. 이를 해결하기 위해 잔차 연결이 도입되었으며, 그림에서 보듯이 멀티 헤드 어텐션 층을 거친 출력에 입력값을 그대로 더하는 방식입니다.

신경망이 훈련될 때는 뒤에서부터 거꾸로 모델의 파라미터 업데이트 신호가 전파됩니다. 잔차 연결이 추가되면 이 신호가 멀티 헤드 어텐션 층을 거치지 않고 직접 앞쪽 층으로 전달될 수 있습니다. 이렇게 하면 신경망의 층을 많이 쌓아도 효과적으로 훈련할 수 있게 됩니다. 잔차 연결의 효과는 여러 신경망에서 검증되었으며, 이후 다양한 모델에서 적용되었습니다.

트랜스포머의 인코더 역시 두 개의 잔차 연결을 사용합니다. 두 번째 잔차 연결은 다음에 배울 피드 포워드 네트워크의 앞뒤를 연결하는 역할을 합니다.

피드포워드 네트워크와 인코더 블록

9장에서 언급했듯이 피드포워드 신경망에는 합성곱 신경망과 완전 연결 신경망이 포함됩니다. 기술적으로 보면 트랜스포머 역시 피드포워드 신경망의 한 종류라고 볼 수 있습니다. 하지만 기존의 신경망과 구조가 크게 다르고, 많은 파생 모델을 만들어내고 있기 때문에 독립적인 범주로 구분하는 것이 더 적절합니다. 트랜스포머를 추가해서 인공 신경망의 종류를 다시 그려보면 다음과 같습니다.

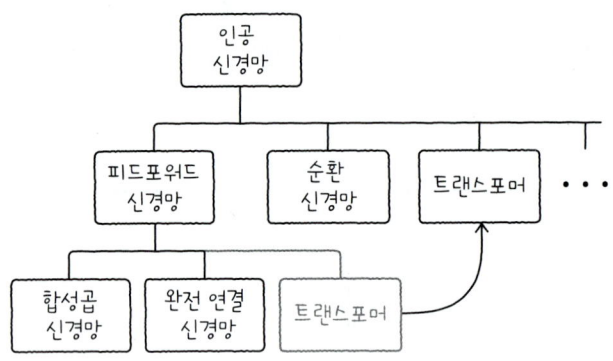

여기서 다루려는 **피드포워드 네트워크**feedforward network는 일반적인 피드포워드 신경망을 의미하는 것이 아닙니다. 트랜스포머의 인코더에서 멀티 헤드 어텐션과 층 정규화 다음에 나오는 밀집층을 종종 피드포워드 네트워크라고 부릅니다.

피드포워드 네트워크는 보통 두 개의 밀집층으로 구성됩니다. 첫 번째 밀집층은 ReLU 활성화 함수를 사용하고, 두 번째 밀집층은 활성화 함수를 사용하지 않습니다. 그다음 다시 드롭아웃 층이 추가되며, 이 세 개의 층을 또 다른 잔차 연결이 감싸게 됩니다. 이 구조를 그림으로 나타내면 다음과 같습니다.

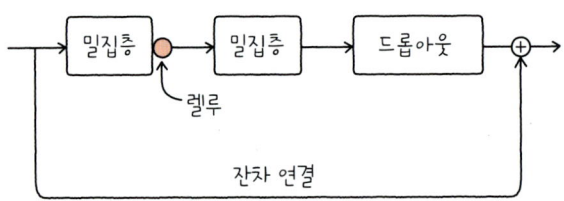

이제 멀티 헤드 어텐션과 피드포워드 네트워크를 연결해 보겠습니다. 두 부분을 합친 후 마지막에 층 정규화를 다시 배치하면 트랜스포머 인코더 블록이 완성됩니다.

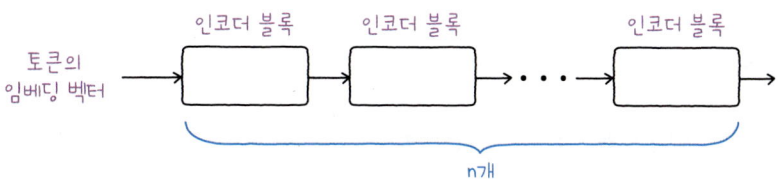

인코더 블록이 출력하는 값은 여전히 각 토큰의 은닉 벡터입니다. 앞서 언급했듯이 입력 토큰은 단어 임베딩과 같은 벡터 표현으로 변환되어 입력됩니다. 이 벡터의 차원과 인코더 블록이 출력하는 은닉 벡터의 차원은 동일합니다. 이런 특징 덕분에, 동일한 인코더 블록을 여러 개 반복해서 배치할 수 있습니다. 모델마다 다르지만 적게는 몇 개에서 많게는 수십 개의 인코더 블록을 순차적으로 쌓아 인코더 모델을 구성합니다.

이제 인코더 모델의 구조를 거의 다 설명했습니다. 마지막으로 입력 토큰의 임베딩 벡터를 만드는 방법에 대해 알아보겠습니다.

토큰 임베딩과 위치 인코딩

9장에서 배웠듯이 자연어 처리에서는 모델이 입력된 문자를 이해할 수 있도록 토큰을 숫자로 변환하는 과정이 필요합니다. 이때 사용되는 대표적인 방법이 단어 임베딩입니다. 단어 임베딩을 생성하는 방법은 다양하지만, 9장에서 했던 것처럼 임베딩 층을 추가하여 특정 작업에 맞도록 임베딩 벡터를 학습할 수 있습니다.

토큰 임베딩

트랜스포머에서도 토큰을 고정된 크기의 실수 벡터로 변환하기 위해 임베딩 층을 사용합니다. 하지만 트랜스포머는 기존 모델과 다르게 모든 토큰을 동시에 처리하는 방식을 사용하기 때문에 토큰의 위치를 고려하지 않는다는 문제가 발생합니다. 앞서 소개한 어텐션 행렬을 다시 생각해 보세요. 이 행렬의 계산 과정에서 토큰 간의 관계는 반영되지만 위치는 따로 고려되지 않았습니다.

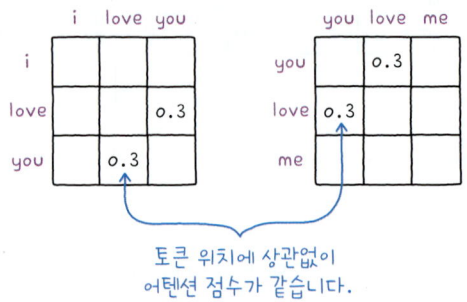

하지만 단어는 그 위치에 따라 의미가 달라질 수 있습니다. 예를 들어, "I love you"와 "You love me"라는 두 문장에서 사용된 단어(토큰)는 같지만, 위치가 달라 의미가 완전히 달라집니다. 따라서 트랜스포머가 문장의 의미를 정확히 이해하려면 위치 정보가 추가적으로 제공되어야 합니다.

위치 임베딩

이 문제를 해결하기 위해 트랜스포머는 **위치 인코딩**positional encoding을 사용합니다. 위치 인코딩은 **사인**sine **함수**와 **코사인**cosine **함수**를 사용해 토큰의 위치에 따라 변하는 벡터를 생성하고, 이를 단어 임베딩에 더하는 방식입니다.

예를 들어 임베딩 벡터의 차원이 5이고, 모델에 입력되는 문장의 10번째 토큰이 다음과 같이 표현된다고 가정해 보겠습니다.

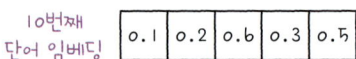

이제 벡터의 각 원소 인덱스를 임베딩 벡터의 전체 길이로 나눈 후, 이 값을 10,000의 거듭제곱한 값의 역수로 변환합니다. 그런 다음, 해당 토큰의 순서인 10을 곱합니다. 이 과정은 다음 그림을 통해 쉽게 이해할 수 있습니다.

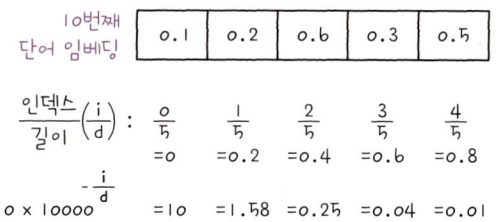

마지막으로 임베딩 벡터에서 짝수 번째 원소의 경우는 사인 함수를 적용하고, 홀수 번째 원소의 경우는 코사인 함수를 적용합니다. 이렇게 구한 값을 원본 임베딩 벡터에 더하면 됩니다.

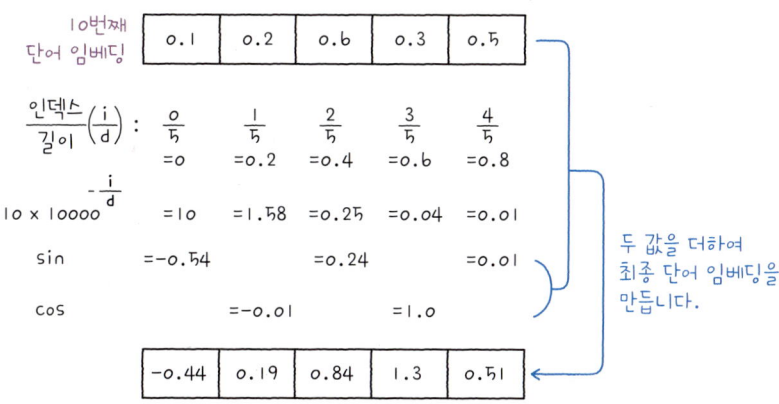

결국 원본 단어 임베딩의 값은 문장에서의 위치에 따라 조금씩 달라집니다. 또한 임베딩 벡터의 차원에 따라서도 값이 변합니다. 하지만 삼각 함수를 사용했기 때문에 주기성을 가질 것이라 예상할 수 있습니다.

> **note** 사인과 코사인 함수는 일정한 주기로 값을 반복하기 때문에, 위치 인코딩도 자연스럽게 주기적인 패턴을 갖게 됩니다.

위치 인코딩은 토큰의 위치와 임베딩 벡터의 차원에 따라 일정한 값으로 계산되므로, 이를 절대 위치 인코딩이라고도 부릅니다. 10-3절에서 최근 많이 사용하는 상대 위치 인코딩(또는 상대 위치 임베딩)에 대해 알아보겠습니다.

지금까지 배운 내용을 하나의 그림으로 정리하면 다음과 같습니다. 트랜스포머 인코더가 출력하는 것은 결국 각 토큰에 대한 임베딩 벡터라는 것을 기억하고, 인코더 블록 여러 개를 순서대로 쌓아 구성한다는 것도 잊지 마세요.

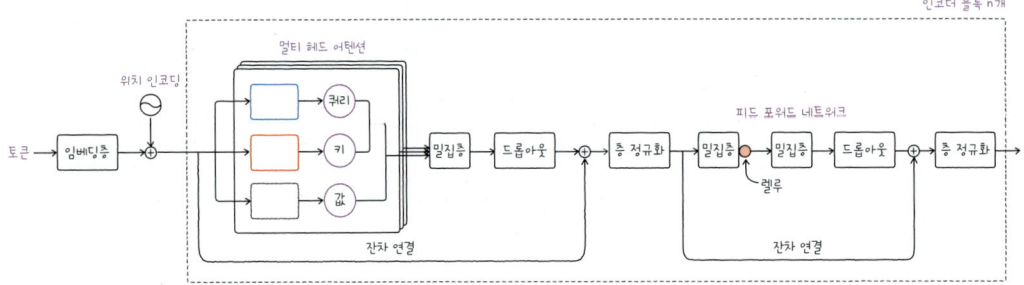

그럼 이제 디코더 블록의 구성에 대해 알아보겠습니다.

디코더 블록

트랜스포머 디코더는 몇 가지 차이점을 제외하면 인코더와 매우 비슷합니다. 그중 하나가 인코더가 출력한 임베딩 벡터를 입력으로 받는 멀티 헤드 어텐션 층입니다. 이 층은 디코더에서 받은 벡터를 쿼리로 사용하고, 인코더의 출력을 키와 값으로 사용합니다. 그래서 **크로스 어텐션**cross attention이라고 부르기도 합니다.

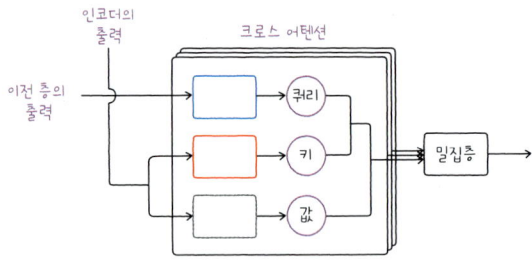

디코더 블록에서는 크로스 어텐션 층이 인코더의 멀티 헤드 어텐션 층과 피드포워드 네트워크 사이에 배치됩니다. 크로스 어텐션 층의 전후에도 잔차 연결이 있습니다. 크로스 어텐션을 추가한 디코더 블록을 그림으로 나타내면 다음과 같습니다.

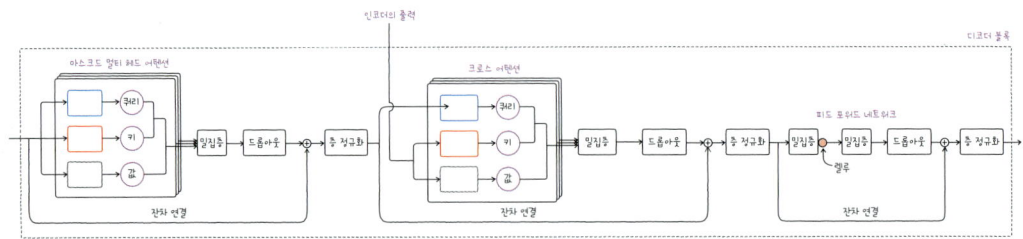

디코더 블록 역시 하나만 존재하는 것이 아니라 여러 개가 반복적으로 쌓여 전체 디코더 모델을 구성합니다. 따라서 인코더 블록의 출력은 첫 번째 디코더 블록뿐만 아니라 반복되는 모든 디코더 블록에 전달됩니다. 이를 그림으로 간단히 나타내면 다음과 같습니다.

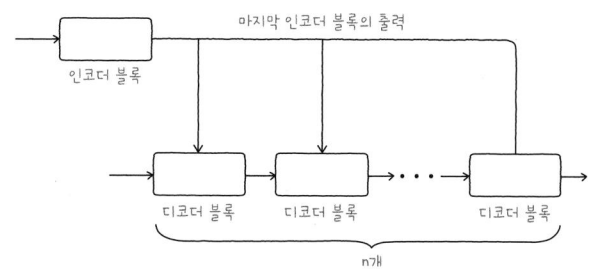

디코더 블록이 출력하는 값도 인코더 블록과 마찬가지로 동일한 크기의 은닉 벡터입니다. 따라서 여러 개의 디코더 블록을 반복해서 쌓을 수 있습니다. 그다음 해결하고자 하는 작업에 맞는 층을 마지막 디코더 블록 다음에 놓습니다. 예를 들어 텍스트 분류 작업에서는 마지막 디코더 블록 뒤에 밀집 층을 추가해 여러 클래스 중 하나를 예측하도록 설계할 수 있습니다.

디코더 블록과 인코더 블록의 또 다른 차이점은 맨 왼쪽의 멀티 헤드 어텐션에서 디코더 입력을 처리하는 방식입니다. 이를 설명하기 위해 한-영 번역 모델을 예로 들어 보겠습니다. 인코더의 입력이 "I love you"와 같은 영어 문장이라면, 이 문장 전체가 인코더에 전달됩니다. 인코더는 각 토큰을 분석하여 각각의 의미를 포함한 은닉 벡터를 만들고, 이를 디코더 블록에게 전달합니다.

하지만 디코더는 자기회귀 모델의 방식을 따라 한 번에 하나의 토큰만 생성합니다. 예를 들어, 모델이 올바르게 번역한다고 가정하면, 첫 번째 타임스텝에서 디코더는 "나는"을 출력하고, 두 번째 타임스텝에서는 "나는"이 입력되어 "너를"을 출력합니다. 세 번째 타임스텝에서는 "나는 너를"이 입력되어 "사랑한다"가 출력될 것입니다. 이 과정을 그림으로 나타내면 다음과 같습니다.

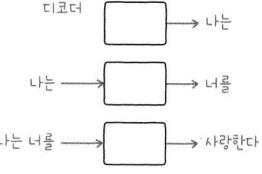

모델을 훈련할 때의 상황은 실제 번역을 수행할 때와 다릅니다. "I love you"의 올바른 번역(타깃 값)인 "나는 너를 사랑한다"를 디코더에게 한 번에 전달하고, 각 토큰에서 다음 토큰을 예측하도록 모델을 훈련합니다. 디코더는 "나는"에서 "너를"을 예측하고, "나는 너를"을 사용해 "사랑한다"를 예측하도록 훈련되는 것입니다. 이 훈련 과정은 모델의 출력을 정답(타깃)과 비교하여 오차를 줄이는 기존의 방식과 동일합니다.

하지만 디코더가 다음에 출력할 정답을 미리 알게 되면 올바른 학습이 이루어질 수 없습니다. "나는"이라는 토큰을 처리할 때 "너를 사랑한다"라는 정답을 미리 볼 수 있다면, 모델이 단순히 정답을 복사하는 방식으로 학습될 위험이 있습니다. 이를 방지하기 위해 디코더의 첫 번째 멀티 헤드 어텐션 층에서는 **마스킹**masking 처리를 합니다. 즉, 디코더가 한 타임스텝에서 어텐션 점수를 계산할 때 현재 토큰까지만 참고하고, 이후의 토큰은 볼 수 없도록 제한하는 것입니다. 이런 이유 때문에 디코더 블록의 첫 번째 멀티 헤드 어텐션 층을 **마스크드 멀티 헤드 어텐션**masked multi-head attention **층**이라고 부릅니다.

마지막으로 인코더와 디코더를 합쳐 트랜스포머 전체 모델을 그림으로 나타내 보겠습니다.

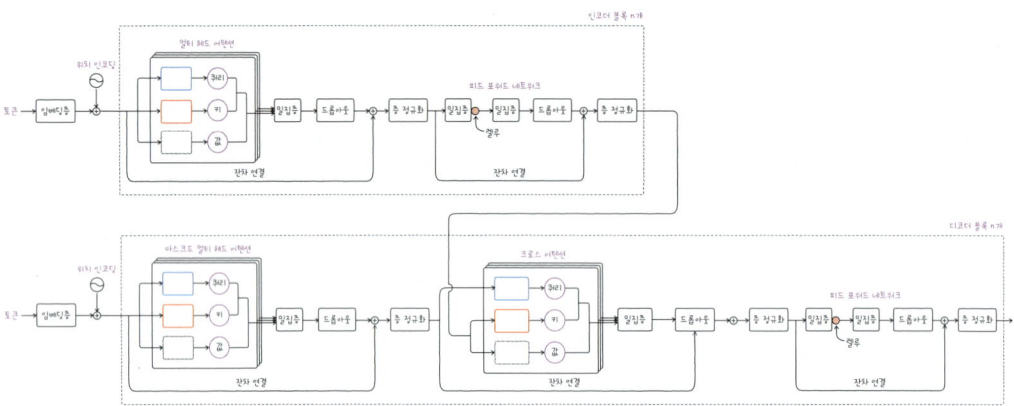

와, 지금까지 트랜스포머 모델의 핵심 요소와 전체 구조를 하나씩 살펴보았습니다. 확실히 이전에 배웠던 합성곱 신경망이나 순환 신경망과는 크게 다르군요. 처음 접하는 개념이 많아 다소 생소하게 느껴질 수도 있습니다. 만약 이해가 잘 되지 않는다면, 이 절을 다시 처음부터 차근차근 읽어 보세요.

트랜스포머는 어텐션, 층 정규화, 잔차 연결, 드롭아웃 같은 기술을 효과적으로 조합하여 새로운 구조를 만들었고, 이를 통해 인코더-디코더 모델에서 순환층을 완전히 제거했습니다. 이제 트랜스포머 모델은 순환 신경망 기반의 인코더-디코더 모델보다 훨씬 높은 성능을 보여주며, 텍스트 처리 분야의 표준 모델로 자리 잡았습니다.

트랜스포머 모델은 대규모 텍스트 데이터셋을 학습하며, 매우 많은 모델 파라미터를 가지고 있습니다. 이런 모델을 **대규모 언어 모델**large language model, LLM이라 부릅니다. 예상할 수 있듯이, 이런 모델을 훈련하는 데는 많은 자원과 비용이 필요합니다. 하지만 다행히 이미 훈련된 모델을 가져다 사용할 수 있는 방법이 있습니다. 다음 절에서는 미리 훈련된 트랜스포머 모델을 활용해 텍스트를 요약 작업을 직접 수행해 보도록 하겠습니다.

마무리

▶ 키워드로 끝내는 핵심 포인트

- **시퀀스-투-시퀀스 작업**은 시퀀스 데이터를 입력받아 다시 시퀀스 데이터를 출력하는 작업입니다. 자연어 처리 분야에서는 텍스트를 입력받아 또 다른 텍스트를 출력해야 하는 요약이나 번역 등의 작업이 이에 해당됩니다. 전통적으로 시퀀스-투-시퀀스 작업에는 두 개의 신경망을 사용한 인코더-디코더 구조가 널리 사용됩니다. 일반적으로 순환 신경망이 인코더와 디코더에 각각 사용되었지만, 긴 텍스트에서 문맥을 감지하는 데 어려움이 있습니다.

- **어텐션 메커니즘**은 인코더-디코더 구조에 사용된 순환 신경망의 성능을 향상시키기 위해 고안되었습니다. 기존에는 인코더의 마지막 타임스텝에서 출력한 은닉 상태만을 사용해 디코더가 새로운 텍스트를 생성했습니다. 어텐션 메커니즘은 이를 해결하기 위해 모든 타임스텝에서 인코더가 출력한 은닉 상태를 참조합니다. 이를 통해 디코더가 새로운 토큰을 생성할 때 인코더에서 처리한 토큰 중 어떤 토큰에 주의를 기울일지 결정할 수 있습니다.

- **트랜스포머** 모델은 어텐션 메커니즘을 기반으로 한 인코더-디코더 구조에서 순환층을 완전히 제거했습니다. 이를 통해 인코더에서 한 번에 하나의 토큰씩 처리하지 않고 입력 텍스트 전체를 한 번에 처리할 수 있습니다. 트랜스포머의 인코더와 디코더는 비슷한 구조를 가지고 있으며 핵심 구성 요소는 멀티 헤드 어텐션, 층 정규화, 잔차 연결, 피드포워드 네트워크입니다. 인코더와 디코더는 각각 동일한 블록을 반복적으로 여러 개 쌓아서 구성됩니다. 인코더에서 최종적으로 출력한 토큰의 은닉 벡터는 모든 디코더의 두 번째 멀티 헤드 어텐션 층에 키와 값으로 전달됩니다. 이 층을 크로스 어텐션이라고도 부릅니다.

- **멀티 헤드 어텐션**은 트랜스포머 모델의 핵심 구성 요소입니다. 어텐션 메커니즘을 계산하는 헤드를 여러 개 병렬로 구성하고 마지막에 밀집층을 두어 원래 임베딩 차원으로 복원하는 구조를 가집니다. 이 어텐션 메커니즘은 입력 텍스트에 있는 토큰 간의 어텐션 점수를 계산하기 때문에 셀프 어텐션 메커니즘이라고도 부릅니다. 디코더에서 사용하는 첫 번째 멀티 헤드 어텐션 층은 훈련 시에 미래의 토큰을 사용해 어텐션 점수를 계산 수 없도록 마스킹하는 기법을 사용합니다. 그래서 이 층을 마스크드 멀티 헤드 어텐션 층이라고도 부릅니다.

▶ 확인 문제

1. 트랜스포머 모델에서 인코더의 출력을 표현하는 말이 아닌 것은 무엇인가요?

　① 단어 임베딩

　② 임베딩 벡터

　③ 잠재 벡터

　④ 은닉 벡터

2. 트랜스포머 모델의 대표적인 구성 요소가 아닌 것은 무엇인가요?

　① 멀티 헤드 어텐션

　② 배치 정규화

　③ 피드포워드 네트워크

　④ 잔차 연결

3. 원본 트랜스포머 모델이 단어 임베딩에 위치 정보를 주입하기 위해 사용한 함수는 무엇인가요?

　① 사인 함수와 코사인 함수

　② 시그모이드 함수

　③ 렐루 함수

　④ 하이퍼볼릭 탄젠트 함수

10-2 트랜스포머로 상품 설명 요약하기

핵심 키워드: 전이 학습, BART, 허깅페이스, 토큰화

트랜스포머 인코더, 디코더, 인코더-디코더 모델의 특징을 알아 봅니다. 인코더-디코더 모델인 BART를 사용해 텍스트를 요약하고 허깅페이스의 transformers 라이브러리를 소개합니다.

시작하기 전에

이전 절에서 트랜스포머 모델의 전체적인 구조를 살펴보았습니다. 자연어 처리 분야에서 트랜스포머가 뛰어난 성능을 발휘하니, 한빛 마켓의 문제에도 적용해 보겠습니다. 그런데 트랜스포머 모델은 놀랍게도 인코더-디코더 구조를 기반으로 하지만, 인코더와 디코더를 각각 떼어내어 독립적으로 사용할 수도 있습니다.

그렇다면 한빛 마켓의 상품 설명을 요약하려면 인코더, 디코더, 인코더-디코더 중 어떤 모델을 사용해야 할까요? 이 절에서 트랜스포머 인코더, 디코더, 인코더-디코더 모델의 특징을 알아보고 상품 설명을 요약하기 위해 적합한 모델을 찾아 적용해 보겠습니다.

트랜스포머 가계도

이전 절에서 살펴보았듯이 트랜스포머 모델은 인코더와 디코더로 구성되어 있습니다. 하지만 인코더만 따로 사용하거나, 디코더만 따로 떼어내어 사용할 수도 있습니다. 어떻게 이런 활용이 가능할까요?

이전 절에서 인코더와 디코더가 출력하는 값은 결국 각 토큰에 대한 은닉 벡터라고 설명했던 것을 기억하시나요? 즉 인코더, 디코더, 인코더-디코더 구조에서 출력하는 결과는 모두 동일한 형태의 은닉 벡터입니다. 세 구조의 출력 형태가 같기 때문에, 특정 작업에 따라 적절한 구조를 선택할 수 있는 가능성이 열린 셈이죠.

먼저 디코더를 생각해 보죠. 디코더는 타임스텝마다 하나의 토큰을 생성하는 역할을 합니다. 만약 어떤 작업이 시퀀스 데이터를 입력받아 하나의 결괏값을 출력해야 한다면, 디코더는 적합하지 않을 수 있습니다. 이런 작업에는 9장에서 다루었던 텍스트 분류가 해당됩니다. 텍스트 분류는 입력된 문장이 긍정적인지 부정적인지 예측합니다. 이러한 작업은 인코더의 출력에 밀집층과 같은 분류를 위한 층을 배치하여 해결할 수 있습니다.

인코더를 활용하는 또 다른 작업으로는 **개체명 인식**named entity이 있습니다. 개체명 인식은 텍스트에서 사람 이름, 지역명, 회사 이름 등의 고유 명사를 식별하는 작업입니다. 이 경우 입력된 각 토큰마다 개체명 여부를 출력합니다. 또 인코더는 두 텍스트의 유사도를 측정하는 **STS**semantic textual similarity 같은 작업에도 사용됩니다.

이전 절에서 설명했듯이 인코더-디코더 모델은 주로 요약과 번역 같은 전형적인 시퀀스-투-시퀀스 작업에 사용됩니다. 이외에도 자연어 처리에 자주 등장하는 또 다른 시퀀스-투-시퀀스 작업으로 **질문-답변**question answering, QA이 있습니다. 질문과 문맥 텍스트가 주어졌을 때, 문맥 속에서 답을 찾아 응답을 생성합니다.

그럼 디코더만 따로 사용하는 경우는 어떤 작업일까요? 이에 대해 알아보기 전에 용어를 먼저 정리해 보죠. 트랜스포머의 인코더만 사용하는 모델은 인코더 기반 모델, 디코더만 사용하는 모델은 디코더 기반 모델이라 부르겠습니다. 그리고 인코더와 디코더를 모두 사용하는 모델을 인코더-디코더 모델이라 부르겠습니다. 디코더 기반 모델을 설명하기 전에 이 세 종류의 트랜스포머 모델을 개발 순서대로 나타낸 그림을 살펴보겠습니다.

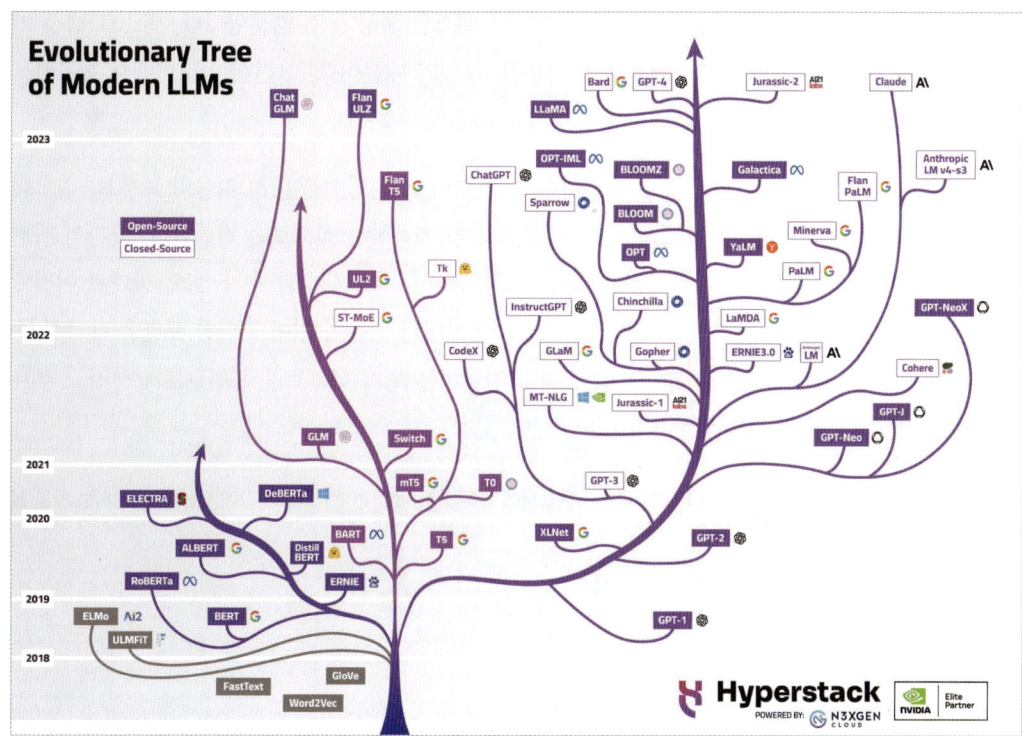

출처: https://bit.ly/4g8Byam

이 그림은 2018년 즈음부터 언어 모델의 주요 발전 과정을 보여줍니다. 가장 왼쪽에 회색 부분은 유용한 단어 임베딩 벡터를 만드는 데 초점을 맞춘 모델들입니다. 이 모델들은 트랜스포머 구조를 사용하지 않으며, 초창기 LLM이라고 말할 수 있습니다.

중앙에 크게 세 개의 가지가 위로 뻗어 있는 것을 확인할 수 있습니다. 이 세 개의 가지 위에 있는 모델은 모두 트랜스포머 구조를 사용합니다. 가장 왼쪽의 진보라색 가지는 인코더 기반 모델입니다. 이 가지는 2021년 후에 더 이상 자라지 못하고 있네요. 실제로 인코더 기반 모델에 대한 관심이 줄었기 때문입니다. 대표적인 인코더 기반 모델은 그림에 있듯이 BERT, RoBERT, ELECTRA 등이 있습니다.

가운데 연보라색 가지는 인코더-디코더 모델입니다. 가지에 달린 열매가 풍성하지는 않지만 최근까지 여러 모델이 개발되고 있습니다. 대표적인 인코더-디코더 모델은 T5, BART 등입니다.

가장 오른쪽에 있는 보라색 가지에는 정말 많은 모델이 달려 있군요. 이 가지의 모델들이 바로 디코더 기반 모델입니다. 이 그림을 보면 디코더 기반 모델의 인기를 쉽게 눈치챌 수 있습니다. GPT-3와 ChatGPT 같은 유명한 모델이 여기 포함됩니다.

디코더 기반 모델이 특히 인기가 높은 이유는 뛰어난 텍스트 생성 능력 때문입니다. 텍스트 생성 기능은 챗봇, 질문 답변, 요약, 번역 등에 널리 적용될 수 있기 때문이죠. 그런데 인코더에서 제공하는 은닉 벡터 없이 디코더가 단독으로 텍스트를 생성할 수 있을까요?

사실, 디코더는 무에서 유를 창조할 수 없습니다. 디코더의 작동 방식을 다시 떠올려 보세요. 디코더는 이전까지 생성한 텍스트를 입력으로 받아 다음 토큰을 예측하는 식으로 동작합니다. 따라서 이전에 생성한 텍스트도 없고, 인코더로부터의 입력도 없으면 아무것도 생성할 수가 없죠. 반대로 이전에 생성한 텍스트인 것처럼 어떤 텍스트를 입력해 주면 인코더의 도움이 없어도 다음 토큰을 예측할 수 있습니다. 이렇게 이전에 생성한 텍스트인 것처럼 전달하는 초기 텍스트를 **프롬프트**prompt라고 부르며 사람이 모델을 실행할 때 전달하게 됩니다.

note ChatGPT 등과 같은 모델을 사용해 보았다면 프롬프트에 원하는 지시를 내리면 모델이 그에 맞는 응답을 하는 것을 볼 수 있습니다.

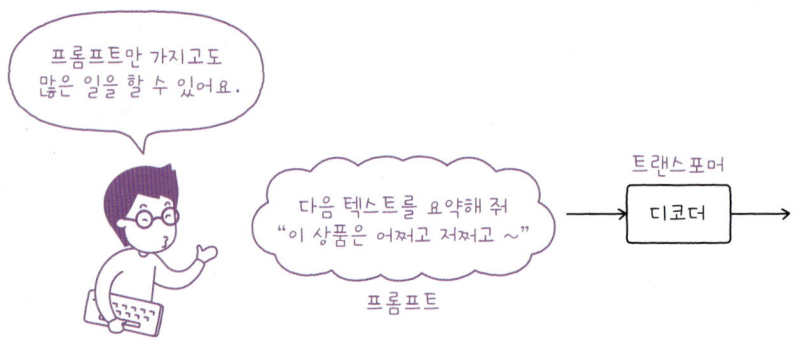

이번 절에서는 인코더-디코더 기반 모델을 사용해 텍스트를 요약하는 방법을 알아보고, 다음 절에서는 디코더 기반 모델을 사용해 재미있는 텍스트를 생성하는 방법을 알아보겠습니다.

다음 주제로 넘어가기 전에 앞 그림에 대해서 추가로 언급할 것이 있습니다. 이 그림에서 보라색으로 바탕이 채워진 모델은 오픈소스 모델입니다. 흰색 바탕은 클로즈드 소스, 즉 독점적인 상업 모델입니다. 초기 대규모 언어 모델은 대부분의 머신러닝 분야가 그렇듯이 오픈소스였습니다. 하지만 디코더 기반 모델 중에서 GPT-3가 크게 성공하자 클로즈드 소스 정책으로 선회했고 ChatGPT 같은 유료 서비스가 등장했습니다. 이후로 많은 회사들이 디코더 기반의 모델들을 클로즈드 소스로 선보였습니다.

하지만 2022년부터 오픈소스 모델들이 다시 등장하기 시작해 클로즈드 소스 LLM과 경쟁하기 시작했습니다. 특히 **메타**Meta에서 공개한 Llama는 규모와 성능 면에서 클로즈드 소스 LLM에 크게 뒤쳐지지 않았습니다. Llama에서 파생된 많은 모델이 2023년을 언어 모델의 해로 만들었다고 해도 과언이 아닙니다.

2025년에도 (그리고 아마 그 이후에도) 이런 추세는 계속되고 있습니다. 구글이 오픈소스 LLM인 Gemma를 공개했고, 마이크로소프트는 Phi 모델을 오픈소스로 공개했습니다. 또 알리바바 그룹이 만든 Qwen도 높은 성능으로 큰 인기를 끌고 있습니다. 이외에도 정말 많은 모델이 등장하고 있어 LLM의 진화 트리를 더 이상 그리기 힘들 정도입니다.

이런 오픈소스 LLM이 인기가 높은 것은 단순히 구조만 공개된 것이 아니라 대규모 텍스트 말뭉치에서 훈련된 모델 파라미터도 함께 공개되었기 때문입니다. 모델 파라미터가 공개되었다는 것은 사전에 훈련된 모델을 현재 주어진 작업에 맞게 접목할 수 있다는 의미입니다. 이런 방법을 전이 학습이라고 부릅니다. 이어서 전이 학습에 대해 알아보겠습니다.

전이 학습

전이 학습transfer learning은 이미 훈련된 모델을 새로운 작업에 맞춰 재사용하거나 약간 조정하여 사용하는 방법입니다. 최근 신경망 모델은 성능을 높이기 위해 갈수록 점점 더 커지고 있습니다. 새로운 문제마다 모델을 처음부터 다시 훈련해야 한다면, 비용과 시간이 많이 듭니다. 또 어떤 경우에는 사용하고 싶은 모델이 너무 커서 아예 훈련할 수 있는 여력이 없을 수 있습니다.

이런 경우 누군가가 이미 훈련한 모델을 재사용할 수 있다면 정말 좋지 않을까요? 다행히 신경망 모델의 파라미터는 재사용할 수 있는 특징을 가지고 있습니다. 예를 들어 합성곱 신경망에서는 합성곱 층이 학습한 필터가 다양한 시각적 패턴(경계선, 질감, 색상 등)을 감지하는 역할을 합니다. 이런 패턴 감지 능력은 특정 문제에만 국한되지 않고 다른 이미지 인식 작업에서도 유용하게 사용할 수 있습니다.

실제로 **이미지넷 데이터셋**ImageNet dataset에서 훈련된 신경망이 많이 공개되어 있습니다. 이런 신경망은 구조와 가중치가 모두 공개되어 있기 때문에 누구나 자신의 작업에 가져다 사용할 수 있죠. 일반적으로 합성곱 신경망의 마지막 부분에 놓인 한 개 이상의 밀집층(이를 분류층이라고도 부릅니다)을 버리고 입력부터 마지막 합성곱 층까지만 재사용합니다. 이런 모델을 **베이스 모델**base model이라고 부릅니다.

> note 이미지넷 데이터셋은 스탠포드 대학교에서 만든 컴퓨터 비전을 위한 대규모 이미지 데이터베이스입니다. 2010년부터 이미지 분류, 객체 탐지 등의 주제로 경연 대회가 열렸으며 이를 통해 VGGNet, ResNet 등의 유명한 합성곱 신경망 모델들이 개발되었습니다. 2015년부터 신경망 모델이 사람보다 더 뛰어난 성능을 달성하기 시작했고 이 대회는 2017년을 마지막으로 종료되었습니다.

최근 트랜스포머 기반 언어 모델이 인기를 끄는 가장 큰 이유는 전이 학습이 가능하기 때문입니다. 10장 1절에서 언급했듯이 트랜스포머의 인코더와 디코더가 각각 출력하는 것은 토큰의 임베딩 벡터(또는 은닉 벡터)라는 것을 기억하세요. 이 벡터는 토큰의 의미를 잘 표현하기 위해 문맥에 있는 정보를 통합한 벡터입니다. 대규모 말뭉치에서 사전 훈련된 트랜스포머 모델의 파라미터는 이런 벡터를 잘 만들 수 있도록 최적화되어 있을 것입니다.

따라서 모델을 처음부터 훈련할 것이 아니라 대규모 텍스트 데이터셋에서 사전 훈련된 트랜스포머 모델의 인코더와 디코더를 사용해 새로운 작업에 적용할 수 있습니다. 다행히 트랜스포머 모델은 다양한 작업에 맞춰 훈련되거나 전이 학습으로 조정된 모델이 많이 공개되어 있습니다. 이번 절에서는 잘 알려진 인코더-디코더 모델인 BART 모델을 사용해 텍스트를 요약하는 작업을 수행해 보겠습니다.

BART 모델 소개

BART는 2019년 메타에서 공개한 트랜스포머 기반의 인코더-디코더 언어 모델로, 160GB에 달하는 대규모 텍스트 데이터셋으로 훈련되었습니다. 이전 절에서 살펴보았듯 인코더-디코더 기반 모델은 텍스트를 입력받아 또 다른 텍스트를 생성하는 작업에 적합합니다. 따라서 텍스트 요약 작업에도 잘 맞습니다.

BART 모델은 **베이스**base와 **라지**large 모델 두 가지 버전이 있습니다. 베이스 모델은 인코더와 디코더 블록을 각각 6개씩 사용하며, 라지 모델은 12개씩 사용합니다. 블록 개수가 많아질수록 모델의 파라미터 수도 증가하는데, 베이스 모델의 파라미터 개수는 약 1억 2천만 개, 라지 모델은 4억 개가 넘습니다. 정말 엄청나게 많군요.

먼저 BART 베이스 모델의 전체 구조를 그림으로 살펴보겠습니다. 라지 모델도 블록 개수와 같은 하이퍼파라미터만 다를 뿐 기본 구성은 동일합니다.

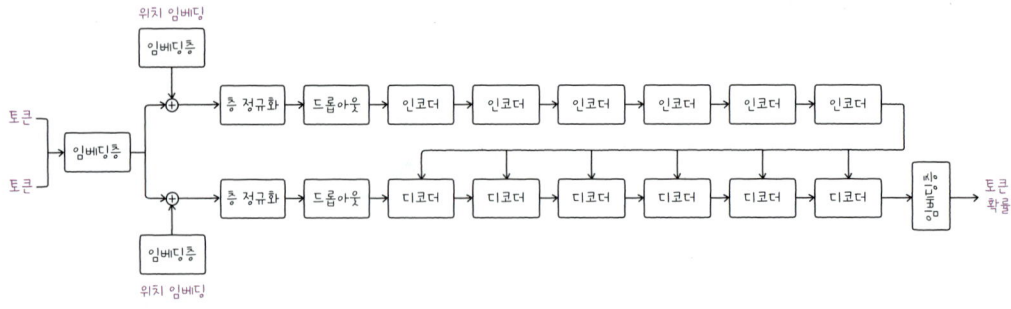

BART 베이스 모델은 인코더와 디코더 블록을 각각 6개씩 사용합니다. 10장 1절에서 설명했듯이 마지막 인코더의 출력이 모든 디코더 블록에 추가됩니다. 이런 모습이 위 그림에 잘 나타나 있습니다.

그런데 10장 1절에서 소개한 것과 조금 다른 부분이 보입니다. 먼저 위치 인코딩이 아니라 위치 임베딩으로 바뀌었습니다. 위치 인코딩에서는 토큰의 위치에 대한 정보를 만들기 위해 삼각 함수를 사용했습니다. 다시 말하면 토큰의 위치에 해당하는 정숫값을 삼각 함수로 위치 정보가 담긴 벡터로 바꾼 것이죠. 그렇다면 정수를 실수 벡터 표현으로 바꾸는 데 사용하는 임베딩 층을 위치 인코딩에 사용하면 어떨까요?

네, 바로 이런 아이디어가 실제로 널리 사용됩니다. 토큰 아이디를 실수 벡터 표현으로 바꾸기 위해 임베딩 층을 사용하듯 위치 정숫값을 실수 벡터 표현으로 바꾸기 위해 임베딩 층을 사용할 수 있습니다. 토큰을 위한 임베딩 층처럼 위치를 위한 임베딩 층도 처음에는 랜덤하게 초기화되며 훈련을 통해 최적의 값을 학습합니다. 이런 방법을 위치 인코딩과 구분하여 **위치 임베딩**positional embedding이라 부릅니다.

앞의 그림을 보면 인코더와 디코더에 각각 별도의 위치 임베딩 층이 배치되어 있습니다. 하지만 인코더와 디코더에 들어가는 토큰은 하나의 임베딩 층을 통과하는군요. 이는 인코더-디코더 모델이 하나의 구조로 동작하기 때문입니다. 인코더와 디코더가 서로 다른 단어 임베딩을 학습한다면, 인코더에서 생성한 단어 임베딩을 디코더가 완전히 다르게 해석해 엉뚱한 결과를 출력할 가능성이 있습니다. 따라서 트랜스포머 기반 인코더-디코더 모델은 하나의 공통된 단어 임베딩 층을 사용하여 인코더와 디코더가 동일한 방식으로 토큰을 변환하도록 설계됩니다.

토큰 임베딩과 위치 임베딩을 더한 후 층 정규화와 드롭아웃 층을 거칩니다. 그다음 인코더 블록과 디코더 블록을 반복해서 거치게 되는군요. 그런데 디코더 마지막에 세로로 회전시킨 임베딩 층이 보입니다. 이 층을 통과하면 토큰에 대한 확률이 출력됩니다. 이에 대해서 조금 설명이 필요할 것 같습니다. 디코더의 마지막 출력은 토큰에 대한 은닉 벡터 즉, 임베딩 벡터입니다. BART 베이스 모델의 경우 이 벡터의 크기는 768입니다. 이 벡터로부터 다음 토큰에 대한 확률을 계산해야 합니다. BART 모델이 출력할 수 있는 어휘 사전의 토큰 수는 50,265개입니다. 따라서 768 크기의 벡터를 50,265개의 확률을 담은 또 다른 벡터로 바꾸는 작업이 필요합니다.

7장에서 해보았듯이 이는 입력이 768개일 때 50,265개의 출력을 만드는 밀집층으로 쉽게 구현할 수 있습니다. 절편으로 고려하지 않는다 해도 이 밀집층에는 768×50,265개의 모델 파라미터가 필요하겠군요! 엄청난 양이 필요합니다. 그런데 이와 동일한 크기의 모델 파라미터가 모델 맨 처음에 이미 사용되고 있습니다. 바로 토큰 정수를 단어 임베딩으로 만드는 임베딩 층입니다. 이 층에는 다음 그림과 같이 50,265개의 토큰에 대한 단어 임베딩이 학습되어 있습니다. 각 단어 임베딩 벡터의 차원은 768입니다.

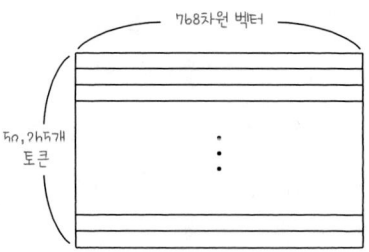

만약 이 행렬을 살짝 회전시킨다면 다음처럼 768×50,265 크기의 모델 파라미터를 얻을 수 있습니다. 이것이 가능하다면 별도의 밀집층을 두지 않고 임베딩 층의 모델 파라미터를 사용해 디코더의 출력 벡터를 각 토큰에 대한 확률로 바꿀 수 있습니다. 일석이조네요!

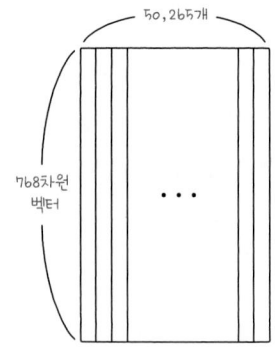

실제로 이런 아이디어가 대규모 언어 모델을 만들 때 종종 적용되며 마지막에 밀집층을 따로 둘 필요가 없어 전체 모델 파라미터의 수를 줄이는 데 도움이 됩니다. 조금 더 구체적으로 살펴보면 디코더 층의 마지막 출력을 회전시킨 임베딩 행렬의 첫 번째 열과 곱하면 하나의 실숫값을 얻을 수 있습니다. 이 값을 어휘 사전에 있는 첫 번째 토큰이 선택될 확률로 생각할 수 있습니다.

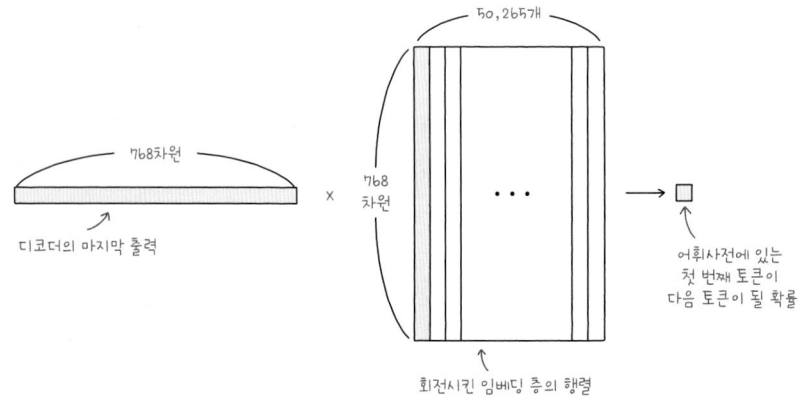

그다음 두 번째 열과 곱하면 다음과 같이 두 번째 토큰이 다음 토큰으로 선택될 확률을 출력합니다.

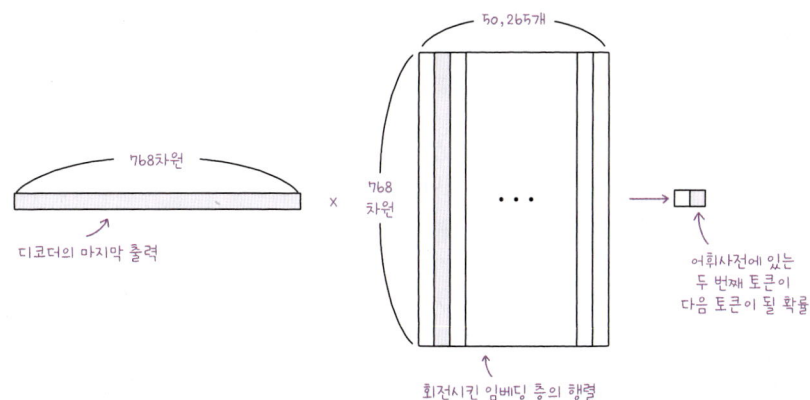

이런 식으로 50,265개의 열과 모두 곱하면 50,265개의 실숫값이 만들어지고 이를 다음 토큰에 대한 확률처럼 생각할 수 있습니다.

note 사실 디코더의 출력을 확률로 생각하려면 마지막 출력값에 소프트맥스 함수를 적용해야 합니다. 이에 대해서는 토큰 샘플링을 설명할 때 자세히 다루겠습니다.

BART의 인코더와 디코더

BART의 인코더 블록과 디코더 블록은 이전 절에서 소개한 원본 트랜스포머의 구조와 매우 유사합니다. 간단하게 나타내기 위해 인코더 블록과 디코더 블록 하나씩 그림으로 나타내면 다음과 같습니다.

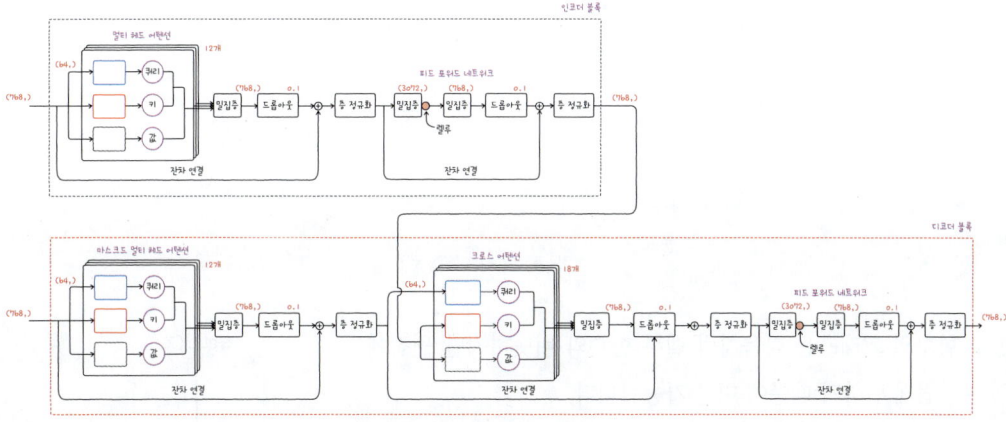

10장 1절에서 소개한 원본 트랜스포머 구조와 다른 점은 피드포워드 네트워크에서 렐루 활성화 함수 대신 **젤루**^GeLU 함수를 사용하는 것입니다. 젤루 함수에 대해서는 잠시 후에 알아보겠습니다. 인코더와 디코더 안의 각 구성요소 위에 입출력의 크기나 관련 파라미터를 붉은 색 글씨로 표시했습니다. 인코더 입력부터 이 값을 하나씩 설명해 보겠습니다.

(768,) 크기의 임베딩 벡터가 인코더 블록에 입력되면, 12개의 헤드에 나누어 전달됩니다. 따라서 각 헤드에 입력되는 벡터 크기는 (64,)가 됩니다. 멀티 헤드 어텐션의 마지막 밀집층을 통과하면서 다시 (768,) 크기의 벡터로 변환됩니다.

BART는 인코더와 디코더에 드롭아웃 비율이 0.1인 드롭아웃 층을 사용합니다. 드롭아웃 층을 지난 후 잔차 연결이 나오고 층 정규화가 이어집니다. 그다음 피드포워드 네트워크가 나옵니다. 피드포워드의 첫 번째 밀집층은 임베딩 벡터 차원의 네 배인 (3072,)의 출력을 만듭니다. 두 번째 밀집층은 다시 원래 임베딩 차원인 (768,)의 출력을 만듭니다. 그다음 앞에서와 동일하게 드롭아웃, 잔차 연결, 층 정규화가 등장합니다. 이 세 층은 벡터의 차원을 바꾸지 않으므로 인코더 블록의 최종 출력 크기는 (768,)입니다.

> **note** BART는 드롭아웃 층을 사용하지만 최신 LLM은 모델과 데이터셋이 커서 여러 에포크 동안 훈련하기 힘듭니다. 따라서 과대적합을 막기 위한 드롭아웃을 잘 사용하지 않는 것으로 알려져 있습니다.

> **note** BART를 비롯해 많은 트랜스포머 모델에서 피드포워드 네트워크의 첫 번째 밀집층의 크기가 임베딩 벡터 크기의 네 배입니다. 하지만 항상 이런 것은 아니며 모델에 따라 다를 수 있습니다.

BART의 피드포워드 네트워크에서 사용하는 활성화 함수는 젤루입니다. 이 함수는 입력에 표준 정규 분포의 **누적 분포 함수**cumulative distribution function for gaussian distribution를 곱합니다. 이 누적 분포 함수를 계산하려면 적분이 필요합니다. 그래서 대부분의 딥러닝 프레임워크들은 복잡한 적분 대신 근사값을 구할 수 있는 간단한 공식을 사용합니다.

$$\underset{\text{젤루}}{\text{GeLU}(x)} = x \underset{\text{표준 정규 분포의 누적 분포 함수}}{\overset{\text{입력}}{\phi(x)}} = \frac{1}{2} x \left(1 + \tanh\left(\sqrt{\frac{2}{\pi}} (x + 0.044715\, x^3)\right)\right)$$

젤루 함수의 그래프는 다음처럼 렐루 함수와 비슷하지만 원점에서 부드럽게 변하기 때문에 미분 가능합니다.

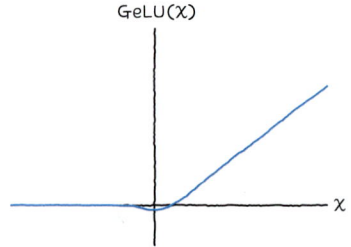

그럼 이제 디코더 블록을 살펴보죠. 디코더 블록도 인코더 블록과 매우 흡사한 처리 과정을 밟습니다. 맨 처음 (768,) 크기의 입력이 마스크드 멀티 헤드 어텐션 층에 12개의 헤드에 나뉘어져 들어갑니다. 어텐션 바로 뒤에 등장하는 밀집층이 출력 차원을 (768,)로 만들고 이어서 드롭아웃, 잔차 연결, 층 정규화가 등장합니다.

두 번째 멀티 헤드 어텐션은 인코더의 출력을 사용하는 크로스 어텐션입니다. 인코더의 출력은 키와 값으로 전달되고, 디코더의 벡터를 쿼리로 사용하여 어텐션을 계산합니다. 그다음은 역시 동일하게 드롭아웃, 잔차 연결, 층 정규화가 등장합니다. 디코더의 출력 크기도 입력과 동일하게 (768,)입니다.

BART의 전체 구조와 인코더, 디코더 블록의 상세 구성까지 모두 알아보았습니다. 이제 본격적으로 BART 모델을 로드하여 텍스트를 요약해보겠습니다.

허깅페이스로 KoBART 모델 로드하기

BART와 같은 트랜스포머 모델을 사용하려면 **허깅페이스**HuggingFace[1]의 transformers 패키지를 사용합니다. 허깅페이스는 트랜스포머 기반의 오픈소스 모델을 공유하는 곳으로 유명합니다. transformers 패키지를 사용하면 허깅페이스에서 공유되는 사전 훈련된 오픈소스 LLM을 쉽게 로드하여 사용할 수 있고, 직접 미세 튜닝한 모델도 허깅페이스를 통해 공유할 수 있습니다.

transformers 패키지의 인기가 높아지자 허깅페이스는 LLM의 개발에 필요한 다양한 패키지를 계속 개발하여 공개하고 있습니다. 또한 모델뿐만 아니라 데이터셋과 교육 자료도 풍부합니다. 덕분에 LLM에 대해 배우고 활용하고 싶을 때 가장 먼저 찾아볼 곳이 허깅페이스가 되었습니다. 구글, 메타와 같이 오픈소스 LLM을 개발하는 회사들이 자사의 모델을 공개하는 곳도 허깅페이스입니다. 더욱이 이제는 트랜스포머 기반 LLM 모델을 넘어서 컴퓨터 비전과 오디오 등 다른 분야의 모델도 제공하고 있습니다.

높은 인기 덕에 구글 코랩에는 transformers 패키지가 이미 설치되어 있습니다. 다음처럼 transformers 패키지에서 pipeline() 함수를 로드하여 텍스트 요약을 위한 파이프라인을 준비해보죠.

> note 만약 로컬 컴퓨터에서 코드를 실행한다면 다음 명령으로 transformers 패키지를 먼저 설치해 주세요.
> !pip install transformers

---

[1] https://huggingface.co/

> 손코딩
> ```
> from transformers import pipeline
> 
> pipe = pipeline(task='summarization', device=0)
> 
> No model was supplied, defaulted to sshleifer/distilbart-cnn-12-6 and
> revision a4f8f3e (https://huggingface.co/sshleifer/distilbart-cnn-12-6).
> Using a pipeline without specifying a model name and revision in production
> is not recommended.
> ```

pipeline() 함수를 사용하면 허깅페이스에 있는 LLM을 사용하기 위해 수행할 몇 가지 단계를 한 번에 실행할 수 있어 매우 편리합니다. 이 함수는 매개변수가 많습니다. 가장 기본이 되는 매개변수는 수행할 작업의 종류를 지정하는 task입니다. 앞의 코드에서는 요약 작업을 위해 'summarization'으로 지정했습니다.

task 매개변수에 지정할 수 있는 다른 옵션으로는 텍스트 분류를 위한 'text-classification', 텍스트 생성을 위한 'text-generation', 번역을 위한 'translation' 등이 있습니다. 전체 옵션은 온라인 문서(https://bit.ly/3D0BLxW)를 참고하세요.

GPU를 사용하려면 device 매개변수를 지정해야 합니다. 이 장에서는 코랩의 T4 GPU 하나를 사용한다고 가정하므로 device=0으로 지정했습니다.

note pipeline() 함수는 각 작업에 연관된 파이프라인 클래스의 인스턴스 객체를 반환합니다. 예를 들어 요약 작업의 경우 SummarizationPipeline 클래스의 객체를 만들어 반환합니다. transformers 패키지에는 이렇게 작업마다 정의된 파이프라인 클래스가 있습니다. 하지만 작업에 특화된 클래스를 호출하여 사용하는 것보다 pipeline() 함수의 task 매개변수에 작업을 지정하는 것이 훨씬 간편합니다.

pipeline() 함수의 출력 결과를 보면 모델을 지정하지 않았기 때문에 요약 작업을 위한 기본 모델인 'sshleifer/distilbart-cnn-12-6'을 사용한다고 나타나 있습니다. 이어서 필요한 파일을 허깅페이스에서 다운로드합니다. 다른 모델이나 리비전을 지정하고 싶다면 model 매개변수와 revision 매개변수를 사용할 수 있습니다. 따라서 다음 코드는 앞의 코드와 동일한 작업을 수행합니다.

note distilbart는 전직 허깅페이스 연구원인 Sam Shleifer가 CNN 뉴스 데이터셋으로 훈련한 BART 변종 모델입니다. 이 모델은 원본 모델의 출력을 흉내내도록 더 작은 모델을 훈련하는 지식 정제(knowledge distillation) 기법을 사용한 것으로 추정됩니다.

손코딩
```
pipe = pipeline(task='summarization',
                model='sshleifer/distilbart-cnn-12-6', device=0)
```

note model 매개변수만 지정하면 자동으로 최신 리비전의 파일을 다운로드합니다.

이 모델 이름은 허깅페이스 웹사이트의 경로를 나타냅니다. 따라서 다음처럼 https://huggingface.co/sshleifer/distilbart-cnn-12-6에 접속하면 이 모델에 대한 상세 내용을 확인할 수 있습니다.

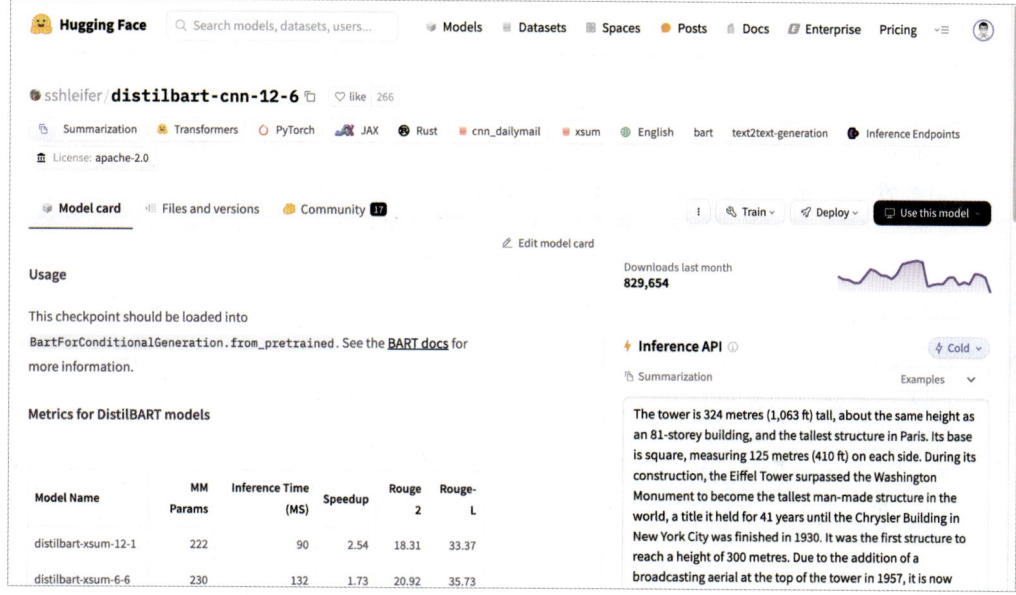

반대로 허깅페이스 웹사이트에서 찾은 어떤 모델을 pipeline() 함수로 로드하고 싶다면 URL에서 https://huggingface.co/ 다음에 나오는 경로를 model 매개변수에 지정하면 됩니다.

pipe 객체로 텍스트를 요약하려면 8장에서 해보았던 것처럼 이 객체를 마치 함수처럼 호출하면 됩니다. 다음과 같이 반 고흐에 관한 위키백과 텍스트를 요약해 보겠습니다.[2]

---

2 이 텍스트는 https://bit.ly/41p4qqv 또는 깃허브에 있는 노트북에서 복사해서 사용하세요.

> **손코딩**
> ```
> sample_text = """Vincent Willem van Gogh was a Dutch Post-Impressionist
> painter who is among the most famous and influential figures in the history
> of Western art. In just over a decade, he created approximately 2100
> artworks, including around 860 oil paintings, most of them in the last two
> years of his life. His oeuvre includes landscapes, still lifes, portraits,
> and self-portraits, most of which are characterised by bold colours and
> dramatic brushwork that contributed to the rise of expressionism in modern
> art. Van Gogh's work was beginning to gain critical attention before he died
> from a self-inflicted gunshot at age 37. During his lifetime, only one of
> Van Gogh's paintings, The Red Vineyard, was sold.
> """
> pipe(sample_text)
> ```

> ```
> [{'summary_text': " Vincent Willem van Gogh was a Dutch Post-Impressionist
> painter . His oeuvre includes landscapes, still lifes, portraits and self-
> portraits . Van Gogh's work was beginning to gain critical attention before
> he died from a self-inflicted gunshot at age 37 ."}]
> ```

아주 간단하군요! 출력은 딕셔너리의 리스트입니다. 이로부터 여러 개의 텍스트를 pipe 객체에 전달할 수 있다는 힌트를 얻을 수 있습니다. 예를 들어 pipe(['...', '...'])와 같이 여러 개의 텍스트를 리스트로 감싸서 호출할 수 있습니다.

딕셔너리 안에서 'summary_text' 키에 매핑된 값이 요약된 문자열입니다. 대략적으로 반 고흐의 작품과 사망에 관한 정보를 잘 정리하고 있는 것 같군요.

이 BART 모델은 CNN 텍스트 데이터셋[3]에서 미세 튜닝된 모델입니다. 이 모델은 텍스트를 56~142자 사이의 길이로 요약합니다. 만약 이 두 값의 범위를 바꾸고 싶다면 각각 min_length와 max_length 매개변수를 사용하세요.

아쉽게도 sshleifer/distilbart-cnn-12-6 모델은 영어 데이터셋에서 훈련되었기 때문에 한글과 같은 다국어를 지원하지 못합니다. 하지만 BART 베이스 모델을 사용해 한글 데이터셋에서 미세 튜닝한 다른 모델을 허깅페이스에서 찾아볼 수 있습니다.

허깅페이스 웹사이트에서 맨 위쪽 Models를 클릭합니다(https://huggingface.co/models).

---
3 https://huggingface.co/datasets/abisee/cnn_dailymail

그러고 나서 다음 그림과 같이 검색어로 kobart를 입력합니다. KoBART는 SKT에서 만든 BART 기반의 한국어 인코더-디코더 모델입니다(https://github.com/SKT-AI/KoBART).

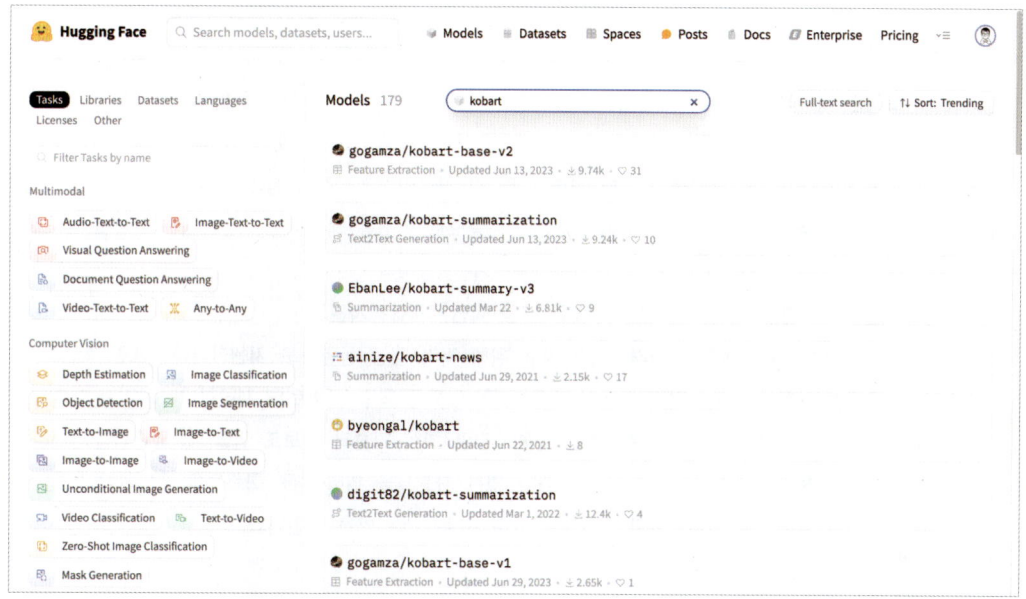

KoBART를 요약 작업에 맞춰 미세 튜닝한 모델이 여럿 보입니다. 그 중에서 비교적 최근에 업데이트된 EbanLee/kobart-summary-v3 모델을 사용해 보겠습니다.

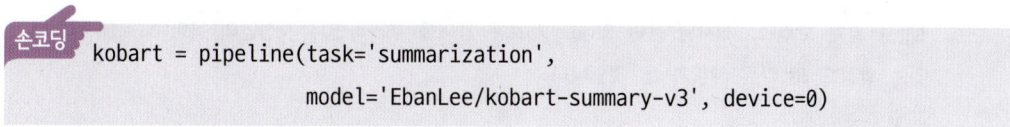

요약할 텍스트로는 『혼자 공부하는 데이터 분석 with 파이썬』의 도서 소개를 사용해 보죠.[4]

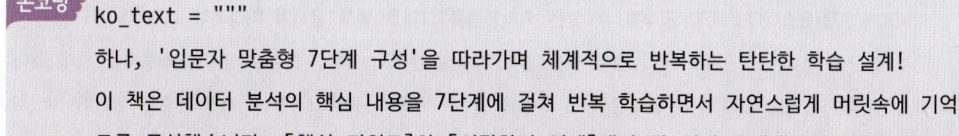

---

4 이 텍스트는 https://bit.ly/3ZmL8zw 또는 깃허브에 있는 노트북에서 복사해서 사용하세요.

'혼자 공부할 수 있는' 커리큘럼을 그대로 믿고 끝까지 따라가다 보면 데이터 분석 공부가 난생 처음인 입문자도 무리 없이 책을 끝까지 마칠 수 있습니다!

둘, 실제로 일어날 법한 흥미로운 스토리에 담긴 문제를 직접 해결하며 익히는 '진짜' 데이터 분석! 현장감 넘치는 스토리를 통해 데이터를 다루는 방법을 알려 주어 '파이썬'과 '데이터'가 낯설어도 몰입감 있는 학습을 할 수 있도록 구성했습니다. 이 책에서는 API와 웹 스크래핑을 통해 실제 도서관 데이터와 온라인 서점 웹사이트에서 데이터를 가져오는 등 내 주변에 있는 데이터를 직접 수집할 수 있는 방법을 가이드합니다. 또한 판다스, 넘파이, 맷플롯립 등 데이터 분석에 유용한 각종 파이썬 라이브러리를 활용해 보며 코딩 감각을 익히고, 핵심 통계 지식으로 기본기를 탄탄하게 다질 수 있습니다. 마지막에는 분석을 바탕으로 미래를 예측하는 머신러닝까지 맛볼 수 있어 데이터 분석의 처음부터 끝까지 제대로 배울 수 있습니다.

셋, '혼공'의 힘을 실어줄 동영상 강의와 혼공 학습 사이트 지원!

책으로만 학습하기엔 여전히 어려운 입문자를 위해 저자 직강 동영상도 지원합니다. 또한 학습을 하며 궁금한 사항은 언제든지 저자에게 질문할 수 있도록 학습 사이트를 제공합니다. 저자가 질문 하나하나에 직접 답변을 달아 주는 것은 물론, 관련 최신 기술과 정보도 얻을 수 있습니다. 게다가 혼자 공부하고 싶지만 정작 혼자서는 자신 없는 사람들을 위해 혼공 학습단을 운영합니다. 혼공 학습단과 함께하면 마지막까지 포기하지 않고 완주할 수 있을 것입니다.

▶ https://hongong.hanbit.co.kr
▶ https://github.com/rickiepark/hg-da

넷, 언제 어디서든 가볍게 볼 수 있는 혼공 필수 [용어 노트] 제공!

꼭 기억해야 할 핵심 개념과 용어만 따로 정리한 [용어 노트]를 제공합니다. 처음 공부하는 사람들이 프로그래밍을 어려워하는 이유는 낯선 용어 때문입니다. 그러나 어려운 것이 아니라 익숙하지 않아서 헷갈리는 것이므로, 용어나 개념이 잘 생각나지 않을 때는 언제든 부담 없이 [용어 노트]를 펼쳐 보세요. 제시된 용어 외에도 새로운 용어를 추가하면서 자신만의 용어 노트를 완성해 가는 과정도 또 다른 재미가 될 것입니다.
"""

kobart(ko_text)

[{'summary_text': '이 책은 데이터 분석의 핵심 내용을 7단계에 걸쳐 반복 학습하면서 머릿속에 기억되도록 구성했습니다. 독자 공부할 수 있는 커리큘럼을 그대로 믿고 끝까지 따라가다 보면 데이터 분석 공부가 난생 처음인 입문자도 무리 없이 책을 끝까지 마칠 수 있습니다. 현장감 넘치는 스토리를 통해 데이터를 다루는 방법을 알려 주어 몰입감 있는 학습을 할 수 있도록 구성했습니다. 저자가 질문 하나하나에 직접 답변을 달아 주는 것은 물론, 최신 기술과 정보도 얻을 수 있습니다. 혼공 학습단과 함께하면 마지막까지 포기하지 않고 완주할 수 있을 것입니다.'}]

이 모델은 기본적으로 최대 300자까지 요약을 만들기 때문에 이전 예제보다 요약 결과가 조금 더 깁니다. 이 모델은 **빔 서치**beam search라는 방법을 사용해 텍스트를 생성하기 때문에 실행할 때마다 결과가 다를 수 있습니다. 즉, 책의 결과와 다르게 출력되는 것이 정상입니다.

note 빔 서치는 토큰 단계마다 가장 가능성이 높은 n개의 시퀀스를 유지하면서 다음 토큰을 생성하여 이어가는 방법입니다.

➕ 여기서 잠깐 | 모델이 최대 300자까지 출력한다는 것을 어떻게 아나요? 소스 코드를 봐야 하나요?

허깅페이스의 모델은 웹 사이트에서 자세한 설정을 확인할 수 있습니다. EbanLee/kobart-summary-v3 모델 페이지(https://huggingface.co/EbanLee/kobart-summary-v3)에 접속한 다음 Files 탭을 선택합니다. 파일 목록에서 config.json을 클릭하면 아래 그림처럼 자세한 모델 설정을 볼 수 있습니다.

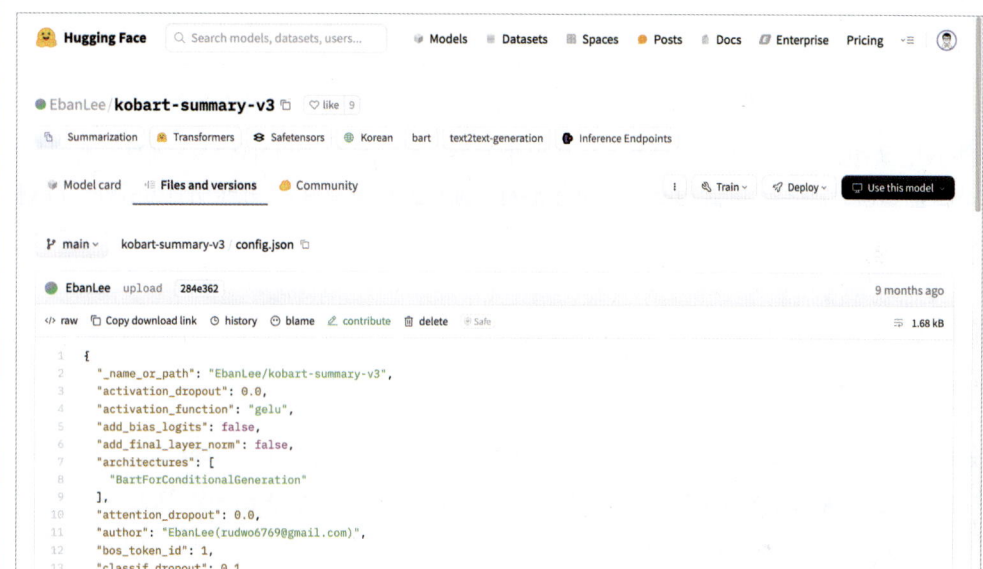

또는 모델 객체의 config 속성을 확인할 수도 있습니다. 파이프라인 함수로 로드한 모델은 파이프라인 객체인 kobart의 model 속성에 저장되어 있습니다. 따라서 이 모델의 설정을 확인하려면 다음처럼 kobart.model.config를 출력해 보면 됩니다.

```
print(kobart.model.config)
BartConfig {
  "_attn_implementation_autoset": true,
  "_name_or_path": "ebanlee/kobart-summary-v3",
  "activation_dropout": 0.0,
  "activation_function": "gelu",
  "add_bias_logits": false,
  …
  "task_specific_params": {
    "summarization": {
```

```
        "length_penalty": 1.0,
        "max_length": 300,
        "min_length": 12,
        "no_repeat_ngram_size": 15,
        "num_beams": 6,
        "repetition_penalty": 1.5
      }
    },
    ...
}
```

출력된 내용에서 max_length의 값을 볼 수 있습니다.

한국어 데이터셋으로 미세 튜닝한 모델을 파이프라인 함수를 통해 로드하여 사용하는 방법을 알아보았습니다. 그런데 모델에 입력한 텍스트를 어떻게 토큰으로 나누는 것일까요? 9장에서는 공백을 기준으로 각 단어를 정수로 나눈 것이 토큰이라고 설명했습니다. 이 방법이 가장 기본적이지만 LLM에서는 더 고급 방법들이 사용됩니다. 이어서 이에 대해 알아보겠습니다.

텍스트 토큰화

토큰화tokenization는 텍스트를 **토큰**token이라는 단위로 분할하는 과정입니다. 중요한 점은 이런 토큰화를 LLM 모델 자체가 수행하지 않는다는 것입니다. 트랜스포머 모델의 구조를 살펴보았듯 이 모델에는 텍스트를 토큰으로 분할하는 구성 요소가 없습니다. 이 모델은 이미 텍스트가 토큰으로 분할되고 각 토큰에 정수 아이디가 할당된 후 이 정수 리스트가 전달된다고 가정합니다.

토큰화를 수행하는 모델을 **토크나이저**tokenizer라 부르며 모델과 별도로 존재합니다. 이를 일종의 전처리 과정으로 생각할 수 있지만 토크나이저는 훈련 데이터로부터 최적의 어휘 사전을 학습하는 모델에 가깝습니다. 또한 토큰의 임베딩 벡터는 토크나이저에 있지 않고 LLM 모델의 임베딩 층에 있다는 것을 기억하세요.

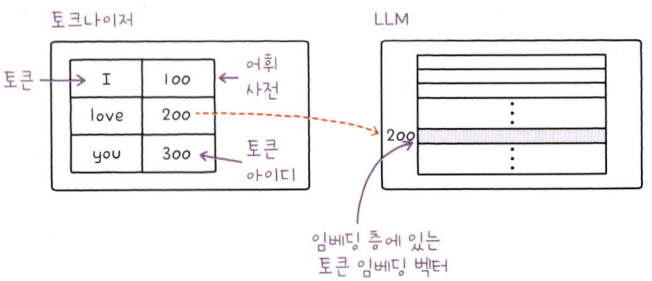

그럼 토큰화에는 어떤 방법이 있을까요? 공백을 기준으로 텍스트를 나누는 방법이 가장 간단하지만 이렇게 하면 훈련 데이터에 등장하지 않는 단어의 경우는 학습하기 어렵습니다. 따라서 단어보다 더 작은 **부분단어**subword 토큰화 방식이 등장했으며 트랜스포머 기반 LLM에서 널리 사용됩니다.

대표적인 부분단어 토큰화 방법에는 **BPE**Byte-Pair Encoding, **워드피스**WordPiece, **유니그램**unigram, **센텐스피스**SentencePiece가 있습니다.

BPE

BPE는 먼저 각 단어를 문자 단위로 분해하여 어휘 사전에 추가한 후, 가장 많이 등장하는 순서대로 문자 쌍(또는 부분단어 쌍)을 찾아 병합합니다. 그리고 합쳐진 부분단어를 어휘 사전에 추가합니다. 이 과정을 사전에 정의된 어휘 사전 크기에 도달할 때까지 계속 진행합니다.

BPE 알고리즘의 단점은 유니코드 문자를 처리할 때 생깁니다. 이 글을 쓰는 시점에서 유니코드 문자의 개수는 154,998개입니다. 따라서 최악의 경우 어휘 사전의 크기가 154,998개부터 시작하게 됩니다. 앞서 살펴본 BART 모델의 어휘 사전 크기가 50,265개였던 것을 생각하면 매우 큰 값입니다.

어휘 사전의 크기가 크면 임베딩 층의 크기도 따라서 커지므로 모델 파라미터의 개수가 급격히 늘어나게 됩니다. 따라서 적절한 수준의 어휘 사전 크기에서 유니코드를 처리할 수 있는 방법이 필요합니다. 이를 위해 등장한 것이 **바이트 수준의 BPE**byte-level BPE 알고리즘입니다.

바이트 수준의 BPE에서는 텍스트를 바이트 스트림으로 인식하고 자주 등장하는 바이트 쌍을 어휘사전에 추가하는 식입니다. 이렇게 하면 유니코드 문자도 바이트 수준에서 병합하여 어휘사전에 추가할 수 있습니다. 앞서 살펴본 원본 BART 모델이 바로 바이트 수준의 BPE 알고리즘을 사용합니다.

앞에서 로드한 kobart 모델의 어휘사전을 확인해 보죠. 허깅페이스 파이프라인 객체는 model 속성에 모델 객체를 저장하고, tokenizer 속성에 토크나이저 객체를 저장하고 있습니다. 다음과 같이 입력하면 kobart 모델의 어휘 사전 크기를 확인할 수 있습니다.

> note KoBART는 문자 수준의 BPE 알고리즘을 사용합니다.

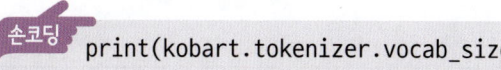

```
print(kobart.tokenizer.vocab_size)
```

```
30000
```

더 간단하게 토크나이저 객체에 len() 함수를 적용해도 됩니다.

```
len(kobart.tokenizer)
```

```
30000
```

또한 vocab 속성을 통해 전체 어휘 사전을 가져올 수 있습니다.

```
vocab = kobart.tokenizer.vocab
len(vocab)
```

```
30000
```

vocab 변수는 단순한 파이썬 딕셔너리입니다. 다음 코드에서처럼 items() 메서드의 출력을 리스트로 바꾼 다음 맨 처음 토큰 몇 개를 확인해 보죠.

```
list(vocab.items())[:10]
```

```
[('▁선고', 16904),
 ('▁꾸며', 24443),
 ('▁않았을', 23083),
 ('處', 7219),
 ('▁계획이라고', 26348),
 ('▁만만', 22616),
 ('▁아쳐', 22677),
 ('돕', 9892),
 ('쉘', 12818),
 ('커', 12922)]
```

튜플의 리스트가 출력됩니다. 각 튜플은 토큰와 토큰 아이디의 쌍으로 이루어져 있습니다. ▁ 문자는 공백을 의미합니다. 즉 해당 토큰 앞에 공백이 있으므로 단어의 시작 부분을 나타냅니다.

note ▁는 밑줄 문자가 아니라 유니코드 포인트 U+2581에 해당하는 문자입니다.

토크나이저 객체가 제공하는 tokenize() 메서드로 샘플 텍스트를 직접 토큰으로 나누어 보겠습니다.

손코딩
```
tokens = kobart.tokenizer.tokenize('혼자 만들면서 공부하는 딥러닝')
print(tokens)
```

    ['_혼자', '_만들', '면서', '_공부하는', '_', '딥', '러', '닝']

'혼자 만들면서 공부하는 딥러닝'이 8개 토큰으로 나뉘어졌습니다. 앞서 만든 vocab 딕셔너리에서 각 토큰에 해당하는 토큰 아이디를 찾을 수도 있지만 convert_tokens_to_ids() 메서드를 사용하면 더 편리합니다.

손코딩
```
kobart.tokenizer.convert_tokens_to_ids(tokens)
```

    [16814, 14397, 14125, 25429, 1700, 10021, 10277, 9747]

encode() 메서드는 문자열에서 토큰 아이디 리스트를 바로 만들어 줍니다.

손코딩
```
token_ids = kobart.tokenizer.encode('혼자 만들면서 공부하는 딥러닝')
print(token_ids)
```

    [0, 16814, 14397, 14125, 25429, 1700, 10021, 10277, 9747, 1]

encode() 메서드의 출력을 보면 맨 앞과 뒤에 토큰 아이디 0과 1이 추가되었습니다. 이 두 토큰은 문자열의 시작과 끝을 나타냅니다. 토큰 아이디를 토큰으로 바꿔주는 convert_ids_to_tokens() 메서드를 사용해 토큰을 직접 확인해 보죠.

손코딩
```
tokens = kobart.tokenizer.convert_ids_to_tokens(token_ids)
print(tokens)
```

    ['<s>', '_혼자', '_만들', '면서', '_공부하는', '_', '딥', '러', '닝', '</s>']

토큰 리스트를 원래 문자열로 복원하려면 decode() 메서드를 사용합니다.

> 손코딩 `kobart.tokenizer.decode(token_ids)`

↪ '<s> 혼자 만들면서 공부하는 딥러닝</s>'

워드피스

워드피스 토큰화는 BPE 토큰화와 매우 비슷합니다. 먼저 훈련 데이터셋에 있는 모든 문자가 포함된 어휘 사전으로 시작해서 가장 많이 등장하는 부분단어 쌍을 어휘 사전에 추가합니다. BPE는 단순히 가장 많이 등장하는 부분단어를 선택하지만 워드피스는 부분단어를 구성하는 개별 토큰의 빈도도 고려합니다.

예를 들어 "ab" 토큰과 "cd" 토큰의 빈도가 각각 10과 20이라면 BPE 알고리즘은 "cd" 토큰을 먼저 어휘 사전에 추가합니다. 하지만 워드피스는 "ab" 토큰의 빈도를 "a"와 "b" 토큰의 빈도로 나누고, 마찬가지로 "cd" 토큰의 빈도를 "c"와 "d" 토큰의 빈도로 나누어 둘 중 큰 값을 가진 토큰을 어휘사전에 추가합니다.

이런 방식 때문에 BPE 알고리즘으로 만든 어휘 사전과 조금 다른 어휘 사전을 구성하게 됩니다. 워드피스를 사용하는 대표적인 LLM으로는 인코더 기반 모델인 BERT가 있습니다.

유니그램

BPE나 워드피스와 달리 유니그램 토큰화에서는 초기에 매우 큰 어휘 사전을 만든 다음 사전에 지정한 어휘 사전 크기에 도달할 때까지 점진적으로 토큰을 제거합니다. 초기 어휘 사전은 공백으로 나누어진 단어를 부분단어로 쪼개어 추가하거나 BPE 알고리즘을 적용하여 만듭니다.

그다음 어휘 사전에 있는 모든 토큰이 독립적이라 가정하고, (그래서 유니그램입니다) 전체 손실을 가장 적게 증가시키는 토큰을 하나씩 삭제합니다. 여기서 손실은 각 토큰의 등장 확률을 곱한 것에 음수를 취한 값입니다. 그런데 작은 실숫값인 확률을 곱하는 대신 계산하기 쉬운 덧셈으로 바꾸기 위해 로그를 씌웁니다. 즉, 손실은 음의 로그 확률(또는 **음의 로그 가능도**^{negative log likelihood})이 됩니다.

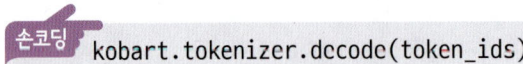

$$-(P_1 \times P_2 \times \cdots \times P_n) \rightarrow -\log(P_1 \times P_2 \times \cdots \times P_n) \rightarrow -(\log P_1 + \log P_2 + \cdots + \log P_n)$$

> **+ 여기서 잠깐** 확률이랑 가능도랑 뭐가 다른 건가요?
>
> 일반적인 경우에 확률과 가능도를 구분하지 않고 동일한 의미로 종종 사용합니다. 하지만 통계학과 머신러닝에서는 두 개념이 구분되는데요. 확률은 훈련된 모델을 사용해 만든 예측입니다. 다시 말하면 모델 파라미터가 고정된 모델이 새로운 샘플을 만났을 때 예측을 수행한 결괏값입니다. 이에 반해 가능도는 모델을 훈련할 때 모델 파라미터의 좋고 나쁨을 평가하는 척도입니다. 즉, 훈련 데이터셋이 주어졌을 때 특정 모델 파라미터가 이 데이터셋을 얼마나 잘 설명하는지를 나타냅니다. 4장에서 보았던 로지스틱 손실 함수가 바로 음의 로그 가능도입니다.

일반적으로 유니그램 토큰화는 단독으로 쓰이지 않으며 다음에 설명할 센텐스피스와 함께 사용됩니다.

센텐스피스

지금까지 언급한 모든 토큰화 방법은 먼저 텍스트를 공백 등을 기준으로 단어로 나누어야 합니다. 보통 이런 단어 분할 과정을 **사전 토큰화**pre-tokenization라 부릅니다. 하지만 중국어와 같은 일부 언어의 경우 이런 방식이 통하지 않습니다. 센텐스피스는 이런 사전 토큰화를 사용하지 않는 방법으로 최신 언어 모델에서 널리 사용됩니다.

센텐스피스는 원시 입력 텍스트를 그대로 사용하며 공백을 문자의 하나로 간주합니다. 센텐스피스는 알고리즘이자 라이브러리[5]이며 실제 어휘 사전 구성은 BPE나 유니그램 알고리즘을 사용합니다.

이 절에서는 트랜스포머 모델의 종류와 전이 학습의 발전에 대해 소개했습니다. 트랜스포머 모델은 인코더 기반, 디코더 기반, 인코더-디코더 구조로 나뉘며, 각각 텍스트 분류, 생성, 번역 등의 작업에 활용됩니다. 대표적인 인코더-디코더 모델인 BART의 구조와 특징을 살펴보았으며, 사전 훈련된 BART 모델을 활용하기 위해 허깅페이스의 transforemers 패키지와 pipeline() 함수 사용법을 익혔습니다. 또, 한글 텍스트 요약을 위해 KoBART 모델을 적용하고, 마지막으로 BPE, 워드피스, 유니그램, 센텐스피스 등 주요 토큰화 기술에 대해서도 소개했습니다.

다음 절에서는 요즘 인기를 크게 끌고 있는 생성 언어 모델의 핵심인 디코더 기반의 트랜스포머 모델을 알아보겠습니다.

---

[5] https://github.com/google/sentencepiece

마무리

▶ 키워드로 끝내는 핵심 포인트

- **전이 학습**은 한 데이터셋에서 훈련한 모델을 다른 작업 혹은 다른 데이터셋에 적용하는 방법입니다. 이를 위해 훈련된 모델을 그대로 사용하거나 모델의 일부 또는 전체를 미세 튜닝할 수도 있습니다. 전이 학습은 합성곱 신경망에서 널리 사용되면서 컴퓨터 비전 분야를 발전시켰습니다. 트랜스포머 모델이 등장하면서 자연어 처리 분야에도 전이 학습이 널리 적용되기 시작했습니다.

- **BART**는 메타에서 공개한 트랜스포머 기반 인코더-디코더 모델입니다. 원본 트랜스포머 모델과 매우 비슷한 구조를 띠고 있으며 인코더와 디코더 블록을 반복적으로 여러 개 쌓아서 구성합니다. 인코더-디코더 기반 모델은 주로 요약, 번역과 같은 시퀀스-투-시퀀스 작업에 사용됩니다. 한국어 데이터셋에서 훈련된 KoBART 모델도 공개되었습니다.

- **허깅페이스**는 트랜스포머 모델을 쉽게 사용하고 훈련하기 위한 transformers 패키지를 만든 회사로 유명합니다. 허깅페이스 사이트에는 다양한 트랜스포머 기반 자연어 처리 모델은 물론 비전과 오디오 작업을 위한 모델과 데이터셋을 무료로 제공합니다. 만약 자연어 처리 문제를 위한 데이터셋이나 모델이 필요하다면 가장 먼저 찾아볼 곳 중 하나입니다.

- **토큰화**는 대규모 언어 모델에 입력하기 위해 텍스트를 더 작은 단어로 쪼개는 과정입니다. 이런 작업을 처리하는 모델을 토크나이저라고 하며 LLM 모델 자체와는 별도로 훈련됩니다. 허깅페이스의 파이프라인 함수를 사용하면 토크나이저와 LLM을 한 번에 로드하여 사용할 수 있습니다. 대표적인 토큰화 방법으로는 BPE, 워드피스, 유니그램, 센텐스피스 등이 있습니다.

▶ 핵심 패키지와 함수

transformers

- pipeline()은 허깅페이스 transformers 라이브러리로 간편하게 모델 추론을 할 수 있는 파이프라인 객체를 만들어 주는 함수입니다.

- task 매개변수에 파이프라인 객체로 수행할 작업을 지정합니다. 대표적으로 텍스트를 분류하는 'text-classification'과 요약을 위한 'summarization' 등이 있습니다.
- model 매개변수에는 작업 수행에 사용할 모델을 지정합니다. 이 매개변수를 지정하지 않을 경우 각 작업의 기본 모델이 사용됩니다.
- device 매개변수에는 추론에 사용할 하드웨어 장치를 지정합니다. 기본값은 -1로 CPU를 사용합니다. 0부터 시작해서 컴퓨터에 설치된 GPU 장치를 순서대로 지정할 수 있습니다.

- 파이프라인 객체의 model 속성은 pipeline() 함수를 호출할 때 로드한 모델 객체를 담고 있습니다. 이 모델 객체의 config 속성은 인코더와 디코더 개수, 임베딩 크기 등 LLM 모델을 위한 다양한 설정을 포함하고 있습니다.

- 파이프라인 객체의 tokenizer 속성은 pipeline() 함수를 호출할 때 로드한 토크나이저 객체를 담고 있습니다.

허깅페이스 토크나이저 객체는 다음과 같은 속성과 메서드를 제공합니다.

- vocab_size 속성은 토크나이저의 어휘 사전 크기를 나타냅니다.
- vocab 속성은 토크나이저의 어휘 사전을 반환합니다. 토크나이저의 get_vocab() 메서드를 호출하는 것과 동일합니다.
- tokenize() 메서드는 문자열을 토큰으로 분할하여 토큰 리스트를 반환합니다.
- convert_tokens_to_ids() 메서드는 토큰(또는 토큰의 리스트)을 토큰 아이디(또는 토큰 아이디의 리스트)로 변환합니다.
- convert_ids_to_tokens() 메서드는 토큰 아이디(또는 토큰 아이디의 리스트)를 토큰(또는 토큰 리스트)으로 변환합니다.
- encode() 메서드는 문자열(또는 문자열 리스트)를 토큰으로 분할하여 토큰 아이디의 리스트를 반환합니다.
- decode() 메서드는 토큰 아이디(또는 토큰 아이디의 리스트)를 문자열로 복원합니다.

▶ 확인 문제

1. 다음 중 오픈소스 LLM 모델이 아닌 것은 무엇인가요?

① GPT-3

② Llama

③ Gemma

④ Qwen

2. 다음 중 인코더-디코더 트랜스포머 모델의 설명으로 올바른 것은 무엇인가요?

① 인코더의 개수와 디코더의 개수는 같아야 합니다.

② 각각의 인코더 블록에서 나온 출력이 합쳐져서 디코더로 전달됩니다.

③ 인코더와 디코더는 각각 독립적인 토큰 임베딩 층을 가지고 있습니다.

④ 마지막 인코더 블록의 출력이 모든 디코더 블록에 전달됩니다.

3 다음 중 토크나이저와 토큰화에 대한 설명으로 올바르지 않은 것은 무엇인가요?

① 토크나이저는 토큰과 토큰 아이디를 매핑한 어휘 사전을 가지고 있습니다.

② 토크나이저는 토큰을 단어 임베딩으로 변환하는 역할을 수행합니다.

③ LLM에서 널리 사용하는 토큰화 방법에는 BPE, 워드피스, 유니그램 등이 있습니다.

④ 센텐스피스는 토큰화를 수행하기 전에 원시 텍스트를 단어로 분할할 필요가 없습니다.

10-3 대규모 언어 모델로 텍스트 생성하기

핵심 키워드: EXAONE, 토큰 디코딩, GPT

이번 절에서는 디코더 기반의 대규모 언어 모델과 다양한 모델의 특징을 살펴보고, EXAONE-3.5와 OpenAI API를 활용해 텍스트를 생성하는 방법에 대해 알아봅니다.

시작하기 전에

한빛 마켓에서 인코더-디코더 구조의 트랜스포머 모델을 사용해 상품 설명을 잘 요약하는 데 성공했습니다. 이를 통해 사용자의 만족도가 한층 높아졌다는군요. 그런데 최근에 상품 Q&A 섹션에 고객들이 질문을 올리면 자동으로 답변을 해주는 기능이 유행이라고 합니다. 이사님이 이 소식을 듣고 가만히 있을리가 없겠죠?

완벽하지 않더라도 고객이 올린 질문에 짧게라도 답변을 먼저 달아주면 문의사항을 완전히 처리할 때까지 불만을 제기할 가능성이 적을 것 같습니다. 사용자들의 질문은 제품의 사이즈, 색깔 같은 형태부터 배송, 결제나 사용한 재료에 이르기까지 어떤 질문을 할지 미리 예측할 수 없습니다. 따라서 기존의 프로그래밍으로 적절한 대답을 생성해 내기는 어려울 것 같네요. 그렇다면 다시 트랜스포머 기반의 대규모 언어 모델의 힘을 빌려보죠. 질문에 대한 대답을 만드는 데는 인코더-디코더 구조의 모델을 사용할 수 있습니다. 하지만 최근에 급격하게 발전하는 디코더 기반의 모델을 사용하면 훨씬 더 자연스러운 대답을 만들 수 있습니다. 이 절에서는 디코더 기반의 트랜스포머 모델인 EXAONE[1]과 오픈 AI의 GPT-4o를 사용해 텍스트를 생성하는 방법을 알아보죠.

---
[1] '엑사원'이라 읽습니다.

디코더 기반의 대규모 언어 모델

앞에서 보았듯이 ChatGPT의 등장 이후 디코더 기반의 대규모 언어 모델(LLM)이 큰 인기를 얻고 있습니다. 디코더 기반 LLM은 텍스트 생성 능력이 특히 뛰어나기 때문에 종종 생성 언어 모델 또는 생성 언어 AI라고도 불립니다. 이러한 모델은 **오픈 소스**open source 모델과 **클로즈드 소스**closed source 모델로 나뉩니다.

대표적인 오픈 소스 모델은 다음과 같습니다.

- 메타의 Llama[2] :   https://www.llama.com/
- 구글의 Gemma[3] :   https://ai.google.dev/gemma
- 마이크로소프트의 Phi[4] : https://azure.microsoft.com/en-us/products/phi/
- 알리바바의 Qwen[5] :   https://qwenlm.github.io/

사실 오픈 소스 LLM은 워낙 많아 모두 나열하기 힘듭니다. 특히 인기 있는 모델을 특정 데이터셋으로 다시 미세 튜닝한 변형 모델들도 많습니다. 하지만 메타나 구글과 같은 큰 규모의 회사에서 제공하는 언어 모델은 비교적 높은 성능과 지속적인 지원을 기대할 수 있습니다. 아마도 많은 경우에 여기서 소개하는 모델들이 좋은 출발점이 될 것입니다.

대표적인 클로즈드 소스 모델은 다음과 같습니다.

- 오픈AI의 GPT-4 :   https://chat.com
- 앤트로픽(Anthropic)의 Claude[6] : https://claude.ai/
- 구글의 Gemini[7] :   https://gemini.google.com/

이런 클로즈드 소스 모델들은 모두 웹 인터페이스를 제공하므로, 브라우저에서 다른 사람과 채팅하듯이 모델에게 질문을 하거나 다양한 작업을 요청할 수 있습니다. 하지만 한빛 마켓의 Q&A 질문에 자동으로 댓글을 달려면 이런 방식의 인터페이스는 적절하지 않습니다. 다행히 클로즈드 소스 LLM은 API 방식도 지원하기 때문에, 이를 활용하면 한빛 마켓과 연동하여 자동으로 댓글을 달 수 있습니다.

---

2 '라마'라고 읽습니다.
3 '젬마'라고 읽습니다.
4 '파이'라고 읽습니다.
5 '쿠웬' 또는 '큐웬'이라 읽습니다.
6 '클로드'라고 읽습니다.
7 '제미나이'라고 읽습니다.

본격적으로 디코더 기반의 모델을 살펴보기 전에, 먼저 가장 높은 성능을 내는 모델을 찾는 방법을 알아보겠습니다.

LLM 리더보드

대규모 언어 모델의 성능을 비교하는 서비스가 많이 있습니다. 그중에서도 **오픈 LLM 리더보드**Open LLM Leaderboard와 LMArena (https://lmarena.ai/leaderboard)가 가장 널리 알려져 있습니다.

오픈 LLM 리더보드는 허깅페이스에서 제공하는 서비스로, 허깅페이스에 등록된 오픈 소스 LLM의 성능을 비교합니다. 오픈 소스 LLM 리더보드 사이트(https://bit.ly/4gylmPz)에 접속하면 다음과 같은 화면을 확인할 수 있습니다.

> note 2025년 5월 오픈 LLM 리더보드는 공식적으로 운영이 중지되어 아카이브되었습니다. 주된 이유는 LLM 모델의 새로운 능력(추론, 에이전트 등)을 반영하지 못하고 왜곡된 경쟁을 일으킬 수 있기 때문입니다. 대신 LMArena를 활용하세요.

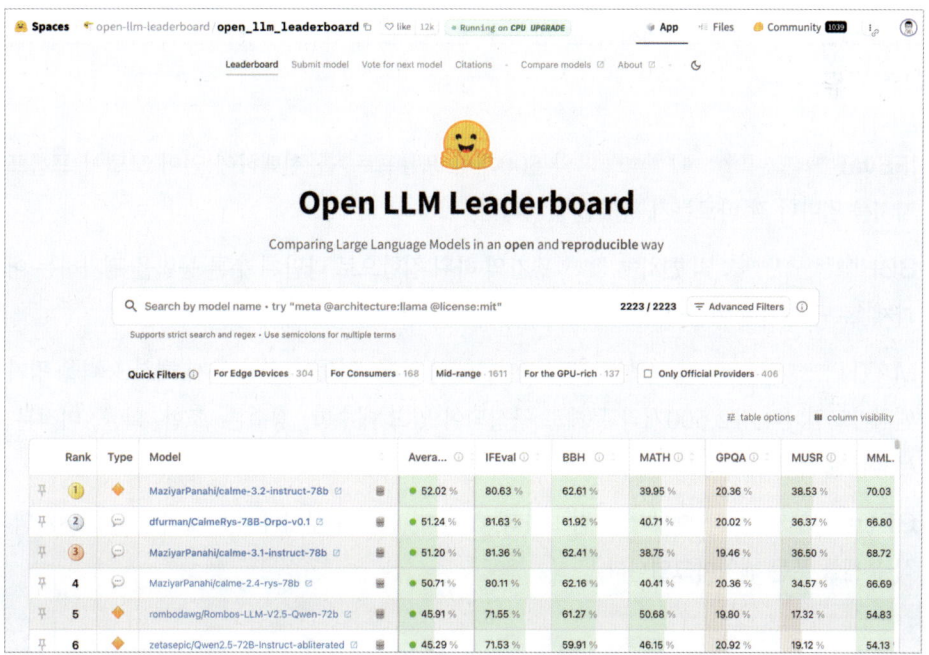

이 리더보드를 잘 활용하면 특정 작업에 적합한 최신 모델을 쉽게 찾을 수 있습니다. 먼저 화면 아래에 나타난 순위를 살펴보죠. 이 글을 작성하는 시점에는 calme-3.2-instruct-78b가 1등을 차지하고 있군요. 모델을 클릭해서 상세 정보를 확인해 보면, 사실 이 모델은 Qwen 72B[8] 모델을 미세

---

8 B는 billion의 약자입니다. 따라서 72B는 720억 개의 파라미터를 가진 모델을 의미합니다.

튜닝한 버전이라는 점을 알 수 있습니다. 모델의 순위가 어떤 기준으로 매겨졌는지 이해하면 적절한 모델을 선택하는 데 도움이 됩니다. 이 리더보드의 구성 요소를 하나씩 살펴보겠습니다.

먼저 목록의 왼쪽의 Type 열에 나타난 아이콘은 모델의 종류를 보여줍니다. 각 아이콘에 대한 설명은 다음과 같습니다.

- 🟢 : 대규모 데이터셋에서 사전 훈련된 베이스 모델(또는 파운데이션 모델 foundation model)을 의미합니다.
- 🔶 : 특정 데이터셋에서 미세 튜닝된 모델을 의미합니다.
- 💬 : 대화 기능을 위해 미세 튜닝된 모델을 의미합니다.
- 🎨 : 여러 모델을 병합하여 만든 모델을 의미합니다.
- 🌸 : 텍스트, 이미지, 오디오 등과 같이 여러 종류의 데이터를 다룰 수 있는 모델을 의미합니다.
- 🟩 : 다양한 데이터셋을 사용해 추가로 훈련한 베이스 모델을 의미합니다.

Average 열은 모든 벤치마크에서 얻은 점수를 평균한 값입니다. 그 옆의 벤치마크 지표를 차례로 살펴보죠.

- **IFEval**Instruction-Following Evaluation[9]: 약 500개의 프롬프트[10]를 선택하여 언어 모델이 프롬프트의 지시를 얼마나 잘 따르는지 평가한 값입니다.
- **BBH**Big Bench Hard[11]: **빅 벤치**Big-Bench 평가의 하위 집합으로 다단계 추론 능력을 평가하는 어려운 과제[12]로 구성되어 있습니다.
- **MATH**Mathematics Aptitude Test of Heuristics[13]: 이름에서 알 수 있듯이 수학 문제 해결 능력을 평가하는 벤치마크입니다. 12,500개의 문제로 구성되어 있고 대수학, 정수론, 조합, 확률, 미적분 등의 문제를 풀어야 합니다.[14]
- **GPQA**Graduate-Level Google-Proof Q&A[15]: 화학, 생물학, 물리학 분야에서 박사 수준의 448개의 객관식 문제를 푸는 벤치마크입니다.[16]

---

9 https://arxiv.org/abs/2311.07911
10 https://huggingface.co/datasets/google/IFEval
11 https://arxiv.org/abs/2210.09261
12 https://huggingface.co/datasets/lukaemon/bbh
13 https://arxiv.org/abs/2103.03874
14 https://huggingface.co/datasets/hendrycks/competition_math
15 https://arxiv.org/abs/2311.12022
16 https://huggingface.co/datasets/ldavidrein/gpqa

- **MUSR**[Multistep Soft Reasoning][17]: 자연어로 묘사된 추론 문제를 푸는 벤치마크입니다.[18] 예를 들면, 1,000단어 길이의 미스터리 문제를 풀어야 하는 과제입니다.

- **MMLU-Pro**[Massive Multitask Language Understanding – Professional][19]: 대규모 언어 모델의 언어 이해와 추론 능력을 평가하기 위한 벤치마크로, 기존의 MMLU보다 더 복잡하고 어려운 12,000개의 문제로 구성되어 있습니다.[20]

- **CO_2 Cost**: 모델을 평가하는 데 사용된 전력을 생산하기 위해 배출된 탄소의 양(Kg)입니다.

이 리더보드는 기본적으로 Average 열의 값을 기준으로 정렬되어 있습니다. 다른 열을 기준으로 정렬하려면 열 이름 옆에 있는 ☐ 아이콘을 클릭하여 내림차순이나 오름차순으로 표시할 수 있습니다. 테이블 오른쪽 위에는 column visibility 아이콘이 있습니다. 이 아이콘을 클릭하면 표시하고 싶은 열을 추가하거나 제외시킬 수 있습니다. 아이콘을 클릭한 다음 Architecture 버튼을 클릭해 보세요.

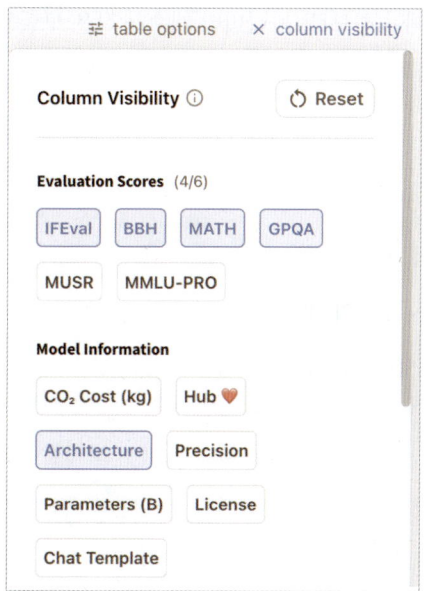

클릭하면 목록에 있는 모델이 사용한 파운데이션 모델 또는 베이스 모델을 Architecture 열에 보여줍니다.

---

[17] https://arxiv.org/abs/2310.16049
[18] https://github.com/Zayne-sprague/MuSR/tree/main
[19] https://arxiv.org/abs/2406.01574
[20] https://huggingface.co/datasets/TIGER-Lab/MMLU-Pro

놀랍게도 이 글을 작성하는 시점에 상위 10개의 모델 모두 Qwen을 사용하고 있습니다. Qwen의 성능이 뛰어나 다양한 작업에서 파운데이션 모델로 채택되고 있다는 것을 잘 보여줍니다.

우리는 코랩에서 예제를 실행해야 하므로, 파라미터 개수가 작은 모델을 사용하는 것이 좋습니다. 리더보드 중앙 검색 창 아래에는 'Quick Filters' 버튼이 있습니다. 모델 파라미터 크기에 따라 순서대로 네 개의 버튼이 제공됩니다.

- For Edge Devices : 30억 개 이하
- For Consumers : 30억 개 ~ 70억 개
- Mid-range : 70억 개 ~ 650억 개
- For the GPU-rich : 650억 개 이상

이 중 'For Edge Devices'를 선택하면 다음과 같은 목록이 보여집니다.

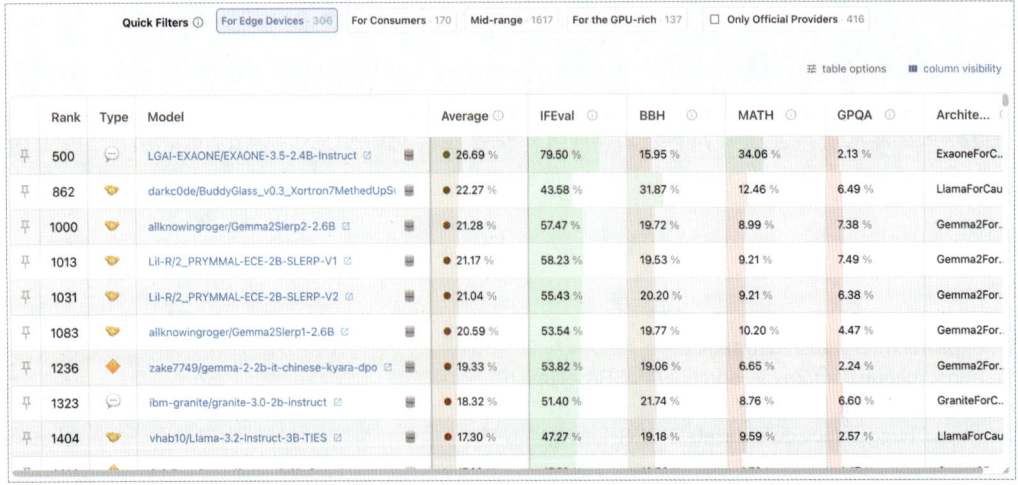

놀랍게도 이 글을 작성하는 시점에 1위를 차지한 모델은 이 절의 서두에서 소개한 대표적인 네 개의 오픈 소스 LLM이 아닙니다. 가장 높은 점수를 낸 EXAONE-3.5[21]는 2024년 후반 LG AI 연구원에서 공개[22]한 디코더 기반 LLM입니다. 24억 개의 파라미터를 가진 비교적 작은 모델임에도 불구하고 IFEval 점수가 79.5%에 달해서 비슷한 크기의 다른 모델의 성능을 압도하고 있습니다. 이제 EXAONE 모델의 구조적인 특징을 알아보겠습니다.

> **note** 2025년 3월 추론 능력이 강화된 EXAONE Deep이 공개되었습니다.

EXAONE의 특징

EXAONE은 국내에서 오픈 소스로 공개된 파운데이션 모델로, 한국어와 영어를 잘 이해하며 다양한 작업을 수행할 수 있는 모델로 알려져 있습니다. 이 모델의 3.5 버전은 최신 LLM에서 채택하는 여러 기술을 사용하고 있습니다. 이제 이를 차례대로 살펴보고 마지막에 전체 모델의 구조를 그림으로 그려 보겠습니다.

EXAONE은 디코더 기반 트랜스포머 모델입니다. BART처럼 인코더의 출력을 전달받는 크로스 어텐션 층이 없다는 점을 유념하세요.

> **note** 이후에 언급되는 EXAONE은 EXAONE-3.5 버전을 의미합니다.

EXAONE은 최신 LLM에서 널리 사용하는 **그룹 쿼리 어텐션**grouped query attention을 사용합니다. 이는 멀티 헤드 어텐션의 변형으로, 이를 이해하기 전에 먼저 디코더 모델이 토큰을 생성하는 과정을 잠시 되짚어 보죠.

디코더는 하나의 토큰을 생성한 후, 그 토큰을 입력의 끝에 이어 붙인 다음 다시 모델에 입력해 다음 토큰을 생성합니다. 이전 절에서 설명했듯이, 이를 자기회귀 모델이라 부릅니다. 이 방식에서는 디코더가 하나의 토큰을 생성할 때마다 이전에 처리했던 토큰들을 매번 다시 계산해야 하므로, 언뜻 보면 계산 낭비처럼 보입니다. 이 문제를 해결하기 위해 어텐션 층에서 키와 값을 캐시에 저장하고 다음 토큰을 생성할 때 재사용하는 기법이 등장했습니다. 그러나 트랜스포머에 입력할 수 있는 최대 입력 길이를 늘리려면 캐시의 크기도 자연스럽게 커질 수밖에 없습니다.

이러한 문제를 해결하기 위해 멀티 헤드 어텐션에서 키와 값을 모든 헤드에서 공유하는 방식이 등장했습니다. 이를 **멀티 쿼리 어텐션**multi-query attention이라 부릅니다. 그리고 모든 헤드에서 키와 값을 공유하지 않고, 몇 개의 헤드씩 나눠서 공유하는 방식이 그룹 쿼리 어텐션입니다. 두 방식을 그림으로

---

21 https://arxiv.org/abs/2412.04862
22 https://github.com/LG-AI-EXAONE/EXAONE-3.5

나타내면 다음과 같습니다.

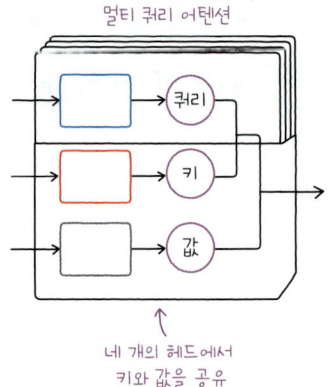
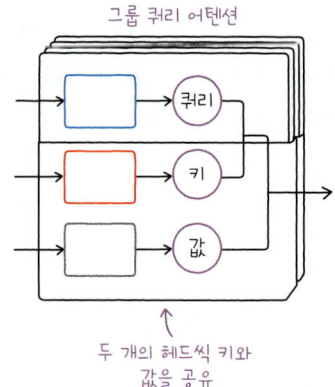

멀티 쿼리 어텐션과 그룹 쿼리 어텐션은 키와 값을 만드는 밀집층의 개수가 줄어들기 때문에 전체 모델의 파라미터 개수를 줄이는 효과도 있습니다. 그래서 상대적으로 크기가 작은 LLM에서 널리 사용됩니다. EXAONE은 24억, 78억, 320억 파라미터 버전에서 모두 그룹 쿼리 어텐션을 사용합니다.

어텐션 층 다음에 등장하는 피드포워드 네트워크에서는 최근 LLM에서 많이 사용되는 **실루**^{SiLU} 활성화 함수를 사용합니다. 이 함수는 밀집층의 출력에 시그모이드 함수를 적용한 다음 이 결과에 원래 출력을 다시 곱합니다. 이를 수식으로 나타내면 다음과 같습니다.

$$\text{SiLU}(x) = x \cdot \sigma(x) = x \left(\frac{1}{1+e^{-x}} \right)$$

조금 복잡해 보이지만 다행히 대부분의 딥러닝 프레임워크에서 실루 함수를 제공하고 있기 때문에 다른 활성화 함수를 적용하는 것처럼 손쉽게 적용할 수 있습니다. 실루 함수는 렐루와 비슷한 형태를 가지며, 젤루와 마찬가지로 원점에서도 미분이 가능합니다.

일반적으로 실루 함수를 적용할 때 피드포워드 네트워크의 첫 번째 밀집층을 두 개로 나누어 하나는 실루 함수를 적용하고, 다른 하나는 활성화 함수를 적용하지 않습니다. 그 후, 이 두 출력을 곱합니다. 이를 그림으로 나타내면 다음과 같습니다.

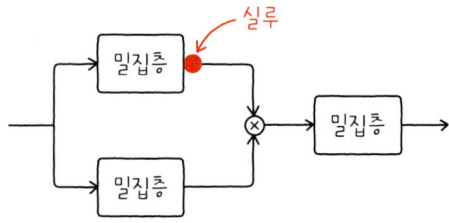

> **note** 이렇게 두 개의 밀집 층을 사용하여 활성화 출력을 만드는 구조를 GLU라고 부릅니다. GLU는 사용하는 활성화 함수에 따라 다른 이름으로 부르며 SiLU 함수를 사용하는 경우는 SwiGLU라고 합니다.

또한 층 정규화의 변종인 **RMS 정규화** root mean square normalization를 사용합니다. RMS 정규화는 정규화를 할 때 평균을 구하지 않는 방법입니다. 2장에서 표준점수를 계산할 때 입력에서 평균을 빼고 표준편차로 나누었던 것을 기억하시죠? 층 정규화도 기본적으로 이와 같은 방식을 사용합니다. 그런데 입력에서 평균을 빼지 않고, 표준편차를 구할 때도 평균을 사용하지 않는 방법이 RMS 정규화입니다. 간단한 예를 들어 설명해 보죠.

다음과 같이 다섯 개의 원소를 가진 배열을 정규화한다고 가정해 보겠습니다. 1에서 5까지의 값으로 이루어져 있으므로 평균은 3입니다. 분산은 각 원소에서 평균을 뺀 후 제곱한 후, 전체 원소 개수로 나누어 계산합니다. 이렇게 계산한 분산을 제곱근하면 표준편차가 됩니다. 정규화를 할 때는 각 원소에서 평균을 빼고 표준편차로 나누어 주면 됩니다.

| 1 | 2 | 3 | 4 | 5 |

분산 = $\frac{1}{5}\left((1-3)^2 + (2-3)^2 + (3-3)^2 + (4-3)^2 + (5-3)^2\right) = 2$

표준편차 = $\sqrt{2} = 1.41$

첫 번째 원소의 정규화 : $\frac{1-3}{1.41} = -1.42$

RMS 정규화는 앞의 과정에서 평균을 사용하지 않는 방법입니다. 따라서 다음 그림처럼 분산은 각 원소의 제곱을 모두 더한 다음 전체 원소 개수로 나누면 됩니다. 정규화를 할 때는 각 원소에서 평균을 빼지 않고 원소에 그대로 표준편차를 나누어 줍니다.

| 1 | 2 | 3 | 4 | 5 |

분산 = $\frac{1}{5}(1^2 + 2^2 + 3^2 + 4^2 + 5^2) = 11$

표준편차 = $\sqrt{11} = 3.32$

첫 번째 원소의 정규화 : $\frac{1}{3.32} = 0.3$

RMS 정규화를 사용하면 평균을 계산하지 않아도 되므로 계산 속도가 빠릅니다. 또 평균을 사용해 데이터를 중심에 맞추지 않아도 모델의 성능에 큰 영향을 미치지 않는다고 알려져 있습니다.

최근 LLM은 이런 정규화를 어텐션 층 다음이 아니라 어텐션 이전에 두는 경향이 있습니다. EXAONE도 마찬가지로 어텐션 층 이전과 피드포워드 네트워크 이전에 RMS 정규화를 적용합니다. 24억 파라미터 버전을 기준으로 이런 요소를 디코더 블록에 나타내면 다음 그림과 같습니다.

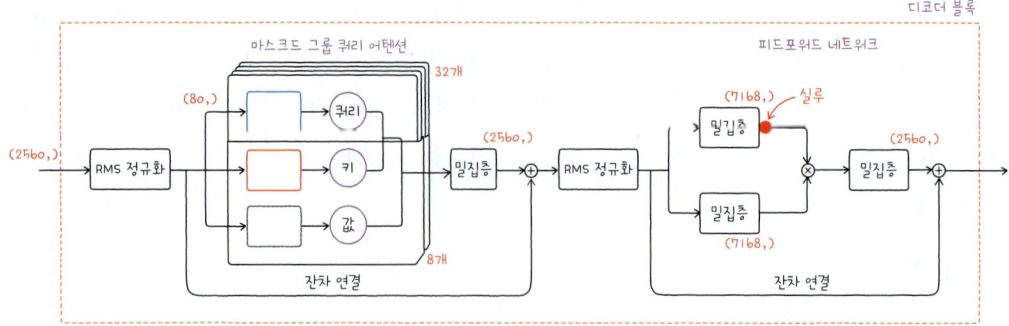

디코더 블록은 층 정규화부터 시작됩니다. 24억 파라미터 버전의 은닉 벡터 크기는 2,560입니다. 이를 80개씩 나누어 32개의 헤드에 입력됩니다. 그룹 쿼리 어텐션을 사용하며 키와 값의 헤드는 8개입니다. 어텐션 층이 출력한 벡터의 크기는 다시 2,560이 되고 잔차 연결을 지나 다시 층 정규화를 거칩니다.

이어서 피드포워드 네트워크가 등장합니다. 앞서 설명한 것처럼 실루 활성화 함수를 사용하며 두 개의 밀집층 중에서 하나에만 적용합니다. 두 밀집층은 은닉 벡터의 크기를 늘려 7,168로 만듭니다. 두 밀집층의 결과를 곱한 후 마지막 밀집층에서 은닉 벡터의 크기는 다시 2,560으로 줄어듭니다. 이런 디코더 블록을 30개 쌓습니다. 그럼 24억 파라미터 버전의 EXAONE 전체 구조를 그림으로 그려 보죠.

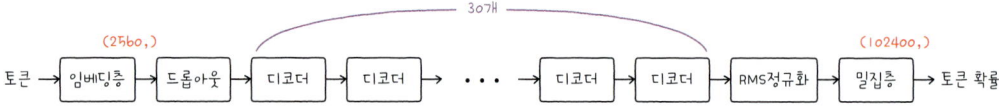

토큰 아이디가 임베딩 층을 통과해 2,560차원의 벡터로 변환되고 드롭아웃 층을 지납니다. 그다음 앞서 소개한 디코더 블록 30개를 통과합니다. 마지막에 층 정규화를 거치고 밀집층을 통과하면서 어휘 사전 크기인 102,400 크기의 벡터를 출력합니다. 이 출력에 소프트맥스 함수를 적용하면 어휘 사전에 있는 모든 토큰에 대한 확률처럼 생각할 수 있습니다.

이전 절에서 BART의 경우 임베딩 층의 가중치를 활용하여 각 토큰에 대한 확률을 구했습니다. 하지만 EXAONE은 별도의 밀집층을 사용하고 있습니다. 또 하나 다른 점을 눈치채셨나요? 네, 위치 임베딩이 없죠. 사실 EXAONE이 사용하는 위치 임베딩은 디코더 블록의 어텐션 층 안에 포함되어 있습니다.

EXAONE을 비롯해 최근 LLM에서 널리 사용되는 위치 임베딩 방식은 **로터리 위치 임베딩**rotary position embedding, RoPE입니다. 로터리 위치 임베딩은 쿼리와 키 벡터를 서로 다른 각도로 회전합니다. 이렇게 회전시킨 두 벡터를 곱하면 그 결과에 두 벡터의 상대적인 각도 차이를 인코딩할 수 있습니다.

기존의 위치 인코딩과 위치 임베딩은 토큰의 절대적인 위치 인덱스를 벡터로 변환하기 때문에 절대 위치 인코딩이라고 부르며 로터리 위치 임베딩은 쿼리와 키의 상대적인 각도 차이를 표현하기 때문에 상대 위치 인코딩이라 부릅니다. 로터리 위치 임베딩은 별도의 위치 임베딩 벡터를 만들지 않기 때문에 계산이 간단하고 트랜스포머 모델의 성능도 향상시킨다고 알려져 있습니다.

EXAONE의 주요 특징을 알아보았습니다. 그럼 이제 허깅페이스의 transformers 패키지를 사용해 코랩에서 EXAONE의 24억 파라미터 버전을 로드해서 사용해 보겠습니다.

EXAONE-3.5로 상품 질문에 대한 대답 생성하기

이번에는 EXAONE-3.5의 24억 파라미터 버전을 사용해 보겠습니다. EXAONE-3.5의 전체 모델은 허깅페이스 사이트(https://bit.ly/4gsiHHF)를 참고하세요.

EXAONE 모델은 채팅 템플릿을 활용할 때 좋은 결과를 얻을 수 있습니다. 허깅페이스의 transformers 패키지를 사용할 때 채팅 템플릿으로 프롬프트를 구성하는 방법은 잠시 후에 소개하겠습니다. 먼저 EXAONE 모델에서 채팅 템플릿을 사용하려면 토크나이저를 별도로 로드해야 한다는 점을 알아두어야 합니다.

pipeline() 함수를 사용해 모델을 로드할 때 토크나이저도 자동으로 포함되었습니다. 덕분에 파이프라인 객체의 tokenizer 속성으로 참조할 수 있었죠. 하지만 토크나이저를 명시적으로 로드하여 pipeline() 함수에 전달할 수도 있습니다. 이럴 때 AutoTokenizer 클래스를 사용합니다. 이 클래스의 from_pretrained() 클래스 메서드를 사용해 EXAONE의 토크나이저를 로드해 보겠습니다.

 AutoModelForCausalLM 클래스를 사용하여 모델도 직접 로드할 수 있습니다. 허깅페이스 transformers 패키지는 각 작업에 맞는 다양한 Auto 클래스를 제공합니다. 전체 목록은 https://huggingface.co/docs/transformers/model_doc/auto를 참고하세요.

```
from transformers import AutoTokenizer

exaone_tokenizer = AutoTokenizer.from_pretrained(
    "LGAI-EXAONE/EXAONE-3.5-2.4B-Instruct")
```

불러올 토크나이저 이름은 모델 이름을 지정할 때와 동일하게 허깅페이스의 경로를 전달하면 됩니다. 그다음 pipeline() 함수의 tokenizer 매개변수로 exaone_tokenizer를 전달합니다.

```
from transformers import pipeline

pipe = pipeline(task="text-generation",
                model="LGAI-EXAONE/EXAONE-3.5-2.4B-Instruct",
                tokenizer=exaone_tokenizer,
                device=0, trust_remote_code=True)
```

tokenizer 외에도 trust_remote_code 매개변수가 추가되었습니다. 허깅페이스에 있는 모델은 transformers 패키지의 코드 외에 독자적인 코드로 모델을 정의할 수 있습니다. EXAONE이 바로 이런 경우에 해당합니다. 이런 코드는 실행하기 전에 사용자에게 실행 여부를 묻게 되는데요. trust_remote_code를 True로 설정하면 코드를 신뢰한다고 가정하고 일일이 실행할지 여부를 묻지 않습니다.

모델을 로드했으니 이제 채팅 템플릿을 만들어 보겠습니다. 채팅 템플릿은 딕셔너리의 리스트로 구성됩니다. 딕셔너리의 키로는 "role"과 "content"가 있습니다. "role"에는 "system"와 "user"와 같은 대화 상대의 역할을 지정합니다. "content"에는 실제 메시지 내용을 적습니다.

예를 들어 다음과 같이 "role"을 "system"으로 지정하고 EXAONE 모델이 어떤 역할을 맡게 되는지를 기술해 보죠. 여기에서는 한빛 마켓에 올라온 문의 글에 자동으로 답변하는 역할입니다. 그다음 "role"을 "user"로 지정하고 실제 상품 문의와 같은 메시지를 적습니다. 이렇게 두 개의 딕셔너리를 만든 다음 리스트로 연결하여 채팅 템플릿 구성을 마칩니다.

```
messages = [
    {"role": "system",
     "content": "너는 쇼핑몰 홈페이지에 올라온 질문에 대답하는 Q&A 챗봇이야. \
                확정적인 답변을 하지 말고 제품 담당자가 정확한 답변을 하기 위해 \
                시간이 필요하다는 간단하고 친절한 답변을 생성해줘."},
    {"role": "user", "content": "이 다이어리에 내년도 공휴일이 표시되어 있나요?"}
]
```

이제 파이프라인 객체를 호출할 차례입니다. 호출 방법은 이전 절과 동일하지만 이번에는 너무 긴 텍스트가 생성되지 않도록 max_new_tokens를 200으로 지정합니다.

손코딩 `pipe(messages, max_new_tokens=200)`

```
[{'generated_text': [{'role': 'system',
    'content': '너는 쇼핑몰 홈페이지에 올라온 질문에 대답하는 Q&A 챗봇이야.
확정적인 답변을 하지 말고 제품 담당자가 정확한 답변을 하기 위해 시간이 필요하다는 간단하고 친절한 답
변을 생성해줘.'},
   {'role': 'user', 'content': '이 다이어리에 내년도 공휴일이 표시되어 있나요?'},
   {'role': 'assistant',
    'content': '안녕하세요! 다이어리에 내년의 공휴일이 미리 표시되어 있는지에 대해 정확한 답변을
드리기 위해서는 제품 담당자에게 확인이 필요합니다. 현재로선 직접 확인이 어려우니, 저희가 안내드릴 수
있는 방법으로는 고객센터에 연락하시거나, 제품 페이지 내의 문의 게시판을 통해 질문해 보시는 것이 좋을
것 같습니다. 담당자분께서 빠르게 답변해 주실 거예요! 감사합니다.'}]}]
```

생성된 텍스트는 딕셔너리의 리스트 형태로 반환됩니다. 여기서는 하나의 프롬프트만 전달했기 때문에 리스트 안에 하나의 딕셔너리만 담겨 있습니다. 이 딕셔너리 안에는 'generated_text' 키와 이키의 값으로 채팅 템플릿에 포함된 메시지와 함께 'role'이 'assistant'인 항목이 추가되었습니다. 이 항목의 'content' 키에 담긴 내용이 EXAONE이 만든 답변입니다. 생성된 답변을 보면 꽤 놀랍습니다. 텍스트가 자연스러울 뿐만 아니라 시스템 메시지를 잘 이해하고 담당자의 확인이 필요하다는 답변과 함께 고객센터나 제품 페이지 내의 게시판을 활용해 보라고 안내까지 하고 있습니다.

보통 프롬프트로 입력한 내용을 다시 확인할 필요는 없으니 모델이 생성한 텍스트만 출력하려면 return_full_text 매개변수를 False로 지정합니다.

손코딩 `pipe(messages, max_new_tokens=500, return_full_text=False)`

```
[{'generated_text': '안녕하세요! 다이어리에 내년의 공휴일이 미리 표시되어 있는지에 대해 정확한
답변을 드리기 위해서는 제품 담당자에게 확인이 필요합니다. 현재로선 직접 확인이 어려우니, 저희가 안내
드릴 수 있는 방법으로는 고객센터에 연락하시거나, 제품 페이지 내의 문의 게시판을 통해 질문해 보시는
것이 좋을 것 같습니다. 담당자분께서 빠르게 답변해 주실 거예요! 감사합니다.'}]
```

앞의 두 결과를 보면 출력 내용이 동일합니다. 이는 다음 토큰을 선택할 때 무조건 가장 높은 확률의 토큰을 선택하기 때문입니다. 조금 확률적으로 토큰을 선택하고 싶다면 do_sample 매개변수를 True로 지정합니다. 그리고 반환된 결과에서 'generated_text' 키만 출력해 보겠습니다.

> note do_sample 매개변수의 기본값은 False입니다.

```
output = pipe(messages, max_new_tokens=200, return_full_text=False,
              do_sample=True)
print(output[0]['generated_text'])
```

> 안녕하세요! 다이어리에 내년의 모든 공휴일이 미리 표시되어 있는지 확인해 드리기 위해서는 제품 담당자님의 직접적인 확인이 가장 정확할 거예요. 하지만 현재로선 저희가 실시간으로 업데이트된 정보를 제공하는 데 한계가 있어요. 시간이 좀 걸리더라도 곧 연락드리거나 담당자님께서 알려주시면 도와드리겠습니다. 궁금한 점이 더 있으시다면 알려주세요!

do_sample 매개변수를 True로 지정하니 답변이 조금 더 자연스럽게 생성된 것 같습니다. 사람이 직접 대답한 것 같네요. 앞서 모델 구조에서 살펴보았듯 대규모 언어 모델은 마지막에 어휘 사전 크기만큼의 확률을 출력합니다. 이 확률을 바탕으로 어떤 토큰을 선택할지를 결정하는 과정을 샘플링 전략 또는 디코딩 전략이라고 합니다. 그렇다면 do_sample 매개변수는 어떤 역할을 할까요? 자세히 알아보겠습니다.

➕ 여기서 잠깐

do_sample 매개변수를 사용하면 코드를 실행할 때마다 다른 토큰이 선택될 수 있습니다. 그래서 책에 나온 출력 결과가 깃허브의 노트북과 다를 수 있습니다. 만약 실행할 때마다 동일한 결과를 얻고 싶다면 다음처럼 set_seed() 함수를 사용하여 난수 발생의 시드 값을 지정하세요.

```
from transformers import set_seed

set_seed(42)
```

토큰 디코딩 전략

지금까지 이해하기 쉽도록 LLM 모델의 디코더가 출력하는 값을 확률이라 설명했습니다. 하지만 실제로 디코더가 출력하는 것은 확률이 아니라, 어휘 사전에 들어 있는 각 토큰에 대한 점수입니다. 4장에서 배운 로지스틱 회귀처럼, 이 점수에 소프트맥스 함수를 적용하면 확률로 변환할 수 있습니다. 보통 소프트맥스 함수를 적용하기 전의 값을 **로짓**logit이라 부릅니다.

디코더가 출력한 로짓 중에서 어떤 토큰을 선택할지는 LLM 모델이 아닌, transformers 같은 딥러닝 프레임워크의 몫입니다. 프레임워크마다 이 과정은 조금씩 다를 수 있기 때문에 같은 모델, 같은 프롬프트, 같은 디코딩 옵션을 사용하더라도 출력된 텍스트가 다를 수 있습니다.

여기에서는 transformers 패키지를 기준으로 디코딩 전략을 소개하겠습니다. 다른 패키지에서는 디코딩 순서나 적용 방식이 다를 수 있습니다.

가장 간단한 디코딩 방식은 do_sample 매개변수가 기본값 False일 때입니다. 이 경우 가장 높은 확률을 가진 토큰 하나를 선택합니다. 그렇기 때문에 프롬프트가 같으면 모델을 여러 번 실행해도 항상 같은 대답을 얻을 수 있습니다. 이런 전략을 **그리디 서치**greedy search라 부릅니다.

> **note** 5장에서 소개한 그리드 서치와 혼동하지 마세요.

transformers 패키지는 기본적으로 그리디 서치를 사용하며 do_sample 매개변수를 True로 설정하면 샘플링 전략을 사용합니다. 가장 널리 사용하는 방식인 top-k 샘플링과 top-p 샘플링을 차례대로 소개하겠습니다.

기본 샘플링

디코더가 출력한 로짓 중에서 한 토큰의 로짓이 아주 크다고 생각해 보죠. 예를 들어 다음처럼 다섯 개의 토큰에 대한 로짓을 얻었다고 가정해 보겠습니다.

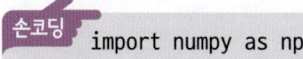

```
import numpy as np

logits = np.array([1, 2, 3, 4, 100])
```

마지막 값이 다른 네 개의 값보다 월등히 크군요. 이 배열을 소프트맥스 함수에 통과시켜 보겠습니다. 4장에서 했던 것처럼 사이파이의 softmax() 함수를 사용해 보죠.

```
from scipy.special import softmax

probas = softmax(logits)
print(probas)
```

> [1.01122149e-43 2.74878501e-43 7.47197234e-43 2.03109266e-42
> 1.00000000e+00]

소프트맥스 함수의 결과를 보면 마지막 원소의 확률이 거의 1에 가깝고 나머지 원소의 확률은 0에 가깝습니다. 이런 확률 분포에서 하나의 토큰을 랜덤하게 선택하면 거의 항상 마지막 원소가 선택될 것 같군요. 넘파이의 random.multinomial() 함수를 사용하면 주어진 확률 분포를 바탕으로 샘플링을 실험해 볼 수 있습니다. 여기서는 100번을 실행해 보겠습니다.

```
np.random.multinomial(100, probas)
```

> array([0, 0, 0, 0, 100])

100번을 시도했는데 100번 모두 마지막 원소가 선택되었군요. 처음 네 개의 원소가 선택된 횟수는 모두 0입니다. 이렇게 되면 그리디 서치를 적용하는 것과 별반 다르지 않습니다. 그래서 소프트맥스 함수가 만드는 확률 분포를 조금 변형시켜 주는 기법을 종종 사용합니다. 다음처럼 logits을 100으로 나눈 다음 다시 실행해 보겠습니다.

```
probas = softmax(logits/100)
np.random.multinomial(100, probas)
```

> array([16, 18, 12, 14, 40])

여전히 마지막 원소가 선택되는 경우가 높지만, 이전과 달리 처음 네 개의 원소도 어느 정도 선택됩니다. 이렇게 로짓을 1보다 큰 값으로 나누면 확률 분포가 조금 더 부드러워져 다른 원소가 선택될 가능성이 높아지기 때문입니다. 반대로 1보다 작은 값으로 나누어 주면 확률 분포가 더 결정적으로 바뀌고 가장 큰 로짓을 선택하는 그리디 서치와 비슷하게 동작하게 됩니다.

이렇게 선택의 다양성을 증가시키거나 줄이는 역할을 하는 이 값을 온도 파라미터라고 부릅니다(이 용어는 열역학에서 유래되었습니다). 파이프라인 객체를 사용할 때 temperature 매개변수로 온도 값을 조절할 수 있으며, 기본값은 1입니다. 온도를 높였을 때 어떤 텍스트가 생성되는지 확인해 보겠습니다.

> **note** temperature 매개변수는 0보다 큰 실수여야 합니다.

손코딩
```
output = pipe(messages, max_new_tokens=200, return_full_text=False,
              do_sample=True, temperature=10.0)
print(output[0]['generated_text'])
```

> 저는 해당Qy 관리자 입장이지않그래서요qing 특정 브랜드 또는 제조업의 공휴일 포함사항들 자세힌 조회 권한 없으므로 공식 판매처인 판매처혹은회사 페이지의 Calendar 섹션까지 직접 검색recommension 부탁할답니다 그런 디테일 확인해봐 보아지에 확실이 정확히 될 수 밖니를 알 수도요... 거기엔 언제나 전문가, 예 쇼핑몰측이나 해당 제작 다이어리 관계자하시분들 의견들이 담겨볼 시간 필요하셨겠다 이해 부탁드립니다 감사바겠! 😊🙇💬❗️🔲★.answer.note#DiaryContent#ChRIONlogicalEntries 정확 내용 제공 위해 담당자 요청 대기 부탁드립니다 🙇📍🔲 #NeedAssistantRightApprovalsFirst.handle.🤝 🔲

아이고, 출력 내용이 정신없네요. 한글과 영어가 섞여 쓰이고, 이모티콘에 특수문자도 너무 많습니다. 아무래도 토큰의 선택 가능성을 고르게 부여하다 보니 적절하지 않은 토큰이 많이 선택된 것 같습니다. 그럼 이번에는 온도 파라미터를 낮춰서 가장 큰 로짓을 가진 토큰에 높은 가능성을 부여해 보겠습니다.

손코딩
```
output = pipe(messages, max_new_tokens=200, return_full_text=False,
              do_sample=True, temperature=0.001)
print(output[0]['generated_text'])
```

> 안녕하세요! 다이어리에 내년의 공휴일이 미리 표시되어 있는지에 대해 정확한 답변을 드리기 위해서는 제품 담당자에게 확인이 필요합니다. 현재로선 직접 확인이 어려우니, 저희가 안내드릴 수 있는 방법으로는 고객센터에 연락하시거나, 제품 페이지 내의 문의 게시판을 통해 질문해 보시는 것이 좋을 것 같습니다. 담당자분께서 빠르게 답변해 주실 거예요! 감사합니다.

온도 파라미터를 1보다 많이 작게 하니 앞서 do_sample=False로 생성한 결과와 동일하군요! 마치 그리디 서치를 수행한 것과 다름이 없습니다. transformers 패키지는 이렇게 온도 파라미터만으로도 출력의 결과에 영향을 줄 수 있습니다. 이어서 자주 사용되는 두 개의 샘플링 전략을 차례대로 알아보겠습니다.

top-k 샘플링

top-k 샘플링은 모델이 출력한 로짓을 기준으로 최상위 k개의 토큰을 선택하는 방법입니다. 이후 선택된 토큰의 로짓만 소프트맥스 함수에 통과시킵니다. 바꾸어 말하면 가능성이 높은 몇 개의 토큰 중에서 하나를 선택하는 방법입니다.

top-k 샘플링을 사용하려면 파이프라인 객체를 호출할 때 top_k 매개변수를 지정하면 됩니다. 이 매개변수에는 1보다 큰 정수를 지정해야 합니다. 예를 들어 다음처럼 상위 10개의 토큰을 선택하도록 지정해 보겠습니다.

> note 일반적으로 top_k는 5~50 사이의 값을 많이 사용합니다.

```
output = pipe(messages, max_new_tokens=200, return_full_text=False,
              do_sample=True, top_k=10)
print(output[0]['generated_text'])
```

> 네, 저희 제품 담당자가 확인 후 답변을 드리겠습니다. 공휴일 정보는 연도에 따라 변경될 수 있으니 잠시 후에 다시 확인해 주시거나, 저희 고객센터로 연락주시면 더 신속하게 도움을 드리겠습니다. 감사합니다!

transformers 패키지는 온도 파라미터를 top-k 샘플링이나 이어서 설명할 top-p 샘플링보다 먼저 적용합니다. 즉, 모델이 생성한 로짓에 대해 temperature를 적용해 분포를 조정한 다음 top_k 매개변수 값만큼 최상위 k개의 로짓을 선택하고, 마지막으로 소프트맥스 함수가 적용됩니다.

앞선 코드에서는 temperature 매개변수를 지정하지 않았기 때문에 기본값 1.0이 적용되었습니다. temperature 값을 조절하면 모델이 생성하는 텍스트의 다양성을 조정할 수 있습니다. 이번에는 이전과 동일하게 temperature 매개변수를 10.0으로 높여 보겠습니다.

```
손코딩  output = pipe(messages, max_new_tokens=200, return_full_text=False,
                do_sample=True, top_k=10, temperature=10.0)
        print(output[0]['generated_text'])
```

> 죄송한데요 말씀해 주세요! 제 정보력으로만선별로 어떤 공휴일이 적용 될지 정확이알아내기에 한계 있어서 고객센터에 확인하시라고 제안드린대요~ 직원분이 정확하고 자세한정당하시고 답변 드릴게요! 빠르실 거라 생각되지만 좀 기다려줘야 할까 봅니다.

temperature 매개변수를 10.0으로 지정했을 때는 영어와 특수 문자가 섞인 이상한 결과가 나왔습니다. 하지만 이번에는 맞춤법이 좀 틀리긴 했지만 어느 정도 이해할 수 있는 문장이 생성됐습니다. 이는 temperature 매개변수로 로짓이 작은 토큰들의 선택 가능성을 높였지만, top_k 매개변수를 함께 사용해 최상위 토큰만 선택한 결과로 볼 수 있습니다. 이어서 top-p 샘플링 방식을 알아보겠습니다.

top-p 샘플링

top-p 샘플링은 top-k 샘플링과 다르게 최상위 토큰의 개수를 고정하는 것이 아니라 확률 순으로 토큰을 나열한 후 사전에 지정한 확률만큼만 최상위 토큰을 선택하는 방식입니다. 예를 들어, 상위 90%의 확률까지만 선택한다고 가정해 보겠습니다.

note top-p 샘플링을 뉴클리어스 샘플링(nucleus sampling)이라고도 부릅니다.

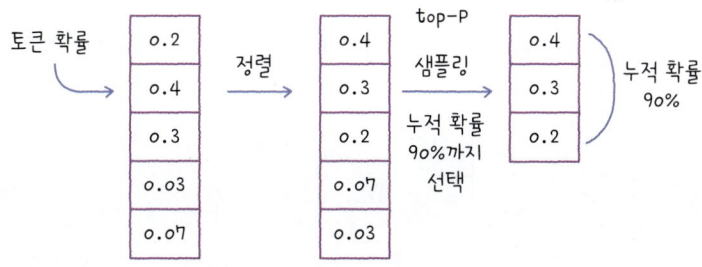

top-p 샘플링을 적용하려면 top_p 매개변수에 0.0보다 크고 1.0보다 작은 실숫값을 지정해야 합니다.

note 일반적으로 top_p는 0.9~0.95 사이의 값을 많이 사용합니다.

```
output = pipe(messages, max_new_tokens=200, return_full_text=False,
              do_sample=True, top_p=0.9)
print(output[0]['generated_text'])
```

> 안녕하세요! 다이어리에 내년의 공휴일 정보가 포함되어 있는지 정확히 알려드리기 위해서는 제품의 최신 모델이나 디자인을 확인해야 합니다. 현재로선 직접 확인하실 수 없으시다면, 저희가 가장 빠르게 답변 드리기 위해 제품 담당자께 문의하시거나, 쇼핑몰 고객센터에 연락해 주시는 것이 좋을 것 같아요. 담당자께서 자세한 내용을 알려드릴 수 있을 거예요! 도와드리기 위해 최선을 다하겠습니다. 감사합니다.

네, 만족할만한 텍스트가 생성되었군요. top_p=0.9로 지정했다는 것은 LLM이 다음 토큰을 선택할 때 모두 합쳐서 90% 확률 안에 드는 토큰만을 사용했다는 의미입니다. top-k 방식은 최상위 토큰 개수를 고정하기 때문에 비교적 높은 확률을 가진 토큰임에도 불구하고 선택에서 제외될 가능성이 있습니다. 이에 반해 top-p 샘플링은 대상 토큰을 누적 확률로 지정하기 때문에 다양한 확률 분포에 유연하게 대처할 수 있습니다.

그런데 top-p 샘플링을 하려면 소프트맥스 함수를 사용해 로짓을 확률로 바꿔야 합니다. 그다음 확률을 기준으로 토큰을 선택하고, 이 토큰들의 로짓을 다시 소프트맥스 함수에 통과시켜서 최종 토큰 확률을 계산합니다. 어이쿠 복잡하군요. transformers 패키지에서 top-p 샘플링을 사용했을 때 LLM의 출력부터 최종 토큰 확률을 만드는 것까지 그림으로 나타내면 다음과 같습니다.

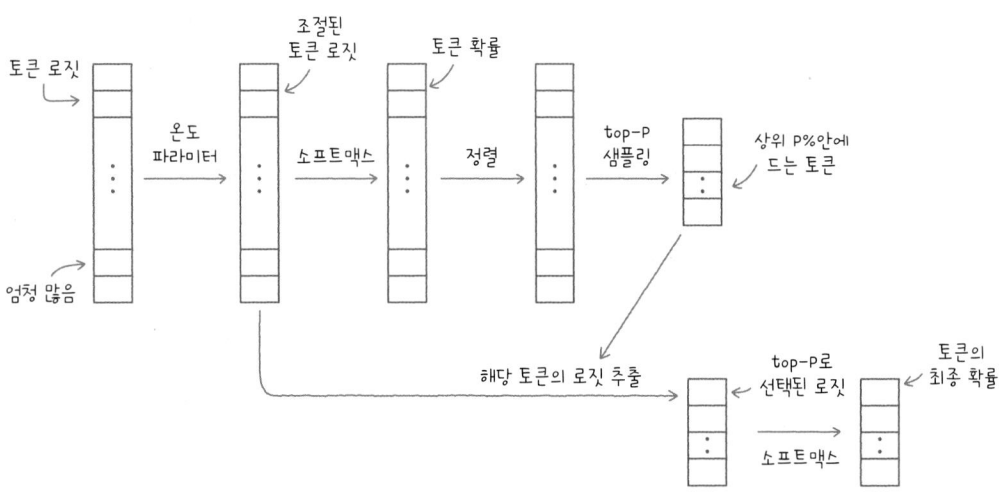

엇, 그런데 전체 토큰의 로짓에 소프트맥스 함수를 적용하는 것이 왠지 계산량이 많이 들 것 같군요.

EXAONE의 경우 출력되는 로짓 개수는 어휘 사전의 크기와 같아서 무려 102,400개나 되니까요. top-p 샘플링이 유용하지만 top-k 방식에 비해 계산량이 늘어나는 단점이 있습니다. 이런 경우 top-k와 함께 사용하면 좋습니다. 예를 들어 top-k로 먼저 최상위 로짓을 일부 선택한 다음 top-p 방식을 적용하는 거죠.

다행히 transformers 패키지는 top-k와 top-p 방식을 동시에 사용할 수 있으며 그 중에 top-k가 로짓에 먼저 적용됩니다. top-k 방식을 포함하여 전체 진행 과정을 그림으로 나타내면 다음과 같습니다.

note 다시 언급하지만, 이 그림은 transformers 패키지가 수행하는 방식을 나타낸 것입니다. 패키지마다 샘플링 순서나 방식이 다를 수 있습니다.

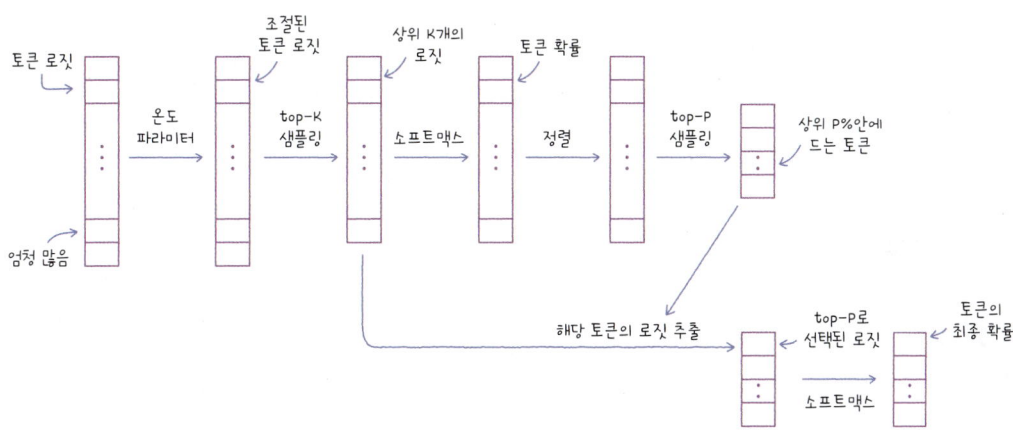

그럼 top_k 매개변수와 top_p 매개변수를 함께 사용해 보겠습니다.

손코딩
```python
output = pipe(messages, max_new_tokens=200, return_full_text=False,
              do_sample=True, temperature=2.0, top_k=100, top_p=0.9)
print(output[0]['generated_text'])
```

> 안녕하세요! 다이어리에 내년도 공휴일이 포함되어 있는지 확인해 드리려면 제품 담당자께 문의하시는 것이 가장 정확할 것 같아요. 담당자분께서는 최신 정보와 제품의 정확한 사양을 알려드리실 수 있을 거예요. 혹시 지금 바로 확인이 필요하시다면, 저희 웹사이트에 있는 고객 지원 섹션을 통해 문의해 보시는 건 어떨까요? 도움이 될 거예요!

위 코드에서는 temperature 매개변수로 로짓의 값을 먼저 조정한 후, top_k 매개변수를 사용해 비교적 많은 개수의 토큰을 먼저 선택합니다. 그다음 top-p 샘플링을 적용한 것입니다.

이번에는 토큰을 선택하는 다양한 디코딩 전략에 대해 알아보았습니다. 실제로는 더 다양한 디코딩 전략이 있습니다. 이에 대해 모두 언급하는 것은 책의 범위를 넘어서기 때문에, 자세한 내용은 허깅 페이스 문서(https://bit.ly/3ZPbbPU)를 참고하세요.

이어서 디코더 기반의 LLM으로 텍스트를 생성하는 또 다른 방법으로 오픈AI의 API를 사용해 보겠습니다.

오픈AI 모델의 간략한 역사

오픈AI는 GPT Generative Pre-trained Transformer란 이름의 디코더 기반의 LLM을 개발해 왔습니다. 2018년 GPT-1을 출시했으며, 2019년에는 더 큰 모델인 GPT-2를 공개했습니다. 2020년에는 1,750억 개의 파라미터를 가진 GPT-3를 출시하면서 클로즈드 소스로 전환했습니다. 2022년에는 GPT-3.5와 ChatGPT가 등장하며 인공지능 기술이 본격적으로 주목받기 시작했습니다.

2023년에는 텍스트뿐만 아니라 이미지를 처리할 수 있는 멀티모달 multi-modal 모델인 GPT-4를 출시했습니다. 2024년에는 최신 모델인 GPT-4o가 발표되며 더욱 빠르고 강력한 성능을 제공하고 있습니다. GPT-4o를 활용해 상품 문의에 대한 댓글을 생성해 보겠습니다.

note 2025년 8월에 GPT-5 버전이 출시되었습니다.

오픈AI API 키 만들기

오픈AI에서 제공하는 모델을 사용하려면 먼저 오픈AI 사이트에 가입하고 API 키를 발급받아야 합니다. 예전에는 신규 가입자에게 일정 양의 무료 크레딧을 제공했지만, 2024년 초부터 이 혜택이 중단되었습니다. 현재는 최소 $5 정도를 충전해야 API를 사용할 수 있습니다. 이 금액이면 간단한 실험을 해보는 데 충분합니다.

01 오픈AI API 사이트(https://platform.openai.com/)에 접속하면 다음과 같은 화면이 나타납니다. 이미 회원으로 가입되어 있다면 로그인을 해주시고, 아직 회원이 아니라면 오른쪽 위에 있는 'Sign up' 버튼을 클릭하여 회원 가입을 진행해 주세요.

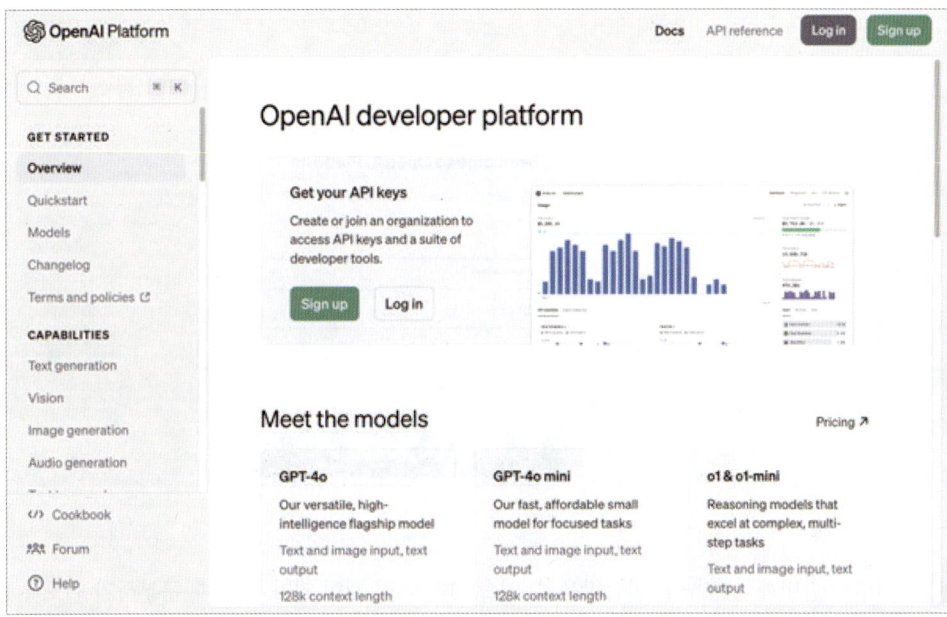

02 로그인 후 오른쪽 상단의 'Start building' 버튼을 클릭하여 기본 설정과 API 키를 발급받을 수 있습니다.

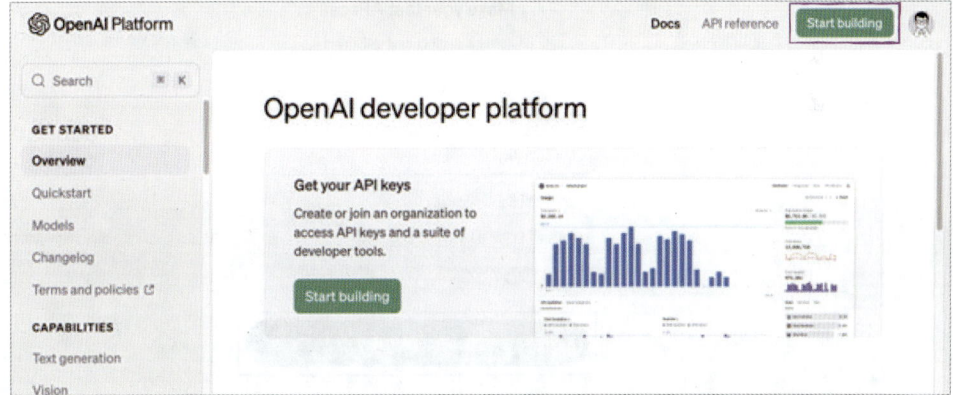

03 'Start building' 버튼을 클릭하면 먼저 조직이나 개인의 이름을 입력하고, 기술에 어느 정도 익숙한지 물어봅니다. 적당한 답변을 입력 후 'Create organization' 버튼을 클릭합니다. 이어지는 화면에서 팀원으로 초청하고 싶은 사람의 이메일을 적을 수 있습니다. 여기서는 'Continue' 버튼을 클릭해 이를 건너 뛰고 다음 화면으로 넘어가겠습니다.

04 이제 첫 번째 API 키를 발급받을 수 있습니다. 여러 개의 키가 있을 때 구분하기 쉽도록 키 이름을 지정하거나 그냥 기본 값을 사용할 수 있습니다. 'Generate API Key' 버튼을 클릭합니다.

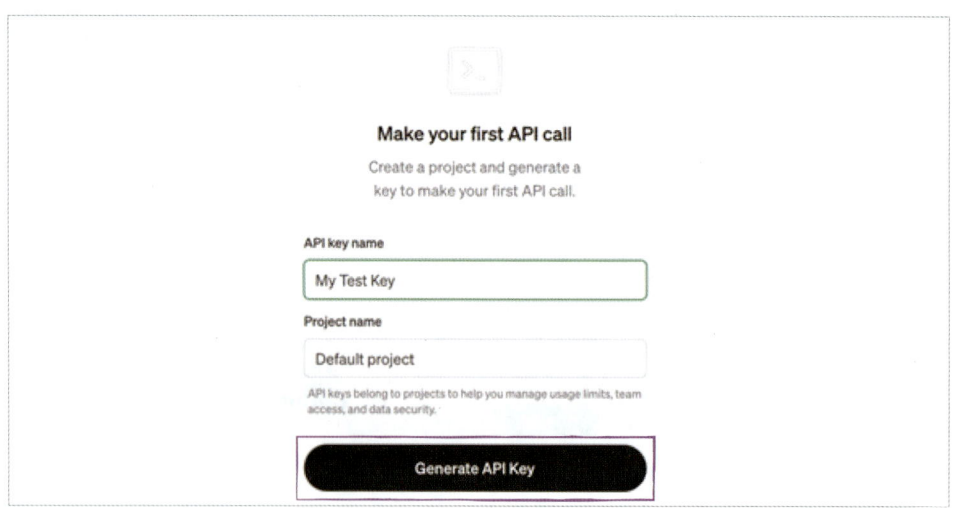

05 다음 화면에서 'Copy' 버튼을 클릭하여 키를 복사합니다. 복사된 키를 메모장이나 텍스트 파일로 잘 보관하세요. 보안을 위해 API 키는 생성 시점에만 복사가 가능합니다. 화면 아래 API 키를 사용하는 예제도 나와 있군요. 필요하면 이를 복사해 놓는 것도 좋습니다.

06 크레딧을 추가하고 신용카드 정보를 입력합니다.

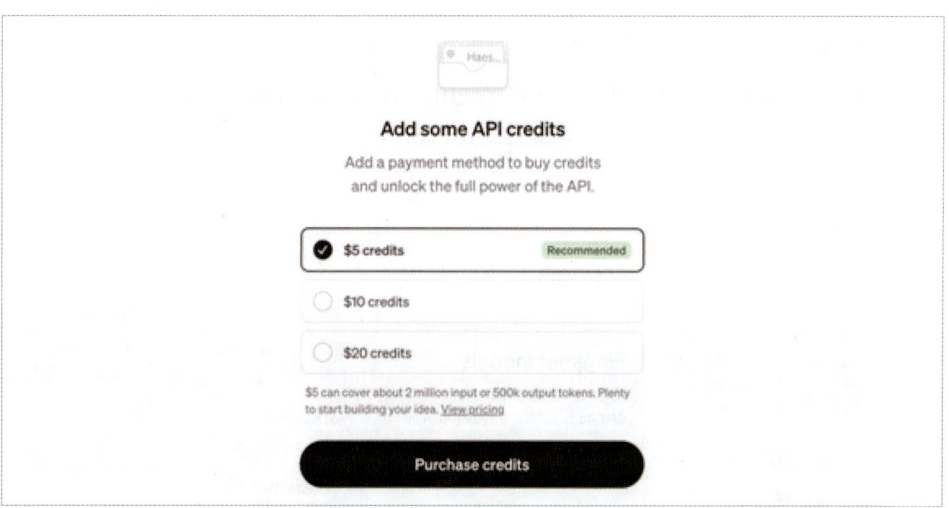

note 크레딧을 구매하기 위해서는 해외 결제가 가능한 신용카드가 있어야 합니다.

07 로그인 후 오른쪽 상단의 톱니바퀴 아이콘을 누르면 설정 화면으로 이동합니다. 여기에서 왼쪽에 있는 'API Keys'를 클릭하면 조금 전 발급받은 API 키를 확인할 수 있습니다. 하지만 앞서 설명했듯이 이전에 발급된 키를 다시 복사할 수는 없습니다. 이 화면에서는 키의 이름을 수정하거나 삭제만 가능합니다. 새로운 키를 만들고 싶다면, 오른쪽 상단의 'Create new secret key' 버튼을 클릭하면 됩니다. 오픈AI 모델을 사용할 준비를 모두 마쳤습니다. 여기서는 이 글을 쓰는 시점에 가장 최신이고 비교적 저렴한 GPT-4o-mini를 사용하겠습니다.

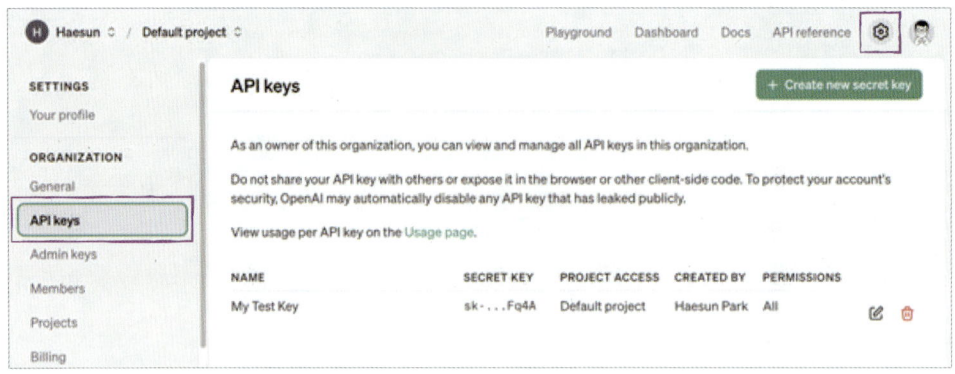

note 파이썬으로 API를 호출하는 대신 오픈AI 플레이그라운드(playground)(https://platform.openai.com/playground/)에서 간단히 모델을 테스트해 볼 수 있습니다. 이를 위해서도 크레딧을 먼저 구매해야 합니다. 여기서는 코랩 노트북에서 API 호출을 하는 방법에 초점을 맞추겠습니다.

08 오픈AI에서 제공하는 모델에 대한 정보를 확인하려면 상단 메뉴 'Docs'를 클릭하고 왼쪽 메뉴에서 'Models'를 선택하세요(https://platform.openai.com/docs/models). GPT-4o mini가 작고 빠른 모델이라고 소개하고 있네요.

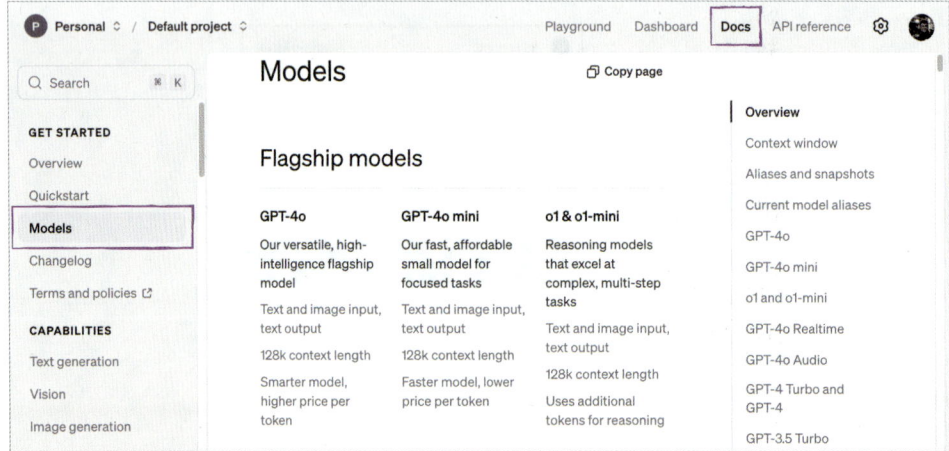

오픈AI에서 제공하는 모델의 가격은 Pricing 페이지(https://openai.com/api/pricing/)에서 확인 가능합니다. 이 글을 작성하는 시점에 GPT-4o-mini의 가격은 입력 토큰 100만 개당 $0.15이고, 출력 토큰 100만 개당 $0.6입니다. 둘을 합쳐 약 100만 개 토큰 입출력에 $0.75가 드는 셈이군요. 이 정도면 예제를 테스트하고 실험을 하는 데 큰 부담이 없습니다.

앞서 API 키를 발급받았을 때 파이썬 샘플 코드를 보았습니다. Docs 페이지의 왼쪽에 있는 'Text generation' 메뉴를 클릭해도 비슷한 샘플 코드를 확인할 수 있습니다.

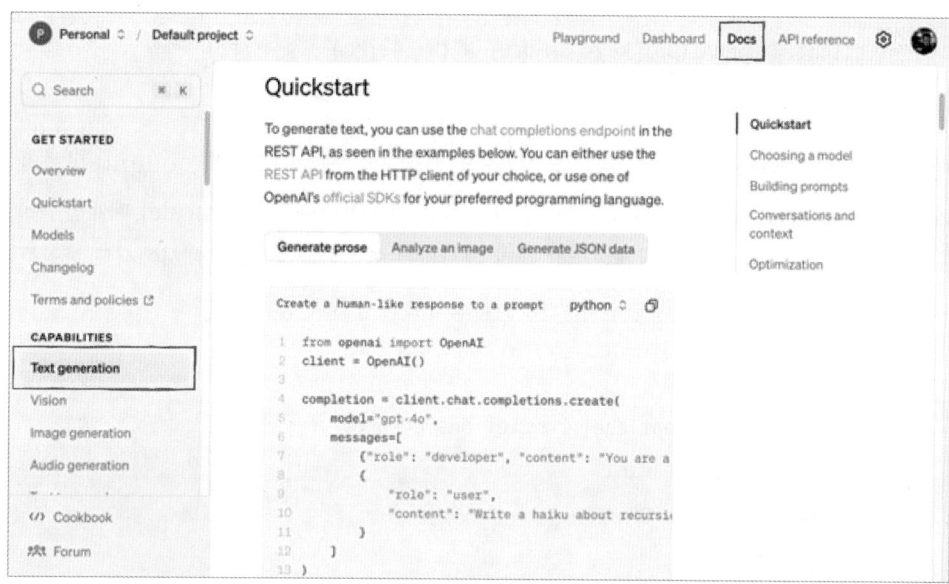

note 다양한 코드 예제와 API의 전체 옵션은 상단의 'API reference' 메뉴를 클릭하고 왼쪽에서 'Chat' 메뉴를 클릭해서 확인할 수 있습니다.

예제 코드에 있는 메시지 형식이 앞서 EXAONE에 전달했던 채팅 템플릿과 매우 비슷할 것을 알 수 있습니다. 이 코드를 복사하여 코랩에서 gpt-4o-mini 모델을 호출해서 고객 문의에 대한 댓글을 생성해 보죠.

오픈AI API로 상품 질문에 대한 대답 생성하기

눈썰미가 좋은 독자는 위 코드 예시를 보고 openai라는 파이썬 패키지를 사용한다는 것을 눈치챘을 것 같네요. 다행히 오픈AI의 높은 인기 덕분에 코랩에는 이미 openai 패키지가 설치되어 있습니다.

note 만약 로컬에서 오픈AI API를 호출하고 싶다면 주피터 노트북에서 다음 명령으로 openai 패키지를 설치해 주세요.
!pip install openai

먼저 openai 패키지에서 OpenAI 클래스를 임포트합니다.

손코딩
```
from openai import OpenAI
```

다음으로 이전에 생성한 API key를 사용해 클라이언트 객체를 생성합니다.

손코딩
```
client = OpenAI(api_key="sk-proj-N7tW…43jMoA")  # 여러분의 키를 입력하세요.
```

여기서 사용할 API는 가장 기본이 되는 **채팅 완성**chat completion입니다. client 객체의 chat.completions.create() 메서드를 사용해 이 API를 호출합니다. 이 때 model 매개변수에 사용할 모델을 지정하고 messages 매개변수에 채팅 메시지를 입력합니다. 앞서 예시에서도 보았듯이 메시지는 앞서 만든 채팅 템플릿과 동일하므로 이를 그대로 사용합니다.

손코딩
```
completion = client.chat.completions.create(
    model="gpt-4o-mini",
    messages=messages
)
```

네, 이게 전부입니다! 아주 간단하죠? 반환된 completion 객체에는 GPT-4o-mini의 응답이 담겨 있습니다. completion 객체는 모델이 응답한 여러 버전을 choices 속성에 담고 있습니다. 기본적으로 하나의 응답이 반환되므로 첫 번째 원소의 message.content 속성을 출력해 보겠습니다.

note create() 메서드의 n 매개변수를 기본값 1보다 크게 하면 한 개 이상의 응답이 반환됩니다.

손코딩
```
print(completion.choices[0].message.content)
```

> 안녕하세요! 제품 담당자가 정확한 정보를 확인한 후에 답변드릴 수 있도록 시간이 필요합니다. 조금만 기다려 주시면 감사하겠습니다!

시스템 메시지로 전달한 내용을 잘 이해하고 간단하고 명료하게 응답을 했습니다. 역시 명성대로 아주 훌륭하네요. 이어서 중요한 몇 가지 매개변수를 알아보겠습니다.

이 글을 작성하는 시점에 OpenAI는 top-k 샘플링을 지원하지 않습니다. 대신 top-p 샘플링을 위한 top_p 매개변수를 제공합니다. top_p 매개변수의 기본값은 1로 전체 토큰을 사용합니다. 이를 0.9정도로 낮추면 높은 확률을 가진 토큰이 선택될 가능성이 조금 더 올라갑니다.

```
completion = client.chat.completions.create(
    model="gpt-4o-mini",
    messages=messages,
    top_p=0.9
)
print(completion.choices[0].message.content)
```

> 안녕하세요! 해당 다이어리에 내년도 공휴일이 표시되어 있는지 확인하기 위해 제품 담당자에게 문의해보겠습니다. 조금만 기다려 주시면 감사하겠습니다!

원래 메시지가 간결하고 명확하기 때문에 top_p 매개변수로 인한 결과에 큰 차이는 없는 것 같습니다. 이번에는 temperature 매개변수로 온도 파라미터를 조정해 보겠습니다. 오픈AI의 temperature 매개변수는 0~2 사이의 값을 지정해야 하며 기본값은 1입니다. 이 값을 높여서 조금 더 랜덤한 출력을 얻어 보죠.

```
completion = client.chat.completions.create(
    model="gpt-4o-mini",
    messages=messages,
    temperature=1.8
)
print(completion.choices[0].message.content)
```

> 문의해 주셔서 감사합니다! 앞으로 내년도 공휴일이 다이어리에 포함되어 있는지에 대한 esclarecimento 사항은 제품 담당자에게 문의 드리겠습니다. 조금만 기다려 주시면 정확한 정보를 준비해드리겠습니다.

역시 temperature 값을 증가시키니 불안정한 답이 출력되었습니다. 오픈AI에서는 temperature 매개변수와 top_p 매개변수를 동시에 사용하는 것보다 둘 중 하나를 선택해서 사용하도록 권장하고 있습니다.

note 오픈AI API에서 디코딩 전략의 우선 순위나 그리디 서치 방식을 사용하는 방법은 명확하게 문서화되어 있지 않습니다. temperature=0으로 지정하면 일정한 출력을 얻을 수 있다고 알려져 있지만 예고 없이 언제든 동작이 바뀔 수 있습니다.

지금까지 디코더 기반의 대규모 언어 모델 활용 방법을 살펴보았습니다. 디코더 기반 모델은 빠르게 발전하고 있으며, 적절한 모델을 선택하기 위해 LLM 리더보드를 참고하는 것이 중요합니다. 허깅페이스는 다양한 오픈 소스 LLM을 제공하며, 필요에 따라 모델을 미세 튜닝할 수도 있습니다.

이 글을 작성하는 시점에서 한국어 성능이 우수한 모델로는 LG AI 연구원의 EXAONE-3.5가 있습니다. 본문에서는 EXAONE을 활용해 한빛 마켓의 사용자 질문에 답변을 생성하는 과정을 실습하고, 디코더의 토큰 선택 전략을 비교해 보았습니다.

오픈 소스 LLM이 발전하고 있지만 보다 정교한 결과를 얻는다면 클로즈드 소스 LLM도 고려할 필요가 있습니다. 현재 클로즈드 소스 LLM을 제공하는 대표적인 기업으로는 오픈AI, 구글, 앤트로픽 등이 있으며, 본문에서는 오픈AI API를 사용해 동일한 질문에 답변을 생성하는 과정을 다루었습니다.

오픈AI는 이 외에도 다양한 매개변수를 제공하고 있습니다. 전체 옵션에 대한 설명은 공식 문서(https://platform.openai.com/docs/api-reference/chat/create)를 참고하세요. 또한 오픈AI API를 사용해 전문적인 애플리케이션을 만드는 방법은 이 책의 범위를 넘어섭니다. 오픈AI API의 고급 사용 방법에 대한 자세한 소개는 『GPT API를 활용한 인공지능 앱 개발(2판)』(한빛미디어, 2024)을 참고하세요.

마무리

▶ 키워드로 끝내는 핵심 포인트

- **EXAONE**은 LG AI연구원에서 만든 트랜스포머 디코더 기반의 대규모 언어 모델입니다. 3.5 버전은 한국어와 영어를 잘 이해하며 비교적 적은 모델 파라미터를 가진 모델 중에서 경쟁력이 있습니다. 최신 LLM에서 채택하는 여러 기술을 사용하고 있습니다. 그룹 쿼리 어텐션, 실루 활성화 함수, RMS 정규화, 로터리 위치 임베딩 등입니다.

- **토큰 디코딩**은 대규모 언어 모델이 출력한 로짓을 바탕으로 다음 토큰을 선택하는 과정입니다. 가장 기본적인 방법은 로짓을 소프트맥스 함수에 통과시켜 확률로 바꾼 후 이 확률을 기반으로 다음 토큰을 선택합니다. 온도 파라미터를 높이면 비교적 낮은 확률의 토큰이 선택될 가능성을 높일 수 있습니다. 최상위 로짓의 일부 토큰을 선택하는 top-k 방식과 누적 확률의 임곗값으로 토큰을 선택하는 top-p 방식이 널리 사용됩니다.

- **GPT**는 오픈AI에서 개발한 트랜스포머 디코더 기반의 대규모 언어 모델입니다. GPT-2는 공개되어 있지만 GPT-3부터는 클로즈드 소스 정책을 유지하고 있습니다. GPT-3.5를 기반으로 하는 ChatGPT는 인공지능 분야에 큰 영향을 미쳤습니다. 최신 GPT-4o 모델은 다양한 작업에서 뛰어난 성능을 내는 모델 중 하나입니다. ChatGPT 웹 인터페이스 또는 파이썬 같은 프로그래밍 언어를 위해 제공되는 API를 통해 이런 모델을 사용할 수 있습니다.

▶ 핵심 패키지와 함수

transformers

- **AutoTokenizer**는 허깅페이스에서 제공하는 사전 훈련된 LLM 모델의 토크나이저를 직접 로드하기 위한 클래스입니다. from_pretrained() 클래스 메서드에 허깅페이스의 모델 경로를 전달하여 불러올 수 있습니다. 비슷하게 트랜스포머 디코더 기반의 LLM 모델을 불러오려면 AutoModelForCausalLM 클래스를 사용합니다.

- 파이프라인 객체를 호출할 때 다음과 같은 매개변수를 사용할 수 있습니다.
  - max_new_tokens 매개변수는 모델이 생성할 최대 토큰 개수를 설정합니다.
  - return_full_text 매개변수를 False로 지정하면 모델이 생성한 텍스트만 반환합니다. 기본값은 True입니다.
  - do_sample 매개변수를 True로 지정하면 토큰 확률을 기반으로 다음 토큰을 선택합니다. 기본값은 False입니다.
  - temperature 매개변수는 모델이 출력한 로짓의 분포를 조정하는 온도 파라미터입니다. 1.0보다 크면 토큰의 선택 가능성을 고르게 만들고 1.0보다 작으면 높은 확률의 토큰이 선택될 가능성이 더 커집니다. 기본값은 1.0입니다.
  - top_k 매개변수는 가장 큰 확률을 가진 토큰 k개를 다음 토큰의 후보로 설정합니다. 기본값은 50이며 이런 디코딩 전략을 top-k 샘플링이라고 합니다.
  - top_p 매개변수를 1.0보다 작게 설정하면 확률 크기 순으로 토큰을 나열했을 때 누적 확률이 지정한 값을 넘기지 않을 때까지 후보 토큰으로 설정합니다. 기본값은 1.0이며 이런 디코딩 전략을 top-p 샘플링이라고 합니다.

openai

- OpenAI 클래스는 오픈AI의 API 호출을 위한 클라이언트 객체를 만듭니다.
  - api_key 매개변수에는 오픈AI에서 발급받은 API 키를 지정합니다. 이 매개변수를 지정하지 않으면 OPENAI_API_KEY 환경 변수에 저장된 값을 이용합니다.
- OpenAI.chat.completion.create() 메서드는 채팅 완성 API를 호출하고 GPT 모델의 응답을 반환합니다.
  - model 매개변수에 사용할 모델 아이디를 지정합니다.
  - messages 매개변수에 모델에게 전달할 대화 메시지를 입력합니다. 멀티모달 모델일 경우 텍스트 외에 이미지나 오디오 등을 전달할 수 있습니다.
  - temperature 매개변수로 0~2 사이의 온도 파라미터를 조정합니다. 기본값은 1입니다.
  - top_p 매개변수로 top-p 샘플링을 설정합니다. 기본값은 1입니다.
  - max_completion_tokens 매개변수로 모델이 생성할 최대 토큰 수를 지정합니다.

▶ 확인 문제

1. 다음 중 EXAONE-3.5에서 사용하는 기술은 무엇인가요?

① 멀티 헤드 어텐션

② 멀티 쿼리 어텐션

③ 그룹 쿼리 어텐션

④ 크로스 어텐션

2. 다음 중 트랜스포머 디코더 기반의 대규모 언어 모델이 아닌 것은 무엇인가요?

① BART

② Gemini

③ Claude

④ EXAONE

3. 다음 중 LLM에서 토큰을 생성할 때 널리 사용하는 디코딩 전략이 아닌 것은 무엇인가요?

① top-k 샘플링

② top-p 샘플링

③ 그리디 서치

④ 이진 검색

부록　한발 더 나아가기

이 책을 다 읽으셨군요. 정말 축하드립니다!

지금까지 배운 내용

1장에서 첫 번째 머신러닝 알고리즘으로 k-최근접 이웃을 배웠습니다. 2장에서는 머신러닝의 두 가지 큰 분류인 지도 학습과 비지도 학습을 소개하고 머신러닝 모델을 만들 때 데이터에 숨겨져 있는 문제를 다루는 방법을 설명했습니다.

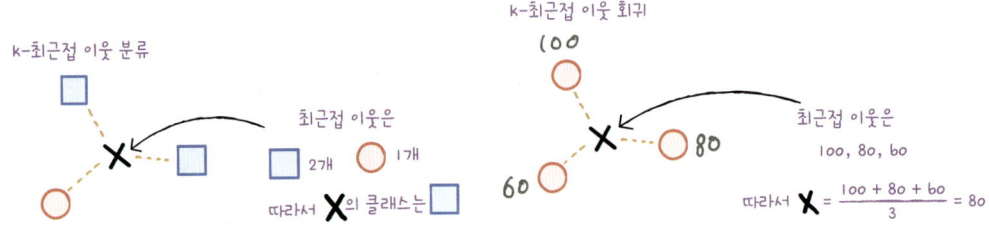

3장부터는 본격적인 머신러닝 알고리즘을 다룹니다. k-최근접 이웃 회귀 모델에서 시작해서 선형 회귀, 다항 회귀, 릿지, 라쏘 등을 배웠습니다. 이런 모델이 대표적인 회귀 모델입니다. 하지만 사이킷런에서 제공하는 대부분의 알고리즘은 분류와 회귀 모델을 모두 제공한다는 것을 잊지 마세요.

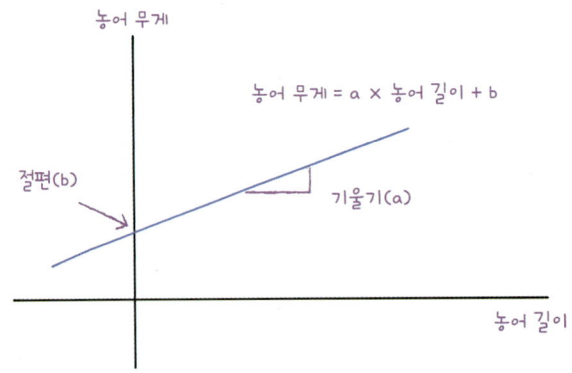

4장에서는 로지스틱 회귀와 확률적 경사 하강법을 배웠습니다. 이 두 알고리즘은 7장의 딥러닝 알고리즘을 이해하기 위해 꼭 필요합니다. 딥러닝의 구성하는 핵심 요소이기 때문입니다. 7장의 내용이 잘 이해되지 않는다면 4장을 꼭 다시 한번 읽어 보세요.

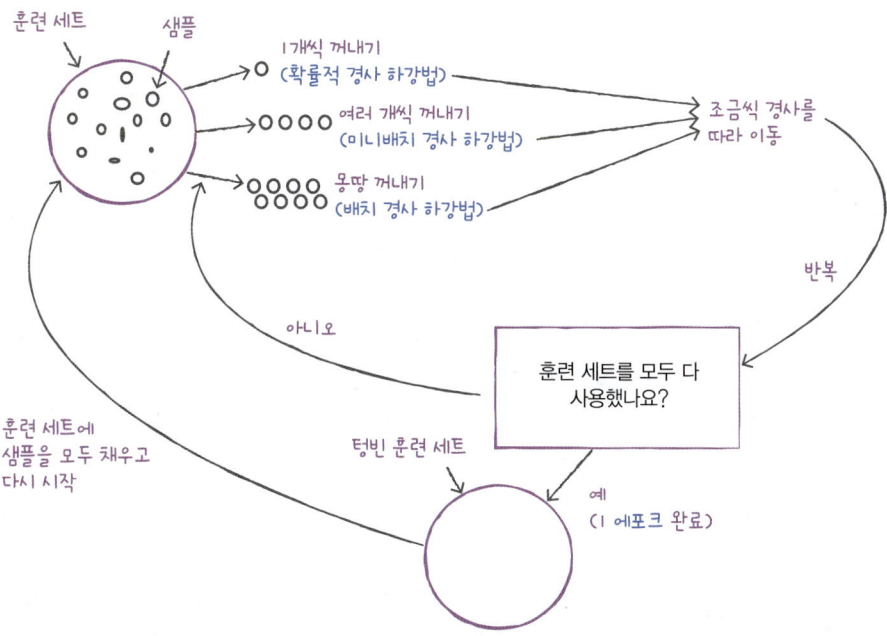

5장은 머신러닝에서 빼놓을 수 없는 결정 트리 알고리즘을 다룹니다. 머신러닝 분야에서 가장 높은 성능을 내는 앙상블 알고리즘은 주로 결정 트리를 기반으로 합니다. 사이킷런에 있는 여러 가지 앙상블 알고리즘을 소개했지만 특별히 인기가 높은 XGBoost와 LightGBM도 간단히 사용해 보았습니다. 또 데이터를 효과적으로 사용하고 최적의 하이퍼파라미터를 찾기 위한 교차 검증과 그리드 서치를 소개했습니다.

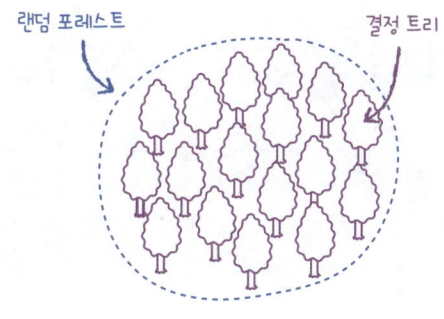

이 책에서 머신러닝 알고리즘을 소개하면서 설명하지 못한 알고리즘은 **서포트 벡터 머신**support vector machine, SVM입니다. 서포트 벡터 머신은 수학적으로 잘 정의되어 있고 여전히 널리 사용되고 있습니다. 서포트 벡터 머신에 대한 자세한 내용은 뒤에 소개하는 다른 머신러닝 도서를 참고하세요.

6장에서는 타깃 데이터를 사용하지 않는 비지도 학습 알고리즘을 소개했습니다. 먼저 군집에 대해 설명하고 대표적인 군집 알고리즘인 k-평균 알고리즘을 소개했습니다. 하지만 이외에도 다른 군집 알고리즘이 많습니다. 대표적으로 병합 군집과 DBSCAN이 있습니다. 이어서 차원 축소의 대표적인 알고리즘인 PCA를 소개했습니다. 역시 PCA 이외에도 더 많은 차원 축소 알고리즘이 있습니다. 이런 알고리즘들을 배울 수 있는 도서를 이어서 소개하겠습니다.

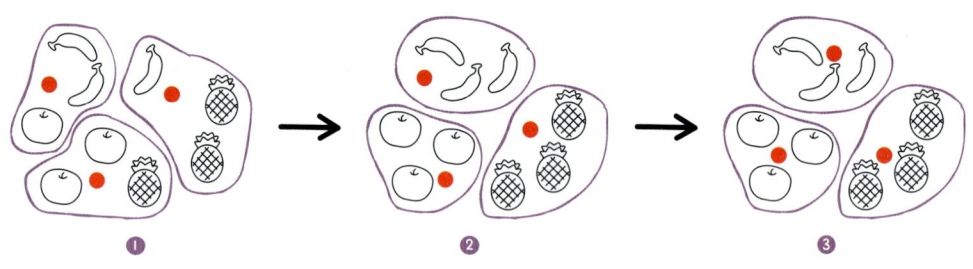

7장에서는 딥러닝과 인공 신경망에 대해 소개합니다. 인공 신경망에는 새로운 용어와 개념이 많이 등장합니다. 이들이 무엇을 의미하는지 잘 이해할 수 있도록 가능한 한 충분하게 설명했습니다. 8장과 9장을 읽기 위해서는 7장을 꼭 이해하고 넘어가야 합니다.

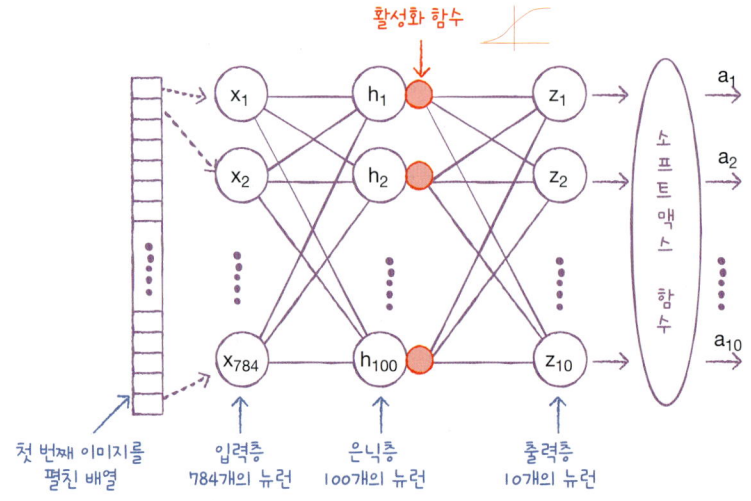

이어지는 8장과 9장은 딥러닝 분야에서 대표적 알고리즘인 합성곱 신경망과 순환 신경망을 소개합니다. 합성곱 신경망은 이미지 처리 분야에 뛰어난 성능을 발휘하고 순환 신경망은 텍스트와 같은 순차 데이터 처리 분야에서 뛰어난 성능을 발휘합니다.

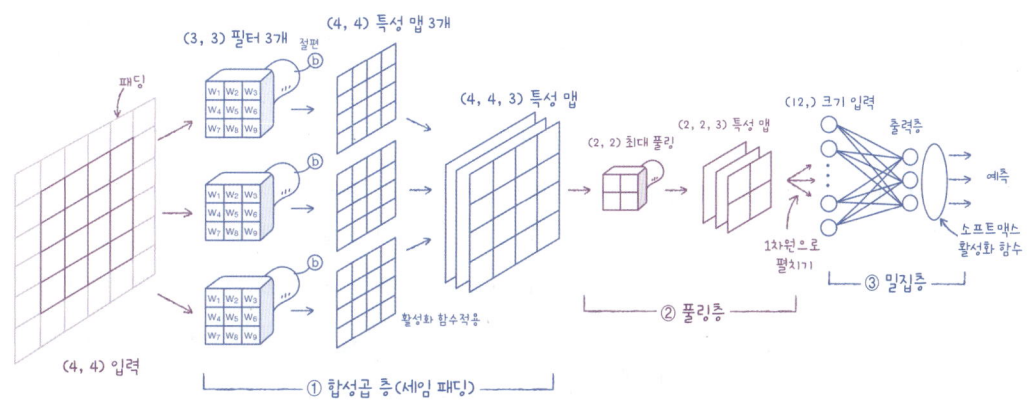

이 두 신경망은 각각 새로운 개념과 용어를 많이 사용하는데 이런 개념을 잘 이해하는 것이 중요합니다. 딥러닝 분야의 많은 모델이 이 두 신경망을 기반으로 만들어지기 때문입니다. 조금 더 흥미로운 딥러닝 알고리즘에 관심이 있다면 이미지 스타일을 변환하는 스타일 트랜스퍼나 새로운 이미지를 생성할 수 있는 GAN에 대한 자료를 살펴보세요.

마지막으로 10장에서는 텍스트 처리 분야에서 혁신적인 성과를 보여주고 있는 트랜스포머 알고리즘과 대규모 언어 모델(LLM)을 다루었습니다. 트랜스포머 기반 모델은 크게 인코더 기반 모델, 인코더-디코더 모델, 디코더 기반 모델로 구분됩니다. 이러한 모델들은 방대한 데이터셋을 활용해 오랜 시간 동안 훈련됩니다. 다행히 오픈 소스로 공개된 LLM을 활용하면 직접 훈련하지 않아도 다양한 작업에 활용할 수 있습니다. 10장에서는 인코더-디코더 모델을 활용한 텍스트 요약과 디코더 기반 모델을 활용한 텍스트 생성하는 예제, 그리고 OpenAI의 API를 사용하는 방법도 함께 다루었습니다.

지도 학습과 비지도 학습 외에 이 책에서 다루지 않은 세 번째 머신러닝 분야는 강화 학습reinforcement learning입니다. 강화 학습은 이세돌과 알파고의 대국으로 유명해졌죠. 특히 딥러닝과 강화 학습의 접목으로 이 분야는 어느 때보다도 놀라운 발전을 거듭하고 있습니다. 강화 학습에 관한 내용은 이어서 소개할 도서를 참고하세요.

이 책에 대한 독자들의 질문

어쩌다 머신러닝 책을 쓰게 되었는지 궁금합니다.

학교를 졸업하고 오랫동안 소프트웨어 개발자로 일했어요. 건강상의 이유로 2014년에 회사를 그만두고 평소 배우고 싶었던 머신러닝을 공부했습니다. 그러다 2015년에 텐서플로를 소개하는 무료 책을 번역해서 블로그에 올린 일이 계기가 되었습니다. 한빛미디어에서 이 글을 책으로 냈는데 그게 바로 〈텐서플로 첫걸음〉입니다. 그 후에 좋은 머신러닝 책을 만들어 보자는 의욕에 한 권, 두 권 추가하다 보니 여기까지 왔네요. 지금은 IT 분야 전업 작가로서 일하고 있습니다. 저는 책을 읽고 쓰면서 이 분야를 간접적으로 탐험하는 일이 좋습니다. 무엇보다도 글을 쓰는 일이 저에게 잘 맞는 것 같아요. 이따금 저에게 프로젝트나 제품 개발에 관해 문의를 하시는 경우가 있는데요. 정말로 아는 바가 없어 도움을 드리지 못하는 점 이해 부탁드립니다. 번역이나 집필이 고된 일이지만 더 좋은 책을 낼 수 있다고 믿고 있어요. 앞으로도 많이 기대해 주세요.

출판은 사양 산업이 아닌가요? 인공지능의 번역이 완벽해지는 시대가 오면 어떻게 하실 건가요?

이미 챗GPT와 같은 LLM이 뛰어난 번역 성능을 보여주고 있죠. 머지않아 사람보다 더 잘 번역하거나 책을 쓰는 인공지능이 나올 수 있습니다. 그땐 어떡하냐구요? 그만 두어야죠. 하하. 사실 그때가 되어도 전 무언가를 쓰고 있을 것 같아요. 인공지능이 제 일을 빼앗을 수는 있겠지만 글을 쓰는 재미까지 가져가진 못할 거예요. 마찬가지로 그림을 그리거나 노래를 부르는 사람들도 여전히 무언가를 그리고 노래를 부를 것 같습니다. 인공지능이 내 일자리를 위협하는지 보다 내가 무엇을 좋아하고 잘 할 수 있는지에 관심을 기울이는게 좋다고 생각해요. 그런 일을 찾았다면 세상이 어떻게 돌아가든 상관없답니다. 정말이에요.

이 책 다음으로는 어떤 책을 봐야 할까요?

머신러닝과 딥러닝 중에 어느 분야에 관심이 있는지 생각해보세요. 또는 최근 많은 관심을 받고 있는 생성 AI나 LLM처럼 특정 주제에 관심이 있을 수 있습니다. 모델과 알고리즘 보다는 텐서플로나, 파이토치, MLOps와 같은 도구를 잘 다루는게 목표일 수도 있습니다. 흥미로운 주제를 찾았다면 그와 관련된 도서를 골라 보세요. 사람마다 잘 맞는 책이 다를 수 있어 일정 부분 시행착오가 필요합니다. 제 블로그에 있는 머신러닝 도서 로드맵(https://tensorflow.blog/book-roadmap/)을 참고하셔도 조금 도움이 될 것 같아요.

비전공자인데 어떻게 하면 머신러닝, 딥러닝을 잘 공부할 수 있을까요?

모든 학문이 그렇듯 머신러닝, 딥러닝을 공부할 때 모든 사람에게 권장할 수 있는 특별한 방법은 없습니다. 어떤 사람은 오프라인 수업이, 또다른 사람은 온라인 강의나 책이 더 집중이 잘 될 수 있어요. 학교에 가거나 실무를 통해 배우거나, 오픈 소스 소프트웨어 개발에 참여하면서 커리어를 쌓을 수도 있습니다. 어떤 방법이 다른 방법보다 항상 더 좋거나 더 빠르지 않습니다. 내가 모르는 보석같은 자료나 노하우가 어딘가에 있다고 생각하지 마세요. 이건 미신에 가깝습니다. 시간을 들여 저마다의 속도로 하나씩 배우고 얻어 가는 방법밖에 없습니다. 다른 사람들도 모두 똑같은 과정을 거쳤거든요.

다음에 번역하시거나 집필할 책은 무엇인가요?

보통 번역할 책은 원서가 준비되거나 출간될 때 즈음 국내 출판사가 원서 출판사와 계약을 하게 됩니다. 그 이후에 국내 출판사와 역자가 번역을 위한 계약을 합니다. 반대로 번역자가 국내 출판사에 관심있는 원서를 제안하는 경우도 있습니다. 이런 저런 경로로 6개월에서 1년 정도는 작업할 책이 미리 정해지게 됩니다. 제 블로그에 국내 출판사와 진행할 번역 도서를 정리한 목록(https://tensorflow.blog/haesun-book-schedule/)이 있습니다. 이 중에 마음에 드는 책이 있다면 아이콘을 꾹 눌러 주세요. 집필서는 쓰는데 시간이 오래 걸리고 출판사의 사정에 따라 출간 일정이 유동적이기 때문에 미리 공개하기가 어렵습니다. 다만 1년에 한 권에서 두 권 정도의 집필서를 내려고 노력하고 있습니다.

책 내용과 영상을 강의에 사용하거나 공부한 내용을 블로그에 올려도 되나요?

이 책의 저작권은 한빛미디어에 위임되어 있습니다. 강의 교재나 사내 교육자료로 사용하고 싶다면 먼저 출판사에 문의해 주세요. 일반적으로 교재 사용에는 큰 제약이 없습니다. 하지만 책 내용을 바탕으로 교안을 작성하거나 사내 교육 자료를 만들 때는 사전에 협의를 거치는 것이 좋습니다. 유튜브에 올라가 있는 영상도 마찬가지입니다. 공부한 내용을 블로그에 올릴 수 있지만 책의 내용을 고스란히 복사하는 것은 문제가 됩니다. 특히 삽화는 그대로 쓸 수 없어요. 블로그에 한 챕터의 내용을 정리한 후 출판사에 문제가 없는지 문의하면 친절하게 안내해 주실 거에요.

한발 더 나아가는 데 도움이 되는 도서

이 책에서 배운 머신러닝과 딥러닝에 대한 내용은 정말 빙산의 일각입니다. 이 책을 다 읽은 다음 더 배울 때 볼만한 자료를 소개합니다.

넓게 알고 싶을 때

머신러닝과 딥러닝 전반에 걸쳐 자세한 내용을 배우고 싶다면 『핸즈온 머신러닝(3판)』(한빛미디어, 2023)과 『머신 러닝 교과서: 파이토치 편』(길벗, 2023)를 추천합니다. 이 책들은 머신러닝과 딥러닝의 수학적 이론과 실전 예제 코드를 담고 있어 내용이 꽤 방대합니다. 두 책은 모두 사이킷런과 텐서플로, 케라스를 사용합니다. 특히 『핸즈온 머신러닝(3판)』은 강화 학습도 비교적 상세하게 담고 있습니다. 수학에 대한 기초가 필요하다면 『개발자를 위한 필수 수학』(한빛미디어, 2024)이 도움이 될 수 있습니다.

소프트웨어 도구가 궁금할 때

머신러닝과 딥러닝 분야는 이론뿐만 아니라 소프트웨어 도구를 배우는 것이 필수입니다. 『파이썬 라이브러리를 활용한 머신러닝(번역개정2판)』(한빛미디어, 2022)과 『실무로 통하는 ML 문제 해결 with 파이썬』(한빛미디어, 2024)은 사이킷런에 포함된 다양한 알고리즘과 도구에 대해 자세하게 설명합니다. 또 케라스와 딥러닝을 함께 배우려면 『케라스 창시자에게 배우는 딥러닝(개정2판)』(길벗, 2022)이 좋습니다. 특히 이 책은 딥러닝에 대한 개념과 통찰을 얻는 데도 유용합니다.

바닥부터 딥러닝을 구현하고 싶을 때

무엇을 완전히 이해하려면 직접 실험하거나 만들어 보는 것이 가장 좋습니다. 다른 분야와 달리 컴퓨터 과학 분야는 소프트웨어이기 때문에 이런 일이 가능합니다. 머신러닝과 딥러닝 알고리즘을 파이썬 코드만으로 직접 구현하는 『Do it! 딥러닝 입문』(이지스퍼블리싱, 2019)은 이런 방식으로 배울 수 있는 좋은 책입니다.

생성 모델 분야에 집중하고 싶을 때

기존에 없던 새로운 데이터를 생성해 내는 생성 모델 분야는 참 흥미롭습니다. 특별히 대규모 언어 모델에 관해 알고 싶다면 『혼자 만들면서 공부하는 딥러닝』(한빛미디어, 2025)와 『핸즈온 LLM』(한빛미디어, 2025)을 추천합니다. 조금 더 넓은 분야를 탐험하는 책으로는 『만들면서 배우는 생성 AI(2판)』(한빛미디어, 2023), 『트랜스포머를 활용한 자연어 처리』(한빛미디어, 2022), 『GAN 인

『액션』(한빛미디어, 2020)을 추천합니다. 이런 책들은 오토인코더, GAN, 트랜스포머, 확산 모델에 관한 다양한 알고리즘을 소개합니다. 조금 더 영역을 넓혀서 머신러닝과 딥러닝의 비지도 학습 분야를 전반적으로 조망하고 싶다면 『핸즈온 비지도 학습』(한빛미디어, 2020)을 참고하세요.

참고할 만한 사이트

제 블로그에는 무료로 읽을 수 있는 책의 일부를 공개해 놓았습니다. 또 여러 책의 동영상 강의에 대한 링크도 제공하고 있고 그 외 다양한 참고 자료를 담고 있습니다. 마음에 드는 내용을 찾아 마음껏 공부하세요. 또한 머신러닝과 딥러닝에 관한 문서를 번역하여 ml-ko.kr 사이트에서 제공합니다. 꼭 들러서 자신에게 필요한 내용을 확인해 보세요.

- 저자의 블로그 : https://tensorflow.blog
- 머신러닝 공식 문서 번역 : https://ml-ko.kr
- 머신러닝&딥러닝 도서 로드맵 : https://tensorflow.blog/book-roadmap/

커뮤니티

머신러닝과 딥러닝에 대해 관심 있는 사람들의 커뮤니티에 참여하면 많은 도움을 받을 수 있고 최신 정보를 얻기 좋습니다. 제가 추천하는 커뮤니티는 다음과 같습니다.

- AGI 코리아 : https://www.facebook.com/groups/TensorFlowKR
- 케라스 코리아 : https://www.facebook.com/groups/KerasKorea
- 파이토치 한국 사용자 모임 : https://pytorch.kr/
- 사이킷런 코리아 : https://www.facebook.com/groups/ScikitLearnKR

마무리

이제 여러분은 머신러닝이 무엇인지, 딥러닝이 어떤 원리로 작동하는지 조금 이해할 수 있을 것입니다. 그것만으로도 이 책의 가치는 충분합니다. 컴퓨터 과학 분야는 다른 어떤 분야보다도 개방적이고 공평합니다. 배울 수 있는 자료가 풍부하고 거의 모든 정보는 투명하게 공개되어 있습니다. 그중에서도 머신러닝 분야는 더욱더 그렇습니다. 공부하려는 의지만 있다면 여러분을 방해하는 것은 아무것도 없을 것입니다. 이 책을 다 읽은 것에 그치지 말고 더 넓은 머신러닝 세계로 나가 보세요. 흥미진진한 이 분야에 들어온 것을 결코 후회하지 않을 것입니다. 아마도 훌륭한 많은 사람을 만나고 놀라운 기회를 얻을 수 있을 것입니다.

저는 다음 책에서 여러분과 다시 만날 것을 약속드리겠습니다. 감사합니다.

> 정답 및 해설

1-2 코랩과 주피터 노트북

1. 답 ② 구글에서 제공하는 브라우저 기반의 파이썬 실행 환경은 코랩입니다.
① 주피터 노트북이라고도 하며, 코랩과 유사하게 브라우저에서 실행 가능한 대화식 파이썬 실행 환경입니다. https://jupyter.org
③ 구글에서 만든 웹 브라우저입니다. https://www.google.co.kr/chrome
④ 다양한 운영체제를 지원하고 패키지 관리자를 제공하는 파이썬 배포판입니다.

2. 답 ④ 이외에도 *혼공머신*으로도 표현할 수 있습니다.
① **혼공머신** : 굵게 표현합니다.
② ~~혼공머신~~ : 취소선을 추가합니다.
③ '혼공머신' : 코드 서체로 씁니다.

3. 답 ③ 코랩은 구글 클라우드에서 실행됩니다.

1-3 마켓과 머신러닝

1. 답 ① 데이터를 표현하는 하나의 성질을 특성(feature)이라고 부릅니다.

2. 답 ④ k-최근접 이웃 알고리즘을 구현한 클래스는 KNeighborsClassifier입니다.
① SGDClassifier는 경사 하강법을 사용한 분류 알고리즘을 구현한 클래스입니다. 경사 하강법은 4장에서 소개합니다.
② LinearRegression은 선형 회귀 알고리즘을 구현한 클래스입니다. 선형 회귀는 3장에서 소개합니다.
③ RandomForestClassifier는 트리 기반의 앙상블 알고리즘을 구현한 클래스입니다. 트리 모델은 5장에서 소개합니다.

3. 답 ② 사이킷런의 모델을 훈련할 때 사용하는 메서드는 fit()입니다.
① predict() 메서드는 새로운 샘플에 대해 예측을 만듭니다.
③ score() 메서드는 훈련한 모델을 평가합니다.
④ transform() 메서드는 사이킷런의 전처리 클래스에서 데이터를 변환할 때 사용합니다. 이 메서드는 3장에서 소개합니다.

4. 답 ③ 모델의 정확도는 전체 데이터 개수 중에서 정확히 맞힌 개수의 비율입니다.

5.
```
kn = KNeighborsClassifier()
kn.fit(fish_data, fish_target)

for n in range(5, 50):
    # k-최근접 이웃 개수 설정
    kn.n_neighbors = n
    # 점수 계산
    score = kn.score(fish_data, fish_target)
    # 100% 정확도에 미치지 못하는 이웃 개수 출력
    if score < 1:
        print(n, score)
        # 출력: 18 0.9795918367346939
        break
```

2-1 훈련 세트와 테스트 세트

1. 답 ① 지도 학습은 샘플의 입력과 타깃이 준비되어 있을 때 사용할 수 있습니다.
   ② 비지도 학습은 타깃이 없는 데이터에 적용하는 머신러닝 알고리즘입니다.
   ③ 차원 축소는 비지도 학습의 하나로 데이터가 가지고 있는 특성의 개수를 줄이는 방법입니다. 비지도 학습과 차원 축소는 이 책의 2장에서 다룹니다.
   ④ 강화 학습은 주어진 환경으로부터 보상을 받아 학습하는 머신러닝 알고리즘을 말합니다.

2. 답 ④ 샘플링 편향은 훈련 세트나 테스트 세트가 잘못 샘플링되어 전체 데이터를 대표하지 못하는 현상을 말합니다.

3. 답 ② 사이킷런은 입력 데이터에서 샘플이 행에 위치하고 특성이 열에 놓여 있다고 기대합니다.

4. 답 ③ 배열의 첫 번째 원소(인덱스 1)부터 다섯 번째 원소(인덱스 4)까지를 슬라이싱 연산자로 선택하려면 arr[1:5]와 같이 써야 합니다.

정답 및 해설

2-2 데이터 전처리

1. 답 ③ 표준점수는 각 데이터가 평균에서 몇 표준편차만큼 떨어져 있는지 나타내는 값입니다.
   ② 원점수는 변환하지 않은 원래 점수를 말합니다.
   ④ 사분위수는 데이터를 크기 순서대로 늘어 늘어놓았을 때 4등분 하는 수입니다.

2. 답 ① 테스트 세트는 반드시 훈련 세트의 통계 값으로 변환해야 합니다. 그렇지 않으면 훈련 세트에서 학습한 모델이 테스트 세트에서 올바르게 동작하지 않습니다.

3. 답 ③ 넘파이 배열의 각 원소에 산술 연산이 확장되어 적용되는 기능을 브로드캐스팅이라고 부릅니다.

4. 답 ② 0으로 채워진 배열을 만드는 넘파이 함수는 zeros()입니다.

3-1 k-최근접 이웃 회귀

1. 답 ② k-최근접 이웃 회귀는 예측할 샘플에서 가장 가까운 k개의 주변 샘플을 찾고 이 주변 샘플의 타깃값을 평균하여 예측값을 구합니다.

2. 답 ② 테스트 세트에 대한 점수가 훈련 세트에 대한 점수보다 높거나 두 점수가 모두 낮다면 과소적합이 발생한 것입니다.
   ① 과대적합은 훈련 세트의 점수가 테스트 세트의 점수보다 월등히 높은 경우입니다.
   ③ 샘플링 편향은 훈련 세트와 테스트 세트가 전체 데이터의 분포를 올바르게 반영하지 못하는 경우를 말합니다.

3. 답 ④ 일반적으로 매우 드물지만 모델 예측 성능이 타깃의 평균에도 미치지 못하면 결정 계수의 두 번째 항이 1보다 클 수 있습니다. 이런 경우 결정 계수 값은 음수가 됩니다.

4.
```
# k-최근접 이웃 회귀 객체를 만듭니다
knr = KNeighborsRegressor()

# 5에서 45까지 x 좌표를 만듭니다
x = np.arange(5, 45).reshape(-1, 1)

# n = 1, 5, 10일 때 예측 결과를 그래프로 그립니다
```

```
for n in [1, 5, 10]:
    # 모델을 훈련합니다
    knr.n_neighbors = n
    knr.fit(train_input, train_target)

    # 지정한 범위 x에 대한 예측을 구합니다
    prediction = knr.predict(x)

    # 훈련 세트와 예측 결과를 그래프로 그립니다
    plt.scatter(train_input, train_target)
    plt.plot(x, prediction)
    plt.title('n_neighbors = {}'.format(n))
    plt.xlabel('length')
    plt.ylabel('weight')
    plt.show()
```

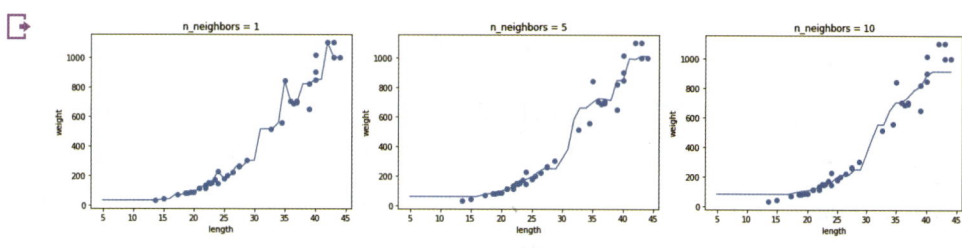

3-2 선형 회귀

1. 답 ④ 모델 기반 학습에서 모델이 찾은 정보는 모델 파라미터에 저장됩니다. 선형 회귀에서는 방정식의 계수가 여기에 해당합니다.

2. 답 ① LinearRegression 클래스는 선형 회귀, 다항 회귀, 다중 회귀를 지원합니다.
   ② PolynomialRegression이란 클래스는 없습니다.
   ③ KNeighborsClassifier는 k-최근접 이웃 분류를 위한 클래스입니다.
   ④ PolynomialClassifier란 클래스는 없습니다.

정답 및 해설

3. 답 ③ 사이킷런 모델은 fit() 메서드로 훈련하고, score() 메서드로 평가하고, predict() 메서드로 예측을 수행합니다.

4. 답 ② LinearRegression 클래스에서 계수와 절편이 저장된 속성은 coef_와 intercept_입니다. 사이킷런은 사용자가 지정한 매개변수도 모델의 속성으로 저장하고 있습니다. 이런 속성과 구분하기 위해 모델이 데이터로부터 학습한 파라미터의 경우 속성 이름 뒤에 밑줄 문자를 붙입니다.

3-3 특성 공학과 규제

1. 답 ④ 최고 차수가 3이므로 추가되는 특성은 1, a, b, c, a^2, b^2, c^2, ab, bc, ac, abc, ab^2, ac^2, bc^2, ba^2, ca^2, cb^2, a^3, b^3, c^3입니다.

2. 답 ③ 특성을 표준화로 변환하는 전처리 클래스는 StandardScaler입니다.
① Ridge는 릿지 회귀를 위한 클래스입니다.
② Lasso는 라쏘 회귀를 위한 클래스입니다.
④ LinearRegression은 선형 회귀를 위한 클래스입니다.

3. 답 ② 과대적합인 모델은 훈련 세트의 점수에 비해 테스트 세트의 점수가 크게 낮습니다.

4. 답 ①, ②, ③, ④ k-최근접 이웃 알고리즘과 릿지, 라쏘 모델은 모두 특성의 스케일 차이에 영향을 받습니다. 따라서 모델을 훈련하기 전에 데이터에 표준화를 적용해야 합니다. 이와 달리 LinearRegression 모델을 사용할 때는 표준화를 적용할 필요가 없습니다. 이에 대해서는 3장 끝에 실린 〈자주하는 질문〉 코너의 세 번째 질문을 참고하세요.

4-1 로지스틱 회귀

1. 답 ② 2개보다 많은 클래스를 가진 분류 문제를 다중 분류 또는 다중 클래스 분류라고 부릅니다.
① 이진 분류는 2개의 클래스, 즉 양성 클래스와 음성 클래스를 분류하는 문제입니다.
③ 단변량 회귀는 하나의 출력을 예측하는 회귀 문제입니다.
④ 다변량 회귀는 여러 개의 출력을 예측하는 회귀 문제입니다.

2. 답 ① 시그모이드 함수는 선형 방정식의 결과를 0과 1 사이로 압축하여 확률로 해석할 수 있습니다.
② 소프트맥스 함수는 다중 분류에서 확률을 출력하기 위해 사용합니다.

3. 답 ③ 1 / (1 + e⁻⁰) = 1 / (1 + 1) = 0.5입니다. 따라서 이진 분류에서 decision_function()의 출력이 0보다 크면 시그모이드 함수의 값이 0.5보다 크므로 양성 클래스로 예측합니다.

4. 답 ④ 사이킷런의 LogisticRegression 클래스는 이진 분류와 다중 분류를 모두 수행할 수 있습니다.

① LogisticRegression 클래스는 분류 모델입니다.
② 매개변수 C의 값을 증가시키면 규제가 감소합니다.
③ decision_function() 메서드는 선형 방정식의 결과를 반환합니다.

4-2 확률적 경사 하강법

1. 답 ② LinearRegression 클래스는 해석적인 방법으로 선형 방정식의 해를 구하기 때문에 특성의 스케일에 영향을 받지 않습니다.

① KNeighborsClassifier는 최근접 이웃을 찾기 위해 샘플 간의 거리를 계산합니다. 따라서 특성의 스케일이 다르면 잘못된 이웃을 선택할 수 있습니다.
③ Ridge는 가중치를 규제하여 모델의 과대적합을 막습니다. 특성의 스케일이 다르면 이와 곱해지는 가중치의 스케일도 달라집니다. 이렇게 되면 큰 가중치에만 관심을 두게 되어 가중치를 공정하게 규제하지 못합니다.
④ SGDClassifier는 손실 함수를 최소화하기 위해 가장 가파른 경로를 찾습니다. ③과 같이 특성의 스케일 때문에 가중치의 스케일에 차이가 크면 손실 함수를 최소화하는 경로를 올바르게 판단하지 못합니다.

2. 답 ③ 미니배치 경사 하강법은 훈련 세트에서 몇 개의 샘플(보통 2의 배수)을 뽑아 경사 하강법 알고리즘을 수행합니다.

① 확률적 경사 하강법은 훈련 세트에서 랜덤하게 1개의 샘플을 뽑아 경사 하강법 알고리즘을 수행합니다.
② 배치 경사 하강법은 훈련 세트 전체를 사용해 경사 하강법 알고리즘을 수행합니다.

정답 및 해설

3. 답 ① 에포크 횟수는 max_iter 매개변수에서 지정합니다.

② epochs란 매개변수는 없습니다.

③ shuffle 매개변수는 에포크마다 훈련 데이터를 섞을지 여부를 지정합니다. 기본값은 True입니다.

④ loss 매개변수에는 사용할 손실 함수를 지정합니다.

4. 답 ④ loss 매개변수에는 사용할 손실 함수를 지정합니다.

5-1 결정 트리

1. 답 ②, ④

지니 불순도 계산식 : 1 − (양성 클래스 비율^2 + 음성 클래스 비율^2)

엔트로피 불순도 계산식 : − 음성 클래스 비율 × $\log_2$(음성 클래스 비율) − 양성 클래스 비율 × $\log_2$(양성 클래스 비율)

2. 답 ④ 결정 트리가 계산한 특성 중요도는 모델 객체의 feature_importances_ 속성에 저장되어 있습니다.

3. 답 ① 결정 트리 모델의 매개변수 중 트리의 최대 깊이를 지정하는 것은 max_depth입니다.

4.
```
dt = DecisionTreeClassifier(min_impurity_decrease=0.0005, random_state=42)
dt.fit(train_input, train_target)
print(dt.score(train_input, train_target))
print(dt.score(test_input, test_target))
```

```
0.8874350586877044
0.8615384615384616
```

```
plt.figure(figsize=(20,15), dpi=300)
plot_tree(dt, filled=True, feature_names=['alcohol', 'sugar', 'pH'])
plt.show()
```

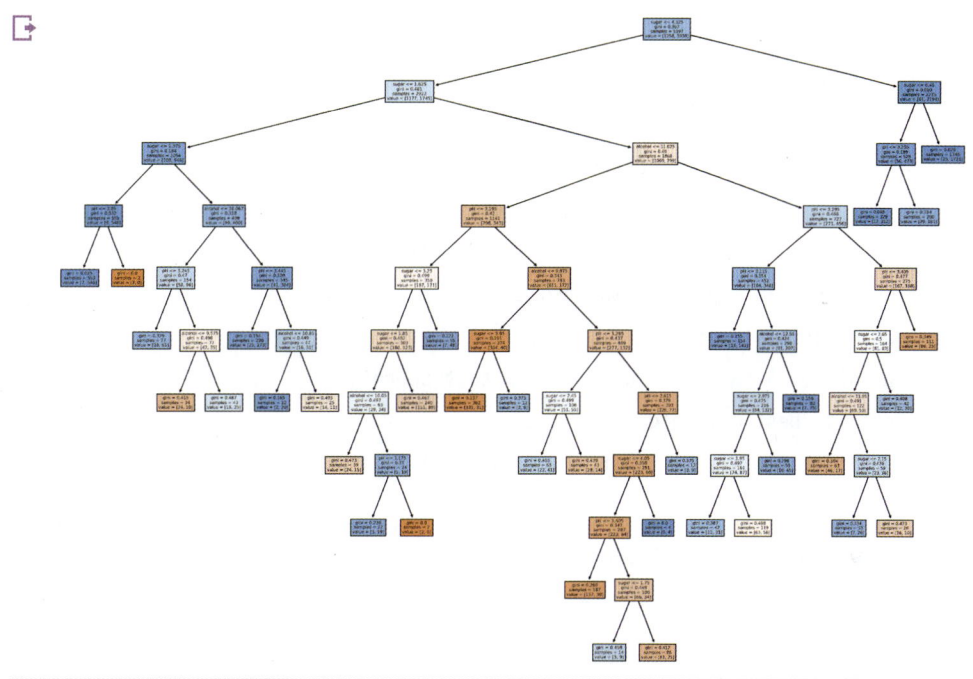

5-2 교차 검증과 그리드 서치

1. 답 ① 교차 검증은 훈련 세트를 여러 개의 폴드로 나누고 하나의 폴드를 검증 세트로 두고 나머지 폴드를 훈련 세트로 사용합니다. 이런 방식으로 모든 폴드에 대해 반복합니다.

2. 답 ④ train_test_split은 데이터를 훈련 세트와 테스트로 분할합니다.
   ① cross_validate()는 주어진 모델과 훈련 세트를 사용하여 기본 5-폴드 교차 검증을 수행합니다.
   ② GridSearchCV와 ③ RandomizedSearchCV는 하이퍼파라미터 튜닝을 수행하면서 최상의 모델을 고르기 위해 교차 검증을 수행합니다.

3. 답 ③ GridSearchCV와 RandomizedSearchCV의 cv 매개변수 기본값은 5입니다.
   ① 사람의 개입없이 자동으로 하이퍼파리머터 탐색을 수행하는 기술은 AutoML이며 사이킷런에서 제공하지 않습니다.
   ② 후보 매개변수를 선택하는데 확률 분포를 사용하는 것은 RandomizedSearchCV 클래스입니다.
   ④ 결정 트리 뿐만 아니라 사이킷런에서 제공되는 모든 모델 클래스를 사용할 수 있습니다.

정답 및 해설

4. 결정 트리의 노드를 랜덤하게 분할하기 때문에 100번의 반복에서 최적의 매개변수 조합을 찾지 못했습니다. 평균 검증 점수와 테스트 세트의 점수가 모두 조금 낮습니다.

```
gs = RandomizedSearchCV(DecisionTreeClassifier(splitter='random',
                        random_state=42), params, n_iter=100,
                        n_jobs=-1, random_state=42)
gs.fit(train_input, train_target)
print(gs.best_params_)
print(np.max(gs.cv_results_['mean_test_score']))
dt = gs.best_estimator_
print(dt.score(test_input, test_target))
```

⇨ {'max_depth': 43, 'min_impurity_decrease': 0.00011407982271508446, 'min_samples_leaf': 19, 'min_samples_split': 18}
0.8458726956392981
0.786923076923077

5-3 트리의 앙상블

1. 답 ④ 앙상블 학습은 더 나은 성능을 내는 여러 개의 모델을 훈련하는 머신러닝 학습 방법입니다.

2. 답 ④ 이미지는 대표적인 비정형 데이터입니다.
① 엑셀 데이터, ② CSV 데이터, ③ 데이터베이스 데이터는 대표적인 정형 데이터입니다.

3. 답 ① 랜덤 포레스트는 기본적으로 부트스트랩 샘플을 사용합니다.
② 엑스트라 트리의 bootstrap 매개변수의 기본값이 False이지만, True로 바꾸어 부트스트랩 샘플을 사용할 수도 있습니다.
③ 그레이디언트 부스팅과 ④ 히스토그램 기반 그레이디언트 부스팅은 부트스트랩 샘플을 사용하지 않습니다.

4. 달 ④ 사이킷런의 LogisticRegression 클래스는 이진 분류와 다중 분류를 모두 수행할 수 있습니다.

① LogisticRegression 클래스는 분류 모델입니다.
② 매개변수 C의 값을 증가시키면 규제가 감소합니다.
③ decision_function() 메서드는 선형 방정식의 결과를 반환합니다.

6-1 군집 알고리즘

1. 달 ① hist() 함수는 첫 번째 매개변수에 입력한 배열 값의 히스토그램을 그립니다. bins 매개변수에 구간을 지정할 수 있으며 기본값은 10입니다.
② scatter()는 산점도를 그리는 함수입니다.
③ plot()은 선 그래프를 그리는 함수입니다.
④ bar()는 막대그래프를 그리는 함수입니다.

2. 달 ④ 1번 문제 답 참조

3. 달 ② 맷플롯립에서 하나의 그림에 들어가는 개별 그래프를 서브플롯(subplot)이라 부릅니다. 그림을 그리기 전에 서브플롯의 개수를 지정하는 함수가 subplots()입니다.

4. 달 banana_mean과 절댓값 오차가 가장 적은 100개의 사진을 고르면 2개를 제외하고 모두 바나나가 찾아집니다.

```
abs_diff = np.abs(fruits - banana_mean)
abs_mean = np.mean(abs_diff, axis=(1, 2))

banana_index = np.argsort(abs_mean)[:100]
banana_index = banana_index.reshape(10, 10)
fig, axs = plt.subplots(10, 10, figsize=(10, 10))
for i in range(10):
    for j in range(10):
        axs[i, j].imshow(fruits[banana_index[i, j]], cmap='gray_r')
        axs[i, j].axis('off')
plt.show()
```

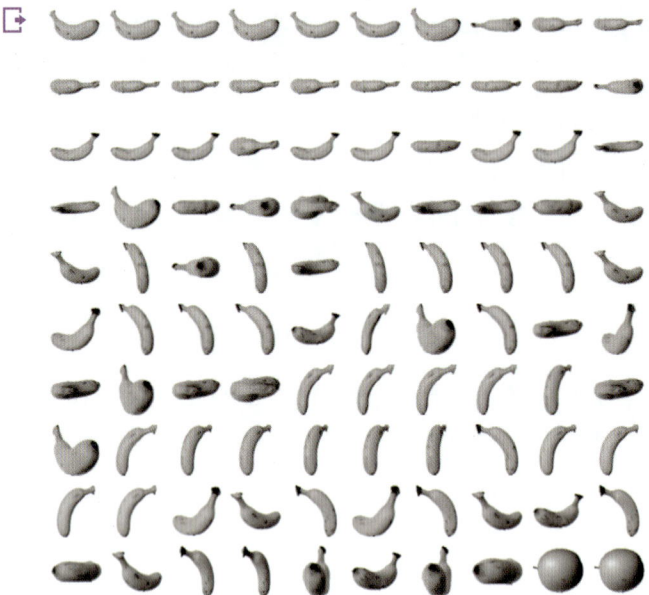

6-2 k-평균

1. **답** ④ 클러스터에 속한 샘플 개수는 클러스터 구성에 관련이 없습니다.
   ① k-평균 알고리즘에서 클러스터에 속한 샘플을 평균 내어 클러스터 중심으로 정합니다.
   ② 샘플은 가장 가까운 클러스터 중심에 속하며 이런 샘플들이 모여 하나의 클러스터를 구성합니다.
   ③ 클러스터 중심을 센트로이드라고도 부릅니다.

2. **답** ① 엘보우 방법을 사용해 이너셔의 감소 정도가 꺾이는 클러스터 개수를 찾습니다.
   ② 클러스터 개수가 많을수록 이너셔가 작게 나오기 때문에 무조건 작은 이너셔를 얻을 수 있는 클러스터 개수를 선택하면 안 됩니다.
   ③ 군집은 타깃 없이 훈련하는 비지도 학습 알고리즘으로 대규모 데이터셋의 경우 직접 조사하여 몇 개의 클러스터가 만들어질지 파악하기 어렵습니다.
   ④ 교차 검증은 지도 학습 모델이 훈련 데이터에서 얻을 수 있는 성능을 평가하는 도구입니다.

3. 달 ② k-평균 알고리즘은 새로운 샘플과 클러스터 중심까지 거리를 바탕으로 레이블을 할당할 수 있습니다.

① k-평균 알고리즘은 사전에 만들어질 클러스터 개수를 지정해야 합니다.
③ 샘플과 각각의 센트로이드 사이의 거리를 새로운 특성으로 활용할 수 있습니다.
④ 비지도 학습 알고리즘에는 타깃값이 필요하지 않습니다.

4. 달 ④ KMeans 클래스의 cluster_centers_ 속성에 최종 클러스터 중심이 저장되어 있습니다.

6-3 주성분 분석

1. 달 ② 일반적으로 특성의 개수만큼 주성분을 찾을 수 있습니다.

2. 달 ① (1000, 100) 크기 데이터셋에서 10개의 주성분을 찾아 변환하면 샘플의 개수는 그대로이고 특성 개수만 100에서 10으로 바뀝니다. 즉 (1000, 10)이 됩니다.

3. 달 ① 주성분 분석은 가장 분산이 큰 방향부터 순서대로 찾습니다. 따라서 첫 번째 주성분의 설명된 분산이 가장 큽니다.

4. 달 ④ PCA 클래스의 explained_variance_ratio_ 속성에 설명된 분산의 비율이 저장됩니다.
① PCA 모델을 훈련한 후 transform() 메서드로 새로운 샘플에 대해 차원 축소를 수행할 수 있습니다. 즉 PCA를 특성 변환기처럼 사용할 수 있습니다.
② PCA는 비지도 학습으로 훈련 시 타깃값을 사용하지 않으며 새로운 샘플의 타깃값도 예측하지 못합니다.
③ PCA로 변환된 데이터를 원본 차원으로 재구성할 수 있습니다. 주성분의 개수가 원본 차원과 동일하면 완벽하게 재구성됩니다.

7-1 인공 신경망

1. 달 ③ 밀집층에 있는 10개의 뉴런이 100개의 입력과 모두 연결되기 때문에 총 100 × 10 = 1,000개의 가중치가 있고, 뉴런마다 1개의 절편이 있으므로 총 1,010개의 모델 파라미터가 있습니다.

정답 및 해설

2. 답 ② 이진 분류일 경우 출력층의 뉴런이 1개이고 선형 방정식의 결과를 확률로 바꾸기 위해 'sigmoid' 함수를 사용합니다.
③ 'softmax' 함수는 다중 분류 신경망의 출력층에 사용합니다.
④ 'relu' 함수는 이미지를 다루는 문제에서 자주 사용하는 활성화 함수입니다. 2절에서 자세히 소개합니다.
① 'binary'라는 활성화 함수는 없습니다.

3. 답 ④ compile() 메서드의 loss 매개변수로 손실 함수를 지정하고 metrics 매개변수에서 측정하려는 지표를 지정할 수 있습니다.
② fit() 메서드는 모델을 훈련하는 메서드입니다.
① configure()와 ③ set() 메서드는 없습니다.

4. 답 ① 타깃값이 정수인 다중 분류일 경우 compile() 메서드의 loss 매개변수를 'sparse_categorical_crossentropy'로 지정합니다.
② 'categorical_crossentropy'는 타깃값이 원-핫 인코딩된 경우 사용합니다.
③ 'binary_crossentropy'는 이진 분류에 사용하는 손실 함수입니다.
④ 'mean_square_error'는 회귀 문제에 사용하는 손실 함수입니다.

7-2 심층 신경망

1. 답 ② 모델의 add() 메서드에는 층의 객체를 전달해야 합니다.
①은 층의 클래스를 전달하고 있고, ③은 Dense 클래스의 매개변수를 add() 메서드에 전달합니다. ④는 add() 메서드에서 반환하는 값이 없기 때문에 함수 호출 오류가 발생합니다.

2. 답 ② 배치 차원을 제외한 입력의 차원을 일렬로 펼치려면 Flatten 클래스를 사용합니다.
① Plate, ③ Normalize 클래스는 없습니다.
④ Dense 층은 신경망에서 가장 기본적인 밀집층입니다. 입력의 차원을 변형하여 계산하지 않습니다.

3. 답 ③ 'relu'는 이미지 처리 작업에 널리 사용되는 렐루 활성화 함수입니다.
① 'linear'는 선형 활성화 함수라고 부르며 실제로는 활성화 함수를 적용하지 않는다는 뜻입니다. 즉 뉴런의 선형 계산을 그대로 다음 층에 전달합니다. 일반적으로 'linear'는 회귀 작업을 위한 신경망의 출력층에 사용합니다.

② 'sigmoid'는 로지스틱 함수 또는 시그모이드 함수를 나타냅니다. 이 활성화 함수는 초창기 신경망에 많이 사용되었습니다.

④ 'tanh'는 하이퍼볼릭 탄젠트 함수를 나타냅니다. 순환 신경망에서 자주 사용됩니다.

4. 답 ① SGD는 기본 경사 하강법과 모멘텀, 네스테로프 모멘텀 알고리즘을 구현할 클래스입니다. 이런 알고리즘들은 모두 일정한 학습률을 사용합니다.

② Adagrad, ③ RMSprop, ④ Adam은 모두 적응적 학습률 옵티마이저입니다.

7-3 신경망 모델 훈련

1. 답 ④ fit() 메서드에 검증 데이터를 전달하려면 validation_data 매개변수에 입력과 타깃을 튜플로 만들어 지정해야 합니다.

2. 답 ② Dropout 클래스에는 이전 층의 출력을 0으로 만들 비율을 지정합니다. 출력의 70%만 사용하려면 30%를 드롭아웃 합니다.

3. 답 ③ 모델 파라미터를 저장하는 메서드는 save_weights()입니다.

① save() 메서드는 모델과 가중치를 모두 저장합니다.

② load_model() 함수는 전체 모델을 읽어 들입니다.

④ load_weights() 메서드는 파일에서 가중치를 읽습니다.

4. 답 ② 검증 손실을 지정하려면 monitor 매개변수를 'val_loss' 설정합니다. 이 값이 monitor 매개변수의 기본값입니다.

① restore_best_weights의 매개변수를 지정하지 않았으므로 기본값 False가 적용되어 최상의 모델 파라미터를 복원하지 않습니다.

③ 'accuracy'는 훈련 세트의 정확도, ④ 'val_accuracy'는 검증 세트의 정확도를 의미합니다.

8-1 합성곱 신경망의 구성 요소

1. 답 ④ 일반적으로 합성곱이 먼저 수행된 후 풀링이 적용됩니다.

2. 답 ③ (2, 2) 풀링은 특성 맵의 가로세로 크기를 절반으로 줄이기 때문에 합성곱의 출력 크기는 (8, 8, 5)가 됩니다. 세임 패딩이므로 합성곱 입력의 너비와 높이가 출력 크기와 같습니다. 또한, 컬러 이미지이므로 깊이(채널)는 3으로, 이 합성곱의 입력 크기는 (8, 8, 3)입니다.

정답 및 해설

3. 첫 번째 합성곱의 위치는 [[3, 0, 9], [5, 1, 2], [8, 2, 4]] 배열입니다. 여기에 [[2, 0, 1], [2, 0, 1], [2, 0, 1]]을 곱하면 47이 됩니다. 이런 식으로 가로세로 한 칸씩 이동하면서 입력과 커널을 곱하면 오른쪽과 같습니다.

47	8	42
41	12	38
43	14	46

4. 앞의 특성 맵에서 첫 번째 풀링의 위치는 [[6, 7], [1, 2]]입니다. 최대 풀링은 가장 큰 값을 고르는 것이므로 7이 됩니다. 이런 식으로 (2, 2) 영역이 겹치지 않게 이동하면서 최대 풀링을 계산하면 오른쪽과 같습니다.

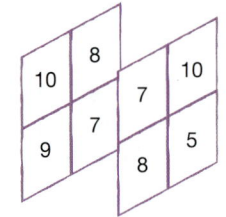

8-2 합성곱 신경망을 사용한 이미지 분류

1. 답 ② strides에서 필터의 가로세로 이동 간격을 지정할 수 있습니다.
① kernel_size는 필터의 가중치 가로세로 크기를 지정합니다.
③ padding은 합성곱 층의 패딩 타입을 지정합니다.
④ activation은 합성곱 출력에 적용할 활성화 함수를 지정합니다.

2. 답 ④ 'same'은 입력과 출력의 가로세로 크기가 같아지도록 입력에 알맞은 개수의 패딩을 추가합니다.
①, ② 'valid' 패딩은 입력에 패딩을 추가하지 않습니다.

3. 답 ④ MaxPooling2D의 풀링 크기는 2개의 정수(너비와 높이)로 구성해야 합니다.
① 풀링의 크기는 가로세로 크기가 같을 경우 하나의 정수로 지정할 수 있습니다.
② 풀링의 크기는 2개의 정수(너비와 높이)로 지정할 수 있습니다.
③ MaxPooling2D의 첫 번째 매개변수는 풀링의 크기이고, 두 번째 매개변수는 스트라이드 크기입니다.

4. 답 ① Conv2D 층은 기본적으로 (높이, 너비, 채널) 크기의 3차원 입력을 기대합니다.
② Conv2D 층을 사용하는 합성곱 신경망은 배치 차원을 포함해 4차원 입력이 필요합니다.
③ 케라스는 기본적으로 입력 데이터의 차원이 (배치, 높이, 너비, 채널) 순서대로 놓여 있을 거라 가정합니다.
④ 흑백 이미지의 경우 채널 차원이 없다면 2차원 배열입니다. 따라서 Conv2D 층에 전달하기 전에 마지막 차원을 추가해 주어야 합니다.

8-3 합성곱 신경망의 시각화

1. 답 ② 필터가 원 모양을 따라 높은 값을 가지고 있으므로 동심원 패턴이 많은 이미지에서 가장 크게 활성화될 것입니다.

2. 답 ④ Model 클래스로 모델을 만들려면 객체를 생성할 때 모델의 입력과 출력을 전달해야 합니다.

3. 답 ② 케라스 모델의 입력을 나타내는 속성은 inputs 입니다.

4. 답 ① 합성곱 신경망은 입력에서 멀어질수록 고차원의 추상적인 특징을 학습합니다.
   ② 합성곱 층과 풀링 층이 반복하여 적용되면서 특성맵은 높이와 너비가 줄어들고 채널은 늘어납니다.
   ③ 합성곱의 커널 크기는 일반적으로 3×3, 5×5가 널리 사용됩니다.
   ④ 합성곱 신경망에서는 풀링 층을 사용해 특성 맵의 높이와 너비 차원을 줄입니다.

9-1 순차 데이터와 순환 신경망

1. 답 ① 일반적으로 환자의 검사 데이터에는 순서가 없습니다. 예를 들어 체온, 심박수, 혈압 등은 순서가 없으며 독립적인 특성입니다. 하지만 만약 어떤 환자의 기록이 시간 별로 기록되어 있다면 순차 데이터로 다룰 수도 있습니다.
   ② 일정 기간 간격으로 기록된 데이터는 순차 데이터로 처리할 수 있습니다.
   ③ 태풍의 위도, 경도 위치가 일정 간격으로 기록되어 있으므로 순차 데이터입니다.
   ④ 악보의 음표는 순서대로 나열되어 있으므로 순차 데이터로 처리할 수 있습니다.

2. 답 ④ 순환 신경망에서는 순환층을 셀(cell)이라고도 부릅니다. 셀에서 출력되는 값을 은닉 상태라고 부릅니다.

3. 답 ② 셀의 은닉 상태 크기는 뉴런의 개수와 같습니다. 이 은닉 상태가 다음 타임스텝에 재사용될 때는 셀의 뉴런에 모두 완전히 연결됩니다. 따라서 필요한 가중치 w_h의 크기는 (셀의 뉴런 개수, 셀의 뉴런 개수) = (10, 10)이 됩니다.

4. 답 ④ 순환 신경망에서 널리 사용되는 활성화 함수는 tanh입니다.

정답 및 해설

9-2 순환 신경망으로 IMDB 리뷰 분류하기

1. 답 ② padding 매개변수가 'post'이므로 패딩은 항상 시퀀스의 끝에 추가되어야 합니다.

2. 답 ④ 케라스에서 제공하는 기본 순환층은 SimpleRNN입니다.

3. 답 ③ 입력 시퀀스에 있는 토큰 벡터의 크기가 10이고 순환층의 뉴런 개수가 16이므로 w_x의 크기는 10 × 16 = 160개입니다. 순환층의 은닉 상태와 곱해지는 w_h의 크기는 16 × 16 = 256개입니다. 마지막으로 뉴런마다 1개씩 총 16개의 절편이 있습니다. 따라서 이 순환층에 있는 모델 파라미터의 개수는 160 + 256 + 16 = 432개입니다.

4. 답 ① Embedding 클래스는 토큰을 나타내는 정수값을 고정 크기의 임베딩 벡터로 바꿉니다.
   ② Embedding 층의 벡터(가중치)는 훈련 과정에서 학습됩니다.
   ③ Embedding 층에 있는 벡터의 길이는 모두 같습니다.
   ④ 임베딩 벡터의 크기는 원-핫 인코딩 벡터보다 작기 때문에 메모리 효율적입니다.

9-3 LSTM과 GRU 셀

1. 답 ④ Conv2D는 합성곱 층 클래스입니다.

2. 답 ① LSTM에는 삭제 게이트, 입력 게이트, 출력 게이트가 있습니다.

3. 답 ② 순환층에서 모든 은닉 상태를 출력하려면 return_sequences 매개변수를 True로 지정해야 합니다.

4. 답 ③ GRU 셀은 LSTM 셀의 간소화 버전으로 모델 파라미터의 개수가 더 적습니다.

10-1 어텐션 메커니즘과 트랜스포머

1. 답 ③ 잠재 벡터(latent vector)는 샘플의 특성을 저차원으로 압축하여 표현한 벡터를 일컫는데 주로 사용됩니다. 트랜스포머 모델의 인코더 출력은 문맥을 고려하여 토큰을 표현한 벡터로 특성 압축과는 관계가 없습니다. 이를 단어 임베딩, 임베딩 벡터, 은닉 벡터 등으로 부릅니다.

2. 答 ② 트랜스포머 모델은 입력 길이가 서로 다른 시퀀스 데이터를 처리하기 때문에 배치 정규화 대신 층 정규화를 사용합니다. 멀티 헤드 어텐션, 피드포워드 네트워크, 잔차 연결은 모두 트랜스포머 모델의 핵심 구성 요소입니다.

3. 答 ① 원본 트랜스포머 모델은 사인 함수와 코사인 함수를 사용해 위치 인코딩을 만듭니다. 시그모이드 함수, 렐루 함수, 하이퍼볼릭 탄젠트 함수는 신경망 층의 활성화 함수로 사용됩니다.

10-2 트랜스포머로 상품 설명 요약하기

1. 答 ① GPT-3는 오픈AI에서 개발한 클로즈드 소스 LLM입니다. 오픈AI에서 제공하는 모델은 ChatGPT 인터페이스나 API를 통해서만 사용할 수 있습니다. 이에 반해 오픈소스 LLM은 모델을 구성하는 소스코드와 가중치를 직접 다운로드하여 로컬에서 실행할 수 있습니다. Llama는 메타에서 공개한 LLM이고, Gemma는 구글, Qwen은 알리바바에서 개발한 LLM입니다.

2. 答 ④ 여러 인코더 블록의 출력이 합쳐져서 디코더로 전달되는 것이 아니라 차례대로 인코더를 통과한 다음 출력된 마지막 은닉 벡터가 모든 디코더 블록의 크로스 어텐션에 키와 값으로 전달됩니다. 트랜스포머의 인코더와 디코더 개수는 다를 수 있습니다. 인코더와 디코더는 하나의 토큰을 동일한 단어 임베딩으로 나타내야 하므로 하나의 임베딩 층을 공유합니다.

3. 答 ② 토큰을 단어 임베딩으로 변환하는 역할은 LLM 모델 안에 있는 임베딩 층이 담당합니다. 토크나이저는 어휘 사전을 사용해 토큰을 토큰 아이디로 변환합니다. 대표적인 토큰화 방법은 BPE, 워드피스, 유니그램, 센텐스피스 등이 있습니다. 센텐스피스는 문장을 공백을 기준으로 나누는 사전 토큰화 단계가 없이 원시 텍스트를 그대로 사용할 수 있는 것이 특징입니다.

10-3 대규모 언어 모델로 텍스트 생성하기

1. 答 ③ EXAONE-3.5는 멀티 헤드 어텐션 대신 몇 개의 헤드씩 키와 값을 공유하는 그룹 쿼리 어텐션을 사용합니다. 멀티 쿼리 어텐션은 모든 헤드에서 키와 값을 공유하는 방식으로 EXAONE-3.5에서 사용하지 않습니다. EXAONE은 트랜스포머의 디코더만 사용하므로 크로스 어텐션이 없습니다.

정답 및 해설

2. 답 ① BART는 트랜스포머 인코더 기반의 대규모 언어 모델입니다. Gemini는 구글이 만든 디코더 기반 LLM이며, Claude는 앤트로픽, EXAONE은 LG AI연구원에서 만든 디코더 기반 LLM입니다.

3. 답 ④ 이진 검색은 검색 알고리즘 중의 하나이며 정렬된 리스트 또는 배열에서 특정 원소의 위치를 찾는 방법입니다. top-k는 로짓(또는 확률)을 기준으로 토큰을 내림차순으로 나열했을 때 상위 k개의 토큰 중에서 하나를 뽑는 방법입니다. top-p는 가장 높은 확률의 토큰을 지정한 확률이 될 때까지 순서대로 선택한 다음 그 중에서 하나를 뽑는 방법입니다. 그리디 서치는 무조건 가장 큰 확률의 토큰 하나를 선택하는 방법입니다.

찾아보기

ㄱ

가중치 143, 154, 461
가중치 시각화 529
가지치기 245, 253
강인공지능 029
강화 학습 071, 715
값 640
개발 세트 269
개체명 인식 654
검증 세트 257, 274
검증 손실 427
결정 트리 240, 253
결정계수 126
결정계수(R^2) 133
계수 143, 154
과대/과소적합 428
과대적합 128, 133, 169, 220
과소적합 128, 133, 169, 220
교차 검증 259, 274
구글 032
구글 드라이브 043
그룹 쿼리 어텐션 685
군집 314, 318
규제 165
그래픽 처리 장치 368
그레이디언트 부스팅 285, 296
그리드 서치 262, 274, 693
기계 번역 635

ㄴ

넘파이 077, 303

네스테로프 가속 경사 402
네스테로프 모멘텀 최적화 402
노드 242
노트북 035, 039, 043
뉴런 366

ㄷ

다중 분류 191, 207
다중 회귀 157, 163, 178
다트머스 AI 컨퍼런스 029
다항 회귀 145, 147, 154
다항식 147
단어 임베딩 573, 582
대규모 언어 모델 650
데이터 과학 033
데이터 마이닝 033
데이터 전처리 103, 114
데이터프레임 158
드롭아웃 431, 447, 602
딥러닝 031, 368

ㄹ

라쏘 170, 178
랜덤 서치 266, 274
랜덤 시드 080
랜덤 포레스트 277, 279, 296
렐루 함수 408
렐루 389, 397, 484
로지스틱 손실 함수 215, 217, 219
로지스틱 함수 193

로지스틱 회귀 193, 207
루트 노드 242
리스트 내포 053
리프 노드 242
릿지 166, 178

ㅁ

마스크드 멀티 헤드 어텐션 650
마스킹 650
마크다운 037
말뭉치 559, 582
매컬러-피츠 뉴런 366
맷플롯립 050
머신러닝 030
멀티모달 700
멀티 쿼리 어텐션 685
멀티 헤드 어텐션 641
모델 056, 063
모델 기반 학습 143
모델 파라미터 143, 262
모멘텀 최적화 402
미니배치 경사 하강법 213
밀집층 373, 384

ㅂ

배열 인덱싱 081
배치 경사 하강법 213, 220
배치 정규화 642
백엔드 369
밸리드 패딩 469

찾아보기

변환기 160
병합 군집 714
부트스트랩 280
부트스트랩 샘플 279
분류 048
불리언 인덱싱 195, 324
불순도 253
브로드캐스팅 104, 114
비용 함수 214
비정형 데이터 278
비지도 학습 071, 088, 303, 318
빅데이터 033
빔 서치 669

ㅅ

사례 기반 학습 143
사분위수는 237
사이킷런 030, 053
사인 646
삭제 게이트 598
산점도 050, 063
샘플 073
샘플링 편향 077
서포트 벡터 머신 223, 714
선형 051
선형 회귀 141, 154
설명된 분산 342, 353
세임 패딩 469, 484
센트로이드 320, 333
셀 036, 548, 556
셀프 어텐션 639

셀 상태 596, 619
셀 303
소프트맥스 200
소프트맥스 함수 207, 374, 375
손실 곡선 423
손실 함수 214, 227
손실 428
순차 데이터 545, 556
순환 신경망 032, 547, 556
스킵 연결 643
시퀀스-투-시퀀스 635
스타일 트랜스퍼 715
스트라이드 471, 480
슬라이싱 074, 493
시각화 512
시계열 데이터 545
시그모이드 함수 193, 207, 374, 390, 597
시그모이드 609
시퀀스 552
신경망 214
심층 신경망 391, 408
싸이파이 266
씨아노 369

ㅇ

알파고 031
앙상블 학습 278, 296
앙상블 432
앨런 튜링 029
약인공지능 030

얀 르쿤 031
어텐션 메커니즘 636
어텐션 점수 640
어텐션 행렬 640
어텐션 헤드 641
어휘 사전 560
에포크 213, 227
엑스트라 트리 283, 296
엔트로피 불순도 245
엘보우 328, 333
온라인 학습 211
옵티마이저 401, 408
완전 연결층 374
워런 매컬러 029, 366
원-핫 인코딩 377, 384, 567, 582
월터 피츠 029, 366
오픈 소스 680
위치 인코딩 646
위치 임베딩 659
유닛 366
은닉 상태 548, 556, 609
은닉층 389
이너셔 328
이세돌 031, 368
이진 분류 048
이진 크로스엔트로피 손실 함수 217
인공 신경망 031, 365, 384
인공일반지능 029
인공지능 028, 029
인덱스 074
임포트 050
입력 071

입력 게이트   598
입력층   366

ㅈ

자기회귀 모델   636
자연어 처리   559
잔차 연결   643
적응적 학습률   402
절편   461
점진적 학습   211
정보 이득   245, 253
정형 데이터   278
정확도   056, 063, 428
제프리 힌턴   031, 431
조기 종료   221, 438, 447
주성분   338
주성분 분석   336, 353
주피터   039
주피터 노트북   039
지니 불순도   244
지도 학습   071, 088

ㅊ

차원   077, 336
차원 축소   336, 353
최대 풀링   473
추정기   160
출력 게이트   598
출력층   366
층 정규화   642

ㅋ

커널   463
케라스   368
코랩   035, 043, 076
코사인   646
콜백   437, 447
쿼리   640
크로스 어텐션   648
크로스엔트로피 손실 함수   217
클래스   048
클러스터   314
클러스터 중심   320, 333
클로즈드 소스   680

ㅌ

타깃   071
타임스텝   548
테스트 세트   072, 088
텍스트 데이터   545
텐서플로   032, 359, 368, 384
토큰   559, 582
통계학   030
투영   338
튜링 테스트   029
튜플   093
트랜스포머   637
특성   049, 063, 071
특성 공학   157, 178
특성 맵 시각화   529
특성 맵   465, 480
특성 중요도   253

ㅍ

파이썬   030
파이토치   032
판다스   158
패딩   469, 480, 564
패션 MNIST 데이터셋   359
패션 MNIST   483
페이스북   032
평균 제곱 오차   217
평균 풀링   473
표준점수   103, 114, 166
풀링   472, 480
프랑소와 숄레   368
프랜시스 골턴   121
피드포워드 네트워크   644
피드포워드 신경망   546
필터   463, 480

ㅎ

하이퍼볼릭 탄젠트   549, 567
하이퍼파라미터   167, 178, 262, 400
학습률   401
함수형 API   518, 529
합성곱 신경망   031, 032, 463, 467
합성곱   461, 480
확률적 경사 하강법   211, 212, 227
활성화 함수   375
회귀   121, 133
훈련   055, 063
훈련 데이터   071
훈련 세트   072, 088

찾아보기

히스토그램 310, 318
히스토그램 기반 그레이디언트 부스팅 286, 296
힌지 손실 223

A

abs 313
absolute 313
accuracy 056
activation function 375
activation 374, 385, 499, 567, 583
Adagrad 402, 409
Adam 403, 409, 430, 490
adaptive learning rate 402
add 395, 408, 484
AI 겨울 028
Alan Turing 029
AlexNet 031
alpha 167, 170, 179, 227
ANN 365
arange() 080, 088
argmax 436, 437, 448
argsort 313
array indexing 081
array() 078
artificial general intelligence 029
artificial Intelligence 029
artificial neural network 031, 365
attention head 641
attention matrix 640

attention mechanism 636
attention score 640
AutoML 262
autoregressive model 636
average pooling 473
AveragePooling2D 474, 484

B

bar 311, 500
batch gradient descent 213
batch normalization 642
batch_size 400
beam search 669
best_estimator_ 263
best_params_ 263
beta_1 409
beta_2 409
big data 033
binary classification 048
binary cross-entropy loss function 217
binary_crossentropy 375, 385
boolean indexing 195
bootstrap 297
bootstrap sample 279
broadcasting 104

C

C 198, 207
callback 437

callbacks 매개변수 438
categorical_crossentropy 375, 378, 385
cell 036, 548
cell state 596
centroid 320
class 048
classes_ 191, 197, 200
classification 048
closed source 680
cluster 314
cluster center 320
cluster_centers_ 326
clustering 314
cmap 305
CNN 463
CNTK 369
coef_ 143, 154, 172, 200
coefficient of determination 126
Colab 035
column_stack 092, 146
compile 375, 385, 396, 401
components_ 340, 353
concatenate 094
Conv2D 466, 471, 484, 499
convolution 461
convolutional neural network 463
corpus 559
cosine 646
cost function 214
criterion 244, 254, 282, 296
cross-entropy loss function 217

cross attention 648
cross validation 259
cross_validate 260, 274, 281, 344, 363
cv 274
cv_results_ 264

D

Dartmouth AI Conference 029
data mining 033
data science 033
dataframe 158
DBSCAN 714
Decision Tree 240
decision_function 197, 201, 208
DecisionTreeClassifier 240, 245, 254, 258
DecisionTreeRegressor 243
deep learning 031
deep neural network 391
degree 179
dense layer 373
Dense 374, 385, 390, 485
describe 236, 253
dev set 269
dimension 077
dimensionality reduction 336
DNN 391
dpi 488
dropout 431, 583, 602, 619
Dropout 클래스 432, 447, 485

E

early stopping 221, 438
EarlyStopping 438, 448, 570
elbow 328
Embedding 573, 583
ensemble learning 278
epoch 213
epochs 매개변수 378, 385, 401
estimator 160
evaluate 379, 385, 436, 437, 614
exp 194
expit 198
explained variance 342, 353
explained_variance_ratio_ 342, 353
Extra Trees 283
ExtraTreesClassifier 284, 297
ExtraTreesRegressor 284

F

feature 049, 071
feature engineering 157
feature map 465
feature_importances_ 248
feature_names 242, 254
feedforward network 644
feedforward neural network 546
FFNN 546
filled 242, 254
filter 463

fit() 055, 064
fit_intercept 154
fit_time 260
fit_transform 161
Flatten 397, 475, 485, 487, 554
Francis Galton 121
François Chollet 368
fully connected layer 374
functional API 518

G

GAN 715
Gated Recurrent Unit 609
Generative Pre-trained Transformer 700
Geoffrey Hinton 031, 431
get_feature_names_out() 162
Gini impurity 244
GPT 700
GPU 368
gradient boosting 285
GradientBoostingClassifier 285, 297
GradientBoostingRegressor 286
greedy search 693
Grid Search 262
GridSearchCV 262, 275
grouped query attention 685
GRU 609, 610, 619

찾아보기

H

HDF5   434
head   235
header   178
hidden layer   389
hidden state   548
hinge loss   223
hist   310, 514, 563
HistGradientBoostingClassifier   287, 297
HistGradientBoostingRegressor   289
Histogram-based Gradient Boosting   286
histogram   310
History   423
HTML   037
hyperbolic tangent   549

I

ImageNet   031
IMDB 리뷰 데이터셋   559
imdb   560, 598
import   050
imshow   305, 515, 521
include_bias   161, 179
index   074
inertia   328
inertia_   329
info   236, 253
information gain   245

initial_accumulator_value   409
input   071
input layer   366
inputs   529
interaction_only   179
intercept_   143, 154, 200
inverse_transform   341, 353

J

Jupyter   039

K

k-fold corss validation   259
k-means   320
k-Nearest Neighbors   052
k-겹 교차 검증   259
k-최근접 이웃   052, 056
k-최근접 이웃 알고리즘   063
k-최근접 이웃 회귀   122, 133
k-평균   320, 333
k-폴드 교차 검증   259
Keras   368
kernel   463
kernel_size   466, 484, 499
KFold   261, 274
KMeans   322, 333, 346
kneighbors   099, 108, 138, 192
kneighbors()   114
KNeighborsClassifier   055, 064, 074, 083, 098, 190

KNeighborsRegressor   126, 133, 138
KoNLPy   559

L

large language model   650
Lasso   170, 179
layers   512
layer normalization   642
leaf node   242
learning_rate   297, 403, 408, 409
legend   310
LeNet-5   031
LightGBM   290
linear   051
linear regression   141
LinearRegression   142, 154
list comprehension   053
LLM   650
load   304
load_model   437, 448, 614
load_weights   435, 447
logistic function   193
logistic loss function   217
logistic regression   193
LogisticRegression   194, 196, 198, 207, 238, 344
Long Short-Term Memory   596
loss   219, 227, 228, 297, 385
loss function   214
LSTM   596, 599, 619

M

machine leanring 030
machine translation 635
Markdown 037
marker 064, 100, 139
masked multi-head attention 650
masking 650
matplotlib 050
max pooling 473
max_bins 297
max_depth 242, 245, 254, 262, 282, 296, 297
max_features 254, 282, 296
max_iter 179, 219, 227, 287, 297, 333
maxlen 564, 565, 582
MaxPooling2D 474, 484, 499
mean 103, 563
mean_absolute_error 127, 133
mean_squared_error 133
mean_test_score 264
median 563
metrics 378, 385
min_impurity_decrease 255, 262, 282
min_samples_leaf 267, 282
min_samples_split 254, 262, 282, 296
minibatch gradient descent 213
model 056
model parameter 143
Model 클래스 529

model_selection 095
ModelCheckpoint 437, 448, 570
Momentum optimization 402
momentum 402, 408
monitor 448
multi-class classification 191
multi-head attention 641
multi-modal 700
multi-query attention 685
multiple regression 157

N

n_clusters 322, 333
n_components 339, 353
n_estimators 296, 297
n_init 333
n_iter 268
n_iter_no_change 227
n_jobs 275, 297
n_neighbors 058, 064, 114, 129
name 394, 529
named entity 654
natural language processing 559
Nesterov momentum optimization 402
nesterov 402, 408
neuron 366
NLP 559
node 242
Notebook 035, 039
nrows 178

num_classes 583
num_words 560
numpy 077, 513

O

one-hot encoding 377
ones() 093
OOB 283
oob_score 283, 297
open source 680
optimizer 401
output layer 366
output 520
outputs 529
overfitting 128

P

pad_sequences 564, 582, 598
padding 469, 471, 474, 499, 500, 566, 582
pandas 158, 235
params 263
partial_fit 219, 221
patience 438, 439, 448
PCA 336, 339, 353
penalty 207, 227
percentiles 253
plot_model 487, 500
plot_tree 241, 254
polynomial regression 147

찾아보기

PolynomialFeatures 160, 179
positional embedding 659
positional encoding 646
pooling 472
predict 083, 435
predict() 057, 064
predict_proba 191, 196, 199, 208
principal component 338
principal component analysis 336
PyTorch 032

Q
Query 640

R
R^2 126, 141
randint 266
Random Forest 277, 279
Random Search 266
random seed 080
random_state 095, 179, 240
RandomForestClassifier 280, 296
RandomForestRegressor 280
RandomizedSearchCV 268, 275
read_csv 158, 178, 188
recurrent neural network 547
recurrent_dropout 602
regression 121
regularization 165
reinforcement learning 071, 715

ReLU 389, 397, 644
reshape 124, 134
residual connection 643
restore_best_weights 439, 448
return_distance 114
return_sequences 583, 605, 619
return_train_score 281
rho 409
Ridge 167, 179
RMSprop 401, 402, 409, 430
RNN 547
root node 242
round 191

S
same padding 469
sample 073
sampling bias 077
save 434, 448
save_format 447, 448
save_weights 434, 447
save_weights_only 448
scatter 050, 063, 123
scatter plot 050
scikit-learn 030, 053
scipy 266
score 056, 064, 083, 127
score_time 260
scoring 274
seed 080, 088
self-attention 639

sep 178
sequence 552
sequence-to-sequence 635
sequential data 545
Sequential 374, 391, 484
SGD 408
SGDClassifier 219, 227, 362
SGDRegressor 228
shape 079
show_layer_names 500
show_shapes 488, 500
shuffle 080, 089, 114
sigmoid function 193
SimpleRNN 566, 574, 583
sine 646
skip connection 643
skiprows 178
slicing 074
softmax 200, 202
solver 179, 207
sparse_categorical_crossentropy 375, 378, 385
splitter 254, 283
standard score 103
StandardScaler 166, 190, 237, 238
std 103
Stochastic Gradient Descent 211
stopped_epoch 439
StratifiedKFold 261, 274
stratify 097, 114
stride 471

strides 매개변수　471, 474, 499
Strong AI　029
subplots　308
subsample　286, 297
summary　392, 408
supervised learning　071
support vector machine　223, 714
SVM　714

T

tanh　549, 609
target　071
TensorFlow　032, 359
test set　072
test_score　260
test_size　114, 238
time sereis data　545
timestep　548
to_categorical　568, 583
to_file　500
to_numpy　158, 189
token　559
tol　223, 227
train set　072
train_test_split　095, 124, 160, 238, 281, 371, 388, 483, 598
train_test_split()　114

training data　071
transform　160, 327
transformer　160, 637
truncating　565, 582
tuple　093
Turing Test　029

U

underfitting　128
uniform　266
unique　221, 323, 362
unit　366
unsupervised learning　071, 303

V

valid padding　469
validation set　257
validation_data　428
value　640
verbose　253, 425
vmax　515
vmin　515

W

Walter Piits　029, 366

Warren McCulloch　029, 366
Weak AI　030
weight　143
weights 속성　513
wget　303
word embedding　573

X

XGBoost　289
xlim　102

Y

Yann Lecun　031
ylim　102

Z

z 점수　103
zeros()　093
zip()　053

기타

_fit_X　057
_y　058

**혼자
공부하는
사람들을 위한
용어 노트**

□ top-k 샘플링		[10장 696쪽]
	가장 높은 로짓(또는 확률)을 가진 상위 몇 개의 토큰을 선택하는 샘플링 전략. 이를 1로 지정하면 가장 높은 값을 가진 토큰 하나만 선택하기 때문에 항상 결정적인 결과를 얻게 됨	

□ top-p 샘플링		[10장 697쪽]
	확률 크기 순으로 토큰을 정렬한 후 지정한 임계 확률에 도달할 때까지 토큰을 선택하므로 샘플링할 때마다 선택 가능한 토큰의 개수가 달라짐. 이를 1로 지정하면 모든 토큰이 후보 토큰이 됨	

□ GPT	Generative Pre-trained Transformer	[10장 700쪽]
	오픈AI에서 만든 대규모 언어 모델로 GPT-3부터는 클로즈드 소스로 제공. 최신 GPT 모델을 사용하려면 ChatGPT 웹 인터페이스나 오픈AI에서 제공하는 API를 사용해야 함	

☐ transformers		[10장 663쪽]
	허깅페이스에서 만든 인기 많은 파이썬 패키지로, 사전 훈련된 트랜스포머 기반 모델을 전이 학습에 활용하고 미세 튜닝하기 위한 다양한 기능을 제공	
☐ 토큰화	tokenization	[10장 670쪽]
	입력 텍스트를 신경망 모델에 전달하기 위해 작은 단위로 쪼개는 방법. 대표적인 방법으로 BPE, 워드피스, 센텐스피스 등이 있음	
☐ 오픈소스 LLM		[10장 663쪽]
	대규모 언어 모델의 구조와 가중치가 모두 공개된 모델로, 가중치가 공개되었지만 이를 상업적인 목적으로 사용하는 기준은 모델마다 다를 수 있음. 대표적인 오픈소스 LLM: Llama, Gemma, Phi, Qwen 등	
☐ 클로즈드 소스 LLM		[10장 656쪽]
	모델의 구조와 가중치가 공개되지 않은 독점적인 모델로, 이런 모델을 사용하려면 제공하는 회사의 인터페이스나 API를 사용해야 함. 대표적인 클로즈드 소스 LLM: GPT, Claude, Gemini 등	
☐ EXAONE		[10장 685쪽]
	LG AI 연구원에서 만든 디코더 기반의 트랜스포머 모델이며, 오픈소스 파운데이션 모델. 비교적 적은 파라미터 개수를 가진 모델로도 영어와 한국어 텍스트를 생성하는데 높은 성능을 냄	
☐ RMS 정규화	root mean square normalization	[10장 687쪽]
	층 정규화의 변종으로, 분산을 계산할 때 평균을 고려하지 않는 정규화 기법. 계산량도 줄어들고 성능에도 영향이 없기 때문에 최신 LLM에서 널리 사용됨	

| □ 위치 인코딩 | **positional encoding** [10장 646쪽]
토큰 임베딩 벡터에 토큰의 위치를 보상하기 위해 더해주는 실수 벡터. 트랜스포머는 입력 텍스트를 순차적으로 처리하지 않기 때문에 토큰 위치에 대한 정보를 추가하기 위해 사용함

□ 크로스 어텐션 | **cross attention** [10장 648쪽]
트랜스포머 모델의 디코더 블록에 있는 두 번째 어텐션 메커니즘. 크로스 어텐션에서는 인코더의 최종 출력을 키와 값으로 사용하고, 디코더의 은닉 벡터를 쿼리로 사용함

□ 대규모 언어 모델 | **large language model, LLM** [10장 650쪽]
기술적인 정의는 모호하지만, 일반적으로 많은 수의 모델 파라미터를 가진 트랜스포머 기반 언어 모델을 말함. 이런 모델들은 보통 수십억 개에서 수백억 개의 파라미터를 가지고 있으며, 1조 개가 넘는 파라미터를 가진 경우도 있음

□ 전이 학습 | **transfer learning** [10장 657쪽]
대규모 데이터셋에서 훈련된 신경망을 비슷하거나 다른 작업에 활용하는 방법으로 사전 훈련된 신경망을 그대로 사용하거나 부분적으로 미세 튜닝할 수 있음

□ BART | **BART** [10장 658쪽]
메타에서 공개한 인코더-디코더 기반의 트랜스포머 모델. 번역, 요약과 같은 시퀀스-투-시퀀스 작업에 활용할 수 있음

□ 허깅페이스 | **HuggingFace** [10장 663쪽]
트랜스포머 기반의 모델을 개발하고 공유하기 위한 플랫폼으로, 많은 모델이 등록되어 있고 자연어 처리뿐만 아니라 비전과 오디오 분야의 모델도 제공함

10장

☐ **어텐션 메커니즘**　Attention mechanism　　　　　　　　　　　　[10장 636쪽]

인코더-디코더 RNN 구조에서 디코더가 인코더가 만든 모든 타임스텝의 은닉 상태를 참조하기 위해 고안된 구조

☐ **트랜스포머**　Transformer　　　　　　　　　　　　　　　　　[10장 637쪽]

RNN 대신 어텐션만을 사용하여 인코더-디코더 구조를 구현한 인공 신경망으로, 셀프 어텐션, 층 정규화, 잔차 연결, 드롭아웃, 피드포워드 네트워크 등으로 구성됨

☐ **셀프 어텐션**　Self-attention　　　　　　　　　　　　　　　　[10장 639쪽]

트랜스포머의 인코더와 디코더에서 모두 사용하는 어텐션 메커니즘으로, 입력 토큰 사이의 어텐션을 계산

☐ **멀티 헤드 어텐션**　multi-head-attention　　　　　　　　　　[10장 641쪽]

여러 개의 셀프 어텐션을 병렬로 처리하는 구성 요소

☐ **층 정규화**　layer normalization　　　　　　　　　　　　　　[10장 642쪽]

배치 정규화와 비슷하게 입력 데이터를 정규화하는 방법이지만, 배치 정규화와 달리 각 토큰 별로 정규화를 수행함

☐ **피드포워드 네트워크**　feedforward network　　　　　　　　　[10장 644쪽]

트랜스포머 인코더와 디코더의 어텐션 층 다음에 오며, 일반적으로 두 개의 밀집 층으로 구성됨. 첫 번째 밀집 층에만 활성화 함수를 사용하며, 초기에는 ReLU를 사용했지만 근래에는 다양한 활성화 함수를 사용한 변종이 많음

☐ **GRU**   **Gated Recurrent Unit**   [09장 610쪽]

LSTM 셀의 간소화 버전으로 생각할 수 있지만 LSTM처럼 셀 상태를 계산하지 않고 은닉 상태 하나만 포함. LSTM보다 가중치가 적기 때문에 계산량이 적지만 LSTM 못지않은 좋은 성능을 내는 것으로 알려져 있음

☐ 토큰   token   [09장 559쪽]

일반적으로 영어 문장은 모두 소문자로 바꾸고 구둣점을 삭제한 다음 공백을 기준으로 분리하는데 이렇게 텍스트에서 공백으로 구분되는 문자열 또는 단어를 토큰이라고 부름

I am a boy는 4개의 토큰. 한글은 조사가 발달해 형태소 분석을 해야 함

☐ 단어 임베딩   word embedding   [09장 573쪽]

순환 신경망에서 텍스트를 처리할 때 즐겨 사용하는 방법으로 입력으로 정수 데이터를 받아 메모리를 훨씬 효율적으로 사용할 수 있음

☐ LSTM   Long Short-Term Memory   [09장 596쪽]

단기 기억을 오래 기억하기 위해 고안된 순환층. 입력 게이트, 삭제 게이트, 출력 게이트 역할을 하는 작은 셀이 포함

☐ 셀 상태   cell state   [09장 596쪽]

LSTM 셀은 은닉 상태 외에 셀 상태를 출력. 셀 상태는 다음 층으로 전달되지 않으며 현재 셀에만 순환됨

☐ 순환 신경망

recurrent neural network, RNN [09장 547쪽]

완전 연결 신경망과 거의 비슷함. 순차 데이터에 잘 맞는 인공신경망의 한 종류로 순차 데이터를 처리하기 위해 고안된 순환 층을 1개 이상 사용한 신경망

☐ 셀

cell [09장 548쪽]

순환 신경망에서는 특별히 층을 셀이라 부르며 한 셀에는 여러 개의 뉴런이 있지만 완전 연결 신경망과 달리 뉴런을 모두 표시하지 않고 하나의 셀로 층을 표현함

☐ 은닉 상태

hidden state [09장 548쪽]

순환 신경망에서는 셀의 출력을 은닉 상태라 부름. 은닉 상태는 다음 층으로 전달될 뿐만 아니라 셀이 다음 타임스텝의 데이터를 처리할 때 재사용됨

☐ 말뭉치

corpus [09장 559쪽]

자연어 처리 분야에서는 훈련 데이터를 종종 말뭉치라고 부름. 예를 들어 IMDB 리뷰 데이터셋이 하나의 말뭉치임

09장

☐ **순차 데이터** sequential data [09장 545쪽]

텍스트나 시계열 데이터와 같이 순서에 의미가 있는 데이터를 말함. 예를 들어 "I am a boy"는 쉽게 이해할 수 있지만 "boy am a I"는 말이 되지 않음

순차데이터 < 텍스트. 예) "I am a boy"
                 시계열. 예) 1일 15℃, 2일 17℃, 3일 16℃, …

☐ **시계열 데이터** time series data [09장 545쪽]

일정한 시간 간격으로 기록된 데이터
↳ 주식, 일자별 날씨 등등

☐ **피드포워드 신경망** feedforward neural network, FFNN [09장 546쪽]

입력 데이터의 흐름이 앞으로만 전달되는 신경망. 완전 연결 신경망과 합성곱 신경망이 모두 피드포워드 신경망에 속함

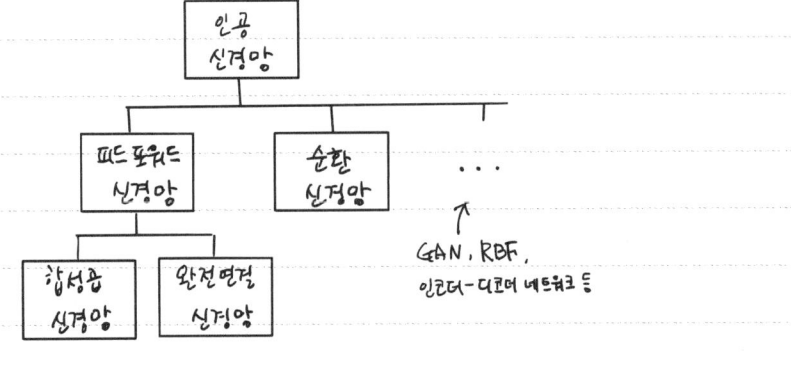

GAN, RBF, 인코더-디코더 네트워크 등

☐ 스트라이드	**stride**	[08장 471쪽]
	합성곱 층에서 필터가 입력 위를 이동하는 크기로 기본으로 스트라이드는 1픽셀. 즉 한 칸씩 이동함.	
☐ 풀링	**pooling**	[08장 472쪽]
	합성곱 층에서 만든 특성 맵의 가로세로 크기를 줄이는 역할을 수행하지만 특성 맵의 개수는 줄이지 않음. 또한 가중치가 없는 대신 특성 맵에서 최댓값이나 평균값을 선택함	
☐ 최대 풀링과 평균 풀링	**max pooling과 average pooling**	[08장 473쪽]
	풀링을 수행할 때 가장 큰 값을 고르거나 평균값을 계산하는데 이를 각각 최대 풀링과 평균 풀링이라고 부름	

08장

☐ **합성곱**   convolution   [08장 461쪽]

합성곱은 밀집층과 비슷하게 입력과 가중치를 곱하고 절편을 더하는 선형 계산이지만 밀집층과 달리 합성곱은 입력 데이터 전체에 가중치를 적용하는 것이 아니라 일부에 가중치를 곱함

☐ **필터**   filter   [08장 463쪽]

밀집층의 뉴런에 해당. 뉴런 = 필터 = 커널 모두 같은 말이라 생각해도 좋음

☐ **특성 맵**   feature map   [08장 465쪽]

합성곱 계산을 통해 얻은 출력을 특별히 특성 맵이라 부름

☐ **패딩과 세임 패딩**   padding과 same padding   [08장 467쪽]

입력 배열의 주위를 가상의 원소(보통 0)로 채우는 것을 패딩이라고 하고 합성곱 신경망에서는 세임 패딩을 많이 사용함

☐ **밸리드 패딩**   valid padding   [08장 469쪽]

패딩 없이 순수한 입력 배열에서만 합성곱을 하여 특성 맵을 만드는 경우이며 특성 맵의 크기가 줄어들 수밖에 없음

□ 옵티마이저 — optimizer [07장 400쪽]

신경망의 가중치와 절편을 학습하기 위한 알고리즘 또는 방법. 케라스에는 다양한 경사 하강법 알고리즘이 구현되어 있으며 대표적으로 SGD, 네스테로프 모멘텀, RMSprop, Adam 등이 있음

□ 적응적 학습률 — adaptive learning rate [07장 402쪽]

모델이 최적점에 가까이 갈수록 안정적으로 수렴하도록 학습률을 낮추도록 조정하는 방법. 이런 방식들은 학습률 매개변수를 튜닝하는 수고를 덜 수 있는 것이 장점

□ 드롭아웃 — dropout [07장 431쪽]

훈련 과정에서 층에 있는 일부 뉴런을 랜덤하게 꺼서(즉 뉴런의 출력을 0으로 만들어) 과대적합을 막음

□ 콜백 — callback [07장 437쪽]

케라스에서 훈련 과정 중간에 어떤 작업을 수행할 수 있게 하는 객체로 keras.callbacks 패키지 아래에 있는 클래스로 fit( ) 메서드의 callbacks 매개변수에 리스트로 전달하여 사용

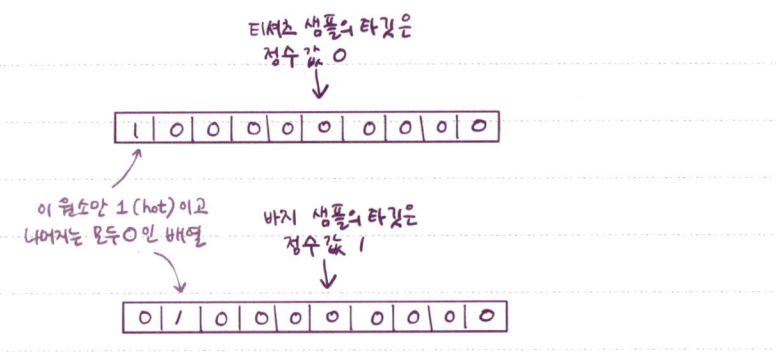

□ 은닉층   hidden layer   [07장 389쪽]

입력층과 출력층 사이에 있는 모든 층을 은닉층이라고 부름

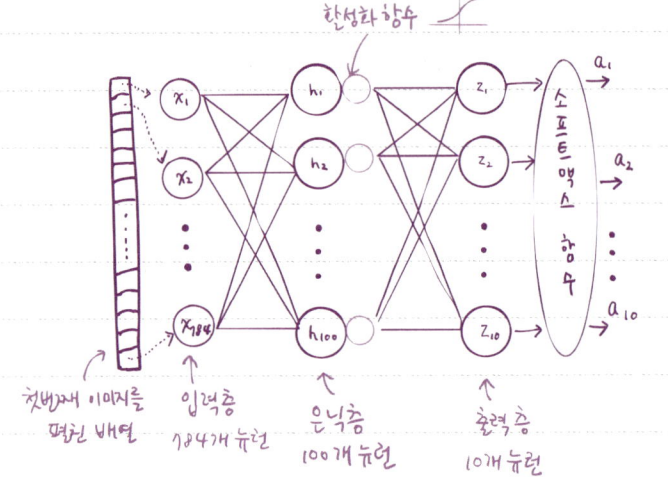

□ 심층 신경망   deep neural network, DNN   [07장 391쪽]

2개 이상의 층을 포함한 신경망으로 종종 다층 인공신경망, 심층 신경망, 딥러닝을 같은 의미로 사용함

□ 렐루 함수   ReLU Function   [07장 397쪽]

입력이 양수일 경우 마치 활성화 함수가 없는 것처럼 그냥 입력을 통과시키고 음수일 경우에는 0으로 만드는 함수

07장

□ 인공신경망 artificial neural network, ANN [07장 365쪽]

생물학적 뉴런에서 영감을 받아 만든 머신러닝 알고리즘. 신경망은 기존의 머신러닝 알고리즘으로 다루기 어려웠던 이미지, 음성, 텍스트 분야에서 뛰어난 성능을 발휘하면서 크게 주목을 받고 있으며 종종 딥러닝이라고도 부름

□ 딥러닝 deep learning [07장 368쪽]

딥러닝은 인공신경망과 거의 동의어로 사용되는 경우가 많으며 혹은 심층 신경망deep neural network, DNN을 딥러닝이라고 부름. 심층 신경망은 여러 개의 층을 가진 인공신경망임

□ 케라스 Keras [07장 368쪽]

딥러닝을 위한 고수준 API를 제공하는 파이썬 라이브러리. 실제 연산은 텐서플로와 같은 백엔드가 담당하며 3.0버전부터는 텐서플로, 파이토치, 잭스를 백엔드로 사용할 수 있음

□ 활성화 함수 activation function 참고 용어 소프트맥스 함수 [07장 375쪽]

소프트맥스와 같이 뉴런의 선형 방정식 계산 결과에 적용되는 함수

□ 원-핫 인코딩 one-hot encoding [07장 377쪽]

타깃값을 해당 클래스만 1이고 나머지는 모두 0인 배열로 만드는 것. 다중 분류에서 크로스 엔트로피 손실 함수를 사용하려면 0, 1, 2와 같이 정수로 된 타깃값을 원-핫 인코딩으로 변환해야 함

06장

☐ **히스토그램**   histogram   [06장 310쪽]

값이 발생한 빈도를 그래프로 표시한 것으로 보통 x축이 값의 구간(계급)이고, y축은 발생 빈도(도수)임

☐ **군집**   clustering   [06장 314쪽]

비슷한 샘플끼리 그룹으로 모으는 작업으로 대표적인 비지도 학습 작업 중 하나

☐ **k-평균 알고리즘**   k-means algorithm   [06장 321쪽]

처음에 랜덤하게 클러스터 중심을 정하여 클러스터를 만들고 그다음 클러스터의 중심을 이동하여 다시 클러스터를 결정하는 식으로 반복해서 최적의 클러스터를 구성하는 알고리즘

☐ **이너셔**   inertia   [06장 328쪽]

k-평균 알고리즘은 클러스터 중심과 클러스터에 속한 샘플 사이의 거리를 잴 수 있는데 이 거리의 제곱 합을 이너셔라고 함. 즉 클러스터의 샘플이 얼마나 가깝게 있는지를 나타내는 값임

☐ **차원 축소**   dimensionality reduction   [06장 336쪽]

데이터를 가장 잘 나타내는 일부 특성을 선택하여 데이터 크기를 줄이고 지도 학습 모델의 성능을 향상시킬 수 있는 방법

☐ **주성분 분석**   principal component analysis, PCA   [06장 336쪽]

차원 축소 알고리즘의 하나로 데이터에서 가장 분산이 큰 방향을 찾는 방법이며 이런 방향을 주성분이라 함. 원본 데이터를 주성분에 투영하여 새로운 특성을 만들 수 있음

☐ 엑스트라 트리

extra trees [참고 용어] 랜덤 포레스, 앙상블 학습   [05장 283쪽]

랜덤 포레스트와 비슷하게 동작하며 결정 트리를 사용하여 앙상블 모델을 만들지만 부트스트랩 샘플을 사용하지 않는 대신 랜덤하게 노드를 분할하여 과대적합을 감소시킴

☐ 그레이디언트 부스팅

gradient boosting   [05장 285쪽]

깊이가 얕은 결정 트리를 사용하여 이전 트리의 오차를 보완하는 방식으로 앙상블하는 방법. 깊이가 얕은 결정 트리를 사용하기 때문에 과대적합에 강하고 일반적으로 높은 일반화 성능을 기대할 수 있음

☐ 히스토그램 기반 그레이디언트 부스팅

Histogram-based Gradient Boosting   [05장 286쪽]

그레이디언트 부스팅의 속도를 개선한 것으로 과대적합을 잘 억제하며 그레이디언트 부스팅보다 조금 더 높은 성능을 제공. 안정적인 결과와 높은 성능으로 매우 인기가 높음

□ 그리드 서치	**Grid Search** [05장 262쪽]
	하이퍼파라미터 탐색을 자동화해 주는 도구

□ 랜덤 서치	**Random Search** [05장 266쪽]
	랜덤 서치는 연속적인 매개변수 값을 탐색할 때 유용

□ 정형 데이터 vs 비정형 데이터	**structured data vs unstructured data** [05장 278쪽]
	특정 구조로 이루어진 데이터를 정형 데이터라 하고, 반면 정형화되기 어려운 텍스트나 이미지 등을 비정형 데이터라 함 (CSV나 데이터베이스 등)

□ 앙상블 학습	**ensemble learning** [05장 278쪽]
	여러 알고리즘(예, 결정 트리)을 합쳐서 성능을 높이는 머신러닝 기법

□ 랜덤 포레스트	**Random Forest** [05장 279쪽]
	대표적인 결정 트리 기반의 앙상블 학습 방법. 안정적인 성능 덕분에 널리 사용됨. 부트스트랩 샘플을 사용하고 랜덤하게 일부 특성을 선택하여 트리를 만드는 것이 특징

□ 부트스트랩 샘플	**bootstrap sample** [05장 279쪽]
	데이터 세트에서 중복을 허용하여 데이터를 샘플링하는 방식

05장

☐ 결정 트리

Decision Tree   [05장 234쪽]

스무고개와 같이 질문을 하나씩 던져 정답을 맞춰가며 학습하는 알고리즘으로 비교적 예측 과정을 이해하기 쉬움

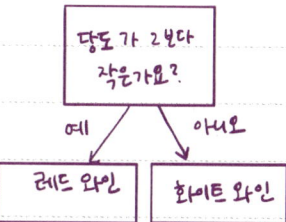

☐ 검증 세트

validation set `참고 용어` 하이퍼파라미터   [05장 257쪽]

하이퍼파라미터 튜닝을 위해 모델을 평가할 때, 테스트 세트를 사용하지 않기 위해 훈련 세트에서 다시 떼어 낸 데이터 세트

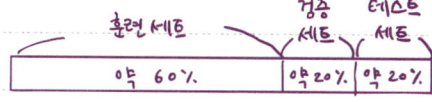

☐ 교차 검증

cross validation   [05장 259쪽]

훈련 세트를 여러 폴드로 나눈 다음 한 폴드가 검증 세트의 역할을 하고 나머지 폴드에서는 모델을 훈련함. 이렇게 모든 폴드에 대해 검증 점수를 얻어 평균하는 방법으로 교차 검증을 이용하면 검증 점수가 안정적이며, 훈련에 더 많은 데이터를 사용할 수 있음

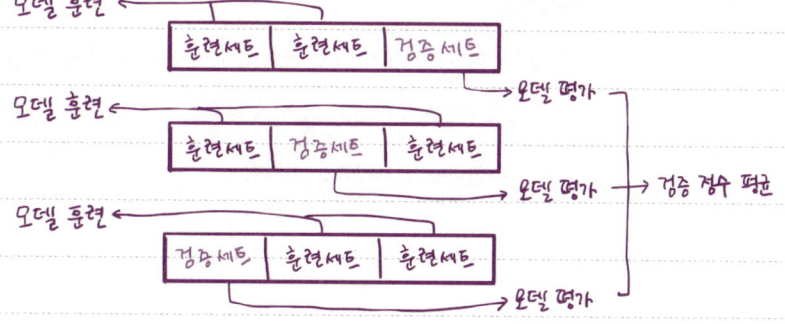

| □ 배치 경사 하강법 | batch gradient descent | [04장 213쪽] |

한 번에 전체 샘플을 사용하는 방법으로 전체 데이터를 사용하므로 가장 안정적인 방법이지만 그만큼 컴퓨터 자원을 많이 사용함. 또한 어떤 경우는 데이터가 너무 많아 한 번에 전체 데이터를 모두 처리하지 못할 수 있음.

| □ 손실 함수 | loss function | [04장 213쪽] |

어떤 문제에서 머신러닝 알고리즘이 얼마나 엉터리인지를 측정하는 기준.

| □ 로지스틱 손실 함수 | logistic loss function *이진 크로스엔트로피 손실 함수라고도 함* | [04장 215쪽] |

양성 클래스(타깃 = 1)일 때 손실은 $-\log($예측 확률$)$로 계산하며, 1 확률이 1에서 멀어질수록 손실은 아주 큰 양수가 됨. 음성 클래스(타깃 = 0)일 때 손실은 $-\log(1-$예측 확률$)$로 계산함. 이 예측 확률이 0에서 멀어질수록 손실은 아주 큰 양수가 됨

log / 예측 확률
타깃 = 1 일때 → $-\log($예측확률$)$
타깃 = 0 일때 → $-\log(1-$예측확률$)$

| □ 크로스엔트로피 손실 함수 | cross-entropy loss function | [04장 217쪽] |

다중 분류에서 사용하는 손실 함수

| □ 힌지 손실 | hinge loss | [04장 223쪽] |

서포트 벡터 머신support vector machine이라 불리는 또 다른 머신러닝 알고리즘을 위한 손실 함수. SGDClassifier가 여러 종류의 손실 함수를 loss 매개변수에 지정하여 다양한 머신러닝 알고리즘을 지원함

□ 소프트맥스 함수 | **softmax function** [04장 200쪽]

여러 개의 선형 방정식의 출력값을 0~1 사이로 압축하고 전체 합이 1이 되도록 만들며 이를 위해 지수 함수를 사용하기 때문에 정규화된 지수 함수라고도 함

$$S1 = \frac{e^{z1}}{e\_sum}, \quad S2 = \frac{e^{z2}}{e\_sum}, \quad \cdots, \quad S7 = \frac{e^{z7}}{e\_sum}$$

□ 확률적 경사 하강법 | **Stochastic Gradient Descent** [04장 211쪽]

훈련 세트에서 랜덤하게 하나의 샘플을 선택하여 손실 함수의 경사를 따라 최적의 모델을 찾는 알고리즘

□ 에포크 | **epoch** [04장 213쪽]

확률적 경사 하강법에서 훈련 세트를 한 번 모두 사용하는 과정

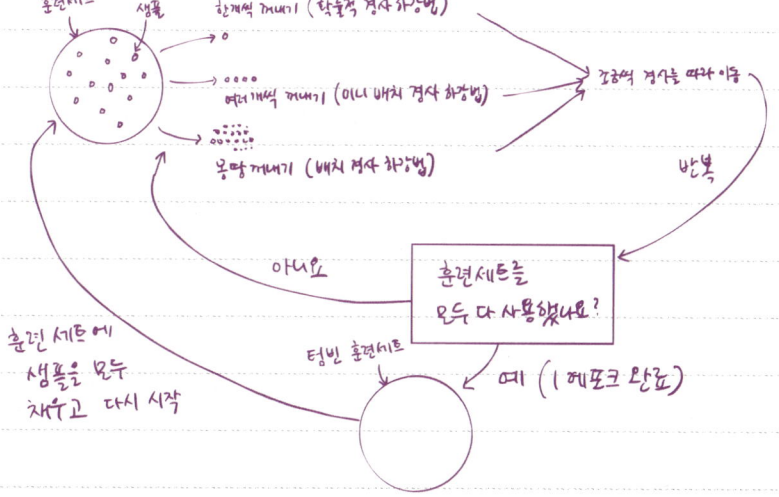

□ 미니배치 경사 하강법 | **minibatch gradient descent** [04장 213쪽]

1개가 아닌 여러 개의 샘플을 사용해 경사 하강법을 수행하는 방법으로 실전에서 많이 사용

04장

☐ **다중 분류**   multi-class classification   [04장 191쪽]

타깃 데이터에 2개 이상의 클래스가 포함된 문제

☐ **로지스틱 회귀**   logistic regression   [04장 193쪽]

선형 방정식을 사용한 분류 알고리즘으로 선형 회귀와 달리 시그모이드 함수나 소프트맥스 함수를 사용하여 클래스 확률을 출력

☐ **시그모이드 함수**   sigmoid function   *logistic regression*   [04장 193쪽]

시그모이드 함수 또는 로지스틱 함수라고 부르며 선형 방정식의 출력을 0과 1 사이의 값으로 압축하며 이진 분류를 위해 사용. 이진 분류일 경우 시그모이드 함수의 출력이 0.5보다 크면 양성 클래스, 0.5보다 작으면 음성 클래스로 판단

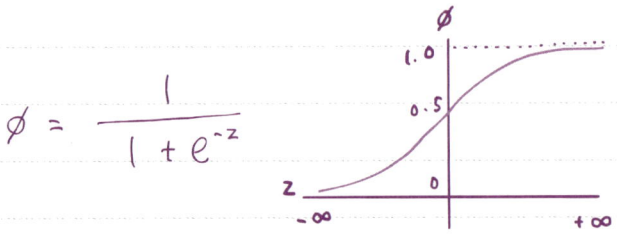

☐ **불리언 인덱싱**   boolean indexing   [04장 195쪽]

넘파이 배열은 True, False 값을 전달하여 행을 선택할 수 있으며 이를 불리언 인덱싱이라고 함

☐ **변환기**   transformer [03장 160쪽]

특성을 만들거나 전처리하는 사이킷런의 클래스로 타깃 데이터 없이 입력 데이터를 변환함

☐ **릿지 회귀**   ridge regression [03장 166쪽]

규제가 있는 선형 회귀 모델 중 하나로 모델 객체를 만들 때 alpha 매개변수로 규제의 강도를 조절함. alpha 값이 크면 규제 강도가 세지므로 계수 값을 더 줄이고 조금 더 과소적합되도록 유도하여 과대적합을 완화시킴

☐ **하이퍼파라미터**   hyperparameter [03장 167쪽]

머신러닝 모델이 학습할 수 없고 사람이 지정하는 파라미터

☐ **라쏘 회귀**   lasso regression [03장 170쪽]

또 다른 규제가 있는 선형 회귀 모델로 alpha 매개변수로 규제의 강도를 조절함. 릿지와 달리 계수 값을 아예 0으로 만들 수도 있음

☐ 선형 회귀　　linear regression　　　　　　　　　　　　　　　　[03장 141쪽]

널리 사용되는 대표적인 회귀 알고리즘으로 특성이 하나인 경우 어떤 직선을 학습하는 알고리즘(예를 들면, 농어 무게 학습 그래프)

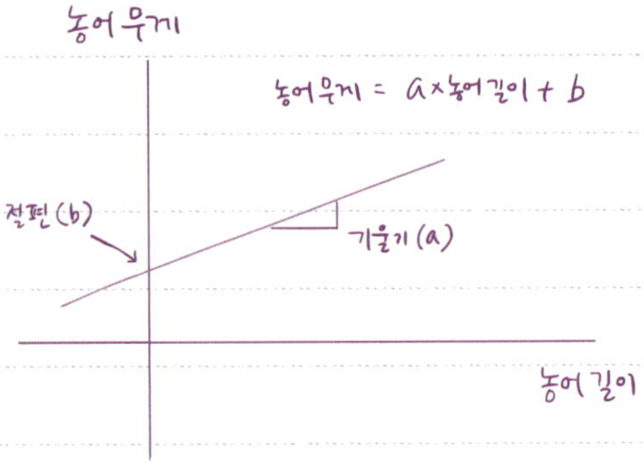

농어무게

농어무게 = a × 농어길이 + b

절편(b)　　기울기(a)

농어 길이

☐ 가중치　　weight (또는 coefficient)　　　　　　　　　　　　　[03장 143쪽]

(또는 계수)

선형 회귀가 학습한 직선의 기울기를 종종 가중치 또는 계수라 함

↳ 위 그림에서 기울기(a)

☐ 다항 회귀　　polynomial regression　　　　　　　　　　　　　[03장 145쪽]

다항식을 사용하여 특성과 타깃 사이의 관계를 나타낸 선형 회귀

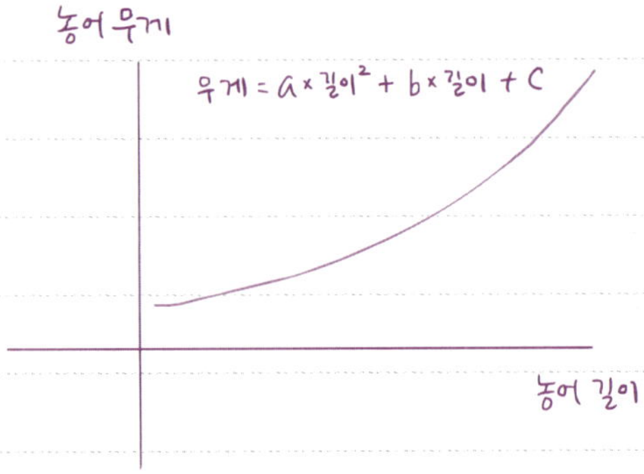

농어무게

무게 = a × 길이^2 + b × 길이 + c

농어 길이

☐ 다중 회귀　　multiple regression　　　　　　　　　　　　　　[03장 157쪽]

여러 개의 특성을 사용한 선형 회귀

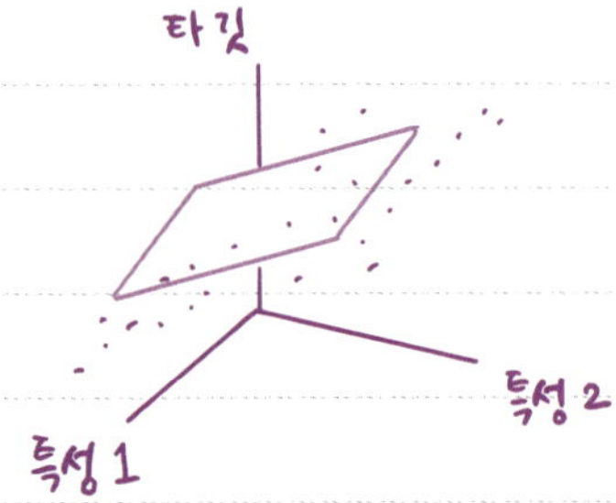

타깃

특성 1　　특성 2

03장 ✓

☐ 회귀	regression	[03장 121쪽]

클래스 중 하나로 분류하는 것이 아니라 임의의 어떤 숫자를 예측하는 문제

☐ k-최근접 이웃 분류 vs k-최근접 이웃 회귀	참고 용어 k-최근접 이웃 알고리즘	[03장 121쪽, 122쪽]

k-최근접 이웃 알고리즘을 사용해 각각 분류 문제와 회귀 문제를 해결하는 방법

k-최근접 이웃 분류

최근접 이웃은 □ 2개, ○ 1개
따라서 X의 클래스는 □

k-최근접 이웃 회귀

최근접 이웃은 100, 80, 60

따라서 X = $\frac{100+80+60}{3}$ = 80

☐ 결정계수(R^2)	coefficient of determination	[03장 126쪽]

회귀 모델에서 예측의 적합도를 0과 1 사이의 값으로 계산한 것으로 1에 가까울수록 완벽함

$$R^2 = 1 - \frac{(타깃 - 예측)^2}{(타깃 - 평균)^2}$$

☐ 과대적합 vs 과소적합	overfitting vs underfitting	[03장 128쪽]

과대적합은 모델의 훈련 세트 점수가 테스트 세트 점수보다 훨씬 높을 경우를 의미함. 과소적합은 이와 반대로 모델의 훈련 세트와 테스트 세트 점수가 모두 동일하게 낮거나 테스트 세트 성능이 오히려 더 높을 경우를 의미함

□ 훈련 세트와 테스트 세트	train set와 test set [02장 072쪽]
	모델을 훈련할 때는 훈련 세트를 사용하고 평가는 테스트 세트로 함. 테스트 세트는 전체 데이터에서 20~30%

□ 샘플링 편향   sampling bias   [02장 076쪽]

훈련 세트와 테스트 세트에 샘플이 고르게 섞여 있지 않을 때 샘플링 편향이 나타나며 제대로 된 지도 학습 모델을 만들 수 없음

□ 넘파이   numpy   [02장 077쪽]

파이썬의 대표적인 배열array 라이브러리로 고차원의 배열을 손쉽게 만들고 조작할 수 있는 간편한 도구를 많이 제공함.

□ 배열 인덱싱   array indexing   [02장 081쪽]

넘파이 기능으로 여러 개의 인덱스로 한 번에 여러 개의 원소를 선택할 수 있음

□ 데이터 전처리   data preprocessing   [02장 103쪽]

머신러닝 모델에 훈련 데이터를 주입하기 전 가공하는 단계로 특성값을 일정한 기준으로 맞추어 주는 작업. 데이터를 표현하는 기준이 다르면 알고리즘을 올바르게 예측할 수 없음

□ 브로드캐스팅   broadcasting   [02장 104쪽]

조건을 만족하면 모양이 다른 배열 간의 연산을 가능하게 해 주는 기능

02장 ✓

☐ **지도 학습**　supervised learning　　　　　　　　　　　　　　　　[02장 071쪽]

지도 학습은 입력(데이터)과 타깃(정답)으로 이뤄진 훈련 데이터가 필요하며 새로운 데이터를 예측하는 데 활용함. 1장에서 사용한 k-최근접 이웃이 지도 학습 알고리즘임

☐ **비지도 학습**　unsupervised learning　　　　　　　　　　　　　　[02장 071쪽]

타깃 데이터 없이 입력 데이터만 있을 때 사용. 이런 종류의 알고리즘은 정답을 사용하지 않으므로 무언가를 맞힐 수가 없는 대신 데이터를 잘 파악하거나 변형하는 데 도움을 줌

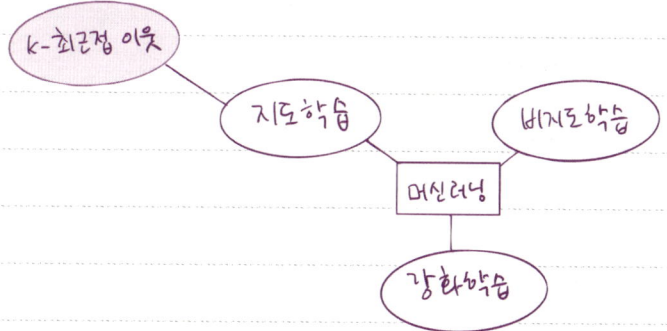

☐ **훈련 데이터**　training data　　　　　　　　　　　　　　　　　[02장 071쪽]

지도 학습의 경우 필요한 입력(데이터)과 타깃(정답)을 합쳐 놓은 것

$$49개\ 샘플 \begin{cases} [[25.4\ ,\ 242.0], \\ [26.3\ ,\ 290.0], \\ \vdots\ \ \ \ \ \vdots \\ [15.0\ ,\ 19.9]] \end{cases}$$

2개의 특성

} 훈련 세트 35개
} 테스트 세트 14개

| □ 특성 | feature | [01장 049쪽] |

데이터를 표현하는 특징으로, 예를 들어 아래 그림과 같이 생선의 특징인 길이와 무게를 특성이라 함

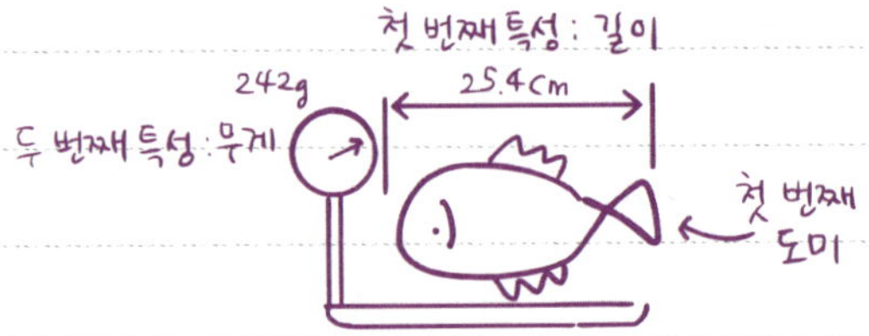

[손글씨 그림: 첫 번째 특성: 길이 25.4cm, 두 번째 특성: 무게 242g, 첫 번째 도미]

| □ 맷플롯립 | matplotlib | [01장 049쪽] |

파이썬에서 과학계산용 그래프를 그리는 대표 패키지

| □ k-최근접 이웃 알고리즘 | k-Nearest Neighbors Algorithm, KNN | [01장 052쪽] |

가장 간단한 머신러닝 알고리즘 중 하나로 어떤 규칙을 찾기보다는 인접한 샘플을 기반으로 예측을 수행함

| □ 훈련 | training | [01장 055쪽] |

머신러닝 알고리즘이 데이터에서 규칙을 찾는 과정 또는 모델에 데이터를 전달하여 규칙을 학습하는 과정

01장

□ **인공지능**　　artificial intelligence　　　　　　　　　　　　　　　　　　[01장 029쪽]

학습하고 추론할 수 있는 지능을 가진 컴퓨터 시스템을 만드는 기술

□ **강인공지능 vs**　　　　　　　　　　　　　　　　　　　　　　　　　[01장 028쪽, 029쪽]
　약인공지능

강인공지능은 인공일반지능이라고도 하고 사람의 지능과 유사(영화 속 전지전능한 AI)함. 약인공지능은 특정 분야에서 사람을 돕는 보조 AI(음성 비서나 자율 주행도 여기 포함)

□ **머신러닝과**　　machine learning과 deep learning　　　　　　　　　　[01장 029쪽, 030쪽]
　딥러닝

머신러닝은 데이터에서 규칙을 학습하는 알고리즘을 연구하는 분야(대표 라이브러리는 사이킷런). 딥러닝은 인공신경망을 기반으로 한 머신러닝 분야를 일컬음(대표 라이브러리는 텐서플로와 파이토치)

□ **코랩과 노트북**　　Colab과 Notebook　　　　　　　　　　　　　　　[01장 034쪽, 038쪽]

코랩은 웹 브라우저에서 텍스트와 프로그램 코드를 자유롭게 작성 할 수 있는 온라인 에디터로 이를 코랩 노트북 또는 노트북이라 부름. 최소 실행 단위는 셀이며 코드 셀과 텍스트 셀이 있음

□ **이진 분류**　　binary classification　　　　　　　　　　　　　　　　　　[01장 048쪽]

머신러닝에서 여러 개의 종류(혹은 클래스) 중 하나를 구별해 내는 문제를 분류^{classification}라고 부르며 2개의 종류(클래스) 중 하나를 고르는 문제를 이진 분류라 함

linear regression 선형 회귀	11
logistic loss function 로지스틱 손실 함수	15
logistic regression 로지스틱 회귀	13
loss function 손실 함수	15
LSTM Long Short-Term Memory	27
machine learning과 deep learning 머신러닝과 딥러닝	06
matplotlib 맷플롯립	07
max pooling과 average pooling 최대 풀링과 평균 풀링	24
minibatch gradient descent 미니배치 경사 하강법	14
multi-class classification 다중 분류	13
multi-head-attention 멀티 헤드 어텐션	29
multiple regression 다중 회귀	11
numpy 넘파이	09
one-hot encoding 원-핫 인코딩	20
optimizer 옵티마이저	22
overfitting vs underfitting 과대적합 vs 과소적합	10
padding과 same padding 패딩과 세임 패딩	23
PCA, principal component analysis 주성분 분석	19
polynomial regression 다항 회귀	11
pooling 풀링	24
positional encoding 위치 인코딩	30
Random Forest 랜덤 포레스트	17
Random Search 랜덤 서치	17
regression 회귀	10
ReLU Function 렐루 함수	21
ridge regression 릿지 회귀	12
RNN recurrent neural network 순환 신경망	26
root mean square normalization RMS 정규화	31
sampling bias 샘플링 편향	09
Self-attention 셀프 어텐션	29
sequential data 순차 데이터	25
sigmoid function 시그모이드 함수	13
softmax function 소프트맥스 함수	14
Stochastic Gradient Descent 확률적 경사 하강법	14
stride 스트라이드	24
structured data vs unstructured data	17
supervised learning 지도 학습	08
TensorFlow 텐서플로	20
time series data 시계열 데이터	25
token 토큰	27
tokenization 토큰화	31
train set와 test set 훈련 세트와 테스트 세트	09
training data 훈련 데이터	08
training 훈련	07
transfer learning 전이 학습	30
transformer 변환기	12
Transformer 트랜스포머	29
transformers	31
unsupervised learning 비지도 학습	08
valid padding 밸리드 패딩	23
validation set 검증 세트	16
weight 가중치 (또는 계수)	11
word embedding 단어 임베딩	27

ABC 순

activation function 활성화 함수	20		dropout 드롭아웃	22
adaptive learning 적응적 학습률	22		ensemble learning 앙상블 학습	17
ANN artificial neural network 인공신경망	20		epoch 에포크	14
array indexing 배열 인덱싱	09		EXAONE	31
artificial intelligence 인공지능	06		extra trees 엑스트라 트리	18
Attention mechanism 어텐션 메커니즘	29		feature map 특성 맵	23
BART	30		feature 특성	07
batch gradient descent 배치 경사 하강법	15		feedforward network 피드포워드 네트워크	29
binary classification 이진 분류	06		FFNN feedforward neural network 피드포워드 신경망	25
boolean indexing 불리언 인덱싱	13		filter 필터	23
bootstrap sample 부트스트랩 샘플	17		GPT Generative Pre-trained Transformer	32
broadcasting 브로드캐스팅	09		gradient boosting 그레이디언트부스팅	18
callback 콜백	22		Grid Search 그리드 서치	17
cell state 셀 상태	27		GRU Gated Recurrent Unit	28
cell 셀	26		hidden layer 은닉층	21
clustering 군집	19		hidden state 은닉 상태	26
coefficient of determination 결정계수	10		hinge loss 힌지 손실	15
Colab과 Notebook 코랩과 노트북	06		Histogram-based Gradient Boosting	18
convolution 합성곱	23		histogram 히스토그램	19
corpus 말뭉치	26		HuggingFace 허깅페이스	30
cross-entropy loss function 크로스엔트로피 손실 함수	15		hyperparameter 하이퍼파라미터	12
cross attention 크로스 어텐션	30		inertia 이너셔	19
cross validation 교차 검증	16		k-최근접 이웃 분류 vs k-최근접 이웃 회귀	10
data preprocessing 데이터 전처리	09		k-최근접 이웃 알고리즘	07
Decision Tree 결정 트리	16		k-means algorithm k-평균 알고리즘	19
deep learning 딥러닝	20		large language model, LLM 대규모 언어 모델	30
dimensionality reduction 차원 축소	19		lasso regression 라쏘 회귀	12
DNN, deep neural network 심층 신경망	21		layer normalization 층 정규화	29

용어	쪽
심층 신경망 deep neural network, DNN	21
앙상블 학습 ensemble learning	17
어텐션 메커니즘 Attention mechanism	29
에포크 epoch	14
엑스트라 트리 extra trees	18
오픈소스 LLM	31
옵티마이저 optimizer	22
원-핫 인코딩 one-hot encoding	20
위치 인코딩 positional encoding	30
은닉 상태 hidden state	26
은닉층 hidden layer	21
이너셔 inertia	19
이진 분류 binary classification	06
인공신경망 artificial neural network, ANN	20
인공지능 artificial intelligence	06
적응적 학습률 adaptive learning	22
전이 학습 transfer learning	30
정형 데이터 vs 비정형 데이터 structured data vs unstructured data	17
주성분 분석 principal component analysis, PCA	19
지도 학습 supervised learning	08
차원 축소 dimensionality reduction	19
최대 풀링과 평균 풀링 max pooling과 average pooling	24
층 정규화 layer normalization	29
코랩과 노트북 Colab과 Notebook	06
콜백 callback	22
크로스 어텐션 cross attention	30
크로스엔트로피 손실 함수 cross-entropy loss function	15
클로즈드 소스 LLM	31
텐서플로 TensorFlow	20
토큰 token	27
토큰화 tokenization	31
트랜스포머 Transformer	29
특성 feature	07
특성 맵 feature map	23
패딩과 세임 패딩 padding과 same padding	23
풀링 pooling	24
피드포워드 네트워크 feedforward network	29
피드포워드 신경망 feedforward neural network, FFNN	25
필터 filter	23
하이퍼파라미터 hyperparameter	12
합성곱 convolution	23
허깅페이스 HuggingFace	30
확률적 경사 하강법 Stochastic Gradient Descent	14
활성화 함수 activation function	20
회귀 regression	10
훈련 training	07
훈련 데이터 training data	08
훈련 세트와 테스트 세트 train set와 test set	09
히스토그램 histogram	19
히스토그램 기반 그레이디언트 부스팅 Histogram-based Gradient Boosting	18
힌지 손실 hinge loss	15

목차

가나다 순

RMS 정규화 root mean square normalization	31
top-k 샘플링	32
top-p 샘플링	32
가중치(또는 계수) weight(또는 coefficient)	11
강인공지능 vs 약인공지능	06
검증 세트 validation set	16
결정 트리 Decision Tree	16
결정계수 coefficient of determination	10
과대적합 vs 과소적합 overfitting vs underfitting	10
교차 검증 cross validation	16
군집 clustering	19
그레이디언트부스팅 gradient boosting	18
그리드 서치 Grid Search	17
넘파이 numpy	09
다중 분류 multi-class classification	13
다중 회귀 multiple regression	11
다항 회귀 polynomial regression	11
단어 임베딩 word embedding	27
대규모 언어 모델 large language model, LLM	30
데이터 전처리 data preprocessing	09
드롭아웃 dropout	22
딥러닝 deep learning	20
라쏘 회귀 lasso regression	12
랜덤 서치 Random Search	17
랜덤 포레스트 Random Forest	17
렐루 함수 ReLU Function	21
로지스틱 손실 함수 logistic loss function	15
로지스틱 회귀 logistic regression	13
릿지 회귀 ridge regression	12
말뭉치 corpus	26
맷플롯립 matplotlib	07
머신러닝과 딥러닝 machine learning과 deep learning	06
멀티 헤드 어텐션 multi-head-attention	29
미니배치 경사 하강법 minibatch gradient descent	14
배열 인덱싱 array indexing	09
배치 경사 하강법 batch gradient descent	15
밸리드 패딩 valid padding	23
변환기 transformer	12
부트스트랩 샘플 bootstrap sample	17
불리언 인덱싱 boolean indexing	13
브로드캐스팅 broadcasting	09
비지도 학습 unsupervised learning	08
샘플링 편향 sampling bias	09
선형 회귀 linear regression	11
셀 cell	26
셀 상태 cell state	27
셀프 어텐션 Self-attention	29
소프트맥스 함수 softmax function	14
손실 함수 loss function	15
순차 데이터 sequential data	25
순환 신경망 recurrent neural network, RNN	26
스트라이드 stride	24
시계열 데이터 time series data	25
시그모이드 함수 sigmoid function	13

혼자 공부하며 함께 만드는

혼공 용어 노트

| No. date / / | title |

혼공
용어 노트

혼자 공부하는 머신러닝+딥러닝 개정판

한빛미디어
Hanbit Media, Inc.